Tilman Nagel
Der Koran

TILMAN NAGEL

Der Koran

Einführung – Texte – Erläuterungen

VERLAG C.H.BECK MÜNCHEN

Die Deutsche Bibliothek – CIP-Einheitsaufnahme

Nagel, Tilman:
Der Koran: Einf. – Texte – Erl./Tilman Nagel.
4. Aufl. – München : Beck, 2002
Einheitssacht. d. kommentierten Werkes :
Qur' ān <dt>.
ISBN 3 406 43886 5
NE: Muhammad: Der Koran

ISBN 3 406 43886 5

Vierte, unveränderte Auflage 2002

Umschlagentwurf: Bruno Schachtner, Dachau
Umschlagbild: Koranseite, 9. Jh.
Mit freundlicher Genehmigung der Smithsonian Institution
Freer Gallery of Art, Washington D. C.

Satz: Druckerei C. H. Beck, Nördlingen
Druck und Bindung: Nomos Verlagsgesellschaft, Sinzheim
Gedruckt auf säurefreiem, alterungsbeständigem Papier
(hergestellt aus chlorfrei gebleichtem Zellstoff)
Printed in Germany

www.beck.de

Inhaltsverzeichnis

Einführung 7

I. Der Koran als Literaturdenkmal 15

1. Aufbau und Überlieferungsgeschichte 15
2. Die Suren der frühen mekkanischen Zeit 34
3. Die jüngere mekkanische Periode und die biblischen Erzählungen im Koran 50
4. Belehrung, Polemik, Gebete 76

II. Der Koran und die Geschichte 86

1. Das Leben Muḥammads im Spiegel des Korans 86
2. Die Entwicklung des prophetischen Selbstverständnisses 118
3. Der Prophet und die Weltgeschichte 149

III. Das Gottesbild des Korans 172

1. Der gütige Schöpfergott 172
2. Der richtende Gott 184
3. Der eine Gott 199
4. Der eine Gott und die heidnischen Gottheiten und Riten 216
5. Der Zerfall des koranischen Gottesbildes in der islamischen Theologie 222

IV. Der Mensch im Koran 229

1. Der Mensch in dieser Welt 229
2. Der Charakter des Menschen 241
3. Die Engel, der Satan und die Dschinnen 254
4. Die Freiheit und die Verantwortlichkeit des Menschen 263
5. Gott und Mensch 281
6. Der Zerfall des koranischen Menschenbildes in der islamischen Theologie 292

V. Das göttliche Gesetz 299

1. Wesen und Funktion des Gesetzes 299
2. Der Inhalt des göttlichen Gesetzes 305
3. Der Koran und die anderen Quellen des islamischen Rechts 322

VI. Anhang

Einführung

Heilige Schriften sind keine einfache Lektüre. Nur bemerken wir dies kaum, wenn wir das Alte oder Neue Testament zur Hand nehmen und uns damit in den Grenzen unserer eigenen Tradition bewegen. Vieles ist uns seit den Tagen unserer Kindheit vertraut. Werden Noah oder David oder Jesus und seine Jünger genannt, dann klingen in unserem Innern Vorstellungen an, die nach den uns geläufigen biblischen Erzählungen geprägt sind. Wir wissen, daß Noah die Arche baute, die Tiere in ihr barg, die Taube zur Erkundung des Landes aussandte. Wie eigenartig muß uns darum berühren, was der Koran über Noah erzählt, wie dürftig und nüchtern! Und wie befremdlich mutet uns Noahs Wunsch an:

Sure 71 „Noah", Vers 26 bis 28: 26 ... „Mein Herr, laß auf der Erde keinen ungläubigen Bewohner! 27 Wenn du sie dort läßt, werden sie deine Knechte in die Irre führen und nichts als ungläubige Missetäter gebären. 28 Mein Herr, vergib mir, meinen Eltern und jedem, der mein Haus als gläubiger Mensch betritt, und auch allen gläubigen Männern und Frauen, und stoße die Frevler immer tiefer ins Verderben!"

Schwer zugänglich, fast verschlossen, erscheint uns die Gedankenwelt der heiligen Schrift des Islams an zahlreichen Stellen. Mit Mühe quält man sich durch die längeren Suren hindurch, gerät in Verwirrung wegen des oft unvermittelten Themenwechsels, vermißt den roten Faden. Dunkel erscheint uns der Sinn der kurzen Suren mit ihren Schwüren und Anrufungen; verständlich allein die Ausmalung des Paradieses, die drastische Schilderung der Schrecknisse der Hölle. Alles dies erscheint doch furchtbar grob, als eine Aufzählung sinnlicher Phantasien. Gibt es im Koran überhaupt Zeichen einer vertieften Religiosität, einer aufrichtigen Frömmigkeit? Seit dem Mittelalter hat die christliche Polemik gegen den Islam diese Frage mit Nein beantwortet.

Doch hören wir die Muslime selber! Muḥammad ʿAbduh (gest. 1905), einer der wichtigsten islamischen Reformer des ausgehenden 19. Jahrhunderts, beschreibt die Rolle des arabischen Korans als der einenden Grundlage einer umfassenden islamischen Gesellschaft wie folgt: „Der Koran ist Gottes treffendes Zeugnis für seine wahre Religion. Mithin wird der Islam allein dadurch fortbestehen können, daß der Koran richtig verstanden wird. Das richtige Verständnis des Korans wird aber nur dadurch erhalten bleiben, daß die arabische Sprache fortlebt. Wenn dieses richtige Verständnis in einigen nicht-arabischen Ländern erhalten blieb, so deshalb, weil es dort Gelehrte gab, die von der Auslegung genug wußten, um dort auftauchende Zweifel hinsichtlich des Korans zurückzuweisen, und weil die breite Masse ihnen weiterhin vertraute und ihnen entsprechend der Verpflichtung zur sogenannten ‚Nachahmung'[1] folgte oder auch weil die Verkünder anderer Religionen in ihnen keinerlei Zweifel zu erregen vermochten. Denn der Einfluß des Erbes und der ‚Nachahmung' entspricht dem, was man in der Naturwissenschaft als Trägheit bezeichnet. Daher sind sich die islamischen Gelehrten – Araber und Nicht-Araber – darin einig, die arabische Sprache zu bewahren und auszubreiten wie früher, hatten doch Wissenschaft und Glaube ihren Höhepunkt erreicht, als die arabische Sprache lebendig war!" Jeder, der den Islam angenommen habe, habe sich daher um die Meisterung des Arabischen bemüht, um auf diese Weise ein Glied der Gemeinschaft zu werden, deren Lebensmitte das in arabischer Sprache geoffenbarte ewige Gotteswort sei. Der Islam verbiete jeglichen Rassendünkel und Chauvinismus und habe alle Gläubigen für einander gleich erklärt. Muḥammad ʿAbduh stellt mit Schrecken fest, daß das vom Islam überdeckte Eigenbewußtsein der Araber und der nichtarabischen muslimischen Völker wiedererwacht sei. Man habe dazu aufgerufen, den Koran in die einzelnen Landessprachen zu übersetzen, in denen auch der islamische Gottesdienst habe abgehalten werden sollen. Dies arbeite christlichen Missionaren in die Hände, die auf diese Weise die Möglichkeit bekämen, Zweifel am Inhalt der heiligen Schrift des Islams auszustreuen, die mangels sicherer Kenntnisse des Arabischen nicht so leicht ausgeräumt werden könnten. Die Gefährdung der richtigen Kenntnis des Korans, dessen Inhalt nun einmal nur auf Arabisch und nicht in Übersetzungen erfaßt werden könne, ist für Muḥammad ʿAbduh zugleich eine Gefährdung des Islams an sich. Muḥammad ʿAbduh fährt fort: „Gott hat uns aufgetragen, den Koran zu durchdenken, sich durch ihn warnen, mahnen und rechtleiten zu lassen und zu wissen, welche seiner Verse und Mahnworte wir bei unserem Gebet hersagen. Er hat diese Fragen in zahlreichen Versen hervorgehoben. Ihnen zu gehorchen und nach ihnen zu handeln, vermag man aber nur, wenn man das reine Arabisch versteht. Alles was für den Vollzug der Pflicht notwendig ist, das ist selber Pflicht. Gott hat dem Koran einen für die Menschheit unnachahmlichen Charakter verliehen;[2] sein Zeugnis den Menschen gegenüber ist in diesem Punkt nur unter der Voraussetzung gültig, daß man den Koran versteht, und dies kann man nur, wenn man das reine Arabisch versteht. Also gehört die Kenntnis der arabischen Sprache zu den unerläßlichen Bedingungen der Religion des Islams, zu deren Erfüllung wir alle Muslime auffordern, indem wir sie zum Koran rufen. Wir glauben, daß die Muslime nur deshalb schwach wurden und ihr großes Reich, das sie zuvor besessen hatten, dahinschwand, weil sie sich von der Rechtleitung des Korans abwandten. Nichts von ihrer verlorenen Größe, Herrschaft und Würde werden sie zurückgewinnen, ohne zu seiner Rechtleitung zurückzukehren und sich an sein Seil zu klammern." Der Ruf zum Koran sei zugleich ein Ruf zur arabischen Sprache, meint Muḥammad ʿAbduh und zitiert

Sure 8 „Die Beute", Vers 24 bis 26: 24 Ihr, die ihr glaubt! Seid Gott und dem Gesandten zu Willen, wenn er euch zu etwas aufruft, das euch Leben bringt! Wisset, daß Gott zwischen den Menschen und sein Herz tritt und daß ihr zu ihm versammelt werdet! 25 Nehmt euch in acht vor einer Heimsuchung, die nicht insonderheit die Frevler unter euch treffen wird! Wisset, daß Gott streng bestraft! 26 Erinnert euch! Damals wart ihr wenige, unterdrückt im Lande, und mußtet fürchten, daß die Leute euch verschleppen würden. Er aber hat euch Herberge gegeben, euch mit seiner Hilfe gestärkt und euch aus guten Dingen Lebensunterhalt gewährt. Vielleicht dankt ihr dafür![3]

Der Koran ist die eine und universale Grundlage der islamischen Religion, Kultur und Politik. Muḥammad ʿAbduh zitiert die obigen Verse in diesem Zusammenhang, um zu verdeutlichen, daß die Muslime ihre alte politische und militärische Stärke zurückgewinnen könnten, würden sie sich wie zu Muḥammads Zeiten unter dem Banner des Korans zum Kampf gegen die Ungläubigen bereitfinden.

Saijid Maḥmūd Ṭāliqānī, ein führendes Mitglied der iranisch-schiitischen Geistlichkeit, beschrieb 1955 die glückhaften Erfahrungen, die er einst aus der Beschäftigung mit dem Koran gewonnen habe. Er habe sehr unter der Despotie der Pehlewis gelitten und sei schließlich sogar von Zweifeln gepeinigt worden, ob Studien der schiitischen Theologie, wie er sie getrieben habe, den bedrängten Mitmenschen überhaupt von Nutzen sein könnten. Doch „allmählich sah ich mich in einem hellen Bezirk, erkannte die Wurzeln der Religion, mein Herz fand Zuversicht, und ich erfaßte das Ziel unter dem Blickwinkel meiner Pflicht gegenüber der Gesellschaft ... Jene lichtvolle Welt, jener strahlende Bezirk, in den der Koran den Menschen führt, ist die Welt der Einheit: Einheit des göttlichen Wesens, der Macht, des Lebens, der ewigen Existenz des Schöpfers; Einheit der Ordnungen, Bindungen, Gesetze der Welt; Einheit des Wollens; Einheit des Denkens und der Kräfte und des Willens des Menschen. Die Wahrheit und das Geheimnis des Bezirkes und des Zieles, auf welches diese Helligkeit und Klarheit hinweisen, sind der Allgemeinheit verborgen. Die Bestimmungen, die Moral, die Gesellschaftslehre, die Beziehungen (der Menschen untereinander und zur Sphäre des Göttlichen) und die Erzählungen des Korans sind ganz und gar vom Lichte der Einheit durchdrungen und eingehüllt." Die erste Botschaft aller Propheten sei die Verkündung des einen Schöpfergottes. Er allein halte die Welt in Gang; er allein könne verlangen, vom Menschen verehrt zu werden. Die Botschaft an die Propheten solle aber nicht nur die einzig verbindliche Form der Gottesverehrung begründen. „Die Einheit des höchsten Wesens und der Gottesverehrung war nur die gedankliche und praktische Grundlage und Vorbedingung für die Einheit des Gehorsams. Dies ist das tiefste Geheimnis der prophetischen Mission für das Glück der Menschheit. Die Freiheit, die Gleichheit und die Reifung des Menschen entspringen aus diesem Inhalt der Gotteserkenntnis und des Einheitsbekenntnisses ... Der Koran sagt: Alle Propheten riefen zum Islam, um die Menschen von aller Knechtung, allem Gehorsam gegenüber anderen als dem Schöpfer zu befreien und sie dem Gehorsam Gottes zu unterwerfen, der die absolute Wahrheit, Gerechtigkeit, Weisheit ist, und um das menschliche Denken und Wollen aus den Ketten falscher Knechtschaft, falscher Ideen und Bräuche zu lösen."[4]

Der Koran ist also nicht nur die eine Quelle islamischer Gotteserfahrung und Frömmigkeit, er enthält zugleich die einzig wahre Möglichkeit islamischer Weltbemeisterung; er ist eine ewig gültige Richtschnur des Handelns. Noch viel stärker als der Christ bezeugt der Muslim tagtäglich, daß seine Erfahrungswelt und seine Weltanschauung durch und durch vom Wort seiner heiligen Schrift geprägt sind. Wenn daher der christliche Leser Zugang zum Koran sucht, so muß er sich vergegenwärtigen, daß die Schwierigkeiten des Verständnisses, die sich ihm entgegenstellen, nicht zuletzt daher rühren, daß ihm das Assoziationsfeld, welches beim Muslim während des Hörens eines bestimmten Verses mitschwingt, unbekannt ist. Das Umgekehrte gilt für den Muslim, der die Bibel studiert. Dieses Assoziationsfeld ist nun keineswegs von fester, ein für allemal gegebener Natur; es ist vielmehr dem geschichtlichen Wandel unterworfen und dient nicht selten der voreingenommenen und einseitigen Auslegung des ursprünglichen Inhaltes der Offenbarung. Hierfür nur ein Beispiel! Der Verfasser einer 1974 in Beirut erschienenen kleinen Abhandlung über die Rechte des Arbeiters und Bauern im Islam zitiert

Sure 49 „Die Gemächer", Vers 13: „Ihr Menschen! Wir haben euch männlichen und weiblichen Geschlechts geschaffen und euch in Völker und Stämme eingeteilt, damit ihr einander erkennen könnt. Doch der Edelste unter euch ist für Gott derjenige, der ihn am meisten fürchtet."

Dieser Vers ist dem Autor Beweis dafür, daß der Islam die gerechte Gesellschaftsordnung fordere, in der die Unterschiede zwischen arm und reich ausgeglichen würden, da der Mensch im Islam dazu erzogen werde, den Wert seiner Persönlichkeit einzig und allein in der Gottesfurcht zu entdecken. Der koranische Gedanke, daß Frömmigkeit wertvoller sei als vornehme Herkunft, wird hier benutzt, um ein bestimmtes politisches Ziel, die soziale Gerechtigkeit im Sinne einer materiellen Gleichstellung, zu rechtfertigen.[5]

Derartig eigenwillige Deutungen, die ein bestimmtes Problem in den Korantext hineinlegen, um aus ihm eine schon vorher feststehende Antwort herzuleiten, sind nun nicht erst in der Gegenwart vorgenommen worden, sondern schon solange es den Koran als das offenbarte Wort gibt, also schon zu Lebzeiten Muḥammads. Alle diese Deutungen schlugen in dem von uns so bezeichneten Assoziationsfeld mehr oder weniger stark zu Buche und bewirkten dessen historische Entwicklung. So wird beispielsweise die Frage, ob der Mensch einen freien Willen habe oder ob seine Taten von Gott vorherbestimmt seien, im Koran weder ausdrücklich gestellt noch beantwortet. Sie liegt, wie wir sehen werden, dem Bild, welches sich der Koran vom Verhältnis des Menschen zu seinem Schöpfer macht, gänzlich fern; sie wurde erst in späterer Zeit als ein Kernproblem der islamischen Theologie erkannt, das man mit Belegen aus der heiligen Offenbarung zu lösen suchte. Auch die orientalistische Forschung hat – oft unbewußt – diese von einem bestimmten späteren Assoziationsfeld ausgehende Betrachtungsweise übernommen und gefragt: „Was sagt der Koran zu diesem oder jenem Thema, beispielsweise zur Willensfreiheit?“ ohne sich über die Eigentümlichkeiten der koranischen Gotteserfahrung und Weltanschauung zuvor Rechenschaft gegeben zu haben.

Die historischen Assoziationsfelder stellen Möglichkeiten der Deutung des koranischen Wortes dar; sie lassen Rückschlüsse auf die gelebte Glaubenswirklichkeit des Islams in den verschiedenen Epochen seiner nachkoranischen Entwicklung zu. Sie drohen uns aber den Blick auf das Wesentliche der koranischen Botschaft zu verstellen. In diesem Buch soll daher der Versuch unternommen werden, den Inhalt des Korans ohne Berücksichtigung späterer Deutungen, selbst wenn diese allgemeine Anerkennung gefunden haben sollten, hervortreten zu lassen. Denn welches der historischen Assoziationsfelder könnte für sich beanspruchen, es sei das am ehesten gültige? Nur das offenbarte Wort im Rahmen der koranischen Gedankenfügung vermag uns die Grundzüge der prophetischen Gotteserfahrung und Weltanschauung zu enthüllen, in denen die spätere Entwicklung des Islams als eines religiös-politischen Systems des Glaubens und der Weltbemeisterung potentiell enthalten ist.

Der Ausschluß jener großen Menge in späterer Zeit mit dem Koran in Verbindung gebrachter Vorstellungen und Bestimmungen zwingt uns von vornherein einen dreifachen Verzicht auf: Wir müssen zunächst eine – vermeintliche – thematische Unvollständigkeit in Kauf nehmen. Vieles, was im nachprophetischen Islam als wichtig erscheint, wird im Koran bestenfalls am Rande erwähnt oder fehlt völlig. Es gibt beispielsweise keinen koranischen Beleg für die Beschneidung und alle hiermit zusammenhängenden Bräuche; ohnehin ist das so vielschichtige und verwickelte islamische Ritualgesetz im Koran nur in ganz allgemeinen Grundzügen vorhanden. Zum zweiten gewinnt das nachprophetische, mit Hilfe von Koranversen legitimierte System gerade aus seiner Vollständigkeit und Abgerundetheit eine starke Plausibilität und Geschlossenheit. Das große Wort von

Sure 5 „Der Tisch", Vers 3: „... Heute habe ich euch eure Religion vervollkommnet, meine Gnade über euch vollendet und den Islam als Religion für euch gutgeheißen ..."

scheint diesen Zustand der Vollendung und Vollkommenheit zu postulieren und vorauszusetzen, daß er mit der Herabsendung der 5. Sure, die ja als die letzte gilt, eingetreten sei. Die Muslime haben diesen Vers später jedenfalls in der Regel so aufgefaßt und sich deshalb genötigt gesehen, den Islam in seiner jeweiligen historischen Erscheinungsform vollständig im Koran wiederzuentdecken. Da es uns allein um den Inhalt des Korans in seinem ursprünglichen Sinne geht, dürfen wir eine solche Geschlossenheit nicht erwarten. Drittens schließlich stellt sich uns der nachkoranische Islam in systematisierter Form dar; die Handbücher des Gesetzes oder der Theologie, in denen wir ihn kennenlernen, bemühen sich, die Einzelfragen des Gesetzes oder des Glaubens nach verstandesgemäßer Einsicht zu verknüpfen und auf diese Weise ein möglichst stimmiges Lehrgebäude zu errichten. Dem Koran dagegen liegt theologische oder juristische Systematik noch fern.

In der vorliegenden Arbeit wird daher der Koran als die alleinige Quelle für die Erkenntnis der Gotteserfahrung und der Weltanschauung des Propheten Muḥammad in den Mittelpunkt der Betrachtung gerückt. Nur auf diese Weise können wir die Grundlagen des Islams verstehen. Es werden in der Regel längere zusammenhängende Abschnitte in Übersetzung dargeboten, deren Inhalt bisweilen noch einmal kurz zusammengefaßt wird, ehe dem Leser der religiöse Gehalt vor Augen tritt. Wir werden dabei bemüht sein, bestimmte Entwicklungstendenzen der muḥammadschen Gotteserfahrung und des prophetischen Selbstbewußtseins deutlich zu machen und den Prozeß der Veralltäglichung der religiösen Erfahrung, der im Koran seinen Niederschlag gefunden hat, aufzuzeigen und seine Folgen sichtbar zu machen. Nur um längere Wiederholungen zu vermeiden, werden bisweilen Einzelverse zitiert. In der Regel wurde stets der größere Zusammenhang beibehalten, innerhalb dessen bestimmte religiöse Vorstellungen artikuliert werden. Nur auf diese Weise ließ sich der Fehler vermeiden, einzelne Verse losgelöst aus ihrem Zusammenhang zur Bestätigung von Assoziationsfeldern zu verwenden, die möglicherweise gar nicht der koranischen Phase des Islams angehören. Dieses Verfahren ist insofern gerechtfertigt, als neuere Forschungen über die Komposition der Suren die bislang herrschende Meinung zum Teil widerlegt haben, der Koran sei von seinen Redaktoren mehr oder weniger willkürlich aus einer Unzahl von Textelementen zusammengefügt worden. Diese oft sehr pauschal vertretene Meinung hat mittelbar dazu beigetragen, daß der Koran als eine Art Steinbruch betrachtet wurde, aus dem man die Blöcke herausnehmen durfte, die man gerade benötigte.

Bei der Übersetzung stütze ich mich selbstverständlich auf die umfangreichen Erträge der europäischen philologischen Forschung, deren letzte großartige Frucht die kommentierte Übertragung des Korans durch Rudi Paret darstellt.[6] Sie ist für den Arabisten eine Fundgrube wichtiger Erkenntnisse, hat aber dennoch den Nachteil, daß sie gerade dem Laien, dem der religiöse und kulturelle Hintergrund wenig vertraut ist, nicht zu einem Verständnis des Textes verhilft. Das aber ist das Ziel unserer Arbeit. Wir haben daher bei der Übersetzung des arabischen Textes soweit wie irgendmöglich auf Interpretamente verzichtet und in der Regel nur den für den deutschen Leser verwirrenden Subjektwechsel kenntlich gemacht, indem wir anstelle des Pronomens der dritten Person den jeweils gemeinten Eigennamen oder Gattungsbegriff setzen. Im übrigen mußten, wie bei jeder Übersetzung, oft Kompromisse zwischen dem arabischen Wortlaut und den Ausdrucksmöglichkeiten des Deutschen geschlossen werden. Oberstes Ziel war die leichte Verständlichkeit; die Wiedergabe mancher Formulierung wird daher auf Kritik stoßen, da sie sich vielleicht allzu sehr an den deutschen Sprachgebrauch hält. Textstellen umstrittener und unklarer Bedeutung sind in den Anmerkungen kenntlich gemacht.

Ich habe, wie ersichtlich, bei der Darstellung fünf Schwerpunkte gebildet. Die fünf Kapitel sind in sich geschlossen, bauen aber doch in der Thematik auf dem jeweils vorausgehenden auf, so daß der Gesamtplan des Buches nur bei fortschreitender Lektüre zutagetritt. Das Kapitel über das Menschenbild im Koran etwa greift Gedanken erneut auf, die schon zuvor im Zusammenhang mit der koranischen Gottesauffassung beschrieben wurden. Die Darstellung des Menschenbildes im Koran ist daher ohne die Kenntnis der Analyse der Gottesauffassung, die nicht noch einmal vorgenommen werden kann, kaum verständlich. Am Schluß des dritten, vierten und fünften Kapitels wird ganz knapp skizziert, welchen Weg die islamische Theologie und Rechtswissenschaft, von der koranischen Botschaft ausgehend, eingeschlagen haben. Ich hoffe, daß auch diese knappen Zeilen zur Verdeutlichung der Eigentümlichkeit der koranischen Gotteserfahrung und Weltauffassung beitragen.

I. Der Koran als Literaturdenkmal

1. Aufbau und Überlieferungsgeschichte

Der Koran, die Sammlung der an den Propheten Muḥammad (568/9–632) ergangenen Offenbarungen, ist das wichtigste Denkmal der altarabischen Literatur. Nach der gängigen Meinung heißt „Koran" so viel wie „Vorzutragendes", „Lesung". Möglicherweise stammt das Wort aus dem Christlich-Syrischen und bezeichnete die „Schriftlesung" im Sinne einer „Bibelstunde".[1] Einige mittelalterliche arabische Lexikographen betonten, „Koran" sei einer der Namen für das ewige Buch Gottes, das von den Anhängern anderer Religionen auch „Tora" oder „Evangelium" genannt werde.[2] Eine Ahnung von fremder Herkunft des Wortes mag in dieser Deutung als Eigenname nachklingen. In der Regel leiten die arabischen Lexikographen „Koran" jedoch von der arabischen Wortwurzel q–r–' her, die „aufsagen", „rezitieren" heißt. Es ist zu vermuten, daß diese Etymologie, auch wenn sie sprachgeschichtlich falsch sein mag, von Anfang an die Auffassung des Muslims von seiner heiligen Schrift prägte.

Denn schon in den ersten Worten, die nach islamischer Überlieferung dem Propheten offenbart wurden, findet sich die Wurzel q–r–'.

Sure 96, Vers 1 bis 5: 1 Rezitiere: Im Namen deines Herrn, der geschaffen hat, 2 geschaffen hat den Menschen aus einem Blutklumpen! 3 Rezitiere: Dein Herr ist der edelmütigste, 4 der durch das Schreibrohr gelehrt hat, 5 den Menschen gelehrt hat, was er nicht wußte!

Muḥammad erhält in diesen Versen die Aufforderung, das ihm übermittelte göttliche Wissen herzusagen und seinen Mitmenschen kundzugeben: Der Schöpfer weist den Propheten auf die Kreatürlichkeit des Menschen hin, und dies ist das Kernthema der göttlichen Botschaft, deren Urschrift nach islamischer Vorstellung auf einer „wohlverwahrten Tafel" (Sure 85, Vers 22) im Himmel aufgezeichnet ist. Der Koran gilt darum als das ewig gültige, noch vor der Schaffung der Welt aufgeschriebene Gotteswort, das durch die Rezitation stets aufs neue den Menschen ins Gedächtnis gerufen werden soll. Denn nur so werden sie des heilswichtigen Wissens inne, das in diesem Gotteswort liegt.

Die Sprache des Korans ist das Hocharabische, die lingua franca des damaligen Arabien. Er weicht nur in einigen grammatischen und stilistischen Eigentümlichkeiten, die man gemeinhin als Einsprengsel der hedschasischen Heimatmundart Muḥammads deutet, von diesem Idiom ab.

Das Hocharabische ist uns in der altarabischen Poesie reichlich bezeugt. Während der Pilgerfeste und Markttage, die im Laufe des Jahres an bestimmten Orten der Arabischen Halbinsel veranstaltet und von vielen Stämmen besucht wurden, pflegten Dichter aufzutreten. Die Verse, die bei derartigen Zusammenkünften vorgetragen wurden, mußten gemeinverständlich sein. „Arabisch", das heißt eigentlich „Sprache der nomadisierenden Steppenbewohner (al-ʿarab)", nannte man damals jene überregionale Sprachform. Zur Kennzeichnung der Sprache der Offenbarung kommt das Adjektiv „arabisch" auch im Koran vor (z. B. in Sure 12, Vers 2). Erst etwas später wird dieses Adjektiv auch für die Benennung eines Angehörigen des Volkes der Halbinsel verwendet, das sich in der Zeit, als der Islam entstand, zu einer aus Stämmen zusammengefügten Einheit zu formen beginnt. Das Bewußtsein, daß die arabische Hochsprache das wichtigste Merkmal sei, welches die „Araber" eine, ist bis auf den heutigen Tag lebendig geblieben.[3] Im Koran ist darüber hinaus mit dem Hinweis auf den arabischen Charakter der Offenbarung eine ganz bestimmte religionsgeschichtliche Vorstellung verbunden, wie in anderem Zusammenhang darzulegen ist.[4]

In der heute gebräuchlichen Form ist das heilige Buch des Islams in 114 Abschnitte von sehr unterschiedlicher Länge eingeteilt. Diese Abschnitte heißen „Suren".[5] Die Suren ihrerseits gliedern sich in Verse, im Arabischen „āyāt" genannt, d. h. „Wunderzeichen".[6] Diese Verse bestehen aus unterschiedlich vielen Wörtern und sind in bewegten, visionären Teilen des Korans meist sehr kurz, in den lehrhaften, erzählenden oder gesetzliche Bestimmungen darlegenden Abschnitten dagegen länger und mitunter unübersichtlich. Die Verseinteilung der Suren ergibt sich in der Regel ohne Schwierigkeiten aus den Reimen, die je eine Einheit von Wörtern – den Vers – abschließen.

Denn der ganze Koran ist in Reimprosa abgefaßt: Mehrere Verse enden auf einen bestimmten Reim, sie sind jedoch nicht nach metrischen Schemata aufgebaut, wie sie etwa in der altarabischen Poesie benutzt werden. So ist die koranische Reimprosa eine Art von Dichtung, die in stark rhythmisierter Sprache vorzutragen ist. Die Zahl der Silben eines Verses oder auch die Anzahl der rhythmischen Hervorhebungen ist nicht festgelegt. Dagegen treten Wort- und Satzakzent stark in den Vordergrund. Beim Vortrag der Reimprosa werden manche Wörter oder Silben sehr in die Länge gezogen.[7] Der Zwang, jeden Vers mit einem Endreim abzuschließen, hat im Satzbau und in der Wortwahl zu einigen Abweichungen von der Norm geführt, die nicht immer eindeutig geklärt werden können. Es finden sich meist Folgen von mehr als zwei Versen, die auf den gleichen Reim ausgehen. Um dem deutschen Leser einen ungefähren Eindruck von der koranischen Reimprosa zu geben, sei hier ein Teil der 53. Sure in der Übertragung von Friedrich Rückert[8] zitiert, dessen Nachdichtungen die Form des Originals wiederzugeben beabsichtigen:

1 Beim Stern, der flirrt! 2 Nicht euer Genosse tört noch irrt,
3 spricht nicht aus eigner Begierd', 4 es ist, was offenbar ihm wird.
5 Ihn lehrte ein hochstrebender 6 gewaltiger, stätschwebender,
7 am Himmel hoch sich hebender, 8 dann naht er sich und kam her-
nieder, 9 und war zwei Ellen weit und minder, 10 und offenbarte
seinem Knecht, was er ihm offenbarte; 11 nicht log das Herz, was das
Auge gewahrte. 12 Wollet ihr abstreiten ihm, was er gewahrte?
13 Dann sah er ihn das andremal 14 beim Sidrabaum[9] am Grenze-
pfahl, 15 wo der Wohngarten sich erstreckt; 16 da hat den Sidrabaum
bedeckt, was ihn bedeckt. 17 Es wankte nicht und irrte nicht sein Blick
erschreckt. 18 Von Zeichen seines Herrn sah er das große.

Alle 114 Suren des Korans tragen eine oder mehrere Überschriften,[10] die häufig auf die Kernthemen hinweisen, die in der jeweiligen Sure behandelt werden. So hat die 12. Sure den Titel „Josef“, weil sie ausführlich von dessen Schicksal erzählt. Die 27. Sure ist mit „Salomo“ oder „Die Ameisen“ überschrieben, da in ihr der Zug dieses Herrschers durch das Tal der Ameisen[11] erwähnt wird:

16 Und Salomo beerbte David und sprach: „Ihr Leute, uns wurde die
Sprache der Vögel beigebracht, und wir erhielten von allen Dingen etwas.
Hierin wird unser Vorrang deutlich erkennbar!“ 17 Es wurden für Salomo seine Heerscharen aus Menschen, Dämonen und Vögeln versammelt, so daß sie geordnet aufgestellt waren. 18 Als sie darauf in das Tal
der Ameisen kamen, sprach eine von ihnen: „Ihr Ameisen, geht an eure
Wohnplätze, damit euch Salomo und seine Heerscharen nicht zermal-
men, ohne es zu bemerken!“ 19 Da lächelte Salomo über ihre Worte
und sagte: „Herr, sporne mich an, daß ich dir für die Gnade, die du mir
und meinen Eltern erwiesen hast, danke und daß ich Gutes tue, woran du
Wohlgefallen findest, und reihe mich durch deine Barmherzigkeit in die
Schar deiner frommen Diener ein!“ – Während hier eine kleine Episode
der Sure ihren Namen gab, wird bisweilen auch das erste Wort als Titel
gebraucht. Die 89. Sure heißt „Die Morgendämmerung“, denn sie beginnt: 1 Bei der Morgendämmerung 2 und bei zehn Nächten 3 und
bei der geraden und der ungeraden Zahl 4 und bei der Nacht, wenn sie
abläuft! 5 Liegt hierin für den Verständigen nicht ein kräftiger
Schwur?!

Die Einteilung des Muḥammad geoffenbarten Gotteswortes in Suren und die Verszählung, die Reihenfolge der Suren und deren Benennung, all dies ist das Ergebnis einer umfangreichen redaktionellen Tätigkeit, die schon bald nach Muḥammads Tod einsetzte. Der islamischen Geschichtsüberlieferung zufolge war beim Tod des Propheten noch keine Sammlung seiner Offenbarungen angelegt worden. Es ist wahrscheinlich, daß die Männer in seiner unmittelbaren Umgebung längst einen großen Teil des Korans, aus dem zu verschiedenen Anlässen vorgetragen wurde, auswendig wußten. Muḥammad hatte gegen Ende seines Lebens, auf dem Höhepunkt seiner Macht stehend, Ergebenheitsbekundungen zahlreicher Stämme der Arabischen Halbinsel entgegennehmen dürfen. Manchen Gesandtschaften, die aus fernen Gegenden zu ihm gekommen waren, um ihm zu erklären, ihr Stamm habe den Islam angenommen, gab er auf den Rückweg einen seiner Gefährten mit, der die neuen Glaubensgenossen mit den Regeln der Religion bekanntmachen sollte. Es ist nicht zu ermitteln, inwieweit hierzu eine systematische Unterweisung im Koran gehörte. Die islamische Geschichtsschreibung geht davon aus, daß es bei Muḥammads Tod eine beachtliche Anzahl von Korankennern gab. Als unter Abū Bakr (reg. 632–634), dem ersten Nachfolger Muḥammads, viele Stämme sich wieder vom Islam lossagten, kam es zu blutigen Kämpfen gegen diese Abtrünnigen. Im Verlauf dieser Kriege, die sich über den größten Teil der Regierungszeit Abū Bakrs hinzogen, sollen besonders viele Korankenner den Tod gefunden haben. Abū Bakr sei daher besorgt gewesen, das Wissen um den Inhalt der Offenbarung könne verlorengehen, und habe deshalb den Plan gefaßt, den Koran in seiner Gesamtheit schriftlich niederlegen zu lassen.

Dies ist die Vorgeschichte der ersten Koranredaktion, wie sie von dem Überlieferer az-Zuhrī (gest. 741) erzählt wird. Er berichtet weiter, daß Zaid b. Ṯābit, einer der Schreiber des Propheten, für diese Aufgabe habe gewonnen werden können. „Du pflegtest doch die Offenbarungen für den Gottesgesandten niederzuschreiben. Wir vertrauen dir völlig. Darum zeichne sie jetzt auf!“ soll Abū Bakr gefordert haben, worauf Zaid entgegnet habe: „Bei Gott, beauftragte man mich, einen Berg zu versetzen, fiele es mir nicht schwerer als dies!“ Zaid machte sich ans Werk und kopierte den Koran „von Schriftrollen, Palmzweigen, weichen Steinen und von den Herzen der Männer.[12] Diese Nachrichten belegen, daß nur ein Teil der Offenbarungen, die der Prophet empfangen hatte, schriftlich festgehalten worden war. Selbst wenn Zaid als Schreiber der Offenbarungen angesprochen wird, deutet der weitere Inhalt des Berichtes darauf hin, daß es nach Muḥammads Tod eben nur vereinzelte und unvollständige Aufzeichnungen von privater Hand gegeben hatte, keineswegs aber irgendeine vom Propheten beglaubigte offizielle Fassung des Korans.

In diesem Zusammenhang ist eine kurze Bemerkung über die Verbreitung der Schreibkunst im damaligen Hedschas angebracht. Sowohl die geschichtliche Überlieferung der Araber als auch die allerdings spärlichen Inschriften aus vor- und frühislamischer Zeit zeigen, daß die Vorläufer der arabischen Schrift aus dem Norden stammten und möglicherweise im Hedschas verwendete Abarten des altsüdarabischen Alphabets verdrängten. Den Ausgangspunkt dieser Entwicklung bildete das arabische Königreich der Nabatäer, das von 169 v. Chr. bis 106 n. Chr. sich über ein Gebiet erstreckte, das vom nördlichen Hedschas bis in das Hauran-Gebirge südlich von Damaskus reichte. Nachdem dieses Königreich zerfallen war, blieb die nabatäische Sprache und Schrift noch etwa drei Jahrhunderte in Gebrauch. Die älteste Inschrift, die als unmittelbare Vorläuferin des späteren Arabisch angesehen werden kann, stammt aus dem Jahr 328 n. Chr. und wurde im Hauran-Gebiet gefunden. Wie es scheint, gelangte ein auf dem nabatäischen fußendes arabisches Alphabet auf zwei Wegen in den Hedschas, wo Mekka etwa seit dem 4. Jahrhundert n. Chr. als Handelsmetropole aufblühte: einmal unmittelbar aus dem Nordhedschas, der ja ehemaliges nabatäisches Reichsgebiet war, und zum zweiten auf dem Umweg über den mittleren Euphrat, wo Hira lag, die Hauptstadt des arabischen Königreichs der Laḫmiden. Über die auf halbem Weg zwischen Euphrat und Rotem Meer gelegene Oasensiedlung Dūmat al-Ǧandal wickelte schon das vorislamische Mekka seinen Handel mit dem Zweistromland ab, und über diese Karawanenstraße soll auch die Kunst des Schreibens in Mekka eingeführt worden sein.[13] Zu Muḥammads Lebzeiten galt es noch als außergewöhnlich, wenn jemand sich auf das Schreiben und Lesen verstand, und das geistige Leben beruhte vermutlich noch ausschließlich auf der Gedächtniskraft der Dichter, Erzähler und Wahrsager. Außer Zaid b. Ṯābit hat der Prophet noch einige andere Schreiber beschäftigt, doch bestand deren Aufgabe, wie auch aus der frühislamischen Geschichtsüberlieferung hervorgeht, in erster Linie in der Aufzeichnung vertraglicher Vereinbarungen, wie sie der Prophet in Medina mit Stämmen und anderen Gruppen zu treffen hatte. Man nutzte die Schreibkunst zur Regelung des Handels und der Politik, man ließ auch, wie wir aus einigen erhaltenen Beispielen wissen, aus mancherlei Beweggründen Gedenksteine errichten, aber es gab noch keine geschriebene Literatur in unserem Sinne. Abū Bakrs Befehl, den Koran sammeln und aufzeichnen zu lassen, brachte daher eine aufsehenerregende Neuerung. Noch weit in islamische Zeit hinein hielt sich bei Gelehrten, die sich mit den normsetzenden Taten und Worten (sunna) Muḥammads beschäftigten, ein starkes Mißtrauen gegen ausschließlich schriftlich Überliefertes; eine Kette von rechtschaffenen Gewährsmännern, die eine bestimmte Nachricht auf mündlichem Wege von Geschlecht zu Geschlecht weitergegeben hatten, galt ihnen als verläßlicher als papierene Belege.

Daß Zaid b. Ṯābit Teile des Korans aus den „Herzen der Männer" sammelte, stellt darum nur für den modernen Europäer ein Moment der Unsicherheit dar. Für den damaligen Muslim waren derartige Abschnitte mindestens ebenso gut, wenn nicht gar besser bezeugt als jene schriftlichen Bruchstücke. Az-Zuhrīs Bericht gibt denn auch zu erkennen, daß Zaid sich nicht vom Befund seiner schriftlichen Quellen leiten ließ, sondern von seinem Gedächtnis. „Ich vermißte einen Vers, den ich den Propheten des öfteren hatte rezitieren hören, nämlich: ‚Es ist zu euch ein Gesandter aus eurer Mitte gekommen' (Sure 9, Vers 128)", erzählt Zaid bei az-Zuhrī; „da suchte ich nach diesem Vers und entdeckte ihn bei Ḫuzaima b. Ṯābit. Also fügte ich ihn in die Sure ein."[14]

Die islamischen Quellen verraten uns nicht, ob Zaid b. Ṯābit sein Werk völlig zum Abschluß brachte und was aus den Ergebnissen seiner Arbeit wurde. Unter Abū Bakrs Nachfolger ʿUmar (reg. 634–644) und ʿUṯmān (reg. 644–656) war die Welle der Eroberungszüge in Gang gekommen. Das Schicksal des sich herausbildenden islamischen Reiches wurde nicht mehr allein von Medina aus bestimmt. Vielmehr entstanden an der Peripherie der Arabischen Halbinsel Heerlagerstädte, in denen die unterschiedlichsten Bevölkerungselemente zusammenströmten, um unter dem Banner des Islams in die angrenzenden Länder vorzudringen. Basra und Kufa im Zweistromland, Damaskus und Homs in Syrien und Fustat in Ägypten entwickelten sich rasch zu den neuen Brennpunkten der islamischen Geschichte. In Basra und Kufa, in Damaskus und Fustat residierten Statthalter des medinensischen Kalifen. Diesem waren sie formal unterstellt, und alljährlich während der Pilgersaison sollten sie sich im Hedschas einfinden, um dem Kalifen über die Maßnahmen, die sie im abgelaufenen Jahr getroffen hatten, Rede und Antwort zu stehen. Diese Vorkehrung konnte freilich nicht verhindern, daß die Heerlagerstädte allzu rasch sehr viel politisches Eigengewicht gewannen. ʿAlī (reg. 656–661), durch einen Bürgerkrieg an die Macht getragen, sah sich bereits gezwungen, von Kufa aus zu regieren, wo sich die politischen Kräfte konzentrierten, die ihn unterstützten. Sein Gegenspieler Muʿāwija (reg. 661–680), der Gründer der Dynastie der Omaijaden, hatte seinen Rückhalt in Syrien. Unter ihm wurde Damaskus zur glanzvollen Hauptstadt des arabischen Reiches.

Die Verlagerung der politischen Macht in die neu gewonnenen Randzonen der Arabischen Halbinsel ist nun auch für die Geschichte des Korans von großer Tragweite. Es kamen dort Koranrezensionen in Gebrauch, die in vielen Einzelheiten voneinander abwichen und daher zu einer Quelle von Streitigkeiten wurden.[15] Der Kalif ʿUṯmān rief deshalb ein Gremium ins Leben, dem auch Zaid b. Ṯābit angehörte, und beauftragte die Mitglieder, die Koranblätter, die sich im Besitz der Ḥafṣa, der Tochter ʿUmars, befanden, auf die Sprache hin zu überprüfen und gegebenenfalls unter Zugrundelegung des Sprachgebrauchs der Quraiš, des mekkanischen Stammes, dem der Prophet angehörte, zu berichtigen. Nachdem diese Arbeit beendet worden war, ließ ʿUṯmān mehrere Kopien dieser Rezension ausfertigen und in die Heerlagerstädte schicken. Die dort in Gebrauch befindlichen Koranexemplare wurden eingezogen und vernichtet. So lautet die gängige Fassung der islamischen Geschichtsschreibung über die Erarbeitung eines allgemein verbindlichen Korans. Sie stellt zwischen Zaids erster, durch Abū Bakr angeregter Version und der ʿuṯmānschen insofern eine Verbindung her, als sie behauptet, jenes erste Exemplar des Zaid sei von Abū Bakr seinem Nachfolger ʿUmar vererbt worden; nach dessen Tod habe Ḥafṣa es erhalten. Zaids erste Fassung sei mithin, von einigen sprachlichen Berichtigungen abgesehen, unverändert zur bis jetzt gültigen erhoben worden.

Der von uns skizzierte Bericht über die Entstehung des textus receptus des Korans scheint freilich die tatsächlichen Vorgänge stark zu vereinfachen, und es kann vor allem nicht als gesichert gelten, daß ein unmittelbarer Zusammenhang zwischen einer unter Abū Bakr aufgezeichneten Sammlung Zaids – wenn sie wirklich den Koran vollständig enthielt – und der von ʿUṯmān in Auftrag gegebenen Arbeit besteht. ʿAlqama b. Marṯad, ein kufischer Zeitgenosse des Damaszeners az-Zuhrī, stellt den Sachverhalt so dar, als habe Zaid, der angeblich beste Korankenner zur Zeit ʿUṯmāns, zusammen mit einem anderen Quraišiten – ohne Heranziehung anderen Materials? – die ʿuṯmānsche Fassung geschaffen. In dem Bericht ʿAlqamas klingt übrigens die Empörung an, die ʿUṯmān weckte, als er die übrigen im Iraq vorhandenen Koranexemplare vernichten ließ.[16] So haben wir eine syrische Version der Vorgänge, die zur Entstehung der ʿuṯmānschen Redaktion führten – eine Version, die die Quellen dieser Redaktion in die Zeit unmittelbar nach Muḥammads Tod zurückverlegt und ihr damit größtmögliche Autorität beimißt. Und wir haben den iraqischen Bericht, der diese Auffassung nicht teilt. Wir haben keine Möglichkeit, uns für eine dieser beiden Darstellungen zu entscheiden. Beide könnten parteiisch sein: die syrische, weil sie unterstreichen möchte, wie sehr ʿUṯmān, ein naher Verwandter der später in Damaskus herrschenden Omaijaden, in der prophetischen Tradition verwurzelt war; die iraqische, weil sie gerade diesen Punkt bestreiten möchte, war doch Kufa stets ein Zentrum antiomaijadischer Umtriebe, seit ʿAlī im Kampf gegen Muʿāwija unterlegen war, und wurde man dort doch nicht müde, die Omaijaden als Verderber der prophetischen Tradition zu schelten.

Bei kritischer Sichtung der zur Verfügung stehenden Quellen bleibt mithin die Vorgeschichte des ʿuṯmānschen Korantextes ungewiß. Sicher dagegen ist, daß sich der ʿuṯmānsche Text tatsächlich als die verbindliche Version des Korans durchsetzen konnte. Spuren anderer Fassungen hielten sich jedoch noch über Jahrhunderte hinweg. Besonders bekannt waren abweichende Lesarten, die der Koranredaktion des ʿAbdallāh b. Masʿūd entstammten. Ibn Masʿūd war ein Gefährte des Propheten gewesen und hatte sich zu Beginn der Eroberungszüge in Kufa niedergelassen.

Seine Version, über die wir gleich noch einiges hören werden, erfreute sich insbesondere unter der Anhängerschaft ʿAlīs, aus der sich die Schia entwickelte, großer Beliebtheit.

Mit der Einführung eines textus receptus waren zudem noch keineswegs alle Probleme gelöst. Die arabische Konsonantenschrift berücksichtigte ja die kurzen Vokale überhaupt nicht und war auch insofern oft mehrdeutig, als ein Zeichen bis zu fünf verschiedene Konsonanten wiedergab. So stand der einfache Haken ـٮـ in der Wortmitte für b, t, ṯ, j und n. Man kannte zwar schon das Verfahren, durch diakritische Punkte die Lautwerte eindeutig festzusetzen: ـبـ b, ـتـ t, ـثـ ṯ, ـيـ j, ـنـ n. Doch wurde dieses Verfahren noch längst nicht regelmäßig verwendet. Schon gegen das Jahr 700 erfand man ferner Hilfszeichen, die die kurzen Vokale andeuten und damit in allen Fällen eine ganz bestimmte Lesung des Konsonantentextes vorschreiben sollten. Alte Koranhandschriften zeigen, daß auch diese Hilfszeichen nur sehr sporadisch benutzt wurden. In der Regel sind sie mit roter Tinte in den schwarzen Text gesetzt, womit zum Ausdruck gebracht werden soll, daß sie eigentlich nicht Teil des Korans sind. Heutzutage bieten freilich alle Korane einen voll vokalisierten Text, der immer nur eine Lesung zuläßt.

Wie schon angedeutet, blieben Spuren anderer Koranfassungen erhalten, obwohl sich die ʿuṯmānsche sehr rasch als die allgemeingültige behaupten konnte. Schon in den ersten Jahrhunderten nach der Hedschra entstand eine Anzahl von Schriften, die sich mit den Lesarten des Korantextes beschäftigten. Aus dem Material, das in diesen Abhandlungen besprochen wird, geht hervor, daß es neben der Rezension von Zaid b. Ṯābit bzw. ʿUṯmān und derjenigen des ʿAbdallāh b. Masʿūd in den ersten Jahrzehnten nach Muḥammads Tod eine Reihe weiterer Fassungen des Korans gab. Ubaij b. Kaʿb (gest. nach 650), ein Mann, der wie Zaid dem Propheten als Sekretär gedient hatte, soll von Muḥammad selber als der beste Korankenner der Muslime bezeichnet worden sein. Ubaij scheint sehr früh nach Syrien gelangt zu sein. Dort war seine Koranfassung in Gebrauch, bevor die ʿuṯmānsche entstand. Vielleicht wurde er später in irgendeiner Form an der von ʿUṯmān befohlenen Redaktionsarbeit beteiligt.[17] – Nach schiitischer Vorstellung war ʿAlī, der Schwiegersohn und Vetter des Propheten, der erste, der es sich zur Aufgabe gemacht hatte, die Offenbarungen zusammenzustellen. Die Umstände, unter denen er diese Arbeit bewältigt haben soll, klingen allerdings sehr legendenhaft: Noch während die übrigen Muslime nach Muḥammads Tod um die Führerschaft der Gemeinde stritten, habe ʿAlī den Koran fertiggestellt; andere Berichte lassen wenigstens ein halbes Jahr verstreichen, ehe ʿAlī tätig wird. Manches deutet darauf hin, daß ʿAlī die ʿuṯmānsche Fassung des Korans begrüßte und seine eigene aufgab. Hierfür spricht auch die Tatsache, daß die Schiiten, die Partei ʿAlīs im Bürgerkrieg, der nach der Ermordung ʿUṯmāns im Jahre 656 ausgebrochen war, ebenfalls nur noch die von letzterem veranlaßte Rezension benutzen konnten. Andernfalls wäre uns von schiitischer Seite sicher viel mehr über Alis Koran überliefert,[18] der sich allem Anschein nach durch eine besondere Reihenfolge der Suren auszeichnete. – Verstreute Nachrichten belegen ferner, daß etwa bis in die Mitte des 8. Jahrhunderts von einigen Gelehrten Korane zusammengestellt wurden, die in einzelnen Punkten von ʿUṯmāns Redaktion abwichen und anderen, beispielsweise derjenigen von ʿAbdallāh b. Masʿūd, folgten.[19]

Später freilich galt der ʿuṯmānsche Koran unangefochten. Selbst von ʿAbdallāh b. Masʿūd, der allem Anschein nach ʿUṯmāns Version nicht als allein gültig hatte anerkennen wollen, erzählte man nun, daß er letzten Endes doch mit dem Werk des Kalifen einverstanden gewesen sei – ein deutlicher Versuch, die Zwistigkeiten um die Einführung eines verbindlichen Textes im nachhinein zu bagatellisieren.[20] Der ʿuṯmānsche Koran, so sah man es jetzt, hatte von Anfang an die Zustimmung aller wichtigen Männer gefunden, und niemand sollte seine Richtigkeit in Zweifel ziehen. Wagte dies dennoch jemand, so wurde hieraus eine Staatsaffäre. Im Jahre 934 wurde der Koranleser Abū Bakr b. Miqsam in Bagdad von einem Gremium verhört, weil er einige nicht-ʿuṯmānsche Lesarten für richtig befunden hatte. Die Untersuchung wurde von Ibn Muǧāhid, einer der größten Autoritäten auf dem Gebiet der Koranlesekunst, geleitet und führte zu dem Ergebnis, daß der Beschuldigte die Unhaltbarkeit seiner Thesen einsah und bereute, vom rechten Pfad abgewichen zu sein.[21] Ein Jahr später erfuhr der Wesir Ibn Muqla, daß ein gewisser Muḥammad b. Aḥmad b. Šannabūḏ, ein frommer, asketisch lebender Gelehrter, sich ebenfalls erkühnt habe, nicht-ʿuṯmānsche Lesarten für richtiger zu erklären. Der Wesir ließ ihn gefangensetzen und der Prügelstrafe unterziehen, worauf Ibn Šannabūḏ reumütig versprach: „Ich sage mich von meinen Lesarten los und will nicht wieder gegen den Korantext des ʿUṯmān verstoßen und nur noch die allgemein anerkannten Lesarten, die er enthält, verwenden." Ibn Muǧāhid hatte wieder alles klären können, und Ibn Šannabūḏ, der um sein Leben fürchtete, unterzeichnete ein Protokoll des folgenden Inhalts: „Muḥammad b. Aḥmad b. Aijūb, genannt Ibn Šannabūḏ, sagt: ‚Ich pflegte einige Lesarten vorzutragen, die dem Inhalt des Korans von ʿUṯmān b. ʿAffān, über dessen Richtigkeit Einstimmigkeit herrscht und über dessen Leseweise die Gefährten des Gottesgesandten Einigkeit erzielt hatten, zuwiderliefen. Dann aber wurde mir klar, daß dies ein Fehler sei, und ich bereue es und sage mich davon los und habe vor Gott nichts mehr damit zu tun. Denn der Korantext des ʿUṯmān ist die Wahrheit; man darf nicht in Widerspruch zu ihm geraten und nichts außer ihm rezitieren.'" Hierauf bat man den Wesir, den Beschuldigten laufen zu lassen. Ibn Muqla willigte ein, und man geleitete Ibn

Šannabūḏ heimlich des Nachts in sein Haus zurück, weil man befürchtete, der aufgebrachte Pöbel könne sich an ihm vergreifen.[22]

Welcher Art sind nun die Textvarianten, in denen sich ʿUṯmāns Koran von den übrigen Versionen unterscheidet? Vorausgesetzt, daß uns die heute zur Verfügung stehenden Quellen ein annähernd richtiges Bild vermitteln, hat man keinesfalls mit ins Auge springenden, möglicherweise gar das Wesen der muḥammadschen Verkündigung, wie sie uns aus ʿUṯmāns Text bekannt ist, antastenden Abweichungen zu rechnen. Meist handelt es sich um orthographische und lexikalische Varianten. Bisweilen werden auch unterschiedliche Verbformen dargeboten, die den Sinn in Einzelheiten abwandeln, ohne den Inhalt einer Sure insgesamt in Frage zu stellen. Das trifft auch auf die verhältnismäßig seltenen Fälle zu, in denen ganze Sätze oder Satzteile ausgewechselt werden. Ein Vergleich der 61. Sure der ʿuṯmānschen Redaktion mit der Fassung von ʿAbdallāh b. Masʿūd soll uns die Bandbreite der möglichen Textvarianten verdeutlichen:

6 Und einst sagte Jesus, der Sohn der Maria: ,,Ihr Israeliten, ich bin der Gesandte Gottes an euch und bestätige die vor mir geoffenbarte Tora und verheiße euch einen Gesandten, der nach mir kommen wird. Sein Name ist Aḥmad." Als Jesus ihnen Beweise vorlegte, entgegneten sie: ,,Dies ist offenkundige Zauberei!" – ʿAbdallāh b. Masʿūd: ... ,,Dieser (Jesus) ist ein offenkundiger Zauberer!"

7 Wer aber ist frevelhafter als derjenige, der gegen Gott Lügen ersinnt, während er doch zum Islam aufgerufen wird? – ʿAbdallāh b. Masʿūd: ... während er (Gott?) doch zum Islam aufruft?

10 Ihr Gläubigen, soll ich euch auf einen Handel hinweisen, der euch vor einer schmerzhaften Strafe rettet? – ʿAbdallāh b. Masʿūd: ... der euch vor der Strafe des Schmerzhaften rettet? 11 Ihr müßt an Gott und seinen Gesandten glauben und auf dem Pfad Gottes mit eurem Vermögen und eurer Person kämpfen ... – ʿAbdallāh b. Masʿūd: Glaubt an Gott und seinen Gesandten und kämpft auf dem Pfad Gottes mit eurem Vermögen und eurem Leben! ...

12 Er vergibt euch unter dieser Bedingung eure Sünden und läßt euch in Gärten hinein, durch die unten Bäche strömen, und in schöne Wohnungen in den Gärten Eden. Das ist ein gewaltiger Gewinn. – ʿAbdallāh b. Masʿūd: ... und läßt euch in das Paradies hinein, in dem ihr reine Gattinnen haben werdet und wo ihr ewig bleibt.

14 Ihr, die ihr glaubt, seid Helfer Gottes, gleich wie Jesus, der Sohn der Maria, zu den Jüngern sprach: ,,Wer sind meine Helfer zu Gott?" Da entgegneten die Jünger: ,,Wir sind Helfer Gottes." Es glaubte eine Gruppe von den Stämmen Israels, eine andere verharrte im Unglauben. Wir aber stärkten die Gläubigen gegen ihren Feind, so daß sie die Oberhand gewannen. – ʿAbdallāh b. Masʿūd: Ihr, die ihr glaubt, seid *ihr* Helfer für

Gott, gleich wie Jesus, der Sohn der Maria, zu den Jüngern sprach: „Wer sind meine Helfer zu Gott?“ Da entgegneten die Jünger: „Wir sind Helfer für Gott.“ So glaubte mit ihm (Jesus) eine Gruppe der Söhne Israels, und wir stärkten die Gläubigen unter ihnen gegen ihren Feind.[23]

In den Versen 7 und 11 weicht ʿAbdallāh b. Masʿūd in einer oder mehreren Verbformen von der Rezension ʿUṯmāns ab; in Vers 6 ist statt des Verbalnomens „Zauberei“ das Nomen agentis „Zauberer“ gewählt. In Vers 10 ist aus der Fügung Substantiv mit Attribut durch Einschaltung des Artikels eine Genetivverbindung entstanden: „Strafe des Schmerzhaften“ statt „schmerzhafte Strafe“. In Vers 12 ist ein Topos der Paradiesbeschreibung gegen einen anderen ausgetauscht worden. In Vers 14 liegen verschiedene kleine Abweichungen vor.

Ubaij b. Kaʿbs Koran enthielt, so wird uns überliefert, zwei kurze Suren, die in ʿUṯmāns Sammlung fehlen: die sogenannte Sure der Lossagung: „ 1 O Gott, wir rufen dich um Hilfe an und bitten dich um Vergebung. 2 Wir preisen dich und begegnen dir nicht mit Unglauben. 3 Wir sagen uns los und trennen uns von allen, die sich wider dich empören!“ und die Sure des Eilens: „ 1 O Gott, dich verehren wir, 2 zu dir beten wir und vor dir werfen wir uns nieder, 3 zu dir hin laufen und eilen wir. 4 Wir hoffen auf deine Barmherzigkeit 5 und fürchten uns vor deiner Strafe. 6 Gewiß wird deine Strafe über die Ungläubigen kommen!“[24] – In diesem Zusammenhang sei nur kurz erwähnt, daß manche schiitischen Kreise die These vertreten, ʿUṯmān habe zwei Suren unterdrückt, die eindeutig für die Richtigkeit des schiitischen Verständnisses des Islams und für den Anspruch ʿAlīs und seiner Nachkommen auf die Herrschaft gezeugt hätten. Diese Suren tragen die Titel „Die zwei Lichter“ und „Die Hinwendung (d.h. zu ʿAlī und den Imamen aus seiner Nachkommenschaft)“. Beide Suren sind jedoch ohne Zweifel spätere Fälschungen, weil sie einen Stand der Entwicklung des schiitischen Dogmas voraussetzen, der erst im 8. Jahrhundert erreicht wurde. Übrigens hat die Mehrheit der Schiiten sich zur Stützung ihrer Lehren kaum je auf diese Fälschungen berufen.[25]

Man hat sich in der Wissenschaft angewöhnt, die Lesarten des Korans, die aus den nicht-ʿuṯmānischen Versionen stammen, als nicht-kanonische zu bezeichnen und ihnen die kanonischen gegenüberzustellen. Bei letzteren handelt es sich um geringfügige Varianten innerhalb des ʿuṯmānschen Korantextes, die sich zudem meist im Rahmen des vom Konsonantenschriftbild dieser Version her Vertretbaren halten. Sure 2, Vers 106 wird beispielsweise gewöhnlich gelesen: „Abrogieren wir einen Vers oder lassen wir ihn in Vergessenheit geraten, so ersetzen wir ihn durch einen besseren oder wenigstens durch einen gleich guten.“ Manche ziehen die folgende Fassung vor: „Abrogieren wir einen Vers oder schieben wir ihn auf, ..." In beiden Fällen ist das Konsonantenschriftbild der fraglichen Stelle gleich.[26]

Von solchen auch den Sinn berührenden Lesarten gab es im ʿuṯmānischen Text nur noch wenige. Die islamische Koranwissenschaft hat nie versucht, eine einzige dieser verbliebenen Textvarianten für verbindlich zu erklären. Man hat vielmehr erkannt, daß nicht in allen Fällen eine einzige Lösung als die beste durchzusetzen sein würde, und geht deshalb davon aus, daß es insgesamt sieben kanonische Arten, den Koran – d. h. den ʿuṯmānschen textus receptus – zu lesen gebe. Diese werden auf sieben berühmte Korankenner des 8. Jahrhunderts zurückgeführt. Auf den ersten Blick mag es scheinen, als sei der Wunsch ʿUṯmāns, zu einem einheitlichen Text der Offenbarung zu gelangen, unerfüllt geblieben. Man muß sich jedoch folgendes klarmachen: Für die erdrückende Mehrzahl der Verse des ʿuṯmānschen Korans ist keine Variante überliefert; wenn überhaupt, so ist für einen bestimmten Vers meist nur eine Variante bekannt; die sieben kanonischen Lesarten unterscheiden sich voneinander vor allem darin, daß etwa A, B und C für den Vers X eine Variante anbieten, B und D eine solche für den Vers Y und C, E, F und G eine solche für den Vers Z usw. Jede der Lesarten weicht also keineswegs von einer der anderen in allen Versen ab, für die Varianten überliefert sind. Die Zusammenfassung dieser sieben Lesarten des textus receptus ist zu einem großen Teil das Verdienst des oben erwähnten Ibn Muǧāhid (gest. 936). Seine Gewissenhaftigkeit und Genauigkeit werden in den Quellen aufs höchste gelobt. Eines Nachts träumte ihm, daß er den ganzen Koran mehrmals vortrage. Dabei unterliefen ihm zwei Fehler, worüber er sehr bekümmert war. Da tröstete ihn Gott: „Die Vollkommenheit ist mir vorbehalten, die Vollkommenheit ist mir vorbehalten!"[27] – Die islamische Koranwissenschaft hat sich äußerster Akribie befleißigt, aber man war nicht so vermessen, die vollständige Vereinheitlichung des Korantextes zu erzwingen.

Neben den nicht-kanonischen und den kanonischen Lesarten, die sich auf die ältesten Rezensionen des Korans zurückführen lassen, gibt es jüngere Textvarianten, die sich an das Schriftbild des ʿuṯmānschen Textes anlehnen oder die Autorität einer anderen Fassung, z. B. derjenigen des Ibn Masʿūd, in Anspruch nehmen. Sie geben sich als alt aus, sind aber in Wirklichkeit bereits Ergebnis eines theologischen Nachsinnens über den Inhalt der islamischen Offenbarung. Das bloße, meist noch nicht mit diakritischen Punkten versehene Konsonantengerippe des Textes ließ in vielen Fällen mehrere Deutungen zu, und die Hilfszeichen für die kurzen Vokalphoneme, die erst den Sinn mancher Stelle endgültig festlegen konnten, kamen, wie wir sahen, verhältnismäßig spät in Gebrauch. So stand der Spekulation ein weites Feld offen. Hierfür nur ein Beispiel: In Sure 5, Vers 112 wird Jesus von den Jüngern gefragt: „Kann (arabisch:

jastaṭīʿu) dein Herr einen Tisch vom Himmel herablassen?" Eine Variante dagegen lautet: „Kannst du (arabisch: tastaṭīʿu) deinen Herrn einen Tisch vom Himmel herabsenden lassen?" Der Konsonantentext ohne diakritische Punkte läßt offen, ob die 3. oder die 2. Person Singular gemeint ist, und je nach der – im Schriftbild nicht vorhandenen – Vokalisierung kann „dein Herr" als Subjekt oder Objekt gedeutet werden; die Verbindung des Verbums „können", die die Variante erfordert, ist allerdings sehr ungewöhnlich. Man hat zu Recht darauf hingewiesen, daß eine große Zahl dieser vom allgemeinen Verständnis des textus receptus abweichenden Lesarten gekünstelt wirkt und womöglich auf frommen Eifer zurückzuführen ist. Manche Muslime fanden, um bei unserem Beispiel zu bleiben, die Frage anstößig, ob Gott einen Tisch vom Himmel herablassen könne. Denn natürlich ist der allmächtige Schöpfer hierzu imstande, und allein eine solche Frage verrät unzulässige Zweifel an seiner Allmacht. Also mußte die Textstelle anders gedeutet werden können.[28] In aller Regel sind derartige Interpretationen jedoch stets als Eigenwilligkeiten zurückgewiesen worden.

Der Koran ist aber nicht nur schriftlich festgelegtes Gotteswort, er ist, wie schon betont, in viel stärkerem Maß die im mündlichen Vortrag zu vergegenwärtigende Rede des Schöpfers. Daher entwickelt sich von Anfang an eine Wissenschaft von der Rezitation des Korans, eine Sparte, deren Geschichte untrennbar mit der Lesartenkunde verknüpft ist, und zwar allein schon deshalb, weil in der Frühzeit der Koran fast ausschließlich mündlich weitergegeben und der erdrückenden Mehrheit der Muslime allein durch den gottesdienstlichen Gebrauch vermittelt worden war. Die Einrichtung der Koranschule, in der in der Regel der schriftlich niedergelegte Text der Offenbarungen durchgenommen und von den Schülern auswendig gelernt wird, gehört einer späteren Zeit an.[29] Die Vereinheitlichung des Korantextes wurde nicht nur vom Schriftbild her betrieben, sondern auch vom mündlichen Vortrag ausgehend. Die allgemein anerkannte Rezitationsweise eines bestimmten Verses konnte bei der mangelnden Eindeutigkeit der Konsonantenschrift ohnehin oft ein höheres Maß an Glaubwürdigkeit für sich beanspruchen als eine noch so gescheite, aber durch den mündlichen Gebrauch eben nicht bestätigte Interpretation der Konsonantenfolge des betreffenden Verses. Ohne diese unantastbare Autorität der mündlichen Tradition wäre der Koran kaum in der uns heute selbstverständlich erscheinenden sehr einheitlichen Form auf uns gekommen. Die Durchsetzung einer bestimmten Lesung hatte notwendigerweise die Vereinheitlichung der Vokalisierung des Textes zur Folge und bewahrte ihm einen einzigen, allgemein anerkannten Sinn. Ferner führte das Streben nach korrektem Vortrag des Korans dazu, daß mundartliche Färbungen der Wiedergabe verpönt und schließlich ausgemerzt wurden. So verschwand die als hedschasisch geltende Aussprache des Pronominalsuffixes der 3. Person Singular masculinum „–hu“ nach „–i“ (z. B. bi–hū) völlig, und es setzte sich das hochsprachliche „–hi“ durch (z. B. bi–hī).[30]

Auch die Art des Vortrags des – ʿuṯmānschen – Korantexts wurde schließlich im Rahmen der schon erwähnten sieben kanonischen Lesarten festgelegt. Ibn Muǧāhid schuf dieses Siebener-System, wobei er aus den überlieferten einzelnen Besonderheiten der Rezitation eines jeden jener sieben Koranleser dessen allgemeine Charakteristika abzuleiten versuchte. Durch Analogieschluß wurden diese dann auf den gesamten Text ausgedehnt, für den sie ja nicht ausdrücklich bezeugt waren. Seit Ibn Muǧāhid, dessen Werk schnell großen Anklang fand, kann man die Koranrezitation nur betreiben, indem man den textus receptus je auf einem der sieben sanktionierten Wege durchnimmt bzw. vorträgt. Man hat nicht mehr die Möglichkeit, beim Vortrag des Korans einen bestimmten Vers nach der kanonischen Variante und Rezitationsart A, einen anderen nach B wiederzugeben. Nur innerhalb einer geschlossenen Lesung bestand in einzelnen Fällen noch die Gelegenheit einer Auswahl, da jede der kanonischen Lesarten über mehrere unterschiedliche Gewährsmännerketten auf ihren Urheber zurückgeführt wurde, wodurch sich kleinere Abweichungen eingeschlichen hatten. Später wurde auch diese Freiheit noch aufgehoben, und es galt als unzulässige Flickschusterei, innerhalb der geschlossenen Lesart mehrere Überlieferungslinien miteinander zu verquicken.[31]

Die Kunst des Koranvortrags, die im Siebener-System geregelt wurde, ist außerordentlich vielschichtig und nuancenreich. Man unterscheidet eine sehr langsame Sprechweise (tartīl), die dem Nachdenken über den Inhalt der Verse Zeit geben soll, und eine Lesung in normaler Sprechgeschwindigkeit. Der langsame Vortrag soll unter peinlich genauer Einhaltung der Artikulationsregeln des klassischen Arabisch erfolgen. Jede Lesung kann ferner derart angelegt werden, daß sie in den Zuhörern gewisse Empfindungen wachruft: Betrübnis oder Euphorie. Der Text kann im Sprechgesang oder im Gesang vorgetragen werden.[32] Ein weiteres verwickeltes Kapitel stellen die Verstärkungen dar, die manchen Vokalen in der Umgebung bestimmter Konsonanten verliehen werden dürfen. Schließlich kennt man verschiedene Arten von Assimilierungen, die zwischen einigen Konsonanten möglich sind und bei ausgefeiltem Vortrag berücksichtigt werden müssen.

Nicht nur die Ausarbeitung eines verbindlichen Textes der Offenbarung war eine schwierige Aufgabe und stellt eine beachtliche Leistung der frühmittelalterlichen islamischen Wissenschaft dar, sondern auch bei der Anordnung der einzelnen Teile und Bruchstücke mußten erhebliche Probleme gelöst werden. Auch hierbei dauerte es längere Zeit, ehe eine Einheitlichkeit erzielt oder erzwungen werden konnte. Bezeichnenderweise kennt ein um 900 verfaßtes arabisches Werk über die Geschichte des Korantextes eine Überlieferung, in der man den Propheten versichern läßt, die Anordnung der Offenbarungen, wie sie im ʿuṯmānschen Koran zu finden sei, entspreche völlig derjenigen der himmlischen Urschrift.[33] Es gab also andere Anordnungen als in der ʿuṯmānschen Redaktion, in der die Suren nach dem Kriterium der Länge aneinandergereiht sind. Eine Ausnahme bildet hier nur die erste „Die Eröffnende", die wie ein kurzes Geleitwort dem Koran vorangestellt wurde. Die 2. Sure mit 286 Versen ist die längste, die 114. mit nur 6 Versen eine der kürzesten. Die Koranfassung des Ubaij b. Kaʿb zeigte das gleiche Prinzip der Einteilung; nur in Einzelheiten wich sie von der ʿuṯmānschen ab. So stand offenbar die 4. Sure „Die Frauen" vor der 3. Sure „Die Sippe Imrans".[34] Ähnlich war auch der Text des ʿAbdallāh b. Masʿūd aufgebaut. Bemerkenswert war seine Rezension ferner wegen der Tatsache, daß in ihr die erste Sure „Die Eröffnende" und die beiden letzten Suren 113 „Der Tagesanbruch" und 114 „Die Menschen" fehlten. Diese beiden Suren am Ende des ʿuṯmānschen Textes heißen im Arabischen auch „Die beiden Feienden" und wurden als Formeln verwendet, mit denen man bei Gott Schutz vor den bösen Einflüssen des Satans und der Dämonen erflehte. In der islamischen Volksreligion haben sie bis auf den heutigen Tag ihre apotropäische Funktion behalten. Zusammen mit der ersten Sure, die zugleich als das wichtigste Gebet des Muslims gilt, bilden sie eine kleine Gruppe von Texten, deren Zugehörigkeit zum geoffenbarten Gotteswort anscheinend zweifelhaft war.[35] Ganz aus dem Rahmen des Üblichen fällt die Anordnung der Suren, die für ʿAlīs Koran überliefert wird. Es heißt, ʿAlī habe alle Suren so aufgeteilt, daß insgesamt sieben etwa gleich lange Teile – man spricht von je 886 Versen – entstanden seien. Jeder Teil habe mit einer der langen Suren begonnen – im ʿuṯmānschen Koran die Suren 2 bis 8 –, dann seien kürzere gefolgt. Noch bemerkenswerter ist eine Nachricht, die der eben genannten widerspricht und behauptet, ʿAlī habe die Offenbarungen in der chronologischen Reihenfolge ihrer Entstehung aneinandergefügt; sein Koran habe mit der 96. Sure begonnen; ihr sei die 74. gefolgt usw.[36] Damit ist das Problem der Chronologie der Offenbarungen angeschnitten, eine Frage, mit der sich die islamische Koranwissenschaft und auch die europäische Leben-Muḥammad-Forschung sehr eingehend befaßt haben.

Mit dem Sieg des ʿuṯmānschen Korans über alle Konkurrenten lag auch die Reihenfolge der Suren fest. Das gleiche gilt jedoch nicht für die Verszählung. Ohne auf Einzelheiten einzugehen, sei nur erwähnt, daß die unterschiedlichen Verszählungen nach den Orten benannt werden, in denen sie in frühislamischer Zeit in Gebrauch waren. Man kennt die Zählungen von Basra, Kufa, Damaskus nebst Homs, Mekka, Medina. Die kufische Zählung ist die heute vorherrschende. Ihr zufolge umfaßt der ʿuṯmānsche Korantext 6236 Verse. Die anderen Zählmethoden kommen auf eine etwas geringere Anzahl.[37]

Die im ʿuṯmānschen Koran vorgenommene Aufteilung des Inhalts ist zumindest für denjenigen, der sich einen Überblick über die Geschichte der islamischen Offenbarung und die Entwicklung des prophetischen Bewußtseins Muḥammads verschaffen möchte, außerordentlich unzweckmäßig. Auch die islamische Theologie und die Rechtswissenschaft, die zur Auslegung einer bestimmten Stelle oft fragen mußten, wann und unter welchen Umständen sie Muḥammad eingegeben worden sei, sahen sich veranlaßt, Aufschluß über die historische Abfolge der Herabsendung der Koranverse zu suchen. Zu Beginn dieses Kapitels wurde darauf hingewiesen, daß Länge und Ausdrucksweise der Koranverse sehr verschiedenartig sind. In diesen stilistischen Unterschieden liegt der erste und wichtigste Schlüssel für eine Antwort auf die Frage nach der zeitlichen Abfolge der Einzeloffenbarungen. Als Faustregel kann gelten, daß die Suren, die der frühesten Zeit des mekkanischen Wirkens des Propheten zuzuschreiben sind, nur wenige Verse umfassen und daß diese Verse zudem recht kurz sind. Die medinensischen Suren sind dagegen in der Regel viel länger, und ihre Verse enthalten häufig verwickelte Satzperioden. Dies ist nicht zuletzt durch den Inhalt bedingt, der als ein weiteres Kriterium hinzukommt, sobald man die Grundzüge der religiösen Entwicklung erkannt hat, die Muḥammad während der über zwanzig Jahre seiner Prophetenschaft durchgemacht hat. In der frühen mekkanischen Phase steht er ganz unter dem Eindruck des erschütternden Erlebnisses eines unvermittelten Einbruchs des Heiligen in sein Leben. In Medina dagegen wirkt er als der Führer eines auf religiöser Grundlage beruhenden Gemeinwesens; in den Offenbarungen treten nunmehr gesetzliche Bestimmungen im weitesten Sinn in den Vordergrund. Zwischen dem Ausgangs- und dem Endpunkt der sprachlichen Entwicklung des Korans liegen naturgemäß viele Schattierungen und Übergangsstufen. Es lassen sich beispielsweise die gegen Ende seines Aufenthalts in Mekka auftauchenden Erzählungen von den früheren Propheten stilistisch und inhaltlich als eine spezifische Textgruppe innerhalb des Korans begreifen, die sich allmählich aus wenigen ganz allgemeinen Bemerkungen, die in die ältesten Suren eingestreut sind, entfaltet.

Die Frage nach der historischen Reihenfolge der Offenbarungen wird dadurch weiter kompliziert, daß viele Suren keine inhaltlich geschlossenen Gebilde sind, sondern ihrerseits aus Bruchstücken zusammengefügt wurden, die nicht selten ganz verschiedenen Perioden des prophetischen Wirkens angehören. Ein einprägsames Beispiel hierfür bildet die

73. Sure „Der sich eingehüllt hat“: Im Namen Gottes, des Barmherzigen, des Erbarmers! 1 Der du dich eingehüllt hast! 2 Wache die Nacht

über,[38] bis auf einen kleinen Rest! 3 Die Hälfte der Nacht oder etwas
weniger! 4 Oder etwas mehr! Und rezitiere den Koran in langsam ge-
setzter Rede! 5 Wir werden schwere Worte auf dich laden. 6 Was
über Nacht in dir aufkommt, prägt sich stärker ein und läßt sich gerader
ausdrücken. 7 Denn am Tage gehst du ausgiebig deinen Geschäften
nach. 8 Und nenne den Namen deines Herrn! Ihm widme dich ganz!
9 Der Herrn des Ostens und des Westens – es gibt keinen Gott außer
ihm! Ihn erwähle dir zum Sachwalter! 10 Und laß dich von ihrem
Gerede nicht anfechten und meide sie hübsch! 11 Die Leugner, die sich
ihres Glückes freuen, stelle nur mir anheim und laß ihnen noch eine
kleine Frist! 12 Denn wir verfügen über Ketten und Höllenfeuer,
13 über Speise, die im Halse steckenbleibt, und über schmerzhafte Strafe
14 an einem Tag, da die Erde und die Berge erbeben und die Berge ein
hingeschütteter Sandhaufen sein werden. 15 „Wir haben euch einen
Gesandten geschickt, der wider euch Zeugnis ablegt, wie wir auch zu
Pharao einen Gesandten schickten. 16 Dem Gesandten widersetzte sich
Pharao, worauf wir ihn unheilvoll bestraften. 17 Wie also könnt ihr,
wofern ihr ungläubig seid, euch vor einem Tag schützen, der Knaben zu
Greisen macht? 18 Der Himmel wird sich an ihm spalten. Die Drohung
Gottes wird sich erfüllen.“ 19 Dies hier ist eine Mahnung. Wer will,
schlägt lieber den Weg zu Gott ein! 20 Dein Herr weiß, daß du fast
zwei Drittel, die Hälfte oder ein Drittel der Nacht wachst, und auch
einige, die mit dir sind. Gott allein teilt Nacht und Tag ein! Er weiß, daß
ihr es nicht nachzählen werdet. Doch er wandte sich euch gnädig zu.
Darum rezitiert soviel vom Koran, als euch erträglich dünkt. Er weiß,
daß ihr tun werdet, was sein Wohlgefallen findet. Andere von euch eilen
im Land umher und erstreben Gottes Huld. Wieder andere kämpfen auf
dem Pfade Gottes. Rezitiert also von ihm soviel, als euch erträglich
dünkt! Und haltet das Gebet ein und gebt Almosen! Gebt Gott ein gutes
Darlehen! Das Gute, das ihr für euch als Vorleistung erbringt, werdet ihr
bei Gott wieder vorfinden, und zwar als etwas Besseres, als erheblich
höher belohnt! Und bittet Gott um Vergebung! Er ist vergebend und
barmherzig.

Drei gänzlich unterschiedliche Themen werden in dieser kurzen Sure angeschnitten. Die Verse 1 bis 14 gehören anscheinend zusammen. Muḥammad wird aufgerufen, sich zum Empfang des Wortes Gottes bereitzumachen und sich nicht in panischem Entsetzen vor dem Heiligen zu verhüllen. Im Gebet wachend soll er einen Teil der Nacht verbringen; sie ist der günstigste Zeitraum für die Aufnahme der Worte des Herrn. Den einen Gott soll er verkünden, und das Gespött der Ungläubigen soll ihn nicht von der Gewißheit seiner Botschaft abbringen. Mögen sie im Wohlstand leben und scheinbar recht haben, mögen sie den Propheten verhöhnen! Sobald die von Gott gesetzte Frist abgelaufen ist, verfallen sie unweigerlich der Höllenstrafe. – So endet die erste Texteinheit der Sure. Sowohl wegen ihrer Form als auch wegen ihres Inhalts ist sie der frühen Periode zuzurechnen: Muḥammad flieht die Berührung mit dem Numinosen, die ihn zum Außenseiter stempelt.

Die nächste Einheit wird von den Versen 15 bis 19 gebildet. Die erregte, abgerissene Ausdrucksweise, die das unmittelbare Erleben widerspiegelt, ist der klareren Sprache der Reflexion gewichen. Daß die Geschichte der Menschheit auf ein göttliches Strafgericht zuläuft, ist dem Propheten nun zu einer gut verbürgten Botschaft geworden, die den Außenstehenden um so überzeugender vermittelt werden kann, als Gott ja schon in der Vergangenheit Strafen verhängt hat: Er hat Pharao vernichtet. Der Schluß von der Vergangenheit auf die Zukunft ist ein einfaches, aber wirkungsvolles Mittel, um den Ungläubigen und den Zweiflern zu zeigen, in welcher Gefahr sie schweben, wenn sie sich nicht bekehren lassen. Ein leichter Hauch von Verzagtheit schwingt freilich auch schon mit: Nicht jeder hat den Willen, zu sehen, was dem Propheten unübersehbar ist.

Vers 20, durch seine Länge und Unübersichtlichkeit von allen vorhergehenden abgehoben, setzt bereits voraus, daß es eine islamische Gemeinde gibt, die groß genug ist, um Krieg zu führen. Innerhalb dieser Gemeinde finden sich Gruppen, die Teile der Nacht im Gebet verbringen. Für diesen Brauch wird eine ins einzelne gehende Regelung verworfen, und man begnügt sich mit dem Hinweis, daß es sich unstreitig um gottgefälliges Tun handele. Anscheinend soll ferner zum Ausdruck gebracht werden, daß es genauso verdienstlich ist, in von Gott gutgeheißener Weise seinen Lebensunterhalt zu erwerben oder in den Kampf zu ziehen. Was immer man vollbringe, man solle Gott damit ein Darlehen gewähren – dessen Ertrag, der Lohn im Jenseits, werde über alle Maßen hoch sein! – Betrachten wir diese Sure einmal als ganze, dann erkennen wir, daß der zweite und der dritte Abschnitt, die je eine andere Lebenslage des Propheten widerspiegeln, offenkundig allein wegen inhaltlicher Anklänge an den ersten angefügt worden sind. Die Verbindung zwischen dem ersten und dem zweiten besteht im Motiv des Unglaubens, der dereinst seine gerechte Bestrafung finden wird. Die nächtlichen Gebetsübungen sind das Thema, das der dritte Abschnitt mit dem ersten gemeinsam hat.

Die islamische Koranwissenschaft hat sehr ins einzelne gehende Vorstellungen von der Chronologie der Offenbarungen erarbeitet. In den heute gebräuchlichen Drucken des Korans wird oft vor jeder Sure angegeben, ob sie aus mekkanischer oder medinensischer Zeit stammt. Es folgt dann stets ein Hinweis auf die relative Chronologie. So heißt es für die 73. Sure: „Die Sure ‚Der sich eingehüllt hat', mekkanisch, abgesehen von den Versen 10, 11 und 20, die medinensisch sind; die Zahl ihrer Verse beläuft sich auf 20; sie wurde nach der Sure ‚Das Schreibrohr' (d.h. Sure 68) herabgesandt." – Es ist nicht recht einzusehen, warum die Verse 10 und 11 in Medina entstanden sein sollen. Der gänzlich andere Charakter des 20. Verses ist auch von den Muslimen empfunden worden. – Die europäische Islamwissenschaft hat diese äußerst wertvollen und umfangreichen Vorarbeiten, die im wesentlichen schon in frühislamischer Zeit geleistet worden waren, aufgenommen und versucht, auf diesem Weg weiter voranzuschreiten. Die Ergebnisse dieser Forschungen, die von Theodor Nöldeke (gest. 1930) entscheidend beeinflußt und seither von verschiedenen Seiten fortgesetzt worden sind, waren allerdings nicht einheitlich. Man erkannte auf der einen Seite, daß in manchen Fällen die von den Muslimen aufgestellte Chronologie nicht haltbar war und sich auf ein bestimmtes Bild vom Leben Muḥammads stützte, das häufig nicht den geschichtlichen Gegebenheiten entsprechen konnte. Auf der anderen Seite gelang es, gerade die Entwicklung des Propheten in der mekkanischen Periode viel genauer als bisher zu erfassen und zu untergliedern. Hierüber wird an anderer Stelle zu handeln sein.

Es muß allerdings hinzugefügt werden, daß die von Nöldeke und seinen Nachfolgern angewandte Methode der textkritischen Durchleuchtung der Suren von manchen europäischen Forschern so weit vorangetrieben wurde, daß schließlich der Koran – überspitzt gesagt – nur noch als eine Anhäufung einzelner Verse betrachtet wurde, deren heutige Anordnung man der Willkür der Sammler zuschrieb. Allein die Tatsache, daß zwar die Reihenfolge der Suren umstritten war, jedoch verhältnismäßig wenig Varianten zur Versfolge innerhalb einer Sure überliefert sind, läßt diese einseitige Auffassung als abwegig erscheinen. Hätte man wirklich nach Muḥammads Tod winzige Bruchstücke zusammenfügen müssen, wieviel Streit hätte es dann wohl um deren Anordnung gegeben! Doch sind wir nicht mehr allein auf ein solches Argumentum e silentio angewiesen. Neuere Forschungen haben uns den Schlüssel zum Verständnis des inneren Aufbaus zahlreicher Suren in die Hand gegeben.[39]

Trotz der mannigfachen Schwierigkeiten und Probleme, die von den Wortvarianten bis hin zur Gliederung des gesamten Materials reichen und die durch die zu Anfang noch wenig vollkommene Schrift zusätzlich vergrößert werden, kann man voraussetzen, daß der Koran in der heute vorliegenden Form weitgehend das authentische Wort des Propheten – nach islamischem Glauben das ewige Wort Gottes – darstellt. Versuche einzelner europäischer Wissenschaftler, im Koran die weitgehende Verfälschung der Offenbarung zu Nutzen des sich herausbildenden nachprophetischen islamischen Staates nachzuweisen, schießen weit über das Ziel einer wissenschaftlich haltbaren Textkritik hinaus und können, selbst wenn sie einige brauchbare Ergebnisse gezeitigt haben, als gescheitert betrachtet werden.[40] Die Evangelien vermitteln uns das Bild, das sich die frühe Christengemeinde über Jesus und sein Wirken und Wesen machte, und bewahren daher auch Aussagen auf, die als echtes Herrenwort verstanden werden müssen. Der Koran dagegen ist in seiner Gesamtheit die prophetische Rede, bisweilen verdunkelt und entstellt durch Mißverständnisse, durch Textvarianten und eigentümliche Lesegewohnheiten der frühen Überlieferer und vielleicht auch durch ungeschickte Deutungsversuche, die den rohen Anfängen einer theologischen Spekulation anzulasten sind.

2. Die Suren der frühen mekkanischen Zeit

Sure 86 „Der des Nachts erscheint“: Im Namen Gottes, des Barmherzigen, des Erbarmers! 1 Beim Himmel und bei dem, der des Nachts erscheint! 2 Woher weißt du, wer das ist, der des Nachts erscheint? 3 Der aufleuchtende Stern! 4 Jede Seele hat jemanden, der auf sie acht gibt. 5 Der Mensch betrachte, woraus er geschaffen wurde: 6 Er wurde erschaffen aus einer ergossenen Flüssigkeit, 7 die zwischen Lende und Rippen herauskommt. 8 Gott hat auch die Macht, den Menschen wieder ins Leben zu rufen, 9 an dem Tag, da die innersten Geheimnisse geprüft werden! 10 Der Mensch hat dann keine Kraft und keinen Helfer! 11 Beim Sternenhimmel, der stets wiederkehrt! 12 Bei der Erde, die stets sich spaltet![41] 13 Es handelt sich um eine entscheidende Rede, 14 keineswegs um Scherz! 15 Sie schmieden Ränke, 16 und ich schmiede Ränke![42] 17 Gewähre du den Ungläubigen eine Frist, gib ihnen ruhig noch ein wenig Zeit![43]

Sure 91 „Die Sonne“: Im Namen Gottes, des Barmherzigen, des Erbarmers! 1 Bei der Sonne und ihrem Morgenlicht! 2 Beim Mond, wenn er ihr folgt! 3 Beim Tag, wenn er sie enthüllt! 4 Bei der Nacht, wenn sie sie bedeckt! 5 Beim Himmel und dem, der ihn errichtete! 6 Bei der Erde und dem, der sie ausbreitete! 7 Bei einer jeden Seele und dem, der sie formte 8 und ihr dann Ausschweifung und Gottesfurcht eingab![44] 9 Glückseligkeit erlangt, wer sie läutert! 10 Scheitern wird, wer sie besudelt! 11 Die Ṯamūd[45] in ihrer Widersetzlichkeit leugneten dies ab. 12 Der Unseligste von ihnen trieb damals sein Unwesen. 13 Da sagte der Gottesgesandte zu ihnen: „Achtet auf die Gott geweihte Kamelin und tränkt sie!“ 14 Sie aber ziehen ihn der Lüge und verletzten sie tödlich. Da vernichtete ihr Herr die Ṯamūd wegen ihrer Stünde und machte alles dem Erdboden gleich, 15 ohne für sich Folgen fürchten zu müssen.[46]

Beide Suren beginnen mit Schwüren, die sich auf Naturerscheinungen beziehen und der Bekräftigung des folgenden Inhalts dienen. Sie leiten zugleich zu der Vorstellung über, daß es einen personalen Schöpfergott gebe, der diese Naturerscheinungen hervorbringe. Verbunden wird hiermit die Forderung nach Läuterung der Seele. Denn Gott, der den Menschen geschaffen hat, wird ihn dereinst vom Tod erwecken, um ihn zur Rechenschaft zu ziehen: Skizzenhaft wird in diesen alten Suren die wichtigste Botschaft des Islams schon angedeutet. – Die Sage vom Untergang der Ṯamūd, eines in altarabischen und antiken Quellen mehrfach bezeugten, in Ost- und Mittelarabien lebenden Volkes, war zu Muḥammads Zeit offenbar weithin bekannt. Spätere Koranstellen berichten ausführlicher hierüber: Der Prophet Ṣāliḥ, der zu den Ṯamūd geschickt worden sei, habe zur Beglaubigung seines göttlichen Auftrages aus einem Felsen eine Kamelin hervorgezaubert; seine Feinde hätten sein Prophetentum abgelehnt und das Tier getötet, worauf das ganze Volk von Gott vernichtet worden sei.

Sure 100 „Die dahinrennen": Im Namen Gottes, des Barmherzigen, des Erbarmers! 1 Bei denen, die schnaubend dahinrennen! 2 Bei denen, die Funken stieben lassen! 3 Bei denen, die morgens angreifen 4 und dabei Staub aufwirbeln 5 und sich plötzlich mitten in einer Schar befinden! 6 Der Mensch ist wirklich undankbar gegen seinen Herrn! 7 Der Mensch selber ist Zeuge hierfür: 8 Heftig begehrt er irdische Güter! 9 Weiß er denn etwa nicht: Wenn nach oben gekehrt wird, was in den Gräbern ist, 10 und wenn zum Vorschein gebracht wird, was in den Herzen der Menschen verborgen ist, 11 an jenem Tag wird ihr Herr genau über sie Bescheid wissen!

Sure 79 „Die zerren", Vers 1 bis 14: Im Namen Gottes, des Barmherzigen, des Erbarmers! 1 Bei denen, die am Zügel zerren, bis es sie würgt![47] 2 Bei denen, die sich munter tummeln! 3 Bei denen, die rasch dahinschweben! 4 Bei denen, die im Rennen gewinnen! 5 Bei denen, die eine göttliche Fügung[48] lenken! 6 Am Tag, da die Erde einmal erbebt 7 und gleich darauf ein zweites Mal: 8 Die Herzen werden dann ängstlich pochen, 9 die Blicke werden demütig sein! 10 Sie fragen: „Sollen wir, die wir in der Grube liegen, tatsächlich zurückgebracht werden? 11 Wo wir doch schon zu zernagtem Gebein geworden sind?" 12 Sie sagen dann: „Das ist doch eine verlustreiche Wende!" 13 Nur ein einziger Schrei wird erschallen, 14 und plötzlich sind sie wieder wach!

Sure 77 „Die losgelassen sind", Vers 1 bis 50: Im Namen Gottes, des Barmherzigen, des Erbarmers! 1 Bei denen, die losgelassen sind, mit fliegender Mähne! 2 Bei denen, die wie ein Sturm daherbrausen! 3 Bei denen, die etwas ausbreiten! 4 Bei denen, die etwas trennen! 5 Bei

denen, die eine Mahnung übermitteln 6 zur Entschuldigung oder Warnung! 7 Was euch angedroht wird, trifft gewiß ein! 8 Wenn dann die
Sterne ausgelöscht werden, 9 wenn dann der Himmel aufreißt,
10 wenn dann die Berge zu Staub zermalmt werden, 11 wenn dann
den Gesandten ihre Frist gesetzt wird! 12 Zu welchem Tag wird ihnen
dann ihre Frist gesetzt? 13 Zum Tag der Entscheidung! 14 Woher
aber weißt du, was der Tag der Entscheidung ist? 15 Wehe dann den
Leugnern! 16 Haben wir nicht schon die Ersten vernichtet? 17 Wir
lassen ihnen dann die Letzten folgen! 18 So nämlich verfahren wir mit
den Verbrechern! 19 Wehe dann den Leugnern! 20 Haben wir euch
nicht aus einer verachteten Flüssigkeit geschaffen, 21 die wir dann an
einen festen Ort brachten, 22 wo sie bis zu einer bestimmten Frist
blieb? 23 Wir setzten dies fest, und wie gut setzen wir fest! 24 Wehe
dann den Leugnern! 25 Haben wir nicht die Erde zum Sammelplatz
bestimmt 26 für die Lebenden und die Toten? 27 Haben wir nicht auf
ihr festverwurzelte, hochaufragende Berge errichtet und euch süßes Wasser zu trinken gegeben? 28 Wehe dann den Leugnern! 29 Fort mit
euch zu dem Ort, den ihr stets ableugnetet! 30 Fort mit euch zu dem
Höllenschatten mit drei Spitzen, 31 der keinen Schatten spendet und
nicht vor den Flammen schützt! 32 Die Hölle speit Funken, groß wie
ein Schloß, 33 falben Kamelen ähnlich! 34 Wehe dann den Leugnern!
35 Das ist ein Tag, an dem sie nicht mehr sprechen können, 36 an dem
man ihnen nicht mehr erlaubt, sich zu entschuldigen! 37 Wehe dann
den Leugnern! 38 Das ist der Tag der Entscheidung: Wir sammeln euch
und die Ersten. 39 Habt ihr nun noch eine List, so hintergeht mich
doch! 40 Wehe dann den Leugnern! 41 Die Gottesfürchtigen sind im
Schatten an Quellen 42 mit Früchten, wie sie sie begehren: 43 „Eßt
und trinkt und laßt es euch bekommen! Dies alles ist für eure guten
Taten!“ 44 So lohnen wir alle, die Gutes tun. 45 Wehe dann den
Leugnern! 46 „Eßt und genießet noch ein Weilchen! Ihr seid Verbrecher!“ 47 Wehe dann den Leugnern! 48 Sagt man zu ihnen: „Werft
euch im Gebet nieder!“ werfen sie sich nicht nieder. 49 Wehe dann den
Leugnern! 50 Welche Rede wollen sie denn glauben, wenn nicht diese?!

Die Suren 77, 79, 86, 91 und 100, die auszugsweise oder ganz wiedergegeben wurden, gehören zu den ältesten Offenbarungen, die Muḥammad empfing. Sie tragen eine Reihe von Merkmalen, an denen sich dies zeigen läßt. Doch kann man an ihnen auch schon einige Eigentümlichkeiten studieren, die die Sprache des gesamten Korans aufweist. Diesen gilt zunächst die Aufmerksamkeit.

Wenn man den Koran zu lesen beginnt, muß man sich stets vergegenwärtigen, daß er eine an den Propheten gerichtete Rede ist. Sehr häufig wird Muḥammad aufgerufen, irgend etwas zu tun; in den bereits kurz erwähnten Suren 73 und 96 ist dies ohne weiteres ersichtlich. Nicht selten wird Muḥammad von dem, der zu ihm spricht, gefragt, ob er auch verstehe, was gerade erwähnt worden ist: „Woher weißt du, was das ist?" (86, 2; 77, 14). Wird das Wort an den Propheten gerichtet, dann spricht Gott in der Ersten Person: Die Ungläubigen schmieden Ränke, und „auch ich schmiede Ränke" (86, 16). In der Mehrzahl der Fälle redet Gott im Pluralis majestatis: „Wir setzten dies fest" (77, 23 und öfter). – Die Zweite Person Pluralis bezieht sich häufig auf die Menschheit insgesamt oder auf eine durch den Zusammenhang näher bestimmte Gruppe, an die Gott sich wendet: „Habt ihr, denen dies alles zu Bewußtsein gebracht wird, noch die Stirn, mich überlisten zu wollen? Ich vermag viel bessere Ränke zu schmieden!" (77, 39). Doch findet man sehr oft auch Feststellungen über „den Menschen", die in der Dritten Person Singularis getroffen werden (100, 6ff.); Gott selber wird in derartigen Abschnitten gewöhnlich „der Herr" genannt (100, 11). – In der Dritten Person Pluralis treten meist die Gegner des Propheten auf. Sie machen Einwände gegen das, was ihnen vorgetragen wird (79, 10 bis 12). Manchmal findet sich nach einer solchen Zwischenbemerkung der Gegner der Imperativ „Sprich!", mit dem Muḥammad die richtige Entgegnung auf die Einwände in den Mund gelegt wird. – Wie schon die wenigen bis jetzt erörterten Abschnitte zeigen, ist der unvermittelte Wechsel des Subjekts von einem Vers zum anderen nicht selten. Wörtliche Rede beginnt bisweilen ohne jede Einführungsfloskel, so daß eine lebhafte Sprache entsteht, deren Gedankenführung hin und wieder nicht leicht ersichtlich ist (77, 41 bis 50).

Den fünf oben übersetzten Suren – und mehreren anderen – ist ein Merkmal gemeinsam: Sie enthalten Schwurformeln. Entweder werden Naturerscheinungen angerufen – der Himmel, die Sterne, die Sonne usw. – oder lebende Wesen, deren Identität dem heutigen Leser nicht recht deutlich wird. Betrachten wir zunächst die Fälle, in denen Naturphänomene beschworen werden! Die 86. Sure zeigt uns, daß diese Anrufungen der Bekräftigung der religiösen Aussage dienen: Jede Seele wird genau beobachtet und muß schließlich über ihr Tun und Lassen Rechenschaft ablegen. Die Ungläubigen streiten dies jedoch ab, weil der Augenschein dagegenspricht: Stirbt der Mensch nicht, ohne von einer höheren Macht nach seinem Tun befragt worden zu sein? Muḥammad hält diesen vordergründigen Argumenten entgegen, daß die Abrechnung als das Ende der im Augenblick verlaufenden Weltgeschichte aufzufassen sei; und damit das Gericht stattfinde, werden alle Menschen vom Schöpfer wieder in den Zustand versetzt, den sie zu Lebzeiten hatten! Diese unerhörte, den Vorstellungen des heidnischen Arabertums gänzlich widerstrebende Botschaft konnte nicht durch Zeugnisse bewiesen werden, die den fünf Sinnen unmittelbar zugänglich waren. Im Gegenteil, die Tatsache der Verwesung schien eine solche Behauptung geradezu ad absurdum zu führen. So drängt sich der Eid als das einzige Mittel auf, mit dem nach altarabischem Brauch die Wahrheit einer Aussage erwiesen werden konnte, wenn der unmittelbare Augenschein nicht gegeben war.

In der 56. Sure „Die hereinbrechende Katastrophe", die wir in anderem Zusammenhang erörtern,[49] kann man diese Funktion des Schwurs noch klarer erkennen. In eindringlichen Worten sind dem Zuhörer der Tag des Gerichts, die Freuden des Paradieses und die Schrecken der Hölle vergegenwärtigt worden: 75 Doch nein! Ich schwöre bei den Orten, an denen die Sterne niederfallen! 76 Und das ist doch – wüßtet ihr es nur! – ein bedeutungsschwerer Eid! 77 Dies ist ein edler Koran 78 in einem verborgenen Buch, 79 das nur die Geläuterten berühren, 80 eine Offenbarung vom Herrn der Welten! 81 Und solche Rede wollt ihr für schwach erklären? 82 Und wollt ihr darin euer täglich Brot sehen, zu leugnen? – Noch in der medinensischen Zeit, als sich das Augenmerk des Propheten stärker auf die Auseinandersetzung mit den Juden und Christen als mit den Heiden richtete, kommt eine der damals bekannten Formen des Eides ins Spiel, um die Richtigkeit der islamischen Lehren zu erweisen. Die Christen behaupten, Jesus sei Gottes Sohn; dabei sei dieser genau wie Adam aus Lehm geschaffen worden. Sure 3 „Die Sippe Imrans", Vers 61: Wenn nun, nachdem du all dies Wissen bekommen hast, jemand mit Worten wider dich streiten möchte, so sprich: „Auf, laßt uns unsere Söhne und eure Söhne, unsere Frauen und eure Frauen, uns selbst und euch herbeirufen! Dann wollen wir allesamt vor Gott schwören und seinen Fluch auf die Lügner unter uns herabrufen!" – Durch den Eid soll in diesem Fall ein Gottesurteil herbeigeführt werden.

Es sei nebenher bemerkt, daß der Eid im islamischen Recht die aus der vorislamischen Zeit stammende herausragende Rolle bei der Wahrheitsfindung behielt. Seine Funktion als Ersatz für den Augenschein tritt beispielsweise im Verfahren des Liʿān zutage, durch welches ein Ehemann ein von seiner Gattin geborenes Kind für unehelich erklären kann. Der Ehemann ist in diesem Fall gezwungen, viermal zu schwören, daß das Kind nicht von ihm gezeugt sei. Die vier Eide stehen für die vier Augenzeugen, die sonst beigebracht werden müßten, bevor eine Verurteilung wegen Ehebruchs erfolgen kann. Nach den Schwüren hat der Ehemann den Fluch Gottes auf sich herabzurufen, falls er einen Meineid geleistet habe. Die mittelbar des Ehebruchs bezichtigte Frau kann viermal das Gegenteil beeiden und danach auf gleichem Wege die Wahrheit ihrer Eide dem Urteil Gottes anheimstellen. Die Vaterschaft an dem betroffenen Kind ist, sollte dieses Verfahren bis zu Ende durchgeführt worden sein, hinfällig, und zugleich ist die Ehe aufgelöst.[50]

Doch zurück zum Koran! Die Schwüre, die sich vor allem in frühmekkanischen Suren finden, sind also keinesfalls bloße literarische Formeln.

Sie sind in der Gedankenwelt des alten Arabien ein außerordentlich wirksames Mittel, die Wahrheit einer Aussage zu bezeugen. Wenn in frühmekkanischer Zeit vor allem Naturerscheinungen beschworen werden, mag das noch dem heidnischen Brauch entsprechen. Daneben ist im Koran der bei Gott abgelegte Eid sehr häufig, allerdings nicht in Wendungen, in denen Muḥammad als Rezitator des Korans gleichsam „in eigener Sache" schwört. Nur einmal beruft er sich auf den „Herrn des Ostens und des Westens" (Sure 70, Vers 40). Daneben gibt es einen Eid „Beim Tag der Auferstehung" (Sure 75, Vers 1) und „Bei der tadelsüchtigen Seele" (Sure 74, Vers 2) und schließlich auch „Beim weisen Koran" (Sure 36, Vers 2). Obwohl diese Belege noch in die mekkanische Zeit fallen, ist es denkbar, daß in ihnen ein Abrücken von den heidnischen Schwurformeln hin zu einem „islamischen" Eid greifbar wird.

Auch die Beschwörung belebter Gestalten wird dazu gedient haben, den Inhalt der folgenden Sätze als wahr zu bekräftigen. Gleichwohl ist hier noch ein weiterer Gesichtspunkt zu berücksichtigen, der sich aus der Frage ergibt, wer denn mit jenen einherstürmenden, funkenstiebenden, eine Mahnung übermittelnden Wesen gemeint sei. Der Form nach stehen diese Partizipien alle im Femininum Pluralis. Manche Anspielungen wie etwa diejenige auf das Wettrennen (Sure 79, Vers 4) legen die Vermutung nahe, daß an Pferde gedacht ist. Dem freilich stehen Wendungen entgegen wie: „Bei denen, die eine göttliche Fügung lenken" (Sure 79, Vers 5) oder „Bei denen, die etwas ausbreiten, ... trennen, ... eine Mahnung übermitteln als Warnung oder Entschuldigung!" (Sure 77, Vers 3 bis 6). Hier ist kaum bloß an Tiere gedacht. Dies gilt auch für je einen Abschnitt aus der 51. und aus der 37. Sure. Sure 51 „Die aufwirbeln": 1 Bei denen, die Staub aufwirbeln! 2 Bei denen, die eine Last tragen! 3 Bei denen, die leicht laufen! 4 Bei denen, die eine göttliche Fügung austeilen! – Sure 37 „Die in Reihen stehen": 1 Bei denen, die in Reihen stehen! 2 Bei denen, die wegjagen! 3 Bei denen, die eine Mahnung vortragen! – Sowohl in diesen beiden Reihen von Schwüren als auch in denjenigen von Sure 77 und Sure 79 fällt auf, daß die durch die Partizipien benannten Wesen eine doppelte Aufgabe haben: Sie eilen ungestüm dahin bzw. bilden eine Kampfreihe und weisen offenbar feindliche Kräfte ab; sie überbringen oder verteilen etwas, ein Wort oder eine Nachricht, die vielleicht in den Sätzen enthalten ist, die den Schwüren folgen. Die übliche Auslegung, in Sonderheit des Anfangs von Sure 37, glaubt darum, Engel zu erkennen, die die göttliche Botschaft übermitteln.

Folgt man dieser Erklärung, muß man allerdings voraussetzen, daß in den Schwurreihen der Suren 77, 79 und 51 zunächst von Tieren, vielleicht von Pferden, dann aber unvermittelt von Engeln die Rede geht – ein Gedanke, der nur schwer nachzuvollziehen ist, da die Beschwörungen einer jeden Reihe formal völlig gleich aufgebaut sind. Die Vermutung liegt nahe, daß stets ein und dieselben Wesen gemeint sind. Nun wird bezeugt, daß das heidnische Arabertum die Vorstellung kannte, die Gottheit Allah habe Töchter;[51] in der islamischen Gotteslehre war eine solche Idee unhaltbar, und man sprach daher von Engeln, sobald man von der Angelologie der anderen vorderasiatischen Hochreligionen gehört hatte. Es ist jedoch fragwürdig, derartige Lehren in die frühmekkanischen Schwurformeln hineinzuinterpretieren. Warum sollte man nicht an tiergestaltige Götterboten, „Töchter Allahs",[52] denken, die, schnellen Rossen ähnlich, einherstürmen und dem Propheten die „Mahnung" oder „Fügung" übermitteln?[53] Vielleicht ist in diesen Schwurformeln die älteste, sich noch ganz der heidnischen Gedankenwelt bedienende Wiedergabe des muḥammadschen Offenbarungserlebnisses enthalten, die noch nicht von fremden Bildern beeinflußt ist. – Es sei darauf aufmerksam gemacht, daß in den mekkanischen Suren Gabriel, in der späteren islamischen Theologie der Übermittler des Gotteswortes an den Propheten, noch nicht vorkommt. In der 97. Sure, die mekkanisch ist, nach Form und Inhalt aber nicht zu dem eben besprochenen Kreis der ältesten Offenbarungen gehören kann, ist in Vers 4 allgemein von „den Engeln und dem Geist" die Rede, die mit dem Wort Gottes vom Himmel herabsteigen: Hier liegt schon eine Darstellung des Erlebens der Offenbarung mit Topoi aus der hochreligiösen Gedankenwelt vor. In Sure 53, Vers 1 bis 18 schaut der Prophet sogar Gott selber; in diesem Fall beharrte die spätere Auslegung ebenfalls darauf, daß es sich um Gabriel gehandelt habe, weil es nun als eine die Transzendenz Gottes antastende anstößige Behauptung empfunden wurde, Gott habe sich greifbar nahe seinem Gesandten gezeigt.[54] Erst im Laufe der Entwicklung des prophetischen Bewußtseins Muḥammads konnte die Gestalt des Engels Gabriel als des alleinigen Vermittlers des Gotteswortes obsiegen – eine Normierung und Verbegrifflichung des Offenbarungserlebnisses, die für die jüngeren Suren des Korans charakteristisch ist und von der Theologie auf die ältesten Teile übertragen wurde.

Mit Hilfe der Schwurformeln wird der Inhalt der betreffenden Sure als wahr erwiesen und – was die eben erörterten Fälle angeht – vermutlich auch als von Gott stammende Rede gekennzeichnet, die von seinen Boten überbracht wurde. Was aber ist der Inhalt jener frühmekkanischen Offenbarungen? Zwei miteinander verknüpfte Ideen treten in den Vordergrund. 1. Gott hat den Menschen geschaffen. Dabei ist in den ältesten Suren nicht so sehr an den einmaligen, in ferner Vergangenheit am Beginn der Geschichte vollzogenen Schöpfungsakt gedacht, sondern sehr wirklichkeitsnah an die Schaffung eines jeden Menschen „aus einem Blutklumpen", wie es in der 96. Sure heißt. Jeder Mensch entwickelt sich nach der Befruchtung eine bestimmte Zeit lang im Mutterleib (Sure 77). Aus einer „ergossenen Flüssigkeit" (Sure 86) entsteht der Mensch. Die

Mekkaner sollen darauf hingewiesen werden, daß dieser auf den ersten Blick alltägliche Vorgang, wie nach der Zeugung aus einem Blutklumpen ein Mensch heranwächst, als ein unübersehbares Zeichen der Schöpferkraft des allmächtigen Gottes zu verstehen ist. In seiner nächsten Umgebung, ja an sich selber soll der Mensch diese Kraft erkennen. 2. Zugleich mit dieser Erkenntnis wird dem Menschen bewußt werden, daß der eine, personale Schöpfergott ihn während des ganzen Lebens genau beobachtet und in einem endzeitlichen Gericht ihn streng beurteilen wird. Sich als Geschöpf Gottes begreifen heißt, sich von Gott gerichtet wissen. Die Forderung, einen gottgefälligen Lebenswandel zu führen, stellt sich dem seiner Kreatürlichkeit bewußt gewordenen Menschen unabweisbar. Die Ṯamūd wollten die Botschaft vom Schöpfergott nicht hören und verharrten in ihrem Unglauben; sie verstießen gegen Gottes Gesetz, und die Strafe ereilte sie rasch.

Sure 101 „Die Pochende": Im Namen Gottes, des Barmherzigen, des Erbarmers! 1 Die Pochende! 2 Was ist die Pochende? 3 Woher weißt du, was die Pochende ist? 4 Am Tage, da die Menschen wie verstreute Motten sein werden 5 und die Berge wie gerupfte Wollflokken! 6 Wessen Waagschalen dann schwer wiegen, 7 der wird ein angenehmes Leben haben. 8 Wessen Waagschalen aber leicht wiegen, 9 mit dem geht es in den Abgrund! 10 Woher weißt du, was dieser ist? 11 Sengendes Feuer!

Sure 82 „Die Spaltung": Im Namen Gottes, des Barmherzigen, des Erbarmers! 1 Wenn sich der Himmel spaltet! 2 Wenn sich die Sterne verstreuen! 3 Wenn die Meere zum Abfließen gebracht werden! 4 Wenn die Gräber durchwühlt werden! 5 Dann weiß eine jede Seele, was sie getan und was sie gelassen hat. 6 O Mensch, warum täuschst du dich über deinen edelmütigen Herrn, 7 der dich geschaffen, gerade und richtig gebildet hat? 8 Wie es ihm beliebte, hat er dich zusammengesetzt. 9 Doch nein! Ihr leugnet den Glauben sogar ab! 10 Aber über euch sind Wächter gestellt, 11 edle, aufzeichnende, 12 die wissen, was ihr tut. 13 Die Frommen sind im Paradies. 14 Die Übeltäter sind in der Hölle. 15 Sie schmoren in ihr am Tag des Gerichts. 16 Nie mehr werden sie sich aus ihr entfernen. 17 Woher weißt du, was der Tag des Gerichts ist? 18 Noch einmal: Woher weißt du, was der Tag des Gerichts ist? 19 Am Tag, da keine Seele für die andere etwas tun kann! Das Sagen hat dann Gott allein!

Sure 99 „Das Beben": Im Namen Gottes, des Barmherzigen, des Erbarmers! 1 Wenn die Erde heftig zum Beben gebracht wird! 2 Wenn die Erde ihre Lasten ausstößt 3 und der Mensch fragt: „Was ist mit ihr los?" 4 Dann wird sie ihre Geschichten erzählen, 5 weil nämlich dein Herr es ihr eingegeben hat. 6 Einzeln kommen dann die Menschen heraus, um ihre Werke zu sehen. 7 Und wer nur das Gewicht eines Stäubchens an Gutem getan hat, wird es sehen! 8 Und wer nur das Gewicht eines Stäubchens an Bösem getan hat, wird es sehen!

Sure 81 „Das Einrollen": Im Namen Gottes, des Barmherzigen, des Erbarmers! 1 Wenn die Sonne eingerollt wird! 2 Wenn die Sterne getrübt werden! 3 Wenn die Berge von der Stelle gerückt werden! 4 Wenn die hochträchtigen Kamelinnen keine Pflege erhalten! 5 Wenn die wilden Tiere zusammengetrieben werden! 6 Wenn die Meere bis zum Überlaufen angefüllt werden! 7 Wenn die Seelen (wieder mit den Leibern) gepaart werden! 8 Wenn das lebendig begrabene Mädchen[55] gefragt wird, 9 um welches Vergehens willen es getötet wurde! 10 Wenn die Verzeichnisse entrollt werden! 11 Wenn vom Himmel die Decke weggezogen wird! 12 Wenn das Höllenfeuer entfacht wird! 13 Wenn das Paradies nahegebracht wird! 14 Dann weiß eine jede Seele, welche Werke sie beigebracht hat. 15 Doch nein! Ich schwöre bei den Planeten, 16 die vorüberziehen und ihre Schlupfwinkel aufsuchen! 17 Und bei der Nacht, wenn sie weicht! 18 Und beim Morgen, wenn er erstrahlt! 19 Es ist die Rede eines edlen Boten, 20 eines starken mit Einfluß beim Herrn des Thrones, 21 eines Boten, dem man gehorcht und der vertrauenswürdig ist! 22 Euer Gefährte ist nicht von Dämonen besessen! 23 Er schaute ihn am deutlichen Horizont! 24 Er enthält das Verborgene nicht vor! 25 Es ist nicht die Rede eines gesteinigten Satans! 26 Wie könnt ihr das nur glauben? 27 Es ist nichts als eine Mahnung für die Menschen, 28 für alle unter euch, die einen geraden Lebenswandel wünschen. 29 Freilich könnt ihr nur wünschen, sofern auch Gott, der Herr der Welten, wünscht.

Sure 69 „Die Stunde der Wahrheit": Im Namen Gottes, des Barmherzigen, des Erbarmers! 1 Die Stunde der Wahrheit! 2 Was ist die Stunde der Wahrheit? 3 Woher weißt du, was die Stunde der Wahrheit ist? 4 Die Ṯamūd und die ʿĀd[56] haben die Pochende abgeleugnet. 5 Die Ṯamūd wurden durch ein Unwetter vernichtet. 6 Die ʿĀd wurden durch einen gewaltigen, eiskalten Sturm vernichtet; 7 sieben Nächte und acht Tage lang hat Gott ihn ununterbrochen über sie hintoben lassen. Da hättest du die Leute umgestürzt liegen sehen, gefällten Palmstämmen ähnlich! 8 Siehst du jetzt noch Überreste von ihnen? 9 Auch Pharao und die vor ihm und die umgestülpten Ortschaften begingen Sünden. 10 Sie widersetzten sich dem Gesandten ihres Herrn. Der bestrafte sie mehr und mehr! 11 Als nun das Wasser über die Ufer trat, luden wir euch in das Schiff, 12 damit das euch zur Mahnung gereiche und ein

offenes Ohr sie vernehme! 13 Wenn einmal in die Posaune gestoßen
wird, 14 die Erde und die Berge angehoben und zu einer einzigen Flä-
che eingeebnet werden, 15 an jenem Tag tritt das Ereignis ein!
16 Dann spaltet sich der Himmel, der brüchig geworden ist. 17 An
seinem Rand stehen die Engel. Oberhalb von ihnen tragen dann ihrer
acht den Thron deines Herrn. 18 An jenem Tag werdet ihr gemustert,
ohne daß etwas an euch verborgen bleiben kann. 19 Wem dann sein
Verzeichnis in die rechte Hand gelegt wird und wer dann sagt: „Da, lest
mein Verzeichnis! 20 Ich vermutete ja schon, einst mit meiner Abrechnung konfrontiert zu werden!" 21 der wird ein angenehmes Leben
haben 22 in einem hohen Paradiesgarten, 23 dessen Obst niedrig her-
abhängt: 24 „Eßt und trinkt und laßt es euch bekommen zum Lohn für
eure Taten, die ihr in der Vergangenheit als Vorschuß geleistet habt!"
25 Doch wem sein Verzeichnis in die linke Hand gelegt wird und wer
dann ruft: „Wäre mir doch mein Verzeichnis nicht gegeben worden!
26 Ich wußte doch gar nicht um meine Abrechnung! 27 Wäre doch
der Tod schon der Schluß gewesen! 28 Mein Vermögen kann mir nichts
helfen! 29 Meine ganze Macht ist dahin!" 30 „Packt ihn und fesselt
ihn in Ketten! 31 Dann laßt ihn in der Hölle braten! 32 Dann knüpft
ihn an eine Kette, siebzig Ellen lang! 33 Denn er glaubte nicht an den
gewaltigen Gott! 34 Er spornte nicht an zur Speisung der Armen!
35 Darum hat er heute hier keinen Vertrauten, 36 auch keine Speise
außer Spülicht, 37 den allein die Sünder zu essen bekommen!"
38 Doch nein! Ich schwöre bei dem, was ihr seht, 39 und bei dem,
was ihr nicht seht! 40 Dies ist die Rede eines edlen Boten! 41 Nicht
die Rede eines Dichters! Wie wenig glaubt ihr doch! 42 Nicht die Rede
eines Wahrsagers! Wie wenig laßt ihr euch doch mahnen! 43 Es ist eine
Herabsendung vom Herrn der Welten. 44 Und wenn Muḥammad über
uns eine Lüge in Umlauf setzen sollte, 45 ergriffen wir ihn an seiner
Rechten 46 und durchtrennten ihm die Herzvene! 47 Niemand von
euch könnte ihn davor schützen! 48 Es ist eine Mahnrede für die Gottesfürchtigen. 49 Wir aber wissen, daß einige von euch sie ableugnen.
50 Für die Ungläubigen ist sie Anlaß zur Klage. 51 Und sie ist wahre
Gewißheit. 52 Deshalb preise den Namen deines gewaltigen Herrn!

Sure 84 „Das Aufplatzen": Im Namen Gottes, des Barmherzigen, des
Erbarmers! 1 Wenn der Himmel aufplatzt 2 und auf seinen Herrn
hört, wie es Pflicht ist![57] 3 Und wenn die Erde ausgebreitet wird
4 und, was in ihr ist, von sich wirft und sich entleert 5 und auf ihren
Herrn hört, wie es Pflicht ist! 6 O Mensch, du strengst dich an, zu
deinem Herrn zu gelangen, und du wirst ihn treffen! 7 Wem sein Verzeichnis in die rechte Hand gegeben wird, 8 der wird eine leichte
Abrechnung erleben 9 und erfreut zu seinesgleichen gelangen.

10 Wem aber sein Verzeichnis hinter seinem Rücken ausgehändigt wird, 11 der wird schreien: „Verderben!" 12 und in der Hölle schmoren. 13 Er war unter seinesgleichen frohen Mutes. 14 Er vermeinte, er werde nie zurückkehren müssen. 15 Aber gefehlt! Sein Herr schaute genau auf ihn! 16 Darum nein! Ich schwöre bei der Abenddämmerung! 17 Und bei der Nacht und bei dem, was sie einhüllt! 18 Und beim Mond, wenn er voll wird! 19 Eins nach dem anderen werdet ihr die Schrecknisse durchstehen müssen![58] 20 Warum also glauben sie nicht? 21 Weshalb werfen sie sich nicht nieder, wenn der Koran rezitiert wird? 22 Nein, diejenigen, die nicht glauben, leugnen ihn ab. 23 Gott weiß am besten, was sie im Innern verborgen halten. 24 Darum kündige ihnen eine schmerzhafte Strafe an! 25 Aber nicht denen, die glauben und gute Werke tun: Ihnen wird ihr wohlverdienter Lohn zuteil.

In diesen sechs Suren ist ein Motiv voll entwickelt, das in den zuvor betrachteten zumeist nur kurz aufleuchtete: die endzeitliche Katastrophe, die dem vom Propheten angekündigten Gericht vorangehen wird. Die Ungläubigen, an die sich der Prophet mit diesen Schreckensvisionen wendet, hoffen allerdings, es werde kein Leben nach dem irdischen Tod mehr geben (Sure 84, Vers 14; Sure 69, Vers 27). In der Tat ist diese Vorstellung dem heidnischen Arabertum weitgehend fremd gewesen. Doch die Sicherheit, in der sich die Heiden wiegen, ist trügerisch! Muḥammad ist offenbart worden, daß jeder Mensch, gleichgültig wann und unter welchen Zeitumständen er gelebt hat, sich dem göttlichen Richter stellen muß. Der leichtfertige Unglaube beunruhigt den Propheten zutiefst, und die drastische Schilderung der Vorgänge vor und am Tage der Abrechnung soll seine zweifelnden Landsleute wachrütteln. Muḥammad hat, wie die ältesten Offenbarungen bezeugen, Gott nicht nur als Richter, sondern auch als gütigen Schöpfer erfahren. Aber da die Mekkaner nicht willens sind, ihre Kreatürlichkeit anzuerkennen und sich den Forderungen Gottes nach einem ihm gefälligen Lebenswandel zu unterwerfen, tritt notwendig der richtende Aspekt des vom Propheten verkündeten Einen in den Vordergrund.

Die Vorgänge, die den Jüngsten Tag einleiten, werden den Zuhörern mit zwei unterschiedlichen Stilmitteln vor Augen geführt. „Die Pochende", ein Partizipium femininum, bildet den rätselhaften Beginn eines Gotteswortes, an Muḥammad gerichtet. Dann folgt die rhetorische Frage, woher er wissen könne, was das sei, eine Frage, die die Aufgabe hat, dem Propheten – und danach dem Zuhörer – den Wunsch nach weiterer Aufklärung zu suggerieren: „Möchtest du nicht wissen, was das ist?" Es wird aber keine Erläuterung gegeben, sondern an einigen eindrucksvollen Einzelheiten wird das Entsetzliche des gesamten Geschehens veranschaulicht: Wie Motten, die sich am brennenden Licht versengt haben, werden die Menschen umherliegen. – Oder es wird auf die bekannte Sage von den ʿĀd verwiesen: So ähnlich wird es auch euch ergehen!

Doch häufiger werden die Begleiterscheinungen der Zerstörung der Welt vor dem Jüngsten Tag mit Wenn-Sätzen heraufbeschworen: Wenn die Sonne eingerollt wird, der Himmel sich spaltet, die Berge eingeebnet werden ..., dann ist die schrecklichste Stunde gekommen, dann ist es für Reue und Einkehr zu spät, und das Verfahren der Aburteilung nimmt seinen Lauf. – Es wird in die Posaune geblasen, jeder Mensch erhält das Verzeichnis seiner Taten und wird entweder in die Hölle geworfen oder geht in das Paradies ein. Je mehr diese Vorgänge in Einzelheiten ausgemalt werden, desto mehr Motive aus den älteren Hochreligionen fließen in die Suren ein.

Gleichwohl galten die Worte, die Muḥammad offenbart worden waren, seinen Landsleuten nicht als Predigt etwa eines christlichen Mahners, deren es z. B. in Hira einige gegeben hatte, die über ihre Heimat hinaus bei den Arabern Aufsehen erregt hatten. Vielmehr meinte man, in Muḥammad sei unter den Quraiš ein Dichter (šāʿir) oder Wahrsager (kāhin) erstanden (Sure 69, Vers 41; Sure 81, Vers 25). Diese Vermutung wird energisch zurückgewiesen. Hierfür gibt es im Koran eine Reihe weiterer Belege:

Sure 36 „Jā Sīn": 69 Wir haben ihn nicht die Dichtkunst gelehrt. Diese ziemt sich nicht für ihn. Es handelt sich vielmehr bloß um eine Mahnung und einen deutlichen Koran, 70 auf daß er warne, wer am Leben ist, und auf daß sich dieses Wort an den Ungläubigen als wahr erweise!

Sure 21 „Die Propheten": Im Namen Gottes, des Barmherzigen, des Erbarmers! 1 Die Abrechnung ist für die Menschen nahegekommen, doch sie geben nicht darauf acht und wenden sich ab. 2 Nie erhalten sie von ihrem Herrn eine Mahnung, eine erneute, ohne daß sie sie auch vernehmen, wobei sie freilich tändeln 3 und ihre Herzen gänzlich abgelenkt sind. Die Frevler flüsterten sich insgeheim zu: „Ist dieser da etwa nicht ein Mensch wie wir? Wollt ihr euch sehenden Auges auf Zauberei einlassen?" 4 Er sagte: „Mein Herr weiß, was im Himmel und auf Erden geredet wird, er hört und weiß alles!" 5 Sie aber sagten: „Das sind doch nur wirre Träume, ja er hat sie erlogen, ja er ist ein Dichter! Er soll uns mit einem Wunderzeichen kommen wie bei den früheren Gesandten!"

Sure 37 „Die in Reihen stehen": 35 Sie waren stets hochmütig, wenn man ihnen sagte: „Es gibt keinen Gott außer dem Einen!" 36 Sie wandten dann ein: „Sollen wir etwa unsere Götter aufgeben einem Dichter zuliebe, der von Dämonen besessen ist?"

Sure 26 „Die Dichter": 221 Soll ich euch mitteilen, zu wem die Satane hinabsteigen? 222 Sie steigen zu jedem sündhaften Schwindler hinab 223 und hinterbringen ihm, was sie aufgeschnappt haben. Die meisten von ihnen lügen sogar! 224 Nur Toren folgen daher den Dichtern! 225 Siehst du nicht, daß sie in jedem Wadi umherirren, 226 daß sie reden, was sie nicht tun? 227 Nicht so die, die glauben und gute Werke tun, Gottes oft gedenken und triumphieren, nachdem man ihnen Unrecht zugefügt hat. Die Frevler werden schon sehen, wie es mit ihnen enden wird!

Bis auf das letzte Zitat gehören alle diese Abschnitte in die mekkanische Periode. Sie verraten uns, daß der Vorwurf, ein Dichter oder Wahrsager zu sein, Muḥammad schwer zu schaffen machte. Es sind zunächst einmal formale Merkmale der ältesten Suren, auf die sich dieser Vorwurf stützen konnte. Im altarabischen Erzählgut finden sich viele Geschichten, in denen Wahrsager auftreten. Ein Beispiel: Die Mutter von Mālik und Ṭaiji', den legendären Ahnherren zweier Stämme, wollte ihren beiden Söhnen die Zukunft deuten lassen. Da nahm sie ein Kamel und machte sich mit ihnen auf den Weg zu Šahīra, einer berühmten Seherin. Unterwegs fand sie eine abgewetzte Sandale, die sie in einen Palmstrunk schob. Diesen gab sie einem Mann namens Ṣaʿl, der zu ihrem Stamm gehörte: „Verbirg dies bei dir! Wir wollen die Seherin anregen, bevor wir sie befragen."[59] Bei Šahīra angekommen, bat die Mutter der beiden: „Ich habe dir etwas verborgen. Gib mir hiervon Kunde, bevor ich dich befrage!" Darauf die Wahrsagerin: „Ich schwöre bei der Sonne und dem Mond! Beim Kiesgemisch und bei den Steinen! Bei den Winden und beim Regen! Du hast mir Leder von behaarten Kühen versteckt! Doch ist daran kein dunkles Haar mehr! Doch ist daran keine Frische mehr!" Und weiter sprach sie: „Ich schwöre beim Ebenen und beim Gebirgigen! Beim Steinbock und beim Widder! Beim Mond, wenn er verschwindet! Bei Kamelen, die im Hochland nach ihren Jungen rufen! Du hast mir eine Sandale verborgen, in einem Palmstrunk, bei einem Mann namens Ṣaʿl, dem Besitzer eines Schafes und eines Feldes!" Auch den Wunsch der Mutter erkennt die Seherin von sich aus: „Du fragst mich nach zwei Knaben, an zwei Tagen geboren, als Zwillinge aus einem Leib, der eine gedrungen und kraushaarig, der andere glatthaarig und groß!" Nachdem Šahīra die beiden Knaben betrachtet hat, weissagt sie ihnen die Zukunft. „Dies ist Wahrheit, nicht Lüge!" ruft sie am Ende eines jeden Orakelspruchs.[60]

Auch als Mahner und Warner vor großem Unglück treten die Wahrsager in altarabischen Erzählungen auf.

Sure 34 „Saba", Vers 15 bis 16: 15 Die Bewohner von Saba besaßen an ihrem Ort ein Wunderzeichen: zwei Gärten rechts und links. „Eßt von dem Unterhalt, den Gott euch gewährt, und dankt ihm! Eine gute Stadt! Und ein verzeihender Herr!" 16 Doch sie wandten sich ab. Da sandten wir die Dammflut über sie und verschafften ihnen als Ersatz zwei Gärten mit Dornbuschfrüchten, Tamarisken und ein wenig Zizyphusbäumen.[61]

Diese Worte des Korans werden als eine Anspielung auf den Bruch des Dammes von Marib verstanden. Diese geschichtliche Katastrophe markiert den Abstieg der blühenden altsüdarabischen Kultur. Zu Muḥammads Zeit erinnerte eine bekannte Sage an dieses Ereignis. Die Nordwanderung des großen Stammesverbandes der Azd, aus dem die beiden medinensischen Stämme der Aus und der Ḫazraǧ hervorgegangen waren, war nach der Überlieferung eine unmittelbare Folge dieses Unglücks gewesen. In der alten Sage spielt eine Seherin mit Namen Ṭarīfa eine wichtige Rolle. Sie hatte eines Nachts geträumt, daß ihr Heimatland Saba von Gewittern verheert werde: „Nie sah ich etwas wie heute! Es raubte mir den Schlaf! Ich sah eine Wolke blitzen! Lange grollen, dann Donnerkeile schleudern! Alles, worauf die Wolke sich niederstürzte, verbrannte! Nichts als Überschwemmung bleibt hiernach zu erwarten!" Verschiedene Begebenheiten werden von Ṭarīfa als unheilvolle Omina gedeutet, und sie prophezeit, daß der Damm zerstört werden wird.[62]

Der Vorwurf, Muḥammad rede wie ein Dichter oder Wahrsager, war formal also durchaus zu begründen. In den Sagen sprechen die Seher in Reimprosa und verwenden ähnliche Schwurformeln, wie sie sich in den alten Suren finden: Eide bei Naturphänomenen, zum Teil in gleicher Weise mit einem Wenn-Satz verbunden: „Beim Mond, wenn er verschwindet!" Im Falle der Ṭarīfa ergibt sich auch eine inhaltliche Parallele: Sie verheißt den Untergang Sabas, und Muḥammad spricht von der Zerstörung der Welt vor dem Anbruch des Gerichts.

Noch bedeutsamer ist aber die Tatsache, daß nach altarabischer Vorstellung sowohl Dichter als auch Wahrsager nicht für sich und aus sich selbst sprechen, sondern ein anderer aus ihnen redet. Ein Wahrsager oder Dichter ist von einem Dämon besessen (Sure 37, Vers 36). Hassān b. Ṯābit galt zu Lebzeiten Muḥammads als der begabteste Dichter der seßhaften Araber. Er besang die Ruhmestaten von Jaṯrib, dem späteren Wirkungsort des Propheten. Wie aber war seine Berufung offenkundig geworden? „Die Dämonin Siʿlāh traf Ḥassān auf einem Weg in Medina, als er noch ein Jüngling war und bevor er zu dichten begonnen hatte. Sie kniete sich ihm auf die Brust und fragte: ‚Du bist es, von dem sein Stamm erhofft, daß er ein Dichter werde?'" Als Ḥassān bejahte, verlangte sie, er solle drei Verse auf denselben Reimbuchstaben sagen, sonst würde sie ihn töten. Ḥassān bestand die Probe, und die Dämonin ließ ihn mit den Worten frei: „Dein Rang als Dichter deines Stammes steht dir zu!"[63] Bemerkenswert ist, daß, wie wir sahen, auch der Prophet von weiblich gedachten Wesen die „Mahnung" oder das „Wort" einiger der ältesten Suren überbracht bekam. Die islamische Überlieferung (sunna) weiß über den Beginn der Offenbarung auch noch folgendes zu berichten: Der Gottesgesandte habe zunächst Träume gehabt, die ihm wie das Frühlicht des Morgens erschienen seien. In der Einsamkeit einer Höhle habe er sich frommen Übungen gewidmet, „bis zu ihm der Engel kam und befahl: ‚Rezitiere!' worauf Muḥammad erwiderte: ‚Ich kann nicht rezitieren!'" Der Bericht läßt nun Muḥammad selber erzählen: „Da packte mich der Engel und drückte mich, bis ich es nicht mehr aushalten konnte. Dann ließ er mich los und befahl erneut: ‚Rezitiere!'" Da Muḥammad sich wieder weigerte, geschah ihm wie zuvor. Insgesamt dreimal wurde dem künftigen Propheten auf diese Weise Gewalt angetan, ehe er den ersten Vers der 96. Sure sprach.[64]

Nach den ersten Offenbarungen und nach den Vorwürfen, einem Dichter oder Seher gleich besessen zu sein, begann beim Propheten ein Prozeß der Klärung. Was er zu verkünden hatte, war von unvergleichlich größerer Tragweite als ein Orakelspruch. Es ist nicht irgendein Dämon, der über ihn hergefallen ist, sondern er selbst ist ein „edler Bote" des einen und einzigen Gottes, der ihm Einblick in das Verborgene gewährt; er hat Gott deutlich am Horizont geschaut (Sure 81, Vers 23).

In dem Maße, wie sich Muḥammad bewußt wird, daß er von dem einen Gott zum Gesandten ausersehen ist, wird die Inspiration, die die Seher und Dichter erfahren, abgewertet. Es sind Satane, die den Dichtern etwas vorgaukeln und ihnen ein paar Worte zutragen, die sie erlauscht haben (Sure 26, Vers 223).

Sure 37 „Die in Reihen stehen", Vers 6 bis 10: 6 Wir haben den untersten Himmel mit Sternen geschmückt, 7 die dem Schutz gegen jeden aufsässigen Satan dienen. 8 Diese können der obersten Ratsversammlung nicht lauschen, sondern werden von allen Seiten beworfen, 9 um sie zu vertreiben. Ewige Strafe steht ihnen bevor. 10 Manch einer allerdings schnappt etwas auf, und dann folgt ihm ein brennender Meteor hinterdrein.

Die Inspiration der Dichter ist mithin nicht durch den höchsten Ratschluß gebilligt; sie ist vielmehr unrechtmäßig, und Gott wird derartige Praktiken bestrafen. „Die Engel unterhalten sich in den Wolken über Dinge, die auf der Erde geschehen werden. Die Satane hören ein Wort und gießen es dem Wahrsager ins Ohr, wie man eine Flasche ausgießt, und fügen noch einhundert Lügen hinzu."[65] Die Abwertung des dichterischen Talents, auf die solche Vorstellungen hinauslaufen, hat sich in religiösen Kreisen im Islam gehalten. Die Poesie gilt als der Koran, den Gott dem Satan bei der Vertreibung aus dem Paradies übergeben hat.[66] Die große Blüte der Dichtkunst in der islamischen Kultur ist durch diese schroffe Abwertung erfreulicherweise nie beeinträchtigt worden. Dazu waren die Aufgaben, die ein Dichter in der Gesellschaft übernehmen mußte, zu wichtig. Seine Verse hatten das Lob der Gemeinschaft, der religiösen oder politischen Gruppierung zu singen, deren Mitglied er war; er hatte die Anführer und Herrscher zu verherrlichen und ihre Namen der Nachwelt zu überliefern; und er hatte die Schmähungen der Gegner zu parieren. Als Muḥammad in Medina ein Gemeinwesen aufbaute, war er froh, einen Dichter zu finden, der es gegen die Spottreden seiner mekannischen Feinde zu verteidigen wußte. Ḥassān b. Ṯābit stellte sein Talent, das angeblich von der Dämonin Siʿlāh geweckt worden war, in den Dienst Muḥammads. Doch genau wie der Prophet erkannt hatte, daß ein Engel des Herrn, Gabriel, ihm die Offenbarungen übermittle, waren auch Ḥassāns Verse nun nicht mehr dämonischer Herkunft. „Stets wird der heilige Geist dich unterstützen, solange du auf Seiten des Propheten kämpfst", soll Muḥammad dem Dichter versichert haben. Man meinte, es sei Gabriel gewesen, der Ḥassān bei der Abfassung der Lobverse auf den Propheten unterstützt habe.[67] Die arabischen Philologen der Frühzeit spürten, daß sich Ḥassāns Poesie verändert hatte, seit er für Muḥammad tätig geworden war. „Die Poesie ist abweisend hart, ihre Pforte ist das Böse. Wenn sie sich in das Gute einmengt, wird sie schwach!" Jener Ḥassān b. Ṯābit sei einer der hervorragendsten Dichter des Heidentums gewesen, doch im Islam seien die wichtigsten Vorzüge seiner Poesie verlorengegangen, meint der berühmte Grammatiker al-Aṣmaʿī (gest. um 831).[68]

Heftig bewegt, bisweilen dunkel und undiszipliniert ist der Sprachstil der frühen mekkanischen Suren. Seine Verwandtschaft mit den Aussprüchen der Wahrsager ist auffallend: Seher und Dichter – und eben auch der Prophet – geben inspirierte Äußerungen von sich. Nach diesen stilistischen Äußerlichkeiten wurden die Offenbarungen von den Gegnern Muḥammads beurteilt, und es brauchte einige Zeit, bis sich die Sprache des Korans von diesen Ähnlichkeiten befreien konnte. Inhaltlich war von Anfang an ein gewaltiger Unterschied zwischen den Weissagungen der Seher, den Schmäh- und Lobversen der Dichter auf der einen und der prophetischen Verkündigung auf der anderen Seite. Muḥammad selber fühlte diesen Unterschied klar, aber seine Landsleute werden zunächst nicht in der Lage gewesen sein, ihn zu erkennen. Selbst dem Propheten war es nicht sofort zur Gewißheit geworden, daß es der Eine ist, der durch seinen Boten Gabriel zu ihm spricht. Sobald aber der Vorgang der Reifung des prophetischen Bewußtseins zum Abschluß gekommen ist, verlieren sich die Merkmale der Sprache der Wahrsager. Die klare Erkenntnis des personalen Schöpfergottes und seiner Forderungen an den Menschen diszipliniert das Wort, wie auch Ḥassān b. Ṯābits Dichtung die

„abweisende Härte“ des Heidentums einbüßte, als er ein Gefolgsmann des Propheten geworden war.

Sure 42 „Die Beratschlagung“: 51 Keinem Menschen kommt es zu, daß Gott zu ihm rede, es sei denn auf dem Wege der Offenbarung oder hinter einem Vorhang verborgen oder daß er einen Boten ausschicke, der mit seiner Erlaubnis das eingibt, was Gott wünscht. Er ist erhaben und weise. 52 So haben wir auch dir eine Offenbarung von unserer Fügung eingegeben. Du wußtest nicht, was das Buch und was der Glaube sei. Wir haben es zu einem Licht gemacht, mit dem wir diejenigen unter unseren Knechten rechtleiten, von denen wir es wünschen. Und du führst nun zu einer geraden Straße, 53 zur Straße Gottes, dem gehört, was in den Himmeln und auf der Erde ist. Auf Gott laufen alle Angelegenheiten zu!

3. Die jüngere mekkanische Periode und die biblischen Erzählungen im Koran

Sure 6 „Das Vieh“, Vers 1 bis 73: Im Namen Gottes, des Barmherzigen, des Erbarmers! 1 Lob sei Gott, der die Himmel und die Erde geschaffen und Finsternis und Licht gemacht hat! Nun stellen die Ungläubigen trotzdem andere ihrem Herrn gleich! 2 Er ist es doch, der euch aus Lehm geschaffen und dann eine Frist bestimmt hat, und zwar ist eure Frist ausschließlich bei ihm festgelegt! Trotzdem bringt ihr noch Zweifel vor! 3 Er ist der Gott in den Himmeln und auf der Erde, er weiß um alles, was ihr verborgen oder offen meint, und weiß, was ihr erwerbt.[69] 4 Nicht eines der Wunderzeichen ihres Herrn wird ihnen zuteil, ohne daß sie sich abwenden. 5 Sie leugneten bereits die Wahrheit ab, als sie zu ihnen kam, aber sie werden schon noch erfahren, worüber sie zu spotten pflegten! 6 Bedachten sie denn nicht, wieviele Geschlechter wir schon vor ihnen vernichtet haben? Diesen hatten wir sogar noch mehr Macht verliehen als euch! Doch wir ließen den Himmel über ihnen seine Schleusen öffnen und unter ihnen Ströme hinfließen. So vernichteten wir sie um ihrer Sünden willen. Und nach ihnen ließen wir ein anderes Geschlecht aufwachsen. 7 Selbst wenn wir dir eine Schrift auf Pergament hinabschickten und sie sie mit den Händen greifen könnten, sprächen die Ungläubigen immer noch: „Das ist ganz klar Zauberei!“ 8 Weiter fragen sie: „Warum wird denn kein Engel zu ihm herabgesandt?“ Sendeten wir einen Engel hinab, wäre die Sache bereits entschieden; sie hätten dann keinen Aufschub mehr. 9 Hätten wir einen Engel als Gesandten bestellt, hätten wir ihm die Gestalt eines Mannes geben müssen, und wir unsererseits hätten sie damit noch mehr in Zweifel gebracht,[70] als sie ohnehin von sich aus in Zweifel ziehen. 10 Schon vor dir hat man über Gesandte gespottet, doch der Hohn hat die Spötter ins Verderben gestürzt. 11 Sprich: „Zieht doch im Lande umher und schaut euch an, was für ein Ende es mit den Leugnern genommen hat!" 12 Sag: „Wem gehört alles, was in den Himmeln und auf der Erde ist?" Sprich: „Doch nur Gott!" Als Kennzeichen hat er sich die Barmherzigkeit vorgeschrieben. Er wird euch zum Tag der Auferstehung versammeln, den ihr nicht in Zweifel ziehen dürft. Wer dann seiner selbst verlustig geht, das sind die Ungläubigen! 13 Ihm gehört, was des Nachts und am Tage ruht. Er hört und weiß alles. 14 Sag: „Soll ich etwa jemand anders als Gott zu meinem Freund erwählen, den Schöpfer der Himmel und der Erde, der alles ernährt, aber von niemandem ernährt wird?" Sprich: „Mir wurde aufgetragen, als erster Muslim zu werden." Sei nicht einer von den Polytheisten! 15 Sprich: „Ich fürchte die Strafe eines bedeutungsschweren Tages, sollte ich mich meinem Herrn widersetzen!" 16 Von wem diese Strafe an jenem Tag abgewendet wird, dessen hat er sich erbarmt, und das ist der offenkundige Gewinn. 17 Wenn Gott dir Not zustoßen läßt, kann niemand außer ihm selber dies beheben. Wenn er dir Gutes zuteil werden läßt, – nun, er ist eben zu allem mächtig! 18 Er hat Gewalt über seine Knechte. Er ist der Weise und Kundige. 19 Sprich: „Was hat die höchste Zeugniskraft?" Sprich: „Gott ist Zeuge zwischen mir und euch. Mir wurde dieser Koran eingegeben, um euch mit ihm zu warnen, sowie alle, denen er zu Ohren kommt. Wollt ihr weiterhin bezeugen, daß es neben Gott noch andere Götter gebe?" Sprich: „Das bezeuge ich nicht!" Sag: „Es ist nur ein Gott! Mit denen, die ihr ihm beigesellt, habe ich nichts zu tun!" 20 Diejenigen, denen wir das Buch gebracht haben, wissen das so gut, wie sie ihre eigenen Söhne kennen. Diejenigen, die ihrer selbst verlustig gehen, das sind die Ungläubigen. 21 Wer begeht ein größeres Unrecht als derjenige, der gegen Gott Lügen ersinnt und die Wunderzeichen abstreitet? Die Frevler werden nicht glückselig! 22 Am Tag, da wir sie alle versammeln! Dann sagen wir zu den Polytheisten: „Wo sind denn nun die von euch behaupteten Teilhaber?" 23 Ihre Verlegenheit wird dann derart sein, daß sie nur antworten können: „Gott, unser Herr! Wir pflegten dir gar niemanden beizugesellen!" 24 Schau nur, wie sie sich Lügen strafen und ihre ersonnenen Lügen sie im Stich lassen! 25 Unter ihnen gibt es manche, die dir zwar zuhören; doch haben wir ihre Herzen mit einer Hülle überzogen und ihre Ohren taub gemacht, so daß sie keine Einsicht gewinnen können. Selbst wenn sie jedes Wunder sehen, glauben sie nicht daran, sondern kommen sogar zu dir, um mit dir zu diskutieren. „Dies sind doch nur die Geschichten der Altvorderen!" sagen die Ungläubigen. 26 Sie untersagen es den anderen und halten sich selber davon fern. Ohne es zu merken, bringen sie sich allein ins Verderben! 27 Könntest du sie nur sehen, wie sie über

das Höllenfeuer gehalten werden und dann rufen: „Könnten wir doch nur zurückversetzt werden, damit wir nicht mehr die Wunder unseres Herrn ableugneten und gläubig würden!"
28 Jetzt erst ist ihnen klargeworden, was sie zuvor in ihrem Innern verbargen. Doch würden sie zurückversetzt, würden sie gleichwohl wieder begehen, was ihnen verboten wurde. Sie sind eben Lügner!
29 Auch wenden sie ein: „Es gibt nur unser diesseitiges Leben, und wir werden nicht auferweckt werden!"
30 Könntest du sie nur sehen, wie sie vor ihren Herrn gestellt werden und er sie fragt: „Ist dies nun die Wahrheit?" und sie entgegnen: „In der Tat! Bei unserem Herrn!" Er spricht dann: „So kostet die Strafe für euren Unglauben!"
31 Diejenigen, die die Begegnung mit Gott ableugnen, erleiden einen schweren Verlust, derart daß sie, wenn die Stunde des Gerichts plötzlich über sie kommt, rufen: „Wie tut uns jetzt all das leid, worin wir saumselig waren!" Doch sie tragen ihre Lasten auf dem Rükken, wirklich schlimme Lasten!
32 Das dieseitige Leben ist nur Spiel und Tändelei. Das Jenseits ist für die Gottesfürchtigen gewiß besser. Habt ihr denn keinen Verstand?
33 Wir wissen schon, daß dich traurig macht, was sie sagen. Doch nicht dich können sie damit der Lüge überführen, sondern die Frevler streiten die Wunderzeichen Gottes ab.
34 Schon vor dir zieh man Gesandte der Lüge. Doch sie harrten aus, obwohl sie der Lüge bezichtigt und beleidigt wurden, bis zu ihnen unsere Hilfe kam – und niemand kann die Worte Gottes abändern! Du hast doch von den Gesandten Kunde erhalten!
35 Wenn es dir auch zu Herzen geht, daß sie sich abwenden: Selbst wenn du ein Loch in der Erde oder eine Leiter zum Himmel suchst, um ihnen ein Wunder zu bringen (hat es keinen Zweck). Gefiele es Gott, so vereinte er alle in der Rechtleitung! Sei du doch kein Narr!
36 Nur die, die richtig hören, willfahren (dem Ruf zum Glauben). Die Toten wird Gott auferwecken. Dann werden sie zu ihm zurückgebracht.
37 Die Ungläubigen wenden ein: „Warum wird auf ihn nicht ein Wunder von seinem Herrn herabgesandt?" Sprich: „Gott kann natürlich ein Wunder herabsenden." Doch die meisten von ihnen wissen nicht Bescheid.
38 Auf Erden gibt es kein Tier, keinen Vogel, der mit den Flügeln fliegt – alle gehören zu Gemeinschaften, euch ähnlich. In der Schrift haben wir nichts ausgelassen. Zu ihrem Herrn werden sie endlich versammelt.
39 Diejenigen, die unsere Wunderzeichen ableugnen, sind taub und stumm, in Finsternissen. Gott läßt in die Irre gehen, wen er will, und führt auf die gerade Straße, wen er will.
40 Sprich: „Meint ihr denn, wenn euch die Strafe Gottes trifft oder die Stunde über euch kommt, daß ihr dann jemand anderen als Gott anrufen werdet, wenn ihr ehrlich seid?
41 Nein, nur ihn werdet ihr anrufen, und er wird beheben, weswegen ihr ruft, wenn er will, und ihr werdet die vergessen, die ihr ihm beigesellt."
42 Wir sandten schon zu Gemeinschaften vor dir und ließen ihnen Unbill und Not widerfahren, vielleicht

würden sie demütig? 43 Doch warum demütigten sie sich nicht, als wir Unbill über sie sandten? Aber nein, ihre Herzen verhärteten sich, und der Satan malte ihnen ihr Verhalten als schön aus. 44 Wie sie nun vergaßen, womit sie gemahnt worden waren, öffneten wir ihnen die Pforten zu allen Dingen, bis wir, als sie sich dessen freuten, was ihnen zuteil geworden war, sie ganz überraschend packten – und plötzlich waren sie verzweifelt! 45 Die Frevler wurden bis zum letzten Mann ausgerottet – Preis sei Gott, dem Herrn der Welten! 46 Sag: „Was glaubt ihr wohl, wenn Gott euch das Gehör und den Gesichtssinn nimmt und die Herzen versiegelt, welch ein Gott außer dem einen Gott kann euch das dann ersetzen?" Schau, wie wir die Verse abwandeln! Doch sie wenden sich trotzdem ab. 47 Sprich: „Was meint ihr wohl, wenn die Strafe Gottes ganz überraschend oder offenkundig über euch kommt, werden dann außer den Frevlern auch andere zugrunde gehen?" 48 Wir schicken die Gesandten nur als Verkünder und Warner. Wer glaubt und gute Werke tut, der braucht sich nicht zu fürchten, und er wird nicht betrübt sein. 49 Wer aber unsere Wunderzeichen ableugnet, den trifft wegen seines Frevels unsere Strafe. 50 Sprich: „Ich sage nicht, daß ich die Schätze Gottes besitze, nicht, daß ich das Verborgene weiß. Ich sage euch nicht, daß ich ein Engel sei. Ich befolge nur das, was mir eingegeben wird!" Sprich: „Sind etwa der Blinde und der Sehende gleich?" Denkt ihr denn nicht nach? 51 Und warne hiermit diejenigen, die fürchten, vor ihrem Herrn versammelt zu werden. Außer ihm haben sie weder Freund noch Fürsprecher. Vielleicht werden sie gottesfürchtig sein. 52 Verjage nicht diejenigen, die am Morgen und am Abend ihren Herrn anrufen und sich allein ihm zuwenden wollen. Von ihrer Abrechnung dereinst fällt dir nichts zur Last, und von deiner Abrechnung ihnen auch nicht, so daß du sie verjagen dürftest. Du wärest in diesem Fall ein Frevler. 53 Derart verwirren wir die einen mit den anderen, daß sie sagen: „Ausgerechnet diesen unter uns erweist Gott Gnade?" Kennt Gott nicht die Dankbaren am besten? 54 Wenn die, die an unsere Zeichen glauben, zu dir kommen, dann sprich: „Friede sei mit euch!" Gott hat sich das Merkmal der Barmherzigkeit vorgeschrieben; wer von euch nämlich aus Unwissenheit etwas Schlechtes tut, es dann aber bereut und Gutes tut, – nun, Gott ist verzeihend und erbarmt sich. 55 So legen wir die Verse im einzelnen dar, und damit der Weg der Verbrecher offenkundig werde. 56 Sprich: „Mir wurde verboten, die zu verehren, die ihr neben Gott anruft." Sprich: „Ich folge nicht euren nichtigen Ideen, ich irrte sonst vom Wege ab und wäre nicht rechtgeleitet." 57 Sag: „Ich habe einen klaren Beweis von meinem Herrn!" Ihr aber leugnet es ab. Aber es steht nicht in meiner Macht, herbeizuführen, was ihr beschleunigen wollt.[71] Gott allein entscheidet. Er erzählt die Wahrheit und entscheidet am besten. 58 Sprich ferner: „Stünde es in meiner Macht, herbeizuführen, was ihr beschleunigen wollt, dann wäre die Sache zwischen mir und euch sowieso schon erledigt!“ Gott kennt die Frevler am besten. 59 Er besitzt die Schlüssel zum Verborgenen, nur er kennt sie. Er weiß alles, was auf dem Land und dem Meer ist. Kein Blatt fällt, ohne daß er es weiß; kein Körnlein ist in den Finsternissen der Erde, und nichts Feuchtes und nichts Trockenes gibt es, ohne in einer klaren Schrift verzeichnet zu sein. 60 Er ist es, der euch des Nachts zu sich nimmt und weiß, was ihr am Tage begangen habt. Hierauf erweckt er euch (am Morgen), damit eine bestimmte Frist erfüllt werde. Dann kehrt ihr dereinst zu ihm zurück, dann teilt er euch mit, was ihr zu tun pflegtet. 61 Er hat Gewalt über seine Knechte und sendet Wächter über euch, so daß jeden von euch, wenn seine Todesfrist gekommen ist, unsere Boten an sich nehmen, und diese verabsäumen nichts! 62 Dann werden die Menschen Gott, ihrem wahren Herrn zurückgegeben. Ihm steht wirklich die Entscheidung zu, und er rechnet am schnellsten ab. 63 Sprich: „Wer rettet euch aus den Finsternissen zu Lande und zu Wasser, wenn ihr in Demut und im stillen zu ihm ruft: ‚Wenn er uns hieraus errettet, werden wir bestimmt dankbar sein!‘?“ 64 Sprich: „Gott rettet euch hieraus und aus aller Pein.“ Trotzdem wollt ihr ihm jemand beigesellen? 65 Sag: „Er hat die Macht, euch Strafen zu schicken von oben oder von unten her oder euch in Parteiungen zu verwirren und die einen die Wut der anderen schmecken zu lassen.“ Schau, wie wir die Verse abwandeln! Vielleicht werden sie Einsicht gewinnen! 66 Deine Leute haben dies abgeleugnet, obwohl es die Wahrheit ist. Sprich: „Ich bin nicht euer Sachwalter!“ 67 Jede Nachricht hat ihre Grundlage; ihr werdet das schon noch merken. 68 Wenn du die siehst, die sich über unsere Verse das Maul zerreißen, dann wende dich ab, damit sie sich über ein anderes Thema das Maul zerreißen. Sollte dich der Satan dies vergessen lassen, (dann denke daran:) sitz nicht bei den Frevlern, nachdem du diese Mahnung erhalten hast! 69 Von deren Abrechnung wird den Gottesfürchtigen nichts angelastet. Aber es ist wenigstens eine Mahnung. Vielleicht werden jene gottesfürchtig. 70 Und laß die, die ihren Glauben als Spiel und Tändelei betrachten und die das irdische Leben verblendet hat, und erinnere durch den Koran daran, daß eine jede Seele verurteilt[72] wird nach dem, was sie erworben hat. Neben Gott hat sie weder Freund noch Fürsprecher. Auch wenn sie noch so viel Lösegeld beibringt, wird es von ihr nicht angenommen. Dies sind die, die wegen ihres erworbenen (Tatenregisters) verurteilt werden. Sie bekommen heißes Wasser zu trinken und eine schmerzhafte Strafe, weil sie ungläubig waren. 71 Sprich: „Sollen wir neben Gott anrufen, was uns weder nutzen noch schaden kann, und damit rückfällig werden, nachdem uns Gott rechtgeleitet hat? Wie der, den die Satane im Land in die Irre führten, so daß er verwirrt wurde? Dabei hat er Freunde, die ihn zur Rechtleitung rufen: ‚Komm zu uns!‘“ Sprich: „Nur die Rechtleitung

Gottes gilt, und uns wurde aufgetragen, uns ganz dem Herrn der Welten zuzuwenden!" 72 Und vollzieht das rituelle Gebet und fürchtet ihn! Er ist es, zu dem ihr versammelt werdet. 73 Er ist es, der die Himmel und die Erde wirklich geschaffen hat. Am Tage, da er sagt: „Sei!" ist es da. Seine Rede ist die Wahrheit. Er herrscht am Tag, da in die Posaune gestoßen wird. Er weiß das Verborgene und das Offene. Er ist weise und kundig.

Schon beim flüchtigen Durchlesen läßt sich der stilistische Unterschied erfassen, der zwischen den ältesten mekkanischen Suren und denjenigen der jüngeren mekkanischen Verkündigung besteht: Mit Anleihen bei der Redeweise der heidnischen Dichter und Wahrsager wurde seinerzeit das überwältigende und erschütternde Erlebnis der Berufung zum Propheten in Sprache umgesetzt. Die Worte mußten durch sich selber wirken; wenn sie bisweilen auch dunkel waren, so sollten sie doch dem Zuhörer den tiefen Ernst und die existenzielle Tragweite der religiösen Botschaft vermitteln. Der Inhalt der Botschaft selber war noch nicht in den Einzelheiten durchdacht und ausgefeilt und ließ sich auf einen Kernsatz zurückführen: Gott, der die Welt und den Menschen geschaffen hat, wird ihn dereinst für seinen irdischen Wandel zur Rechenschaft ziehen. Man kann sagen, daß in der frühmekkanischen Periode die Tatsache, *daß* Muḥammad vom Schöpfergott angesprochen worden ist, den wesentlichen Inhalt der koranischen Botschaft bildet, deren Wahrheit durch öfter wiederholte Eide gesichert wurde. Im Laufe der Jahre tritt dann die Botschaft selber mit all ihren Folgen für den Menschen und sein Verhältnis zum Schöpfergott in den Mittelpunkt. Ein Zeugnis für diese thematische Verschiebung liefern die oben übersetzten Verse der 6. Sure „Das Vieh". Weniger von Ergriffenheit zeugt ihr Stil, als vielmehr vom Ringen um eine einleuchtende, unwiderlegbare Argumentation, mit deren Hilfe auch die Uneinsichtigen und die Verstockten von der Wahrheit des göttlichen Wortes überzeugt und als Anhänger des Glaubens gewonnen werden können. Immer wieder wird die Einsichtsfähigkeit der Zuhörer beschworen, sie werden aufgefordert, ihr Leugnen aufzugeben. Sind nicht schon viele Völker um ihres Unglaubens willen vernichtet worden? Man sollte die Ruinen, die vom Schicksal jener Widerspenstigen künden, als ernste Mahnmale verstehen und in sich gehen. Doch die mißtrauischen Mekkaner fragen weiter, warum denn nicht ein Engel zu Muḥammad gesandt wird, den sie mit eigenen Augen sehen können; in einem solchen Fall würden sie den Worten des Propheten sofort folgen. Nicht an den Schöpfergott, sondern nur an diesen Engel würden die Mekkaner dann glauben und sich noch tiefer in die Sünde der Vielgötterei verstricken, als sie es ohnehin schon sind, lautet die Antwort. Und außerdem: Schickte Gott einen Engel, so wäre dieser der Vorbote des Endes der Geschichte, des

Gerichts – die Menschen hätten gar nicht mehr die Gelegenheit, sich zu bewähren.

Nicht in der Sprache trockener dogmatischer Abhandlungen werden diese Erörterungen entfaltet, sondern in lebhafter Rede und Gegenrede. Unverständlich ist dem Propheten die Leichtfertigkeit und Torheit der Ungläubigen, ihr Verlangen nach äußeren Wundern, wo es doch um ihr Heil im Jenseits, um das Weltgericht geht! Wie unsinnig ist es, darauf zu hoffen, daß Gott die Verfehlungen nicht zur Kenntnis nehmen werde! Immer von neuem werden diese Fragen angeschnitten. Sie bilden das Kernthema, um das der Gedankengang kreist. Inhaltliche Wiederholungen – bei veränderten Formulierungen – sind beabsichtigt, damit die Mahnworte noch eindringlicher werden: „Schau, wie wir die Verse abwandeln! Doch sie wenden sich trotzdem ab!" (Sure 6, Vers 46 und 56). Wenn Muḥammad schon nicht mit der Zustimmung der Ungläubigen zur Botschaft des Schöpfers rechnen kann, so soll er sich in keinem Fall von ihnen irre machen lassen. Ihr Geschwätz ist nicht der Beachtung wert.

In der 6. Sure wird mithin vorausgesetzt, daß Muḥammads Verkündigung schon auf die Ablehnung weiter Kreise im damaligen Mekka gestoßen ist. Zugleich erfahren wir, daß seine Anhängerschaft bereits so groß geworden ist, daß die führende Schicht Mekkas daran dachte, mit Muḥammad zu einem guten Einvernehmen zu gelangen. Voraussetzung hierfür war offenbar, daß Muḥammad die Elenden und Verachteten unter seinen Anhängern verstieß. „Ausgerechnet diesen unter uns erweist Gott Gnade?" (Sure 6, Vers 58), fragt man den Propheten erstaunt.[73] Aber Muḥammad kann sie nicht wegjagen, denn auch sie sind, das besagt die göttliche Botschaft, als Einzelne vor Gott verantwortlich,[74] der die im Heidentum wurzelnde Nobilität der Handelsstadt nicht anerkennt.

Der Zwang, sich mit Gegnern auseinanderzusetzen und in religiös-politischen Fragen Stellung zu beziehen, führte nicht nur zur Aufgabe des frühmekkanischen Stils zugunsten von längeren Erörterungen, die sehr häufig in wörtlicher Rede vorgebracht werden. Die Bemühung um Verdeutlichung der Botschaft des Schöpfers bewirkte auch eine erhebliche Erweiterung und Differenzierung der theologischen Aussagen: Gott allein besitzt die Schlüssel zum Verborgenen; er weiß alles, und sei es noch so verhüllt. Er kennt jedes Körnchen (Sure 6, Vers 58ff.). Er ist allmächtig, und ihm allein steht letzten Endes jede Entscheidung zu. Es ist ein Zeichen völligen Unverstandes, ihm andere gleich mächtige Wesen beigesellen zu wollen. Gott allein ist es, der alle Kreatur ernährt, er selber braucht aber keine Nahrung aus fremder Hand (Sure 6, Vers 14). Alle Kreatur ist von ihm abhängig, er allein ist vollkommen unabhängig. Wenn der Mensch in Not gerät, gibt es niemanden außer Gott, der ihm helfen könnte. Wenn es dem Menschen gut geht, soll er ja nicht meinen, dies sei sein eigenes Verdienst – es ist nichts als die Gnade des allmächtigen Gottes (Sure 6, Vers 17).

Es ist verständlich, daß der Koran nun, da sich die theologischen Argumente vermehren, oft auf Themen und Topoi zurückgreift, die in den auf der Arabischen Halbinsel bekannten Hochreligionen, insbesondere im Judentum und Christentum, heimisch sind. Hieß es in den ältesten Suren noch, der Mensch werde aus einem Blutklumpen im Mutterleib gestaltet, so finden wir jetzt die Aussage, Gott habe den Menschen aus Lehm geschaffen (Sure 6, Vers 2). Diese Vorstellung entstammt natürlich dem Alten Testament. Dies bedeutet nun keineswegs, daß sich der Prophet jetzt das Menschenbild des Alten Testaments zueigen macht oder wenigstens seine Botschaft mit den Gedanken des Alten Testaments in Einklang zu bringen sucht. Es werden lediglich einzelne Züge übernommen, die in die islamische Offenbarung eingehen und sich gegebenenfalls nach deren Gesetzmäßigkeit umformen und weiterentwickeln.[75] Der Islam ist keinesfalls, wie häufig behauptet wird, eine aus jüdischen und christlichen Elementen zusammengesetzte Religion. Die Untersuchung der koranischen Erzählungen von den Propheten des Alten Testaments wird dies verdeutlichen.[76] Diese Geschichten nehmen in der mittleren und späten mekkanischen Periode einen breiten Raum ein, nachdem in die ältesten Suren höchstens Anspielungen hierauf eingeflossen sind. Die Erzählungen über die alten Gottesgesandten wie Noah, Mose und Abraham sind die besten Zeugnisse für das vertiefte Nachsinnen über das Handeln Gottes an den Menschen und über das Wesen des Prophetentums.

Sure 79 „Die zerren": 15 Ist dir die Geschichte von Mose zu Ohren
gekommen? 16 Einst rief ihn sein Herr im heiligen Tal Tuwa[77] an:
17 „Geh zu Pharao! Er hat jedes Maß verloren! 18 Frag ihn: ‚Möchtest du nicht, daß du rein wirst 19 und daß ich dich zu deinem Herrn
leite, auf daß du ihn fürchtest?'" 20 Mose zeigte ihm das größte Wunder, 21 er aber leugnete und war ungehorsam. 22 Da wandte er sich
um und ging fort. 23 Pharao versammelte das Volk und ließ ausrufen
24 und sagte dann: „Ich bin euer höchster Herr!" 25 Da strafte ihn
Gott im Jenseits und im Diesseits. 26 Hierin liegt wirklich ein warnendes Beispiel für jeden, der Gott fürchtet!

Sure 28 „Die Geschichte", Vers 2 bis 42: 2 Dies sind die Verse einer
deutlichen Schrift. 3 Wir tragen dir wahrheitsgemäß einiges von der
Geschichte von Mose und Pharao vor, für Leute, die glauben. 4 Pharao
war anmaßend im Lande. Er teilte die Bevölkerung in Gruppen ein und
unterdrückte eine von ihnen, indem er ihre Söhne ermordete und die
Frauen am Leben ließ. Er war ein Missetäter. 5 Wir aber wollen den im
Lande Unterdrückten Wohltaten angedeihen lassen, sie zu Anführern

und Erben machen. 6 Wir wollen ihnen Macht im Lande geben und Pharao, Hāmān und ihren Heerscharen zeigen, wovor sie stets Furcht hatten. 7 Der Mutter Moses gaben wir ein: „Stille ihn! Doch wenn du um ihn fürchtest, dann wirf ihn in den Fluß und fürchte nichts und sei nicht betrübt! Wir werden ihn dir zurückgeben und ihn dann zu einem unserer Gesandten machen." 8 So nahm ihn die Sippe Pharaos als Findelkind auf, damit er ihnen zum Feinde und zum Anlaß für Trauer werde. Pharao, Hāmān und ihre Heerscharen begingen eben einen Fehler. 9 Es sagte nämlich die Frau Pharaos: „Mir und dir ist er ein Augentrost. Tötet ihn nicht! Womöglich nutzt er uns noch, oder nehmen wir ihn als Sohn an!" Sie alle hatten eben keine Ahnung. 10 Da wurde der Mutter Moses das Herz leer. Fast hätte sie verraten, was es mit dem Kind auf sich hatte, hätten wir ihr nicht Standhaftigkeit verliehen, damit sie weiter gläubig blieb. 11 Aber zu seiner Schwester sagte sie: „Geh ihm nach!" Diese beobachtete ihn unbemerkt von der Seite. 12 Nun hatten wir Mose schon vorher jede fremde Mutterbrust verboten. Also sagte seine Schwester: „Soll ich euch zu einer Familie weisen, die ihn für euch ernähren kann und aufrichtig gegen ihn ist?" 13 Auf diese Weise brachten wir ihn zu seiner Mutter zurück, damit sie sich an ihm erfreue und nicht betrübt sei, sondern wisse, daß Gottes Versprechen Wahrheit ist. Die meisten wissen dies freilich nicht. 14 Als er seine Manneskraft erreicht hatte und herangewachsen war, gaben wir ihm Entscheidungsvermögen und Wissen. So belohnen wir die Wohltäter. 15 Da betrat er einmal die Stadt, als die Einwohner nicht aufpaßten, und traf auf zwei Männer, die miteinander kämpften, der eine von Moses Gruppe, der andere von seinen Feinden. Da rief ihn der aus seiner Gruppe gegen seinen Feind zu Hilfe. Mose versetzte diesem einen Faustschlag und tötete ihn. (Als er erkannt hatte, was er getan hatte) rief er: „Das war das Werk des Satans! Er ist ein offenkundiger, in die Irre führender Feind! 16 Mein Herr, ich habe Unrecht auf mich geladen. Verzeih mir!" Und er verzieh ihm. Er ist der Verzeihende, Barmherzige. 17 Mose sprach: „Mein Herr, weil du mir gnädig bist, will ich die Verbrecher nicht unterstützen!" 18 Am nächsten Morgen blickte er sich furchtsam in der Stadt um, und plötzlich rief ihn wieder der um Hilfe an, der ihn Tags zuvor um Unterstützung gebeten hatte. Da sagte ihm Mose: „Du gehst klar in die Irre!" 19 Als Mose dennoch denjenigen angreifen wollte, der ihrer beider Feind war, rief der Angegriffene: „Mose, willst du mich umbringen, wie du gestern jemanden umgebracht hast? Du willst dich bloß zum Tyrannen über das Land aufschwingen und willst nicht zu den Frommen gehören!" 20 Da kam ein Mann vom entferntesten Ende der Stadt gelaufen: „Mose, die Stadtversammlung berät sich, um dich töten zu lassen. Fliehe! Ich gebe dir einen guten Rat." 21 Mose verließ die Stadt, sich furchtsam umblickend, und flehte: „Mein Herr, rette mich vor den Übel-

tätern!" 22 Wie er nun in Richtung Midian zog, sagte er sich: „Vielleicht wird mein Herr mich den richtigen Weg führen!" 23 Als er an die
Quelle von Midian gelangte, fand er dort Leute Wasser schöpfen, und vor
ihnen zwei Frauen, die ihre Tiere von der Quelle abhielten. Er fragte:
„Was ist mit euch beiden?" Sie antworteten: „Wir können sie nicht
tränken, bevor die Hirten ihr Vieh von der Quelle herauftreiben. Unser
Vater ist ein alter Mann." 24 Mose tränkte für sie ihre Tiere und legte
sich in den Schatten und sprach: „Mein Herr, ich bedarf des Guten, das
du zu mir herabschickst." 25 Da kam eine der beiden verlegen zu ihm:
„Mein Vater bittet dich zu sich, um dich dafür zu entlohnen, daß du
unsere Tiere getränkt hast." Als Mose zu ihm kam und ihm den Vorfall
erzählte, entgegnete jener: „Hab keine Angst! Nun bist du den Übeltätern entronnen." 26 Eine von beiden sprach: „Väterchen, nimm ihn in
Dienst! Der beste, den du in Dienst nehmen kannst, ist doch ein starker,
zuverlässiger Mann!" 27 Der Alte sprach: „Ich möchte dir eine von
meinen beiden Töchtern zur Frau geben unter der Bedingung, daß du
acht Jahre lang mein Knecht bist. Machst du sogar zehn Jahre voll, so ist
das dein Entschluß. Ich will dir keine Schwierigkeiten machen. So Gott
will, wirst du mich rechtschaffen finden." 28 Mose erwiderte:
„Abgemacht! Welche der beiden Fristen ich auch erfülle, es darf keine
Übertretung gegen mich geschehen! Gott bürgt für das, was wir
abmachen!" 29 Als Mose die Frist erfüllt hatte und mit seiner Familie
fortzog, gewahrte er an der Seite eines Berges ein Feuer. „Bleibt hier!"
befahl er seiner Familie, „ich habe ein Feuer wahrgenommen. Vielleicht
kann ich euch sagen, was es damit auf sich hat, oder euch ein brennendes
Scheit bringen, damit ihr euch erwärmt!" 30 Als er das Feuer erreicht
hatte, rief es aus einem Baum auf der rechten Seite des Tales auf einem
gesegneten Stück Land: „Mose, ich bin Gott, der Herr der Welten!
31 Wirf deinen Hirtenstab hin!" Wie Mose nun sah, daß der Stab sich
wie ein Dschinn bewegte, floh er, ohne sich umzudrehen. „Mose, komm
herzu! Fürchte dich nicht! Du bist in Sicherheit! 32 Schiebe deine Hand
in deinen Gewandbusen, so wird sie weiß wieder hervorkommen, ohne
daß ihr ein Leid widerfahren wäre![78] Fasse dich von deinem Schrecken!
Dies sind zwei Beweise von deinem Herrn an Pharao und seine Ratsversammlung. Sie waren doch Missetäter!" 33 Mose sagte: „Mein Herr,
ich habe doch einen der ihren umgebracht und fürchte, sie werden mich
töten! 34 Außerdem ist mein Bruder Aaron beredter als ich. Entsende
ihn als meinen Gefährten, der mich bestätigen kann! Denn ich fürchte, sie
werden mich einen Lügner nennen!" 35 Gott versprach: „Wir werden
dir deinen Bruder als Stütze geben und euch beiden Vollmacht verleihen,
so daß sie euch beiden dank unseren Wunderzeichen nichts anhaben
können. Ihr beide und wer euch folgt, werdet die Oberhand gewinnen."
36 Als Mose ihnen unsere klaren Wunderzeichen brachte, sagten jene:

„Dies ist nichts als erlogener Zauber. Unter all unseren Ahnen haben wir von nichts dergleichen gehört!" 37 Hierauf erwiderte Mose: „Schließlich kennt mein Herr die am besten, die die Rechtleitung von ihm überbringen und denen das Jenseits zuteil wird. Die Übeltäter werden jedenfalls nicht glückselig!" 38 Pharao sprach nun: „Ratsversammlung! Ich weiß, daß ihr keinen Gott außer mir habt. Entfache mir, Hāmān, über Lehm ein Feuer und baue mir dann (aus den Ziegeln) einen Turm. Vielleicht kann ich dann zum Gott Moses emporsteigen! Ich halte Mose für einen Schwindler!" 39 Er und seine Heerscharen waren zu unrecht auf Erden hoffärtig und vermeinten, sie würden nicht zu uns (am Gerichtstag) zurückgebracht. 40 Wir aber kamen über ihn und seine Heerscharen und schleuderten sie ins Meer. Schau, wie das Ende der Übeltäter war! 41 Wir machten sie zu Anführern, die ins Höllenfeuer rufen. Am Tag der Auferstehung wird ihnen niemand helfen. 42 In dieser Welt schon haben wir sie verflucht. Am Tag der Auferstehung wird man sie verabscheuen![79]

In der frühmekkanischen 79. Sure wird der Prophet gefragt, ob er die Geschichte von Mose und Pharao kenne. In den folgenden Versen wird in sehr allgemeinen Wendungen nur die Lehre dargelegt, die aus ihr zu ziehen ist: Mose wird berufen und geht zu Pharao, um diesen mit Hilfe der von Gott gewirkten Wunder zum Glauben an den einen Schöpfer zu bekehren; Pharao jedoch verschließt sich in seinem Größenwahn dem prophetischen Wort und läßt sich selber als Herrgott feiern, worauf er vernichtet wird. Wenn Muḥammad diese Verse vortrug, war er offenbar überzeugt, von den Zuhörern verstanden zu werden. Die Andeutungen genügten; seine Landsleute wußten wohl um die Einzelheiten. Die Kenntnis derartigen aus dem biblischen Schrifttum stammenden Erzählgutes muß unter der damaligen arabischen Bevölkerung verbreitet gewesen sein. Schon in der frühmekkanischen 83. Sure „Die Betrüger" lesen wir: 12 (Den Jüngsten Tag) leugnen nur alle feindseligen Sünder ab. 13 Werden ihnen unsere Verse vorgetragen, winken sie ab: „Geschichten der Altvorderen!" – Im Koran stoßen wir noch öfter auf diesen verächtlichen Einwand der Ungläubigen:[80] Sie nehmen die Erzählungen nicht ernst, erkennen sie nicht als Beleg für die Wahrheit der prophetischen Drohungen an. Dabei war Muḥammad damals nicht der einzige, der diese Geschichten in solcher Weise ausdeutete und die Strafe Gottes für die Selbstüberhebung der Menschen ankündigte. Umaija b. abī ṣ-Ṣalt, ein zeitgenössischer Dichter, der durch seine Bearbeitungen der biblischen Erzählungen berühmt geworden war, sagte über Pharao: ... Er sprach: „Ich bin es, der den Menschen Nachbarschutz[81] gewährt. Es gibt über mir keinen Herrn, der mir Nachbarschutz gewähren könnte!" Da stieß Gott ihn, der vorher unbezwungen gewesen war, von den hohen

Stufen herunter. Zur Strafe wurde ihm schon zu Lebzeiten der Ruhm geraubt! Gott zeigte ihm die Strafe und eine schlimme Veränderung ...[82]

In der späteren mekkanischen Zeit werden die Kernpunkte der Botschaft, die der Prophet empfangen hat, ausführlicher dargelegt und an zahlreichen Beispielen verdeutlicht. In der 6. Sure war vom Abwandeln der Verse die Rede. Eine ähnliche Erscheinung beobachten wir auch bei den biblischen Erzählungen. Klang in den älteren Suren eine Geschichte nur kurz an und wurde dem Zuhörer nur angedeutet, in welchem Zusammenhang sie mit der Botschaft vom richtenden Schöpfergott stehe, so schiebt sich bis in die spätmekkanische Zeit immer mehr die Geschichte selbst in den Vordergrund. Sogar nebensächlich anmutende Einzelheiten werden nun erwähnt. Dabei bleibt weiterhin die wörtliche Rede das vorherrschende Stilmittel, mit dem die Handlung – meist sehr rasch und nicht immer organisch – entwickelt wird. Am Beispiel der 6. Sure sahen wir, daß die in wörtlicher Rede gehaltene Auseinandersetzung mit den Ungläubigen den religiösen Gehalt der Offenbarung entfaltet und differenziert. Dies geschieht nun auch in den Erzählungen, deren Stoff aus dem jüdisch-christlichen Bereich stammt. Die Positionen der Redenden sind hier ebenfalls klar. Wir finden in ihnen die Rollen Muḥammads und seiner Gegner wieder. Diese Erzählungen sind als mahnende Nachrichten über Strafen Gottes in der Vergangenheit aufzufassen, sie geben uns aber gleichzeitig einen Einblick in das Verständnis Muḥammads von seinem Prophetentum und von den Reaktionen seiner Mitmenschen hierauf. Im folgenden Kapitel wird diesem Thema genauer nachzugehen sein. Verhältnismäßig erfolglos blieb der Prophet in Mekka, und nachdem die ersten Offenbarungen verhallt waren, ohne daß die Menschen ihren Inhalt beherzigten, kam ihm seine Erfolglosigkeit allmählich zu Bewußtsein. In immer neuen Wendungen trug er vor, was ihm eingegeben worden war, und so führen denn auch die koranischen Erzählungen stets zu dem gleichen Schluß: Die Ungläubigen werden nicht glücklich; am Tag des Gerichts harrt ihrer ein furchtbares Los.

Woher kannten Muḥammad und seine Zeitgenossen die Geschichten des Alten Testaments? Gewiß nicht aus diesem selber. Dies belegen die zahlreichen Abweichungen und Erweiterungen, die die Erzählung von Mose im Koran aufweist. Vielmehr ist an mündliche Überlieferung zu denken, in der die alttestamentarische Form allmählich umgestaltet und mit neuen Elementen angereichert wurde. Zum Teil wurden Motive und Figuren aus anderen Erzählungen übernommen. Der Dienst, den Mose in Midian ableistet, ist sicher ein Motiv, das aus den Geschichten um Jakob hier eingedrungen ist. Bekanntlich mußte sich Jakob verdingen, um endlich Rahel als Frau zu bekommen. Der Wesir Pharaos mit Namen Hāmān gehört in die Esthererzählung.[83] Viele Elemente der biblischen Geschichten im Koran lassen sich in der jüdischen Aggada nachweisen. Dort wird beispielsweise berichtet, daß der Säugling Mose den Ägypterinnen vergeblich zur Stillung übergeben wurde; denn sein Mund, dem es bestimmt war, mit Gott selber zu reden, konnte nichts Unreines berühren.[84]

Sure 18 „Die Höhle": Im Namen Gottes, des Barmherzigen, des Erbarmers! 1 Lob sei Gott, der seinem Knecht das Buch herabgesandt hat, ohne es zu entstellen, 2 vielmehr in gerader Form, damit dieser vor der großen Gewalt, die von Gott ausgeht, warne und den Gläubigen, die Gutes tun, verheiße, daß ihnen schöner Lohn zuteil wird, 3 bleiben sie doch auf ewig im Paradies! 4 Und damit er die warne, die behaupten, Gott habe sich einen Sohn genommen. 5 Weder sie noch ihre Väter besitzen Wissen darüber! Ungeheuerlich ist das Wort, das ihnen von den Lippen geht! Nichts als Lüge behaupten sie! 6 So mag es vielleicht sein, daß du, ihnen zusetzend, dich selber vor lauter Bedauern umbringen wirst, wenn sie diese Botschaft nicht glauben. 7 Alles, was auf der Erde ist, gaben wir ihr als Zierrat, um die Menschen auf die Probe zu stellen, wer von ihnen am besten handele. 8 Alles, was auf ihr ist, werden wir in ein kahles Hochland verwandeln. 9 Oder meinst du etwa, daß die Männer der Höhle und der Inschrift[85] ein besonderes Wunder unter unseren Zeichen waren? 10 Einst hatten sich junge Männer in eine Höhle zurückgezogen. Sie flehten: „O unser Herr, schenk uns Barmherzigkeit von dir und bereite für uns in unseren Angelegenheiten einen rechten Pfad!" 11 Da schlugen wir ihnen auf die Ohren, so daß sie (betäubt) eine Anzahl von Jahren in der Höhle blieben. 12 Dann erweckten wir sie wieder, um zu erfahren, welche der beiden Gruppen am besten den Zeitraum zählen konnte, den sie dort geblieben waren. 13 Wir erzählen dir ihre Geschichte, wie sie wirklich geschah. Es waren junge Männer, die an ihren Herrn glaubten, und wir vermehrten noch ihre Rechtleitung. 14 Wir stärkten ihnen das Herz. Wie sie sich nun erhoben, sprachen sie: „Unser Herr ist der Herr der Himmel und der Erde. Nie werden wir einen anderen Gott an seiner Stelle anrufen. Wir würden dann Abwegiges reden. 15 Diese da, unser Volk, haben sich an seiner Statt andere Götter genommen. Warum bringen sie nicht eine klare Vollmacht hierzu bei? Wer begeht einen größeren Frevel als der, der über Gott Lügen verbreitet? 16 Wo ihr euch nun von ihnen und von dem, was sie an Gottes Stelle verehren, getrennt habt, zieht euch in die Höhle zurück! Euer Herr wird euch dann etwas von seiner Barmherzigkeit hinbreiten und euch in euren Angelegenheiten Vorteile verschaffen!" 17 Und du siehst, daß die Sonne, wenn sie aufgeht, sich von ihrer Höhle fort nach rechts neigt, und daß sie, wenn sie untergeht, sich nach links von ihnen entfernt; sie aber ruhen in einem Spalt der Höhle. Dies ist eines der Wunder Gottes. Wen Gott rechtleitet, der ist auf dem richtigen Weg. Wen Gott in die Irre lenkt, der wird für sich keinen Freund finden, der ihn auf den rechten

Pfad führen könnte! 18 Du hältst sie für wach. Dabei schlafen sie. Wir drehen sie nach rechts und nach links. Ihr Hund hat auf der Schwelle seine Vorderpfoten ausgestreckt. Könntest du einen Blick auf sie werfen, würdest du vor ihnen fliehen und voller Entsetzen sein. 19 In diesem Zustand erweckten wir sie, damit sie einander befragten. Einer von ihnen stellte die Frage: „Wie lange seid ihr hier drinnen geblieben?" Und sie erwiderten: „Einen Tag oder den Teil eines Tages!" und fuhren fort: „Euer Herr weiß am besten, wie lange ihr geblieben seid. Schickt einen von euch mit diesen Münzen, die ihr hier habt, in die Stadt. Er soll schauen, wer dort die reinste Speise hat, und euch etwas Proviant davon bringen. Aber er soll umsichtig auftreten und niemandem einen Hinweis auf euch geben! 20 Wenn man nämlich von euch erfährt, wird man euch steinigen oder in ihre Religion zurückzwingen, und dann werdet ihr niemals glückselig!" 21 So brachten wir es fertig, daß sie entdeckt wurden, damit man wisse, daß Gottes Versprechen die Wahrheit ist und daß an der Stunde des Gerichts nicht gezweifelt werden kann. Man stritt dann in Betreff ihrer Angelegenheit. Einige schlugen vor: „Errichtet auf (ihrem Grab) ein Bauwerk!" Ihr Herr kennt diese am besten. Diejenigen, die bei ihnen das Sagen hatten, befahlen: „Wir wollen über (ihrem Grab) eine Kultstätte errichten." 22 Manche werden sagen: „Es waren drei Männer, und ihr Hund war der vierte von ihnen." Andere werden behaupten: „Es waren ihrer fünf, und der Hund war der sechste." Hiermit sucht man das Verborgene zu erraten. Wieder andere meinen: „Es waren sieben, und der Hund war der achte." Erwidere allen diesen: „Mein Herr kennt ihre Zahl am besten. Nur wenige wissen um sie!" Deshalb streite über deren Anzahl nur mit klaren Worten und bitte niemanden hierüber um Aufschluß! 23 Sag auf keinen Fall in irgendeiner Sache: „Morgen werde ich das tun!" 24 ohne hinzuzufügen: „Es sei denn, Gott will es!" Gedenke stets deines Herrn, wenn du dies vergißt, und sprich: „Vielleicht wird mich mein Herr auf einen Weg führen, der noch mehr dem rechten Pfad nahekommt!" 25 Sie waren in ihrer Höhle 300 Jahre geblieben, und dann weitere neun. 26 Sprich: „Gott weiß am besten, wielange sie blieben. Er kennt das Verborgene der Himmel und der Erde. Wie gut sieht und hört er! An seiner Statt haben sie keinen Freund, und niemanden läßt er an seiner Herrschaft teilhaben." ...

60 Damals sagte Mose zu seinem Burschen: „Ich werde immer weiter reisen, bis ich den Zusammenfluß der beiden Meere erreiche, müßte ich auch sehr weit gehen!" 61 Wie sie nun den Punkt erreicht hatten, an dem beide zusammenfließen, vergaßen sie ihren Fisch. Der fand seinen Weg in das Meer und entwischte. 62 Nachdem beide vorübergegangen waren, sagte er zu seinem Burschen: „Bring uns das Frühstück! Wir sind von der Reise erschöpft!" 63 Jener antwortete: „Was meinst du wohl? Vorhin waren wir doch zu einem Felsen gegangen. Da habe ich den Fisch

vergessen. Niemand als der Satan hat ihn mir aus dem Sinn kommen lassen. Er fand seinen Weg ins Meer, o Wunder!" 64 Mose sagte: „Das ist es, was wir eigentlich begehrten!"[86] Und sie verfolgten ihren Weg zurück. 65 Da fanden sie einen unserer Knechte, dem wir Barmherzigkeit von uns hatten zukommen lassen und den wir Wissen gelehrt hatten, das von uns stammte. 66 Ihn fragte Mose: „Darf ich dir folgen, so daß du mich etwas von dem geraden Weg lehrst, der dir gewiesen wurde?" 67 Jener entgegnete: „Nicht einmal mit mir wirst du genug Geduld haben können! 68 Wie willst du dich dann mit etwas gedulden, das du nicht begreifst?" 69 Doch Mose sprach: „Du wirst mich, so Gott will, geduldig finden, und ich werde mich dir in nichts widersetzen." 70 Jener sagte: „Wenn du mir folgst, so frage mich nach keiner Sache, ehe ich sie dir erwähne!" 71 So gingen sie fort. Sie bestiegen endlich ein Schiff, und jener machte es leck. Da fragte Mose: „Hast du es leck geschlagen, damit es mit den Passagieren untergeht? Du hast etwas Schlimmes getan!" 72 Da entgegnete jener: „Habe ich dir nicht gesagt, daß du nicht genug Geduld mit mir haben wirst?" 73 Mose bat: „Tadle mich nicht, weil ich es vergessen habe, und bring mich deswegen nicht in Bedrängnis!" 74 Sie zogen ihres Weges. Da trafen sie einen Knaben, und jener tötete ihn. Nun fragte Mose: „Du tötest einen reinen Menschen, der keine Blutschuld hat? Du hast etwas Abscheuliches getan!" 75 „Habe ich dir nicht gesagt, daß du nicht genug Geduld mit mir haben wirst?" 76 Mose sagte: „Wenn ich dich nun noch einmal fragen sollte, so magst du nicht mehr mein Gefährte sein. Ich muß dich dann entschuldigen!" 77 Sie zogen ihres Weges. Da kamen sie zu den Leuten eines Dorfes und baten sie um Speise. Aber man lehnte es ab, die beiden zu bewirten. Darauf sahen beide eine Mauer, die einzustürzen drohte. Jener richtete sie. Da wandte Mose ein: „Wenn du gewollt hättest, hättest du hierfür Lohn erhalten können." 78 Nun sprach jener: „Jetzt müssen wir beide uns trennen. Aber ich werde dir die Erklärung für das geben, wobei du dich nicht in Geduld fassen konntest! 79 Das Schiff gehörte armen Leuten, die auf dem Meer arbeiteten. Ich wollte es beschädigen, denn hinter ihnen war ein König her, der jedes Schiff durch Raub an sich brachte. 80 Was den Knaben betrifft, so hatte dieser gläubige Eltern. Doch wir fürchteten, daß er ihnen mit Widerspenstigkeit und Unglauben zusetzen würde. 81 Daher wollten wir, daß Gott ihnen zum Ersatz einen reineren Sohn schenke, der die Blutsbande besser achtet. 82 Die Mauer aber gehörte zwei Waisen in der Stadt. Unter ihr lag ein Schatz verborgen, der ihnen gehörte. Ihr Vater war ein frommer Mann. Daher wollte dein Herr aus Barmherzigkeit, daß sie die Mannesreife erlangten und dann ihren Schatz ausgrüben. Das alles habe ich nicht aus eigenem Gutdünken gemacht. Dies ist die Erklärung für die Dinge, bei denen du dich nicht in Geduld fassen konntest." 83 Und sie fragen dich nach dem

Zweigehörnten. Sag: „Ich werde euch einiges über ihn berichten."
84 Wir verliehen ihm Macht auf der Erde und zeigten ihm Zugang zu
allem. 85 So schlug er einen Weg ein. 86 Als er schließlich bis an den
Ort kam, wo die Sonne untergeht, entdeckte er, daß sie in einer schlam-
migen Quelle untergeht. Er traf dort auf Leute. Wir sprachen: „Zweigehörnter! Du magst sie bestrafen oder mit Güte behandeln!" 87 Er antwortete: „Die Übeltäter werden wir bestrafen, und danach werden sie
ihrem Herrn übergeben. Der wird sie sehr schlimm bestrafen." 88 Wer
aber glaubt und gute Werke tut, dem wird als Lohn das Schönste[87] zuteil.
Und wir werden ihm angenehme Worte sagen. 89 Hierauf nahm er
einen anderen Weg. 90 Wie er schließlich an den Ort gelangte, an dem
die Sonne aufgeht, entdeckte er, daß sie über Leuten aufgeht, denen wir
vor ihr keinerlei Schutz gegeben haben. 91 So ist das. Wir haben genaue
Kunde darüber erlangt, wie es bei ihm war. 92 Darauf zog er wieder
einen anderen Weg. 93 Wie er dann das Gebiet zwischen den beiden
Wällen erreicht hatte, traf er vor ihnen Leute an, die kaum ein Wort
verstanden. 94 Sie sprachen: „Zweigehörnter! Gog und Magog stiften
Unheil im Land. Sollen wir dir ein Entgelt aussetzen, damit du zwischen
uns und ihnen einen Damm errichtest?" 95 Er antwortete: „Wozu mir
Gott Macht verliehen hat, das ist noch besser. Doch helft mir kräftig,
dann will ich zwischen euch und ihnen eine Mauer bauen! 96 Bringt
mir Eisenstäbe!" Wie er nun den Damm zwischen beiden Talhängen
gleichmäßig aufgefüllt hatte, befahl er: „Blast!" Als er schließlich (das
Eisen) zu Feuer gemacht hatte, sagte er: „Bringt mir flüssiges Metall,
damit ich es darübergieße!" 97 Diese Mauer konnten (Gog und Magog)
nicht mehr erklimmen, noch vermochten sie sie zu durchbohren.
98 Der Zweigehörnte sprach: „Dies ist ein Erweis der Barmherzigkeit
meines Herrn. Wenn die Verheißung meines Herrn kommt, wird er die
Mauer zu Staub zerfallen lassen. Die Verheißung meines Herrn ist wahr."
99 Wir lassen die Menschen dann durcheinanderwogen. Es wird in die
Posaune gestoßen. Dann sammeln wir sie alle. 100 Den Ungläubigen
halten wir dann die Hölle vor Augen, 101 denen, deren Augen verhüllt
waren, so daß sie meiner nicht gedachten, denen, die nicht zu hören
imstande waren. 102 Meinen denn die Ungläubigen, daß sie sich meine
Knechte statt meiner zu Freunden nehmen dürfen? Den Ungläubigen
haben wir die Hölle als Absteige bereitet. 103 Sprich: „Sollen wir euch
von denen Kunde geben, die wegen ihrer Taten den schlimmsten Verlust
erleiden? 104 Von denen, deren Streben im Diesseits in die Irre geht,
obwohl sie meinen, sie handelten gut? 105 Jene sind es, die nicht an die
Wunderzeichen ihres Herrn und an die Begegnung mit ihm glauben.
Umsonst sind ihre Werke. Am Tag der Auferstehung rechnen wir ihnen
kein Gewicht dafür an. 106 Das ist ihr Lohn: die Hölle! Denn sie waren
ungläubig und trieben mit meinen Wunderzeichen und Gesandten ihren

Spott. 107 Doch denen, die glaubten und gute Werke taten, werden die Gärten des Paradieses als Absteige zuteil. 108 Ewig bleiben sie darin. Sie wollen nicht wieder daraus fort." 109 Sprich: „Wäre das Meer Tinte für die Worte meines Herrn, so ginge das Meer zur Neige, noch ehe die Worte meines Herrn zu Ende gingen, selbst wenn wir noch einmal so viel Tinte brächten!" 110 Sprich: „Ich bin nur ein Mensch wie ihr, dem Offenbarungen eingegeben werden. Euer Gott ist nur ein einziger Gott. Wer seinem Herrn begegnen will, der tue gute Werke und geselle ihm in der Verehrung seines Herrn niemanden bei!"

Die Sure 18 „Die Höhle" gewährt uns einige Einblicke in die Begleitumstände, unter denen sich die koranische Erzählkunst entfaltete. Der Koran, das nicht entstellte Wort Gottes, warnt eindringlich davor, jemand anderen als den Schöpfer zu verehren und etwa zu behaupten, Gott habe einen Sohn. Die Frevler, die solche Reden führen, werden ihre Strafe zu spüren bekommen, mag es ihnen hier auf Erden auch noch so gut gehen. Der Prophet soll sich über diesen scheinbar widersinnigen Sachverhalt nicht zu Tode grämen. Die anscheinend sehr beliebte Legende von den Siebenschläfern ist geeignet, Muḥammad Trost und Zuversicht zu spenden. Sie entstammt der christlichen Überlieferung und berichtet von sieben Männern, die im 3. Jahrhundert n. Chr. in einer Höhle Schutz suchten, um einer Verfolgung zu entgehen, und die dort in tiefen Schlaf fielen. Im Koran erkennen wir unschwer die Lage Muḥammads in der Geschichte wieder: Die Männer müssen aus ihrer eigenen Gemeinschaft fliehen, die Vielgötterei betreibt. Weil sie aber mutig den wahren Eingottglauben bekennen, wird ihnen auf wunderbare Weise geholfen. Und auch für die von Muḥammad so oft angekündigte Auferweckung der Toten am Tage des Gerichts kann die Legende als Bestätigung dienen (Vers 21). Nachdem das Geheimnis der Höhlenbewohner dann doch bekannt geworden ist – wir erfahren nicht, wie dies geschah –, finden sie anscheinend den Tod. Die Bewohner der Stadt, die von dem merkwürdigen Schicksal der Männer gehört haben, ziehen hieraus den falschen – unislamischen – Schluß: Anstatt hierin das Wirken des einen Schöpfergottes zu erkennen, glauben sie, die Siebenschläfer selber hätten jene Wunder vollbracht und seien mit übernatürlichen Kräften begabt gewesen. Daher kommt man überein, an deren Grab eine Kultstätte zu errichten; man verstrickt sich noch tiefer in die Sünde der Vielgötterei. Dies ist die islamische Deutung, die die christliche Legende im Koran erhalten hat.

Erzählt wird sie aber nicht nur, um diese oft angesprochenen Zusammenhänge hervorzuheben. Die Legende dient auch dem Zweck, das Prophetentum Muḥammads unter Beweis zu stellen. Wir sahen schon in anderem Zusammenhang, daß die Kenntnis von Vorgängen, bei denen

Muḥammad nicht hatte zugegen sein können, als ein Argument dafür gewertet wurde, daß er Eingebungen von Gott erhielt. Das gleiche gilt von dieser Legende, die augenscheinlich in mehreren Versionen kursierte. Man wußte nicht, wieviele Männer in der Höhle gehaust hatten. Gott allein und die wenigen, die er hiervon unterrichtet, kennen die Zahl; es ist sinnlos, irgend jemanden hierüber zu befragen (Vers 22). Ebenso verhält es sich mit der Dauer des Aufenthaltes in der Höhle.

In den Überlieferungen zur Lebensgeschichte des Propheten wird uns berichtet, wie die Quraiš dem Auftreten Muḥammads zunächst ratlos gegenüberstanden. Weder war er ein Wahrsager, noch ein Zauberer, noch ein Dichter und Besessener, so befand man. Was aber war er dann? An-Naḍr b. al-Ḥāriṯ aus dem vornehmen Klan der ʿAbd Manāf hatte in Hira die persischen Sagen von Rustam und Isfandijar kennengelernt.[88] Immer wenn Muḥammad seine warnenden Offenbarungen öffentlich vorgetragen hatte, pflegte an-Naḍr die Zuhörer um sich zu scharen, um ihnen diese Sagen zu erzählen, die doch viel schöner seien als das, was jener zum besten gebe. Eines Tages beschloß die Ratsversammlung der Quraiš, an-Naḍr und ʿUqba b. abī Muʿaiṭ, einen notorischen Feind Muḥammads, zu den Juden in Jaṯrib[89] zu schicken; denn diese kannten sich in den Problemen des Prophetentums aus und könnten sicher herausfinden, ob jener Mekkaner zu Recht von sich behaupte, der Gesandte Gottes zu sein. Die jüdischen Gelehrten rieten den beiden Quraišiten, Muḥammad unter anderem auch nach den jungen Männern zu fragen, die in alter Zeit jenes sonderbare Schicksal erlitten hätten, sowie auch nach „einem Mann, der die Erde durchzog und ihre östlichsten und westlichsten Gebiete erreichte". Sollte Muḥammad richtig antworten, sei er wirklich ein Prophet, andernfalls aber ein Aufschneider. Als er in Mekka dann befragt wurde, vertröstete er seine Gegner auf den nächsten Tag, ohne ein „Wenn Gott will" hinzuzufügen. Zur Strafe für diese Gedankenlosigkeit wurde ihm erst nach mehreren Tagen die Sure „Die Höhle" offenbart; sie enthält auch einen Tadel für sein leichtfertiges Versprechen (Vers 23).[90]

Trost und Zuspruch für den Propheten in einer Zeit der Anfeindungen und der Erfolglosigkeit, Veranschaulichung des Inhalts der islamischen Lehre – neben diese beiden Aufgaben der koranischen Erzählungen tritt nunmehr eine dritte und vierte: Die Kenntnis der Geschichten weist Muḥammad als Propheten aus, und die Geschichten sichern ihm die Aufmerksamkeit des Volkes. „Wir sind es, die dir am schönsten erzählen, indem wir dir diesen Koran eingegeben haben. Vorher hattest du keine Ahnung davon", heißt es am Beginn der 12. Sure „Josef". Nicht die Quraišiten und nicht die Juden, sondern Gott erzählt am besten, und bevor Muḥammad zum Propheten berufen worden war, hatte er von derlei Dingen keine Kenntnis. Die Vorstellung, daß die Schönheit der koranischen Geschichten der Beleg für deren göttliche Herkunft sei und daß diese Schönheit anziehend wirken und von der Wahrheit des Vorgetragenen überzeugen müsse, wird hier deutlich. Die Lehre von der Unübertrefflichkeit der koranischen Ausdrucksweise wird ein Kernthema der späteren islamischen Theologie werden.[91]

Im Zusammenhang mit den Erzählungen über Mose war die Frage nach der Herkunft der koranischen Geschichten angeschnitten worden. Auf jüdischer und christlicher Tradition beruhende mündliche Weitergabe, so hatten wir gesagt, wird Muḥammad mit dem Stoff bekannt gemacht haben. Dies gilt sicher auch für die Siebenschläferlegende. Zu einer anderen Quelle verweisen uns dagegen der kurze Bericht vom Vordringen Moses zum Lebenswasser und die Erzählung vom Zug des Zweigehörnten. Hier sind Motive aus dem Alexanderroman verarbeitet, der sich im Orient großer Beliebtheit erfreute.[92] In Arabien wurde er sicher nicht erst durch den Koran bekannt, worauf der Bericht über den Besuch der beiden Quraišiten in Jaṯrib hinweist. In frühislamischer Zeit fabelte man in Mekka, daß Alexander bei seinen Kriegszügen durch die ganze Welt einst auch dorthin gelangt sei und die Pilgerriten vollzogen habe, nachdem Abraham ihn willkommen geheißen habe.[93] Als die Muslime nach dem Tod Muḥammads große Gebiete Asiens und Afrikas durchzogen hatten, wurde Alexander, der Zweigehörnte, ihnen zur Symbolfigur des siegreichen Glaubensstreites, in dessen Verlauf die ganze Welt der gottgewollten Ordnung des Islams unterworfen werden mußte.[94]

Doch selbst Alexander gelang es nicht, aus der Quelle des Lebens zu trinken; Unsterblichkeit blieb ihm verwehrt. Von der seltsamen Gestalt des geheimnisvollen Begleiters wird er über das Wesen der göttlichen Gerechtigkeit aufgeklärt, die vom menschlichen Verstand oft nicht begriffen werden kann. Diese Motive, im Koran aus ungeklärten Gründen mit Mose statt mit Alexander verbunden,[95] entstammen einer beliebten Version des Alexanderromans. Man hat diesen Stoff bis zum Gilgamesch-Epos zurückverfolgen können.[96] In der späteren islamischen Legendenliteratur trägt jener merkwürdige Begleiter den Namen al-Ḫaḍir, was soviel wie „der Grüne" bedeutet. Er habe von der Lebensquelle getrunken und Unsterblichkeit gefunden. Die islamische Volksfrömmigkeit sieht in al-Ḫaḍir einen Heiligen, der den Menschen in mancherlei Not beistehen kann.

Zweierlei ist unerläßlich, wenn man die biblischen Erzählungen des Korans und ihnen verwandte Geschichten verstehen will: Man muß nach der Herkunft des Stoffes fragen, und man muß untersuchen, wie dieser Stoff auf die Lebenssituation und die Grundideen Muḥammads zugeschnitten, „islamisiert" worden ist. Dies gilt auch für die 12. Sure „Josef", obwohl sie am engsten dem haggadischen Vorbild zu folgen scheint. Gerade dieses Stoffes hat sich die islamische Literatur in vielen Sprachen immer aufs neue angenommen, gerade ihn haben die volkstümlichen Erzähler ausgeschmückt, die Dichter in Verse gekleidet. Die Gestalt des Josef scheint dem Idealbild des frommen Muslims besonders nahegekommen zu sein: In tiefster Verzweiflung, in scheinbar aussichtsloser Lage bewahrt er sich den festen Glauben an den einen Gott; Josef ist mit blendender Schönheit begnadet, und die Ehefrau des ägyptischen Herrn, der ihn in Dienst genommen hat, entbrennt in Leidenschaft zu ihm. Josef hätte sich fast verführen lassen – er leidet unter den menschlichen Schwächen wie jeder sonst –, und erst im letzten Augenblick fühlt er sich, nachdem er einen Fingerzeig Gottes erhalten hat, fähig, das Gesetz zu wahren, das den Ehebruch als schwere Verfehlung wertet. Auch die Ehefrau erkennt schließlich, daß Josefs Zurückhaltung richtig ist. In der späteren islamischen Literatur verkörpern Josef und Zulaiḫa die Liebenden, die ihre Leidenschaft bezähmen und Entsagung üben. Die Bändigung der zerstörerischen Kräfte der Triebseele ist eines der Lieblingsthemen der mittelalterlichen islamischen Literatur.

Das Verzeihen schwerster Verfehlungen ist ein weiteres Motiv, das den muslimischen Zuhörer zutiefst bewegt, wenn ihm die Josefs-Sure vorgetragen wird. Josef verzeiht seinen Brüdern, die ihn verstoßen hatten (Vers 92). In den anderen Prophetengeschichten im Koran pflegt der Sünde die unabwendbare Strafe zu folgen. Das Volk Noahs wird vernichtet, Pharao und seine Anhänger ertrinken in den Fluten des Meeres. Nichts dergleichen trifft die Brüder Josefs – der barmherzige Gott vergibt ihnen. Josefs Handeln an seinen Brüdern wurde zum islamischen Vorbild für die Versöhnung mit Feinden, die einem einst nahegestanden hatten. Man erzählt, daß Muḥammad am Ende seines Lebens, als sich selbst die hartnäckigsten Gegner unter seinen quraišitischen Stammesgenossen bekehrten, nicht auf Vergeltung sann, sondern ihnen versprach: „Ich sage zu euch, was einst mein Bruder Josef sagte: ‚Kein Tadel soll euch heute mehr treffen!'" Hier stoßen wir wieder auf das Problem der Querverbindungen zwischen der Erzählung und Muḥammads Lebensschicksal. Als ihm die Josefs-Sure gegen Ende seines mekkanischen Wirkens offenbart worden war, konnte er sich von seinen Landsleuten ausgestoßen fühlen wie Josef, der seinen Mitgefangenen klagt, er habe ein ungläubiges Volk verlassen müssen. Doch alles, was Josefs Brüder ins Werk setzten, um ihm zu schaden, schlug später zu seinem Vorteil aus. Hatte Muḥammad damals, bevor er nach Jaṯrib auswanderte, schon ähnliche Hoffnungen?[97]

Sure 12 „Josef": Im Namen Gottes, des Barmherzigen, des Erbarmers! 1 ʾ–l–r.[98] Jenes sind die Verse der offenkundigen Schrift. 2 Als arabischen Koran haben wir sie herabgesandt. Vielleicht begreift ihr. 3 Wir sind es, die dir am schönsten erzählen, indem wir dir diesen Koran eingegeben haben. Vorher hattest du keine Ahnung davon. 4 Einstmals sprach Josef zu seinem Vater: „Mein Väterchen! Ich sah im Traum elf

Sterne, die Sonne und den Mond. Ich träumte, wie sie vor mir niederfielen." 5 Er entgegnete: „Mein Söhnchen! Erzähle deinen Traum nicht deinen Brüdern! Sie würden dir sonst mit List nachstellen! Der Satan ist dem Menschen ein deutlicher Feind. 6 Auf diese Weise erwählt dich dein Herr und lehrt dich einiges von der Ausdeutung der Geschichten und vollendet seine Gnade an dir und an der Sippe Jakobs, wie er sie schon vorher an deinen beiden Ahnen Abraham und Isaak vollendet hat. Dein Herr ist allwissend und weise." 7 In der Geschichte von Josef und seinen Brüdern lagen Zeichen für die, die fragen. 8 Die Brüder sprachen einmal: „Josef und sein Bruder[99] sind unserem Vater tatsächlich lieber als wir, obwohl wir doch eine ganze Schar sind. Unser Vater ist in einem offenkundigen Irrtum befangen. 9 Tötet Josef oder vertreibt ihn in ein (fremdes) Land! Dann wird das Antlitz eures Vaters für euch frei sein, und ihr werdet danach rechtschaffene Leute sein." 10 Einer von ihnen wandte ein: „Tötet Josef nicht, sondern werft ihn auf den Grund eines Brunnens, damit ihn ein Reisender finde, wenn ihr schon etwas unternehmen wollt!" 11 Sie sprachen: „Vater, warum hast du, was Josef angeht, kein Vertrauen zu uns? Wir sind doch aufrichtig zu ihm. 12 Schick ihn morgen mit uns, damit er seine Freude habe und spiele. Wir wollen auf ihn aufpassen." 13 Er antwortete: „Es betrübt mich, daß ihr mit ihm fortgeht, und ich fürchte, daß ihn ein Wolf frißt, während ihr nicht auf ihn acht gebt!" 14 Da sagten sie: „Sollte ihn ein Wolf fressen, wo wir doch eine Schar sind, dann wären wir blamiert!" 15 Als sie nun mit ihm fortgegangen und übereingekommen waren, ihn auf den Grund eines Brunnens zu werfen, geschah es so. Doch wir gaben ihm ein: „Du wirst ihnen einmal von dieser ihrer Untat Kunde geben, ohne daß sie es wissen!" 16 Sie aber kamen abends weinend zu ihrem Vater 17 und sagten: „Vater, wir gingen fort, um einen Wettlauf zu machen, und ließen Josef bei unseren Sachen zurück. Da fraß ihn ein Wolf. Doch du wirst uns ja sowieso nicht glauben, auch wenn wir die Wahrheit sprechen!" 18 Und sie hatten falsches Blut auf sein Hemd gebracht. Da sprach er: „Nein! Vielmehr hat euch eure Seele eine Untat eingegeben. Doch es ist angebracht, schön Geduld zu bewahren. Und Gott sei um Hilfe angefleht gegen das, was ihr mir beschreibt." 19 Nun kam eine Karawane, und sie schickten ihren Wasserholer aus. Der ließ seinen Eimer hinab und rief: „Frohe Kunde! Das ist ja ein Knabe!" Und sie verbargen ihn bei den Waren. Gott weiß alles, was sie tun. 20 Und sie verkauften ihn für einen geringen Preis, einige Dirhams, und waren in betreff seiner (mit dem Preis) zurückhaltend. 21 Derjenige aus Ägypten, der ihn erworben hatte, sagte zu seiner Frau: „Gib ihm eine gute Bleibe! Vielleicht nützt er uns noch, oder wir können ihn als Sohn annehmen." So haben wir Josef Macht im Lande gegeben, und auch, um ihn etwas von der Deutung der Geschichten zu lehren. Gott setzt seinen Willen durch, aber die meisten

Menschen wissen das nicht. 22 Als er seine Manneskraft erreichte, gaben wir ihm Urteilsfähigkeit und Weisheit. So belohnen wir die, die
Gutes tun! 23 Da suchte ihn die, in deren Haus er lebte, zu verführen,
schloß die Türen und rief: „Komm her!" Er erwiderte: „Gott behüte! Er
ist doch mein Gebieter und hat mich gut aufgenommen! Die Frevler
werden nicht glücklich!" 24 Doch sie hatte ihn begehrt, und er sie.
Hätte er nicht einen Fingerzeig seines Herrn gesehen (hätte er gesündigt).
Dieser erfolgte, damit wir das Übel und die Unzucht von ihm abwendeten. Denn er gehörte zu unseren erwählten Dienern. 25 Und beide
liefen sie zur Tür. Dabei zerriß die Frau sein Hemd von hinten. An der
Tür trafen sie auf ihren Gebieter, und sie sagte: „Wie soll der bestraft
werden, der deiner Ehefrau Böses zufügen will? Doch nur, indem er
eingesperrt wird oder eine schmerzhafte Strafe erhält!" 26 Josef sprach:
„Sie hat mich doch verführen wollen!" Jemand aus ihrer Familie bezeugte: „Ist sein Hemd vorne zerrissen, hat sie recht, und er lügt. 27 Ist es
aber hinten zerrissen, lügt sie, und er hat recht." 28 Als der Gebieter
nun sah, daß das Hemd hinten zerrissen war, rief er ihr zu: „Das ist eine
eurer Listen, ihr Weiber! Eure Listigkeit ist schlimm! 29 Josef, laß das
sein! Du aber bitte um Vergebung für deinen Fehltritt, denn du hast eine
Sünde begangen!" 30 Da sprachen Frauen in der Stadt: „Die Gattin des
hohen Herrn verführt ihren Diener! Er hat sie in Liebe entbrennen lassen! Wir meinen doch, daß sie etwas ganz Falsches tut!" 31 Als sie von
ihren Ränken erfahren hatte, schickte sie zu ihnen und bereitete für sie
ein Gelage vor. Einer jeden von ihnen gab sie ein Messer und rief dann zu
Josef: „Komm heraus zu ihnen!" Wie sie ihn erblickten, waren sie von
ihm hingerissen und schnitten sich in die eigenen Hände. Sie sagten:
„Gott behüte uns! Das ist kein Mensch, sondern nichts als ein edler
Engel!" 32 Und sie hielt ihnen vor: „Da seht ihr nun den, um dessen
willen ihr mich getadelt habt. Ich habe ihn verführen wollen, aber er
widerstand. Wenn er nicht tut, wie ich ihm befehle, soll er eingesperrt
und gedemütigt werden!" 33 Josef sagte: „Herr, das Gefängnis ist mir
lieber als das, wozu sie mich auffordern. Wenn du nicht ihre List von mir
abhältst, werde ich noch nach ihnen verlangen und wie ein Tor handeln!"
34 Da entsprach sein Herr seiner Bitte. Er hielt ihre List von ihm ab. Er
hört und weiß alles. 35 Darauf, nachdem sie diese Wunderzeichen gesehen hatten, dünkte es sie richtig, ihn auf unbestimmte Zeit einzusperren.
36 Zwei junge Männer betraten mit ihm das Gefängnis. Einer von ihnen
erzählte: „Ich träume, daß ich Wein keltere." Der andere: „Ich träume,
daß ich auf meinem Kopf Brot trage, von dem die Vögel fressen. Gib uns
die Erklärung hierfür! Wir sehen, daß du jemand bist, der Gutes tut."
37 Josef sprach: „Noch bevor ihr Speise zu essen bekommt, werde ich
euch die Deutung mitgeteilt haben! Dies gehört zu den Dingen, die mein
Herr mich gelehrt hat. Ich habe die Religionsgemeinschaft von Leuten

aufgegeben, die nicht an Gott glauben und die das Jenseits leugnen.
38 Ich folgte der Religionsgemeinschaft meiner Ahnen Abraham, Isaak und Jakob. Es steht uns nicht zu, Gott etwas beizugesellen. (Solche Erkenntnis) gehört zur Gnade Gottes gegen uns und die Menschen. Die meisten Menschen sind freilich undankbar. 39 Ihr Gefährten im Gefängnis! Sind unterschiedliche Herren besser oder der eine bezwingende Gott? 40 An seiner Statt verehrt ihr doch nichts weiter als Namen, die ihr und eure Väter gesetzt haben. Hierzu hat Gott keine Vollmacht herabgesandt. Gott allein urteilt. Er befahl, daß ihr ihn allein verehrtet. Dies ist der rechte Glaube. Die meisten Menschen wissen das allerdings nicht.
41 Ihr Gefährten im Gefängnis! Was den einen von euch angeht, so wird er seinem Herrn Wein einschenken. Der andere aber wird gekreuzigt werden, und die Vögel werden von seinem Haupt fressen. Entschieden ist die Angelegenheit, in der ihr um Aufschluß fragt." 42 Josef sagte zu demjenigen von ihnen, von dem er vermutete, daß er freikommen werde: „Erwähne mich bei deinem Gebieter!" Doch der Satan ließ ihn vergessen, ihn bei seinem Herrn zu erwähnen. So blieb Josef noch mehrere Jahre im Gefängnis. 43 Da sprach der König: „Ich träumte von sieben fetten Kühen, die von sieben mageren gefressen wurden; und von sieben grünen Ähren und sieben anderen, verdorrten. Ratsversammlung! Gebt mir Aufschluß über meinen Traum, wenn ihr Träume deuten könnt!" 44 Sie erwiderten: „Nichts als wirre Träume! Wir wissen über die Deutung von Träumen nicht Bescheid!" 45 Da sprach der, der freigekommen war und sich nach einer längeren Zeit erinnert hatte: „Ich will euch die Deutung mitteilen! Schickt mich nur los!" 46 „Josef, Wahrhaftiger, gib uns Aufschluß über sieben fette Kühe, die von sieben mageren gefressen werden, und über sieben grüne Ähren und sieben andere, verdorrte! Ich kehre wohl zu den Leuten zurück, und sie wissen dann vielleicht Bescheid." 47 Josef sprach: „Sieben Jahre sät ihr wie gewöhnlich. Was ihr erntet, das laßt in den Ähren, bis auf weniges, das ihr verzehrt. 48 Hierauf werden sieben schwere Jahre kommen, die aufbrauchen werden, was ihr für sie gespeichert habt, bis auf weniges, das ihr verwahrt. 49 Hierauf wird ein Jahr kommen, in dem die Menschen Regen haben und in dem sie keltern werden." 50 Der König befahl: „Bringt ihn mir herbei!" Als der Bote zu Josef kam, sagte der: „Kehre zu deinem Herrn zurück und frage ihn, wie es mit den Frauen steht, die sich in die Hände geschnitten haben. Mein Herr kennt ihre List sehr gut!"
51 Der König fragte: „Wie war das damals mit euch, als ihr Josef verführen wolltet?" Sie antworteten: „Gott behüte! Wir wissen von nichts Bösem, das auf ihm lasten müßte!" Die Frau des hohen Herrn sagte nun: „Jetzt stellt sich die Wahrheit heraus! Ich habe ihn verführen wollen! Er aber spricht die Wahrheit!" 52 Josef sagte: „Dies nur, damit der hohe Herr weiß, daß ich ihn nicht heimlich hintergangen habe. Gott

führt die Tücke der Verräter nicht zum Ziel. 53 Aber ich will auch meine Seele nicht für unschuldig erklären. Die Seele treibt stets zum Bösen, es sei denn, mein Herr erbarme sich! Mein Herr ist verzeihend und barmherzig." 54 Der König sprach: „Bringt ihn mir, dann nehme ich ihn ganz für mich!" und als Josef zum König geredet hatte, sprach dieser: „Von nun an hast du bei uns Einfluß und unser Vertrauen!" 55 Josef bat: „Stelle mich über die Vorratshäuser des Landes! Ich bin ein wissender Wächter." 56 In dieser Weise gaben wir Josef Macht im Lande, so daß er sich darin aufhalten konnte, wo es ihm beliebte. Wir treffen mit unserer Barmherzigkeit, wen wir wollen, und lassen den Lohn derer, die Gutes tun, nicht verderben. 57 Wahrlich, der Lohn des Jenseits ist noch besser für die, die glauben und Gott fürchten. 58 Nun kamen die Brüder Josefs und traten bei ihm ein. Da erkannte er sie wieder, sie aber merkten nicht, wer er war. 59 Als er ihnen ihre Sachen hatte vorbereiten lassen, sprach er: „Bringt mir von eurem Vater einen eurer Brüder! Seht ihr nicht, daß ich euch das Kornmaß voll zumesse? Ich bin der beste Gastgeber! 60 Wenn ihr ihn mir aber nicht bringt, dann steht euch bei mir nicht ein Maß Korn zur Verfügung, und ihr werdet gar nicht mehr zu mir vorgelassen!" 61 Sie antworteten: „Wir werden unseren Vater bereden, ihn ziehen zu lassen, gewiß werden wir dies tun!" 62 Josef aber sagte zu seinen Dienern: „Legt ihnen ihre Tauschware in das Reisegepäck zurück. Vielleicht erkennen sie sie wieder, wenn sie zu ihren Leuten zurückgekommen sind, und vielleicht kehren sie wieder um!" 63 Nachdem sie zu ihrem Vater zurückgekommen waren, sagten sie: „Vater, uns wird die Getreidezuweisung verweigert. Darum schicke mit uns unseren Bruder,[99] damit wir Korn besorgen. Wir wollen wirklich auf ihn aufpassen!" 64 Ihr Vater erwiderte: „Kann ich euch in Bezug auf ihn anders trauen, als ich euch einst in Betreff seines Bruders traute? Doch Gott allein ist am besten als Wächter, er ist der Barmherzigste." 65 Wie sie nun ihr Gepäck öffneten, fanden sie, daß ihnen ihre Ware zurückgegeben worden war. Sie sagten: „Vater! Was wollen wir noch? Hier, unsere Ware wurde zurückgegeben, und wir können unsere Familie mit Getreide versorgen und werden nun auf unseren Bruder achtgeben und noch eine weitere Kamelladung holen. Dies ist eine leicht erworbene weitere Zuteilung!" 66 Er sagte: „Ich werde ihn nicht eher mit euch schicken, als bis ihr mir vor Gott versprecht, ihn wieder zu mir zurückzubringen, es sei denn, ihr ginget zugrunde!" Als sie ihm dieses Versprechen geleistet hatten, sagte er: „Gott ist der Treuhänder dessen, was wir sagen!" 67 Er sagte: „Meine Söhne! Betretet die Stadt nicht durch ein einziges Tor, sondern durch verschiedene Tore![100] Gegen Gott kann auch ich euch überhaupt nicht helfen! Er allein entscheidet, auf ihn vertraue ich, und auf ihn soll man vertrauen!" 68 Als sie die Stadt so betreten hatten, wie ihr Vater sie geheißen hatte, half ihnen gegen Gott überhaupt nichts. Denn (der Ratschlag) war nur ein Wunsch in Jakobs Seele gewesen, den er sich erfüllte. Er besaß nämlich Wissen, da wir es ihn gelehrt hatten. Die meisten Menschen wissen jedoch nichts. 69 Als sie bei Josef eingetreten waren, nahm er seinen Bruder zu sich beiseite und sagte: „Ich bin dein Bruder! Sei nicht betrübt über das, was deine Brüder taten!" 70 Als er ihnen ihre Sachen vorbereiten ließ, versteckte er einen Trinkbecher im Gepäck seines Bruders. Dann ließ er einen Herold rufen: „Karawanenreisende! Ihr seid Diebe!" 71 Die Brüder Josefs sagten, zu den anderen gewandt: „Was vermißt ihr denn?" 72 Sie antworteten: „Wir vermissen den Trinkbecher des Königs. Wer ihn bringt, erhält eine Kamelladung! Ich bürge dafür!" 73 Sie erwiderten: „Bei Gott! Ihr wißt, wir sind nicht gekommen, um im Land Unheil zu stiften, und wir sind keine Diebe!" 74 Jene fragten: „Und was ist die Strafe, wenn ihr lügt?" 75 Sie antworteten: „Die Strafe dafür – in wessen Gepäck der Becher gefunden wird, der soll selber zur Bestrafung herhalten müssen!"[101] So bestrafen wir die Frevler! 76 Und er begann mit ihren Packtaschen, bevor er zu derjenigen ihres Bruders kam. Dann zog er den Becher aus der Packtasche seines Bruders hervor. Dergestalt setzten wir für Josef eine List ins Werk. Gemäß der Religion des Königs hätte er seinen Bruder nicht in Besitz nehmen dürfen, es sei denn, daß Gott es will. Wir heben viele Stufen hoch den, den wir wollen; doch über jedem, der Wissen hat, steht noch ein Allwissender. 77 Sie sagten: „Wenn er stiehlt, so hat schon ein Bruder vor ihm gestohlen!"[102] Josef verbarg dies in seinem Innern und enthüllte es ihnen nicht. Er entgegnete: „Um euch steht es sehr schlecht. Gott weiß am besten, was ihr angebt." 78 Sie sprachen: „Hoher Herr! Er hat einen Vater, der ein betagter Greis ist. Nimm einen von uns an seiner Stelle! Wir sehen doch, daß du gut handelst." 79 Er erwiderte: „Da sei Gott vor, daß wir jemand anderen nehmen als den, bei dem wir unseren Gegenstand fanden! Wir täten dann ja Unrecht!" 80 Als sie an ihm verzweifelt waren, gingen sie zu vertraulicher Beratung auf die Seite. Der älteste von ihnen sagte: „Wißt ihr denn nicht mehr, daß euer Vater euch vor Gott ein Versprechen abgenommen hat, und früher, was ihr bei Josef unterlassen habt? Ich will dieses Land nicht eher verlassen, bis mein Vater es mir erlaubt oder Gott für mich entscheidet. Er entscheidet am besten! 81 Kehrt zu eurem Vater zurück und sagt ihm: ‚Vater, dein Sohn hat gestohlen. Wir bezeugen nur das, was wir wissen. Auf das Verborgene können wir jedoch nicht achtgeben. 82 Befrag die Einwohner der Stadt, in der wir weilten, die Karawane, mit der wir kamen! Wir sagen die Wahrheit!'" 83 Der Vater erwiderte: „Nein! Vielmehr hat euch eure Seele eine Untat eingegeben. Doch es ist angebracht, schön Geduld zu üben. Vielleicht wird Gott sie ja alle zusammenbringen. Er ist der Allwissende und Weise." 84 Er wandte sich von ihnen ab und sprach: „Welch ein Kummer über Josef!" Und seine Augen erblindeten vor Trauer, und er war sehr betrübt. 85 Sie sprachen: „Bei Gott, du wirst erst aufhören, Josefs zu gedenken, wenn du siech bist oder zugrunde gehst!" 86 Er entgegnete: „Ich beklage meinen Kummer und meine Trauer vor Gott, aber ich weiß von Gott, was ihr nicht wißt! 87 Meine Söhne, geht und erkundigt euch nach Josef und seinem Bruder und verzweifelt nicht am Geist Gottes! Nur die Ungläubigen verzweifeln am Geist Gottes!" 88 Als sie nun bei Josef eintraten, sagten sie: „Hoher Herr, uns und unsere Familie hat Not getroffen. Wir haben nur minderwertige[103] Ware bringen können. Miß uns ein volles Maß zu und gib uns Almosen! Gott vergilt den Almosenspendern!" 89 Er fragte: „Wißt ihr, was ihr mit Josef und seinem Bruder gemacht habt? Damals wart ihr wirklich Toren!" 90 Sie riefen: „Bist du etwa Josef?!" Er antwortete: „Ich bin Josef, und dieser ist mein Bruder. Gott hat uns Güte erwiesen. Wer Gott fürchtet und geduldig ausharrt, für den gilt: Gott läßt den Lohn derer, die Gutes tun, nicht verderben!" 91 Sie sprachen: „Bei Gott! Gott hat dich vor uns ausgezeichnet, wir aber haben gesündigt!" 92 Josef erwiderte: „Kein Tadel soll euch heute mehr treffen! Gott vergibt euch. Er ist der barmherzigste! 93 Nehmt mein Hemd hier und legt es meinem Vater auf das Gesicht, dann wird er wieder sehend! Und kommt zu mir mit eurer ganzen Familie!" 94 Als die Karawane losgezogen war, sprach ihr Vater: „Ich nehme den Geruch Josefs wahr! Wenn ihr nur nicht meint, ich redete Unsinn!" 95 Sie antworteten: „Bei Gott, du bist immer noch in deinem alten Irrtum befangen!" 96 Als der Freudenbote kam, warf dieser ihm das Hemd auf das Gesicht, und er wurde wieder sehend und fragte: „Habe ich euch nicht gesagt, daß ich von Gott weiß, was ihr nicht wißt?" 97 Sie antworteten: „Vater, bitte für uns um Vergebung unserer Sünden! Wir haben gesündigt!" 98 Er erwiderte: „Ich werde meinen Herrn für euch um Verzeihung bitten. Er ist der Verzeihende und Barmherzige." 99 Und als sie bei Josef eintraten, nahm er seine Eltern zu sich auf die Seite und sprach: „Betretet Ägypten, so Gott will, in Sicherheit!" 100 Er hob seine Eltern auf den Thron, und alle fielen vor ihm nieder. Da sprach er: „Väterchen, dies ist die Deutung meines Traumes von früher. Gott hat ihn Wirklichkeit werden lassen! Er hat gut an mir gehandelt, als er mich damals aus dem Gefängnis holte und euch aus der Steppe brachte, nachdem der Satan zwischen mir und meinen Brüdern Zwietracht gesät hatte. Mein Herr geht schlau vor in dem, was er will! Er ist der Allwissende und Weise! 101 Mein Herr, du hast mir Herrschergewalt gegeben und mich die Deutung der Geschichten gelehrt, Schöpfer der Himmel und der Erde! Du bist mein Freund im Diesseits und im Jenseits. Nimm mich dereinst als Muslim zu dir und vereine mich mit den Frommen!" 102 Dies gehört zu den Berichten über das Verborgene. Wir geben es dir ein, obwohl du nicht bei ihnen zugegen warst, damals, als sie miteinander ihre Angelegenheit beschlossen, indem sie Ränke schmiedeten. 103 Die meisten Menschen sind nicht gläubig, strebtest du auch noch so sehr danach! 104 Du darfst von ihnen hierfür jedoch keinen Lohn verlangen, denn es handelt sich allein um eine Mahnung für die Menschen. 105 An wie manchem Wunderzeichen in den Himmeln und auf der Erde gehen sie vorüber und wenden sich ab! 106 Die meisten von ihnen glauben nicht an Gott. Sie sind nichts als Polytheisten. 107 Sind sie etwa sicher davor, daß eine alles zudeckende Strafe von Gott über sie kommt oder plötzlich die Stunde des Gerichts über ihnen anbricht, ohne daß sie es vorher merken? 108 Sprich: „Dies ist mein Weg: Ich rufe zu Gott in klarer Einsichtskraft, ich und wer mir folgt. Preis sei Gott! Ich gehöre nicht zu den Polytheisten." 109 Schon vor dir haben wir aus der Einwohnerschaft der Städte nur Männer ausgesandt, denen wir Eingebungen zuströmen ließen! Sind denn die Leugner nie durch das Land gereist und haben sich angeschaut, wie es mit denen geendet hat, die vor ihnen lebten? Wirklich, das Jenseits ist besser für die Gottesfürchtigen! Habt ihr denn keinen Verstand? 110 Als schließlich die Gesandten verzweifelten und meinten, sie seien belogen worden, erreichte sie unsere Hilfe. Da wurden die gerettet, von denen wir es wünschten. Unsere Gewalt kann man von den Sündern nicht abhalten. 111 In der Erzählung über sie lag ein warnendes Beispiel für die Vernünftigen. Es waren keine Geschichten, die man zusammenlügt, sondern es war eine Bestätigung dessen, was früher war, eine Darlegung der Einzelheiten aller Dinge, eine Rechtleitung und Barmherzigkeit für gläubige Leute.

4. Belehrung, Polemik, Gebete

Nachdem in Muḥammad die tiefe Erschütterung über seine Berufung zum Propheten abgeklungen war, trat in der mittleren und späteren mekkanischen Periode der Wunsch in den Vordergrund, die Ungläubigen für den Inhalt der Offenbarung zu gewinnen. Wir beobachteten, wie auf immer neue Art und Weise die Grundidee der Botschaft dargelegt wurde. Die Legenden von den früheren Propheten und anderen großen Gestalten der Überlieferung, z. B. vom Zweigehörnten, dienten diesem Zweck und spiegelten zugleich das Lebensschicksal Muḥammads in vielfältiger Weise wider. Seitdem Muḥammad in Medina erfolgreich das Gemeinwesen der Muslime aufbaute, wurde der lehrhafte Zug, der sich bisweilen schon in mekkanischen Suren zeigt, immer bestimmender. Nicht mehr nur allgemein über das Wirken des Schöpfers in der Geschichte mußten die Zuhörer aufgeklärt werden, auch unzählige praktische Probleme, die sich nun stellten, harrten einer Lösung. Von Belehrungen über alltägliche Verhaltensweisen bis hin zu allgemeinen gesetzlichen Bestimmungen erweiterte sich jetzt der Inhalt des Korans. Zudem gewann die Polemik, die gegen die Andersgläubigen geführt wurde, zunehmend an Bestimmtheit und Schärfe. Überdies war sie oft nicht allein auf das Religiöse bezogen, sondern läßt sehr wirklichkeitsnah den politischen und militärischen Überlebenskampf der Gemeinde der Gläubigen erkennen.

Sure 47 „Muḥammad“: Im Namen Gottes, des Barmherzigen, des Erbarmers! 1 Die Werke derer, die ungläubig sind und von Gottes Weg abweichen, leitet er in die Irre. 2 Denen aber, die gläubig sind, gute Werke tun und an das glauben, was auf Muḥammad herabgesandt wurde, nämlich die Wahrheit von ihrem Herrn, verzeiht er ihre Missetaten und bringt ihren Sinn ins rechte Lot. 3 Dies ist deshalb so, weil die Ungläubigen dem Irrtum folgen, die Gläubigen aber der Wahrheit von ihrem Herrn. So prägt Gott den Menschen Muster für ihr Leben. 4 Sobald ihr auf die Ungläubigen trefft, gilt es, ihnen auf den Nacken zu schlagen, und wenn ihr sie schließlich niedergehauen habt, dann fesselt sie! Darauf kann man sie entweder später begnadigen oder freikaufen lassen. So verhaltet euch, bis der Krieg zu Ende ist. So lautet es. Wäre es Gottes Wille, griffe er selber gegen sie ein. Doch möchte er die einen von euch durch die anderen auf die Probe stellen.[104] Denjenigen, die auf dem Pfade Gottes getötet wurden, wird er ihre Werke nicht fehlleiten. 5 Er wird sie rechtleiten und ihren Sinn ins rechte Lot bringen. 6 Er wird sie in das Paradies bringen, das er ihnen schon bekannt gemacht hat. 7 Ihr, die ihr gläubig seid! Helft ihr Gott, dann hilft er euch und gibt euren Füßen Halt! 8 Unheil aber über die, die nicht glauben! Ihre Werke leitet er fehl, 9 und zwar deshalb, weil sie verschmähen, was Gott herabsandte – so ließ er ihre Werke scheitern. 10 Sind sie denn nie durch das Land gereist und haben sich angeschaut, wie es mit denen zu Ende ging, die vor ihnen lebten? Gott hat sie der Vernichtung anheimgegeben, und den Ungläubigen wird es genauso gehen! 11 Dies ist deshalb so, weil Gott der Schutzherr derer ist, die glauben, und weil die Ungläubigen keinen Schutzherrn haben. 12 Wer glaubt und gute Werke tut, den wird Gott in Gärten bringen, in denen unten Bäche fließen. Die Ungläubigen aber genießen und fressen wie das Vieh! Dann jedoch wird das Höllenfeuer ihre Bleibe sein! 13 Wie manche Stadt, die mächtiger als die deine war, die dich vertrieben hat, haben wir schon zerstört, und sie hatten niemanden, der ihnen geholfen hätte! 14 Sind etwa diejenigen, die einen klaren Beweis von ihrem Herrn haben, mit denen gleich, denen ihre Missetaten als schön erscheinen und die ihren eigenen Neigungen folgen? 15 So sieht das Paradies aus, das den Gottesfürchtigen verheißen wurde: Es fließen dort Bäche von Wasser, das nicht faulig ist, und Bäche von Milch, deren Geschmack nicht verdirbt, und Bäche von Wein, köstlich für die Trinkenden, und Bäche von geläutertem Honig; sie genießen dort alle

Früchte, und ihnen wird die Vergebung Gottes zuteil. Sind diese etwa denjenigen gleichzusetzen, die auf ewig im Feuer bleiben und denen man heißes Wasser zu trinken gibt, so daß es ihnen die Gedärme zerreißt? 16 Unter ihnen sind einige, die hören dir zu, bis sie endlich von dir fortgehen. Dann aber fragen sie diejenigen, die Wissen empfangen haben: „Was hat er zuvor gesagt?" Jene sind es, deren Herzen Gott versiegelt hat und die ihren eigenen Neigungen folgen. 17 Die aber auf dem rechten Weg wandeln, denen erhöht er noch die Rechtleitung und gibt ihnen Gottesfurcht. 18 Warten sie wohl auf etwas anderes, als daß die Stunde unvermittelt über sie hereinbricht, wo doch deren Vorbedingungen bereits eingetreten sind? Was aber soll ihnen noch die Mahnung, sobald jene über sie kommt? 19 Wisse, es gibt keinen Gott außer dem Einen, und bitte um Vergebung für deine Sünden und für die gläubigen Männer und Frauen. Gott weiß, wo ihr Handel und Wandel treibt und wo ihr wohnt. 20 Die Gläubigen fragen: „Warum ist denn keine Sure herabgesandt worden?" Wenn aber eine eindeutige Sure herabgesandt wird und in ihr vom Kampf die Rede ist, kannst du sehen, wie dich diejenigen, in deren Herzen eine Krankheit ist, anschauen wie Leute, denen aus Furcht vor dem Tod die Sinne schwinden. Wehe ihnen![105] 21 Gehorsam und geziemende Rede – und wenn die Sache in ihr entscheidendes Stadium tritt, dann wäre es besser für jene, sie handelten aufrichtig gegenüber Gott! 22 Wollt ihr vielleicht, wenn ihr euch abwendet, Unheil im Lande stiften und eure Verwandtschaftsbande zerreißen? 23 Jene, die Gott verflucht hat, machte er taub und blind. 24 Stellen sie denn keine Betrachtungen über den Koran an, oder sind ihre Herzen verschlossen? 25 Denjenigen, die abtrünnig werden, nachdem ihnen schon einmal die Rechtleitung klargeworden ist, hat der Satan etwas Übles eingeblasen, aber Gott hat ihnen noch eine Frist gewährt. 26 Das ist deswegen so, weil jene Abtrünnigen zu denjenigen, die verschmähen, was Gott herabgesandt hat, sagen: „Wir werden euch in einem Teil eurer Angelegenheiten gehorchen." Gott weiß, was sie heimlich reden. 27 Wie wird es ihnen gehen, wenn die Engel sie packen und ihnen das Gesicht und den Rücken prügeln! 28 Dies deswegen, weil sie sich an Dinge hielten, die Gott erzürnen, und weil sie sein Wohlgefallen verschmähen. So brachte er ihre Werke zum Scheitern. 29 Oder meinen etwa diejenigen, in deren Herzen eine Krankheit ist, daß Gott ihre heimlichen Bosheiten nicht ans Tageslicht bringen werde? 30 Wenn wir wollten, zeigten wir dir diese Leute, so daß du sie an ihrer Miene erkennen könntest. Doch du wirst sie bestimmt an ihrer Redeweise erkennen. Gott kennt eure Werke. 31 Wir wollen euch erproben, bis wir die unter euch kennen, die kämpfen und ausharren, und bis wir nachprüfen können, was über euch berichtet wird. 32 Diejenigen, die ungläubig sind, vom Wege Gottes abweichen und sich vom Gesandten lossagen, nachdem ihnen die Rechtleitung klarge-

worden ist, werden Gott überhaupt nicht schaden können. Er wird aber
ihre Werke zum Scheitern bringen. 33 Ihr, die ihr gläubig seid! Gehorcht Gott und gehorcht dem Gesandten und entwertet eure Werke
nicht! 34 Denjenigen, die ungläubig sind und sich vom Weg Gottes
abkehren und dann als Ungläubige sterben, wird Gott nicht vergeben.
35 Darum werdet nicht schwach und ruft nicht zum Frieden, da ihr
doch obsiegen werdet! Gott ist mit euch und wird euch nicht um eure
Werke betrügen. 36 Das diesseitige Leben ist nur Spiel und Scherz.
Wenn ihr glaubt und Gott fürchtet, läßt er euch euren Lohn zukommen
und verlangt nicht von euch euren Besitz. 37 Wenn er euch darum
bittet und euch stark zusetzt, erweist ihr euch als geizig, und er bringt
eure verborgenen Bosheiten ans Licht. 38 Solche Leute seid ihr, die ihr
aufgefordert werdet, zu spenden für den Weg Gottes! Nämlich einige
unter euch werden sich geizig zeigen. Wer geizt, geizt gegen sich selbst.
Denn Gott ist reich, ihr aber seid bedürftig. Kehrt ihr euch ab, wird Gott
euch durch andere Leute ersetzen, und diese werden dann nicht sein wie
ihr!

In dieser Sure wird über den mangelnden Kampfesmut und die geringe Spendenfreudigkeit mancher Anhänger des Propheten geklagt. Sie sind ihm zwar nach außen hin ergeben. Sie hören zwar Muḥammad zu, wenn er zu ihnen von notwendigen Opfern spricht, handeln aber nicht danach. Vielmehr tun sie später so, als hätten sie ihn nicht richtig verstanden. Ja, sie fordern sogar, daß alles dies in einer ganz eindeutigen Offenbarung geregelt werden müsse. Paradiesesfreuden und Höllenqualen werden ihnen ausgemalt, um ihnen den Eifer für den Islam zu bewahren. Es geht nicht mehr allgemein um den rechten Glauben an den einen Gott, sondern um den mit der Tat unter Beweis gestellten Glauben. Die Mitglieder des islamischen Gemeinwesens müssen sich in kriegerischen Auseinandersetzungen bewähren, die ihnen als Prüfung auferlegt sind. Gott will ihnen nicht den Sieg verleihen, ohne daß sie sich selber angestrengt haben. Freilich hat Gott die Bemühungen der Gläubigen nicht nötig, und sollten die Anhänger Muḥammads gänzlich versagen, könnte Gott ein anderes Volk auswählen, um die prophetische Sendung zu vollenden. Auch an anderen Stellen im Koran werden die Gläubigen über die rechte Art zu spenden belehrt:

Sure 2 „Die Kuh", Vers 261 bis 266: 261 Diejenigen, die ihr Vermögen
auf dem Wege Gottes ausgeben, gleichen einem Korn, das sieben Ähren
hervorbringt und an jeder Ähre hundert Körner. Gott vervielfacht den
Lohn, wem er will. Gott umfaßt und weiß alles. 262 Diejenigen, die ihr
Vermögen auf dem Wege Gottes ausgeben und hinterher dann ihre Aufwendungen weder als (herablassend gewährte) Gnadengabe darstellen,

noch (den Empfänger) kränken, erhalten ihren Lohn bei ihrem Herrn. Sie brauchen dereinst nichts zu fürchten und müssen nicht traurig sein.
263 Geziemende Rede und Vergebung sind besser als Spenden, denen kränkende Worte folgen. Gott ist reich und milde. 264 Ihr, die ihr
glaubt! Entwertet eure Almosen nicht, indem ihr sie als Gnadengaben hinstellt oder (den Empfänger) kränkt, wie jemand, der sein Vermögen nur zum Zwecke der Augendienerei vor den Menschen ausgibt und nicht an Gott und den Jüngsten Tag glaubt. Wer so handelt, gleicht einem Felsen, auf dem etwas Erdboden liegt – dann trifft ihn ein Regenguß und läßt ihn kahl zurück. Solche Leute können dereinst nicht über die guten Werke verfügen, die sie erworben haben. Gott leitet die Ungläubigen
nicht recht. 265 Die aber, die ihr Vermögen hingeben, um Gottes
Wohlgefallen zu suchen und sich (im Islam) zu festigen, gleichen einem Garten auf einem Hügel, den ein Regenguß getroffen hat – er bringt dann zweifach Frucht! Und wenn ihn nicht ein Regenguß getroffen hat, dann
der Tau. Gott durchschaut, was ihr tut. 266 Möchte denn jemand unter
euch einen Garten mit Palmen und mit Reben und mit allen Früchten darin haben, durch den unten ein Bach fließt? Dann aber schlägt den Betreffenden das Greisenalter, obwohl er noch kleine Kinder hat! Da verheert nun den Garten ein sengender Sturm mit Feuer, so daß er verbrennt! So erklärt euch Gott die Zeichen! Vielleicht denkt ihr darüber nach!

Wer spendet, soll dies aufrichtigen Herzens tun und nur darauf aus sein, die Sache des Islams zu fördern. Auf keinen Fall darf der Geber mit seinem Almosen die Empfänger beeindrucken, um die eigene Eitelkeit zu befriedigen. In Gleichnissen wird der Unterschied zwischen uneigennützigem Schenken und gefallsüchtigem Protzen veranschaulicht. Das Bild vom fruchtbaren Garten wird in Vers 266 dahingehend weiterentwickelt, daß auf die Hinfälligkeit allen Wachstums in der Steppe hingewiesen wird – ein glühend heißer Wind kann alles im Nu vernichten; man spende darum, solange man die Möglichkeit dazu hat! Es genügt nicht allein die Bereitschaft, den Islam zu unterstützen, man lasse rasch Taten folgen! – Wie an dieser Stelle, so finden sich noch öfter in belehrenden Abschnitten des Korans Gleichnisse:

Sure 7 „Die Höhen", Vers 40: Denjenigen, die unsere Zeichen ableugnen und sich hochmütig über sie hinwegsetzen, werden die Pforten des Himmels nicht geöffnet werden, und sie werden nicht in das Paradies eingehen, bevor ein Kamel sich durch ein Nadelöhr zwängt. So vergelten wir den Verbrechern.

Sure 10 „Jonas", Vers 24: Das diesseitige Leben gleicht einem Wasser, das wir vom Himmel herabsenden. Die Pflanzen der Erde, die von den Menschen und vom Vieh verzehrt werden, nehmen es auf. Sobald dann das Land sich geschmückt und verziert hat und seine Bewohner vermeinen, sie hätten alles das in ihrer Gewalt, kommt des Nachts oder am Tage unsere Fügung über das Land! Wie abgemäht lassen wir alles aussehen, als hätte es tags zuvor nicht bestanden.[106] So setzen wir unsere Zeichen denen auseinander, die denken.

Sure 13 „Der Donner", Vers 13 bis 17: 13 Der Donner ruft Gottes Lobpreisung, und die Engel aus Furcht vor ihm. Und Gott schickt die Blitze und trifft mit ihnen, wen er will. Diese Leute aber streiten sich über Gott, wo er doch heftige List ins Werk zu setzen versteht! 14 Er wird in Wahrheit angerufen! Wer jemanden an seiner Stelle anruft, dem wird dieser überhaupt nicht antworten. (Wer dies tut) ist nicht anders als jemand, der seine Hände nach dem Wasser ausstreckt, damit es an seinen Mund gelange – aber es wird nicht an ihn gelangen! Das Gebet der Ungläubigen geht nur in die Irre. 15 Und vor Gott werfen sich freiwillig oder gezwungen alle nieder, die in den Himmeln und auf der Erde sind, und ihre Schatten am Morgen und am Abend. 16 Sprich: „Wer ist der Herr der Himmel und der Erde?" Sprich: „Gott!" Sprich: „Habt ihr euch etwa an seiner Statt Freunde genommen, die aus sich heraus weder Nutzen noch Schaden bewirken?" Sprich: „Sind sich der Blinde und der Sehende gleich, oder sind sich Finsternis und Licht gleich?" Oder haben sie Gott Teilhaber an die Seite gestellt, die geschaffen haben, wie er es tut, so daß ihnen (die eigentliche Herkunft) der Schöpfung zweifelhaft blieb? Sprich: „Gott ist der Schöpfer aller Dinge. Er ist der Eine, der Bezwingende!" 17 Er hat vom Himmel Wasser herabgeschickt, und da strömten die Täler, wie es ihnen zugemessen war. Das reißende Wasser trug schwellenden Schaum. Und auch auf dem (Metall), worüber man Feuer anzündet, um Schmuck oder Waren herzustellen, gibt es solchen Schaum. So prägt Gott Gleichnisse für die Wahrheit und die Lüge. Der Schaum nämlich geht in den Abfall. Was aber den Menschen nützt, das bleibt in der Erde.[107] So prägt Gott Gleichnisse!

Sure 29 „Die Spinne", Vers 41: Diejenigen, die sich an Gottes Statt Freunde genommen haben, gleichen der Spinne, die sich ein Netz gewoben hat. Das zerbrechlichste Netz ist doch das Netz der Spinne! Wenn sie dies nur wüßten!

Sure 14 „Abraham", Vers 18 und Vers 24 bis 27: 18 Mit denjenigen, die nicht an ihren Herrn glauben, verhält es sich wie folgt: Ihre Werke sind wie Asche, die an einem stürmischen Tag der Wind packt. Sie behalten nichts von dem, was sie erworben haben, in ihrer Macht. Jenes ist nämlich ein abwegiger Irrtum! ... 24 Hast du nicht gesehen, wie Gott ein gutes Wort zu einem Gleichnis prägt? Dieses Wort ist wie ein guter Baum, der fest verwurzelt ist und dessen Äste in den Himmel ragen. 25 Zu jeder Zeit bringt er mit Gottes Erlaubnis seine Früchte. Gott prägt den Menschen Gleichnisse. Vielleicht lassen sie sich mahnen! 26 Ein schlechtes Wort aber gleicht einem schlechten Baum, der über der Erde abgeschlagen wurde und keinen Halt mehr hat. 27 Gott festigt diejenigen, die glauben, mit festen Worten im Diesseits und im Jenseits, und er läßt die Frevler in die Irre gehen. Gott tut, was er will.

In das Gebiet der Belehrung fallen auch Aussagen über den Inhalt des islamischen Glaubens, die Ansätze zu einer Dogmenbildung erkennen lassen. Derartige Abschnitte stehen bisweilen in einem engen Zusammenhang mit allgemeinen Verhaltensrichtlinien (Sure 4, Vers 135 bis 137). Das formelhafte Bekennen von Glaubensartikeln ist allein nicht ausreichend, um sich als Anhänger der vom Propheten überbrachten Botschaft zu erweisen. Dies wird zu Beginn der 2. Sure (Vers 1 bis 20) herausgestrichen: Muḥammad fordert das Bekenntnis zum Islam mit der Tat, denn die Islam-Annahme gestaltet das ganze Leben des Menschen um.

Sure 4 „Die Frauen", Vers 135 bis 137: 135 Ihr, die ihr glaubt! Seid als Zeugen vor Gott gerecht, sogar gegen euch selber oder eure Eltern und Verwandten, seien sie reich oder arm! Gott steht Arm und Reich näher als ihr! Folgt nicht eurer Neigung, statt gerecht zu sein! Wenn ihr (das Recht) verdreht[108] oder euch abwendet, nun – Gott hat Kunde von dem, was ihr tut! 136 Ihr, die ihr glaubt! Glaubt an Gott und seinen Gesandten und an das Buch, das er seinem Gesandten herabgeschickt hat, und an das Buch, das er schon vorher herabsandte! Wer nicht an Gott, seine Engel, seine Bücher, seine Gesandten und den Jüngsten Tag glaubt, der ist weit in die Irre gegangen! 137 Gott wird denjenigen, die glauben, dann nicht glauben, dann wieder glauben und danach wiederum nicht, sondern ungläubig werden, nicht verzeihen und sie nicht auf den rechten Weg führen.

Sure 2 „Die Kuh", Vers 1 bis 20: Im Namen Gottes, des Barmherzigen, des Erbarmers! 1 ʾ–l–m 2 Jenes Buch, an dem nicht zu zweifeln ist, ist eine Rechtleitung für die Gottesfürchtigen, 3 die an das Verborgene glauben, das rituelle Gebet einhalten und Spenden leisten von dem, was wir ihnen als Unterhalt gewähren; 4 die an das glauben, was dir und was vor dir offenbart wurde, und die das Jenseits für gewiß halten: 5 Die stehen in der Rechtleitung ihres Herrn, das sind die Glücklichen! 6 Den Ungläubigen ist es gleich, ob du sie warnst oder nicht, sie glauben ohnehin nicht. 7 Gott hat ihre Herzen versiegelt, und auf ihren Ohren und Augen ist ein Schleier. Ihnen steht eine gewaltige Strafe bevor. 8 Nun gibt es unter den Leuten einige, die sagen: „Wir glauben an Gott und den Jüngsten Tag!" Doch sie sind gar keine Gläubigen! 9 Sie versuchen, Gott und die Gläubigen zu betrügen. Dabei betrügen sie nur sich selber, ohne es zu merken. 10 In ihren Herzen ist eine Krankheit, und Gott hat sie noch kränker gemacht. Weil sie lügen, wird ihnen eine schmerzhafte Strafe zuteil. 11 Sagt man zu ihnen: „Stiftet kein Unheil im Land!" erwidern sie: „Wir tun doch nur Gutes!" 12 Wirklich, sie stiften Unheil, ohne es zu wissen. 13 Sagt man zu ihnen: „Glaubt, wie die übrigen Menschen glauben!" entgegnen sie: „Sollen wir etwa glauben wie jene Dummköpfe?" Wirklich, sie sind Dummköpfe, ohne es zu wissen! 14 Begegnen sie denjenigen, die glauben, sagen sie: „Wir glauben auch!" Sind sie aber mit ihren Satanen alleine, sprechen sie: „Wir halten zu euch. Wir treiben nur unseren Spott!" 15 Gott ist es, der mit ihnen seinen Spott treibt! Er verlängert noch ihre Unbotmäßigkeit, so daß sie gänzlich in die Irre gehen. 16 Jene sind es, die sich den Irrtum um den Preis der Rechtleitung gekauft haben. Sie haben keinen Gewinn aus diesem Handel und sind nicht auf dem rechten Weg. 17 Sie gleichen jemandem, der ein Feuer angezündet hat, und wie es alles um ihn herum erleuchtet, nimmt Gott das Feuer fort und läßt sie allein in der Finsternis, so daß sie nichts erkennen. 18 Taub und stumm und blind! So finden sie nicht (zur Rechtleitung) zurück. 19 Oder wie ein Gewitterguß vom Himmel, bei dem es dunkel ist und donnert und blitzt. Aus Furcht vor dem Tod stecken sie bei den Blitzschlägen die Finger in die Ohren. Gott kennt die Ungläubigen genau! 20 Fast blendet sie der Blitz. Immer wenn er ihnen leuchtet, gehen sie ein wenig im Licht. Wenn es über ihnen finster wird, bleiben sie stehen. Wenn Gott wollte, könnte er ihnen Gehör und Augenlicht ganz nehmen. Gott ist zu allem mächtig!

Die schwankenden Anhänger des Islams wollen aus den Glaubenssätzen, die sie bekennen, nicht die notwendige Schlußfolgerung für ihr Handeln ziehen. Gegen solch ein Verhalten entfaltet der Koran eine scharfe Polemik. Die Auseinandersetzung mit den lauen Muslimen in Medina wird unversöhnlich geführt, denn sie, die sogenannten „Heuchler", stellten für die Gemeinde eine nicht zu unterschätzende Gefahr dar. Im nächsten Kapitel wird hierauf näher einzugehen sein. In dem Maße, in dem Muḥammads prophetisches Sendungsbewußtsein wuchs und er schließlich auch als Staatsmann Erfolg hatte, verstärkt sich im Koran die Polemik gegen die Angehörigen der anderen Religionen, in Sonderheit gegen die Juden und die Christen. Letzteren wird vorgeworfen, Jesus in unerlaubter Weise zu vergotten. In diesen Themenkreis gehörende Abschnitte des Korans werden im dritten Kapitel wiedergegeben und erörtert.

Sure 4 „Die Frauen", Vers 176: Sie fragen dich in einem Rechtsfall um Auskunft. Sprich: „Gott gibt euch Auskunft über (die Erbberechtigung) der Seitenverwandtschaft: Wenn ein Mann stirbt, der kein Kind hat, jedoch eine Schwester, so fällt ihr die Hälfte seiner Hinterlassenschaft zu, und er beerbt sie, wenn sie keine Kinder hat. Sollten es zwei Schwestern sein, so erhalten sie zwei Drittel seiner Hinterlassenschaft. Sollten es mehrere Geschwister sein, Männer und Frauen, so erhält ein Mann den Anteil von zwei Frauen. Gott erklärt euch dies, damit ihr nicht in die Irre geht. Gott weiß über alles Bescheid.

Nachdem Muḥammad in Medina zum Oberhaupt einer Gemeinde geworden war, wurde er immer öfter in Fragen des Rechts um Rat angegangen. Darüber hinaus war es notwendig, dem Gemeinwesen verbindliche rechtliche Grundlagen zu verleihen. Ein großer Teil der medinensischen Suren enthält daher Bestimmungen, die den Kultus – die Pflichten der Muslime gegenüber Gott – und das Zusammenleben der Gläubigen regeln und Aussagen über die Rolle des Propheten als des religiös-politischen Führers des Gemeinwesens machen. Diese Abschnitte des Korans bilden die Grundlage für das islamische Gesetz, das sich nach dem Tode des Propheten zur wichtigsten einenden Kraft des islamischen Staates entwickeln wird. Diesem Gesetz, das als eine allumfassende Lebensordnung verstanden wird, ist das letzte Kapitel gewidmet.

Eine letzte im Koran öfter anzutreffende Textgattung sind die Gebete. Sie zeugen von der Frömmigkeit des Propheten und seinem persönlichen Verhältnis zu Gott. Wir bringen hierfür einige Beispiele, an deren Ende wir die 1. Sure stellen. Sie trägt den Namen „Die Eröffnende" und schließt nach muslimischer Vorstellung sämtliche Aspekte der aufrichtigen Gottesverehrung in sich, so daß sie als Quintessenz der ganzen Offenbarung betrachtet werden müsse.

Sure 3 „Die Sippe Imrans", Vers 192 bis 198: 192 O unser Herr, wen du ins Höllenfeuer wirfst, den hast du entehrt, und die Frevler haben keine Helfer. 193 O unser Herr, wir hörten einen Herold zum Glauben aufrufen: „Glaubt an euren Herrn!" Und so glaubten wir, Herr! Vergib uns unsere Sünden und verzeih uns unsere Missetaten und nimm uns in der Mitte der Frommen zu dir! 194 O unser Herr, und gib uns, was du deinem Gesandten für uns verheißen hast, und entehre uns nicht am Tag der Auferstehung! Du brichst dein Versprechen nicht! 195 Da erhörte sie ihr Herr: „Ich werde die Werke niemandes von euch verderben lassen, sei es Mann oder Frau. Ihr gehört zueinander. All denen, die die Hedschra vollzogen haben und aus ihrer Heimat vertrieben und um meinetwillen beleidigt wurden und kämpften und getötet wurden, werde ich ihre Missetaten verzeihen, und ich werde sie in Paradiesgärten bringen, in denen unten Bäche fließen!" Alles dies als Belohnung von Gott. Er hält die schönste Belohnung bereit. 196 Laß dich nicht von den Umtrieben der Ungläubigen im Lande täuschen! 197 Nur ein kurzer Genuß, und dann ist die Hölle ihre Bleibe, welch ein schlimmer Ruheplatz! 198 Aber denen, die ihren Herrn fürchten, werden Gärten zuteil, durch die unten Bäche fließen. Ewig bleiben sie darin. Dies erhalten sie als Bleibe von Gott, und was bei Gott liegt, ist für die Frommen besser!

Sure 23 „Die Gläubigen", Vers 93 bis 98: 93 Sprich: „Mein Herr, wenn du mir zeigst, was (den Ungläubigen) angedroht wird, 94 mein Herr, dann reihe mich nicht unter die Frevler ein!" 95 Wir sind gewiß in der Lage, dir zu zeigen, was wir ihnen androhen. 96 Weise die Übeltat mit etwas zurück, das besser als sie ist! Wir wissen besser über das Bescheid, was sie vorbringen. 97 Und sprich: „Mein Herr! Ich suche meine Zuflucht bei dir vor den Einflüsterungen der Satane, 98 und ich suche meine Zuflucht bei dir davor, oh mein Herr, daß die Satane zu mir kommen!"

Sure 1 „Die Eröffnende": Im Namen Gottes, des Barmherzigen, des Erbarmers! 1 Preis sei Gott, dem Herrn der Welten! 2 Dem Barmherzigen, dem Erbarmer! 3 Dem Herrscher am Tage des Gerichts! 4 Dich verehren wir, und dich rufen wir um Hilfe an! 5 Führe uns den geraden Weg, 6 den Weg derer, denen du gnädig bist, denen du nicht zürnst und die nicht in die Irre gehen!

II. Der Koran und die Geschichte

1. Das Leben Muḥammads im Spiegel des Korans

Sure 106 „Die Quraiš“[1]*:* Im Namen Gottes, des Barmherzigen, des Erbarmers! 1 Dafür, daß die Quraiš organisieren, 2 daß sie organisieren die Karawanenreise des Winters und die des Sommers, 3 sollen sie den Herrn dieses Hauses verehren, 4 der sie im Hunger speiste und ihnen in der Furcht Sicherheit gewährte!

Sure 43 „Der Prunk“, Vers 30 bis 35: 30 Als zu ihnen die Wahrheit kam, sprachen sie: „Dies ist Zauberei! Daran glauben wir nicht!“ 31 Und sie sagten weiter: „Warum wurde dieser Koran denn nicht auf einen bedeutenden Mann aus den beiden Ortschaften herabgesandt?“ 32 Verteilen sie etwa die Barmherzigkeit deines Herrn? Wir sind es doch, die unter sie ihren Lebensunterhalt im Diesseits verteilten und sie in unterschiedlichen Rangstufen übereinanderstellten, damit der eine den anderen zum Fronknecht nehme. Die Barmherzigkeit deines Herrn aber ist besser als das, was sie aufhäufen. 33 Wären die Menschen nicht eine einzige Gemeinschaft, würden wir die Häuser derjenigen, die nicht an den Barmherzigen glauben, mit Dächern aus Silber versehen und mit Treppen, über die sie emporsteigen, 34 und wir würden ihren Häusern Pforten geben und Kissen, an die sie sich anlehnen können 35 und Prunk.[2] Doch ist dies alles nichts weiter als Genuß im Diesseits, das Jenseits aber liegt für die Gottesfürchtigen bei deinem Herrn.

Sure 11 „Hūd“, Vers 84 bis 95: 84 Und zu den Midianitern sandten wir ihren Bruder Šuʿaib. Er sprach: „Mein Volk! Verehrt Gott! Außer ihm habt ihr keinen Gott! Und verringert nicht Hohlmaß und Waage! Ich sehe euch im Wohlstand und fürchte für euch die Strafe eines Tages der Vernichtung! 85 Mein Volk! Füllt Hohlmaß und Waage in gerechter Weise und betrügt die Menschen nicht um das, was ihnen zusteht! Stiftet kein Unheil und keinen Schaden im Land! 86 Die Kraft Gottes ist besser für euch! Beherzigt dies, wenn ihr gläubig seid! Freilich kann ich euch nicht behüten!“ 87 Sie entgegneten: „O Šuʿaib, gebietet dir etwa dein Gebet, daß wir aufgeben zu verehren, was unsere Väter verehrten, und mit unserem Vermögen nach unserem Belieben zu verfahren? Du bist doch wirklich bedachtsam und klug!“ 88 Er sprach: „Mein Volk! Wenn ich nun aber einen Beweis von meinem Herrn habe und er mir in guter Weise Unterhalt gewährt? Ich will mich doch euch nicht widersetzen, um selber zu begehen, was ich euch verbiete! Ich will nichts weiter, als eine Verbesserung bewirken, so gut ich kann. Mein Erfolg liegt bei Gott allein, auf ihn verlasse ich mich; zu ihm wende ich mich! 89 Mein Volk! Eure Widersetzlichkeit gegen mich soll nicht dazu führen, daß euch das gleiche zustößt wie den Völkern Noahs, Hūds oder Ṣāliḥs. Und auch das Volk Lots ist nicht weit von euch entfernt.[3] 90 Bittet euern Herrn um Vergebung und wendet euch bußfertig zu ihm! Mein Herr ist barmherzig und voller Liebe!" 91 Da erwiderten sie: „Šuʿaib! Wir begreifen nicht viel von dem, was du sagst. Doch sehen wir, daß du ein Niederer unter uns bist. Gäbe es deine Sippe nicht, würden wir dich mit Steinwürfen verjagen! Du hast für uns keinerlei Gewicht!" 92 Er sagte: „Mein Volk! Ist meine Sippe für euch gewichtiger als Gott? Haltet ihr ihn etwa nur wie ein Ersatzlaufkamel in Reserve? Mein Herr erfaßt alles, was ihr tut! 93 Mein Volk! Handelt nur weiter so! Auch ich handle, und ihr werdet dann erfahren, über wen eine Strafe kommt, die ihn entehrt, und wer der Lügner ist. Gebt nur Obacht, und ich gebe mit Euch zusammen Obacht!" 94 Und als unsere Fügung kam, erretteten wir Šuʿaib und diejenigen mit ihm, die gläubig waren, durch unsere Barmherzigkeit. Die Frevler unter ihnen aber überfiel ein Schrei, und sie lagen morgens tot in ihren Wohnungen, 95 als hätten sie dort nie in guten Umständen gelebt. Fluch über die Midianiter wie über die Ṯamūd!

Sure 93 „Der Vormittag": Im Namen Gottes, des Barmherzigen, des Erbarmers! 1 Beim Vormittag! 2 Bei der Nacht, wenn sie schweigt! 3 Dein Herr hat dich nicht im Stich gelassen, nicht im Haß aufgegeben. 4 Doch wirklich ist das Jenseits für dich besser als das Diesseits. 5 Dein Herr wird dir geben, und du wirst zufrieden sein. 6 Hat er dich nicht als Waisenkind gefunden und dir Zuflucht gewährt? 7 Und dich im Irrtum gefunden und rechtgeleitet? 8 Dich im Elend gefunden und dir ein Auskommen gegeben? 9 Ein Waisenkind mißhandle auch du nicht! 10 Einen Bettler vertreibe auch du nicht! 11 Die Gnade deines Herrn aber, die berichte!

Der Koran ist das authentische Quellenzeugnis der tiefen und vielgestaltigen religiösen Erfahrung des arabischen Propheten. Der Koran ist daher zugleich die zuverlässigste Quelle über Muḥammads Leben. Freilich ist es nicht möglich, aus Angaben des Korans einen lückenlosen Lebenslauf zusammenzustellen. Dazu fehlt schon eine eindeutige Chronologie vieler wichtiger Ereignisse, die im Koran erwähnt werden. Zudem lassen sich manche Wendungen erst dann als bedeutsam für die Biographie des Propheten erkennen, wenn man die frühislamische Geschichtsüberlieferung zu Rate zieht. Sie gibt uns unzählige wertvolle

Hinweise in Einzelfragen, die allein mit Hilfe des Korans nicht oder nur unvollständig zu lösen wären. Außerdem hat sie das gesamte zum Leben Muḥammads überlieferte Nachrichtengut – auch die koranischen Quellenzeugnisse – in ein chronologisches Gerüst eingepaßt. Dieses Gerüst ist allerdings erst in den Jahrzehnten nach Muḥammads Tod errichtet worden und lag in seinen wesentlichen Teilen etwa um 700 fest. So ist leicht einzusehen, daß bei der Fülle der überlieferten Nachrichten über deren zeitliche Einordnung nicht immer Einstimmigkeit herrscht.[4] Die großen Linien des Lebenslaufes Muḥammads, die wir hier anhand koranischer Aussagen erhellen wollen, können aber als gesichert angesehen werden.

Muḥammad gehörte zu dem Stamm der Quraiš, der führenden Bevölkerungsgruppe in Mekka. Die Quraiš unterhielten enge Verbindungen in die nicht weit entfernt liegende Stadt Taif; Mekka und Taif sind denn auch die beiden in Sure 43, Vers 31 erwähnten Ortschaften. Die außerkoranische Überlieferung zur vorislamischen Geschichte Mekkas trägt legendenhafte Züge. Doch läßt sich ihr entnehmen, daß die Quraiš etwa um 500 n. Chr. dort die Führung an sich gerissen hatten. Zuvor waren in Mekka Geschlechter einflußreich gewesen, die politisch nach dem Jemen ausgerichtet gewesen waren. Die jemenitische Vorherrschaft über Arabien war aber abgebröckelt und hatte neuen Machtverhältnissen weichen müssen. Die arabische Überlieferung berichtet uns, daß es nur in Stämmen südarabischer bzw. jemenischer Herkunft ein Königtum gegeben habe. Die Quraiš aber werden von den Genealogen der alten Zeit dem nordarabischen Zweig des Arabertums zugerechnet, dessen hervorstechendes Merkmal die genealogische Ableitung von Ismael, dem Sohn Abrahams, ist. Die Quraiš behaupteten ferner von sich selber, nie einem König untertan gewesen zu sein, hatten aber auch ihrerseits nie eine derartige Würde besessen. Als sie nach dem Tode Muḥammads zur größten Macht auf der arabischen Halbinsel aufgestiegen waren, betrachteten manche ihrer Gegner sie als Emporkömmlinge, die sich ein Königtum anmaßten, das eigentlich den Südarabern vorbehalten sei. Offenbar war der Aufstieg der Quraiš mit dem Zusammenbruch der jemenischen Oberhoheit über Arabien verbunden. Eine kulturelle Begleiterscheinung dieses politischen Umschwungs war das verstärkte Vordringen religiöser Überlieferungen aus den nördlichen Randzonen der Halbinsel. Hierher gehört die Deutung des mekkanischen Heiligtums der Kaaba als einer von Abraham und Ismael errichteten Kultstätte. Die Quraiš verwalteten diesen Kult und betrachteten sich als die edelsten Abkömmlinge Ismaels; ihr Ahnherr Quṣaij, im Stammbaum fünf Generationen vor Muḥammad, habe diesen ursprünglichen Kult wiederhergestellt – und damit die den Quraiš vermeintlich zustehende Herrschaft über Mekka errungen –, nachdem südarabische Stämme ihn mißbraucht hätten. Soweit die mekkanische Stadtsage.

Wie in Sure 106 angedeutet, lebten die Quraiš von weitgespannten Handelsbeziehungen, die sich vom Jemen bis in den palästinensischen Raum erstreckten. Die Sommer- und die Winterkarawane waren die wichtigsten alljährlichen Unternehmungen dieses Handels. Die Quraiš mußten zu ihrer Durchführung mit großem politischen Geschick die Wege sichern, die durch das Gebiet fremder Stämme führten. Nach der damaligen Lage der Dinge waren dort stets Überfälle zu gewärtigen, wenn diese Stämme nicht in geeigneter Weise befriedet worden waren – etwa durch Verträge, die ihnen gewisse materielle Vorteile brachten. Die Quraiš, die ja auch die Kaaba verwalteten und die dort alljährlich stattfindenden Pilgerfeste leiteten, versuchten, ihren Zugriff auf fremde Stämme dadurch zu sichern, daß sie diesen eine Verbindung zur Ismael-Genealogie einräumten, um ihnen so eine heilswichtige Beziehung mit dem Heiligtum der Kaaba zu garantieren. Die wirtschaftliche und die religiöspolitische Ordnung bildeten ein Ganzes, das nicht in seine Teilbereiche aufgespalten werden konnte.

Durch die Einnahmen aus dem Handel und aus dem Geschäft mit den Pilgern waren die Quraiš reich geworden. Doch verteilte sich dieser Reichtum nicht gleichmäßig über alle Zweige des Stammes. Manche waren sogar bettelarm, so etwa die Banū ʿAdī, denen der spätere Kalif ʿUmar (reg. 634–644) angehörte, der einer der frühesten Anhänger Muḥammads gewesen war. Ein Mitglied des Geschlechtes der Banū ʿAbd Šams verhöhnte später ʿUmar wegen seiner Herkunft aus bescheidenen Verhältnissen.[5] Die Banū ʿAbd Šams, aus denen die Dynastie der Omaijaden hervorgehen sollte (reg. in Syrien von 661–750), und die Banū Hāšim, der Zweig der Quraiš, dem Muḥammad entstammte, zählten der Überlieferung nach zu den reichsten Sippen. Für das Lebensschicksal des Propheten blieb dieser Reichtum jedoch ohne Bedeutung. Denn sein Vater ʿAbdallāh verstarb früh, und auch seine Mutter Āmina verschied, als Muḥammad erst sechs Jahre alt war. Sein Onkel Abū Ṭālib nahm sich des Waisenkindes an. Sure 93 läßt in knappen Worten das Elend ahnen, das Muḥammad ertragen mußte.

Über die Jahre vor seiner Berufung zum Propheten gibt uns der Koran weiter keinen Aufschluß. Die spätere Prophetenvita füllt diese Lücken mit Legenden, die schon in diesem Lebensabschnitt Vorzeichen seiner künftigen Rolle als Religionsstifter und Empfänger der göttlichen Offenbarung entdecken. Diese Überlieferungen haben keinen unmittelbaren Quellenwert für die Prophetenbiographie, sind jedoch für die Erforschung des Prophetenbildes im Frühislam von Wichtigkeit. In unserem Zusammenhang seien nur die wenigen gut bezeugten Tatsachen erwähnt. Muḥammad war in untergeordneter Stellung an den Geschäften der Quraiš beteiligt. Vermutlich begleitete er Karawanen in das syrisch-palästinensische Gebiet, und zwar im Dienst der Geschäftsfrau Ḫadīǧa bint

Ḫuwailid aus der Sippe der Banū Asad. Ḫadīǧa war verwitwet, und da sich Muḥammad als zuverlässig erwiesen hatte, heiratete sie ihn. Nach islamischer Überlieferung war Muḥammad 25 Jahre alt, als er diese Ehe einging; Ḫadīǧa soll 15 Jahre älter gewesen sein. Muḥammad gewann mit dieser Heirat eine entschieden bessere Stellung in seiner Umgebung, in der – wie später im Koran oftmals mit Bitterkeit vermerkt wird – Ansehen mit Reichtum gleichbedeutend war. Ḫadīǧa gebar Muḥammad sieben Kinder, darunter drei Knaben, die im Kindesalter starben; von seinen Töchtern sollte allein Fāṭima, später die Gemahlin seines Vetters ʿAlī, in der islamischen Geschichte eine wichtige Rolle spielen.

In der Prophetenvita wird überliefert, daß Ḫadīǧa viel Verständnis für die religiöse Empfindsamkeit und die grüblerische Veranlagung ihres Mannes aufgebracht habe. Muḥammad hatte Verbindungen zu Kreisen, die die ganz auf materiellen Gewinn angelegte Lebensweise des reichen Durchschnittsquraišiten ablehnten und nach religiöser Vertiefung ihres Daseins suchten, ohne sich einer der beiden bekannten Hochreligionen, dem Judentum oder dem Christentum, anzuschließen. „Ḥanīfen" wurden diese Gottsucher genannt, und wir werden ihnen in anderem Zusammenhang wieder begegnen. Ḫadīǧa hatte ferner einen Vetter, Waraqa b. Naufal, der Christ geworden war, und, wie es in der islamischen Überlieferung heißt, „die Bücher", d. h. die offenbarten Schriften, studiert hatte. Diese wenigen festen Angaben zeigen, daß Muḥammad in einer Umgebung lebte, die seinen Neigungen entgegenkam und ihn in gewisser Weise auf seine Berufung vorbereitete. Diese traf ihn, wie wir erfuhren, mit unerwarteter Heftigkeit, als er etwa vierzig Jahre alt war, mithin ungefähr im Jahre 610 n. Chr., wenn wir uns an die Chronologie der Prophetenvita halten.

Die frühen Offenbarungen, deren charakteristische Merkmale oben besprochen wurden, veranschaulichen uns die tiefe Erschütterung, die dieses Erlebnis für Muḥammad mit sich gebracht hatte. Wie aber verhielten sich seine Landsleute jetzt ihm gegenüber? Daß sie ihn vordergründig als einen Wahrsager, Besessenen oder Dichter betrachteten und deshalb seine Worte nicht ernst nehmen wollten, hörten wir schon. Dennoch sahen sie sich nicht in der Lage, einfach zur Tagesordnung überzugehen. Muḥammads Worte schienen sie zu stören. Er geißelte die oberflächliche Geisteshaltung seiner Landsleute, die ihr Herz allein an den Reichtum hängten und keine anderen Werte zu kennen schienen.

Sure 89 „Die Morgendämmerung", Vers 15 bis 20: 15 Wenn aber der Mensch von seinem Herrn auf die Probe gestellt wird und Gott ihn großzügig beschenkt und begnadet, dann spricht er: „Mein Herr hat mich großzügig bedacht!" 16 Wenn er ihn aber auf die Probe stellt und ihm nur seinen täglichen Lebensunterhalt zumißt, sagt er: „Mein Herr hat mich erniedrigt!" 17 Doch nein! Ihr zeigt euch nicht großzügig gegenüber dem Waisenkind! 18 Ihr spornt euch nicht gegenseitig an, den Armen zu speisen, 19 sondern verbraucht das Erbe (der Waise) ganz und gar 20 und liebt den Besitz über alle Maßen!

In diesen Worten der 89. Sure ist deutlich gesagt, worauf es dem Propheten ankommt: Einkehr sollen seine Landsleute halten, die sich in ihrer Raffgier nicht einmal scheuen, das Erbteil der ihnen anvertrauten Mündel in ihren Besitz zu bringen – vielleicht auch eine schlimme Erfahrung, die Muḥammad selber machen mußte –. Eine weitere Quelle des Reichtums, an der der Prophet Anstoß nahm, war der Betrug beim Handel. Der Koran vergleicht die Mekkaner mit den Midianitern, die es mit Maßen und Gewichten nicht so genau genommen haben sollen. In der 83. Sure lesen wir in den Versen 1 bis 5: 1 Wehe den Betrügern, 2 die das volle Maß nehmen, wenn sie sich von den Leuten etwas zumessen lassen, 3 die aber, wenn sie selber für sie messen oder wiegen, zu wenig geben! 4 Meinen jene denn nicht, daß sie einst wiedererweckt werden 5 zu einem gewaltigen Tag? – „Die Betrüger" wird diese 83. Sure überschrieben, aus der das Zitat stammt. Noch mehrfach warnt der Koran davor, die Geschäftspartner zu täuschen.[6]

Den auf unrechte Weise erworbenen Besitz betrachtete Muḥammad als religiös unrein. Vermögen, das durch Betrug zusammengekommen war, gefährdete das Heil des Menschen. Es galt daher, sich durch Gaben, die für wohltätige Zwecke bestimmt waren, von solchem das Heil bedrohenden Makel zu befreien, sich zu läutern. In der 92. Sure „Die Nacht", die der frühmekkanischen Periode zugehört, heißt es: 5 Wer gibt und gottesfürchtig ist 6 und an das Beste (d. h. das Paradies) glaubt, 7 dem werden wir es leicht machen, des Heiles teilhaftig zu werden.[7] 8 Wer aber geizt und sich hochmütig über alles hinwegsetzt 9 und das Beste ableugnet, 10 dem werden wir den Weg zur Verdammnis leicht machen. 11 Ihm wird sein Vermögen nichts helfen, wenn er fällt! 12 Es obliegt uns, die Menschen rechtzuleiten. 13 Uns gehört das Jenseits und das Diesseits. 14 So warne ich euch vor einem lodernden Feuer, 15 in dem allein die Verdammten schmoren werden, 16 die leugnen und sich abkehren. 17 Davon ferngehalten werden die Gottesfürchtigen, 18 die ihr Vermögen bringen, indem sie sich läutern. – Wer sich läutere, der tue das für sich selber, lesen wir in der mekkanischen Sure 35 „Der Schöpfer", Vers 18. Die Läuterung besteht mithin nicht in einer vordergründigen Wohltätigkeit, die das Gewissen beruhigt und den von Skrupeln freien Genuß des errafften Reichtums ermöglicht; sie ist vielmehr als eine Handlung zu begreifen, mit der der Spendende sein gefährdetes Heil sichert und damit sich selber den größten Nutzen verschafft. Schon in der mekkanischen Periode taucht der Begriff „Läuterungsgabe" auf, mit der jene Spende gemeint ist, die einen von der Gefährdung durch unreinen Besitz befreit. Ismael habe seine Anhänger aufgefordert, das rituelle Gebet zu vollziehen und die „Läuterungsgabe" abzuführen, wird in Sure 19 „Maria", Vers 55 behauptet. Gebet und Läuterungsgabe werden im Koran seit früher Zeit als die beiden wichtigsten Kennzeichen islamischer Glaubenspraxis immer wieder gemeinsam erwähnt. Wenn in Sure 18 „Die Höhle", Vers 19, einer der Männer, die Gott in der Höhle schlafen ließ, in die Stadt geschickt wird, um bei dem Händler, der die reinste Speise habe, etwas Proviant zu besorgen, so geht es um rechtmäßig in den Besitz des Verkäufers gelangte Ware.[8] Sobald der Prophet in Medina Führer einer größeren Gemeinde geworden war, entwickelte sich die zunächst sicher freiwillige Läuterungsgabe rasch zu einer Art Steuer, die allen Gläubigen unter bestimmten Voraussetzungen abverlangt wurde. Der das Heil sichernde Charakter, der dem Begriff des Sichreinigens in der Frühzeit angehaftet hatte, ja sein eigentliches Wesen ausgemacht hatte, begann zu verblassen, seitdem „Läuterungsgabe" zu einem terminus technicus geworden war, der zudem recht oft mit dem Wort für Almosen gleichgesetzt wurde. Dennoch kam der ursprüngliche Sinn manchmal zum Vorschein, so etwa in der spätmedinensischen Sure 9 „Die Buße", Vers 103: Nimm von ihrem Vermögen ein Almosen, durch das du sie läuterst und reinigst ...!

Daß Muḥammads Offenbarungen den materiellen Besitz einer so scharfen Kritik unterzogen, darauf hinwiesen, daß Reichtum zum Zwecke der Unterstützung der Bedürftigen zu verwenden sei, und hervorhoben, daß unrechtmäßig erworbenes Gut das Heil des einzelnen zerstöre, beunruhigte die Mekkaner. Natürlich waren sie nicht bereit, sogleich nach diesen Worten zu handeln, aber sie konnten sich nicht der Tatsache verschließen, daß Muḥammad z. T. Recht hatte. Nur aus solcher Betroffenheit heraus ist der Versuch zu verstehen, Muḥammads Worten unlautere Absichten zu unterstellen, wie aus der Erzählung vom Schicksal Šuʿaibs in Sure 11 zu entnehmen ist. Die Midianiter hatten ihren Propheten verdächtigt, er sei verschlagen genug, ihnen ihre einträglichen Geschäfte auszureden, um sie selber desto ungestörter abwickeln zu können. Diesem bösen Argwohn gegenüber berief sich Šuʿaib auf die klaren Beweise, die er von Gott erhalten habe, und beschwor seine Landsleute, daß er doch nur um eine Besserung der Sitten bemüht sei. Auch glaubten die Midianiter, dem Wort Šuʿaibs doch nicht den letzten Ernst beimessen zu müssen, weil er ja nicht zu den vornehmsten unter ihnen gehörte. Eben dies hatte man auch Muḥammad vorgehalten. Die Rangfolge unter den Menschen ist Gottes Werk, wird den Gegnern des Propheten erwidert; sie ist also nicht einfach am Vermögen der Menschen ablesbar, und gerade ein armer Mann kann in Gottes Plänen höchste Wichtigkeit besitzen.[9]

Muḥammad wurde nicht müde, die Mekkaner vor den Folgen ihres unmoralischen Verhaltens zu warnen. Gott wandelte ihnen die Wunderzeichen ab, damit sie sie richtig verstünden, wie wir in der 6. Sure „Das Vieh" lasen. Die Wortgefechte zwischen Muḥammad und seinen Widersachern mögen sich über mehrere Jahre hingezogen haben, ohne daß es zu schwereren Auseinandersetzungen kam. Doch allmählich gewann Muḥammad Anhänger. Hierüber macht der Koran selber nur sehr ungenügende Angaben. Der frühislamischen Prophetenvita zufolge stieß er zuerst im engeren Kreis seiner Familie auf die Bereitschaft, der Botschaft Glauben zu schenken. Seine Frau Ḫadīǧa soll ihm als erste gefolgt sein; dann Abū Bakr, ein nicht sehr reicher Mann aus dem Clan der Banū Taim. Abū Bakr war einer der treuesten Anhänger des Propheten und stand nach dessen Tod zwei Jahre lang der islamischen Gemeinde vor (von 632–634). Auch ʿAlī, Muḥammads späterer Schwiegersohn, wird zu den ältesten Muslimen gerechnet. Wenn diese Nachricht wirklich stimmen sollte, wäre ʿAlī ein kleines Kind gewesen, als er Muslim wurde. Doch allzu viel ist auf derartige Überlieferungen nicht zu geben. In ihnen ist überall der zügellose Parteienstreit der ersten beiden islamischen Jahrhunderte spürbar; unterschiedliche Glaubensrichtungen suchten sich als alleingeltend zu rechtfertigen, indem sie sich auf Personen bezogen, die möglichst „von Anfang an" mit der Geschichte des Islams verbunden sein sollten.[10] Im Koran wird uns der Eindruck vermittelt, als sei die Mehrzahl der frühen Anhänger des Propheten aus den unteren Schichten der Bevölkerung gekommen. Beispielsweise ist in der 7. Sure „Die Höhen" an einer Stelle von dem untergegangenen Volk der Ṯamūd die Rede. Es sind die Vornehmen unter ihnen, die die Worte des Propheten Ṣāliḥ mißachten, während die „Unterdrückten" als gläubig bezeichnet werden (Vers 75 ff.). Auch der in dieser Sure enthaltene Bericht über die Midianiter geht von einem solchen Sachverhalt aus (Vers 86): Die Vornehmen drohen sogar, den Propheten mit seiner Anhängerschar aus der Stadt zu verjagen.[11] Ganz ähnlich lautet es im Bericht der 11. Sure „Hūd" über die Midianiter, der am Anfang dieses Kapitels übersetzt wurde. Dort lesen wir auch, daß man gegen den Propheten selber nicht vorging, weil er Mitglied einer der besseren Sippen der Stadtbewohner war und folglich den in der Stammesgesellschaft üblichen Schutz innerhalb der genealogischen Gruppe genoß. Aus diesen Andeutungen ist zu schließen, daß Muḥammads Worte bei den Mitgliedern der ärmeren Schichten, vielleicht bei Personen, die außerhalb der Stammesgesellschaft standen wie etwa Sklaven oder Kriegsgefangene, mehr Anklang fanden als bei der übrigen Bevölkerung. Die führenden Männer sahen in diesem Umstand womöglich eine Gefährdung für die Stadt heranwachsen, gegen deren eigentlichen Urheber sie zunächst aber nicht vorgehen wollten. So richtete sich der Zorn vor allem gegen jene schutzlosen Menschen. Die Angaben der

Prophetenvita stützen diese Vermutung; in ihnen ist von Folterungen die Rede, denen die einfachen Gläubigen ausgesetzt wurden.

Sure 11 „Hūd", Vers 25 bis 39: 25 Und den Noah sandten wir zu seinem Volk: „Ich bin euch ein deutlicher Warner! 26 Ihr sollt niemanden außer dem einen Gott verehren. Ich fürchte für euch die Strafe eines schmerzlichen Tages!" 27 Da sprach die Ratsversammlung, diejenigen unter seinem Volk, die nicht glaubten: „Wir sehen in dir nichts als einen Menschen wie wir, und wir sehen ganz klar, daß dir nur die folgen, die die Niedrigen unter uns sind. Euch können wir doch keinen Vorrang vor uns zuerkennen! Vielmehr halten wir euch für Lügner." 28 Er erwiderte: „Mein Volk! Was denkt ihr wohl, wenn ich nun einen Beweis von meinem Herrn habe und er mir seine Barmherzigkeit geschenkt hat, euch aber die Augen dafür verschlossen wurden, soll ich euch diesen Beweis aufnötigen, wo ihr ihn doch ablehnt? 29 Mein Volk, ich verlange von euch hierfür kein Vermögen. Gott obliegt es, mich zu entlohnen. Doch ich werde nicht die verjagen, die gläubig geworden sind. Sie werden ihrem Herrn entgegentreten, in euch aber sehe ich Leute, die unwissend sind. 30 Mein Volk! Wer könnte mich gegen Gott unterstützen, wenn ich jene vertriebe? Wollt ihr euch nicht mahnen lassen? 31 Ich sage nicht zu Euch: ‚Ich habe die Schatztruhen Gottes.' Auch kenne ich nicht das Verborgene, behaupte ferner nicht, ein Engel zu sein. Doch ich sage auch nicht zu denen, die in euren Blicken verachtet werden, daß Gott ihnen nicht das Heil bringen werde. Gott weiß am besten, was in ihren Seelen verborgen ist. Ich wäre sonst ein Frevler." 32 Sie antworteten: „Noah, du hast mit Worten gegen uns gestritten, und zwar viel! Bring uns nun, was du uns androhst, wenn du die Wahrheit sprichst!" 33 Da entgegnete er: „Nur Gott bringt es euch, wenn er will, und ihr werdet das nicht durchkreuzen können! 34 Mein guter Rat – wenn ich euch einen guten Rat geben will – nutzt euch dann nichts mehr, wenn Gott euch irreleiten will. Er ist euer Herr, und zu ihm werdet ihr dereinst zurückgebracht!" 35 Oder sie sagen: „Er hat es erdichtet!" Sprich: „Wenn ich es erdichtet habe, dann fällt mein Vergehen mir zur Last. Ich aber habe mit den Vergehen nichts zu tun, die ihr begeht!"

Sure 71 „Noah": Im Namen Gottes, des Barmherzigen, des Erbarmers! 1 Wir sandten Noah zu seinem Volk: „Warne dein Volk, bevor eine schmerzliche Strafe über es kommt!" 2 Er sprach: „Mein Volk! Ich bin euch ein deutlicher Warner! 3 Verehrt Gott, fürchtet ihn, gehorcht mir! 4 Dann vergibt euch Gott einiges von euren Sünden und gewährt euch Aufschub bis zu einem gewissen Zeitpunkt. Wenn aber der Zeitpunkt Gottes gekommen ist, kann es nicht mehr aufgeschoben werden. Wenn ihr das nur wüßtet!" 5 Noah sprach: „Mein Herr, Tag und Nacht habe ich mein Volk gerufen, 6 doch mein Rufen ließ sie nur weiter von mir fliehen! 7 Immer wenn ich sie rief, damit du ihnen verziehest, steckten sie sich die Finger in die Ohren, bedeckten sich mit ihren Kleidern und beharrten störrisch in ihrem Hochmut. 8 Da rief ich sie in aller Öffentlichkeit, 9 dann sprach ich sie offen an und redete auch im Geheimen mit ihnen. 10 Ich sagte: ,Bittet euren Herrn um Verzeihung, er ist verzeihend! 11 Dann schickt er euch reichen Regen, 12 unterstützt euch mit Vermögen und Söhnen, gibt euch Gärten und Bäche. 13 Warum hofft ihr nicht auf die Würde Gottes? 14 Er hat euch doch in mehreren Phasen geschaffen! 15 Seht ihr denn nicht, wie Gott die sieben Himmel in Schichten geschaffen hat, 16 wie er an ihnen den Mond als Licht, die Sonne als Leuchte befestigt hat? 17 Gott hat euch auf der Erde wie Pflanzen sprießen lassen; 18 darauf wird er euch wieder in sie hineinbringen und dann wieder aus ihr herausholen. 19 Gott hat euch die Erde wie einen Teppich hingebreitet, 20 damit ihr auf Wegen und Pässen über sie hinzieht.'" 21 Noah sprach: „Mein Herr, sie widersetzen sich mir und folgen jemandem, der durch sein Vermögen und seine Kinder nur noch mehr Einbußen erleidet,[12] 22 und schmiedeten gewaltige Ränke 23 und sagten: ,Gebt nicht eure Götter auf, gebt weder Wadd, noch Suwāʿ, noch Jaġūṯ, Jaʿūq, noch Nasr auf!' 24 Viele haben sie in die Irre geführt, führe auch du die Frevler immer tiefer in den Irrtum!" 25 Um ihrer Sünden willen wurden sie ertränkt und dann ins Höllenfeuer geworfen. An Gottes Stelle fanden sie keine Helfer. 26 Da sagte Noah: „Mein Herr, laß auf der Erde keinen ungläubigen Bewohner! 27 Wenn du sie dort läßt, werden sie deine Knechte in die Irre führen und nichts als ungläubige Missetäter gebären. 28 Mein Herr, vergib mir, meinen Eltern und jedem, der mein Haus als gläubiger Mensch betritt, und auch allen gläubigen Männern und Frauen, und stoße die Frevler immer tiefer ins Verderben!"

Diese beiden koranischen Abschnitte über Noah spiegeln die Auseinandersetzungen gut wieder, in die Muḥammad in Mekka verwickelt wurde. Wie schon ausgeführt, nahm man Anstoß am niederen gesellschaftlichen Rang der meisten seiner frühen Anhänger. Höchst aufgebracht aber war man, als der Prophet die heidnischen Gottheiten angriff, die an verschiedenen Kultstätten verehrt wurden. Die Pilgerfahrt zu den ihnen geweihten Heiligtümern war eine wichtige Einnahmequelle der Quraišiten. Doch war das keineswegs der entscheidende Punkt. Der Angriff auf die heidnischen Gottheiten[13] bedeutete nichts weniger, als die gesamte religiös sanktionierte politische Ordnung in Frage zu stellen, auf die sich das Leben der Quraiš gründete. Es war bereits die Rede davon, daß das zur Aufrechterhaltung des Handels notwendige Sicherheitssystem auf der Einordnung verschiedener Stammesformationen in die Ismael-Genealogie mit den Quraiš an der Spitze beruhte, die Quraiš nahmen für die mit ihnen verbundenen Stämme religiöse Aufgaben wahr, denen die Grundlage entzogen wurde, wenn man die betroffenen Gottheiten für unwirksame Popanze erklärte. Wenn man sich diesen Umstand vor Augen hält, ermißt man die Tragweite der Botschaft Muḥammads.

„Als der Gesandte Gottes seine Leute zu der Rechtleitung, die Gott ihm geschickt hatte, und zu dem ihm offenbarten Licht aufrief, hielten sie sich anfangs nicht von ihm fern und hörten fast auf ihn, bis er schließlich ihre Götzen erwähnte. Auch kamen vermögende quraišitische Bewohner aus Taif, die ihm dies verübelten, ihn angriffen, seine Rede verabscheuten und die, die ihnen gehorchten, gegen ihn aufhetzten. Da wandten sich die meisten Leute von ihm ab und ließen ihn im Stich, bis auf wenige von ihnen, die Gott bewahrte." Nach einiger Zeit beschlossen die führenden Quraišiten, gegen die wenigen übriggebliebenen Standhaften vorzugehen, um sie mit Gewalt von dem neuen Glauben abzubringen. Auch in den Stämmen, die mit den Quraiš verbunden waren, hatte Muḥammad schon Anhänger gefunden. Die Quraišiten konnten durchsetzen, daß man auch dort gegen die Gläubigen vorging. Es wird ferner berichtet, daß man Muḥammad seines Schutzes zu berauben suchte, indem man seinem Onkel Abū Ṭālib vorschlug, er solle sich von seinem Mündel trennen und jemand anders adoptieren.[14] Abū Ṭālib wies dieses Ansinnen von sich, und solange er lebte, war Muḥammad noch durch die Sippensolidarität geschützt.

Viele seiner treuen Anhänger hatten es erheblich schlechter, weil sie keine einflußreichen Fürsprecher besaßen. Nachdem Muḥammad kurze Zeit mit dem Gedanken gespielt hatte, einen Ausgleich mit der heidnischen Religiosität der Quraiš herbeizuführen, durch den deren religiöspolitische Belange gewahrt worden wären,[15] spitzte sich die Lage in Mekka derart zu, daß sich eine größere Anzahl von Muslimen genötigt sah, ihre Heimat zu verlassen. Sie wanderten nach Abessinien aus. Sie hofften, dort unter dem christlichen Herrscher gute Aufnahme zu finden. Manche Hinweise deuten freilich darauf hin, daß die Beweggründe für diese Auswanderung, die etwa im Jahre 615 stattfand,[16] nicht nur in den Verfolgungen zu suchen sind. Bemerkenswert ist nämlich, daß nur ein Teil der ältesten Anhängerschaft Muḥammads nach Abessinien ging, und zwar eine Gruppe um ʿUṯmān b. Maẓʿūn, einen Mann, der dem Islam stark asketische Züge verleihen wollte. Muḥammad lehnte eine derartige Entwicklung, die sich möglicherweise am christlichen Mönchstum ausrichtete, entschieden ab. Auch die Tatsache, daß nahezu alle Auswanderer zurückkehrten, bevor Muḥammad im Jahre 622 Mekka verließ, scheint nicht dafür zu sprechen, daß allein die Verfolgungen der Grund für jenes Ereignis gewesen seien.[17]

Die Lage der Muslime, insbesondere des Propheten selber, entspannte sich nicht mehr. Im Gegenteil, man versuchte nun auch mit Erpressung, Muḥammad seinen Rückhalt zu nehmen. Man beschloß, die Sippen Hāšim, zu der Muḥammad gehörte, und Muṭṭalib,[18] zu boykottieren, um deren Geschäfte empfindlich zu stören. Diese wirtschaftliche Bedrohung, für die es neben religiösen auch andere, in innermekkanischen Auseinandersetzungen liegende Gründe gegeben haben mag, dauerte etwa von 616 bis 619.[19] Im Jahr 619 entschied sich Muḥammads Schicksal in Mekka. Kurz nach dem Ende des Boykotts, das vielleicht als Vorzeichen einer Wende zum Besseren hätte gelten können, starb sein Onkel Abū Ṭālib. Auch Ḫadīǧa, seine Gattin, war in jenem Jahr verschieden, so daß sich Muḥammad nun wirklich auf sich selbst gestellt sah. Er reiste nach Taif, vielleicht um dort Fuß zu fassen, da er sich in seiner Vaterstadt nicht mehr sicher fühlen konnte. Diese Reise brachte jedoch keine Ergebnisse für ihn. Wenig später begann sich für ihn ein Ausweg abzuzeichnen. Auch im Oasengebiet von Jaṯrib hatten sich einige Männer zum Islam bekehrt. Jaṯrib drohte von einer anscheinend unlösbaren Fehde der beiden Stämme Aus und Ḫazraǧ gänzlich zerstört zu werden. Die Aus und die Ḫazraǧ gehörten zu den jemenischen Stämmen, waren also nicht in die von den Quraišiten beherrschte Ismael-Genealogie eingegliedert. Dennoch gab es eine weitläufige verwandtschaftliche Beziehung zwischen den Quraiš und einer Sippe der Ḫazraǧ.[20] Wärend des mekkanischen Pilgerfestes des Jahres 620 traf Muḥammad mit einigen Bewohnern Jaṯribs zusammen. Im nächsten Jahr um die gleiche Zeit kamen zwölf Männer aus Jaṯrib, darunter fünf, mit denen Muḥammad zuvor unterhandelt hatte, wiederum nach Mekka und legten vor dem Propheten den sogenannten „Treueid der Frauen"[21] ab. Sie schworen, sich verschiedener Sünden zu enthalten und Muḥammad zu gehorchen, was wohl so viel bedeutet wie: die in seiner Offenbarung liegenden Mahnungen zu einem gottgefälligen, die drohende Strafe im Jenseits ernstnehmenden Lebenswandel zu beherzigen. In diesem Sinn wird der Begriff Gehorsam in den mekkanischen Suren verwendet, beispielsweise in der 71. Sure „Noah", Vers 3. Dieser ersten Begegnung bei der Örtlichkeit ʿAqaba folgte ein Jahr darauf eine zweite, bei der insgesamt 75 Jaṯriber aus beiden verfeindeten Stämmen Muḥammad Gehorsam schworen, wobei diesmal ausdrücklich auch Gehorsam im Kampf eingeschlossen war. Der Prophet hatte damit in Jaṯrib ein neues Betätigungsfeld gefunden. Die Aus und die Ḫazraǧ, zwischen denen er Frieden stiftete und die er im Laufe der Jahre in eine die alten Stammesgrenzen überschreitende, im Gesetz Gottes begründete Gemeinschaft der Muslime einzugliedern hoffte, wurden fortan seine „Helfer" oder auch die „Helfer der Sache Gottes". Denn am 16. Juli 622 siedelte Muḥammad nach Jaṯrib über – viele seiner mekkanischen Anhänger waren schon einige Tage vorher dorthin aufgebrochen – und begann damit den zweiten Abschnitt seines prophetischen Wirkens, der sich in vielem von seiner Tätigkeit in Mekka unterscheidet. Diese Unterschiede sind allerdings nicht grundsätzlicher Natur, die Hedschra ist kein Bruch, wie man in Europa oft gemeint hat. Es handelt sich vielmehr um eine Fortentwicklung des Prophetentums Muḥammads unter veränderten Umständen.

Die Übersiedlung nach Jaṯrib/Medina ging offensichtlich nicht reibungslos vonstatten. In Sure 9 ,,Die Buße", Vers 40, heißt es: Wenn ihr Medinenser dem Propheten nicht helft, so hat Gott ihm schon geholfen, als ihn und einen Zweiten die Ungläubigen vertrieben. Beide waren sie damals in der Höhle. Da sagte Muḥammad zu seinem Gefährten: ,,Sei nicht traurig! Gott ist mit uns!" Da sandte Gott seine Gegenwart[22] auf ihn herab und unterstützte ihn mit Heerscharen, die ihr nicht saht, und machte das Wort derer, die nicht glauben, zum unterlegenen, während das Wort Gottes triumphierte. Gott ist mächtig und weise. – Der hier im Koran erwähnte Gefährte Muḥammads ist Abū Bakr, der mit ihm vor den Nachstellungen der Gegner in einer Höhle Zuflucht suchte. Nachdem diese Gefahr überstanden und der Prophet in Medina eingetroffen war, fand er sich rasch in die Aufgabe eines politischen Führers, die für ihn ganz neu war. Vers 13 der 47. Sure ,,Muḥammad", der während der Übersiedlung offenbart sein soll, verdeutlicht uns den einen Teil dieser Aufgabe, dem wir zuerst unsere Aufmerksamkeit zuwenden wollen: ,,Wie manche Stadt, die mächtiger als die deine war, die dich vertrieben hat, haben wir schon zerstört, und sie hatten niemanden, der ihnen geholfen hätte!"

Gefühle des Grolls waren nicht der einzige Grund, der Muḥammad zum Kampf gegen seine Vaterstadt bewegte. Es kam ihm auch darauf an, einen Teil des Handels der Qurais̆ in die Hände zu bekommen, damit er mit seinen Anhängern, den ,,Auswanderern", eine Einnahmequelle erschließe. Denn sie konnten nicht auf unabsehbare Zeit Kostgänger der ,,Helfer" bleiben. Zudem scheint es, daß dem Propheten schon seit den letzten schweren Jahren in Mekka vorgeschwebt hatte, seine Vaterstadt vom Götzenkult zu reinigen und zum Zentrum eines erneuerten, wie er meinte, ursprünglich von Abraham gestifteten Kultes des einen Gottes zu machen. Er mußte daher versuchen, in kriegerischen Unternehmungen gerade jene mekkanische Oberschicht zu treffen, die ihm am übelsten mitgespielt hatte. Überdies war im damaligen Arabien der Raubzug als ein Mittel zur Beschaffung des notwendigen Lebensunterhaltes keineswegs verpönt. Oft war er der einzige Ausweg, der einen vom Unglück heimgesuchten Stamm vor dem Hungertod rettete. Schon im zweiten Jahr seines Aufenthaltes in Medina konnte Muḥammad einen seiner größten militärischen Erfolge feiern. Bei Badr, einer Wasserstelle zwischen Mekka und Medina, lauerten die Muslime einer aus Gaza heimziehenden quraišitischen Karawane auf, besiegten die sie begleitende

Schutztruppe nach hartem Kampf und machten reiche Beute. Dies war der erste große Triumph des Propheten.

Sure 8 „Die Beute", Vers 1 bis 44 und 65 bis 75: Im Namen Gottes, des Barmherzigen, des Erbarmers! 1 Man fragt dich nach der Beute. Sprich: die Beute gehört Gott und dem Gesandten! Fürchtet Gott, haltet untereinander Frieden und gehorcht Gott und seinem Gesandten, wenn ihr gläubig seid! 2 Die Gläubigen sind nur die, deren Herz ängstlich erschauert, wenn Gott erwähnt wird, und deren Glauben anwächst, wenn ihnen seine Wunderzeichen vorgetragen werden, und die sich auf ihren Herrn verlassen; 3 die das Gebet einhalten und von dem Lebensunterhalt, den wir ihnen zukommen lassen, spenden. 4 Jene sind die wirklich Gläubigen. Sie nehmen hohe Ränge bei ihrem Herrn ein, ihnen werden Vergebung und edler Lebensunterhalt zuteil. 5 Wie dich dein Herr hieß, in der Wahrheit dein Haus zu verlassen, eine Gruppe der Gläubigen dies aber nicht wollte! 6 Sie stritten sich mit dir um die Wahrheit, nachdem sie doch schon klar geworden war! Es war, als würden sie sehenden Auges zum Tode geführt! 7 Damals versprach euch Gott, daß eine der Parteien die eure sein werde, und ihr wolltet, diejenige ohne Kampfkraft werde die eurige sein![23] Gott aber wollte durch seine Worte der Wahrheit zum Sieg verhelfen und die Ungläubigen vernichten, 8 um der Wahrheit zum Sieg zu verhelfen und die Lüge zu entkräften, selbst wenn die Verbrecher dies nicht mögen! 9 Damals rieft ihr euren Herrn um Hilfe an, und er erhörte euch: „Ich will euch mit tausend Engeln hintereinander zu Hilfe kommen!" 10 Gott tat dies nur als Freudenbotschaft und damit eure Herzen hierdurch zuversichtlich wurden. Von Gott allein kommt der Sieg. Gott ist mächtig und weise. 11 Damals bedeckte er euch mit Schläfrigkeit, um euch das Gefühl der Sicherheit zu geben,[24] und sandte vom Himmel ein Wasser, um euch zu läutern, den Schmutz des Satans von euch zu nehmen, eure Herzen zu festigen und damit euren Füßen Halt zu geben. 12 Damals gab dein Herr den Engeln ein: „Ich bin mit euch! Darum bestärkt die Gläubigen! Ich werde Schrecken in die Herzen der Ungläubigen werfen! Also schlagt ihnen auf den Nacken, schlagt ihnen auf jeden Finger!" 13 Dies, weil sie Gott und seinen Gesandten anfeindeten. Wenn jemand Gott und seinen Gesandten anfeindet: Gott pflegt streng zu strafen! 14 „So verhält es sich mit euch! Kostet es!" Denn die Ungläubigen haben die Strafe des Feuers zu gewärtigen. 15 Ihr, die ihr glaubt! Trefft ihr die Ungläubigen auf einem Feldzug, wendet euch nicht vor ihnen zur Flucht! 16 Wer ihnen bei solcher Gelegenheit den Rücken zudreht und sich nicht nur abwendet, um den Kampf darauf wieder zu beginnen oder zu einer anderen Einheit (seiner Truppe) auszuweichen, der zieht sich den Zorn Gottes zu, dessen Bleibe wird die Hölle sein – ein schlimmes

Schicksal! 17 Nicht ihr habt sie getötet, sondern Gott tötete sie; nicht du hast geschossen, als du schossest, sondern Gott! Gott wollte den Gläubigen einen schönen Erfolg zukommen lassen. Gott hört und weiß alles. 18 So steht es um euch; nämlich daß Gott die List der Ungläubigen hinfällig macht. 19 Wenn ihr Ungläubigen um eine Entscheidung bittet, so ist die Entscheidung schon über euch gekommen. Wenn ihr (nun vom Kampf) Abstand nehmt, ist es besser für euch. Doch nehmt ihr ihn wieder auf, tun auch wir es. Eure Partei, mag sie auch noch so zahlreich sein, wird euch nichts helfen. Denn Gott ist mit den Gläubigen! 20 Ihr Gläubigen! Gehorcht Gott und seinem Gesandten und wendet euch nicht von ihm ab, wo ihr doch hört! 21 Seid nicht wie jene, die sagen: „Wir hören!" Dabei hören sie nicht. 22 Die Tiere, die taub und stumm sind und nichts begreifen, hält Gott für die schlimmsten. 23 Wenn Gott gewußt hätte, daß an ihnen etwas Gutes ist, hätte er sie hörend gemacht. Selbst wenn er sie hörend gemacht hätte, hätten sie sich doch von ihm abgewandt. 24 Ihr, die ihr glaubt! Seid Gott und dem Gesandten zu Willen, wenn er euch zu etwas aufruft, das euch Leben bringt! Wisset, daß Gott zwischen den Menschen und sein Herz tritt[25] und daß ihr zu ihm versammelt werdet! 25 Nehmt euch in acht vor einer Heimsuchung die nicht insonderheit die Frevler unter euch treffen wird! Wisset, daß Gott streng bestraft! 26 Erinnert euch! Damals wart ihr wenige, unterdrückt im Lande, und mußtet fürchten, daß die Leute euch verschleppen würden. Er aber hat euch Herberge gegeben, euch mit seiner Hilfe gestärkt und euch aus guten[26] Dingen Lebensunterhalt gewährt. Vielleicht dankt ihr dafür. 27 Ihr, die ihr glaubt! Übt an Gott und dem Gesandten keinen Verrat, veruntreut nicht wissentlich, was euch anvertraut wurde! 28 Und wisset, euer Vermögen und eure Kinder sind nur eine Prüfung und Gott hält einen gewaltigen Lohn bereit. 29 Ihr, die ihr glaubt! Wenn ihr Gott fürchtet, schickt er euch Rettung und vergibt euch eure Missetaten und verzeiht euch. Gott besitzt große Güte. 30 Damals schmiedeten die Ungläubigen Ränke gegen dich, um dich unfähig zum Widerstand zu machen[27] oder zu töten oder zu vertreiben. Sie setzen Ränke ins Werk, und Gott schmiedet Ränke, er aber am besten! 31 Wenn ihnen unsere Wunderzeichen vorgetragen werden, sagen sie: „So etwas haben wir schon gehört. Wenn wir wollten, sagten wir ähnliche Worte. Es sind doch nichts als Geschichten der Altvorderen!" 32 Damals sagten sie: „O Gott, wenn dies eine wahre Behauptung von dir ist, so laß doch Steine auf uns vom Himmel herabregnen oder bring uns eine schmerzhafte Strafe!" 33 Gott konnte sie aber nicht strafen, während du noch unter ihnen weiltest. Er hätte sie auch nicht bestraft, hätten sie ihn um Verzeihung gebeten. 34 Warum sollte er sie aber nun nicht bestrafen, wo sie euch doch von der heiligen Gebetsstätte fernhalten? Sie waren nicht seine Freunde. Nur die Gottesfürchtigen sind seine

Freunde. Die meisten wissen das aber nicht. 35 Ihr Gebet beim Gottes-
haus war nichts als Gepfeife und Geklatsche. „So schmeckt nun die
Strafe, weil ihr ungläubig wart!" 36 Die Ungläubigen wenden ihr Vermögen auf, um vom Wege Gottes abzuhalten. Nun gut! Später werden
sie jammern müssen, dann werden sie besiegt werden! Die Ungläubigen
werden in die Hölle gesammelt werden! 37 Gott will die Schlechten
von den Guten trennen, die Schlechten übereinander schichten und aufhäufen und sie dann in die Hölle werfen. Jene sind die Verlierer!
38 Sagt zu den Ungläubigen: Wenn sie ablassen, werden ihre zurücklie-
genden Untaten verziehen. Werden sie aber rückfällig – das Beispiel der
früheren Völker liegt schon vor! 39 Kämpft gegen sie, bis es keine
Anfechtung mehr gibt und die ganze Religion Gottes ist. Wenn sie ablassen, so erkennt Gott schon, was sie tun. 40 Wenn sie sich aber abwenden,[28] so wißt, daß Gott euer Herr ist. Ein wie guter Herr, ein wie guter
Helfer! 41 Wisset: Von allen Dingen, die ihr als Beute in die Hand
bekommt, gehört ein Fünftel Gott, seinem Gesandten, den nahen Verwandten, den Waisen, den Armen, dem Wanderer auf dem Pfad Gottes,[29]
sofern ihr an Gott glaubt und an das, was wir am Tag der Rettung auf
unseren Knecht herabsandten, am Tag, da die beiden Heere aufeinander-
stießen. Gott ist zu allem mächtig. 42 Damals wart ihr auf der näheren
Talseite, sie aber auf der ferneren, und die Karawane unter euch. Hättet
ihr gegenseitig eine Verabredung treffen wollen, hättet ihr euch über den
Zeitpunkt zerstritten. Aber (es kam von selber zum Kampf) damit Gott
eine Sache entscheide, die durchzuführen ist, und damit diejenigen, die
stürben, im Besitz eines klaren Beweises stürben und diejenigen, die am
Leben blieben, ebenfalls im Besitz eines klaren Beweises am Leben blieben. Gott hört und weiß alles. 43 Damals zeigte sie dir Gott im Traum
als eine geringe Anzahl. Hätte er sie dir als eine große Anzahl gezeigt,
wäret ihr verzagt geworden und hättet euch über diese Angelegenheit
gestritten. Gott aber hat euch davor bewahrt, er kennt die Geheimnisse
der Herzen. 44 Damals, als ihr aufeinander traft, ließ Gott sie in euren
Augen gering an Zahl erscheinen, und euch ließ er in ihren Augen gering
erscheinen, um eine Sache zu entscheiden, die zur Durchführung anstand. Vor Gott werden dereinst alle Angelegenheiten gebracht.

65 O Prophet, sporne die Gläubigen zum Kampf an! Wenn es unter
euch zwanzig gibt, die ausharren, besiegen sie zweihundert, und wenn es
unter euch hundert gibt, besiegen sie tausend Ungläubige, denn jene sind
Leute, die keine Einsicht haben. 66 Jetzt aber macht Gott es euch leichter. Er weiß, daß es bei euch Schwäche gibt. Wenn es nun einhundert von
euch sind, die ausharren, besiegen sie zweihundert, und wenn von euch
tausend sind, besiegen sie zweitausend mit Gottes Erlaubnis. Gott ist mit
den Ausharrenden. 67 Ein Prophet darf keine Kriegsgefangenen haben,[30] ehe er nicht (alle) im Lande niedergerungen hat. Ihr wollt die

vergänglichen Güter des Diesseits, Gott aber will das Jenseits! Gott ist mächtig und weise. 68 Wäre nicht vorher von Gott eine Bestimmung ergangen, hätte euch eine schwere Strafe um dessenwillen getroffen, was ihr entgegengenommen habt.[31] 69 So verbraucht von eurer Beute das Erlaubte, Gute![32] Und fürchtet Gott! Gott ist verzeihend und barmherzig. 70 Prophet, sprich zu den Gefangenen, die sich in euren Händen befinden: „Wenn Gott in euren Herzen etwas Gutes erkennt, bringt er euch noch Besseres als das, was euch genommen wurde, und verzeiht euch. Gott ist verzeihend und barmherzig." 71 Wenn sie an dir Verrat üben wollen, so haben sie Gott schon vorher verraten, worauf er sie euch in die Hände fallen ließ. Gott ist allwissend und weise. 72 Diejenigen, die glauben und ausgewandert sind und mit ihrem Vermögen und ihrer Person auf dem Pfade Gottes kämpfen, und diejenigen, die sie aufnahmen und unterstützen, sind einander Freunde. Diejenigen, die glauben, doch nicht ausgewandert sind, stehen nicht in einem Freundschaftsverhältnis zu euch, bis sie auswandern. Wenn sie euch jedoch um des Glaubens willen um Hilfe bitten, obliegt es euch, sie ihnen zu gewähren, nicht jedoch gegen Leute, mit denen ihr eine vertragliche Vereinbarung habt. Gott durchschaut, was ihr tut. 73 Und die Ungläubigen sind einander Freunde. Wenn ihr dies nicht praktiziert, wird es im Land Aufruhr geben und großes Übel. 74 Diejenigen, die glauben, ausgewandert sind und auf dem Wege Gottes kämpfen, und diejenigen, die jene beherbergt haben und unterstützen, sind die wahrhaft Gläubigen. Ihnen werden Vergebung und edler Unterhalt zuteil. 75 Diejenigen, die später gläubig werden, auswandern und auf eurer Seite kämpfen, die gehören zu euch. Freilich stehen die Blutsverwandten einander am nächsten entsprechend der Vorschrift Gottes. Gott weiß alles.

Diese 8. Sure „Die Beute" ruft den Zuhörern die Ereignisse ins Gedächtnis, die zwischen der starken Bedrängnis des Propheten und der Gläubigen in Mekka und dem ersten großen Triumph bei Badr liegen. In Mekka versuchte man, Muḥammads Tätigkeit zu verhindern, ja ihn zu töten oder zu vertreiben. Und wirklich schienen die Pläne seiner Gegner aufzugehen, als Muḥammad seine Vaterstadt verlassen mußte. Aber Gott ist der bessere Ränkeschmied. Er führte die Seinen zu einem überraschenden Sieg. Anscheinend war den Anhängern des Propheten gar nicht wohl bei der Vorstellung, sie sollten die gut geschützte mekkanische Karawane überfallen (Vers 5), doch die Tollkühnheit wird im nachhinein so gedeutet, als habe Muḥammad schon vor dem Kampf um dessen Ausgang gewußt. Im Traum erfuhr Muḥammad, daß die Zahl der Feinde nicht groß sein werde, so daß man getrost in die Schlacht zog. Auch die Mekkaner glaubten, sie würden die Angreifer wegen deren geringer Zahl leicht zurückschlagen. So waren beide Seiten kampfbereit, die Schlacht konnte entbrennen und mit dem Triumph der Partei Gottes enden. Dies war nämlich Gottes Plan: Der Kampf von Badr sollte ein unübersehbares Signal dafür sein, daß Gott die Gläubigen machtvoll unterstütze, die Ungläubigen ins Verderben stoße. Es war Gott selber, der den Gläubigen die Waffe führte, und sie erhielten Hilfe von den Engeln. Zum ersten Mal kann der Prophet auf ein handfestes Beispiel dafür verweisen, daß Gott seine Feinde straft; bisher hatte man derartige Ankündigungen allzu leichtfertig als leeres Gerede, als alte Geschichten abgetan. Hier nun wurde es unvermittelt harte Wirklichkeit für die verstockten Ungläubigen. Einen zehnfach überlegenen Feind können die Gläubigen in die Flucht schlagen – so geschah es bei Badr! Doch trotz der Unterstützung durch Gott und die Engel war es ein schwerer Kampf. Der Sieg trägt die Verheißung in sich, daß es bald leichter gehen werde: Nachdem die Gläubigen diesen großartigen Beweis ihrer Zuversicht und ihrer Tapferkeit abgelegt haben, soll ihnen künftighin nur noch die zweifache Überlegenheit des Feindes zugemutet werden.

Daß nicht alle Anhänger des Propheten diese Deutung des Kampfes für das Wesentliche hielten und aus dem Sieg handfeste Vorteile zu ziehen suchten, ist nicht verwunderlich. Regeln über die Teilung der Beute und die Verwendung des Muḥammad zustehenden Fünftels belegen, daß hierüber gestritten wurde. Auch das Gewinnstreben, daß sich in der Erpressung von Lösegeldern zeigte, wird gegeißelt. Noch ist der Feind ja nicht völlig besiegt, und über dem Feilschen um den Preis des Freikaufes könnte man die scharfe Beobachtung der Maßnahmen des Gegners vergessen. Und überhaupt, nicht um der irdischen Güter willen sollen die Gläubigen kämpfen!

In der Tat sollten der Prophet und die Muslime in den folgenden Jahren schwere Rückschläge erleiden. Wie nicht anders zu erwarten, sannen die Mekkaner auf Rache. Sie konnten es nicht zulassen, daß Muḥammad ihren nördlichen Handelsweg kontrollierte. Bei der Örtlichkeit von Uḥud standen sich ein Jahr später (Frühjahr 625) erneut die Mekkaner und Muḥammads Streitmacht gegenüber. Wie es anscheinend schon vor Badr Meinungsverschiedenheiten im Lager des Propheten gegeben hatte, so auch jetzt. ʿAbdallāh b. Ubaij, ein Mann mit großem Einfluß bei der Bevölkerung von Medina, soll sich mit seiner Gefolgschaft bereits vor der Schlacht zurückgezogen haben. Der Kampf nahm für Muḥammad einen unglücklichen Verlauf und endete mit einer schweren Niederlage. „Gott hat euch sein Versprechen wahrgemacht. Damals tötetet ihr sie mit seiner Erlaubnis. Dann aber wurdet ihr verzagt und strittet untereinander über die Angelegenheit und widersetztet euch Gott, nachdem er euch schon gezeigt hatte, was ihr wünschtet! Einige unter euch wollen das Diesseits, andere das Jenseits. Dann aber wandte Gott euch von ihnen ab,[33] um euch auf die Probe zu stellen. Doch er hat euch schon verziehen. Gott ist gütig zu den Gläubigen!" heißt es in Sure 3 „Die Sippe Imrans", Vers 152. Dieser Vers, der auf die Niederlage von Uḥud zu beziehen sein soll, verrät uns einiges über den Zwist unter den Medinensern, von denen einige, wie der Koran es ausdrückt, irdische Güter erstrebten, andere das Paradies. Nur deshalb sei der greifbare Sieg verspielt worden.

Die Mekkaner verstanden es nicht, energisch nachzustoßen; sonst hätten sie die Stellung des Propheten in Medina sicherlich nachhaltig erschüttern können. Denn daß Muḥammad nicht ganz fest mit den Medinensern rechnen konnte, zeigt das Verhalten von ʿAbdallāh b. Ubaij. Die Mekkaner versuchten jedoch, die Frage auf eine andere Weise zu lösen. Sie ließen ihre weitgespannten diplomatischen Beziehungen spielen und gingen daran, die Beduinenstämme gegen Medina aufzuhetzen. Dieses Ränkespiel brachte aber keinen durchschlagenden Erfolg. Muḥammad gewann Zeit, durch harte Maßnahmen gegen judaisierte arabische Stämme, die im Gebiet von Medina lebten, sein Ansehen im Innern zu festigen. Als darum die Mekkaner und ihre zahlreichen Verbündeten im Frühjahr 627 einen Belagerungsring um Medina zogen, trafen sie auf entschlossene Gegenwehr. Muḥammad ließ die wichtigen Stellungen durch einen Graben sichern, eine für die damalige arabische Kriegstechnik überraschende Maßnahme. Nachdem 14 Tage verstrichen waren, bröckelte die mekkanische Konföderation ab. Schließlich zogen sich alle feindlichen Truppen unverrichteterdinge zurück. Als Grabenkrieg ist dieses Ereignis in die Geschichte eingegangen. Für Muḥammad war es ein politischer und vor allem auch ein psychologischer Erfolg.

Für das Verständnis des inneren Zusammenhaltes des medinensischen Gemeinwesens der Muslime sind die oben übersetzten Verse 65–75 der 8. Sure hilfreich. Die Gläubigen werden als eine Kampfgemeinschaft aufgefaßt, die mit Gottes Erlaubnis und Hilfe gegen die Widersacher zu Felde zieht. Das entscheidende Merkmal der Zugehörigkeit zu diesem Gemeinwesen ist die tatkräftige Beteiligung an diesem Kampf. Da sind zunächst die Auswanderer aus Mekka; sie haben bereits durch den Auszug aus ihrer Heimatstadt unter Beweis gestellt, daß sie sich ganz der für das damalige Arabien neuen Gemeinschaftsform, dem nach dem Willen des einen Schöpfergottes geordneten Gemeinwesen, eingefügt haben. Das Bekenntnis des neuen Glaubens allein genügt nicht mehr: Man muß sich dem Befehl Gottes, der durch den Mund seines Propheten Muḥammad verkündet wird, unterstellen, „auswandern", wie es in Sure 8 heißt. Denn in der Tat ist ein solcher Schritt nicht anders zu vollziehen, als daß man nach Medina kommt und sich unter die kämpfenden Gläubigen einreiht. In Medina gewinnt somit das Bekenntnis zum Islam seine fortan nicht mehr wegzudenkende politische Seite. Auch für die Aus und die Ḫazraǧ, die Einheimischen, hatte der Übertritt zum Islam weitreichende politische Folgen. Sie, die „Helfer", unterstellten sich ebenfalls dem Befehl

Gottes, also dem Wort seines Gesandten. Als Schiedsmann, der die mörderischen Fehden schlichten sollte, war Muḥammad zu ihnen gekommen. Auf Grund seines prophetischen Sendungsbewußtseins verpflichtet er sie nun zum Gehorsam gegen Gott und seinen Gesandten. So werden die medinensischen Helfer zur zweiten Personengruppe, aus der sich das islamische Gemeinwesen Gottes zusammensetzt. Daneben gibt es bereits, wie Vers 72 zeigt, vertraglich geregelte Beziehungen zu anderen Stämmen. In diesen Verträgen wurden jene Stämme offenbar als selbständige Gemeinwesen anerkannt, denen gegenüber der absolute Geltungsanspruch des Islams, der im Prinzip der an Muḥammad ergangenen Offenbarung innewohnt, in frühmedinensischer Zeit noch nicht durchgesetzt werden konnte. Nur so ist die Aussage zu verstehen, daß Gläubigen, die solchen Stämmen angehörten, bei Übergriffen unter gewissen Voraussetzungen keine Hilfe geleistet werden durfte. Wir bemerken hiermit eine wesentliche Voraussetzung für den Erfolg des Propheten in Medina: Er konnte klug zurückstecken und forderte nie mehr, als möglich war, selbst wenn die durch ihn verkündete Lehre es gerechtfertigt hätte, unbarmherzig auf dem Maximum zu beharren. Recht schroff wird am Ende der 8. Sure die Gemeinde der Gläubigen den Ungläubigen gegenübergestellt und ein Zusammengehörigkeitsgefühl gefordert, das auf der Tat für den Islam beruht. In einem versöhnlichen Wort, in dem die Geltung der seit altersher überkommenen Verwandtschaftsbande, das wichtigste einende Moment der altarabischen Gesellschaft, hervorgehoben wird, mildert der Koran diese Schroffheit wieder ab.

Die Worte der 8. Sure vermitteln uns die Vorstellung, es sei dem Propheten weitgehend gelungen, aus Auswanderern und Helfern ein einiges, im innern gefestigtes Gemeinwesen zu bauen. Diese Vorstellung ist jedoch falsch, wie schon die Ereignisse um die Schlacht bei Uḥud und die Desertation des ʿAbdallāh b. Ubaij belegen. Manchen Medinensern war es nämlich gar nicht recht, daß der Mann, der von einigen als Vermittler geholt worden war, sich nun zu ihrem Herrn aufschwang und sie noch dazu in kriegerische Auseinandersetzungen mit dem mächtigen Mekka verwickelte. So begreiflich die schlimmen Vorahnungen dieser Leute waren, der Koran und die Überlieferungen der Prophetenvita bringen ihnen natürlich keinerlei Verständnis entgegen und verdammen sie schlichtweg als Heuchler, die nur aus opportunistischen Beweggründen, nur zum Schein den Islam angenommen hätten.

Sure 9 „Die Buße", Vers 64 bis 89: 64 Die Heuchler befürchten, es könnte ihnen eine Sure herabgesandt werden, die ihnen Nachricht über das gibt, was in ihren Herzen ist. Sprich: „Spottet nur! Gott wird ans Licht bringen, was ihr befürchtet!" 65 Wenn du sie fragst, sagen sie dir gewiß: „Wir schwätzten und scherzten doch nur!" Sag: „Mit Gott, seinen Wunderzeichen und seinem Gesandten treibt ihr Spott!? 66 Entschuldigt euch nicht! Ihr seid ungläubig geworden, nachdem ihr schon den Glauben angenommen hattet. Wenn wir einer Gruppe von euch vergeben, so bestrafen wir doch eine andere, weil sie Verbrecher waren." 67 Die Heuchler und die Heuchlerinnen gehören zusammen. Sie befehlen das Tadelnswerte an und verbieten das Billigenswerte und schließen ihre Hände.[34] Sie vergaßen Gott. So hat auch er sie vergessen. Die Heuchler sind Missetäter! 68 Gott drohte den Heuchlern und Heuchlerinnen und den Ungläubigen das Feuer der Hölle an, worin sie ewig bleiben. Dies ist für sie genug. Gott verfluche sie! Sie haben eine andauernde Strafe zu gewärtigen. 69 Wie jene vor euch! Die waren noch mächtiger als ihr und besaßen mehr Vermögen und Kinder. Sie genossen ihr Teil. Auch ihr genosset euer Teil wie jene vor euch, und schwätztet, wie jene es taten. Ihre Werke scheiterten im Diesseits und im Jenseits, und sie sind die Verlierer. 70 Haben sie denn von denen, die vor ihnen waren, keine Nachricht bekommen? Vom Volk Noahs, von den ʿĀd und Ṯamūd, von den Leuten Abrahams, von den Midianitern und den umgestülpten Ortschaften?[35] Auch zu denen waren ihre Gesandten mit klaren Beweisen gekommen. Gott konnte nicht wider sie freveln, sie allein frevelten wider sich! 71 Die gläubigen Männer und Frauen sind einander Freunde. Sie befehlen das Billigenswerte an und verbieten das Tadelnswerte; sie halten das Gebet ein, führen die Läuterungsgabe ab und gehorchen Gott und seinem Gesandten. Ihrer wird sich Gott erbarmen. Gott ist mächtig und weise. 72 Gott verhieß den gläubigen Männern und Frauen Gärten, in denen sie ewig bleiben, durch die unten Bäche fließen, und gute Behausungen in den Gärten Edens. Und das Wohlgefallen Gottes hat noch mehr Gewicht. Das ist der gewaltige Gewinn! 73 Prophet! Bekämpfe die Ungläubigen und die Heuchler und verfahre grob mit ihnen! Ihre Bleibe ist die Hölle, ein schlimmes Schicksal! 74 Die Heuchler schwören bei Gott, sie hätten es nicht gesagt. Dabei sagten sie sehr wohl das Wort des Unglaubens und wurden ungläubig, nachdem sie den Islam angenommen hatten, und strebten nach etwas, das sie nicht erreichten. Sie nahmen nichts weiter übel, als daß Gott in seiner Güte und sein Gesandter sie reich gemacht hatten.[36] Wenn sie Buße tun, ist es für sie besser. Wenden sie sich aber ab, wird Gott sie im Diesseits und im Jenseits schmerzhaft bestrafen. Im Lande haben sie weder Freund noch Helfer. 75 Einige von ihnen haben sich Gott gegenüber verpflichtet: „Wenn er uns seine Güte schenkt, wollen wir Almosen geben und fromme Leute sein." 76 Als er ihnen nun seine Güte schenkte, geizten sie damit und kehrten sich ab. 77 Danach senkte ihnen Gott Heuchelei in die Herzen bis zu jenem Tag, da sie ihm begegnen werden. Denn sie hatten das gegenüber Gott eingegangene Versprechen gebrochen und gelogen. 78 Wissen sie denn nicht, daß Gott kennt, was sie geheim halten oder vertraulich besprechen, und daß Gott die verborgenen Dinge ganz gewiß weiß? 79 Diejenigen, die solche Gläubigen bekritteln, die freiwillig Almosen geben, und diejenigen, die daran nichts finden außer dem Eifer der Gläubigen, weshalb sie über diese spotten, werden von Gott verspottet werden, und sie haben eine schmerzhafte Strafe zu gewärtigen. 80 Ob du nun für sie um Vergebung bittest oder nicht – bittest du siebzig Mal für sie um Vergebung, so wird Gott ihnen doch nicht vergeben, und zwar weil sie nicht an Gott und seinen Gesandten glaubten. Gott leitet Leute, die Übeltaten begehen, nicht recht. 81 Diejenigen, die zurückgelassen wurden, frohlockten darüber, daß sie im Gegensatz zum Gesandten Gottes daheimbleiben konnten. Und sie wollten nicht mit ihrem Vermögen und ihrer Person auf dem Pfade Gottes kämpfen. Auch sagten sie: „Zieht nicht bei der Hitze in den Kampf!" Sprich: „Das Feuer der Hölle wird noch heißer sein." Wenn sie nur Einsicht hätten! 82 Wenig lachen und viel weinen sollen sie dann als Entgelt für das, was sie (an Werken) erworben haben! 83 Sollte dich Gott zu einer Gruppe von ihnen zurückführen[37] und sollten diese dich dann um Erlaubnis zu einem Feldzug bitten, so antworte: „Nie wieder werdet ihr mit mir ins Feld ziehen, keinen Feind werdet ihr an meiner Seite bekämpfen. Denn ihr habt euch das Mal vorher mit dem Daheimbleiben zufrieden gegeben. Deshalb bleibt mit den Zurückgelassenen dem Kampf fern!" 84 Sprich über niemanden von ihnen, der gestorben ist, das Totengebet und stehe nicht an seinem Grab! Denn sie glaubten nicht an Gott und seinen Gesandten und starben als Übeltäter. 85 Ihr Vermögen und ihre Kinder sollen dir nicht imponieren. Gott will nichts weiter, als sie damit im Diesseits bestrafen und daß sie als Ungläubige ihr Leben aushauchen. 86 Wenn eine Sure offenbart wird: „Glaubt an Gott und kämpft an der Seite seines Gesandten!" bitten dich die Vermögenden unter ihnen (um Freistellung) und sagen: „Laß uns bei denen, die daheim bleiben!" 87 Sie geben sich damit zufrieden, unter den Zurückgelassenen zu bleiben. Ihre Herzen sind versiegelt, so daß sie keine Einsicht haben. 88 Doch der Gesandte und diejenigen, die mit ihm glauben und mit ihrem Vermögen und ihrer Person kämpfen, haben gute Dinge zu erwarten, sie werden glückselig! 89 Ihnen hat Gott Gärten bereitet, in denen sie ewig bleiben und durch die unten Bäche strömen. Das ist der gewaltige Gewinn!

Vor allem mit Worten ging Muḥammad gegen die Heuchler vor. Sie bildeten ja auch keine geschlossene, auf Grund bestimmter Merkmale für jeden erkennbare Gruppierung innerhalb Medinas, sondern waren eine Opposition innerhalb der Aus und Ḫazraǧ, die sich bei verschiedenen Gelegenheiten äußerte. Daher stellten die Heuchler, als deren Anführer meistens ʿAbdallāh b. Ubaij genannt wird, einen für Muḥammad kaum zu berechnenden Unsicherheitsfaktor dar, der nicht wirksam ausgeschaltet werden konnte. Um so mehr mußte der Prophet darauf bedacht sein, allen anderen Gruppen, die das von ihm angestrebte Zusammenleben zwischen Auswanderern und Helfern hätten stören können, die Möglichkeit hierzu zu nehmen. In diesem Zusammenhang wurden die judaisierten Stämme Medinas, die neben den Aus und Ḫazraǧ in der dortigen Oasenlandschaft Ackerbau trieben, rasch zu einem Ärgernis. Als Muḥammad nach Medina übersiedelte, hatte er zunächst große Hoffnungen in sie gesetzt, berief er sich doch in seinen Offenbarungen auf viele Gestalten des alten Testaments und war überzeugt, den Glauben der Vorväter wiederherzustellen. Mußten ihn deshalb die Juden nicht mit offenen Armen empfangen, wenn er jetzt ihre Religion unter den heidnischen Arabern verbreitete? Wahrscheinlich schon seit den letzten Jahren seines Wirkens in Mekka hatte er mit seinen Anhängern in Richtung Jerusalem gebetet, ein Brauch, der auch im orientalischen Christentum geübt wurde. Als ein Entgegenkommen gegenüber den Sitten der Juden ist es zu bewerten, daß Muḥammad den Muslimen das Fasten am Versöhnungsfest zur Pflicht machte. Ein gutes Verhältnis zu den Juden in Medina soll nach allgemein verbreiteter Auffassung auch Vers 5 der 5. Sure „Der Tisch" herstellen helfen. Dort wird den Muslimen ausdrücklich erlaubt, die Speise „derjenigen, die eine heilige Schrift erhalten haben", zu genießen und Frauen aus ihren Kreisen zu ehelichen.[38]

Die Juden in Medina schlugen solche Angebote aus. Wahrscheinlich hielten sie Muḥammads Anspruch, ein gleichberechtigter Nachfolger der Propheten des Judentums zu sein, für anmaßend. Vielleicht hatte die Ablehnung, die sie Muḥammad zeigten, auch politische Gründe. Denn die Banū Qainuqāʿ, die von seinen Maßnahmen als erste getroffen wurden, unterhielten enge Beziehungen zu ʿAbdallāh b. Ubaij. Die Hintergründe für den tiefgreifenden Wandel der Politik des Propheten gegenüber den judaisierten Stämmen lassen sich nicht mehr genau nachzeichnen. Nur die Folgen sind erkennbar. Im selben Jahr, in dem Muḥammad den Sieg bei Badr erfocht, verkündete er, daß das Fasten am Versöhnungstag für die Muslime nicht mehr Pflicht sei; stattdessen wurde das Ramadanfasten eingeführt. Außerdem wurde nun die Kaaba zur verbindlichen Gebetsrichtung aller Muslime erklärt. Zugleich mit dieser bewußten Abkehr von Übereinstimmungen mit dem Kultus der Juden wurde auch ihr weiteres Verbleiben in Medina in Frage gestellt. Kurz nach Muḥammads Sieg über die Mekkaner wurden die Banū Qainuqāʿ unter einem Vorwand aus Medina vertrieben. Im Herbst 625 erlitten die Banū n-Naḍīr das gleiche Schicksal.

Sure 59 „Die Verbannung",[39] Vers 1 bis 5 und 11 bis 17: Im Namen Gottes, des Barmherzigen, des Erbarmers! 1 Alles, was in den Himmeln und auf Erden ist, spendet Gott Lobpreisungen, denn er ist der Mächtige und Weise. 2 Er ist es, der die Ungläubigen (Banū n-Naḍīr) unter den Schriftbesitzern aus ihren Behausungen zum Beginn der Verbannung vertrieben hat. Ihr glaubtet nicht, daß sie ausziehen würden, und auch sie vermeinten, daß ihre Festungen sie gegen Gott verteidigen würden. Doch Gott kam in einer Weise über sie, wie sie es nicht vermutet hatten, und warf ihnen Entsetzen in das Herz, so daß sie mit ihren eigenen Händen – und auch mit Hilfe der Gläubigen – ihre Häuser zerstörten. Bedenkt dies wohl, ihr Einsichtigen! 3 Hätte Gott ihnen nicht den Auszug auferlegt, hätte er sie schon im Diesseits gestraft. Im Jenseits haben sie die Höllenstrafe zu gewärtigen, 4 und zwar weil sie sich gegen Gott und seinen Gesandten feindlich zeigten. Wenn aber jemand gegen Gott Feindseligkeit übt – nun, Gott bestraft sehr streng! 5 Ihr fälltet keine Palme oder ließet sie auf ihrem Stamm stehen, es sei denn mit Gottes Erlaubnis. Er will die Missetäter entehren ... 11 Hast Du nicht die Heuchler bemerkt? Sie sagten zu ihren Brüdern, den Ungläubigen unter den Schriftbesitzern: „Wenn man euch vertreibt, wollen wir mit euch ausziehen. Nie gehorchen wir, was euch angeht, irgendjemand anderem. Wenn man gegen euch kämpft, wollen wir euch unterstützen!“ Gott ist Zeuge, daß sie wirklich lügen. 12 Denn wenn jene tatsächlich vertrieben werden, ziehen sie nicht mit ihnen aus. Wenn jene bekämpft werden, unterstützen sie sie nicht. Und selbst wenn sie sie unterstützen sollten, werden sie sich gleich zur Flucht wenden und sie dann nicht mehr unterstützen. 13 Denn vor euch haben sie im Herzen mehr Furcht als vor Gott, und zwar weil sie Leute ohne Einsicht sind! 14 Sie kämpfen nicht geschlossen gegen euch, es sei denn im Schutze befestigter Ortschaften und hinter Mauern hervor. Wenn sie unter sich sind, ist ihre Kampfkraft sehr groß. Du hältst sie für eine geschlossene Gemeinschaft, dabei sind ihre Herzen uneins, und zwar weil sie Leute ohne Verstand sind. 15 Mit ihnen verhält es sich wie mit denen, die kurz vor ihnen den Untergang ihrer Sache zu spüren bekamen;[40] sie haben eine schmerzhafte Strafe zu gewärtigen. 16 Und es verhält sich mit ihnen wie mit dem Satan: Einst hatte er zum Menschen gesagt: „Sei ungläubig!“ Und als dieser ungläubig geworden war, sprach der Satan: „Ich habe mit dir nichts mehr zu schaffen! Ich fürchte Gott, den Herrn der Welten!“ 17 Beide[41] endeten im Höllenfeuer, in dem sie auf ewig bleiben. So vergelten wir es den Frevlern!

Es ist nur verständlich, daß sich manche Juden an dem großen Bündnis der Mekkaner gegen Muḥammad beteiligten, das allerdings, wie erwähnt, während des Grabenkrieges wieder auseinanderfiel. Während dieser Auseinandersetzung hatte der letzte große jüdische Clan in Medina, die Banū Quraiẓa, eine neutrale Stellung zu wahren versucht, war aber dennoch in den Verdacht geraten, verräterische Beziehungen zu Mekka gepflegt zu haben. Muḥammad schenkte ihnen nicht, wie den Banū Qainuqāʿ und den Banū n-Naḍīr, das Leben, sondern ließ sie schonungslos niedermetzeln. Ḫaibar, eine Oase nördlich von Medina, blieb nun noch als einzige bedeutende von Juden bewohnte Ortschaft in Muḥammads Gesichtskreis übrig. Sie wurde im Frühling 628 erobert, nachdem die Bevölkerung sich von einflußreichen Männern der Banū n-Naḍīr, die nach ihrer Vertreibung aus Medina dorthin gezogen waren, in Unternehmungen gegen die Muslime hatte verwickeln lassen. Die für Muḥammad erfolgreiche Auseinandersetzung mit den judaisierten Stämmen in Medina und Umgebung war ohne Zweifel ein Grundstein dafür, daß er und die Muslime sich als Gemeinschaft behaupten konnten. Das Schicksal der Juden mußte von allen denen, die sich gegen den Propheten stellten – insbesondere von den Heuchlern – als ein warnendes Beispiel aufgefaßt werden: Es war zu gefährlich, in unmittelbarer Nachbarschaft zu den Muslimen zu leben und sich in Verschwörungen gegen sie einzulassen. Der Kampf gegen die Juden förderte jedoch nicht nur den politischen Zusammenhalt des jungen islamischen Gemeinwesens, sondern verhalf auch dem Propheten und seiner Anhängerschaft zu einem vertieften Bewußtsein ihrer religiösen Eigenständigkeit, eine Entwicklung, die im nächsten Teilkapitel beleuchtet werden muß.

Der Fehlschlag des Grabenkrieges und das unnachsichtige Vorgehen gegen mögliche Gegner im Innern hatten die Lage des Propheten und seiner Anhängerschaft entscheidend abgesichert. Muḥammad konnte im Ringen mit den ihm feindlich gesonnenen Kräften seiner Vaterstadt nun wieder zum Angriff übergehen. Auf der einen Seite versuchte er mit Erfolg, seinen Einfluß auf die nördlich von Medina lebenden Stämme auszudehnen, um den mekkanischen Handel mit Syrien zu stören. Auf der anderen wagte er es, unmittelbar gegen seine Vaterstadt vorzurücken. In der Prophetenvita wird erzählt, er habe in einem Traum den Hinweis erhalten, er solle zusammen mit den Muslimen am mekkanischen Heiligtum die Pilgerriten vollziehen. Die Beduinen, die sich dem Propheten unterstellt hatten, hielten das Unternehmen offenbar für äußerst heikel, denn sie setzten sich zum größten Teil ab. Mit etwa 1500 Anhängern erreichte Muḥammad bei Ḥudaibija das heilige Gebiet von Mekka. Obwohl die Mekkaner militärische Maßnahmen zur Abwehr der Muslime ergriffen hatten, mieden beide Seiten den Kampf. Vielmehr kamen Unterhandlungen in Gang, die zu einem Vertragsschluß führten (März 628). Muḥammad sagte den Mekkanern zu, für dieses Jahr auf die Pilgerfahrt zu verzichten; dafür wurde ihm zugestanden, sich in der kommenden Saison mit seinen Anhängern drei Tage in Mekka aufzuhalten. Alle Arten von Feindseligkeiten oder Räubereien sollten eingestellt werden, doch waren beide Parteien frei, mit Dritten Bündnisse zu schließen. Die Mekkaner hatten das von Muḥammad errichtete Gemeinwesen mit diesem Vertragsschluß als ihnen ebenbürtig anerkannt. In einer Hinsicht freilich mußte der Prophet nachgeben: Der Vertrag von Ḥudaibija sah vor, daß der Prophet unfreie Mekkaner, die sich gegen den Willen ihrer quraišitischen Herrn nach Medina begaben, um den Islam anzunehmen, zurückweisen sollte. Es war politische Klugheit, die dem Propheten nahelegte, bei Ḥudaibija nicht alles zu verlangen und einen Krieg zu vermeiden, selbst wenn die Ausgangslage der Muslime günstig gewesen sein sollte. In Sure 48 „Der Erfolg", die sich auf diese Ereignisse bezieht, hören wir vom Unwillen einiger Anhänger über dieses taktierende Vorgehen; ihnen wäre wahrscheinlich eine schnelle und gewaltsame Entscheidung lieber gewesen. Muḥammad mußte sich offenbar aufs neue von den Gläubigen die Treue schwören lassen, um den Ausbruch von Zwistigkeiten zu verhindern.

Sure 48 „Der Erfolg", Vers 1 bis 4 und 10 bis Schluß: Im Namen Gottes, des Barmherzigen, des Erbarmers! 1 Wir haben für dich einen klaren Erfolg errungen. 2 Gott will dir deine vergangenen und deine künftigen Sünden verzeihen, seine Gnade über dir vollenden, dich auf gerader Straße führen. 3 Gott will dich mit Macht unterstützen. 4 Er ist es, der seine Gegenwart in die Herzen der Gläubigen hinabsandte, damit sie bei all ihrem Glauben noch gläubiger würden. Gott unterstehen die Heerscharen der Himmel und der Erde. Gott ist allwissend und weise! ... 10 Diejenigen, die dir den Huldigungseid leisten, leisten ihn in Wirklichkeit Gott. Gottes Hand liegt auf ihrer Hand.[42] Wer den Eid bricht, tut dies gegen sich selber. Wer aber sein Versprechen Gott gegenüber hält, dem wird er gewaltigen Lohn geben. 11 Die zurückgelassenen Beduinen werden dir nun sagen: „Unser Vieh und unsere Familien haben uns zu sehr beschäftigt! Bitte für uns um Verzeihung!" Sie reden mit ihren Zungen, was sie nicht im Herzen tragen. Sprich: „Wer kann denn bei Gott etwas für euch bewirken, wenn Gott euch schaden oder nützen will? Nein, Gott weiß ganz genau, was ihr tut! 12 Nein, ihr vermeintet vielmehr, der Gesandte und die Gläubigen würden nie mehr zu ihren Familien zurückkehren, und dies stellte sich in euren Herzen als schön dar! Ihr stelltet schlimme Vermutungen an, ihr seid ein unwissendes[43] Volk!" 13 Wer nicht an Gott und seinen Gesandten glaubt – nun, wir haben für die Ungläubigen die Hölle vorbereitet! 14 Gottes ist die Herrschaft über die Himmel und die Erde. Er verzeiht, wem er will; er bestraft, wen er will. Gott ist verzeihend und barmherzig. 15 Die Zurückgelassenen werden sagen, wenn ihr zu einem Beutezug aufbrecht: „Gestattet uns, euch zu folgen!" Sie wollen die Rede Gottes austauschen. Sprich du: „Ihr werdet uns nicht folgen! Siehe, so hat Gott schon vorher gesprochen!" Sie werden erwidern: „Nein, ihr mißgönnt uns das[44] bloß!"

Sie haben eben keine Einsicht, bis auf wenige unter ihnen. 16 Sprich zu den zurückgelassenen Beduinen: „Ihr werdet zu Leuten mit großer Kampfkraft gerufen. Entweder ihr bekämpft sie, oder sie ergeben sich. Wenn ihr gehorcht, wird Gott euch schönen Lohn geben. Wenn ihr euch aber abwendet, wie ihr vorher tatet, wird er euch schmerzhaft bestrafen." 17 Bei Blinden, Verkrüppelten und Kranken ist (gegen ein Fernbleiben vom Kampf) nichts einzuwenden. Wer Gott und seinem Gesandten gehorcht, den wird Gott in Gärten bringen, in denen unten Bäche fließen. Wer sich abwendet, den wird er schmerzhaft bestrafen. 18 Gott hatte Wohlgefallen an den Gläubigen, als sie dir damals unter dem Baum huldigten. Er wußte, was in ihren Herzen war. Deshalb sandte er seine Gegenwart auf sie herab und vergalt es ihnen mit einem nahen Erfolg, 19 sowie mit reicher Beute, die sie bekamen. Gott ist mächtig und weise. 20 Gott hatte euch ja reiche Beute versprochen, die ihr bekommen solltet, und er erfüllte euch dies vorzeitig und wehrte den Zugriff der Leute gegen euch ab. Dies sollte für die Gläubigen ein Wunderzeichen sein, Gott wollte euch auf rechter Straße führen. 21 Und noch andere Beute, zu der ihr noch keinen Zugang habt – Gott hat sie bereits erfaßt! Gott vermag alles. 22 Würden die Ungläubigen gegen euch kämpfen, müßten sie fliehen und fänden dann weder Freund noch Helfer – 23 gemäß Gottes Brauch, der schon in der Vergangenheit galt. Du wirst niemanden finden, der Gottes Brauch abändern könnte. 24 Er ist es, der euch vor ihrem Zugriff bewahrte, sie aber auch vor eurem, und zwar in der Talschaft von Mekka, nachdem er euch schon über sie hatte triumphieren lassen. Gott durchschaut, was ihr tut. 25 Sie sind es, die nicht glaubten und euch von der heiligen Kultstätte fernhielten, sowie eure Opfertiere, so daß diese gehindert wurden, zum Opferplatz zu gelangen. Hätte es (in Mekka) nicht einige gläubige Männer und Frauen gegeben, von denen ihr nichts wußtet, so daß ihr (im Falle eines Kampfes) sie vernichtet hättet, worauf euch dann ohne euer Wissen eine Schuld ihnen gegenüber aufgebürdet worden wäre, (dann hätte der Kampf aufgenommen werden dürfen). Gott möchte mit seiner Barmherzigkeit umschließen, wen er will. Wären jene abgesondert gewesen, hätten wir die Ungläubigen unter den Mekkanern schmerzhaft bestraft. 26 Damals ließen die Ungläubigen das Ungestüm, das Ungestüm der Zeit der Unwissenheit, in ihr Herz. Da aber schickte Gott seine Gegenwart auf den Gesandten und die Gläubigen und hieß sie am Wort der Gottesfurcht festhalten, zu dem sie am ehesten berechtigt und dessen sie würdig waren. Gott weiß alles. 27 So hat Gott seinem Gesandten den Traum Wahrheit werden lassen, damit ihr die heilige Kultstätte beträtet, wenn Gott will, in Sicherheit, mit kahlgeschorenem Haupt und gestutztem Bart, ohne euch fürchten zu müssen. Er wußte, was ihr nicht wußtet. Daher setzte er hiervor noch einen nahen Erfolg. 28 Er ist es, der seine Gesandten mit der

Rechtleitung geschickt hat und mit der wahren Religion, um diese über alle andere Religion obsiegen zu lassen. Gott genügt als Zeuge hierfür!
29 Muḥammad, der Gesandte Gottes, und die mit ihm sind, sind streng gegen die Ungläubigen, aber barmherzig untereinander. Du siehst, wie sie sich im Gebet niederwerfen, um die Gnade und das Wohlgefallen Gottes zu erringen. Das Mal in ihrem Gesicht ist die Spur ihrer Niederwerfungen.[45] Das ist ihr Bild in der Tora. Nach dem Evangelium aber gleichen sie einer Aussaat, die ihre Ähren hervortreibt, sie verstärkt und verdickt, so daß sie schließlich auf dem Halm stehen und die Bauern in Erstaunen versetzen. Gott will mit ihnen die Ungläubigen in Zorn bringen. Den Gläubigen und denjenigen unter ihnen, die fromme Werke tun, verspricht Gott Vergebung und gewaltigen Lohn.

Der Vertrag von Ḥudaibija war für den Propheten der „klare, nahe Erfolg". Den wankelmütigen Beduinen, die das Wagnis einer Teilnahme am Zug nach Mekka gescheut hatten, kann im Hochgefühl des Triumphes zugerufen werden, daß man sie künftighin nur als Hilfstruppen anfordern wolle, wenn es zweckmäßig erscheine. Muḥammad hatte in Medina des öfteren Gelegenheit, die Unzuverlässigkeit seiner beduinischen Verbündeten zu beklagen. Der Eid, den ein Beduine beim Übertritt zum Islam ablegte, war deshalb weniger folgenreich als der eines Seßhaften: Man stellte in Rechnung, daß der Nomade immer wieder zu seinem Vieh zurückkehren müsse und deshalb nicht regelmäßig an den religiösen Gemeinschaftsveranstaltungen der Gläubigen teilnehmen oder sich für Feldzüge bereithalten könne. Der Beduine vollzog, wie es heißt, nicht den Schritt zur Auswanderung (Hedschra), der ihn vollkommen in das neue islamische Gemeinwesen eingereiht hätte.[46]

Auf Grund des im Abkommen von Hudaibija verabredeten Friedens mit Mekka konnte der Prophet auf die unsichere Unterstützung durch die Beduinen verzichten. Dies war aber nicht die wichtigste Folge jenes Ereignisses. Muḥammad bekam freie Hand, durch verschiedene, auch kriegerische Maßnahmen seinen Einfluß in den nördlichen, an byzantinisches Territorium angrenzenden Gebieten der arabischen Halbinsel zu sichern. Währenddessen verstanden es seine mekkanischen Gegner offenbar nicht, die Zeit der Waffenruhe für ihre Ziele zu nutzen. Es scheint vielmehr, als sei man sich in Mekka seiner Sache immer weniger sicher gewesen, je mehr der Prophet von Medina aus seine Vorherrschaft über Nordwestarabien ausbaute. Manche Mekkaner aus wichtigen Sippen nahmen Verbindungen mit Muḥammad auf und bekehrten sich zum Islam. Sie gaben die Sache des heidnischen Mekka verloren. Bald kam es zu Streitigkeiten über die Auslegung der Bestimmung des Vertrages von Ḥudaibija, die vorsah, daß Personen, die gegen den Willen ihres quraišitischen Schutzherrn nach Medina gingen, um Muslim zu werden, zurückgeschickt werden mußten. Die Spannungen zwischen Muḥammad und seinen Gegnern verschärften sich, so daß der Prophet im Januar 630 den Vertrag brach und mit einem Heer nach Mekka zog. Dort sah man sich nicht mehr in der Lage, für eine erfolgversprechende Abwehr zu sorgen. Ohne daß es zu Kämpfen kam, zogen Muḥammad und seine Anhänger in die Stadt ein. In der Prophetenvita wird überliefert, daß Muḥammad nach dem Einzug in Mekka die Kaaba betrat und alle Skulpturen, die an den heidnischen Götzenkult erinnerten, zerschlug. Die Geschichte Mekkas als eines der bedeutendsten heidnischen Kultzentren der arabischen Halbinsel war für immer zu Ende. Doch begann jetzt für die Stadt eine nach islamischer Vorstellung ungleich wichtigere Epoche, das Zeitalter der „wiederhergestellten" reinen abrahamischen Gottesverehrung. Die Quraiš wurden nicht vernichtet, sondern erhöht, als Muḥammad sein Ziel erreichte, von dem er schon vor seiner Auswanderung nach Medina geträumt hatte. Das Bekenntnis zum Islam war für die verbliebenen prominenten Gegner des Propheten also keineswegs mit Nachteilen verbunden. Noch während seines Aufenthaltes in Mekka, der insgesamt vielleicht zwanzig Tage dauerte, sandte Muḥammad einige Abordnungen aus, die in der Nähe gelegene heidnische Kultstätten zerstörten. Was die Quraiš im Heidentum angestrebt hatten, die Vorherrschaft ihres Kultes und die damit verbundene politische Vormachtstellung in Arabien, wurde nun im Zeichen des Islams verwirklicht. Der Stammesverband der Hawāzin und die Banū Ṯaqīf waren alte Feinde der Quraiš. Als sie erfahren hatten, daß Muḥammad einen Feldzug gegen Mekka vorbereitete, rüsteten auch sie, und die Banū Ṯaqīf, die in Taif lebten und dort seit längerer Zeit in Abhängigkeit von den Quraiš geraten waren, hofften, die ihnen unangenehme Oberhoheit bei dieser Gelegenheit loszuwerden. Noch während seines Aufenthaltes in Mekka sah sich der Prophet gezwungen, zusammen mit seinen ehemaligen Gegnern, seinen Landsleuten, die ihn zum Teil bis zuletzt abgelehnt hatten, gegen die für seine Vaterstadt bedrohliche Verbindung von Hawāzin und Banū Ṯaqīf zu Felde zu ziehen. Bei Ḥunain erfochten die Muslime Seite an Seite mit den spätbekehrten Quraišiten einen Sieg.

Das muslimisch gewordene Mekka und die Gemeinde der Gläubigen von Medina, in der Person des Propheten vereint, stellten im damaligen Arabien eine unerhörte Machtzusammenballung dar. Wie es in vorislamischer Zeit Sitte gewesen war, wenn sich an einem Punkt der arabischen Halbinsel ein überregional anerkannter Herrscher hervorgetan hatte, so schickten auch jetzt fast alle Stämme Abordnungen zum Propheten, der inzwischen wieder in Medina weilte, um ihm ihre Ergebenheit zu versichern. Muḥammad selber sandte Botschaften an Stämme, die sich nicht freiwillig einfanden, um den Islam anzunehmen und sich damit der Herrschaft Gottes durch den Propheten zu unterstellen. In einzelnen Fällen wurde auch mit militärischen Mitteln nachgeholfen, so etwa bei den Banū l-Ḥāriṯ b. Kaʿb in Naǧrān, zu denen Ḫālid b. al-Walīd, ein Quraišite, der nach Ḥudaibija zum Islam übergetreten war und zum erfolgreichsten Feldherrn unter den ersten Nachfolgern des Propheten wurde, mit einer Truppe von vierhundert Mann geschickt wurde.[47] Als Muḥammad im Frühjahr 632 die Pilgerfahrt unternahm, die seine letzte sein und als Abschiedswallfahrt in die Geschichte eingehen sollte, wurde ihm die 110. Sure „Der Triumph" offenbart. Sie soll die zeitlich letzte aller Suren sein und zeigt uns den Islam als die obsiegende Glaubensordnung: Im Namen Gottes, des Barmherzigen, des Erbarmers! 1 Wenn der Triumph Gottes und der Erfolg kommen 2 und du siehst, daß die Menschen in Scharen der Religion Gottes beitreten, 3 dann lobpreise deinen Herrn und bitte ihn um Verzeihung! Er ist gnädig.

Wie ruhmreich die letzten Lebensjahre des Propheten auch gewesen sein mögen, sie konnten doch nicht völlig einen Konflikt überdecken, der gerade wegen dieser Erfolge an Schärfe zunahm: Es ist die Frage nach der weiteren Bedeutung und Rolle der medinensischen „Helfer", die einst den Propheten mit seinen vertriebenen Anhängern aufgenommen und in schwerer Zeit unterstützt hatten. Was wurde aus ihnen jetzt, da der Islam anscheinend nahtlos mit den Belangen des quraišitischen Mekka in Übereinstimmung gebracht worden war? Des quraišitischen Mekka, zu dessen führenden Kreisen die medinensischen Helfer kaum über Blutsbande verfügten? Obwohl der Islam im Prinzip eine jenseits tatsächlicher oder vermeintlicher Blutsbande stehende Ordnung war, hatte er natürlich nicht vermocht, die überlieferten gesellschaftlichen Bindungen in so kurzer Zeit von Grund auf zu verändern. Im Koran wird, wie wir sahen, die Beachtung verwandtschaftlicher Bande empfohlen. Diesem Ratschlag steht zwar ein anderes Wort der Offenbarung entgegen, demzufolge die Zugehörigkeit zur Partei Gottes das einzige Kriterium darstellt, nach dem ein Mensch zu beurteilen ist.[48] Doch wenn nun wenigstens nach außen hin auch das einst gegnerische Mekka sich dem Islam unterwirft, muß dann nicht die Tatsache, daß Muḥammad ein Quraišite ist, ihn seinen medinensischen Helfern entfremden?

In der Prophetenvita wird uns von mehreren Vorfällen berichtet, bei denen sich führende Vertreter der medinensischen Helfer bei Muḥammad gegen die nach ihrer Meinung unverdiente Bevorzugung der Quraiš verwahrten. Am meisten wird in den Quellen der Streit um die Verteilung der bei Ḥunain gemachten Beute hervorgehoben. Muḥammad hatte beabsichtigt, die Zuneigung einiger wichtiger Quraišiten und Stammesführer zu dem für sie noch fremden Islam mit großzügigen Geschenken aus jenem Beutegut zu verstärken. Die medinensischen Helfer waren dabei leer ausgegangen, und Saʿd b. ʿUbāda, einer ihrer führenden Männer, beklagte sich bitter hierüber. Im Kampf seien die Helfer die Gefährten des Propheten, wenn es aber um die Verteilung des Gewinns gehe, denke er an seine Leute zuerst. In einer Rede soll Muḥammad den Beschwerdeführern ihre erbärmliche Kleinlichkeit vor Augen geführt haben: Jene zögen mit ein paar Schafen und Kamelen mehr von dannen, die Helfer aber mit dem Propheten Gottes in ihrer Mitte! Saʿd und seinesgleichen seien beschämt in sich gegangen, als ihnen der Prophet mit bewegten Worten seine inneren Bindungen an die Helfer ins Gedächtnis gerufen und den Medinensern ein Wiedersehen am Wasserbecken des Paradieses verheißen habe: „Gott erbarme sich der Helfer, ihrer Kinder und Kindeskinder!“ „Da weinten die Männer, bis sie ihre Bärte benetzten“, so schließt der Bericht.[49]

Der Koran enthält keine Offenbarungen, die sich unmittelbar auf diesen Zwist beziehen, der in den letzten Lebensjahren des Propheten schwelte, ohne gelöst werden zu können. Denn es ist fraglich, ob Sure 9 „Die Buße“, Vers 60, der die zum Empfang von Almosengaben Berechtigten aufzählt, wirklich in einem Zusammenhang mit den genannten Vorfällen steht. Der Vers lautet: Die Almosengaben sollen nur den Bedürftigen und Armen, denen, die (mit der Verwaltung der Mittel) befaßt sind, denen, deren Herzen (mit dem Islam) versöhnt worden sind, den (freizukaufenden) Sklaven, den Verschuldeten, dem (Zweck des Kampfes auf dem) Pfad Gottes und demjenigen, der diesen Pfad geht, zufließen. Dies ist eine Auflage Gottes. Gott ist allwissend und weise. – „Diejenigen, deren Herzen mit dem Islam versöhnt sind“, sind ein Personenkreis, den man gemeinhin mit jenen von Muḥammad begünstigten Spätbekehrten gleichsetzt. Wenn auch kein eindeutiges Zeugnis des Korans beigebracht werden kann, so ist die Mißstimmung unter den Helfern doch eine für die spätere Geschichte verhängnisvolle Wirklichkeit. Daß Muḥammad seine Landsleute in den letzten Jahren seines Wirkens in Medina nicht nur bei Zuwendungen aus gewonnener Beute, sondern auch bei der Vergabe von militärischen Führungsaufgaben bevorzugte, ist gut bezeugt und schien den Vorsichtigen unter den Medinensern, im Koran abfällig „Heuchler“ genannt, im nachhinein Recht zu geben. Hatten sie nicht mit Mißbehagen den allzu raschen Aufstieg jenes Fremdlings beobachtet, freilich ohne etwas dagegen unternehmen zu können?

Oberflächlich betrachtet entwickelte das islamische Gemeinwesen nach der Einbeziehung des quraišitischen Mekka sich allerdings mit raschen Schritten zum größten Machtfaktor der arabischen Halbinsel. Oman und der Jemen wurden dem Propheten untertan; Schwierigkeiten gab es allein in Ostarabien, wo ein anderer Prophet aufgetreten war. Im Norden der Halbinsel, wo nun die Belange Medinas sich in glücklicher Form mit den alten Handelsbeziehungen der Mekkaner verknüpften, waren islamische Streifscharen bereits mit Truppen des byzantinischen Reiches handgemein geworden. Der syrisch-palästinensische Raum war byzantinisch, aber ein großer Teil der Bevölkerung bestand aus Arabern. So zeichnete sich die Möglichkeit einer erheblichen Ausweitung des muslimischen Herrschaftsbereiches ab, die schon wenige Jahre nach dem Tod des Propheten Wirklichkeit wurde. Das gleiche gilt für große Teile des Zweistromlandes, die formell zum sasanidischen Reich gehörten. Dieses hatte gerade eine schwere Niederlage gegen die Byzantiner hinnehmen müssen und drohte in Anarchie zu versinken. Das Hira der arabischen Laḫmiden-Dynastie, ein Vasallenstaat der Sasaniden, lockte hier als Ausgangspunkt einer arabisch-islamischen Eroberung des Ostens. Auch sie war ein Jahrzehnt nach Muḥammads Tod in vollem Gang.

Im Juni 632 verschied der Prophet in Medina nach kurzer, heftiger Krankheit. Eine Streifschar, die von Medina nach Palästina vorstoßen sollte, rückte nicht mehr ab, obwohl alle Vorbereitungen getroffen waren. Im Koran wird auf Muḥammads Sterblichkeit hingewiesen (Sure 3, Vers 143): Er ist nur ein Mensch. Aber er war eben der einzige Mensch, der den Willen Gottes empfing und dadurch das Gemeinwesen der Gläubigen leiten konnte. Seine Autorität war unersetzlich. Wie zu erwarten, flammte der schwelende Zwist zwischen den Helfern und den zugewanderten Mekkanern, die nach der Versöhnung Muḥammads mit seiner Vaterstadt ein politisches Übergewicht erlangt hatten, sogleich auf. Es war Saʿd b. ʿUbāda, der nunmehr die Forderung erhob, daß bei künftigen kriegerischen Unternehmungen die Helfer einen eigenen Anführer stellen sollten – gewiß um die vermeintliche oder tatsächliche Benachteiligung der Medinenser bei der Beuteverteilung zu verhindern. Es gelang den ältesten mekkanischen Anhängern des Propheten, den Streit zu beheben und mit Abū Bakr einen der ihren zum Nachfolger des Gottesgesandten zu erheben. Der offen zutage getretene Bruch war damit aber nur notdürftig gekittet. Trotz allem kam nach schweren Rückschlägen – viele Stämme fühlten sich nur an Muḥammad gebunden und wollten die Vorherrschaft Medinas nun abschütteln – die sich schon zu Lebzeiten des Propheten abzeichnende islamische Eroberungswelle bald ins Rollen. Vom Indus bis nach Gibraltar erstreckte sich das Gebiet, das am Beginn des 8. Jahrhunderts unter der mehr oder weniger wirksamen Herrschaft der Kalifen und ihrer Statthalter stand. Innere Geschlossenheit fehlte, wie nicht anders zu erwarten, diesem riesigen und unübersichtlichen Gebilde. Der Widerstreit zwischen den Helfern, die auf ihr Verdienst um die Sache des Islams pochen konnten, und den Qurais̆, denen die Verwandtschaft mit dem Propheten zum Vorteil ausschlug, hatte sich in dem Vielvölkerreich zu einer Auseinandersetzung zwischen arabischen Muslimen, der führenden Schicht, und nicht-arabischen Neumuslimen ausgeweitet, zu einem Ringen zwischen völkischer Gebundenheit der frühen Geschichte des Islams und dem universal-religiösen Inhalt seiner Botschaft. Die eingehende Betrachtung der Entwicklung des prophetischen Bewußtseins

Muḥammads wird uns diese eigentümliche Zweiwertigkeit, die dem Islam bis auf den heutigen Tag anhaftet, verständlich machen.

2. Die Entwicklung des prophetischen Selbstverständnisses

Sure 53 „Der Stern", Vers 1 bis 18: Im Namen Gottes, des Barmherzigen, des Erbarmers! 1 Beim Stern, wenn er fällt! 2 Euer Gefährte geht nicht in die Irre und ist nicht fehlgeleitet! 3 Er redet nicht nach Belieben! 4 Vielmehr ist es reine Offenbarung, die ihm eingegeben wird! 5 Jemand mit starken Kräften hat es ihn gelehrt, 6 jemand mit Macht! Aufrecht stand er, 7 als er sich am oberen Horizont zeigte. 8 Dann näherte er sich, ließ sich herab! 9 Zwei Bogenspannbreiten weit war er oder näher! 10 Er gab seinem Knecht ein, was er ihm eingab! 11 Das Herz lügt nicht, was es sah! 12 Wollt ihr ihm bestreiten, was er sieht? 13 Und noch ein weiteres Mal sah er ihn herabkommen, 14 beim Zizyphusbaum am äußeren Rand, 15 dort wo der Garten mit dem Ruheplatz ist. 16 Da bedeckte etwas den Zizyphusbaum. 17 Der Blick wich nicht, war aber auch nicht aufdringlich! 18 Er hatte das größte von den Wunderzeichen seines Herrn gesehen!

Sure 17 „Die Nachtreise", Vers 1: Preis sei dem, der des Nachts seinen Knecht von der heiligen Kultstätte zur entferntesten Kultstätte reisen ließ, deren Umgebung wir gesegnet haben! Wir wollen ihn von unseren Wunderzeichen schauen lassen! Gott hört und durchschaut alles!

Nur selten berichtet der Koran davon, daß der Prophet den Höchsten von Angesicht zu Angesicht schaute. Doch kann kein Zweifel daran bestehen, daß Muḥammad Gott nicht nur in Auditionen erfuhr, in denen er zum Vortragen der heiligen Worte aufgefordert wurde.[50] Eindrucksvoll ist der Beginn der 53. Sure „Der Stern". Dort wird uns geschildert, wie sich Muḥammad die Gottheit an einem bestimmten Punkt am Rande der mekkanischen Talschaft enthüllte und der Prophet sie gefaßten, doch nicht zudringlichen Blickes anschaute. Ein ähnliches Erlebnis wird auch in der 81. Sure berichtet, doch ist dort vielleicht von einem Boten des Herrn die Rede, der sich zeigt. Für die spätere islamische Theologie, deren Überlegungen stark um die Frage der völligen Jenseitigkeit des Schöpfers kreisten, war es auf jeden Fall nicht glaubwürdig, daß Muḥammad Gott selber geschaut haben sollte, und man meinte deshalb, es müsse der Engel Gabriel gewesen sein, der aus dem Himmel herabgestiegen sei. Dabei geht aus dem Zusammenhang der 53. Sure eindeutig hervor, daß Gott selber gemeint war, denn nur von ihm, der über große Macht und starke Kräfte verfügte, konnte doch gesagt werden, daß er „seinem Knecht" deutliche Offenbarungen eingab. Mehr konnte man dagegen mit der

Anspielung auf eine Reise Muḥammads vom mekkanischen Heiligtum zur „entferntesten Kultstätte" – bisweilen als Jerusalem gedeutet – anfangen. Besonders die Volksfrömmigkeit hat sich dieses Motives angenommen; auf dem Rücken eines Pferdes wird der Prophet entrückt und legt im Himmel Fürsprache für seine Anhänger ein. Zahllos sind auch die Versuche der islamischen Miniaturenmalerei, dieses Thema zu gestalten.

Sure 74 „Der sich mit dem Gewand zugedeckt hat", Vers 1 bis 30: Im Namen Gottes, des Barmherzigen, des Erbarmers! 1 Der du dich mit dem Gewand zugedeckt hast! 2 Steh auf und warne! 3 Und deinen Herrn, den rühme! 4 Und dein Gewand, das reinige! 5 Und die Unreinheit, die meide! 6 Schenke nicht in Erwartung größeren Gewinns! 7 Verharre in Geduld gegen deinen Herrn! 8 Wenn die Trompete geblasen wird, 9 dann bricht ein schwerer Tag an, 10 nicht leicht für die Ungläubigen! 11 Überlaß mir das Schicksal dessen, den ich allein geschaffen habe, 12 dem ich ausgedehnten Besitz gab 13 und Söhne als Zeugen dafür, 14 dem ich alles ebnete, 15 und der darauf verlangte, daß ich noch mehr schenkte! 16 Aber nein! Er war trotzig gegenüber unseren Wunderzeichen! 17 Mit schwerer Strafe werde ich ihn schlagen! 18 Er dachte und erwog. 19 Verwünscht sei, wie er erwog! 20 Noch einmal verwünscht, wie er erwog! 21 Dann schaute er. 22 Dann zog er ein finsteres, verdrießliches Gesicht. 23 Dann wandte er sich hochmütig ab. 24 Er sprach: „Dies ist bloßer Zauber, (aus alten Zeiten) berichtet! 25 Dies sind bloß Worte eines Menschen!" 26 In der Hölle werde ich ihn schmoren lassen! 27 Woher weißt du, was die Hölle ist? 28 Sie läßt nichts übrig, läßt nichts aus! 29 Sie versengt die Haut. 30 Neunzehn wachen über sie!

Sure 71 „Noah", Vers 7: Immer wenn ich sie rief, damit du ihnen verziehst, steckten sie sich die Finger in die Ohren, bedeckten sich mit ihren Kleidern und beharrten störrisch in ihrem Hochmut.

Wie wir schon in einem anderen Zusammenhang erfuhren, überkam Muḥammad plötzlich und unvermittelt der Anruf Gottes. Er empfand dieses Ereignis, als hätten Dämonen ihn gepackt, und er versuchte, sich dem Zugriff der ihm fremden Kräfte zu entziehen. Wie auch in der 73. Sure gesagt wird,[51] hüllte er sich in sein Gewand, um jene Stimmen nicht hören zu müssen. Er verhielt sich genauso, wie in Sure 71 von den Leuten Noahs erzählt wird, die ebenfalls die mahnenden Worte, die der Prophet an sie zu richten hat, nicht vernehmen wollen. Doch wenn Muḥammad sich auch verhüllt hat, der Ruf Gottes dringt zu ihm durch: „Steh auf und warne!" Warne vor der Unreinheit, der Sünde, dem unrechtmäßigen Erwerb, und erwarte nicht, daß du für deine Güte einen besonderen Lohn erhalten wirst! Und rechte nicht mit deinem Herrn, wenn der mit reichem Besitz und vielen Söhnen Gesegnete deine Worte kritisch erwägt und sie dann als unglaubwürdig oder belanglos abtut. – Der Herr allein hat ihn geschaffen und beschenkt, er wird ihn auch bestrafen! – Wie in vielen frühen, aber auch späteren Abschnitten des Korans belegt ist, sah Muḥammad sich in erster Linie als einen Warner. Er sollte seine Landsleute ermahnen, von ihrem leichtfertigen, frivolen Lebenswandel Abstand zu nehmen, in sich zu gehen, zu bedenken, daß es nicht nur ein Diesseits gibt, in dem es gelte, möglichst viele materielle Güter aufzuhäufen und Söhne zu bekommen. Reichtum und Söhne begründen das Ansehen in der diesseitigen Gesellschaft, aber nach dem Diesseits folgt noch ein Jenseits, in dem ganz andere Maßstäbe gelten. – Und diese sind entscheidend, denn nach ihnen wird das Verhalten im Diesseits gemessen. Das Tun und Lassen in der kurzen Zeitspanne des Diesseits bedingt das Schicksal des Menschen im ewig währenden Jenseits! Ist angesichts dieser Tatsache die Unbekümmertheit der Mekkaner nicht bestürzend?

Sure 88 „Die Bedeckende“: Im Namen Gottes, des Barmherzigen, des Erbarmers! 1 Hat dich die Kunde von der Bedeckenden erreicht? 2 Demütig werden dann die Gesichter sein, 3 sich quälend, von Strapazen gezeichnet. 4 Sie schmoren in heißem Feuer. 5 Aus siedender Quelle wird ihnen zu trinken gegeben. 6 Nur trockenes Dornengestrüpp werden sie als Speise bekommen, 7 das sie nicht fett macht, nicht einmal den Hunger stillt. 8 Wonnestrahlend werden andere Gesichter sein, 9 zufrieden mit ihrem Eifer, 10 in einem hohen Garten, 11 in dem sie kein törichtes Geschwätz hören. 12 Dort sprudelt eine Quelle, 13 dort sind Ruhebetten aufgeschichtet, 14 Becher aufgestellt, 15 Kissen aufgereiht, 16 Teppiche ausgebreitet! 17 Schauen sie sich denn nicht die Kamele an, wie sie geschaffen wurden, 18 den Himmel, wie er erhoben wurde, 19 die Berge, wie sie aufgestellt wurden, 20 die Erde, wie sie geglättet wurde? 21 Ruf das alles ins Gedächtnis! Nur dazu bist du da, 22 nicht um über sie zu herrschen! 23 Wer sich freilich abwendet und nicht glaubt, 24 den wird Gott aufs strengste bestrafen! 25 Zu uns kehren sie alle zurück. 26 Uns steht deshalb auch die Abrechnung mit ihnen zu!

Sure 7 „Die Höhen“, Vers 184 bis 188: 184 Haben sie denn nicht nachgedacht? Ihr Gefährte zeigt keine Spur von Besessenheit. Er ist bloß ein klarer Warner! 185 Haben sie denn nicht auf das Reich der Himmel und der Erde geschaut und auf das, was Gott geschaffen hat, und darauf, daß ihre Lebensfrist vielleicht in Kürze abgelaufen ist? Woran wollen sie denn nach all dem glauben? 186 Wen Gott in die Irre führt, den kann niemand rechtleiten. Er läßt sie in ihrer Widersetzlichkeit umhertappen.

187 Sie fragen dich nach der Stunde, wann sie anbrechen werde. Sprich: „Nur mein Herr kennt sie. Er allein enthüllt sie zu ihrer Zeit. Schwer lastet sie auf allem in den Himmeln und auf der Erde. Nur völlig überraschend wird sie über euch hereinbrechen." Sie fragen dich, als ob du über sie unterrichtet wärest. Sprich: „Gott allein kennt sie, doch die meisten Menschen wissen nicht von diesem Umstand!" 188 Sprich: „Auch für mich selbst vermag ich bloß den Nutzen oder den Schaden zu bewirken, den Gott will. Wüßte ich um das Verborgene, würde ich für mich viel Gutes zuwege bringen und träfe mich kein Übel! Doch ich bin bloß ein Warner und ein Freudenbote für Leute, die gläubig sind!"

Bestenfalls für einen der Zauberer, von denen die alten Legenden erzählten, wollten die Mekkaner Muḥammad ansehen. Doch wenn es damit seine Richtigkeit haben sollte, mußte er seine Worte mit Wundertaten sogleich bekräftigen können. Er mußte die Drohung, die seine Botschaft enthielt, sofort in die Tat umsetzen. Aber in den Offenbarungen heißt es, daß gerade hierzu der Prophet keine Macht hat. Er ist nicht gekommen, um auf irgendeine Weise über seine Landsleute zu herrschen, sondern nur, um ihnen die Wunder der Schöpfung vor Augen zu führen und ihnen nahezulegen, aus diesen Wundern auf das Vorhandensein eines allmächtigen, abrechnenden Schöpfergottes zu schließen. In der 88. Sure wird dieser Gedankengang mit der Ausdrucksstärke der frühmekkanischen Sprache des Korans verdeutlicht, in der 7. Sure, die in die spätmekkanische Zeit gehört, wird die gleiche Vorstellung bereits mit theologischen Überlegungen untermauert: Muḥammad ist nur Warner und Freudenbote; Gott allein lenkt die Geschicke der Menschen und weiß darum auch, wann das entscheidendste Ereignis der Weltgeschichte, der Jüngste Tag, anbrechen wird. Weil Gott der Lenker und Schöpfer aller Kreatur ist, kann Muḥammad auch nichts weiter als ein Warner und Freudenbote sein. Wenn das anders wäre, müßte es doch für Muḥammad ein leichtes sein, sich alle nur erdenklichen Vorteile im irdischen Leben zu verschaffen. Die Einschränkung, daß Muḥammad eben nur ein Mahner sei, findet somit ihre theologische Begründung in der göttlichen Allmacht. Dem Verlangen der Mekkaner, Muḥammad solle beweisen, was er als Gottes bevorstehendes Handeln an den Gläubigen und Ungläubigen verkündet, kann darum nur mit dem Hinweis auf die Natur, das beredte Zeugnis der allmächtigen Schöpferkraft, begegnet werden. Von Muḥammad die Herbeiführung eines bestätigenden Wunders zu erbitten, ist angesichts dieses allmächtigen Gottes nichts als reine Torheit.

Sure 25 „Die Rettung", Vers 1 bis 9: Im Namen Gottes, des Barmherzigen, des Erbarmers! 1 Segenspendend ist der, der die Rettung[52] auf seinen Knecht herabgesandt hat, auf daß dieser den Menschen ein Warner sei! 2 Der, dem die Herrschaft über die Himmel und die Erde gehört, der sich keinen Sohn nahm, der keinen Teilhaber an der Herrschaft hat, der alles schuf und allem seine Bestimmung verlieh! 3 Doch man hat sich an seiner Statt Götter genommen, die nichts erschaffen können, vielmehr selber geschaffen wurden, die für sich selber weder Schaden noch Nutzen bewirken können, weder Tod noch Leben, noch Auferstehung. 4 Die Ungläubigen sprachen: „Dies ist nichts weiter als Lüge, die er erfunden hat und wobei ihm noch andere Leute halfen." Sie begingen hiermit Frevel und äußerten Falsches. 5 Auch sagten sie: „Geschichten der Altvorderen, die er für sich niedergeschrieben hat! Morgens und abends werden sie ihm diktiert." 6 Sprich: „Herabgesandt hat es derjenige, der um das Verborgene in den Himmeln und auf der Erde weiß. Er ist verzeihend und barmherzig." 7 Sie wandten ein: „Was hat es denn mit diesem Gesandten auf sich? Er verzehrt Speisen und geht auf den Märkten umher! Warum wurde ihm nicht ein Engel herabgeschickt, so daß er mit ihm als Warner auftritt? 8 Oder warum wurde ihm kein Schatz zugeworfen, oder warum steht ihm kein Garten zur Verfügung, aus dem er sich ernährt?" Und die Frevler fuhren fort: „Ihr folgt niemand anderem als einem Mann, der von einem Zauber besessen ist." 9 Schau nur, wie sie Vergleiche für dich prägten! Doch gingen sie in die Irre und können nicht auf den rechten Weg finden!

Sure 3 „Die Sippe Imrans", Vers 144 und Vers 183 bis 184: 144 Muḥammad ist nichts anderes als ein Gesandter. Vor ihm sind schon andere Gesandte dahingegangen. Wollt ihr also, wenn er stirbt oder getötet wird, wieder in den Unglauben zurückfallen? Wenn jemand rückfällig wird – nun, damit wird er Gott keinen Schaden antun können! Gott wird die Dankbaren belohnen! ... 183 Die dort sprachen: „Gott erlegte uns auf, an keinen Gesandten zu glauben, ehe er vor unseren Augen nicht ein Opfer durchführt, welches das Feuer verzehrt." Antworte: „Schon vor mir haben euch Gesandte klare Beweise gebracht, und auch das Wunder, das ihr gerade erwähntet. Doch warum habt ihr sie getötet, wenn anders ihr die Wahrheit sagt?" 184 Wenn sie dich für einen Lügner erklären, so hat man schon vor dir Gesandte zu Lügnern erklärt, die klare Beweise, Bücher und die erleuchtende Offenbarungsschrift gebracht hatten.

Muḥammad ist nichts weiter als ein gewöhnlicher Mensch. Darauf weist der Koran ausdrücklich hin. Er nimmt die gleiche Speise zu sich wie seine Mitmenschen, er hält sich auf den Märkten auf wie sie. Seine Mitmenschen können nicht verstehen, daß sich seine Autorität ganz allein auf das Wort Gottes stützen soll, das ihm offenbart worden ist. Kein Engel tritt dem Propheten sichtbar an die Seite; nicht einmal mit irdischen Gütern, einem Schatz oder einem ständig grünenden Garten, ist er von jenem Gott versehen worden, dessen Botschaft er verkündet. Doch Muḥammad ist überzeugt, daß es nicht so sehr auf seine persönliche Wirkung ankommt bei dem Werk, das er vollbringen soll. Im Gegenteil, wenn es Bestand haben soll, muß seine sterbliche Person ganz hinter das Wort Gottes zurücktreten. Wenn der Gesandte schon tot sein wird, soll das Wort Gottes noch weiter wirken – eine Aussage von großer Tragweite in einer Gesellschaft, die Autorität bislang nur personengebunden zu achten gewohnt war. In der Person des Königs oder Stammesführers fanden sich in verdichteter Form die Respekt erheischenden Tugenden und Ideale der betreffenden Solidargemeinschaft, die als eine Blutsgemeinschaft verstanden wurde. Die von den Ahnen ererbten Eigenschaften wie Edelmut und Freigebigkeit, die in der Wertordnung der Gesellschaft den höchsten Rang einnehmen, traten im König oder Stammesführer zutage. So weit er seinen politischen Einfluß ausdehnen konnte, huldigte man ihm eben deshalb. War nach seinem Tod niemand da, der in glaubhafter Form dieses Erbe zu verkörpern vermochte, zerrissen die ohnehin lose geknüpften Loyalitätsbindungen. Die arabische Geschichtsüberlieferung kennt mehrere solcher kurzlebigen überregionalen Machtgebilde, und auch das von Muḥammad gegründete islamische Gemeinwesen hätte nach dem Tode des Propheten beinahe ein gleiches Schicksal erlitten: Nur mit kriegerischen Mitteln gelang es unter Abū Bakr, die Stämme wieder zur Botmäßigkeit gegenüber Medina zu zwingen, die zum Islam übergetreten waren, oder nach altarabischer Vorstellung: Muḥammad Treue zugeschworen hatten. In Sure 3, Vers 144 – die Sure stammt aus der medinensischen Zeit – wird die Aufmerksamkeit des Zuhörers auf die neuartige einende Grundlage des Muḥammadschen Gemeinwesens gelenkt, auf das Wort Gottes. Damit ist zugleich die bedeutsame Frage nach der Rolle des Propheten innerhalb des auf dem Wort Gottes beruhenden Gemeinwesens angeschnitten. Wir werden in anderem Zusammenhang auf sie zurückkommen und sie eingehend untersuchen.

Doch wenden wir uns noch einmal zu Muḥammad, dem Warner, als den er sich in Mekka begriff! Daß man von ihm Wunderzeichen erwartete, erfuhren wir mehrmals. In Sure 3, Vers 183, ist von Vorstellungen die Rede, die man sich von einem Propheten machte, und zwar anscheinend auf Grund von überlieferten Geschichten. Propheten haben Wunder gewirkt, Feueropfer dargebracht. Muḥammad bestreitet dies nicht, verweist aber darauf, daß seine Vorgänger trotzdem Lügner gescholten worden seien. Dies ist offenbar die entscheidende Tatsache, in der sein Lebensschicksal dem der früheren Gottesgesandten gleicht. Wie aber deutet der Koran das Verhältnis des Propheten zu seinen Vorgängern, die, wie wir gesagt haben, fast in paradigmatischer Form die Geschichte Muḥammads vorwegnahmen?

Sure 10 „Jonas", Vers 45 bis 49: 45 Am Tage, da Gott sie versammelt, wird es ihnen vorkommen, als seien sie nur eine Stunde des Tages (in den Gräbern) geblieben, und sie erkennen einander wieder. Dann werden die, die die Begegnung mit Gott abstritten, eine Einbuße erlitten haben. Sie werden nicht den rechten Weg gegangen sein. 46 Ob wir dich noch etwas von dem, was wir ihnen versprechen, erleben lassen oder ob wir dich vorher zu uns nehmen – zu uns werden sie auf alle Fälle zurückkehren. Darüber hinaus ist Gott Zeuge all dessen, was sie tun. 47 Jede Gemeinschaft hat einen Gesandten. Sobald dieser kommt, wird unter ihnen gerecht entschieden, und sie werden nicht betrogen. 48 Nun fragen sie: „Wann wird dieses Versprechen eintreffen, wenn anders ihr schon die Wahrheit sagt?" 49 Antworte: „Ich kann für mich selbst nur in soweit Schaden und Nutzen bewirken als Gott es will." Jede Gemeinschaft hat ihre Frist. Ist diese gekommen, erhalten sie weder eine Stunde Aufschub, noch werden sie eine Stunde zu früh betroffen.

Sure 4 „Die Frauen", Vers 150 bis 152 und 163 bis 170: 150 Diejenigen, die nicht an Gott und seine Gesandten glauben und zwischen Gott und seinen Gesandten Unterschiede machen wollen und die sagen: „Wir glauben an den einen, nicht aber an den anderen!" und die einen Mittelweg einhalten möchten, 151 die sind die wahrhaft Ungläubigen! Wir haben den Ungläubigen eine erniedrigende Strafe vorbereitet. 152 Die aber, die an Gott und seine Gesandten glauben, ohne einen von ihnen von den anderen zu unterscheiden, denen wird er ihren Lohn bringen. Gott ist verzeihend und barmherzig! ... 163 Wir haben dir Offenbarungen eingegeben wie dem Noah und den Propheten nach ihm. Wir gaben Abraham, Ismael, Isaak, Jakob, den Stämmen Israels, Jesus, Hiob, Jonas, Aaron und Salomo Offenbarungen ein und brachten David den Psalter, 164 sowie Gesandten, von denen wir dir vorher bereits berichteten, und Gesandten, von denen wir dir nicht berichteten. Und Gott redete Mose an; 165 Gesandten, die als Freudenboten und Warner auftreten, damit nach dem Auftreten der Gesandten den Menschen kein Argument gegen Gott mehr zur Verfügung stehe.[53] Gott ist mächtig und weise. 166 Aber Gott bezeugt, was er dir herabsandte. Er sandte es mit seinem Wissen herab. Das bezeugen auch die Engel, doch genügt schon Gott als Zeuge. 167 Diejenigen, die nicht glauben und sich vom Weg Gottes abwenden, sind weit in die Irre gegangen. 168 Denjenigen, die ungläubig sind und freveln, kann Gott weder vergeben, noch kann er sie auf den rechten Weg leiten, 169 nur auf den Weg zur Hölle, in der sie auf ewig bleiben müssen. Dies ist für Gott ein leichtes. 170 Ihr Leute! Der Gesandte hat euch die Wahrheit von eurem Herrn gebracht. Darum glaubt! Das ist besser für euch. Wenn ihr nicht glaubt – nun, Gottes ist alles in den Himmeln und auf der Erde! Gott ist allwissend und weise.

Sure 23 „Die Gläubigen", Vers 49 bis 53: 49 Dem Mose brachten wir die Schrift, damit sie sich vielleicht auf den rechten Weg leiten ließen.
50 Und den Sohn der Maria und seine Mutter machten wir zu einem Wunderzeichen. Wir gaben beiden Zuflucht auf einem Hügel mit einem Ruheplatz und einer Quelle.[54]
51 „Ihr Gesandten! Eßt von den guten[55] Speisen und tut fromme Werke! Ich weiß, was ihr tut!
52 Dies hier ist eure Gemeinschaft – eine einzige Gemeinschaft! Und ich bin euer Herr! Darum fürchtet mich!"
53 Doch die Menschen teilten ihre Sache untereinander in mehrere Bücher auf, wobei sich jede Gruppe über das freute, was sie besaß.

Es gibt verschiedene Gemeinschaften, die sich je um einen Propheten gebildet haben. Alle diese Gemeinschaften haben einen bestimmten Platz in der Weltgeschichte. Gott hat ihnen ihre Daseinsfrist auf die Stunde genau festgesetzt. Doch ist schwer zu entscheiden, inwieweit diese Gemeinschaften tatsächlich eine individuelle, nur ihnen eigene Geschichte besitzen. Denn im Prinzip gibt es zwischen den Gottesgesandten keinerlei Unterschiede. Es ist deshalb unzulässig, nur an einen von ihnen zu glauben, beispielsweise nur an Jesus. Denn die Botschaft, die Gott den verschiedenen Propheten übergeben hat, ist in ihrem Inhalt stets dieselbe. Man achte also alle Gesandten gleich und sei sich dessen bewußt, daß sie alle das Wort des einen Gottes verkündeten!

Unter dieser Voraussetzung kann mit Recht davon gesprochen werden, daß alle Gesandten nur eine einzige Gemeinschaft hatten – diejenige der Gläubigen, deren Glauben stets der gleiche gewesen ist. Wie aber kommt es dann, daß es in der Welt verschiedene Religionen und Glaubensgemeinschaften gibt? Der Koran antwortet hierauf in zweierlei Weise: Die Menschen haben schuldhaft die eine allumfassende Botschaft, die die Propheten empfingen, aufgespalten und die Bruchstücke für sich genommen zur jeweils vollgültigen Glaubenswahrheit erklärt. Bei dieser Auffassung wäre die Geschichte vor Muḥammad nichts als ein Abirren von einer im Grunde von Anfang an, vom Auftreten der ersten Propheten vollständig übermittelten Glaubenswahrheit, und diese wäre von den folgenden Gottesgesandten immer wieder in ihrem ganzen Umfang den Menschen vor Augen geführt worden. Die zweite Antwort besagt, daß die verschiedenen Gemeinschaften – dieser Begriff ist im Koran nirgends ausreichend klar bestimmt[56] – zu unterschiedlichen Zeitpunkten mit dem Wort Gottes vertraut gemacht wurden. Hierbei wird offenbar vorausgesetzt, daß alle Gemeinschaften, die es gibt, im Laufe der Weltgeschichte einmal die göttliche Botschaft empfangen, damit bei Anbruch des Weltgerichtes sich niemand der Aburteilung mit dem Argument entziehen kann, er habe Gottes Willen nicht gekannt. Die Weltgeschichte wäre also eine Aufeinanderfolge von inhaltlich gleichen Offenbarungen, die allen

Gemeinschaften, aus denen die Menschheit besteht, überbracht werden. Diese zweite Auffassung führt uns am ehesten zur Erkenntnis des Zeitabschnittes, an dem Muḥammad nach Aussage des Korans innerhalb der von der Schöpfung bis zur Auferstehung verlaufenden irdischen Geschichte steht. Doch ist die erste Auffassung immer im Auge zu behalten; sie verdeutlicht uns vor allem, wie Muḥammad sein Verhältnis zum mekkanischen Heiligtum sah, das ja von Abraham und Ismael errichtet worden sein sollte, und sie verweist uns auf die reformerischen Züge im Selbstverständnis des Propheten, welche wiederum in Medina sein politisches Handeln gegenüber seiner Vaterstadt bestimmten und dadurch weltgeschichtliche Bedeutung erlangten.

Sure 5 „Der Tisch", Vers 18 bis 19: 18 Die Juden und die Christen sagen: „Wir sind Gottes Söhne und Lieblinge!" Sprich: „Warum bestraft er euch denn für eure Sünden? Nein, ihr seid nur (gewöhnliche) Menschen von seinen Geschöpfen!" Er vergibt, wem er will, und er straft, wen er will. Gottes ist die Herrschaft über die Himmel und die Erde und was dazwischen liegt. Zu ihm strebt der Lauf (der Welt)! 19 Ihr Schriftbesitzer! Zu euch ist nun unser Gesandter gekommen, um euch Klarheit in einer von Gesandten freien Periode zu geben, damit ihr nicht sagen könnt: „Zu uns kam weder Freudenbote noch Warner!" Es ist ein Freudenbote und Warner zu euch gekommen! Gott ist zu allem mächtig.

Sure 27 „Die Ameisen", Vers 91 bis 93: 91 Mir wurde nur aufgetragen, den Herrn dieser Stadt zu verehren, der sie geheiligt hat und dem alles gehört. Mir wurde aufgetragen, ein Muslim zu sein 92 und den Koran vorzutragen. Wer sich also rechtleiten läßt, der tut dies für sich selbst. Wer aber in die Irre geht – nun, so sprich: „Ich bin nur ein Warner!" 93 Und sprich: „Preis sei Gott! Er wird euch seine Wunderzeichen sehen lassen, so daß ihr sie erkennen könnt! Dein Herr gibt stets acht auf das, was ihr tut!"

Sure 28 „Die Geschichte", Vers 52 bis 59: 52 Diejenigen, denen wir schon vor ihm die Schrift gebracht haben, glauben daran. 53 Wenn sie ihnen vorgetragen wird, sagen sie: „Wir glauben daran. Es ist die Wahrheit von unserem Herrn. Schon vorher waren wir Muslime." 54 Jene erhalten zweimal Lohn, weil sie ausharrten. Sie drängen das Schlechte durch das Gute zurück und spenden von dem Lebensunterhalt, den wir ihnen gewähren. 55 Wenn sie Geschwätz hören, wenden sie sich ab und sagen: „Uns werden unsere Werke angerechnet, euch die eurigen. Friede sei auf euch![57] Zu Toren suchen wir keine Verbindung." 56 Du kannst nicht rechtleiten, wen du möchtest, sondern Gott leitet recht, wen er will. Er weiß am besten über die Bescheid, die den rechten Weg gehen.

57 Nun sagen sie: „Wenn wir mit dir der Rechtleitung folgen, werden wir unserer Heimat entrissen." Haben wir ihnen nicht einen sicheren heiligen Bezirk zur Verfügung gestellt, in den alle erdenklichen Früchte geholt werden, als Lebensunterhalt von uns gespendet? Die meisten von ihnen wissen dies jedoch nicht. 58 Wie manche Ortschaft haben wir schon vernichtet, die sich an ihrem Lebensstil berauschte. Jenes sind ihre Behausungen, nach dem Untergang nur noch von wenigen bewohnt, und wir waren die Erben! 59 Allerdings hätte dein Herr nie Ortschaften zerstört, ehe er nicht in deren Hauptstadt einen Gesandten berufen hätte, der ihnen unsere Zeichen vortrug. Und nie hätten wir Ortschaften vernichtet, ohne daß deren Bewohner Frevler gewesen wären.

Sure 29 „Die Spinne", Vers 67 bis 68: 67 Sahen sie denn nicht, daß wir einen sicheren heiligen Bezirk errichteten, die Leute in ihrer Umgebung aber entführt wurden? An Lügen also glauben sie, an die Gnade Gottes jedoch glauben sie nicht!? 68 Wer aber begeht einen größeren Frevel als der, der über Gott Lügen erfindet und die Wahrheit abstreitet, nachdem er sie erfahren hat? Ist nicht die Hölle der Wohnplatz der Ungläubigen?

Muḥammad wurde in einer Zeit berufen, in der es außer ihm keine anderen Gottesgesandten gab. Den Schriftbesitzern ruft er den ganzen Inhalt der göttlichen Botschaft ins Gedächtnis zurück, so daß sie nun wieder vollkommene Klarheit hierüber erlangen. Auch für sie ist er daher von Bedeutung. Der Ort des Handelns des Propheten ist aber Mekka, die Hauptstadt oder, wie es im Koran wörtlich heißt, die Mutter der Ortschaften, eine Stadt, der Gott den heiligen Bezirk geschenkt hat, in dem sich jedermann sicher fühlen kann,[58] während außerhalb das Faustrecht herrscht. Die Befürchtung mancher Leute, bei Annahme des Islams würden sie diesen Schutz verlieren, wird ausdrücklich als unbegründet zurückgewiesen. Es ist ja Gott, der diese Einrichtung geschaffen hat. Die Verkündung des Propheten zerstört also keineswegs die mekkanische Überlieferung, sondern macht erst ihre eigentlichen Wurzeln wieder sichtbar.

Sure 2 „Die Kuh", Vers 109 bis 115: 109 Viele Schriftbesitzer möchten euch am liebsten wieder zu Ungläubigen machen, nachdem ihr den Glauben angenommen habt. Sie mißgönnen ihn euch, nachdem ihnen doch schon vorher die Wahrheit klargeworden ist. Verzeiht dies und geht darüber hinweg, bis Gott entscheidet! Gott ist zu allem mächtig.
110 Haltet das rituelle Gebet ein und führt die Läuterungsgabe ab. Alles Gute, das ihr zu eurem eigenen Frommen vorher leistet, werdet ihr bei Gott angerechnet finden. Gott durchschaut, was ihr tut. 111 Sie sagen: „Nur wer Jude oder Christ ist, wird das Paradies betreten!" Das

sind ihre Wunschträume! Sprich: „Bringt euren Beweis bei, wenn ihr meint, die Wahrheit zu sprechen!“ 112 Im Gegenteil! Allen, die das Gesicht zu Gott wenden und Gutes tun, steht bei ihrem Herrn Lohn bereit. Sie brauchen sich nicht zu fürchten, und sie werden nicht betrübt sein. 113 Nun sagen die Juden: „Die Christen glauben nichts Richtiges!“ und die Christen meinen: „Die Juden glauben nichts Richtiges!“ Dabei lesen sie alle die Schrift. Und diejenigen, die nichts (von einer Offenbarung) wissen, äußern die gleiche Ansicht. Am Tag der Auferstehung wird Gott zwischen ihnen darüber entscheiden, worüber sie uneins waren. 114 Wer begeht schlimmeren Frevel als der, der verhindert, daß in Gottes Kultstätten sein Name erwähnt wird, und der darauf aus ist, sie zu zerstören? Nur in Angst sollten diese Frevler sie betreten dürfen! Im Diesseits sind sie entehrt, und im Jenseits haben sie eine gewaltige Strafe zu gewärtigen. 115 Gottes ist der Osten und der Westen. Wohin ihr euch auch wendet, dort ist Gottes Antlitz. Gott ist allumfassend und allwissend!

Dieser kurze Abschnitt aus der frühmedinensischen 2. Sure „Die Kuh“ zeigt uns, daß die Schriftbesitzer, die Juden und die Christen, denen bereits vor langer Zeit die Offenbarung zuteil geworden ist, zwar untereinander zerstritten sind, jedoch für sich in Anspruch nehmen, allein das Paradies gewinnen zu können. Sie mißgönnen den Anhängern des Propheten die Gewißheit, ebenfalls dorthin zu gelangen. Entsprechend der schon an anderer Stelle geäußerten Auffassung von der schuldhaften Aufspaltung der offenbarten Wahrheit wird ihnen – und anscheinend auch den Ungläubigen – entgegengehalten, daß Gottes Antlitz überall sei, daß folglich jeder gläubige Mensch, sei er Jude, Christ oder Anhänger des Propheten Muḥammad, in jeder Kultstätte des Namens des Schöpfers gedenken dürfe. Das Antlitz Gott zuwenden, die Antwort des Menschen auf den Ruf seines Schöpfers, ist die Geste, die in der Vorstellung des Korans jedem Kultus zugrundeliegt; sie versinnbildlicht den Begriff des Gläubigseins in allgemeinster Weise, sie ist, wie wir sehen werden, der ursprüngliche Inhalt des Wortes „Islam“. Die Schriftbesitzer, die Juden und die Christen, haben sich durch unzulässige Weiterbildung einzelner Elemente der einen Offenbarung in mancher Hinsicht von jener schlichten und reinen Beziehung zwischen Gott und seinen Geschöpfen entfernt.

Sure 3 „Die Sippe Imrans“, Vers 75: Unter den Schriftbesitzern gibt es einige, die dir ein Qinṭār,[59] das du ihnen anvertraust, wieder aushändigen, und es gibt unter ihnen andere, die dir einen Dinar, den du ihnen anvertraust, nur wieder aushändigen, solange du sie unter Druck setzen kannst. Sie sagen nämlich: „Unter den Schriftunkundigen kann man nicht gegen uns vorgehen!" Die Schriftbesitzer sprechen wissentlich gegenüber Gott eine Lüge aus!

Sure 62 „Der Freitag", Vers 1 bis 8: „Im Namen Gottes, des Barmherzigen, des Erbarmers! 1 Was in den Himmeln ist und auf der Erde, preist Gott, den König, den Heiligen, den Mächtigen, den Weisen! 2 Er ist es, der unter den Schriftunkundigen einen Gesandten aus ihrer Mitte berief, der ihnen seine Wunderzeichen vorträgt, der sie läutert und sie die Schrift und die Weisheit lehrt, selbst wo sie sich zuvor in einem offenkundigen Irrtum befanden. 3 (Er lehrt die) und andere von ihnen, die sich noch nicht an sie angeschlossen haben. Gott ist der Mächtige und Weise. 4 Dies ist die Gnade Gottes. Er gibt sie, wem er will. Gott hält gewaltige Gnade bereit! 5 Diejenigen, denen die Tora aufgeladen wurde, welche sie dann nicht tragen konnten, gleichen einem Esel, der Bücher trägt. Welch schlimmes Gleichnis für Leute, die die Wunderzeichen Gottes leugneten! Gott leitet die Frevler nicht recht. 6 Sprich: „Ihr Juden! Wenn ihr behauptet, ihr seid vor allen anderen Menschen die Freunde Gottes, so wünscht euch doch den Tod, wenn ihr meint, die Wahrheit zu sprechen!" 7 Doch sie wünschen ihn sich niemals wegen ihrer früheren Werke! Gott kennt die Frevler ganz genau! 8 Sprich: „Der Tod, vor dem ihr jetzt flieht, wird euch doch begegnen! Dann werdet ihr vor den gebracht, der um das Verborgene und das Offenbare weiß. Er wird euch über eure Werke Kunde geben!"

Sure 3 „Die Sippe Imrans", Vers 164: Gott hat den Gläubigen Güte erwiesen, als er damals einen Gesandten aus ihrer Mitte berief, der ihnen seine Wunderzeichen vorträgt, sie läutert und sie die Schrift und die Weisheit lehrt, obwohl sie sich vorher im klaren Irrtum befanden.

Diese in medinensischer Zeit entstandenen Textstellen weisen uns darauf hin, daß zwischen den Schriftbesitzern und den Schriftunkundigen, die noch keine Offenbarung erhalten hatten, eine gewisse Feindseligkeit bestand, die sich augenscheinlich auch im alltäglichen Zusammenleben auswirkte. Indem Gott unter den Heiden den Propheten Muḥammad erstehen ließ, befreite er sie von dem Makel, kein offenbartes Buch zu besitzen, und entzog dem im Religiösen wurzelnden Hochmut der Juden seine Grundlage. Die Juden behaupteten, die Lieblinge Gottes zu sein. Doch hingen sie wie alle anderen Menschen am Leben, denn wegen ihrer keineswegs nur frommen Taten mußten sie sich vor dem Augenblick fürchten, in dem sie vor Gott zu treten hatten.

Sure 29 „Die Spinne", Vers 45 bis 51: 45 Trage vor, was dir von der Schrift eingegeben wurde, und halte das rituelle Gebet ein! Das Gebet verbietet Unzucht und Tadelnswertes. Gottes zu gedenken, ist jedoch noch wichtiger. Gott weiß, was ihr tut. 46 Und streitet mit den Schriftbesitzern nur mit dem besseren Argument – abgesehen von den Frevlern unter ihnen – und sprecht: „Wir glauben an das, was uns und euch herabgesandt wurde. Unser Gott und euer Gott ist einer. Wir wenden uns zu ihm!" 47 Derart haben wir die Schrift auf dich hinabgesandt. Diejenigen, denen wir früher die Schrift gaben, glauben daran. Und auch von diesen (Schriftunkundigen?) glauben jetzt einige daran. Nur die Ungläubigen streiten unsere Wunderzeichen ab. 48 Und vorher pflegtest du weder eine Schrift zu lesen, noch sie mit deiner Rechten niederzuschreiben. Denn in einem solchen Fall würden die, die (deine Offenbarung) für nichtig erklären wollen, sogleich zweifeln. 49 Nein, es handelt sich vielmehr um klare Zeichen im Herzen derjenigen, die Wissen erhielten. Nur die Frevler leugnen unsere Zeichen ab. 50 Sie fragen: „Warum wurden auf ihn nicht Wunder von seinem Herrn herabgesandt?" Antworte: „Die Wunder stehen allein Gott zu! Ich bin nur ein klarer Warner." 51 Oder genügt es ihnen nicht, daß wir dir die Schrift herabgesandt haben, die ihnen vorgetragen wird? Darin liegt doch wirklich Gnade und eine Mahnung für Leute, die glauben!

Sure 3 „Die Sippe Imrans", Vers 44: Jenes gehört zu den Nachrichten über das Verborgene, die wir dir eingeben. Du warst ja nicht dabei, als sie die Lose warfen, wer von ihnen Maria betreuen sollte; du warst nicht dabei, als sie stritten![60]

Sure 11 „Hūd", Vers 49: Jene gehören zu den Nachrichten über das Verborgene, die wir dir eingeben. Weder kanntest du sie vorher noch dein Volk. Fasse dich in Geduld! Das Ende wird zugunsten der Gottesfürchtigen sein.

Muḥammad hatte zu den Schriftunkundigen im alten Arabien gehört, zu denen, die kein Offenbarungsbuch besaßen.[61] Nun haben auch sie durch den Mund des Propheten aus ihrer Mitte die göttliche Botschaft empfangen. Diese gerade jetzt ergangene Offenbarung zeichnet sich gegenüber den älteren durch einen unschätzbaren Vorzug aus: Wie sie jetzt vorgetragen wird, fließt sie unmittelbar und rein aus der göttlichen Eingebung. Die Juden und Christen sind dagegen gezwungen, auf schriftliche Aufzeichnungen zurückzugreifen, die bereits durch viele Hände gegangen sind und daher den ursprünglichen Inhalt des Gotteswortes nur getrübt oder gar entstellt bewahren. Aus der Unmittelbarkeit, mit der die Offenbarung Muḥammad zuströmt, leitet sich die ungleich höhere Autorität des an ihn ergangenen und von ihm vorgetragenen Wortes ab. Das vom Propheten Muḥammad vorgetragene Wort ist im Streit mit den Schriftbesitzern deshalb in jedem Fall das bessere Argument. Es ist zudem von Gott dem Propheten in dessen Muttersprache, im Arabischen, eingegeben worden, ist den Zuhörern daher sogleich verständlich und muß nicht erst, wie etwa das Alte Testament oder die Evangelien, übertragen werden. So war die von Muḥammad als unmittelbar von Gott stammende Rede formal eindeutig vom Buchwissen der Schriftbesitzer unterschieden.[62] Nach Auffassung des Korans zeitigt dieser Umstand schwerwiegende inhaltliche Folgen.

Sure 3 „Die Sippe Imrans", Vers 78 bis 93: 78 (Unter den Schriftbesitzern) gibt es eine Gruppe, die ihre Zunge zum Hervorbringen von Schriftwort verdrehen, damit ihr meint, es sei Schriftwort, dabei gehört es nicht zur Schrift. Sie behaupten, es stamme von Gott, dabei kommt es gar nicht von ihm. Wissentlich reden sie Lügen über Gott. 79 Es ist niemandem möglich, von Gott die Schrift, Entscheidungskraft und Prophetenschaft zu empfangen und dann zu den Menschen zu sagen: „Seid nun meine statt Gottes Knechte!" Seid vielmehr Rabbiner, indem ihr die Schrift lehrt und indem ihr studiert! 80 Auch kann euch niemand befehlen, die Engel oder die Propheten als Herren anzunehmen. Befiehlt er euch etwa Unglauben, nachdem ihr euch zu ihm gewandt habt? 81 Damals schloß Gott mit den Propheten einen Bund: „Ihr wißt, was ich euch von der Schrift und der Weisheit brachte! Später wird ein Gesandter kommen, der bestätigt, was ihr habt. Ihr sollt an ihn glauben und ihn unterstützen!" Gott fragte: „Bekennt ihr dies und verpflichtet ihr euch hierzu mir gegenüber?" Sie erwiderten: „Wir bekennen es!" Gott forderte: „So legt hierfür Zeugnis ab! Ich werde mit euch Zeugnis ablegen!" 82 Wer sich hiernach abwendet, der ist ein Missetäter! 83 Erstreben sie etwas anderes als den Glauben an Gott, wo sich doch alles, was in den Himmeln und der Erde ist, freiwillig oder gezwungen ihm zuwendet? Zu ihm werden alle zurückgebracht. 84 Sprich: „Wir glauben an Gott und an das, was auf uns herabgesandt wurde, und an das, was auf Abraham, Ismael, Isaak, Jakob, die Stämme Israels herabgesandt wurde und was Mose und Jesus und die Propheten von ihrem Herrn erhielten. Wir machen zwischen niemandem von ihnen einen Unterschied, wo wir uns doch Gott zuwenden." 85 Wer als Glaubenslehre etwas anderes als die „Hinwendung" (d. h. den Islam) sucht, von dem wird Gott nichts annehmen, und im Jenseits gehört er zu den Verlierern. 86 Wie sollte Gott ein Volk rechtleiten, das nach Gewinn des Glaubens wieder ungläubig wurde? Es bezeugte doch, daß der Gesandte Wahrheit sei, und es erhielt Beweise! Gott leitet das frevelnde Volk nicht recht. 87 Dessen Lohn ist es, daß der Fluch Gottes, der Engel und aller Menschen auf ihm liegt. 88 Ewig wird es (in der Hölle) bleiben, die Strafe wird ihm nicht erleichtert, kein Aufschub wird ihm gewährt! 89 Außer denjenigen, die hernach Buße tun und rechtschaffen handeln. Gott ist verzeihend und barmherzig. 90 Die Buße derjenigen, die nach Gewinn des Glaubens

ungläubig werden, dann aber ihren Unglauben noch verstärken, wird
jedoch nicht angenommen werden; jene gehen in die Irre! 91 Von denen, die ungläubig sind und als Ungläubige sterben – von jemandem aus
ihrer Mitte wird selbst die ganze Erde voll mit Gold nicht angenommen,
sollte er sich damit freikaufen wollen! Jene haben eine schmerzhafte
Strafe zu gewärtigen, sie haben keinen Beistand! 92 Ihr werdet Frömmigkeit nicht eher erlangen, als ihr von dem spendet, was ihr liebt. Doch
solltet ihr irgendetwas spenden, so weiß Gott genau darüber Bescheid.
93 Alle Speise war den Israeliten erlaubt außer der, die Israel sich selbst
verbot, bevor die Tora herabgesandt wurde. Sprich: „Bringt die Tora und
lest sie, wenn ihr meint, ihr sagt die Wahrheit!"

Sure 57 „Das Eisen", Vers 26 bis 27: 26 Wir hatten Noah und Abraham
gesandt und hatten die Prophetenschaft und die Schrift in ihre Nachkommenschaft gelegt. Einige unter ihnen gingen den rechten Weg, viele von
ihnen aber waren Missetäter. 27 Dann ließen wir auf sie unsere Gesandten folgen, so Jesus, den Sohn der Maria. Ihm gaben wir das Evangelium,
und in die Herzen seiner Anhängerschaft legten wir Güte und Barmherzigkeit – und auch das Mönchtum! Letzteres freilich erfanden sie von sich
aus. Wir schrieben es ihnen nicht vor, es sei denn, sie wollten damit das
Wohlgefallen Gottes erstreben. Doch hielten sie (das Mönchtum) nicht
richtig ein. Aber den Gläubigen unter ihnen geben wir ihren Lohn. Viele
von ihnen sind allerdings Missetäter.

Die Schriftbesitzer, die die gesamte Kenntnis der Religion aus schriftlich überlieferten Quellen schöpfen, verfügen nicht mehr über das Wissen um die Lebensordnung, wie es Gott den Menschen mehrmals in authentischer Form übergeben hat. Daher halten die Juden viel strengere Speisegebote ein als die von Gott erlassenen; sie bewahren damit eine falsche, in die Zeit vor der Offenbarung zurückreichende Tradition. Ähnlich die Christen! Sie haben, um sich Gott besonders gefällig zu erweisen, das Mönchtum ersonnen, eine Lebensweise, die in ihren streng ausgeprägten Erscheinungsformen den Absichten Gottes zuwiderläuft. Weil den Juden und den Christen inzwischen der unmittelbare Zugang zu Gottes Willen fehlt, sind sie nicht mehr in der Lage, derartige abweichende Überlieferungen zu erkennen und auszumerzen. Sie sollten deshalb ohne Zögern die Prophetenschaft Muḥammads anerkennen und sich den wirklichen Gesetzen des Schöpfers beugen. Der schriftunkundige Prophet verkündet seinesgleichen, den schriftunkundigen Arabern, erstmalig die gottgewollte Ordnung und den rechten Glauben; den Schriftbesitzern gegenüber erhebt er den Anspruch, als Reformer anerkannt zu werden. So soll durch sein Auftreten die ganze Menschheit sich in der ursprünglichen Art und Weise verehrend zu Gott wenden, „muslimisch" werden.

Wenn Juden und Christen der Aufforderung Muḥammads Folge leisten, finden sie nicht nur auf den richtigen Weg zu Gott zurück, sondern sie befreien sich auch von falschen Autoritäten, die ihnen den unmittelbaren Zugang zu ihrem Schöpfer verlegen – von den Priestern und Rabbinern, die sich zu Spezialisten des schriftlichen Gotteswortes aufschwangen, die überlieferte Offenbarung immer aufs neue durchdachten und erläuterten. Dies führte zur Herausbildung einer Gottesgelehrsamkeit, die nicht mehr allen Gläubigen verständlich und zugänglich war. Angesichts der Unmittelbarkeit der Gotteserfahrung Muḥammads müssen sie ihre nur angemaßten Aufgaben verlieren – eine Vorstellung, an der der Islam bis auf den heutigen Tag festhält, obwohl nach dem Tode des Propheten zwangsläufig auch unter den Muslimen sich eine Schicht von Sachkennern herausbildete, die maßgeblich die Fortentwicklung der theologischen und rechtlichen Grundlagen des Korans beeinflußte. Freilich verstehen sich die muslimischen Rechts- und Gottesgelehrten im Gegensatz zu den christlichen Priestern in keiner Weise als Vermittler des Heils, sondern eben nur als Wahrer der gottgewollten Ordnung des Diesseits und des vom Schöpfer selber kundgegebenen Gottesverständnisses, und die Menschen gewinnen das Paradies auf sich selbst gestellt, indem sie entsprechend der offenbarten Ordnung leben und Gott so verehren, wie er sich im Koran ihnen zu erkennen gegeben hat. Der absolute Geltungsanspruch des schriftunkundigen Propheten gerade auch den Schriftbesitzern gegenüber wird im Koran mit dem Bild des Bundes verdeutlicht, den Gott in der Vorzeit mit all seinen Gesandten abgeschlossen hat. Sie mußten einen Eid darauf ablegen, daß einst ein Gesandter auftreten werde, der die ihnen anvertraute Botschaft bestätigen werde – bestätigen in dem Sinne, daß er sie von den Ablagerungen befreien werde, die im Laufe der Geschichte den reinen, ursprünglichen Zustand der Botschaft verdeckten.

Sure 61 „Die Schlachtreihe": Im Namen Gottes des Barmherzigen, des Erbarmers! 1 Alles, was in den Himmeln und auf der Erde ist, preist Gott. Er ist mächtig und weise. 2 Ihr, die ihr glaubt! Warum redet ihr, was ihr nicht tut? 3 Es ist Gott überaus verhaßt, daß ihr redet, was ihr nicht tut! 4 Gott liebt diejenigen, die auf seinem Pfad in einer Schlachtreihe kämpfen, als seien sie ein festgefügtes Bauwerk. 5 Einst sagte Mose zu seinem Volk: „Mein Volk, warum beleidigt ihr mich, obwohl ihr doch wißt, daß ich Gottes Gesandter zu euch bin?" Und als sie abwichen, ließ Gott ihre Herzen noch weiter abweichen. Gott leitet ein Volk, das Missetaten begeht, nicht recht. 6 Und einst sagte Jesus, der Sohn der Maria: „Ihr Israeliten! Ich bin der Gesandte Gottes an euch. Ich bestätige die vor mir offenbarte Tora und verheiße euch einen Gesandten, der nach mir kommen wird. Sein Name ist Aḥmad." Und als Jesus mit

Beweisen kam, sprachen sie: „Dies ist offenkundige Zauberei!" 7 Wer aber ist frevelhafter als der, der gegen Gott Lügen ersinnt, obzwar er zur Hinwendung zu Gott (d. h. zum Islam) gerufen wird! Gott leitet ein Volk, das frevelt, nicht recht. 8 Sie möchten mit ihrem Geschwätz das Licht Gottes auslöschen. Doch Gott wird sein Licht vollenden, selbst wenn dies den Ungläubigen mißfällt! 9 Er ist es, der seinen Gesandten mit der Rechtleitung und dem wahren Glauben geschickt hat, um diesen über allen Glauben triumphieren zu lassen, selbst wenn dies den Polytheisten mißfällt. 10 Ihr, die ihr glaubt! Soll ich euch auf einen Handel hinweisen, der euch vor einer schmerzhaften Strafe rettet? 11 Ihr müßt an Gott und seinen Gesandten glauben und mit eurem Vermögen und eurer Person auf dem Pfade Gottes kämpfen. Das ist besser für euch, wenn ihr schon meint, Wissen zu haben! 12 Gott wird euch dann eure Sünden vergeben und euch in Gärten bringen, durch die unten Bäche fließen, und in gute Behausungen in den Gärten von Eden. Dies ist der gewaltige Gewinn! 13 Und noch etwas anderes, das ihr liebt, sollt ihr bekommen: Hilfe von Gott und einen nahen Erfolg! – Verkünde den Gläubigen Gutes! 14 Ihr, die ihr glaubt! Seid Helfer Gottes! Genau wie einst Jesus, der Sohn der Maria, seine Jünger fragte: „Wer sind meine Helfer zu Gott?" Da antworteten die Jünger: „Wir sind Gottes Helfer!" Eine Gruppe von den Israeliten wurde hierauf gläubig, eine andere nicht. Da unterstützten wir die Gläubigen gegen ihren Feind, und sie wurden die Triumphierenden!

Wie die oben zur Begründung des prophetischen Absolutheitsanspruches mit der Unmittelbarkeit seiner Gotteserfahrung zitierten Abschnitte des Korans gehört auch die 61. Sure „Die Schlachtreihe" in die medinensische Zeit. Nicht alle, die an die Worte des Propheten glauben, handeln danach. Doch selbst Mose mußte ähnliche Erfahrungen machen. Gott will eben diejenigen, die in die Irre gehen, nicht rechtleiten. Später wurde Jesus zum Gottesgesandten berufen, um die Mose geoffenbarte Tora zu bestätigen. Jesus verkündete zugleich die Ankunft eines weiteren Propheten, dessen Name Aḥmad, zu deutsch „hochlöblich", sei, eine ganz klare Anspielung auf Muḥammad, dessen Eigenname von derselben arabischen Wortwurzel abgeleitet ist.[63] Wie später dem mekkanischen Propheten, so hielt man auch Jesus vor, dies alles seien nur Zauberworte. Es sind stets die gleichen Mittel, mit denen die Ungläubigen das Licht Gottes löschen wollen. Doch Gott läßt dies nicht zu, und die Gläubigen, die die Propheten mit Taten unterstützen, werden nicht nur im Jenseits großen Gewinn erhalten, sondern schon im Diesseits triumphieren, so wie Muḥammad und sein Anhang über die Mekkaner triumphiert haben.

Der prophetische Absolutheitsanspruch kann freilich nicht allein aus der Unvermitteltheit der Muḥammad anvertrauten Botschaft abgeleitet werden. Er wurzelt vielmehr auch in der Vorstellung, der Islam, die Hinwendung zu Gott, sei die Urform menschlicher Gottesverehrung, die Urform, die mit der Stiftungstat Abrahams und Ismaels in Mekka geschichtliche Wirklichkeit geworden und seitdem, wenn auch oft verdeckt, wirksam geblieben ist. Zwar sind auch Adam und Noah Propheten gewesen, aber ihr Werk wurde mit der Vernichtung der frevelnden Menschheit in der Sintflut zerstört. Im Koran stellt der Bau der Kaaba durch Abraham einen Neuanfang dar. Erst die spätere islamische Volksfrömmigkeit bringt Mekka schon mit Adam in Verbindung und macht sich Gedanken über den Verbleib des Schwarzen Steines während der Sintflut. Abraham als Errichter der Kaaba und als der Mensch, der zur Urform der Gottesverehrung findet, tritt bereits am Ende der mekkanischen Periode in den Gesichtskreis des Propheten. Der vor allem in Medina gegen Christen und Juden verfochtene Absolutheitsanspruch ist folglich auch als die in die Wirklichkeit des damaligen Alltags übertragene Erkenntnis zu verstehen, daß es seit dem Bekehrungserlebnis Abrahams und dem Stiftungsakt in Mekka eine allumfassende Form menschlicher Religiosität gibt: die Hinwendung zum Schöpfer, den Islam.

Sure 37 „Die sich Reihenden" enthält die wahrscheinlich älteste ausführliche Erwähnung Abrahams. In den Versen 99 bis 113 wird erzählt, wie er von Gott aufgefordert wird, seinen Sohn Isaak zu opfern. Isaak wird wie im Alten Testament ausgelöst, als der unerschütterliche Gehorsam seines Vaters erwiesen ist. Ismael wird in dieser Sure, die zu den ersten der mittelmekkanischen Periode gehört, noch nicht genannt; auch ein Zusammenhang zur mekkanischen Gründungssage wird noch nicht hergestellt. In den etwas jüngeren Belegen tritt dann das Motiv der Gottessuche Abrahams in den Vordergrund.

Sure 21 „Die Propheten", Vers 51 bis 70: 51 Bereits vorher hatten wir dem Abraham reife Einsichtskraft verliehen, da wir ihn genau kannten. 52 Damals sagte er zu seinem Vater und zu seinem Volk: „Was sind dies für Bildwerke, denen ihr so eifrig ergeben seid?" 53 Sie antworteten: „Wir fanden, daß schon unsere Väter sie verehrten." 54 Da entgegnete er: „So wart ihr und eure Väter in offenkundigem Irrtum befangen!" 55 Sie fragten: „Bringst du uns die Wahrheit, oder tändelst du nur?" 56 Er antwortete: „Nein! Euer Herr ist der Herr der Himmel und der Erde, der sie geschaffen hat. Und ich will euch das bezeugen! 57 Bei Gott! Ich will eure Götzen überlisten, sobald ihr den Rücken kehrt!" 58 Er zerschlug sie in Stückchen, bis auf eines ihrer größten, weil sie sich vielleicht später an es wenden würden. 59 Sie riefen: „Wer hat das mit unseren Göttern gemacht? Der ist wirklich ein Frevler!" 60 Man sagte: „Wir hörten, wie ein junger Mann mit Namen Abraham von ihnen redete." 61 Sie befahlen: „Bringt ihn vor die Augen der Leute! Vielleicht können sie es bezeugen!" 62 Sie fragten ihn: „Hast du das mit unseren Göttern gemacht, Abraham?" 63 Er antwortete: „Nein! Das hat das größte von ihnen getan! Fragt sie doch, wenn ihr meint, daß sie reden können!" 64 Da gingen sie in sich. Sie sagten sich: „Ihr seid doch Frevler!" 65 Aber dann fielen sie in den Unglauben zurück: „Du wußtest doch, daß sie nicht reden können!" 66 Abraham antwortete: „Da wollt ihr tatsächlich an Gottes Stelle etwas verehren, das euch weder etwas nutzen noch schaden kann? 67 Pfui über euch und das, was ihr an Gottes Stelle verehrt! Habt ihr denn keinen Verstand?" 68 Da sprachen sie: „Verbrennt Abraham und helft euren Göttern, wenn ihr glaubt, etwas tun zu können!" 69 Wir aber sprachen: „Feuer! Sei für Abraham kalt und harmlos!" 70 Sie wollten Ränke wider ihn schmieden. Doch wir machten, daß sie am meisten einbüßten!

Sure 6 „Das Vieh", Vers 74 bis 90: 74 Damals sagte Abraham zu seinem Vater Āzār: „Nimmst du etwa Götzenbilder für Götter? Ich meine, du und dein Volk, ihr befindet euch in einem klaren Irrtum!" 75 Derart zeigten wir Abraham das Reich der Himmel und der Erde und wollten, daß er zu denen gehört, die Gewißheit erlangen. 76 Als nun die Nacht über ihn hereinbrach, erblickte er einen Stern. Er sprach: „Dies ist mein Herr!" Als der aber unterging, sagte Abraham: „Ich mag nicht die, die untergehen!" 77 Und als er den Mond aufgehen sah, sprach er: „Dieser ist mein Herr!" Wie dieser aber unterging, sagte Abraham: „Wenn mich mein Herr nicht rechtleitet, muß ich tatsächlich zu denen gehören, die in die Irre gehen!" 78 Als er nun die Sonne aufgehen sah, rief er: „Dieser ist mein Herr, dieser ist am größten!" Als sie aber unterging, sprach er: „Mein Volk! Mit eurer Vielgötterei habe ich nichts mehr zu tun! 79 Ich wende als Gottsucher[64] mein Gesicht zu dem, der die Himmel und die Erde geschaffen hat, und gehöre nicht zu den Polytheisten!" 80 Da stritten seine Leute mit ihm, worauf er sagte: „Wollt ihr mit mir über Gott streiten, wo er mich doch auf den rechten Weg gebracht hat? Ich fürchte nicht die, die ihr ihm beigesellt, es sei denn, mein Herr wollte etwas dergleichen. Mein Herr erfaßt alles mit seinem Wissen. Wollt ihr euch nicht mahnen lassen? 81 Wie sollte ich die fürchten, die ihr beigesellt, wo ihr euch nicht einmal davor fürchtet, Gott etwas beizugesellen, obwohl er euch hierzu gar keine Vollmacht herabgesandt hat? Welche Seite verdient die Sicherheit mehr? (Antwortet) wenn ihr meint, es zu wissen!" 82 Diejenigen, die glauben und ihren Glauben nicht mit Frevel vermischen, die haben die Sicherheit, und sie gehen den rechten Weg. 83 Jenes ist unser Argument, das wir Abraham gegen sein Volk gaben. Wir erhöhen um Stufen, wen wir wollen. Dein Herr ist weise und wissend. 84 Und wir schenkten (dem Abraham) Isaak und Jakob; sie alle leiteten wir recht. Und auch Noah hatten wir schon vorher rechtgeleitet. Sowie aus Abrahams Nachkommenschaft den David, den Salomo, Hiob, Josef, Mose und Aaron. So vergelten wir es denen, die Gutes tun. 85 Sowie Zacharias, Johannes, Jesus und Elias. Sie alle gehören zu den Frommen. 86 Und Ismael, Elisa, Jonas und Lot. Alle diese stellten wir über die übrigen Menschen. 87 Sowie einige von ihren Vorvätern, Nachkommen und Brüdern. Wir erwählten sie und führten sie auf gerader Straße. 88 Das ist Gottes Rechtleitung. Er leitet damit die unter seinen Dienern, die er will, auf den rechten Weg. Hätten sie Gott etwas beigesellt, wäre das, was sie taten, zum Scheitern verurteilt gewesen. 89 Jene sind es, denen wir die Schrift, die Weisheit und die Prophetenschaft gegeben haben. Wenn nun diese[65] nicht an das Prophetentum glauben, nun, so haben wir es bereits Leuten anvertraut, die es nicht bestreiten. 90 Jene aber sind es, die Gott rechtgeleitet hat. Nimm dir ihre Rechtleitung zum Vorbild! Sprich: „Ich bitte euch hierfür[66] um keinerlei Lohn! Es ist nichts als eine Mahnung für die Menschen."

Durch die Beobachtung der Natur findet Abraham zum Glauben an den einen Schöpfergott – genau wie im Koran schon in sehr alten Suren auf das Naturgeschehen verwiesen wird, um den Ungläubigen die Schöpferkraft Gottes vor Augen zu führen. Besonders klar ist dieser Erkenntnisvorgang in der 6. Sure „Das Vieh" dargestellt; zwischen den Zeilen findet er sich auch in Sure 21 „Die Propheten", hier verknüpft mit dem oft vom Koran gegen die Götzendiener ins Feld geführten Beweisgrund, daß es sinnlos sei, eine Sache zu verehren, die einem weder nützen noch schaden könne. Welcher Art ist nun der Glaube, den Abraham erringt? Abraham wendet sein Gesicht zu dem einen Schöpfergott, wie es in Sure 6, Vers 79 heißt. Wir stoßen damit erneut auf die schon erwähnte Geste aller ursprünglichen Religiosität, die Hinwendung zu Gott, was soviel bedeutet wie die Ausrichtung des ganzen menschlichen Seins auf die vom Schöpfer verfügte Ordnung alles Geschaffenen und die vollkommene Abkehr von allen Einflüsterungen des Satans, die die umfassende Eingestimmtheit des Menschen auf seinen Herrn stören könnten. „Das Gesicht zu Gott hinwenden" nennt der Koran diese das Individuum mit seinem wahren Urgrund vereinende Daseinsform, und vermutlich wurde diese Daseinsform für den Einzelnen dadurch begründet, daß er in einer symbolischen Körperwendung sich Gott zukehrte.[67] Dieser Akt begründete, wie für Abraham in Sure 6 dargestellt, die Zugehörigkeit zum Kreis der Gläubigen. Als „die Gläubigen" werden im Koran die Anhänger eines jeden Propheten, insonderheit natürlich die stets angesprochene Gefolgschaft Muḥammads, bezeichnet. „Heerführer der Gläubigen", nicht etwa „der Muslime", war einer der ältesten Titel des Oberhauptes des islamischen Gemeinwesens; er entstand unter ʿUmar (reg. 634–644). Wie an anderer Stelle näher zu erläutern ist, macht der Koran in medinensischer Zeit einen Unterschied zwischen denjenigen, „die sich zu Gott gewendet haben“ und den Gläubigen; erstere werden gescholten, weil sie zwar formal der Gemeinde des Propheten beigetreten sind, aber nur wenig Bereitschaft zeigen, alle mit diesem Schritt verbundenen, das gesamte Leben umgestaltenden Folgen auf sich zu nehmen. Der formale Bekehrungsakt, die Hinwendung zu Gott, wird durch das arabische Verbum „aslama“ wiedergegeben. „Islam“ ist das hiervon abgeleitete Verbalnomen, bedeutet also ursprünglich „Hinwendung zu Gott“ im besprochenen Sinn; „Muslim“, das aktive Partizip von „aslama“, benennt denjenigen, der diese Hinwendung und damit den Beitritt zur Gemeinschaft der Gläubigen vollzogen hat. Es ist für die Entwicklung der meisten Religionen charakteristisch, daß schließlich ein formaler Beitrittsakt das allein entscheidende Kriterium für die Mitgliedschaft der breiten Masse wird. So auch hier! „Islam“ entwickelt sich sogar zum Eigennamen der von Muḥammad gestifteten Religion; „Muslime“ sind es, die diesem Glauben anhängen. Im Laufe der islamischen Religionsgeschichte hat es freilich immer wieder Strömungen gegeben, die den Islam nur als äußeren Rahmen für das irdische Leben betrachteten, durch den hindurch es zum tätig geübten Glauben vorzudringen gelte. Bereits in der medinensischen 2. Sure „Die Kuh“, Vers 177, wird der wesentliche Unterschied zwischen dem formalen Akt der Hinwendung zu Gott und der inhaltlichen Aneignung der existentiellen Folgen dieses Aktes angesprochen: Es ist kein Zeichen von Frömmigkeit, daß ihr das Gesicht nach Osten und Westen wendet. Frömmigkeit beweist nur der, der an Gott, den Jüngsten Tag, die Engel, die Schrift und die Propheten glaubt, sein Vermögen, obgleich er es liebt, den Verwandten, den Waisenkindern, den Armen, dem, der auf dem Pfad Gottes wandelt, den Bettlern und den freizukaufenden Sklaven darbringt, das rituelle Gebet einhält, und die Läuterungsgabe abführt. Diejenigen, die eine eingegangene Verpflichtung erfüllen und in Not und Unglück und in der Zeit des Kampfes ausharren, die sind es, die wahrhaftig sind, die zeigen wirklich Gottesfurcht!

Doch zurück zu Abraham! Er vollzieht, so heißt es, die Hinwendung zum Schöpfer und zeigt sich damit als Gottsucher. Diese Übersetzung wurde hier gewählt für den inhaltlich nicht eindeutig festlegbaren arabischen Begriff „ḥanīf“. Man bezeichnete mit diesem Wort im alten Arabien Männer, die der ethischen und religiösen Abstumpfung, die im damals bereits in Auflösung begriffenen Heidentum spürbar wurde, zu entgehen suchten, ohne sich einer der bekannten Hochreligionen anzuschließen. Vielleicht waren sie bestrebt, wie Abraham im Koran, einen eigenen Weg zur Erkenntnis und Erfahrung des einen Gottes zu finden, der die Welt schuf und sie lenkt. Als „ḥanīfische“ Religion wird der Islam bisweilen bezeichnet, eben deshalb, weil er sich bewußt als Wiederherstellung jenes abrahamischen Urglaubens begreift. In Sure 6 „Das Vieh" werden ja alle Nachkommen Abrahams aufgezählt, die in seinem Sinne diesen Glauben bewahrten, und die Gestalt Noahs wird gewissermaßen im nachhinein in diesen Kreis einbezogen.

Sure 16 „Die Bienen", Vers 123: Darauf gaben wir dir ein: „Folge der Religionsgemeinschaft Abrahams, des Gottsuchers! Er gehörte nicht zu den Polytheisten."

Sure 4 „Die Frauen", Vers 122 bis 125: 122 Diejenigen, die glauben und fromme Werke tun, werden wir in Gärten bringen, durch die unten Bäche fließen. Ewig bleiben sie dort – so lautet das Versprechen Gottes, welches wahr ist. Wer würde wahrhaftiger sprechen als Gott? 123 Dies geschieht nicht nach euren Wünschen, nicht nach den Wünschen der Schriftbesitzer. Wer Böses tut, dem wird dafür vergolten, und an Gottes Statt kann er für sich weder Freund noch Helfer finden. 124 Wer, sei es Mann oder Frau, als Gläubiger fromme Werke tut, der betritt das Paradies, und nicht um das Keimgrübchen eines Dattelkerns wird er übervorteilt. 125 Und wer hat einen besseren Glauben als der, der, Gutes tuend, sein Gesicht zu Gott hinwendet und sich der Glaubensgemeinschaft Abrahams, des Gottsuchers, anschließt? Gott erwählte Abraham zum Freund!

Sure 3 „Die Sippe Imrans", Vers 64 bis 68: 64 Sprich: „Ihr Schriftbesitzer! Wohlan zu einem Wort, das zwischen uns und euch gleich gelten soll: Wir wollen allein Gott verehren und ihm nichts beigesellen und nicht uns gegenseitig zu Herren an Gottes Stelle nehmen! Wenn sie sich abkehren, so sprecht wenigstens: ‚Bezeugt, daß wir uns zu Gott wenden!'"[68] 65 Ihr Schriftbesitzer, weshalb streitet ihr bezüglich Abrahams? Die Tora und das Evangelium sind doch erst nach ihm herabgesandt worden! Habt ihr denn keinen Verstand? 66 Zunächst habt ihr über etwas gestritten, worüber ihr Bescheid wußtet.[69] Weshalb streitet ihr nun über etwas, wovon ihr nichts wißt? Gott weiß Bescheid, ihr aber nicht! 67 Abraham war weder Jude noch Christ, sondern ein Gottsucher, der sich (zum Schöpfer) hingewandt hat; er gehörte nicht zu den Polytheisten. 68 Wahrlich, Abraham am nächsten stehen die Leute, die sich ihm damals anschlossen, sowie dieser Prophet hier und die, die gläubig geworden sind! Gott ist der Freund der Gläubigen.

Sure 2 „Die Kuh", Vers 124 bis 141: 124 Damals wurde Abraham von seinem Herrn mit Worten auf die Probe gestellt, die er dann später vollendete. Gott sagte nämlich: „Ich werde dich zu einem Vorbild für die Menschen machen!" Da bat Abraham: „Auch einige aus meiner Nachkommenschaft!" Gott sprach: „Meine Verheißung bezieht die Frevler nicht mit ein!" 125 Damals erklärten wir das Haus[70] zu einem Wallfahrtsort für die Leute und zu einem gesicherten Bezirk: „Nehmt den Ort Abrahams zum Gebetsplatz!" Abraham und Ismael trugen wir auf: „Reinigt mein Haus für die, die es umkreisen, für die, die dort Andacht halten, für die, die sich im Gebet niederwerfen!" 126 Damals sagte Abraham: „Mein Herr, mach dies zu einer sicheren Ortschaft und gib ihren Bewohnern – denen von ihnen, die an Gott und den Jüngsten Tag glauben – von den Früchten zu essen!" Gott fuhr fort: „Den Ungläubigen lasse ich dies eine kurze Weile zum Genuß, dann zwinge ich sie zur Höllenstrafe! Ein schlimmes Schicksal!" 127 Damals führte Abraham zusammen mit Ismael die Fundamente des Hauses auf: „Unser Herr! Nimm dies von uns an! Du bist es, der alles hört und weiß! 128 Unser Herr! Mach, daß wir uns zu dir wenden! Mach aus unserer Nachkommenschaft eine zu dir gewandte – „muslimische" – Gemeinschaft! Und zeig uns unsere Riten, und wende dich uns zu! Du bist es, der sich barmherzig zuwendet! 129 Unser Herr! Und berufe unter ihnen einen Gesandten aus ihrer Mitte, der ihnen deine Wunderzeichen vorträgt, sie die Schrift und die Weisheit lehrt und sie läutert. Du bist der Mächtige und Weise!" 130 Wer könnte die Religionsgemeinschaft Abrahams verschmähen, außer jemandem, der gegen sich selber töricht ist? Wir haben Abraham im Diesseits erkoren, und auch im Jenseits zählt er zu den Frommen. 131 Damals sagte sein Herr zu ihm: „Wende dich zu mir!" Er antwortete: „Ich wende mich zum Herrn der Welten!" 132 Abraham und auch Jakob gaben dies ihren Söhnen zum Vermächtnis: „Meine Söhne! Gott hat für euch die Religion erkoren! Ihr sollt nicht sterben, es sei denn, zu ihm hingewandt!" 133 Oder wart ihr Zeugen, als Jakob im Sterben lag? Da fragte er seine Söhne: „Was verehrt ihr nach meinem Tode?" Sie antworteten: „Wir verehren deinen Gott, den Gott deiner Väter, Abrahams, Ismaels, Isaaks, und zwar als einen einzigen Gott, indem wir uns zu ihm hinwenden!" 134 Dies ist eine vergangene Gemeinschaft; ihr werden die Taten zugerechnet, die sie erworben hat. Auch euch wird angerechnet, was ihr an Taten erwerbt, aber man wird euch nicht danach fragen, was jene zu tun pflegten. 135 (Die Schriftbesitzer) wenden ein: „Seid Juden oder Christen! Dann geht ihr schon auf dem rechten Weg!" Sprich: „Seid vielmehr Mitglieder der Religionsgemeinschaft Abrahams des Gottsuchers, der nicht zu den Polytheisten zählte! 136 Sprecht: ‚Wir glauben an Gott und was uns und Abraham, Ismael, Isaak, Jakob und den Stämmen Israels offenbart wurde, sowie an das, was Mose und Jesus und was die Propheten von ihrem Herrn erhielten. Wir machen zwischen ihnen allen keinen Unterschied, wo wir uns doch zu Gott hinwenden!'" 137 Und wenn sie nun an dasselbe glauben wie ihr, so haben sie den rechten Weg gefunden. Kehren sie sich aber ab, zeigen sie bloße Feindseligkeit. In diesem Fall wird Gott dich vor ihnen schützen. Er hört und weiß alles. 138 Erstrebt die Initiierung zu Gott! Zu wem könnte eine Initiierung besser führen als zu Gott, sofern wir ihn verehren? 139 Sprich: „Ihr möchtet mit uns über Gott streiten? Er ist doch unser Herr und euer Herr: uns werden unsere Taten angerechnet, euch die euren! Wir aber verehren ihn aufrichtig." 140 Oder sagt ihr etwa: „Abraham, Ismael, Isaak, Jakob und die Stämme Israels waren Juden oder Christen?" Sprich: „Seid ihr wissender oder Gott?" Wer ist frevelhafter als jemand, der ein Zeugnis verschweigt, das er von Gott erhalten hat? Gott übergeht nicht, was ihr tut! 141 Dies ist eine vergangene Gemeinschaft; ihr werden die Taten zugerechnet, die sie erworben hat. Auch euch wird angerechnet, was ihr an Taten erwerbt, aber man wird euch nicht danach fragen, was jene zu tun pflegten!

Sure 98 „Der Beweis", Vers 1 bis 8: Im Namen Gottes, des Barmherzigen, des Erbarmers! 1 Die Ungläubigen unter den Schriftbesitzern und Polytheisten konnten sich nicht eher (vom Unglauben) lösen, als bis zu ihnen ein Beweis kam: 2 Ein Gesandter von Gott, der ihnen geläuterte Bücher vortrug, 3 die wahre Schriften enthielten. 4 Diejenigen, die eine Schrift erhalten hatten, zersplittern sich erst, nachdem sie einen Beweis erhalten hatten. 5 Dabei war ihnen nichts weiter befohlen worden, als Gott zu verehren, indem sie als Gottsucher ihren Glauben aufrichtig ganz ihm unterstellten, sowie das rituelle Gebet einzuhalten und die Läuterungsgabe abzuführen. Das ist der wahre Glaube! 6 Die Ungläubigen unter den Schriftbesitzern und Polytheisten sind auf ewig im Höllenfeuer. Sie sind die bösesten Geschöpfe! 7 Die aber, die glauben und fromme Werke tun, sind die besten Geschöpfe! 8 Ihr Lohn bei ihrem Herrn sind die Gärten Edens, durch die unten Bäche fließen. Dort bleiben sie ewig. Gott hat an ihnen Wohlgefallen, und sie an Gott. Dies für die, die ihren Herrn fürchten!

Die Hinwendung des Gottsuchers Abraham zu seinem Schöpfer – Abrahams „Islam" – ist ein Akt, der noch vor jeder im Verlauf der Geschichte bis in die Zeit Muḥammads überlieferten Religiosität liegt. Abrahams Islam war sowohl zeitlich als auch inhaltlich vor dem Judentum und dem Christentum, welche historisch gewachsene Sonderformen jener umfassenden Urreligion darstellen – Sonderformen, das bedeutet weiter, daß Juden und Christen nicht mehr über die ursprüngliche Reinheit und Fülle des Glaubens und des göttlichen Gesetzes verfügen. Allein unter den vom Koran aufgezählten Nachkommen Abrahams bleiben Glaube und Gesetz frei von den Ablagerungen der Zeitläufe erhalten, um dann wieder getreu einer vom Koran angenommenen Verheißung in den inspirierten Worten des schriftunkundigen Propheten Muḥammad hervorzubrechen. Welch eine Anmaßung von Seiten der Schriftbesitzer, ihn nicht anzuerkennen! In frevelhafter Weise verharren sie in ihrem Dünkel gegenüber allen Schriftunkundigen, die sie, wie wir lasen, sogar in Angelegenheiten des täglichen Lebens nicht ganz für voll nahmen (Sure 3, Vers 75 ff.). Nun ist gerade unter diesen Menschen, die bislang ohne Offenbarung geblieben waren, der Prophet erstanden, der sich in der unmittelbaren Nachfolge Abrahams weiß. Die Schriftbesitzer haben kein Recht, mit Muḥammad über die Gestalt Abrahams zu streiten, wie sie vorher über die anderen alttestamentlichen Figuren und deren Darstellung im Koran mit dem Propheten gestritten haben (Sure 4, Vers 66f.). In der Gottsuchergestalt Abrahams erkennt Muḥammad nun den Kern seiner Botschaft, das, was Juden und Christen mit ihren Erzählungen nicht mehr erfassen konnten, das, was älter und wahrer als der Glaube der Schriftbesitzer ist. Aus der Universalität der abrahamischen Hinwendung zu Gott leitet Muḥammad einen absoluten Geltungsanspruch ab, den er gegenüber Judentum und Christentum, fehlerhaften Weiterentwicklungen der Urreligion, verficht.[71] In Sure 98 „Der Beweis" wird dies klar und schroff ausgesprochen.

Neben der Unmittelbarkeit der Gotteserfahrung bildet der Gedanke vom allumfassenden, reinen Charakter einer aufs neue verkündeten abrahamischen Religion das zweite Element des universalen Geltungsanspruches des Propheten. Während das erste Element seine Plausibilität allein von der Person und den Worten Muḥammads herleiten kann, verknüpft das zweite den prophetischen Absolutheitsanspruch mit einem als historisch aufgefaßten Geschehnis und mit einem jedermann bekannten Ort: mit dem Bau der Kaaba in Mekka. Aus dem Bereich einer rein theoretischen Behauptung tritt Muḥammads Forderung an seine Landsleute, seine Offenbarung als die alleingültige Religion anzuerkennen, damit in einen Bereich greifbarer Erfahrung. Denn die an jenem Heiligtum vollzogenen Riten waren in der Gesellschaft des alten Arabien von größter politischer, wirtschaftlicher und religiöser Bedeutung. Auf diesen Umstand wurde schon verwiesen. Im Bewußtsein Muḥammads vollzog sich die Verknüpfung der Gottsuche mit dem mekkanischen Heiligtum, dessen quraišitische Verwalter sich auf Ismael zurückführten, offenbar nicht auf einmal. In Sure 6 „Das Vieh", die in die letzte Zeit des mekkanischen Wirkens Muḥammads fällt, wird Ismael bereits als einer der Wahrer der einen Urreligion genannt, aber er steht noch deutlich hinter Isaak und Jakob zurück. Anders dagegen in der frühmedinensischen Sure 2 „Die Kuh", in der von der Errichtung der Kaaba für die Wallfahrer die Rede ist: In Vers 140 wird Ismael in derselben Rolle gleich nach Abraham erwähnt.

Der hier skizzenhaft wiedergegebene Wandel des prophetischen Selbstverständnisses, der auf eine feste Verankerung des Geltungsanspruches in der damaligen Wirklichkeit hinauslief, bahnte sich in der spätmekkanischen Zeit an und war spätestens nach der Schlacht von Badr, als die 2. Sure offenbart wurde, vollzogen.[72] Die Erkenntnis des Ergebnisses dieses Entwicklungsprozesses vertieft unsere Auffassung vom politischen Taktieren des Propheten gegenüber seiner Vaterstadt erheblich. Wir stellten fest, daß wirtschaftliche Erwägungen Muḥammad zu Übergriffen auf mekkanische Karawanen zwangen, und wir sahen, daß nach einer Reihe von kriegerischen Auseinandersetzungen schließlich ziemlich überraschend das Abkommen von Ḥudaibija folgte, welches wiederum den Weg zu einer Rückkehr Muḥammads nach Mekka, zum Übertritt Mekkas zum Islam, ebnete. Als Beweggrund für die im Gefolge dieser Politik feststellbare Milde gegen seine ehemaligen Feinde unter den vornehmen Sippen der Quraiš – eine Milde, die die „Helfer" als anstößig empfunden hatten – wurde die gesellschaftliche Norm der Berücksichtigung verwandtschaftlicher Beziehungen geltend gemacht. Nun läßt sich für diese Politik ein weiteres, vielleicht ausschlaggebendes Motiv erkennen: der Wunsch, den mit der Kaaba in Mekka verbundenen Absolutheitsanspruch des Islam in die Wirklichkeit umzusetzen, ihn in einem reformierten Pilgerkult sichtbar zu machen, was von der Erfüllung bestimmter politischer Vorbedingungen abhing. Letztere herbeizuführen, war vermutlich das Ziel aller politischen und kriegerischen Unternehmungen, nie aber die Zerstörung Mekkas; in den oben übersetzten Versen 33 und 34 der 8. Sure „Die Beute" klingt dieser Zusammenhang an.

Wenn wir uns die kennzeichnenden Merkmale des prophetischen Absolutheitsanspruches vor Augen führen, löst sich auch der Widerspruch auf, den die europäische Leben-Muḥammad-Forschung bis in die jüngste Zeit hinein zwischen dem mekkanischen Warner und dem für unsere Begriffe bisweilen skrupellosen medinensischen Politiker und Heerführer empfand. Nicht der Hinweis auf die Andersartigkeit der damaligen Moral ist entscheidend,[73] wenn er auch nicht ohne weiteres abgetan werden sollte. Von größerem Gewicht ist aber zweifellos das sich aus Muḥammads Selbstverständnis ergebende Ziel, Mekka und die Kaaba dem reinen Glauben zurückzugewinnen, wie er ihm unmittelbar von Gott eingegeben worden war. Sich selber treu bleibend, entwickelte sich der Prophet aus dem „offenkundigen Warner" zur mächtigsten Persönlichkeit des damaligen Arabien.

Sure 42 „Die Beratschlagung", Vers 7 bis 10: 7 So haben wir dir einen arabischen Koran eingegeben, damit du die Mutter der Ortschaften und alle Menschen in ihrer Umgebung warnest, damit du warnest vor dem Tag der Versammlung, an dem nicht zu zweifeln ist – die eine Gruppe im Paradies, die andere im Höllenfeuer! 8 Hätte Gott gewollt, hätte er sie alle zu einer einzigen Gemeinschaft gemacht. Doch er umschließt mit seiner Barmherzigkeit, wen er will. Die Frevler aber haben weder Freund noch Helfer. 9 Oder haben sie sich an Gottes Stelle Freunde genommen? Nun, Gott ist der wahre Freund, wo er doch die Toten zum Leben erwecken kann und zu allem imstande ist! 10 Worüber immer ihr in Streit geraten mögt, darüber steht die Entscheidung Gott zu. Seht, das ist Gott, mein Herr! Auf ihn verlasse ich mich, und zu ihm kehre ich mich bußfertig.

Sure 4 „Die Frauen", Vers 58 bis 70 und Vers 80 bis 83: 58 Gott befiehlt euch, die euch anvertrauten Dinge ihren Besitzern zurückzuerstatten, und wenn ihr unter den Menschen einen Urteilsspruch fällt, gerecht zu urteilen. Wie gut ist das, wozu Gott euch ermahnt! Gott hört und durchschaut alles. 59 Ihr, die ihr glaubt! Gehorcht Gott und gehorcht dem Gesandten und denjenigen unter euch, die Befehlsgewalt innehaben! Und wenn ihr euch über etwas streitet, so legt es Gott und dem Gesandten vor, wenn ihr wirklich an Gott und den Jüngsten Tag glaubt! Das ist besser für euch und führt eher zu einem guten Ausgang![74] 60 Hast du nicht die gesehen, die behaupten, an das zu glauben, was dir herabgesandt und was vor dir herabgesandt wurde? Sie wollen einen Götzen um einen Urteilsspruch angehen, obwohl ihnen befohlen wurde, nicht an ihn zu glauben! Der Satan will sie weit in die Irre führen! 61 Sagt man zu ihnen: „Auf zu dem, was Gott offenbart hat! Auf zum Gesandten!" dann siehst du, wie sich die Heuchler ganz von dir abwenden! 62 Wie aber, wenn sie für ihre begangenen Taten ein Urteil trifft, und sie hierauf zu dir kommen und bei Gott schwören: „Wir beabsichtigten doch nichts, als Gutes zu tun und zum Erfolg zu verhelfen!"? 63 Was jene im Herzen tragen, weiß Gott ganz genau! Darum wende dich von ihnen ab! Mahne sie und sag ihnen nachdrücklich, wie es um sie steht! 64 Wir schickten einen Gesandten stets zu dem Zweck, daß man ihm – mit Gottes Erlaubnis[75] – gehorche. Kämen sie nun, sollten sie gegen sich selber gefrevelt haben, zu dir und bäten Gott um Vergebung und der Gesandte seinerseits bäte Gott für sie um Vergebung, dann fänden sie Gott gnädig und barmherzig! 65 Doch nein! Bei deinem Herrn! Sie glauben nicht, ehe sie nicht bei Streitfällen, die zwischen ihnen entstehen, dich zum Schiedsmann bestellen und hierauf gegen deine Entscheidung nichts einzuwenden haben und sich ganz unterwerfen. 66 Doch schrieben wir ihnen etwa vor: „Tötet euch selbst!" oder: „Verlaßt eure Wohnstätten!", so täten dies nur wenige von ihnen. Machten sie aber, wozu sie ermahnt werden, wäre es besser für sie und brächte ihnen kräftigere Festigung. 67 In einem solchen Fall gäben wir ihnen unsererseits gewaltigen Lohn! 68 Und wir führten sie auf gerader Straße! 69 Diejenigen, die Gott und dem Gesandten gehorchen, werden zusammen mit den Propheten, den Wahrhaftigen, den Zeugen und den Frommen sein, denen Gott Güte erwies – welch gute Gefährten sind sie! 70 Dies ist eine Gnade von

Gott. Gott weiß sehr gut Bescheid! ... 80 Wer dem Gesandten gehorcht, der hat Gott gehorcht. Doch wer sich abwendet – nun, wir schickten dich nicht als Wächter über sie! 81 Sie sagen: „Gehorsam!" Sobald sie aber von dir fortgehen, beschließt über Nacht eine Gruppe von ihnen etwas anderes, als sie sagt. Gott jedoch schreibt auf, was sie des Nachts beschließen. Wende dich von ihnen ab und vertraue auf Gott! Der ist ein trefflicher Sachwalter! 82 Durchdenken sie denn gar nicht den Koran? Stammte er von jemand anderem als von Gott, fänden sie darin viel Widersprüchliches. 83 Wenn sie etwas über Sicherheit oder Unsicherheit der Lage hören, verbreiten sie es. Brächten sie es aber vor den Gesandten und die, die Befehlsgewalt innehaben, dann erführen es diejenigen unter ihnen, die es zu ergründen verstehen. Ruhten nicht auf euch Gottes Gnade und Barmherzigkeit, so folgtet ihr bis auf wenige Ausnahmen dem Satan!

Sure 5 „Der Tisch", Vers 54 bis 58: 54 Ihr, die ihr glaubt! Wer unter euch von seinem Glauben abfällt – nun, Gott wird ein Volk bringen, das er liebt und das ihn liebt, demütig gegen die Gläubigen, stark gegen die Ungläubigen, das auf dem Pfade Gottes kämpft und niemandes Tadel fürchtet! Das ist die Gnade Gottes, die er gibt, wem er will. Gott ist allumfassend und allwissend. 55 Euer Freund ist nur Gott – und sein Gesandter und alle, die glauben, das heißt diejenigen, die, indem sie sich niederwerfen, das rituelle Gebet verrichten und die die Läuterungsgabe abführen. 56 Wenn sich jemand Gott, seinen Gesandten und die Gläubigen zu Freunden nimmt – nun, die Partei Gottes ist die siegreiche! 57 Ihr, die ihr glaubt! Nehmt euch niemanden von denen, die vor euch die Schrift erhielten, zum Freund, der mit eurem Glauben Spiel und Spott treibt, und auch keine Ungläubigen! Fürchtet Gott, wenn ihr wirklich gläubig seid! 58 Wenn ihr zum rituellen Gebet ruft, treiben sie damit Spiel und Spott, und zwar weil sie Leute sind, die keinen Verstand haben.

Sure 9 „Die Buße", Vers 97 bis 106 und 111 bis 114: 97 Die Beduinen neigen mehr (als die übrigen Araber) zum Unglauben und zur Heuchelei. Bei ihnen kommt es eher vor, daß sie um die Grenzen dessen, was Gott auf seinen Propheten herabgesandt hat, nicht wissen. Gott ist allwissend und weise! 98 Unter den Beduinen gibt es einige, die das, was sie aufwenden, als eine Geldschuld (die sie bei euch guthaben) betrachten und warten, daß sich das Geschick gegen euch wendet.[76] Gegen sie wendet sich ein schlimmes Geschick! Gott hört und weiß alles! 99 Doch es gibt unter den Beduinen auch einige, die an Gott und den Jüngsten Tag glauben und ihre Aufwendungen als Mittel, Gott nahezukommen, und als Segenswünsche des Gesandten betrachten.[77] Tatsächlich, dies ist für sie ein Weg der Annäherung (an Gott). Gott wird sie in seine Barmherzigkeit einschließen! Gott ist verzeihend und barmherzig! 100 Die, die sich als erste zur Verfügung stellten, nämlich die Auswanderer, die Helfer und alle die, die ihnen mit der guten Tat folgten – an diesen hat Gott Wohlgefallen, und sie an ihm! Er hat für sie Gärten vorbereitet, durch die unten Bäche fließen. Ewig bleiben sie darin. Das ist der gewaltige Gewinn! 101 Unter den Beduinen in eurer Umgebung und auch unter den Bewohnern von Medina gibt es Heuchler. Sie haben sich auf die Heuchelei versteift. Du kennst sie nicht, aber wir kennen sie. Zweimal werden wir sie bestrafen, und dann werden sie einer gewaltigen Strafe zugeführt. 102 Andere wieder bekannten ihre Sünden. Sie vermischten gutes Tun mit anderem, bösem. Vielleicht wird sich Gott ihnen gnädig zuwenden. Gott ist verzeihend und barmherzig. 103 Nimm aus ihrem Eigentum die Almosensteuer, durch die du sie läuterst und reinigst, und bete für sie! Dein Gebet verschafft ihnen Beruhigung. Gott hört und weiß alles. 104 Wußten sie denn nicht, daß Gott es ist, der von seinen Knechten die Buße annimmt und die Almosengaben empfängt, und daß Gott es ist, der sich gnädig zuwendet und Barmherzigkeit zeigt? 105 Sprich: „Handelt, und Gott und sein Gesandter und die Gläubigen werden sich euer Tun ansehen. Dann aber werdet ihr vor den geführt, der das Verborgene und das Offenkundige kennt. Er wird euch dann mitteilen, was ihr zu tun pflegtet." 106 Bei anderen wird gewartet, bis Gott entscheidet – entweder bestraft er sie, oder er wendet sich ihnen gnädig zu. Gott ist allwissend und weise. ... 111 Gott hat den Gläubigen ihr Leben und ihren Besitz abgekauft, dafür daß ihnen das Paradies zuteil wird. Nun kämpfen sie auf dem Weg Gottes – sie töten oder werden getötet. Dies gilt als ein von ihm zu erfüllendes wahres Versprechen, verzeichnet in Tora, Evangelium und Koran. Wer aber würde sein Versprechen besser erfüllen als Gott? Freut euch über euer Geschäft, das ihr mit ihm abgeschlossen habt! Das ist der gewaltige Gewinn! 112 Die sich bußfertig zu Gott wenden, ihn verehren, ihn preisen, umherziehen,[78] sich niederwerfen und anbeten, die das Billigenswerte befehlen, das Tadelnswerte verbieten und die Grenzen[79] Gottes wahren – verheiße den Gläubigen Freude! 113 Weder dem Propheten noch den Gläubigen ist es erlaubt, für die Polytheisten um Vergebung zu bitten, selbst wenn es sich um Blutsverwandte handeln sollte, nachdem einmal klar geworden ist, daß diese Opfer des Höllenfeuers sind. 114 Daß Abraham für seinen Vater um Vergebung bat, geschah allein auf Grund eines Versprechens, das er ihm gegeben hatte. Als ihm aber klargeworden war, daß sein Vater ein Feind Gottes sei, sagte er sich von ihm los. Abraham war wirklich mitfühlend und milde.

Noch aus mekkanischer Zeit stammt das Zitat aus der 42. Sure „Die Beratschlagung". Muḥammad ist sich seiner Rolle als Warner bewußt; seine Aufgaben hat er in Mekka, der „Mutter der Ortschaften", und in ihrer unmittelbaren Umgebung zu erfüllen. Die Ungläubigen sind noch in der Überzahl – Gott hat die Menschen eben nicht als eine einzige Gemeinschaft geschaffen –, aber die Gläubigen haben sich bereits zu einem Kreis zusammengefunden. Der Prophet ist freilich noch einer der ihren, nicht aus ihnen herausgehoben: wenn es unter ihnen Streit geben sollte, ist die Entscheidung des Falles Gott zu überlassen. In der 4. Sure „Die Frauen" wird dagegen schon das Bestehen eines Gemeinwesens mit eigenständiger politischer Ausformung und einem Machtgefüge vorausgesetzt, das von fremder Bevormundung frei ist. Parallel zu der schrittweisen Verknüpfung des prophetischen Absolutheitsanspruches mit dem mekkanischen Heiligtum und den hieraus folgenden politischen und kriegerischen Unternehmungen hat sich eine diesen Umständen angepaßte Vorstellung prophetischen Herrschertums entwickelt. Gott und dem Gesandten schulden die Gläubigen nun Gehorsam – dieses Wort wurde in Mekka in solchem Zusammenhang noch nicht gebraucht. Darum gilt: Wer dem Gesandten und all denen, die er mit Herrschaftsfunktionen betraut, gehorcht, der hat zugleich Gott gehorcht. Gott ist nicht nur der Ursprung jenes Wissens um die abrahamische Urreligion, er ist auch der Ausgangspunkt aller Macht, alles hoheitlichen Handelns, das in dem zur praktischen Verwirklichung und Aufrechterhaltung jener reinen gottgewollten Ordnung gestifteten Gemeinwesens vollzogen wird – ein Grundsatz, von dem alle islamischen Überlegungen über Staat und Gemeinschaft bis in unsere Gegenwart ausgehen.[80] Das islamische Gemeinwesen begreift sich stets als eine Theokratie, als ein politisches Gemeinwesen, das von einer religiösen Grundlage aus gelenkt wird – eine Grundlage, die auf den nicht über Zwischeninstanzen vermittelten, sondern den unmittelbaren Willen Gottes zurückgeht. Die Gläubigen, die Mitglieder dieses Gemeinwesens, haben mit Gott ein Geschäft abgeschlossen: Ihm überschreiben sie ihr ganzes Vermögen und sich selbst, unter dem Befehl seines Propheten kämpfen sie für die Errichtung der gottgewollten Ordnung auf Erden. Als Gegenleistung ist ihnen der Einzug in das Paradies versprochen. So gipfelt Muḥammads prophetisches Selbstverständnis in der Vorstellung, der Sachwalter Gottes auf Erden zu sein. Diese Vorstellung leitet sich aus der politischen Konkretisierung des Anspruches auf allgemeine Verbindlichkeit des von ihm verkündeten Glaubens ab.

Wir erfuhren im Zusammenhang mit Muḥammads Politik gegenüber seiner Vaterstadt, daß im Koran zwar oft zum Kampf gegen die Ungläubigen aufgerufen und zwischen ihnen und dem islamischen Gemeinwesen ein klarer Trennungsstrich gezogen wird. Trotz allem wurde in Sure 8 „Die Beute", Vers 75, die Berücksichtigung der Blutsbande empfohlen.[81] In der spätmedinensischen 9. Sure „Die Buße" ist von derartiger Nachsicht nicht mehr die Rede. Als die 8. Sure offenbart wurde, hatte der Prophet Mekka noch nicht dem Gemeinwesen der Gläubigen einverleibt.

Mekka als den Kultort des Islams zu gewinnen, stand ihm als Ziel vor Augen; auf eine Todfeindschaft mit den dortigen quraišitischen Sippen wollte er es anscheinend nicht ankommen lassen, und als er in Mekka Einzug gehalten hatte, zeigte er sich zum Erstaunen mancher ,,Helfer" gegen seine einstigen Widersacher milde gestimmt. Sure 9 geht von ganz anderen Voraussetzungen aus: Muḥammad ist bereits Herr über die ,,Mutter der Ortschaften" und große Teile Arabiens. Dies alles gehört nun zum Gemeinwesen der Gläubigen und ist Gott und seinem Gesandten Gehorsam schuldig. Daher kann nun in aller Schärfe das Verbot, mit den Ungläubigen näheren Umgang zu pflegen, ausgesprochen werden. Nicht einmal um Vergebung für sie solle man Gott anflehen; sie seien ein für allemal der Hölle verfallen. Ohnehin seien derartige Bitten zwecklos. Das habe selbst Abraham einsehen müssen, der für seinen Vater gebetet habe. Dieser sei ein Feind Gottes gewesen – und wen Gott zu seinem Feind erkläre, wer könne den retten? Die Gläubigen, geleitet vom göttlich inspirierten Wort des Gesandten, bilden die ,,Partei Gottes", wie es in der ebenfalls spätmedinensischen 5. Sure ,,Der Tisch" heißt. Der Triumph der Partei Gottes ist gewiß, er zeichnet sich doch schon deutlich ab. Also keine Gemeinsamkeit mehr mit den Ungläubigen, und Unnachsichtigkeit auch mit allen Schriftbesitzern: ,,Bekämpft diejenigen unter den Schriftbesitzern, die nicht an Gott und den Jüngsten Tag glauben und nicht für verboten erklären, was Gott und sein Gesandter für verboten erklärten, und nicht die wahre Religion bekennen, bis sie gedemütigt die Kopfsteuer aushändigen!" wird in Sure 9, Vers 29, befohlen. Die Überlieferungen zur Prophetenvita belegen, daß in der Wirklichkeit nur selten so rigoros verfahren wurde. Doch haben die islamischen Rechtsgelehrten immer an der Auffassung festgehalten, daß Heiden, wenn sie der Ruf zum Islam treffe, nur die Möglichkeit hätten, diesen anzunehmen; anderenfalls hätten sie ihr Leben verwirkt. Den Schriftbesitzern wurde, wie in Sure 9, Vers 29, verlangt, eingeräumt, gegen Entrichtung einer Sonderabgabe an die islamische Obrigkeit ihren Glauben zu behalten. Im Falle der Beduinen war es offenbar nicht möglich, die Abgrenzung zwischen Gläubigen und Ungläubigen streng zu handhaben. Manche von ihnen betrachteten die von ihnen entrichteten Abgaben wohl eher als ihnen geraubtes Eigentum, das sie sich bei Gelegenheit zurückholen würden. Sie waren wegen ihres unsteten Lebens schwer zu überwachen, sie hatten anscheinend nur oberflächlich in das Gemeinwesen von Medina einbezogen werden können. Zudem werden wir im folgenden Teilkapitel einen weiteren Grund dafür kennenlernen, daß sie den Forderungen des Propheten nach Opferbereitschaft – für die Partei Gottes zum Gewinn eines glückhaften Jenseits – nicht soviel Verständnis entgegenbrachten, wie er erhofft haben mochte.

3. Der Prophet und die Weltgeschichte

Der Koran und einige wenige Überlieferungen aus der Prophetenvita verdeutlichen uns die wichtigsten Stationen des Lebenslaufes Muḥammads: Vom Waisenkind zum verlachten und verkannten Gottsucher, vom Begründer eines kleinen Kreises von Leuten, die an seine Berufung glaubten, zum Auswanderer führte ihn sein Weg, vom Führer einer Streifschar bis zum mächtigsten Mann Arabiens. Muḥammad ist der erste Araber, aus dessen Leben so viele gesicherte Tatsachen überliefert sind, und seinem äußeren Werdegang entsprach die Entwicklung seines Selbstverständnisses, die wir seit seiner Berufung zum Propheten verfolgen konnten: Mahner vor dem drohenden Weltgericht war er, erinnerte an die großartigen Schöpfungstaten des gütigen einen Gottes, wuchs an den Auseinandersetzungen mit Juden und Christen und gelangte zu der Einsicht in den unschätzbaren Wert seiner unvermittelten Gotteserfahrung, verband seinen Anspruch nach ungeteilter Anerkennung, der sich hieraus ergab, mit der mekkanischen Kultlegende und wandte ihn ins praktisch Politische, indem er die Wiederherstellung der abrahamischen Urreligion zum Ziel seines Handelns erhob, trat schließlich als Sachwalter des göttlichen Willens auf und verlangte von den Gläubigen im Namen Gottes Gehorsam und den Einsatz von Vermögen und Leben. Kann man begründen, warum wir von ihm so viel wissen, während ältere Gestalten der arabischen Geschichte für uns kaum in Umrissen greifbar sind? Warum enthält der Koran derartig viele Angaben über sein Leben, während die vor- und frühislamische Poesie, die uns in reichem Maße überliefert ist, so wenig über ihre Dichter verrät? Pauschale Antworten, die freilich kaum zu einem tieferen Verstehen führten, hat man bis jetzt auf derartige Fragen gegeben. Muḥammad lebte an einer Zeitenwende, so sagt man, das arabische Heidentum war bereits im Niedergang begriffen. Im Grunde ist dies gar keine Antwort, sondern nur eine weitere Kennzeichnung der Erscheinung, nach deren Wesen wir fragen. Was heißt Zeitenwende, woher und wohin?

„Ist die Zeit etwas anderes als das Heute, das Gestern oder das Morgen? – So geht der Zeitenlauf unter uns hin und her! – Er bringt über uns eine Nacht, dann ihren folgenden Tag. – Wir sind nicht so, daß wir bleiben, die Zeit aber hört nie auf! – Wir haben eine bestimmte Frist, die nicht vorher zu Ende geht. – Doch ihr folgend, gelangen wir schließlich zu ihr!" dichtete der vorislamische Poet Ḥātim aṭ-Ṭā'ī, als man ihm – wie so oft – seine unmäßige Freigebigkeit vorgeworfen hatte, mit der er nicht nur sein eigenes Leben, sondern auch das seiner Nachkommen ruiniere.[82] In einem sich ständig wiederholenden Wechsel zwischen Gestern, Heute und Morgen vollzieht sich das Leben des Menschen, ja, dieser Wechsel rollt ab, ohne daß der Mensch entscheidend eingreifen könnte. Die unbegrenzte, unerschöpfliche Zeit wird als die stete Wiederkehr gleichförmiger Abschnitte empfunden, in deren Verlauf der Mensch gezwungenermaßen seinem festgesetzten Ende entgegengetrieben wird. „Uns richten die Nacht und der Tag zusammen zugrunde, und die Zeit greift an, ihr Schwert in den Leib des Jünglings stoßend. – So ist, was mich traf, nicht verwunderlich, wenn ich auch graue Haare oder Kahlköpfigkeit nicht kannte, – und wenn dir der Glanz meiner Jugend, als die Blüte der Jugendlichkeit sich darin zeigte, wie eine erquickende Wasserstelle erschien! – Ein Mädchen im Stamm zwinkerte stets mir zu, bis die letzte Möglichkeit hierzu vorüber war, und dann war Schluß!“[83] In Abschnitte, die in stetem Wechsel aufeinander folgen, ist die ewige Zeit eingeteilt, und innerhalb solcher Zeitabschnitte vernichtet sie den Menschen. Nicht selten wird in der altarabischen Dichtung die zerstörerische Wirkung der Zeit mit der eines Schwertes verglichen oder mit dem Wüten eines Mörders. Fast ausschließlich negativ sind die Folgen, die die Zeit hervorbringt.[84] „O Unheil, das in den Tagen und in der Zeit liegt, wenn du zugrundegehst, und in dem Wechsel der Nächte, die so eine nach der anderen folgen!“ ruft ein Dichter,[85] und an anderer Stelle klagt er, daß die Zeit über die sagenhafte jemenitische Stadt Iram hinweggerollt sei, ihre Bewohner zerstreut und das Land unfruchtbar gemacht habe.[86] „Die Zeit dreht sich mit den Menschen“, pflegte man zu sagen, sie verläuft zyklisch, ohne daß ein Anfang und ein Ende zu erkennen wären. „Es rollten die Zyklen über ihn hinweg“, das hieß, jemand wurde von schwerem Unheil befallen.[87]

Die Vorstellung von der kreisenden Zeit, in deren anfangslosem und endlosem Verlauf ein Geschlecht nach dem anderen zugrundeging, stand gewiß in unmittelbarer Beziehung zu dem Lebensrhythmus der Bevölkerung des damaligen Arabien. Al-Aṣmaʿī (gest. 831), der berühmte Philologe am Hof des Kalifen Hārūn ar-Rašīd beschrieb diesen Rhythmus wie folgt: „Zweimal (im Jahr) brechen die nomadisierenden Araber auf: das eine Mal, um in die Steppe zu ziehen. Dies geschieht, wenn sie in den Herbst eintreten, und zwar innerhalb des Zeitraumes zwischen (dem Morgen-)Aufgang des Kanopus und (dem Morgen-)Untergang des hinteren Farġ-Sternes.[88] Wenn sie also in den Herbst eintraten, trennten sie sich von ihren Sommerplätzen, und weil sie die Weideplätze aufgeteilt hatten, sicherten sie die nichtversiegenden Wasserquellen und nahmen stattdessen auf der Wanderung zu besuchende Wasserstellen in Gebrauch: Sie brachen vom Ort, an dem sie sich in der Sommerhitze aufgehalten hatten, auf. Der zweite Aufbruch erfolgt, wenn die Feuchtigkeit vergeht, das Land heiß wird und das Wasser versiegt und der Sommer zupackt, wie man sagt: Bis sogar das Aloe-Holz nach dem Frühtrunk verlangt, womit man die Heftigkeit der Hitze meint, während das Aloe-

Holz mehr als alles andere dem Durst widerstehen kann. Wenn selbst dieses schon am Beginn des Tages nach Wasser dürstet, dann herrscht stärkste Hitze. Auf sehr vielfältige Weise haben es (die Beduinen) unternommen, die beiden Gebiete und das Hin- und Herziehen auf den beiden Reisen, die Trennung vom Sommerort und die Rückkehr in die Steppe, zu beschreiben."[89] Der Wechsel der Jahreszeiten, den die Araber an den des Morgens aufgehenden bzw. untergehenden Sternen abzulesen pflegten, bestimmte nicht allein den Lebensrhythmus der Beduinen und der Ackerbauern; auch die Geschäftstätigkeit der Händler war ihm unterworfen. Die Sommer- und die Winterkarawane waren für die quraišitischen Kaufleute die herausragenden Ereignisse im Jahreslauf.[90] Eine von einem Philologen des 9. Jahrhunderts überlieferte Schrift über die Märkte des alten Arabien nennt uns die Termine, zu denen an verschiedenen Orten der arabischen Halbinsel von Dūmat al-Ǧandal im Norden bis Aden im Süden im Laufe eines Jahres Waren ausgetauscht werden konnten.[91] Mannigfache Verbindungen bestanden zwischen dem Handel und dem Pilgerwesen. Dies ist besonders für ʿUkāẓ, den Markt bei Mekka, belegt. Die Stämme, die die Unverletzlichkeit des von den Quraišiten verwalteten heiligen Bezirkes anerkannten, besuchten nach Vollzug der Pilgerriten den genannten Markt. In der Wallfahrtszeit sollten die Waffen ruhen, und nur die mit den Quraiš verfeindeten Stämme suchten den friedlichen Ablauf der Geschäfte zu stören.[92] Es ist zu vermuten, daß bei den anderen heiligen Stätten Altarabiens, von denen wir leider nur wenig wissen, ähnliche Verhältnisse herrschten.

Die zyklische Zeitvorstellung, wie sie von den obigen Zitaten belegt wird und die Lebenserfahrung der alten Araber widerspiegelt, ist in ihrer ursprünglichen Form nicht mit dem Gedanken an ein Jenseits verbunden. Der Mensch wird der abrollenden Zeit ausgeliefert und erliegt ihr schließlich. Der Tod ist endgültig. Es sind die nachfolgenden Geschlechter, in deren Charakter das Wesen der Vorfahren erkennbar wird; die Würde der später Geborenen leitet sich darüber hinaus aus den Ruhmestaten der Ahnen ab. So haben sie an den Vorfahren teil, und diese wiederum leben in ihren Kindern und Kindeskindern fort. Nicht als einzelner mit seinem einmaligen, nur ihm gehörenden Leben ist der Mensch von Belang, sondern allein als ein durch seine Vorfahren bereits weitgehend gekennzeichnetes Glied innerhalb der meist als Blutsverwandtschaft aufgefaßten Solidargemeinschaft, die im Grunde geschichtslos in der unbegrenzten Zeit existiert. Vom Standpunkt des gebildeten mittelalterlichen Muslims, der seinen Glauben an Schöpfung und Jüngstes Gericht zum Maß aller Dinge erhebt, sind die vorislamischen Araber wie folgt zu beurteilen: „Sie teilen sich in verschiedene Gruppen. Die eine verneint die Existenz eines Schöpfergottes, die Auferstehung und die Rückkehr des Menschen zu Gott und behauptet, die Natur besitze in sich selbst die

Kraft zu leben und die Zeit vernichte in einem Kreislauf alle Wesen. Andere glauben an einen Schöpfer und an eine von ihm bewirkte Schöpfung aus dem Nichts, leugnen jedoch die Auferstehung. Wieder andere glauben sowohl an einen Schöpfer wie eine Rückkehr zu Gott. Andere schließlich glauben an eine Seelenwanderung und behaupten, daß das Blut des Gehirns nach dem Tode des Menschen sich mit etlichen Teilen des Körpers vereine und daß aus dieser Vereinigung der Vogel Hāma entstehe, der nach einigen hundert Jahren auf das Grab des Verstorbenen zurückkehre."[93] Es gab demnach in den bodenständigen religiösen Anschauungen der alten Araber kein Jenseits, um dessen günstige Ausgestaltung sich der Einzelmensch hätte bemühen müssen. Wenn der Muslim des Mittelalters von Arabern spricht, die an einen Schöpfer und die Rückkehr des Menschen zu ihm glaubten, sind damit jene Stämme gemeint, die bereits unter den Einfluß jüdischer oder christlicher Vorstellungen geraten waren. „Die Araber glaubten in der Epoche der Unwissenheit[94] an die Wahrsagekunst. Doch diejenigen unter ihnen, die in die heiligen Schriften Einsicht genommen hatten, bekannten, daß es Paradies und Hölle gebe."[95] Der Beitritt zu einer der Hochreligionen bedeutete zugleich eine Abkehr von der überkommenen zyklischen Zeitvorstellung. Nicht mehr der ewige Kreislauf, dessen Sinn immer weniger greifbar war, je mehr man sich von dem naturgegebenen Lebensrhythmus entfernte, bestimmte unangefochten das Dasein, sondern eine ihm übergeordnete Instanz, auf deren Entscheidung jede Lebensäußerung des Menschen hingeordnet ist. Man erzählt, daß eines Tages der König von Hira an-Nuʿmān b. al-Munḏir (6. Jh. n. Chr.) in Begleitung seines Hofdichters ʿAdī b. Zaid zur Jagd ausgeritten sei. „Da kam man an einem Baum vorbei, und ʿAdī fragte den Herrscher: ‚O König! Weißt du, was dieser Baum sagt?' ‚Nein!' Er spricht: ‚Wie manche Reiterschar hat schon bei uns gelagert, Wein mit kühlem Wasser gemischt zechend! – Die Zeit hat sie hinweggefegt, sie vergingen! So ist es mit der Zeit, Wandel auf Wandel!' Danach ging der König weiter und kam an einem Friedhof vorüber. ʿAdī fragte den Herrscher: ‚Weißt Du, was dieser Friedhof sagt?' ‚Nein!' Er spricht: ‚O Reiterschar, im Paßgang über die weite Ebene hinziehend! – Wie ihr heute, so waren auch wir! Und wie wir heute, werdet auch ihr sein!' Da erwiderte ihm an-Nuʿmān: ‚Der Baum und der Friedhof sprechen zwar nicht. Doch ich verstehe schon, du wolltest mich nur mahnen. Doch welches ist der Weg, auf dem man Rettung erlangt?' ʿAdī antwortete: ‚Du mußt die Verehrung der Götzen sein lassen und nur noch den einen Gott anbeten und dich zum Glauben an Christus Jesus, den Sohn der Maria, bekennen!' ‚Und hierin liegt meine Rettung?' ‚Ja!' An jenem Tag nahm an-Nuʿmān das Christentum an."[96] Das Leben des Königs von Hira ist nicht mehr wie das der Beduinen völlig in den Wechsel der Jahreszeiten eingebunden; der immerwährende Wandel wird bereits als bedrohlich und fragwürdig empfunden. Man sucht ihm zu entgehen und erkennt, daß das Walten der Zeit und des Schicksals nicht das Letzte ist, was den Menschen bestimmt. Das Schicksal selber ist dem Ratschluß und Willen des Einen, des persönlichen Schöpfergottes unterworfen. „Nichts ist bleibend vor dem Fatum außer dem Antlitz des gepriesenen Allschöpfers!" dichtete ʿAdī b. Zaid bei einer anderen Gelegenheit.[97]

Die unbegrenzte Zeit, die stete Wiederkehr gleicher Abläufe, war im Prinzip nur durch die natürlichen Markierungen des Lebensrhythmus gegliedert, dem die Gesellschaft unterworfen war: durch den Aufbruch in die Steppe oder zurück zu den wenigen nie versiegenden Wasserstellen, die das Überleben während des Sommers ermöglichten, durch die Ausrüstung der Sommer- und der Winterkarawane, durch den Vollzug der Pilgerriten usw. Eine sich an herausragenden, außergewöhnlichen Ereignissen ausrichtende Chronologie war demgegenüber höchstens in Ansätzen bekannt. Orientierungspunkte innerhalb einer sich nur über wenige Generationen erstreckenden Überlieferung, in der Legende und Geschehenes rasch in eins verschwammen, konnten besondere Katastrophenjahre sein. So waren die Pestseuche und die Hungersnot des Jahres 639 ein wichtiges Mal zur Aufstellung einer relativen Chronologie der frühislamischen Geschichte.[98] Auch Ereignisse anderer Art, etwa Feldzüge, konnten als Bezugspunkte innerhalb einer weithin gleichförmig erscheinenden Vergangenheit dienen. Bekannt ist das „Jahr des Elefanten", in dem ein von Süden aus gegen Mekka unternommener Vorstoß scheiterte. Muḥammad soll in diesem Jahr geboren worden sein. Einer späteren Gleichsetzung zufolge war das „Jahr des Elefanten" das 38. Jahr der Herrschaft des Sasaniden Ḫosrau Anūširwān,[99] was 568/69 n. Chr. entsprechen würde.

Da ein festes Bezugssystem für die Einordnung einmaligen Geschehens fehlte, konnte sich eine Geschichte als eine Aufeinanderfolge von Ereignissen, die je durch ihre eigenen Merkmale, Gründe und Folgen ausgezeichnet waren, nur in Ansätzen gestalten. Es ist die überlieferte Literatur über die sogenannten „Kampftage der Araber", in der sich solche Ansätze zeigen. In Gedichtform wurde aufsehenerregender Schlachten zwischen verschiedenen Stämmen und Stammesbünden gedacht. In den Schilderungen der Kämpfe herrscht eine starke Typisierung der Ereignisse und der Personen vor. Die Örtlichkeiten, mit denen derartige Geschehnisse verbunden sind, werden zumeist genau bezeichnet und waren im damaligen Arabien wohl tatsächlich bekannt. Weniger klar ist schon die relative Chronologie der Ereignisse. Gänzlich im unklaren bleiben wir meist über die Hintergründe der kriegerischen Unternehmungen, die uns geschildert werden. Die Vorgeschichte der Kämpfe wird in der Form einer Anekdote oder Episode gezeichnet, die bestenfalls verdeutlichen, weshalb das Geschehen in Gang kam, nie aber, welche miteinander ringenden Kräfte es trugen.[100] Diese Eigentümlichkeit hängt zweifellos mit der Aufgabe dieser Literaturgattung in der damaligen Gesellschaft zusammen. „In ʿUkāẓ gab es in der Epoche der Unwissenheit Kanzeln, von denen herab ein Prediger eine Rede hielt und seine Werke und Ruhmestaten und die Kampftage seines Stammes eines jeden Jahres verkündete, Themen, die die Araber zum Gegenstand ihrer Überlieferung und ihres Selbstlobes wählen."[101] Die mündlich weitergegebenen Berichte von den „Kampftagen der Araber" dienten mithin nicht zur Vergegenwärtigung geschichtlicher Ereignisse, sondern zur Hervorhebung des Kampfesmutes der Solidargemeinschaft, etwa des Stammes; alle sollten wissen, daß die Banū N. N. in hohem Maße über alle die Ruhmestitel verfügen, die in der damaligen Gesellschaft das Ansehen eines Stammes ausmachten. In den „Kampftagen" des Stammes offenbart sich das Maß der positiven Eigenschaften und Taten, das es seinen Mitgliedern erlaubt, ohne Furcht vor Beschämung mit den Angehörigen anderer Solidargemeinschaften in Beziehung zu treten. Die „Kämpfe" sind nicht so sehr vergangene, abgeschlossene Geschichte, als vielmehr in die Gegenwart hineinreichendes Erbe der Vorfahren, an dem die Lebenden als Glieder der Solidargemeinschaft Anteil haben. Diese Auffassung überlieferten Geschehens wird auch an Begriffen wie „die guten Seiten" (manāqib), „die Ruhmestitel" (mafāḫir), „die Schandmale" (maṯālib) eines Stammes sichtbar: es handelt sich jeweils um positive bzw. negative Eigenschaften und Taten, die eine Solidargemeinschaft auszeichnen. Den Ahnen nachgesagte Eigenschaften und Ruhmes- oder Schandtaten fließen in einem einzigen Begriff zusammen, den „guten Seiten" oder „Schandmalen", unter deren übermächtigem Einfluß die lebenden Mitglieder eines Stammes von fremden Solidargemeinschaften beurteilt werden. Die Tat, das Geschehnis wird noch nicht als etwas Einmaliges, durch spezifische Umstände Bewirktes aufgefaßt; der Charakter des Menschen ist noch nicht in seiner individuellen Persönlichkeit begründet.

Die erst schwache Ausbildung – oder das völlige Fehlen – einer individuellen Persönlichkeit und die zyklische Zeitauffassung sind zwei voneinander abhängige Erscheinungen. Beide werden durch die Begegnung mit einer offenbarten universalreligiösen Botschaft grundsätzlich in Frage gestellt.[102] Hier beschäftigt uns zunächst nur die Vorstellung von der Zeit, die die zyklische abzulösen beginnt. Wer die heiligen Schriften gelesen hat, so hörten wir, der bekennt, daß es Paradies und Hölle gibt. Die ewige, für den Menschen bedrohliche Wiederkehr der Zeiten ist damit durchbrochen. An die Stelle des sich wiederholenden Kreislaufes tritt das verheißene Endziel allen Geschehens. Ein Gewährsmann dafür, daß zu Muḥammads Lebzeiten ein derartig tiefgreifender Wandlungsprozeß die Weltanschauung mancher Araber ergriffen hatte, ist der aus Medina stammende Dichter Umaija b. abī ṣ-Ṣalt, der übrigens mütterlicherseits mit den Quraiš verwandt war. Von ihm heißt es, er habe sich mit den heiligen Schriften befaßt, einen asketischen Lebenswandel gepflegt, sich des Weines enthalten, den Sinn der Götzenverehrung angezweifelt und „zu denen gehört, die von Abraham, Ismael und den Eigenschaften eines Gottsuchers redeten". Nach Muḥammads Sieg bei Badr soll Umaija in Versen die Partei der Quraiš ergriffen und ein Gedicht veröffentlicht haben, in dem er die in jener Schlacht gefallenen Mekkaner beweinte. Muḥammad verbot, dieses Gedicht zu verbreiten.[103] Von Umaija wird außerdem ein längeres Gedicht überliefert, in welchem er zunächst in einigen Versen die Hölle beschreibt. Dann schildert er die Freude des Paradieses: Honig, Milch, Wein und Weizen gibt es dort; frische Datteln, Äpfel, Granatäpfel, Bananen, klares Wasser. Auch Jungfrauen trifft man dort, die folgsamen Puppen gleichen, „zart, auf Ruhebetten liegend, keusch, sie sind die Gattinnen, (die Paradiesbewohner) edle Fürsten. – Auf Kissen siehst du die Jungfrauen einander gegenüber liegen! Wirklich dort ist Schönheit, ist Wonne! – ... Geschmückt ist man mit Armreifen aus Silber, aus edlem Gold und Juwelen. – Kein störendes Geschwätz, kein Schelten gibt es dort, keinen bösen Dämon, niemanden, der Tadelnswertes tut! – Und einen Becher, der den Zechenden keinen Kater bewirkt – an seinem schönen Trunk ergötzt sich der Zechgenosse! ..."[104]

„Den Menschen aber dauert die Sache mit ihrer Stunde (der Abrechnung) zu lange. Alle sagen sie über das Gericht: ‚Wann denn?'" Die Christen, fährt Umaija in diesem Bruchstück fort, werden dann ihren Messias sehen. „Am Tag, für den ihnen versprochen wurde, daß sie in Gruppen versammelt würden, am Tag, da man einander zu übervorteilen sucht,[105] weil Umsicht ohnehin nichts mehr nützt! – Zusammengetrieben mit dem Rufer (erscheinen sie)[106] ... – Man ließ sie auf einer ebenen Hochfläche hervortreten ... und der Thron, die Waage und die Bücher werden herabgelassen. – Dann wurde mit ihnen abgerechnet ... – Einige von ihnen freuten sich und waren froh über ihre Wiedererweckung. Andere aber hatten sich widersetzt; ihre Bleibe wurde die Hölle. – Deren Wächter fragten: ‚Was hattet ihr? Hatten euch nicht Warnungen von eurem Herrn erreicht?' – Sie antworteten: ‚Doch! Aber wir gehorchten Herren, die ihre Grenzen überschritten, und uns täuschte die lange Dauer dieses Lebens!' – Die Wächter riefen: ‚So bleibt in der Strafe Gottes! Nur Ketten, Fesseln, Höllenpein soll es für euch geben!' – So ist ihr Leben; solange sie sich dort aufhalten müssen, können sie nicht davon freikommen, selbst wenn sie schreien und jammern."[107]

Sure 56 „Die hereinbrechende Katastrophe", Vers 1 bis 96: Im Namen Gottes, des Barmherzigen, des Erbarmers! 1 Wenn die Katastrophe hereinbricht! 2 Niemand leugnet, daß sie hereinbricht! 3 Sie wird erniedrigen, sie wird erhöhen! 4 Wenn dann die Erde heftig erschüttert

wird! 5 Wenn die Berge zermalmt werden 6 und dann wie zerstreuter
Staub sind! 7 Und ihr dann in drei Gruppen eingeteilt werdet! 8 Diejenigen zur Rechten, was sind dann diejenigen zur Rechten? 9 Und
diejenigen zur Linken, was sind dann diejenigen zur Linken? 10 Und
diejenigen, die zuerst glaubten, sind auch hier die ersten.[108] 11 Jene sind
es, die Gott nahegebracht werden, 12 in den Gärten der Wonne –
13 viele von den Altvorderen, 14 nur wenige von den Spätgeborenen.
15 Sie liegen auf aufgeschichteten Ruhebetten, 16 sich an sie anleh-
nend, einander gegenüber. 17 Ewig junge Knaben machen bei ihnen die
Runde 18 mit Pokalen, Krügen und einem Becher Quellwassers.
19 Doch überkommt einen hiervon weder Kater noch Rausch.
20 Und mit Obst, wie sie es sich auswählen, 21 mit Fleisch von Vögeln, wonach sie Verlangen haben. 22 Großäugige Paradiesjungfrauen,
23 wie verborgene Perlen, 24 als Lohn für ihre Werke! 25 Man hört
dort weder störendes Geschwätz noch Schelten, 26 nur das Wort:
„Friede! Friede!“[109] 27 Und die zur Rechten, was ist mit denen zur
Rechten? 28 Sie leben bei Zizyphusbäumen, deren Dornen abgestreift
sind, 29 Akazien mit dicht übereinanderliegendem Laub, 30 unter
ausgedehnten Schatten, 31 an sich ergießendem Wasser, 32 mit vielen
Früchten, 33 niemals ihnen unzugänglich, niemals verweigert, 34 auf
hohen Betten. 35 Und wir haben (die Huris) schön geschaffen 36 und
sie zu Jungfrauen gemacht, 37 zu folgsamen, gleichaltrigen, 38 für die
zur Rechten. 39 Sie sind die große Schar von den Altvorderen 40 und
auch eine große Schar von den Späten. 41 Und die zur Linken, was sind
die zur Linken? 42 Sie sind in sengendem Sturm, in siedendem Wasser,
43 im Schatten aus Qualen, 44 weder kühlend noch angenehm.
45 Denn sie lebten vorher im Luxus 46 und verharrten in gewaltiger
Sünde. 47 Stets sagten sie: „Wenn wir gestorben sind und zu Erde und
Knochen geworden sind, dann sollen wir wiedererweckt werden?
48 Oder gar unsere Vorväter?“ 49 Sprich: „Doch, die Vorfahren und
die Spätgeborenen 50 werden zum Zeitpunkt eines bestimmten Tages
versammelt! 51 Ihr Irrenden und Leugner! 52 Ihr werdet dann von
dem Höllenbaum essen, 53 mit seinen Früchten euch den Bauch füllen,
54 dazu siedendes Wasser trinken – 55 den Trunk der Verschmachten-
den trinken!“ 56 Dies sind ihre Wohnplätze am Tag des Gerichts!
57 Wir haben euch geschaffen. Warum glaubt ihr das nicht? 58 Was
meint ihr wohl von denen, die ihr zeugt? 59 Schafft ihr sie, oder schaffen wir sie? 60 Wir setzten unter euch den Tod fest, uns kommt man
nicht zuvor! 61 Dabei können wir euch gegen Leute wie euch austauschen und euch in einer Art hervorbringen, wie ihr es nicht wißt.
62 Freilich wißt ihr um die erste Hervorbringung! Warum laßt ihr euch
dann nicht (durch sie) mahnen? 63 Und was meint ihr wohl über euren
Ackerbau? 64 Seid ihr es, die säen und gedeihen lassen – oder wir?

65 Wenn es uns beliebte, ließen wir es verdorren – und ihr würdet euch
recht wundern! 66 „Wir sind nun verschuldet! 67 Ja, sogar verelen-
det!" 68 Und was meint ihr wohl vom Wasser, das ihr trinkt?
69 Habt ihr es aus der Wolke herabgesandt, oder senden wir es herab?
70 Wenn es uns beliebte, würden wir es salzig machen. Warum seid ihr
nicht dankbar? 71 Und was meint ihr wohl vom Feuer, das ihr entzün-
det? 72 Habt ihr dafür den Baum hervorgebracht, oder tun wir es?
73 Wir haben es zu einem Malzeichen und zur Erquickung für die
durch die einsame Wüste Reisenden gemacht. 74 So preise den Namen
deines gewaltigen Herrn! 75 Aber nein! Ich schwöre bei den Orten, an
denen die Sterne herabfallen! 76 Und das ist doch – wenn ihr es wüßtet!
– ein bedeutungschwerer Eid! 77 Es ist ein edler Koran, 78 in einem
verborgenen Buch, 79 das nur die Geläuterten berühren – 80 eine
Offenbarung vom Herrn der Welten! 81 Und solche Rede wollt ihr für
schwach erklären! 82 Und wollt ihr darin euer täglich Brot sehen, zu
leugnen? 83 Warum greift ihr nicht ein, wenn die Seele schon bis an die
Kehle gekommen ist,[110] 84 sondern wartet nur? 85 Wir sind dem
Sterbenden eben näher als ihr, aber ihr durchschaut das nicht. 86 Warum, wo ihr doch meint, dereinst nicht abgeurteilt zu werden, 87 bringt
ihr sie[111] nicht an ihren Platz zurück, wenn ihr glaubt, die Wahrheit zu
sagen? 88 Wenn aber (der Sterbende) zu denen gehört, die Gott nahegebracht werden, 89 so erwarten ihn angenehmer Windhauch, Wohlge-
ruch, ein Garten der Wonne. 90 Wenn er zu denen der Rechten gehört,
91 dann: „Friede dir, der du zu denen der Rechten gehörst!"
92 Wenn er aber einer von den irregehenden Leugnern war, 93 dann
hat er einen Platz im siedenden Wasser zu gewärtigen 94 und Schmoren
im Höllenfeuer. 95 Dies ist gewiß wahr! 96 Darum preise den Namen
deines gewaltigen Herrn!

Es ist auffällig, wie weit die Schilderung der Hölle, vor allem aber auch die des Paradieses in der 56. Sure „Die hereinbrechende Katastrophe" mit manchen Versen Umaija b. abī ṣ-Ṣalts übereinstimmt. Auch daß die Ungläubigen, in den alten Vorstellungen Befangenen nicht auf das Eintreffen der in Umaijas Dichtung angekündigten Stunde warten können, sondern sie zum Beweis der Richtigkeit dieser Verheißung sogleich erleben wollen, erinnert an Aussagen des Korans.[112] In einem wesentlichen Punkt freilich geht der Koran deutlich über Umaijas Gedichte hinaus – es sei denn, sie wären unvollständig überliefert worden. Und zwar wird nicht nur vorausgesetzt, daß mit der Einsicht in das Vorhandensein von Paradies und Hölle das unverständliche Kreisen der Zeit durchbrochen und damit dem Leben ein Sinn gegeben wird, sondern es wird sehr deutlich hervorgehoben, daß diese Einsicht von den Menschen eine bestimmte Art zu handeln und zu denken erfordert: der gesamte Lebensstil ist zu verändern und eben auf jenes nun erkennbar gewordene Endziel auszurichten. Das Drängen, mit der Tat die einzig mögliche Schlußfolgerung aus dieser Erkenntnis zu ziehen, ist im Koran fast überall gegenwärtig und bestimmte den Lebensweg des Propheten. Auch in den Versen des ʿAdī b. Zaid war hiervon noch nichts zu spüren; das Walten der Zeit oder des Schicksals blieb zutiefst rätselhaft, man konnte es nicht bemeistern, Trost spendete allein die Gewißheit, daß hinter allem doch Gott stehe. Im Koran aber wird ein Weg zur Bewältigung gerade jenes Unverständlichen aufgezeigt. Dieser Weg führt zwar nicht unmittelbar zu einer freien Bestimmung des Diesseits durch den Menschen, wohl aber zu einer sinnvoll erscheinenden Zuordnung des Diesseits auf jenes gewiß eintretende Endereignis hin: die Aburteilung der Menschen, die Scheidung in die zur Linken, die zur Rechten und – wenigstens an dieser Stelle im Koran – in eine erwählte Schar Gott Nahestehender. Der Gewinn eines Endpunktes aller irdischen Entwicklung bringt starke Anstöße zu einer folgenreichen Umgestaltung der Gegenwart mit sich.

Noch an einem weiteren Punkt berührt die 56. Sure die tradierten Zeitvorstellungen, denen, wie wir sahen, ein schier unüberwindlicher Pessimismus anhaftete. Wie mancher frohe Jäger lagerte unter dem schattenspendenden Baum – und nun verbleichen seine Gebeine in einem finsteren Grab! Dies hielt ʿAdī b. Zaid dem König von Hira vor. Das Gefühl der Bestürzung und Trauer ließ an-Nuʿmān nach dem Ausweg fragen, den ihm das Christentum bot. Doch die Verzweiflung über die endgültige Vernichtung durch die Zeit kann auch umschlagen in frivole Genußsucht und zügellose Raffgier, um in der kurzen Frist, die jederzeit abgelaufen sein kann, möglichst viel Vorteile und Annehmlichkeiten zu erhaschen. Dies war die Wirklichkeit des Glaubens an das unberechenbar zerstörende Fatum, wie Muḥammad sie in Mekka erfuhr.[113] Nicht zerknirscht, sondern trotzig rufen ihm die Mekkaner in Vers 47f. entgegen: „Wie sollten wir denn einst, wenn wir längst verwest sind, wiedererweckt werden?“ Es ist für sie eben bequemer, sich in das Fatum zu schicken und es damit sein Bewenden haben zu lassen.

Aber nicht nur ein Ende der Zeit wird gesetzt. Sie erhält nun auch einen Anfang, der mit dem Schöpfungsakt zusammenfällt. Denn es ist neben seiner Funktion als Weltenrichter der zweite, gleich bedeutsame Zug des persönlichen Gottes, daß er alles erschaffen hat und alles auf der Welt in seinen Händen liegt.[114] Die Schöpfung und das Weltengericht sind die beiden Punkte, zwischen denen sich die dem Menschen erfahrbare Zeit erstreckt. Je klarer dem Gläubigen dieser Tatbestand zum Bewußtsein kommt, desto mehr muß die Zeit, die in steter Wiederkehr Unheil hervorbringt, sich verwandeln in eine Zeit, die unumkehrbar von dem Beginn der diesseitigen Welt bis zu ihrem Ende verläuft. Mit anderen Worten: Aus dem Prozeß der Wiederkehr des Gleichen, in den die Menschen als Glieder eines Kollektivs eingespannt sind und durch den ihr Leben als eine Art Wiederholung, bestenfalls Variierung der Erfahrungen der dahingegangenen Geschlechter vorausbestimmt wird, entsteht die Geschichte als eine Aneinanderreihung von nichtwiederholbaren Ereignissen, die mit der Einzelperson verbunden sind und ihr individuelles Lebensschicksal ausmachen, ihr Geschick, das von Ursachen abhängt, die in jeder Person in einer einmaligen Weise wirksam werden und als das Ergebnis von Gottes Ratschluß gedeutet werden können.

Am Rande sei bemerkt, daß sich im Rahmen dieser Entwicklung des Geschichtsbewußtseins auch die Vorstellung vom Wesen des Universums herausbildet. Die Auffassung, die der Beduine vom Raum hatte, deckte sich wahrscheinlich weitgehend mit den greifbaren Gegebenheiten des Landes, das er im Wechsel der Jahreszeiten durchzog: Der Raum gliederte sich in Sommer- und Winterweidegebiete, in Wallfahrts- und Handelsorte usw. Wird nun die Idee des Schöpfergottes und Weltenrichters aufgenommen, weitet sich dieser konkrete Raum zum Weltbild. Umaija b. abī ṣ-Ṣalt vergleicht den Himmel mit einem Glas, das der Schöpfer in kunstfertiger Weise befestigt habe.[115]

Sure 79 „Die zerren", Vers 27 bis 33: 27 Seid ihr schwieriger zu schaffen oder der Himmel? Er hat ihn gebaut, 28 hat sein Dach oben errichtet und ihn ebenmäßig ausgedehnt, 29 machte die Nacht des Himmels
dunkel und ließ sein Sonnenlicht hervortreten. 30 Und die Erde hat er
danach hingebreitet; 31 Wasser und Weide brachte er aus ihr hervor,
32 und die Berge verankerte er fest, 33 euch und eurem Vieh zum
Gebrauch.

Sure 36 „Jā Sīn", Vers 33 bis 40: 33 Ein Wunderzeichen ist ihnen das
tote Land: wir haben es belebt und aus ihm Getreide hervorgebracht.
Von dem ernähren sie sich. 34 Wir haben auf ihm Gärten mit Palmen
und Weinreben angelegt, haben auf ihm Quellen hervorsprudeln lassen,
35 damit sie von all diesen Früchten essen. Nicht ihre Hände haben das
alles gemacht. Wollen sie nicht dankbar sein? 36 Preis sei dem, der alle
Arten geschaffen hat – von dem, was die Erde sprießen läßt, von den
Menschen selber und von Dingen, die sie nicht kennen. 37 Und ein
Wunderzeichen ist ihnen die Nacht! Wir trennten von ihr den Tag, so
daß die Menschen im Finstern sind. 38 Und die Sonne läuft auf einer
festen Bahn. So ist es von dem Mächtigen, Allwissenden bestimmt.
39 Dem Mond haben wir Stationen bestimmt, bis er schließlich wieder
die Form eines alten Dattelrispenstiels annimmt. 40 Weder darf die
Sonne den Mond einholen, noch darf die Nacht dem Tag zuvorkommen.
Alles schwebt in einer Sphäre.

Der Glaube an den einen Schöpfergott läßt die ganze Welt als sein Werk erscheinen. Und mit den Erzeugnissen der Handwerkskunst kann nun ein erheblich geweiteter Raum verglichen werden: Der Himmel ist ein Glas oder ein Dach, die Erde ist darunter hingebreitet, und die Berge sind wie Pflöcke in diesen Teppich des Bodens eingerammt. Die Gestirne umkreisen die Erde an festen Sphären. So wie die Zeit einen End- und einen Anfangspunkt erhalten hat, wodurch die Voraussetzung für die Entstehung von Geschichte gegeben war, hat nun auch der Raum eine Gestalt angenommen, die über den tatsächlich erfahrbaren Lebensraum weit hinausreicht, aber dennoch fest eingegrenzt ist. Denn über den Himmeln, mögen diese auch eine noch so weite Strecke messen, ruht der Thron Gottes. Der Mensch aber ist ein Teil dieses von Gott geschaffenen räumlich und zeitlich begrenzten „Weltenwerks"; welcher Art nach koranischer Vorstellung die Bestimmung des Menschen innerhalb dieser Welt ist, werden wir an anderer Stelle erfahren.

Zusammen mit der Erfassung der Unwiederholbarkeit der Zeit entsteht die Geschichte, erkannten wir. Was aber sagt der Koran in allgemeiner Form über diese Geschichte aus, und wo innerhalb der von der Schöpfung zum Endgericht verlaufenden Zeitspanne steht der „schriftunkundige arabische Prophet"?

Sure 7 „Die Höhen", Vers 1 bis 36 und 59 bis 103: Im Namen Gottes, des
Barmherzigen, des Erbarmers! 1 ʾ-l-m-ṣ 2 Eine Schrift, die dir herabgesandt worden ist. Keine Hemmung sollst du ihretwegen in deiner Brust
empfinden, mit ihr zu warnen. Sie ist eine Mahnung für die Gläubigen.
3 „Folgt dem, was euch von eurem Herrn herabgesandt worden ist!
Folgt nicht anderen Freunden an dessen Stelle! Doch nur wenig laßt ihr
euch mahnen!" 4 Wie viele Ortschaften haben wir schon vernichtet!
Unsere Gewalt kam des Nachts über ihre Bewohner oder als sie am
Mittag ruhten. 5 Als unsere Gewalt sie traf, konnten sie nichts weiter
ausrufen als: „Wir haben gefrevelt!" 6 Wir wollen diejenigen, zu denen
(Propheten) entsandt wurden, befragen und auch diejenigen, die ausgesandt wurden. 7 Und wir wollen es ihnen mit unserem Wissen berichten, denn wir waren nicht abwesend. 8 An jenem Tag wird die Waage
die Wahrheit zeigen: Diejenigen, deren Gewichte schwer sind, das sind
die Glückseligen! 9 Diejenigen aber, deren Gewichte leicht sind, das
sind die, die sich selbst eingebüßt haben, weil sie mit unseren Wunderzeichen Frevel trieben. 10 Wir haben euch Macht auf Erden gegeben, und
euch dort euren Lebensunterhalt bereitgestellt. Wie wenig seid ihr dankbar! 11 Wir haben euch geschaffen, dann euch Gestalt verliehen. Dann
befahlen wir den Engeln: „Werft euch vor Adam nieder!" Da warfen sich
alle nieder bis auf Iblīs.[116] Er tat es nicht. 12 Gott fragte ihn: „Was
hinderte dich daran, dich niederzuwerfen, da ich es dir doch aufgetragen

habe?“ Er antwortete: ,,Ich bin besser als er! Du hast mich aus Feuer
geschaffen, ihn aber aus Lehm.“ 13 Gott sprach: ,,So stürze hinab aus
(dem Pardies)! Es steht dir nicht zu, dich hier hochmütig zu zeigen.
Hinaus! Du bist nun einer von den Gedemütigten!“ 14 Iblīs erwiderte:
,,Gib mir Frist bis zu dem Tag, da die Menschen auferweckt werden!“
15 Gott sprach: ,,Du sollst diese Frist erhalten.“ 16 Iblīs entgegnete:
,,Weil du mich irregeführt hast, will ich ihnen auf deiner rechten Straße
auflauern! 17 Dann will ich mich an sie heranmachen, von vorn und
von hinten, von rechts und von links. Du wirst finden, daß die meisten
von ihnen nicht dankbar sind!“ 18 Gott rief: ,,Hinaus aus (dem Paradies), gescholten und vertrieben! Wer von ihnen dir folgt – nun, ich will
die Hölle mit euch insgesamt anfüllen! 19 Adam, wohne du mit deiner
Gattin im Paradiesgarten. Eßt, wovon ihr mögt, doch nähert euch nicht
diesem Baum! Ihr wäret dann Frevler!“ 20 Doch um ihnen die ihnen
noch verborgene Scham aufzudecken, flüsterte ihnen der Satan ein: ,,Eu-
er Herr hat euch diesen Baum nur deshalb verboten, weil ihr sonst zwei
Engel würdet oder auf ewig hierbleiben dürftet!“ 21 Und er schwor
ihnen: ,,Ich bin für euch wirklich ein aufrichtiger Ratgeber!“ 22 So
verführte er sie durch Verblendung. Und als sie den Baum gekostet hatten, enthüllte sich ihnen ihre Scham, und sie pflückten rasch einige Blätter
aus dem Garten. Da rief sie ihr Herr an: ,,Habe ich euch nicht jenen
Baum verboten? Euch gesagt, daß der Satan für euch ein klarer Feind
ist?“ 23 Sie antworteten: ,,Wir haben gegen uns selber gefrevelt. Wenn
du uns nicht vergibst und dich nicht unserer erbarmst, werden wir gewiß
zu den Verlierern gehören!“ 24 Gott sprach: ,,So stürzt hinab, einer des
anderen Feind!“[17] Auf der Erde sei für euch Bleibe und Unterhalt bis zu
einer bestimmten Zeit!“ 25 Und weiter: ,,Dort sollt ihr leben und sterben, und aus ihr werdet ihr wieder hervorgebracht! 26 Ihr Kinder
Adams! Wir haben auf euch Gewänder herabgesandt, eure Scham zu
bedecken, und Federn.“ Jenes Gewand der Gottesfurcht aber ist besser!
Das gehört zu Gottes Wunderzeichen. Vielleicht laßt ihr euch mahnen.
27 ,,Ihr Kinder Adams! Der Satan soll euch nicht anfechten, so wie er
eure Eltern aus dem Paradies herausbrachte, indem er ihnen ihr Gewand
wegzog, um ihnen ihre Scham zu zeigen. Er und seinesgleichen sehen
euch von Orten an, wo ihr sie nicht seht. Wir haben die Satane denen zu
Freunden gegeben, die nicht glauben.“ 28 Wenn sie Unzucht begehen,
dann sagen sie: ,,Wir fanden, daß schon unsere Väter dies taten. Gott hat
es uns aufgetragen!“ Sprich: ,,Gott befiehlt keine Unzucht an. Sagt ihr
von Gott Dinge, von denen ihr nichts wißt?“ 29 Sprich: ,,Mein Herr
trägt mir Gerechtigkeit auf. Richtet euer Gesicht bei jedem Gebetsplatz
zu ihm und betet ihn an, ihm aufrichtig den Glauben bezeigend. So wie er
euch zu Anfang schuf, werdet ihr wieder werden!“ 30 Eine Gruppe, die
leitet er recht – eine andere Gruppe gibt es, die wirklich in die Irre geht!

Denn sie nahmen sich an Stelle Gottes die Satane zu Freunden und vermeinen, sie seien rechtgeleitet! 31 „Ihr Kinder Adams! Schmückt euch
bei jeder Gebetsstätte, eßt und trinkt, treibt aber keine Verschwendung!
Gott liebt die Verschwender nicht!" 32 Sprich: „Wenn jemand den
Schmuck Gottes untersagt, den dieser für seine Knechte hervorbrachte,
sowie die guten Speisen ..." Sprich: „... Alles dies gehört den Gläubigen
im diesseitigen Leben, sowie besonders am Tag der Auferstehung!" So
erläutern wir die Wunderzeichen im einzelnen für Leute, die Bescheid
wissen. 33 Sprich: „Mein Herr verbietet nur die Unzucht, die offene
und die verborgene, und die Sünde und ungerechtfertigte Übergriffe,
sowie daß ihr Gott beigesellt, wozu er keine Vollmacht herabsandte, und
daß ihr von Gott etwas sagt, wovon ihr nichts wißt!" 34 Jede Gemeinschaft hat eine Frist. Wenn ihre Frist gekommen ist, gibt es weder eine
Stunde Aufschub noch Beschleunigung. 35 „Ihr Kinder Adams! Wenn
zu euch Gesandte aus eurer Mitte kommen, die euch meine Wunderzeichen erzählen, so brauchen die, die gottesfürchtig und fromm sind, nichts
zu befürchten, und sie werden nicht betrübt sein. 36 Die aber, die
unsere Wunderzeichen ableugnen und sich hochmütig über sie hinwegsetzen, die sind die Gefährten des Höllenfeuers. Auf ewig bleiben sie
darin." ... 59 Wir sandten den Noah zu seinem Volk. Da sagte er:
„Mein Volk! Betet Gott an! Ihr habt außer ihm keinen Gott! Ich fürchte
für euch die Strafe eines gewaltigen Tages!" 60 Da sprach die Ratsversammlung seines Volkes: „Wir sehen dich in einem klaren Irrtum!"
61 Er erwiderte: „Mein Volk! Ich irre mich nicht. Vielmehr bin ich ein
Gesandter vom Herrn der Welten! 62 Ich teile euch die Botschaften
meines Herrn mit, gebe euch aufrichtigen Rat und weiß von Gott, was ihr
nicht wißt! 63 Wundert ihr euch etwa darüber, daß ein Mann von euch
eine Mahnung eures Herrn erhielt, um euch zu warnen und damit ihr
gottesfürchtig seid? Vielleicht findet ihr Erbarmen!" 64 Doch sie erklärten ihn zum Lügner. Darauf erretteten wir ihn und die, die zu ihm
hielten, in einem Schiff und ertränkten die, die unsere Wunderzeichen
abgeleugnet hatten. Das waren blinde Leute. 65 Und zu den ʿĀd sandten wir deren Bruder Hūd, der sagte: „Mein Volk! Betet Gott an! Ihr
habt außer ihm keinen Gott! Wollt ihr nicht gottesfürchtig sein?"
66 Da sprach die Ratsversammlung, die aus den Ungläubigen seines
Volkes bestand: „Wir sehen dich in Dummheit befangen! Wir meinen,
daß du ein Lügner bist!" 67 Er erwiderte: „Ich bin nicht dumm! Vielmehr bin ich ein Gesandter vom Herrn der Welten! 68 Ich teile euch die
Botschaften meines Herrn mit. Ich bin euch ein aufrichtiger Ratgeber
und Vertrauter! 69 Wundert ihr euch etwa darüber, daß ein Mann von
euch eine Mahnung eures Herrn erhielt, um euch zu warnen? Denkt
daran: Einst erwählte euch euer Herr zu Nachfolgern nach dem Ende des
Volkes von Noah und verlieh euch kräftigeren Körperbau. Denkt an die

Gnadengaben Gottes, vielleicht werdet ihr glückselig!" 70 Sie widersprachen: „Also kommst du zu uns, damit wir Gott allein anbeten und aufgeben, was unsere Väter anbeteten? So zeige uns, was du versprichst, wenn du meinst, die Wahrheit zu sagen!" 71 Er antwortete: „Schon sind von eurem Herrn ein Strafgericht und Zorn über euch gekommen! Wollt ihr mit mir etwa über Namen streiten, die ihr und eure Väter genannt haben[118] und wozu Gott gar keine Vollmacht herabgesandt hat? Wartet nur ab! Ich will mit euch abwarten!" 72 Darauf erretteten wir ihn und die, die zu ihm hielten, durch unsere Barmherzigkeit. Aber wir rotteten alle aus, die unsere Wunderzeichen ableugneten und nicht gläubig waren. 73 Und zu den Ṯamūd sandten wir deren Bruder Ṣāliḥ. Der sagte: „Mein Volk! Betet Gott an! Ihr habt außer ihm keinen Gott! Ihr habt bereits ein klares Zeichen von eurem Herrn erhalten: Dies ist die Kamelin Gottes, sie diene euch als Wunderzeichen. Laßt sie auf dem Land Gottes weiden und tut ihr nichts Böses an! Sonst trifft euch eine schmerzhafte Strafe. 74 Und gedenkt, daß Gott euch einst zu den Nachfolgern der ʿĀd gemacht und euch im Land Wohnsitze gegeben hat, in dem ihr in der Ebene Schlösser errichtet und in die Berge Behausungen schlagt! Gedenkt der Wohltaten Gottes, richtet im Land nicht Unheil noch Verderbnis an!" 75 Da sprach die Ratsversammlung, diejenigen seines Volkes, die hochmütig waren, zu den Unterdrückten, denen, die gläubig waren: „Wißt ihr denn wirklich, daß Ṣāliḥ von seinem Herrn gesandt worden ist?" Sie erwiderten: „Wir glauben an das, womit er gesandt wurde!" 76 Da entgegneten die Hochmütigen: „Wir aber glauben nicht, woran ihr glaubt!" 77 Sie durchschlugen der Kamelin die Fesselgelenke[119] und widersetzten sich dem Befehl ihres Herrn. Sie sagten: „Ṣāliḥ, bring uns doch, was du uns versprichst, wenn du ein Gottesgesandter bist!" 78 Da packte sie ein Erdbeben, und morgens lagen sie leblos in ihren Wohnungen. 79 Ṣāliḥ wandte sich von ihnen ab mit den Worten: „Mein Volk! Ich habe euch die Botschaft meines Herrn ausgerichtet, euch ehrlichen Rat gegeben, doch ihr liebt die Ratgeber nicht!"

80 Und den Lot! Einst sprach er zu seinem Volk: „Ihr begeht Unzucht, wie sie vor euch noch nie jemand getrieben hat? 81 Ihr pflegt in Begierde Verkehr mit Männern statt mit Frauen! Ihr seid Leute, die jede Grenze überschreiten!" 82 Doch die Antwort seines Volkes lautete nicht anders als: „Vertreibt sie[120] aus eurer Ortschaft! Es sind Leute, die sich reinigen!" 83 Da erretteten wir ihn und seine Familie, abgesehen von seiner Frau – diese ging zugrunde. 84 Regen ließen wir über das Volk fallen! Schau, welches Ende die Verbrecher nahmen! 85 Und zu den Midianitern ihren Bruder Šuʿaib. Der sagte: „Mein Volk! Betet Gott an! Ihr habt außer ihm keinen Gott! Ihr habt bereits ein klares Zeichen von eurem Herrn erhalten! Darum gebt volles Maß und Gewicht und betrügt die Menschen nicht um ihren Besitz! Stiftet kein Unheil im Land, nach-

dem es in Ordnung gebracht worden ist. Dies ist besser für euch, wenn ihr wirklich glaubt. 86 Lauert nicht auf jeder Straße, indem ihr droht und diejenigen, die an Gott glauben, von seinem Pfad abkehren und diesen krummbiegen wollt. Gedenkt, daß ihr einst wenige wart, Gott euch aber zahlreich machte. Schaut, welches Ende die Unheilstifter nahmen! 87 Wenn eine Gruppe von euch an das glaubt, womit ich gesandt wurde, eine andere aber nicht, so harrt aus, bis Gott zwischen uns entscheidet! Er trifft die besten Entscheidungen!" 88 Da sprach die Ratsversammlung, diejenigen seines Volkes, die hochmütig waren: „Wir wollen dich aus unserer Ortschaft vertreiben, Šuʿaib, und mit dir diejenigen, die glauben, es sei denn, ihr kehrtet in unsere Religionsgemeinschaft zurück!" Er antwortete: „Selbst wenn wir dies nicht wollten? 89 Denn wir würden ja gegen Gott Lügen erfinden, kehrten wir in eure Religionsgemeinschaft zurück, nachdem uns Gott bereits von ihr befreit hat! Wir dürfen ihr nicht wieder beitreten, außer wenn Gott, unser Herr, es wollte! Das Wissen unseres Herrn umgreift alles. Auf Gott verlassen wir uns. Unser Herr, entscheide zwischen uns und unserem Volk in der Wahrheit, denn du entscheidest am besten!" 90 Da sprach die Ratsversammlung, diejenigen seines Volkes, die ungläubig waren: „Wenn ihr Šuʿaib folgt, dann werdet ihr einen Verlust erleiden!" 91 Da packte sie ein Erdbeben, und morgens lagen sie leblos in ihren Wohnungen, 92 diejenigen, die Šuʿaib für einen Lügner erklärt hatten, als hätten sie nie auf sich selbst gestellt dort gelebt. Diejenigen, die Šuʿaib für einen Lügner erklärt hatten, waren die wirklichen Verlierer! 93 Er aber kehrte sich von ihnen ab und sprach: „Mein Volk! Ich habe euch die Botschaften meines Herrn ausgerichtet und euch ehrlichen Rat gegeben! Weshalb sollte ich über ungläubige Leute bekümmert sein?" 94 Keinen Propheten entsandten wir in eine Ortschaft, ohne deren Bevölkerung mit Unbill und Not zu schlagen; vielleicht würden sie sich demütigen! 95 Dann tauschten wir das Unheil gegen gute Lebensumstände aus, so daß sie (über das erlittene Unheil) hinwegsahen[121] und sprachen: „Von Not und von Freude sind unsere Väter gleichermaßen betroffen worden!"[122] Da kamen wir unvermutet über sie, ohne daß sie es ahnten! 96 Hätten die Bewohner der Ortschaften geglaubt und Gottesfurcht gezeigt, hätten wir ihnen die Segnungen des Himmels und der Erde eröffnet. Doch sie leugneten, und so bestraften wir sie um der Taten willen, die sie erwarben. 97 Wie konnten nur die Bewohner der Ortschaften davor sicher sein, daß unsere Gewalt des nachts, während sie schliefen, über sie komme? 98 Wie konnten die Bewohner der Ortschaften davor sicher sein, daß unsere Gewalt am hellen Vormittag über sie komme, während sie spielten? 99 Wie konnten sie sich vor den Ränken Gottes sicher fühlen? Nur Verlierer fühlen sich vor den Ränken Gottes sicher! 100 Hat es denjenigen, die das Land nach dem Tod der vorherigen Bewohner erbten, nicht als Hinweis ge-

reicht, daß wir, wenn es uns beliebte, jene um ihrer Sünden willen vernichteten? Aber wir versiegeln ihnen das Herz, so daß sie nichts hören.
101 Wir erzählen dir Berichte von jenen Ortschaften, zu denen ihre Gesandten klare Zeichen gebracht hatten. Die Bewohner hatten aber nicht glauben wollen, weil sie schon vorher leugneten. So versiegelt Gott den Ungläubigen das Herz!
102 Wir fanden, daß die meisten von ihnen keine Ahnung haben, und wir fanden, daß die meisten Missetäter sind!
103 Darauf sandten wir nach ihnen Mose mit unseren Wunderzeichen zu Pharao und seiner Ratsversammlung. Doch sie trieben Frevel mit ihnen. Schau, welches Ende es mit den Übeltätern nahm!

In den folgenden Versen 104 bis 157 wird ausführlich der Lebensweg des Propheten Mose erzählt. Nach dem Auszug aus Ägypten wurde ihm am Berg Sinai das Gesetz Gottes übergeben. In seiner Abwesenheit verfertigte sich sein Volk das Goldene Kalb, um es an Gottes Stelle anzubeten. Als Mose bei seiner Rückkehr von diesem Frevel erfährt, fleht er zu Gott, den Sündern noch einmal zu verzeihen. Hierauf verspricht ihm Gott, die schon beschlossene Vernichtung zurückzustellen, denn wie sein Zorn so ist auch seine Barmherzigkeit grenzenlos! Sie soll all denen zuteil werden, die an ihn glauben – auch denjenigen, die dem schriftunkundigen Propheten folgen, der in Tora und Evangelium verheißen sei. So wird zwischen dem vergangenen Geschehen und der Gegenwart ein enger Bezug hergestellt. Vers 158 lautet: Sprich: „Ihr Menschen! Ich bin der Gesandte Gottes an euch alle, Gottes, dem das Reich der Himmel und der Erde gehört, außer dem es keinen Gott gibt. Er verleiht Leben und Tod. Glaubt an Gott und seinen Gesandten, den schriftunkundigen Propheten, der an Gott und seine Worte glaubt! Folgt ihm, vielleicht gelangt ihr auf den rechten Weg!" – Hieran schließen sich einige Berichte von den Kindern Israels, von denen einige immer wieder vergaßen, der Mahnungen Gottes zu gedenken. Dann heißt es weiter: 172 Einstmals nahm Gott aus der Lende der Söhne Adams ihre Nachkommenschaft und ließ sie gegen sich selbst bezeugen: „Bin ich nicht euer Herr?" Und sie antworteten: „Ja, wir bezeugen es!" Denn am Tage der Auferstehung sollt ihr nicht sagen: „Von alledem hatten wir keine Kenntnis!" 173 oder: „Unsere Väter vor uns haben Gott andere beigesellt! Wir sind doch nur die Nachkommenschaft nach ihnen! Willst du uns jetzt vernichten um dessen willen, was die taten, die (die Wunderzeichen) für nichtig erklärten?" 174 So erläutern wir die Wunderzeichen im einzelnen; vielleicht bekehren sich (die Ungläubigen). 175 Und trag ihnen die Nachricht von demjenigen vor, dem wir unsere Wunderzeichen brachten, der sich dann aber von ihnen abkehrte, worauf ihn der Satan als Gefolgsmann gewann. So wurde er einer von denen, die in die Irre gehen! 176 Wenn es uns beliebt hätte, hätten wir ihn durch (die Wunderzeichen) emporgehoben. Er aber klammerte sich an die Erde und folgte seiner persönlichen Neigung. Er gleicht einem Hund: Greifst du ihn an, läßt er die Zunge heraushängen, oder beachtest du ihn nicht, läßt er die Zunge auch heraushängen. So verhält es sich mit Leuten, die unsere Zeichen ableugnen. Erzähle ihnen die Geschichten, vielleicht denken sie nach! 177 Ein schlimmes Beispiel bieten Leute, die unsere Zeichen ableugnen! Gegen sich selber freveln sie! 178 Wer von Gott rechtgeleitet wird, der ist auf dem richtigen Weg. Wen er irre führt, das sind die Verlierer! 179 Viele Menschen und Dschinnen haben wir für die Hölle geschaffen. Sie haben Herzen, mit denen sie keinerlei Einsicht gewinnen, Augen, mit denen sie nicht sehen, Ohren, mit denen sie nicht hören. Sie sind wie das Vieh, ja sie gehen noch mehr in die Irre! Sie haben keine Kenntnis. 180 Gott hat die schönsten Namen.[123] Ruft ihn bei diesen an! Und laßt diejenigen, die in betreff seiner Namen Ketzerei treiben! Ihnen wird vergolten, was sie taten! 181 Unter unseren Geschöpfen gibt es eine Gemeinschaft, deren Mitglieder gemäß der Wahrheit rechtleiten und ihr entsprechend gerecht sind. 182 Diejenigen, die unsere Wunderzeichen ableugnen, werden wir schrittweise vernichten,[124] ohne daß sie es wissen. 183 Ich gewähre ihnen Aufschub, doch meine List ist kräftig! 184 Haben sie denn nicht nachgedacht? Ihr Gefährte ist keinesfalls besessen. Er ist nur ein deutlicher Warner. 185 Haben sie nicht das Reich der Himmel und der Erde und alles, was Gott geschaffen hat, betrachtet, sowie daß ihre Frist vielleicht in Kürze abgelaufen ist? Welche Worte wollen sie nach alledem denn glauben? 186 Wen Gott in die Irre führt, den kann niemand rechtleiten. Gott läßt sie in ihrer Widersetzlichkeit umhertappen.

Die Geschichte der Menschen im Diesseits beginnt mit der Verstoßung Adams und Evas aus dem Paradies. Es ist der Satan, der ihnen vorgaukelt, durch die Übertretung des göttlichen Gebots könnten sie ein engelgleiches ewiges Leben erringen. Auch auf der Erde darf der Satan einer Verabredung mit Gott zufolge den Menschen nachstellen und sie vom rechten Weg abzubringen versuchen. Die Menschen sind allerdings nicht – wie im Christentum – durch den Fehltritt ihrer Ureltern mit einer Erbsünde belastet. Auch auf einen ohne Eingriffe Gottes sich entfaltenden Kampf der gesetzestreuen unter den Menschen gegen die Listen des Teufels läuft die Geschichte nicht hinaus. Es ist vielmehr Gott selber, der einen Teil der Menschen rechtleitet, einen anderen verstockt. Diese im Koran sehr oft geäußerte Ansicht steht in einem unauflösbaren Widerspruch zu dem Bild, das vom Ablauf der Geschichte insgesamt gezeichnet wird. Denn immer wieder treten Gottesgesandte auf, die ihr Volk zum Glauben und zur Einhaltung der Gesetze aufrufen. Es sind Noah, Hūd, Ṣāliḥ, Lot und Šuʿaib; ihnen folgen Mose und andere Gestalten der israelitischen Vergangenheit. Sie überbringen eine stets gleichlautende Botschaft: „Glaubt an den einen Gott!“ Immer sind es die Mächtigen, die führenden Kreise, die diese Aufforderung zurückweisen, etwa mit dem Hinweis, es handele sich um die Worte eines Narren. Auch das Ende ist immer gleich: Das ungläubige Volk wird vernichtet; der Prophet sagt sich von ihm los, da er mit der Überbringung seiner Botschaft seine Pflicht erfüllt hat – nicht die Menschen, Gott bestimmt die Geschichte. Wer von Gott zum Unglauben geschaffen ist, kann nicht bekehrt werden und muß untergehen. Fast hat es den Anschein, als bestehe die Aufgabe der Propheten allein darin, den richtenden Gott des Jüngsten Tages gegen den Einwand der Verdammten zu schützen, sie hätten sein Gesetz nicht gekannt. So ist die Zeit im Koran einerseits nicht mehr vom ewig waltenden Fatum beherrscht, andererseits wird sie aber auch noch nicht als das Maß einer Geschichte betrachtet, für die der Mensch wenigstens zum Teil selber verantwortlich ist.

Die Zeit seit der Verstoßung aus dem Paradies gliedert sich vielmehr in eine Reihe warnender Beispiele, die Straflegenden, deren Geschehen stark typisiert ist und in Wirklichkeit noch keine unwiederholbaren individualisierten Abläufe darstellt, sondern eine von Gott ins Werk gesetzte Wiederkehr des Gleichen. Hier sind zweifellos Berührungspunkte mit dem vorislamischen Fatalismus Arabiens zu bemerken, die bei der Behandlung des koranischen Menschenbildes erneut aufzugreifen sind. Es ist unschwer zu erkennen, daß die typisierten warnenden Beispiele allesamt die Lebenserfahrungen Muḥammads widerspiegeln. Die Angaben über die Midianiter, selbst die ausführlichen Beschreibungen der Mose-Erzählung, sind angesichts dieser einen Grundidee nur schmückendes Beiwerk. So wird, in Ermangelung tatsächlicher Geschichte, eine Ereigniskette von der Gegenwart bis in die Vergangenheit, bis zu Adam zurückgeknüpft. Die mahnenden Geschehnisse dieser künstlichen Vergangenheit verleihen den Worten des Korans ein zusätzliches Gewicht in der Gegenwart und dienen zugleich der Rechtfertigung des Handelns Muḥammads. Er hat seine Landsleute vor dem Zorn Gottes gewarnt, und die „Geschichte" seit der Vertreibung aus dem Paradies lehrt, daß man Gott vergeblich zu überlisten sucht. Das Ende derer, die von Gott dazu bestimmt wurden, sich dem prophetischen Ruf zu widersetzen, steht bereits fest, läßt sich an warnenden Beispielen ablesen. In den Versen 175 und 176 wird einem Gegner des Propheten dies drohend vor Augen geführt. Nach islamischer Überlieferung ist Umaija b. abī ṣ-Ṣalt gemeint, der sich auf die Seite der Gegner Muḥammads geschlagen hatte, obwohl die Anschauungen, die er in den von ihm überlieferten Gedichten vertrat, denjenigen des Propheten in vielem ähneln. Das stark schematisierte Geschichtsbild des Korans wird von einem entscheidenden Ereignis beherrscht. Gott läßt sich von der Nachkommenschaft Adams als der Herr anerkennen (Sure 7, Vers 172). Man kann von einem Bund sprechen, den Gott mit der Menschheit für den Zeitraum der irdischen Geschichte abschließt. Alle Menschen erfahren, daß sie nur diesen einen Herrn haben, aber sie sind nicht imstande, allesamt zu jeder Zeit diesem Wissen entsprechend zu handeln. Im Gegenteil, viele verstricken sich immer wieder in die Sünde der Vielgötterei. Daher kommt es, daß im Verlauf der Geschichte stets aufs neue widergöttliche, nicht auf dem Gesetz des Schöpfers beruhende Gemeinschaften entstehen. Nur die Propheten und die ihnen ganz ergebene Anhängerschar bilden Gemeinden, in denen Gottes Wille verwirklicht wird und die auf diese Weise die fortdauernde Gültigkeit des Bundes sichtbar machen, den der Schöpfer einst mit seinen Geschöpfen einging. Die Aufeinanderfolge der Prophetenschaften von Noah bis zu Muḥammad bezeichnet die Augenblicke der unmittelbaren Gottesherrschaft in der Geschichte. In den Zwischenzeiten geriet das Wort Gottes bei der erdrükkenden Mehrzahl der Menschen in Vergessenheit oder wurde gar wissentlich mißachtet. Diese koranischen Ansätze wurden in der islamischen Geistesgeschichte in vielfältiger Weise fortentwickelt. So glaubt beispielsweise die ismaelitische Schia an einige große Sprecher-Propheten wie etwa an Noah, Mose und Muḥammad, die in einer Zeit größter Gefahr des menschlichen Daseins das stets gleiche Gesetz aufs neue verkündet hätten. Nach dem Tode eines Sprecher-Propheten verfällt dessen Werk allmählich, und es leben nurmehr stumme Zeugen für Gottes Wort, bis wiederum ein Sprecher-Prophet berufen wird, deren letzter Muḥammad war. Nach ismaelitischer Vorstellung wird am Ende der Reihe der auf Muḥammad folgenden stummen Zeugen der letzte Sprecher, der Endzeitherrscher, auftreten, unter dem die Geschichte ihre Vollendung erfahren und der Jüngste Tag anbrechen wird. Dies ist die folgerichtige Ausgestaltung des zyklischen Geschichtsbildes des Korans.

Sure 33 „Die Parteiungen", Vers 38 bis 40: 38 Der Prophet braucht sich über die Anordnungen, die Gott für ihn getroffen hat, nicht bedrückt zu fühlen. Schon mit den dahingegangenen (Gemeinschaften) pflegte Gott so zu verfahren. Gottes Befehl ist ein vollzogener Ratschluß. 39 (Gott verfuhr so) mit denjenigen, die die Botschaften Gottes übermittelten, ihn fürchteten und außer Gott niemanden fürchteten. Wie streng rechnet Gott ab! 40 Muḥammad ist nicht der Vater von irgendeinem eurer Männer, sondern er ist der Gesandte Gottes und das Siegel der Propheten. Gott weiß alles.

Der äußere Anlaß für diese wichtigen Verse war eine für den Propheten peinliche Angelegenheit. Es heißt, er habe Zainab, die Gattin seines Adoptivsohnes Zaid, als Ehefrau begehrt und diesem nahegelegt, sich von ihr scheiden zu lassen. In Vers 40 wird das Adoptivverhältnis, das zwischen Muḥammad und Zaid bestand, ganz klar von der leiblichen Vaterschaft getrennt, die eine Verbindung mit der geschiedenen Frau des Sohnes ausgeschlossen hätte.[125] Uns berührt hier einzig die Aussage, Muḥammad sei das Siegel der Propheten. Gott hat stets in gleicher Weise den von ihm berufenen Männern seine Befehle übermittelt – es entstanden Gemeinschaften, die wie die muslimische in Medina „Gott und seinem Gesandten" untertan waren. Muḥammad ist das letzte Glied der Kette der Gottesgesandten, er bestätigt sie alle. Mit ihm ist die Geschichte der Menschheit in ihren letzten Abschnitt vor dem Jüngsten Tag eingetreten. So jedenfalls hat man im Islam den Begriff des „Siegels der Propheten" verstanden. „So wie Gott euch zu Anfang schuf, werdet ihr wieder werden!" soll Muḥammad laut Sure 7, Vers 29, seinen Zuhörern zurufen. In ihrer Endphase kehrt die irdische Geschichte zu den Verhältnissen zurück, wie sie am Anfang herrschten. Verlief die Geschichte bis zu Muḥammad in Zyklen und war daher eine erneute Ingangsetzung der Verkündigung des ewigen göttlichen Gesetzes zu erwarten gewesen, so galt diese Hoffnung nun nach dem Auftreten des arabischen Propheten nicht mehr. In Muḥammad erreicht das irdische Geschehen seinen dramatischen Höhepunkt; es ist die letzte Gelegenheit für die Menschheit, das Heil, das Anrecht auf das Paradies zu erwerben.

Wenn wir oben feststellen mußten, daß das koranische Geschichtsbild zum Teil noch in den alten Vorstellungen von der sich wiederholenden Zeit wurzelt, haben wir nun den Punkt erreicht, an dem jenes Geschichtsverständnis zerbricht. Einmaligkeit im Sinne einer Unwiederholbarkeit zeichnet den Verlauf der Ereignisse seit Muḥammads Auftreten aus, und zwar eine Einmaligkeit, die bereits auf das Ende der Zeiten und die dann erfolgende Abrechnung hinweist. „Haben sie das Reich der Himmel und der Erde und alles, was Gott geschaffen hat, betrachtet, sowie daß ihre Frist vielleicht in Kürze abgelaufen ist?" wird in Sure 7, Vers 185, gefragt. Im Blick auf das möglicherweise bald hereinbrechende Ende der Geschichte erhält alles Tun und Unterlassen des einzelnen eine erschreckende Tragweite: Sein Heil steht auf dem Spiel! In chiliastischen Bewegungen ist im Verlauf der islamischen Geschichte immer wieder das Abbrechen alles irdischen Geschehens und die Wiedererrichtung der reinen Gottesherrschaft, wie sie am Anfang gewesen sei, erwartet worden; ja man glaubte in manchen Fällen sogar, mit Waffengewalt die Ankunft des Endzeitherrschers vorbereiten zu müssen. All diesen Strömungen ist in ihrer Blütezeit, die stets in das Anfangsstadium fällt, das Streben nach rigoroser Erfüllung des göttlichen Gesetzes eigen. Erst wenn die erwarteten Ereignisse nicht eintreten, verflacht dieser Rigorismus und wandelt sich ab. Im Islam, wie ihn die große Mehrheit der Gläubigen bekennt, ist freilich das Ende der Geschichte in eine ferne Zukunft abgedrängt worden; nicht selten hat die Theologie alle Spekulationen über diesen Gegenstand für müßig erklärt und verpönt.

Dennoch ist die Wende, die der Prophet Muḥammad bewirkt hat, nach muslimischer Vorstellung die letzte, endgültige und sollte das Schicksal der gesamten Menschheit bestimmen: Es ist die alles entscheidende Wende von der Zeit der Unwissenheit hin zur Zeit des Islams und des Wissens um das göttliche Gesetz. „Dann, nach all dem Kummer, sandte Gott auf euch Sicherheit herab, Schläfrigkeit, die eine Gruppe von euch überkam; eine andere Gruppe war jedoch mit sich selbst beschäftigt, indem sie über Gott unwahre Vermutungen wie in der Zeit der Unwissenheit angestellt hatte ...", heißt es in Sure 3 „Die Sippe Imrans", Vers 154.[126]

Sure 5 „Der Tisch", Vers 48 bis 50: 48 Wir haben dir das Buch mit der Wahrheit herabgesandt. Es bestätigt die Bücher, die vorher waren, und verleiht ihnen Gewißheit.[127] So entscheide unter (den Gläubigen) gemäß dem, was Gott herabgesandt hat, und folge nicht ihren persönlichen Neigungen unter Verzicht auf die Wahrheit, die du empfangen hast. Jedem von euch (Propheten) haben wir Normen und einen Weg gewiesen. Hätte es Gott beliebt, hätte er euch zu einer einzigen Glaubensgemeinschaft vereinigt. Doch will er euch im Hinblick auf das, was ihr erhalten habt, auf die Probe stellen. Darum wetteifert um das Gute! Zu Gott kehrt ihr einst alle zurück. Dann wird er euch Kunde über das geben, worüber ihr verschiedener Ansicht wart. 49 Ferner: Entscheide unter ihnen gemäß dem, was Gott dir herabgesandt hat, und folge nicht ihren persönlichen Neigungen und sei vor ihnen auf der Hut, damit sie dich nicht von manchem, was Gott dir herabsandte, abbringen! Wenden sie sich ab, so wisse, daß Gott nichts weiter will, als sie mit einer ihrer Sünden treffen. Denn viele Menschen sind Missetäter! 50 Wollen sie etwa Entscheidungen wie zur Zeit der Unwissenheit?! Wer könnte für Leute, die Gewißheit besitzen, eine bessere Entscheidung treffen als Gott?

Muḥammad hat alle früheren Gesandten bestätigt. Mit ihm ist endgültig Gewißheit über die Absichten Gottes mit den Menschen eingetreten. Ein Urteil, das auf den subjektiven Meinungen der Menschen beruht und folglich nicht richtig sein kann, darf es in der Epoche des Islams, des sicheren unbezweifelbaren Wissens um den Willen Gottes, nicht mehr geben. Das „Ungestüm der Zeit der Unwissenheit"[128] schwindet aus den Herzen der Menschen, die an Gott glauben und seine Gegenwart erfahren. Im Bewußtsein schon der frühen Gemeinde war der Bruch mit der Vergangenheit so folgenreich und tiefgreifend, daß bereits ʿUmar (reg. 634–644), der zweite Nachfolger des Propheten, eine neue, islamische Zeitrechnung einführte. Man gab es auf, nach dem „Jahr des Elefanten" zu datieren.[129] Nachdem man die neue Ära zunächst von der Berufung Muḥammads zum Propheten an zu rechnen versucht hatte, einigte man sich schließlich auf die Übersiedlung Muḥammads nach Medina, die

Hedschra, als den Ausgangspunkt des islamischen Kalenders.[130] Seit jenem Ereignis ist die Weltgeschichte in muslimischer Sicht vor allem die Geschichte der islamischen Glaubensgemeinschaft. Hinter allem Geschehen ist Gottes Plan verborgen, seine Ordnung auf der ganzen Welt triumphieren zu lassen: ,,(Die Ungläubigen) wollen mit ihrem Gerede das Licht Gottes auslöschen. Gott aber will nichts anderes als sein Licht vollenden, selbst wenn dies den Ungläubigen zuwider ist. Er ist es, der seinen Gesandten mit der Rechtleitung und der wahren Religion geschickt hat, um diese über jede andere Religion obsiegen zu lassen, selbst wenn dies den Polytheisten zuwider ist!" (Sure 9 ,,Die Buße", Vers 32f.). So hat für den Muslim neben der islamischen Zeit jede andere ihre Gültigkeit und ihren Sinn verloren.

III. Das Gottesbild des Korans

1. Der gütige Schöpfergott

Sure 96 „Der Embryo", Vers 1 bis 5: Im Namen Gottes, des Barmherzigen, des Erbarmers! 1 Rezitiere: Im Namen deines Herrn, der geschaffen hat, 2 geschaffen hat den Menschen aus einem Blutklumpen! 3 Rezitiere: Dein Herr ist der edelmütigste, 4 der durch das Schreibrohr gelehrt hat, 5 den Menschen gelehrt hat, was er nicht wußte!

Schon in dieser ältesten Offenbarung gibt sich Gott dem Propheten als der Schöpfer zu erkennen. Die ganze Welt ist Gottes Werk. Dieser Gedanke zieht sich wie ein roter Faden durch den ganzen Koran und enthält die Kernaussage der islamischen Theologie. Daß Gott die Welt erschaffen habe und sie aufrechterhalte, solange es ihm beliebe, ist des weiteren die Grundlage, von der in der islamischen Geistesgeschichte alle Versuche, zu einer Deutung und zu einem Verständnis des Kosmos vorzustoßen, ausgegangen sind.

Sure 16 „Die Bienen", Vers 1 bis 23: Im Namen Gottes, des Barmherzigen, des Erbarmers! 1 Die Fügung Gottes liegt vor, treibt darum Gott nicht zur Eile an![1] Gepriesen ist er und erhaben über die, die man ihm beigesellt! 2 Er schickt die Engel mit der Offenbarung von seiner Fügung auf diejenigen seiner Knechte herab, die ihm belieben: „Warnt! Es gibt keinen Gott außer mir! Darum fürchtet mich!" 3 Er hat die Himmel und die Erde in Wahrheit geschaffen. Er ist erhaben über die, die man ihm beigesellt. 4 Er hat den Menschen aus einem Samentropfen geschaffen – und gleich zeigte sich der Mensch deutlich als streitsüchtig! 5 Und das Vieh hat er für euch geschaffen. Ihr habt daran Erwärmung und anderen Nutzen, und ihr eßt davon. 6 Und es bietet euch einen schönen Anblick, wenn ihr es abends heimtreibt oder wenn ihr es weiden laßt. 7 Und es trägt eure Lasten zu einem Ort, den ihr sonst nur unter großen Anstrengungen erreichen würdet. Euer Herr ist wirklich gütig und barmherzig! 8 Die Pferde, die Maultiere, die Esel, damit ihr auf ihnen reitet, und zur Zierde! – Und er schafft noch andere Dinge, von denen ihr nichts wißt! 9 Gott obliegt es, den geraden Weg zu führen; denn es gibt auch Irrwege! Hätte es ihm beliebt, hätte er euch insgesamt rechtgeleitet. 10 Er ist es, der Wasser vom Himmel herabsandte. Ihr könnt davon trinken und habt dadurch Gebüsch, das ihr abweiden lassen könnt. 11 Er läßt euch durch das Wasser Getreide, Oliven, Datteln und

Weintrauben wachsen und alle Arten von Früchten. Hierin liegt ein Wunderzeichen für Leute, die nachdenken! 12 Nacht und Tag, Sonne und Mond hat er euch dienstbar gemacht. Und auch die Sterne sind durch seine Fügung dienstbar. Darin liegen doch Wunderzeichen für Leute, die Verstand haben! 13 Und was er in verschiedenen Farben für euch auf dem Erdboden hervorgebracht hat – darin liegt ein Zeichen für Leute, die sich mahnen lassen! 14 Er ist es, der euch das Meer nutzbar gemacht hat, damit ihr von dort kommendes frisches Fleisch essen könnt und Schmuck, den ihr anlegt, herausholt. Und du siehst, wie die Schiffe es durchpflügen. Ihr sollt Gottes Gnadengaben zu erwerben suchen. Vielleicht seid ihr dankbar. 15 Und er hat fest verwurzelte Berge auf das Land geworfen, damit es nicht mit euch ins Schwanken gerate, – und Flüsse und Wege. Vielleicht laßt ihr euch rechtleiten. 16 Sowie Wegmale! Und durch die Sterne können sie sich gut zurechtfinden. 17 Gleicht etwa derjenige, der schafft, demjenigen, der nicht schafft? Wollt ihr euch wirklich nicht mahnen lassen? 18 Wollt ihr die Gnadengaben Gottes zählen, so könnt ihr sie nicht in Zahlen fassen. Gott ist vergebend und barmherzig. 19 Gott weiß, was ihr insgeheim und was ihr offen sagt. 20 Und was man an Gottes Stelle anruft, sind Wesen, die nichts schaffen können, sondern selber nur geschaffen werden – 21 tot, nicht lebendig! Und sie wissen nicht, wann sie erweckt werden. 22 Euer Gott ist ein einziger Gott. Diejenigen also, die nicht an das Jenseits glauben, haben ein Herz, das dies alles verwirft, und sie sind anmaßend. 23 Wahrlich, Gott weiß, was sie insgeheim und offen reden. Er liebt die Anmaßenden nicht!

Sure 27 „Die Ameisen", Vers 59 bis 64: 59 Sprich: „Preis sei Gott und Friede seinen Knechten, die er ausgewählt hat! Ist Gott besser oder diejenigen, die ihr ihm beigesellt? 60 Oder jemand, der die Himmel und die Erde geschaffen hat und für euch Wasser vom Himmel herabschickte?" Hiermit haben wir prachtvolle Gärten sprießen lassen. Euch war es nicht möglich, deren Bäume wachsen zu lassen! Gibt es also einen Gott neben dem Gott? Aber nein, sie sind Leute, die ihm andere gleichsetzen! 61 „Oder der, der die Erde fest gegründet hat, in ihre Zwischenräume Flüsse leitete, ihr tiefverwurzelte Berge einpflanzte und zwischen den beiden Meeren eine Barriere schuf?" Gibt es also einen Gott neben Gott? Doch nein, die meisten von ihnen wissen nicht Bescheid! 62 „Oder der, der dem in Not Geratenen antwortet, wenn dieser ihn ruft, das Übel von ihm nimmt und euch zu Nachfolgern auf Erden macht?" Gibt es also einen Gott neben Gott? Wie wenig laßt ihr euch mahnen! 63 „Oder der, der euch in der Finsternis zu Lande und Wasser geleitet und den Wind als Freudenbotschaft vor seiner Barmherzigkeit aussendet?" Gibt es einen Gott neben Gott? Hocherhaben ist er über die, die man ihm beigesellt! 64 „Oder der, der die Geschöpfe ein erstes Mal schafft und sie dereinst wieder in diesen Zustand versetzt? Der euch aus dem Himmel und von der Erde euren Unterhalt schenkt?" Gibt es einen Gott neben Gott? Sprich darum: „Zeigt euren Beweis her, wenn ihr glaubt, die Wahrheit zu sagen!"

Sure 30 „Die Byzantiner", Vers 17 bis 30: 17 Darum gepriesen sei Gott, wenn ihr abends ruht und wenn ihr morgens aufsteht! 18 Ihm gebührt das Lob in den Himmeln und auf der Erde, des Abends und zur Mittagszeit! 19 Er bringt das Lebendige aus dem Toten hervor und das Tote aus dem Lebendigen. Er belebt die Erde, nachdem sie gestorben ist. So werdet auch ihr (am Jüngsten Tag) hervorgebracht werden! 20 Zu seinen Wunderzeichen gehört, daß er euch aus Staub geschaffen hat, und auf einmal wart ihr ein Menschengeschlecht, das sich ausbreitet! 21 Zu seinen Wunderzeichen gehört, daß er von euch Gattinnen geschaffen hat, damit ihr bei ihnen wohnt, und daß er zwischen euch Liebe und Barmherzigkeit aufkeimen ließ. Hierin liegen Wunderzeichen für Leute, die nachdenken. 22 Zu seinen Wunderzeichen gehört, daß er die Himmel und die Erde schuf, eure unterschiedliche Sprache und Hautfarbe. Hierin liegen Wunderzeichen für die Wissenden! 23 Zu seinen Wunderzeichen gehört, daß ihr des Nachts und am Tage ruhen könnt und daß ihr etwas von seinen Gnadengaben erstreben dürft. Hierin liegen Wunderzeichen für Leute, die hören. 24 Zu seinen Wunderzeichen gehört, daß er euch den Blitz zeigt als eine Erscheinung, die euch Furcht und Verlangen einflößt,[2] und daß er vom Himmel Wasser herabsendet, mit dem er die Erde belebt, nachdem sie gestorben ist. Hierin liegen Wunderzeichen für Leute, die Verstand haben. 25 Zu seinen Wunderzeichen gehört, daß der Himmel und die Erde durch seine Fügung bestehen. Wenn er euch dann einst aus der Erde herausruft, dann kommt ihr hervor. 26 Ihm gehört alles in den Himmeln und auf der Erde. Alles demütigt sich vor ihm. 27 Er ist es, der die Geschöpfe ein erstes Mal schafft und sie dereinst wieder in ihren Zustand versetzt. Dies ist ihm ein Leichtes! Er ist das erhabenste Wesen[3] in den Himmeln und auf der Erde. Er ist der Mächtige und Weise! 28 Gott hat euch von euch selbst ein Gleichnis geprägt: Habt ihr unter euren Sklaven Teilhaber an dem von uns euch gewährten Lebensunterhalt, so daß ihr in dieser Hinsicht mit ihnen gleich wäret, indem ihr sie fürchten müßtet wie euresgleichen? So erläutern wir die Verse im einzelnen für Leute, die Verstand haben. 29 Nein, die Frevler folgten ihren persönlichen Meinungen, ohne festes Wissen zu haben. Wer kann rechtleiten, wen Gott in die Irre führt? Diese haben niemanden, der ihnen hilft! 30 So wende dein Gesicht als Gottsucher dem Glauben zu. Dies gilt als die ursprüngliche Art,[4] in der Gott die Menschen geschaffen hat, und niemand kann die Schöpfung Gottes abändern. Das ist der richtige Glaube, aber die meisten Menschen wissen das nicht!

Der Koran enthält keinen Schöpfungsbericht, wie wir ihn in zweifacher Ausführung zu Beginn des Alten Testamentes finden. Die kurzen Hinweise darauf, daß Gott die Welt in sechs Tagen geschaffen habe, werden wir unten des näheren erörtern. Wie sich aus den eben angeführten Abschnitten der 16., 27. und 30. Sure ergibt, betrachtet der Koran die Schöpfung nicht so sehr als einen einmaligen Vorgang, der am Anfang der Geschichte ablief und diese gewissermaßen in Gang setzte. Schöpfung ist vielmehr ein jederzeit greifbares, in jedem Augenblick erfahrbares Geschehen. Gott hat die Himmel und die Erde gemacht, er hat das Land mit Bergen befestigt, hat es mit Flüssen durchzogen und mit Wegzeichen abgesteckt, damit der Mensch sich nicht verirre. Die Welt als Schöpfung Gottes wird mithin durch die Augen des Menschen betrachtet und auf ihn bezogen. Das gleiche gilt vom Vieh; es dient auf vielfältige Weise dem Menschen und erfüllt ihn mit Besitzerstolz, wenn es auf- oder abgetrieben wird. Das Meer liefert dem Menschen Fische und Schmuck und dient seinen Schiffen als Fahrstraße. Am besten versinnbildlicht der Regen die Schöpferkraft Gottes, die ständig zugunsten des Menschen wirkt: Der Regen belebt die harte, verdorrte Erde, sie bedeckt sich mit Gras und bringt die verschiedensten Früchte hervor. In allen derartigen Abschnitten des Korans[5] bedeutet Schöpfung nicht den Anfang der Welt, sondern ihren Fortbestand. Und mit der Tatsache, daß Gott im Diesseits alle Kreatur zum ersten Mal schafft, wird verdeutlicht, daß Gott am Jüngsten Tag seine Erstschöpfung wiederholen und alles, was bis dahin gestorben ist, ins Leben zurückrufen wird.

Diese auf die Gegenwart und auf den in ihr lebenden Menschen bezogene Darstellung der Schöpferkraft Gottes hängt ohne Zweifel damit zusammen, daß der Hinweis auf Gottes Werk im Koran die Aufgabe eines Mahnwortes erfüllen muß. Am deutlichsten wird dies in der 27. und 30. Sure. „Gibt es einen Gott neben dem einen Gott?" werden die Zuhörer stets gefragt, nachdem ihnen die großartigen Erscheinungsformen des Wirkens Gottes im Diesseits vor Augen geführt worden sind. Jeder, der nur etwas Vernunft besitzt, weiß die Wunderzeichen Gottes richtig zu deuten und die Existenz des einen Gottes zu erkennen, der über alle Götzen hoch erhaben ist.

Doch allein als Folge einer solchen den Berichten über die Schöpfung zugewiesenen paränetischen Funktion kann diese eigentümliche Darstellungsweise nicht erklärt werden. Allem Anschein nach ist sie nämlich der Gedankenwelt der Gottsucher jener Zeit verwandt, die, ohne sich dem Judentum oder dem Christentum anzuschließen, einen vertieften Hochgottglauben anstrebten und sich asketischen Übungen unterwarfen. Wir erfuhren oben, daß der Prophet es als anstößig empfand, einen zum Teil auf zwielichtige Weise errafften Reichtum gedankenlos zu verprassen, und deshalb seinen Landsleuten zurief, sich angesichts des drohenden Weltgerichts von derartigen Verfehlungen zu reinigen und in dem einen Gott ihren wahrhaften Herrn zu erkennen. Betrachten wir hiervon ausgehend noch einmal das Zitat aus der 30. Sure „Die Byzantiner". Gott wirkt in der Natur eindrucksvolle Wunderzeichen und wird die Geschöpfe dereinst ein zweites Mal zum Leben erwecken. Er ist die erhabenste Macht, die es gibt. Er ist den Götzen so überlegen wie ein freier Mann einem Sklaven. Nur Frevler, die sich auf ihre törichten eigenen Mutmaßungen verlassen, können dies nicht einsehen, und sie werden dafür die Verdammnis erleiden. „So wende dein Gesicht als Gottsucher dem Glauben zu!" werden Muḥammad und seine Anhänger aufgefordert. Zum rechten Glauben hingewendet, das ist die ursprüngliche Haltung, die Gott den Menschen anerschaffen hat und die sie in sündhafter Weise aufgegeben haben. Abraham, jener vorbildliche Gottsucher und Monotheist, hat diese Urform aller Religiosität wiederhergestellt,[6] die hier im Zusammenhang von Sure 30 aufzufassen ist als das Bewußtsein des Menschen von seiner Kreatürlichkeit und seiner untrennbaren Bindung an den einen Schöpfer. Die 30. Sure aber stammt aus der spätmekkanischen Periode, jener Zeit also, in der Muḥammad, der „schriftunkundige Prophet", das vorislamische Gottsuchertum für sich beanspruchte. Wir sahen dies an dem Wandel des koranischen Verständnisses von der Gestalt Abrahams und deuteten an, daß Muḥammad bei manchen Gottsuchern, z. B. Umaija b. abī ṣ-Ṣalt auf Widerstand stieß.

Von Umaija wird uns das folgende Gedicht überliefert: Preis sei Gott zu unserer Abendzeit und zu unserer Morgenzeit! Im Guten läßt uns mein Herr in den Morgen eintreten und in den Abend. – Der Herr der Gottsuche, dessen Schatzkammern unerschöpflich sind, gefüllt, und der die Horizonte mit seiner Macht bedeckt. – Gibt es aus unserer Mitte denn keinen Propheten, der uns mitteilen könnte, was für ein neues Leben uns nach unserem Ende erwartet? – Während uns unsere Väter großziehen, sterben sie; und während wir Kinder erwerben, läßt er uns zugrunde gehen. – Doch wissen wir, sollte das Wissen uns überhaupt je nützen, daß unser Jenseits sich an unser Diesseits anschließt. – „Beinahe wäre Umaija ein Muslim geworden!" soll Muḥammad ausgerufen haben, als ihm diese Verse einmal vorgetragen wurden.[7] Auch hier ist es Gott, „der Herr der Gottsuche", in dessen Macht alles steht und dessen Gnadengaben nie versiegen. Des Morgens und des Abends ist der Mächtige zu preisen, wie es auch in Sure 30, Vers 17, heißt. Es wurde darauf hingewiesen, daß im Koran ein enger Zusammenhang zwischen der in die Gegenwart hineinreichenden Schöpfung und der Wiedererweckung am Jüngsten Tag besteht. Auch in den Versen Umaijas wird dieser Zusammenhang ausgesprochen, und zwar in eine Frage gekleidet: Der Mensch erfährt in dieser Welt ununterbrochen Gottes Güte – wer aber kann uns Kunde davon bringen, wie unser neues Leben dereinst sein wird? Die Vorstellungen über Paradies und Hölle, die sich in einem Gedicht Umaijas fanden und denjenigen des Korans ähnelten, sind in der von Muḥammad verkündeten Offenbarung die Antwort Gottes auf diese Frage. Im Koran und – so müssen wir jetzt annehmen – bei den damaligen Gottsuchern wurde die Schöpfung als ein ununterbrochen fortgesetztes Handeln Gottes dargestellt. Diese Auffassung von Schöpfung scheint das Ergebnis einer von biblischen Vorbildern weitgehend freien Spekulation über den Menschen und seine Rolle in dieser Welt zu sein: Der Mensch soll alles, was er erwirbt, nicht als selbstverständlichen, auf eigener Leistung beruhenden Besitz betrachten, der ganz nach eigenem Ermessen verausgabt werden darf, sondern als eine Gnadengabe des mächtigen Gottes, des wahrhaften Eigentümers der Himmel und der Erde, als eine Gabe, die den Menschen zum gottgefälligen Tun verpflichtet.

Sure 7 „Die Höhen", Vers 54 bis 58: 54 Euer Herr ist der Gott, der die
Himmel und die Erde in sechs Tagen geschaffen und sich darauf auf den Thron gesetzt hat. Er macht, daß die Nacht den Tag bedeckt, wobei sie ihn eilends zu erreichen sucht. Und die Sonne, den Mond, und die Sterne hat er durch seine Fügung (den Menschen) dienstbar geschaffen. Wirklich, sein sind die Schöpfung und Fügung. Voll Segen ist Gott, der Herr
aller Menschen! 55 Ruft euren Herrn in Demut und Furcht an! Er liebt
nicht die, die den Anstand verletzen! 56 Stiftet kein Unheil im Land,
nachdem es in Ordnung gebracht worden ist, und ruft ihn als den, den ihr fürchtet und nach dem ihr verlangt! Die Barmherzigkeit Gottes ist denen
nahe, die Gutes tun. 57 Er ist es, der den Wind als Freudenbotschaft
vor seiner Barmherzigkeit aussendet. Wenn er dann schwere Wolken hochhebt, führen wir sie an einen leblosen Ort. Dort lassen wir das Wasser hinabregnen und bringen dadurch Früchte aller Art hervor. So werden wir dereinst auch die Toten hervorbringen. Vielleicht laßt ihr
euch mahnen! 58 Und die Pflanzen des guten Ortes treiben mit Erlaubnis des Herrn hervor; am schlechten Ort jedoch gedeihen sie nur spärlich. So wandeln wir die Wunderzeichen ab für Leute, die dankbar sind.

Sure 10 „Jonas", Vers 1 bis 8: Im Namen Gottes, des Barmherzigen, des
Erbarmers! 1 '-l-r. Dies sind die Wunderzeichen der weisen Schrift.
2 Gereicht es etwa den Leuten zur Verwunderung, daß wir einem Mann aus ihrer Mitte eingaben: „Warne die Leute und verheiße denen, die glauben, daß sie bei ihrem Herrn wahrhaft Grund unter den Füßen haben!" Die Ungläubigen sprachen: „Er ist ganz offensichtlich ein Zauberer!" 3 Euer Herr ist der Gott, der die Himmel und die Erde in sechs

Tagen geschaffen und sich dann auf den Thron gesetzt hat. Er lenkt die Fügung. Niemand kann Fürsprache einlegen, es sei denn nachdem er es erlaubt hat. Das ist der Gott, euer Herr! Ihn verehrt! Wollt ihr euch nicht mahnen lassen?
4 Zu ihm kehrt ihr dereinst alle zurück. Dies gilt als wahres Versprechen Gottes! Er schafft die Geschöpfe ein erstes Mal; dann versetzt er sie dereinst wieder in diesen Zustand, um diejenigen gerecht zu belohnen, die glaubten und gute Werke taten. Den Ungläubigen aber wird ein Trunk aus heißem Wasser zuteil und eine schmerzhafte Strafe, weil sie nicht glaubten.
5 Er ist es, der die Sonne zu einem hellen Licht gemacht hat und den Mond als ein Licht, dem er Phasen bestimmte, damit ihr die Zahl der Jahre und die Zeitrechnung kenntet. Gott hat dies wirklich geschaffen. Er erläutert die Wunderzeichen im einzelnen für Leute, die wissen.
6 In der Aufeinanderfolge von Nacht und Tag und in allem, was Gott in den Himmeln und auf der Erde geschaffen hat, liegen Wunderzeichen für Leute, die gottesfürchtig sind.
7 Diejenigen, die hoffen, uns nicht zu begegnen, sich mit dem diesseitigen Leben zufrieden geben und es bei ihm sein Bewenden lassen, sowie diejenigen, die keine acht auf unsere Wunderzeichen geben,
8 alle jene werden im Feuer hausen um (ihrer schlimmen Taten) willen, die sie erwarben!

Sure 11 „Hūd", Vers 1 bis 8: Im Namen Gottes, des Barmherzigen, des Erbarmers!
1 'l-r. Eine Schrift, deren Verse eindeutig festgelegt und dann im einzelnen erläutert wurden von seiten eines Weisen, Kundigen!
2 Ihr sollt niemanden außer Gott verehren. Ich bin für euch ein von ihm beauftragter Warner und Freudenbote:
3 „Bittet euren Herrn um Vergebung und wendet euch dann bußfertig zu ihm! Dann wird er euch bis zu einer bestimmten Frist schönen Nießbrauch gewähren und jedem, der es verdient, seine Güte schenken. Wendet ihr euch aber ab, so fürchte ich, daß euch die Strafe eines bedeutsamen Tages trifft.
4 Zu Gott werdet ihr zurückkehren. Er ist zu allem mächtig."
5 Wirklich, sie bedecken ihre (haßerfüllte) Brust, um sich vor ihm zu verstecken. Doch selbst während sie sich in ihre Kleider hüllen,[8] weiß er, was sie verbergen oder offen legen. Er weiß, was in der Brust verborgen ist!
6 Nicht ein Tier gibt es auf der Erde, dessen täglicher Unterhalt nicht Gott obliegt. Er kennt den Platz, an dem es lebt, und den Platz, an dem es stirbt.[9] Alles steht in einem klaren Verzeichnis.
7 Er ist es, der die Himmel und die Erde in sechs Tagen geschaffen hat; sein Thron war über dem Wasser. Er will euch auf die Probe stellen, wer von euch die besten Werke tut. Wenn du nun zu ihnen sagst: „Ihr werdet nach dem Tode auferweckt werden!" dann entgegnen die Ungläubigen mit Sicherheit: „Dies ist nichts als offenkundige Zauberei!"
8 Doch wenn wir die Strafe eine gewisse Frist aufschieben, sagen sie gewiß: „Was hält sie zurück?" Wahrlich an dem Tag, da sie zu ihnen kommt, läßt sie sich nicht mehr von ihnen abwen-

den, und es bemächtigt sich ihrer das, worüber sie zu spotten pflegten.

Sure 25 „Die Rettung", Vers 58 bis 62: 58 Und vertraue auf den Lebendigen, der niemals stirbt! Lobpreise ihn! Wie genau kennt er die Sünden seiner Knechte! 59 Er, der die Himmel und die Erde und das, was zwischen beiden liegt, in sechs Tagen geschaffen und sich danach auf den Thron gesetzt hat, er ist der Barmherzige. Frage jemanden, der über ihn Bescheid weiß! 60 Sagt man zu ihnen: „Werft euch im Gebet vor dem Barmherzigen nieder!" antworten sie: „Und was ist der Barmherzige? Sollen wir uns vor etwas, das du uns anbefiehlst, niederwerfen?" und werden noch störrischer. 61 Voll Segen ist der, der am Himmel die Tierkreiszeichen befestigte und an ihm eine Leuchte und einen strahlenden Mond anbrachte. 62 Er hat Nacht und Tag einander abwechseln gemacht für alle, die sich mahnen lassen oder die Dank bekunden wollen!

Sure 41 „Im einzelnen dargelegt", Vers 9 bis 13: 9 Sprich: „Ihr glaubt also nicht an den, der die Erde in zwei Tagen schuf, und stellt ihm Gefährten an die Seite? Er ist doch der Herr der Welten! 10 Er hat der Erde oben die tiefverwurzelten Berge eingepflanzt. Er hat die Erde gesegnet und auf ihr die Nahrung zugeteilt – in vier Tagen!" – Eine angemessene Antwort für die Frager! 11 Dann richtete er sich zum Himmel auf, der aus dem Rauch bestand, und sagte zu ihm und zur Erde: „Kommt freiwillig oder gezwungen!" Und beide antworteten: „Wir kommen freiwillig!" 12 Und er richtete es in zwei Tagen dergestalt ein, daß es sieben Himmel waren. Und jedem Himmel gab er seine Bestimmung ein. – Den untersten Himmel schmückten wir mit Lampen, und zwar zum Schutz.[10] Dies ist die Bestimmung von Seiten des Mächtigen, Allwissenden! 13 Wenn man sich abwendet, so sprich: „Ich warne euch vor einem Blitzschlag ähnlich dem der ʿĀd und der Ṯamūd!"

In diesen fünf Beispielen wird die Geschichte von der Schöpfung in einem Zusammenhang berührt, der demjenigen der Zitate aus der 16., 27. und 30. Sure gleicht. Am deutlichsten geht dies aus den Versen 6 bis 7 der 11. Sure hervor: Jedes Lebewesen auf Erden ist ständig von der Güte Gottes abhängig, der alles geschaffen hat; hierauf stellt sich sogleich der Gedanke an die Auferstehung ein, die von den Gegnern des Propheten geleugnet wird. Doch findet sich in den letzten fünf Beispielen eine weitere Idee, die bisher noch nicht anklang: Gott hat die Welt in sechs Tagen geschaffen. Dies ist ein Nachhall des biblischen Schöpfungsberichtes, der, wie mancher andere jüdische und christliche Erzählstoff, im damaligen Arabien bekannt war. Ein dem Christen ʿAdī b. Zaid zugeschriebenes Gedicht lautet: „Vernimm eine Geschichte, damit du eines Tages, wenn dich jemand fragt, ihm auswendig antworten kannst! – Nämlich wie der Gott der Schöpfung unter uns seine Güte offenbarte und uns seine ersten Wunderzeichen zeigte. – Es herrschten Winde und eine gewaltige Wasserflut und Finsternis; weder Spalte noch Lücke hatte er gelassen. – Da befahl er der schwarzen Finsternis, sich zu enthüllen, und trieb das Wasser aus den Gebieten, die es überschwemmt hatte. – Er breitete die Erde aus, dann gab er ihr unter dem Himmel ihr Maß in gerechter Weise, wie er auch sonst tut. – Und er machte die Sonne zu einem ganz deutlichen Zeichen[11] und trennte zwischen Tag und Nacht. – In sechs Tagen vollendete er die Schöpfung. Ganz zuletzt gestaltete er den Mann."[12] Im Koran wird der biblische Schöpfungsbericht nirgends in Einzelheiten nacherzählt. Es ist lediglich in allgemeiner Form von den sechs Schöpfungstagen die Rede. Eine Ausnahme bildet nur der kurze Abschnitt in der 41. Sure, in der knapp angedeutet wird, daß Gott zuerst Himmel und Erde, dann Tiere und Pflanzen geschaffen hat. Die sieben Himmel, die verschiedentlich im Koran erwähnt werden,[13] sind für das Judentum und im Talmud belegt, und vielleicht ist diese Vorstellung aus jenen Quellen nach Arabien gelangt.[14]

Es stehen im Koran mithin zwei unterschiedliche Auffassungen von Schöpfung nebeneinander – die eine naturalistisch geprägt, aus der unmittelbaren Anschauung der Umwelt gewonnen; die andere betrachtet das Vorhandensein der Welt als das Ergebnis eines geschichtlichen Schöpfungsaktes „am Anfang". Nach Vollzug dieses Aktes besteigt Gott seinen Thron. Am eindrucksvollsten läßt sich der Unterschied zwischen den beiden Auffassungen am Beispiel der Schaffung des Menschen verdeutlichen. Schon in der ältesten Offenbarung, in den ersten Versen der 96. Sure, wird darauf hingewiesen, daß der Mensch aus einem Blutklumpen, einem Embryo, geformt worden sei. Ähnlich

Sure 75 „Die Auferstehung", Vers 36 bis 40: 36 Glaubt denn der Mensch, er bleibe ohne Anleitung? 37 War er nicht bloß ein Tropfen vergossenes Sperma? 38 Dann ein Embryo? Dann schuf Gott ihn und bildete ihn. 39 Er machte aus ihm ein Paar – Mann und Frau. 40 Ist nicht jener auch dazu in der Lage, die Toten zum Leben zu erwecken?[15]

Schöpfung ist hier der natürliche Vorgang der Zeugung und des Heranwachsens des Embryos im Mutterleib. Dieses sich millionenfach wiederholende Geschehen läuft nicht ohne Gottes Wissen, nicht ohne seine Lenkung ab. Dagegen heißt es in der 3. Sure „Die Sippe Imrans", Vers 59, daß Adam von Gott aus Lehm gestaltet worden sei. Dann habe Gott gesprochen: „Sei!" und Adam war ein lebendiges Wesen. Ähnlich steht in der 30. Sure „Die Byzantiner", Vers 20, die Menschen seien von Gott aus Erde geschaffen worden.[16] Die Vorstellung der Schöpfung des Menschen aus Lehm ist zweifellos nicht ältestes koranisches Gedankengut, sondern taucht erst auf, als auch andere Entlehnungen aus Judentum und Christentum nachweisbar sind, d. h. seit der mittelmekkanischen Periode. Später zeigt sich an einigen Stellen, daß auch Versuche unternommen wurden, die beiden Auffassungen miteinander zu verbinden, etwa in

Sure 23 „Die Gläubigen", Vers 12 bis 14: 12 Wir haben den Menschen aus einem erlesenen Stück Lehm geschaffen. 13 Darauf machten wir ihn zu einem Spermatropfen an einem festen Ruheplatz.[17] 14 Dann schufen wir aus dem Tropfen einen Embryo, dann aus dem Embryo einen Fötus, dann aus dem Fötus Knochen, die wir mit Fleisch bekleideten. Hierauf bildeten wir ihn zu einem anderen Geschöpf um. Voller Segen ist Gott, der beste Schöpfer!

An dieser und einigen ähnlichen Stellen[18] wird anscheinend die Schaffung des Menschen als Gattung mit jenem alttestamentlichen Geschehen „am Anfang" in Verbindung gebracht, während die fortdauernde Schöpfung – die Fortpflanzung des Menschen – nach dem damaligen Stand der Kenntnisse naturgetreu beschrieben wird.

Die beiden Ansichten über die Schöpfung stehen im Koran jedoch nicht gleichberechtigt nebeneinander. „Wir haben die Himmel und die Erde und was zwischen beiden liegt, in sechs Tagen geschaffen. Doch es berührte uns keinerlei Erschöpfung!" (Sure 50, Vers 38) – hier wird deutlich ausgesprochen, daß Gott bei der Durchführung seines großen Werkes keineswegs derart ermattete, daß er am 7. Tag ruhen mußte, wie in der Bibel erzählt wird. Gott ist mithin nach koranischer Vorstellung seit dem Beginn der Schöpfung ständig für die Welt da. Er ist der Lebendige, der Ewige, den weder Müdigkeit noch Schlaf überkommen, heißt es in der medinensischen Sure 2 „Die Kuh", Vers 255. Die Schöpfung ist mithin ein vom Standpunkt des vergänglichen Menschen aus gesehen immerwährendes, tagtäglich erfahrbares Geschehen. Der Gedanke, in der Schöpfung vor allem den Anfang der Welt zu sehen, bleibt demgegenüber im Hintergrund. Die Idee der ständig in Gang befindlichen Schöpfung läßt sich nicht aus dem Bereich des alten Testamentes und aus den Erzählungen ableiten, die auf ihn zurückgehen. Wir fanden sie jedoch auch in den Versen des Gottsuchers Umaija b. abī ṣ-Ṣalt. Das legt den Schluß nahe, daß man im Koran eine dem vorislamischen Gottsuchertum sehr eng verwandte Vorstellung vom Schöpfergott findet, eine Vorstellung, die sich deutlich absetzt vom Schöpfergott der Juden und der Christen, der sein Werk vollendet und dann ruht. Diese Auffassung war, wie das zitierte Gedicht des Christen ʿAdī b. Zaid belegt, ebenfalls in Arabien bekannt. Sie hat zusammen mit vielem anderen christlichen und jüdischen Erzählstoff in die koranische hineingewirkt, ohne sie jedoch im

Grundsätzlichen zu beeinflussen. Daß Gott weder müde sei, noch gar schlafe, wird ausdrücklich hervorgehoben. Wie wir bereits feststellten, wird im Koran – und auch bei Umaija b. abī ṣ-Ṣalt – die Gegenwärtigkeit der Schöpfung unterstrichen, um dem Zuhörer klarzumachen, daß sein individuelles Dasein mit dem Tod nicht vorbei und abgetan ist, sondern daß die Wiederauferstehung und das Gericht unausweichlich eintreffen werden. Auch diese Gedankenverknüpfung fehlt den Vorstellungen des Alten Testaments von der Schöpfung. Im Koran und bei den Gottsuchern erscheint die Idee von der Schöpfung als das Ergebnis einer von jüdischen und christlichen Quellen unabhängigen Spekulation über den Menschen, seine Herkunft und seine Rolle in der Welt: Der Mensch und alles, was ihn umgibt, wird stets und in jedem Augenblick von dem einen Gott hervorgebracht und erhalten und ist daher seinem Schöpfer gegenüber zu Dank verpflichtet und wird von ihm dereinst zur Rechenschaft gezogen. Die koranische Auffassung vom Schöpfergott ist mithin untrennbarer Teil eines in Ansätzen bereits bei den vorislamischen Gottsuchern vorhandenen, nicht aus der jüdisch-christlichen Überlieferung erwachsenen, jedoch von ihr befruchteten Gottesbildes.

Sure 55 „Der Barmherzige“: Im Namen Gottes, des Barmherzigen, des Erbarmers! 1 Der Barmherzige! 2 Er hat den Koran gelehrt. 3 Er hat den Menschen geschaffen. 4 Er hat ihn gelehrt, sich auszudrücken. 5 Sonne und Mond dienen der Zeitrechnung. 6 Sterne und Bäume werfen sich vor ihm nieder. 7 Den Himmel hat er erhoben und die Waage aufgestellt. 8 Ihr sollt hinsichtlich der Waage nicht widersetzlich sein! 9 Wiegt gerecht ab und verfälscht nicht die Waage! 10 Die Erde hat er für die Menschen hingelegt. 11 Auf ihr gibt es Obst und Datteln mit Blütenhüllen. 12 Und Getreide auf Halmen und wohlriechende Kräuter. 13 Welche der Wohltaten eures Herrn wollt ihr beide[19] denn leugnen? 14 Er hat den Menschen aus Ton geschaffen wie Töpferware. 15 Er hat die Dschinnen aus einem Feuergemisch geschaffen. 16 Welche der Wohltaten eures Herrn wollt ihr beide denn leugnen? 17 Der Herr der beiden Ostgegenden und der beiden Westgegenden![20] 18 Welche der Wohltaten eures Herrn wollt ihr beide denn leugnen? 19 Er hat die beiden Ströme fließen lassen, bis sie sich treffen. 20 Zwischen ihnen liegt eine Barriere, die sie nicht übersteigen können.[21] 21 Welche der Wohltaten eures Herrn wollt ihr beide denn leugnen? 22 Aus den beiden Strömen kommen Perlen und Korallen. 23 Welche der Wohltaten eures Herrn wollt ihr beide denn leugnen? 24 Ihm unterstehen die auf dem Meer dahineilenden wie Wegmale aufgeschichteten Schiffe. 25 Welche der Wohltaten eures Herrn wollt ihr beide denn leugnen? 26 Jeder auf der Welt ist vergänglich. 27 Es bleibt allein das Antlitz deines Herrn, das voller Majestät und verehrungswürdig ist. 28 Welche der Wohltaten eures Herrn wollt ihr beide denn leugnen? 29 Alle, die in den Himmeln und auf der Erde sind, wenden sich bittend an ihn. Tag für Tag ist er tätig. 30 Welche der Wohltaten eures Herrn wollt ihr beide denn leugnen? 31 Wir werden euch ganz zur Verfügung stehen, ihr Schweren und ihr Leichten![22] 32 Welche der Wohltaten eures Herrn wollt ihr beide denn leugnen? 33 Ihr Dschinnen alle und ihr Menschen alle! Wenn ihr die Länder des Himmels und der Erde durchstoßen könnt, so tut es doch! Aber ihr könnt sie nur mit (unserer) Vollmacht durchstoßen! 34 Welche der Wohltaten eures Herrn wollt ihr beide denn leugnen? 35 Es wird auf euch rauchloses Feuer und flüssiges Messing herabgeschickt, und ihr könnt euch nicht helfen! 36 Welche der Wohltaten eures Herrn wollt ihr beide denn leugnen? 37 Wenn sich dann der Himmel spaltet und darauf rosig aussieht wie frisch abgezogene Haut! 38 Welche der Wohltaten eures Herrn wollt ihr beide denn leugnen? 39 An jenem Tag werden weder Mensch noch Dschinn nach ihrer Schuld gefragt.[23] 40 Welche der Wohltaten eures Herrn wollt ihr beide denn leugnen? 41 Man erkennt die Verbrecher schon an ihrem Abzeichen, und man packt sie an den Stirnlocken und an den Füßen! 42 Welche der Wohltaten eures Herrn wollt ihr beide denn leugnen? 43 Dies ist das Höllenfeuer, das die Verbrecher ableugnen! 44 Zwischen ihm und siedendem Wasser gehen sie nun umher! 45 Welche der Wohltaten eures Herrn wollt ihr beide denn leugnen? 46 Wer aber den Ort, an dem sein Herr steht, fürchtet, den erwarten zwei Gärten.[24] 47 Welche der Wohltaten eures Herrn wollt ihr beide denn leugnen? 48 Beide mit verschiedenen Arten (von Gewächsen). 49 Welche der Wohltaten eures Herrn wollt ihr beide denn leugnen? 50 Dort gibt es zwei fließende Quellen. 51 Welche der Wohltaten eures Herrn wollt ihr beide denn leugnen? 52 Dort gibt es von allen Früchten zweierlei. 53 Welche der Wohltaten eures Herrn wollt ihr beide denn leugnen? 54 Man liegt dort auf Polstern, die innen mit Brokat gefüttert sind, und die pflückreifen Früchte der beiden Gärten hängen herab. 55 Welche der Wohltaten eures Herrn wollt ihr beide denn leugnen? 56 Dort gibt es auch Frauen mit keusch niedergeschlagenem Blick, die zuvor weder Mensch noch Dschinn berührt hat. 57 Welche der Wohltaten eures Herrn wollt ihr beide denn leugnen? 58 Sie gleichen dem Hyazinth und den Korallen. 59 Welche der Wohltaten eures Herrn wollt ihr beide denn leugnen? 60 Kann das Entgelt der guten Taten etwas anderes sein als eine gute Tat? 61 Welche der Wohltaten eures Herrn wollt ihr beide denn leugnen? 62 Und diesseits davon gibt es noch zwei Gärten. 63 Welche der Wohltaten eures Herrn wollt ihr beide denn leugnen? 64 Zwei grünschimmernde. 65 Welche der Wohltaten eures Herrn wollt ihr beide denn leugnen? 66 Dort gibt es zwei sprudelnde Quellen. 67 Welche der Wohltaten eures Herrn wollt ihr beide denn leugnen? 68 Dort gibt es Obst, Datteln und Granatäpfel. 69 Welche der Wohltaten eures Herrn wollt ihr beide denn leugnen? 70 Dort gibt es gute, edle Frauen. 71 Welche der Wohltaten eures Herrn wollt ihr beide denn leugnen? 72 Huris,[25] in Zelten abgeschlossen. 73 Welche der Wohltaten eures Herrn wollt ihr beide denn leugnen? 74 Weder Mensch noch Dschinn hat sie zuvor berührt. 75 Welche der Wohltaten eures Herrn wollt ihr beide denn leugnen? 76 Ihr liegt dort auf grünen Decken und schönen bunten Teppichen. 77 Welche der Wohltaten eures Herrn wollt ihr beide denn leugnen? 78 Voll Segen ist der Name deines Herrn, des majestätischen, verehrungswürdigen!

Nirgends im Koran wird das Lob des gütigen Schöpfergottes mit so bewegenden Worten gesungen, wie in der medinensischen Sure 55 „Der Barmherzige". Gott hat den Menschen geschaffen, und die Gestirne, die Erde und alles, was sie enthält, sind sein Werk, seine Wohltaten, die der Mensch und die Dschinnen jeden Tag in Anspruch nehmen. „Alle, die in den Himmeln und auf der Erde sind, wenden sich bittend an ihn. Tag für Tag ist er tätig." Dies sollen sich die Gläubigen vor Augen halten. Dann werden sie erkennen, wie gering die eigene Kraft des Menschen ist. Nur mit der Vollmacht Gottes könnten die Menschen und auch die aus Feuer geschaffenen Dschinnen Gott nahe kommen oder Außergewöhnliches vollbringen. Bis zum 34. Vers erstreckt sich die Schilderung des für die Geschöpfe wohltätigen Wirkens ihres Schöpfers. Dann erfolgt, so will es scheinen, offensichtlich ein Bruch: Überraschend wird das Thema gewechselt. Es ist vom Gericht und von den Höllenqualen der Verdammten die Rede, anschließend ausführlich auch von den Freuden im Paradies. Gleichwohl sorgt die stetige Wiederholung der Frage: „Welche der Wohltaten eures Herrn wollt ihr beide denn leugnen?" dafür, daß zumindest formal der Zusammenhang mit dem Vorhergehenden gewahrt bleibt. Ist aber auch ein inhaltlicher Bezug zum ersten Teil der Sure, dem Lob des gütigen Schöpfergottes, gegeben? Schließt nicht der strafende und belohnende Gott den barmherzigen und gnädigen aus? Wieso sind die Höllenqualen Wohltaten des Herrn, deren der Mensch gedenken soll?

2. Der richtende Gott

Sure 78 „Die Nachricht", Vers 1 bis 40: Im Namen Gottes, des Barmherzigen, des Erbarmers! 1 Wonach fragen sie einander? 2 Nach einer folgenschweren Nachricht, 3 über die sie uneins sind. 4 Nein! Sie werden es schon noch erfahren! 5 Noch einmal nein! Sie werden es schon noch erfahren! 6 Haben wir nicht die Erde eben hingebreitet? 7 Die Berge eingepflockt? 8 Wir haben euch in Paaren geschaffen.

9 Den Schlaf haben wir euch zum Ausruhen gegeben, 10 die Nacht
als eine Hülle, 11 den Tag zum Erwerb des Lebensunterhaltes.
12 Und über euch bauten wir sieben Festgefügte. 13 Wir machten
eine lodernde Leuchte. 14 Aus den Regenwolken schickten wir reichlich Wasser herab, 15 um damit Getreide und Pflanzen sprießen zu
lassen 16 und dichte Gärten. 17 Doch der Tag der Entscheidung ist
schon abgemacht. 18 An jenem Tag, da in die Posaune gestoßen wird,
so daß ihr in Scharen kommt! 19 Da wird der Himmel geöffnet, in dem
es dann Tore gibt! 20 Da werden die Berge verschoben, die dann nur
eine Luftspiegelung sind! 21 Die Hölle liegt dann auf der Lauer.
22 Dort halten die Widerspenstigen Einkehr, 23 und sie bleiben dort
Ewigkeiten. 24 Weder Abkühlung noch Trunk kosten sie dort,
25 nur heißes Wasser und Eiter 26 als ein angemessenes Entgelt.
27 Denn sie waren nicht auf die Abrechnung gefaßt. 28 Sie leugneten
unsere Wunderzeichen völlig ab. 29 Doch wir haben alles in einer
Schrift nachgezählt. 30 „Also schmeckt es nun! Nur Strafe werden wir
euch noch mehr geben!" 31 Die Gottesfürchtigen tragen einen Gewinn
davon – 32 Gärten und Weinreben, 33 gleichaltrige vollbusige Mädchen, 34 einen vollen Becher. 35 Sie vernehmen dort weder Geschwätz noch Lügen. 36 „Dies alles als Entgelt von deinem Herrn, als
abgerechnete Gabe! 37 Des Herrn der Himmel und der Erde und was
zwischen ihnen ist, des Barmherzigen!" Sie können ihn nicht einfach
anreden. 38 Am Tag, da der Geist und die Engel in Reihen stehen, ohne
zu sprechen, es sei denn, der Barmherzige erlaube es jemandem und
dieser sage Richtiges. 39 Jenes ist der wahre Tag. Wer also will, der
wählt die Einkehr bei seinem Herrn! 40 Wir warnten euch vor einer
nahen Strafe, am Tag, da der Mensch sieht, was seine Hände an Taten
erbracht haben, und da der Ungläubige sagt: „Wäre ich doch Staub!"

Sure 80 „Er blickte mürrisch", Vers 17 bis 42: 17 Verflucht sei der
Mensch! Wie ungläubig ist er! 18 Woraus hat Gott ihn geschaffen?
19 Aus einem Samentropfen hat er ihn geschaffen und ihm dann seine
Bestimmung gegeben. 20 Dann machte er ihm den Weg leicht.
21 Dann ließ er ihn sterben und darauf ins Grab legen. 22 Dann wird
er ihn, wenn er will, wieder erwecken. 23 Nein! Der Mensch hat (bei
seinem Tod) noch nicht ausgeführt, was Gott ihn geheißen hat. 24 Der
Mensch schaue auf seine Speise! 25 Wir gossen den Regen in Strömen
aus. 26 Dann spalteten wir die Erde, 27 ließen auf ihr Getreide wachsen 28 und Weinreben und Sträucher, 29 Oliven und Datteln
30 und dichte Gärten, 31 Obst und Futter, 32 euch und eurem Vieh
zum Gebrauch. 33 Wenn nun der betäubende Lärm losbricht 34 am
Tag, da der Mann seinen Bruder flieht, 35 seine Mutter und seinen
Vater, 36 seine Gattin und seine Söhne! 37 Jedermann von ihnen hat

an jenem Tag allein mit sich selbst zu tun! 38 An jenem Tag gibt es strahlende Gesichter, 39 lachende und freudige, 40 und es gibt an jenem Tag Gesichter, auf denen Staub liegt, 41 auf die sich Staub legt. 42 Jene sind die Ungläubigen, die Missetäter!

Wie in der 55. Sure „Der Barmherzige", so erfolgt auch in diesen beiden frühmekkanischen Suren ein unvermittelter Übergang von der Schilderung der Güte Gottes zur recht drastischen Ausmalung der Schrecknisse des Gerichtes und der Hölle; eine kurze Erwähnung der Genüsse im Paradies schließt sich an. Die Gedankenführung der 55. Sure, die aus medinensischer Zeit stammt, folgt mithin ganz einem frühen Schema, dessen eigentliche Absicht wir nun allerdings besser erkennen können. Die folgenschwere Nachricht, die laut Sure 78 den Menschen zuteil wird, über deren Sinn sie sich offenbar nicht einigen können, besagt nichts anderes, als daß Gott in seiner Güte den Menschen und die Welt erschaffen hat, daß diese Güte dem Menschen nicht zuströmt, ohne daß von ihm eine Gegenleistung gefordert würde. Der Mensch darf nicht als selbstverständlich hinnehmen, was ihm zuteil wird. Er muß sich bewußt machen, daß ihm alles, was er zum Leben braucht, einzig und allein aus Gottes Gnade zufließt. Wer dies vergißt, vergißt letzten Endes überhaupt seinen Schöpfer und die Ordnung, die dieser der Welt gegeben hat, versündigt sich also und wird nach dem Endgericht der Hölle verfallen. Darum auch die Erwähnung der Höllenqualen sogleich nach der Aufzählung der Beispiele für die Güte Gottes. Daß Gott über die Menschen dereinst zu Gericht sitzt, ist daher eine unausweichliche Folge seiner Gnade, die die Welt täglich und stündlich erfährt. Nur wer in Kategorien eines dogmatisch vereinseitigten Gottesbildes denkt, wird zwischen dem gütigen und dem richtenden Gott einen Widerspruch entdecken.[26] Wer dagegen wie der Prophet Muḥammad Gott als eine Wesenheit erfährt, von der die Welt und das in ihr lebende Individuum völlig abhängig ist, wird für eine derartige Verengung auf eine Eigenschaft hin kein Verständnis aufbringen. Umfassend und allgegenwärtig wie die den Menschen umgebende Schöpfung ist für den vorislamischen Gottsucher und für den Propheten die Gegenwart Gottes. Diese Schöpfung verweist den Menschen zugleich auf seine Verpflichtung vor Gott,[27] läßt den Schöpfer auch als einen Fordernden erscheinen, dessen Willen sich die Geschöpfe zu unterwerfen haben. Sie mögen hier auf Erden die Verpflichtung zum Gehorsam verletzen, wie zum Kummer des Propheten viele es tun, sie werden sich der Abrechnung stellen müssen, und dies kann schon sehr bald sein. Die Strafe steht möglicherweise nahe bevor!

Sure 39 „Die Scharen", Vers 60 bis 75: 60 Am Tage der Auferstehung siehst du, daß diejenigen, die gegen Gott gelogen haben, schwarze Gesichter haben. Ist nicht im Höllenfeuer eine Bleibe für die Hochmütigen? 61 Gott rettet die Gottesfürchtigen mit einem sicheren Platz, an dem sie kein Übel berühren kann, und sie werden nicht betrübt sein. 62 Gott hat alles geschaffen. Er ist Sachwalter über alles. 63 Er hat die Schlüssel der Himmel und der Erde. Diejenigen, die nicht an seine Wunderzeichen glauben, sind die Verlierer. 64 Sprich: „Jemand anderen als Gott soll ich nach eurem Befehl verehren, ihr Toren?" 65 Dir und denjenigen vor dir wurde offenbart: „Wenn du beigesellst, wird dein Werk scheitern, und du wirst zu den Verlierern gehören! 66 Gott verehre vielmehr und sei dankbar!" 67 Sie haben Gott nicht richtig eingeschätzt. Die ganze Erde liegt in seiner Hand am Tag der Auferstehung, und die Himmel sind in seiner Rechten zusammengefaltet. Preis sei ihm, der hocherhaben ist über das, was man ihm beigesellt! 68 Es wird die Posaune geblasen, und alle in den Himmeln und auf Erden sterben außer denen, von denen Gott es nicht will. Dann wird ein zweites Mal geblasen, und plötzlich stehen sie da und schauen! 69 Und die Erde erstrahlt im Licht ihres Herrn. Das Buch wird niedergelegt. Man holt die Propheten und die Zeugen. Gerecht wird zwischen allen entschieden, sie werden nicht übervorteilt. 70 Jeder Seele wird voll bezahlt, was sie getan hat. Er weiß am besten darüber Bescheid, was sie tun. 71 Diejenigen, die nicht glauben, werden in Scharen in die Hölle geführt. Sobald sie dort anlangen, öffnen sich deren Pforten, und ihre Wächter sagen zu ihnen: „Sind zu euch nicht Gesandte aus eurer Mitte gekommen, um euch die Zeichen eures Herrn vorzutragen und euch vor der Begegnung an diesem Tage zu warnen?" Sie antworten: „Gewiß!" Doch schon bewahrheitet sich an den Ungläubigen das Wort der Strafe! 72 Man ruft ihnen zu: „Geht hinein durch die Pforten der Hölle! Auf ewig bleibt ihr dort! Wie schlimm ist die Unterkunft der Hoffärtigen!" 73 Diejenigen, die ihren Herrn fürchteten, werden in Scharen in das Paradies geführt. Sobald sie dort anlangen, öffnen sich seine Pforten, und seine Wächter sagen: „Friede sei auf euch! Wohl ergehe es euch! Tretet ein auf ewig!" 74 Und jene sprechen: „Lob sei Gott, der uns sein Versprechen wahr gemacht hat! Er hat uns die Erde als Erbe gegeben. Nun können wir uns im Paradies einen Platz wählen, wo wir wollen. Wie gut ist der Lohn derer, die recht tun!" 75 Und du siehst, wie die Engel den Thron umkreisen, ihren Herrn lobpreisend. So wurde gerecht zwischen ihnen entschieden. Und man sagt: „Lob sei Gott, dem Herrn der Welten!"

Sure 18 „Die Höhle", Vers 47 bis 53: 47 An jenem Tage verschieben wir die Berge, und du siehst die Erde zum Vorschein kommen, und wir versammeln (die Geschöpfe). Nicht eines von ihnen lassen wir aus! 48 In einer Reihe werden sie deinem Herrn vorgeführt: „Nun seid ihr wieder zu uns gekommen, wie wir euch das erste Mal schufen! Ihr aber hattet behauptet, wir würden euch keinen Termin setzen!" 49 Das Buch wird hingelegt. Da siehst du, wie die Verbrecher sich vor seinem Inhalt ängstigen und sagen: „Weh uns! Was ist das für ein Buch, das weder die kleine noch die große Sünde ausläßt, sondern alles zählt?" Und sie finden alles, was sie getan haben, gegenwärtig. Dein Herr verübt gegen niemanden ein Unrecht. 50 Einst hatten wir zu den Engeln gesagt: „Fallt vor Adam nieder!" Bis auf Iblīs fielen sie vor ihm nieder. Der gehörte zu den Dschinnen und verletzte den Befehl seines Herrn. Wollt ihr diesen und seine Nachkommenschaft euch an meiner Stelle zu Freunden erwählen, wo diese euch feindlich gesonnen sind? Welch ein schlechter Tausch für die Frevler! 51 Ich ließ sie nicht zugegen sein, als ich die Himmel und die Erde schuf, und auch nicht, als ich sie selber schuf. Ich bin doch nicht jemand, der sich Hilfe bei Wesen holt, die in die Irre führen! 52 An jenem Tag sagt Gott: „Ruft nun meine Gefährten, die ihr behauptet habt!" Dann rufen sie sie, erhalten aber von ihnen keine Antwort. Wir lassen unter ihnen einen Ort des Untergangs entstehen. 53 Die Verbrecher erblicken das Feuer. Da vermuten sie, daß sie hineinstürzen werden, ohne eine Gelegenheit zu finden, es abzuwenden.

Sure 23 „Die Gläubigen", Vers 99 bis 118: 99 Sobald zu einem (der Frevler) der Tod kommt, ruft er: „Mein Herr! Bringt mich zurück! 100 Vielleicht werde ich dann gut mit den Dingen verfahren, die ich jetzt (im Diesseits) zurücklassen muß!" Nein! Es ist ein Wort, das Gott sagt, und hinter ihnen ist eine Schranke errichtet,[28] bis zu jenem Tag, da sie erweckt werden. 101 Wenn man dann in die Posaune stößt, an jenem Tag gibt es unter den Menschen keine genealogische Bindung mehr, und sie brauchen einander nicht danach zu fragen! 102 Diejenigen, deren Waagschalen schwer sind, die sind die Glückseligen. 103 Diejenigen aber, deren Waagschalen leicht sind, die haben sich selbst verloren. Ewig bleiben sie in der Hölle. 104 Das Feuer versengt ihnen das Gesicht, grimmig blicken sie drein. 105 „Wurden euch nicht meine Wunderzeichen vorgetragen? Ihr aber pflegtet sie dann für Lüge zu erklären!" 106 Sie erwiderten: „Unser Herr, jetzt überwältigt uns unser Unheil! Wir waren Leute, die in die Irre gingen! 107 Unser Herr, hol uns heraus! Wenn wir es dann wieder tun, dann sind wir wirklich Frevler!" 108 Gott sagte: „Seid dorthin verstoßen und redet mich nicht an! 109 Es gab eine Gruppe unter meinen Knechten, die sagte: ‚Unser Herr, wir glauben! Vergib uns und erbarme dich unser! Du bist der beste Erbarmer!' 110 Doch ihr habt sie so sehr verspottet, daß sie euch dadurch vergessen ließen, meiner zu gedenken, und ihr lachtet über sie! 111 Heute vergelte ich ihnen ihre Geduld damit, daß sie den Gewinn davontragen." 112 Er sprach: „Wieviele Jahre bliebt ihr in der Erde?" 113 Sie antworteten: „Wir blieben einen Tag lang und den Teil eines

Tages! Fragt die, die zählen!" 114 Er sprach: „Nur wenig bliebt ihr, wenn ihr es wirklich wüßtet. 115 Meint ihr denn, wir hätten euch zum Spaß geschaffen und ihr würdet nicht zu uns zurückgebracht werden!" 116 Erhaben ist Gott, der wahre König. Es gibt keinen Gott außer ihm, dem Herrn des edlen Thrones. 117 Wer neben Gott einen anderen Gott anruft, hat dafür keinen Beweis. Nur vor seinem Herrn wird er abrechnen müssen. Die Ungläubigen werden nicht glückselig. 118 Und sprich: „Mein Herr! Vergib und erbarme dich! Du bist der beste Erbarmer!"

Diese drei Abschnitte verdeutlichen uns noch einmal den Zusammenhang, der im Koran zwischen der Erschaffung der Welt und des Menschen und seiner Wiedererweckung und Aburteilung am Jüngsten Tag besteht. Gott hat die Welt gemacht und hält sie ständig in Gang. Der Mensch soll aber ja nicht glauben, dies alles geschehe nur zum Spaß und ohne daß dahinter eine ernste Absicht verborgen wäre. Ganz im Gegenteil, die Menschen werden nach der Auferstehung vor Gott zurückgebracht, und er wird beurteilen, wie jeder Einzelne sich in der von Gott gelenkten Welt bewährt hat. Die im Koran immer wieder nachweisbare Gedankenkette, die von der Schöpfung zum Gericht führt, schließt häufig noch ein weiteres Element in sich: den Hinweis, daß es nur einen Gott gibt, nur einen Schöpfer und Erhalter des Kosmos. „Jemand anderen als Gott soll ich nach eurem Befehl verehren, ihr Toren?" soll der Prophet laut Sure 39, Vers 64, seine ungläubigen Landsleute fragen, die nicht fähig oder nicht willens sind, aus dem Vorhandensein der Welt die richtigen Rückschlüsse zu ziehen. Sie weigern sich, zur Kenntnis zu nehmen, daß alles dem Willen des Einen unterworfen ist. Die Verknüpfung, die der Koran zwischen der Einsicht in die Beschaffenheit des Menschen und der Welt und der Einsicht in das Sein des Einen herstellt, werden wir im nächsten Teilkapitel genauer kennenlernen.

Die reiche Ausschmückung der Szenen des Weltgerichtes gilt dem Nichtmuslim nicht selten als ein Charakteristikum des Islam. Im Koran bemerkt man hiervon noch nicht viel. Sehr breit werden hier vor allem die Schrecknisse geschildert, die den Anbruch des Jüngsten Tages ankündigen. Die Erde beginnt zu schwanken, die Berge zerfallen. Bei dem Erdbeben spaltet sich der Boden auf, und die Gräber geben ihre Toten frei. Überrascht erkennen diese, daß sie wieder lebendig geworden sind. Die Zeit, die sie in den Gräbern hatten ruhen müssen, erscheint ihnen nun wie ein kurzer Schlaf. Hierauf wird das Buch gebracht, in dem alle Taten jedes einzelnen Menschen verzeichnet worden sind. Jetzt kann die Aburteilung beginnen. Nicht nur in den hier angeführten Koranzitaten, auch an vielen anderen Stellen wird betont, daß diese Abrechnung äußerst genau vonstatten gehe und niemand in irgendeiner Weise benachteiligt werde. Öfter wird in diesem Zusammenhang das Bild von der Waage gebraucht, und wer nur das Gewicht eines Stäubchens an Gutem oder Bösem getan hat, wird es jetzt erfahren (Sure 99). Nachdem die Aburteilung in gänzlich gerechter Weise erfolgt ist, wird das Urteil sogleich vollstreckt. Die Verdammten werden in die Hölle gestoßen; dabei werden sie von den Höllenwächtern höhnisch gefragt, warum sie denn alle Mahnungen in den Wind geschlagen hätten. Die Glücklichen, die in das Paradies geleitet werden, heißt man dort freudig willkommen, und es wird ihnen bestätigt, daß sie der Gnade Gottes würdig seien.

Dieses koranische Szenarium ist schon in frühislamischer Zeit erheblich erweitert worden. So meint man, daß alle Gestorbenen bereits im Grab einer peinlichen Befragung unterzogen würden, in deren Verlauf der Grad ihrer Glaubensstärke ermittelt werde. Einmal habe der Prophet Muḥammad, so erzählt man, an einem Leichenbegängnis teilgenommen und die Anwesenden belehrt: „Die Mitglieder dieser Religionsgemeinschaft werden im Grab auf die Probe gestellt. Sobald der Mensch beerdigt ist und seine Gefährten fortgegangen sind, kommt zu ihm ein Engel mit einer Keule in der Hand. Er heißt den Toten sich aufsetzen und fragt dann: ‚Was sagst du über diesen Mann (d. h. Muḥammad)?' Ist der Tote gläubig, antwortet er: ‚Ich bezeuge, daß es keinen Gott außer dem einen gibt und daß Muḥammad sein Knecht und Gesandter ist!' Dann erwidert der Engel: ‚Richtig!' Darauf öffnet sich vor dem Toten eine Pforte zum Höllenfeuer, und der Engel sagt: ‚Dies wäre deine Bleibe geworden, wenn du nicht an deinen Herrn geglaubt hättest. Doch da du glaubtest, wird dies hier deine Bleibe sein!' und es öffnet sich vor ihnen eine Pforte zum Paradies. Der Tote will sich erheben, um dort hinzugehen, doch der Engel sagt zu ihm: ‚Ruhig!' und erweitert ihm den Platz im Grab. Handelt es sich um einen Ungläubigen oder Heuchler, fragt ihn der Engel: ‚Was sagst du über diesen Mann!' Jener antwortet dann: ‚Ich weiß nicht! Ich hörte die Leute manches reden!' Da erwidert der Engel: ‚Mögest du es nie erfahren, nie dem Koran folgen, nie den rechten Weg gehen!' Dann öffnet sich vor ihm ein Tor zum Paradies, und der Engel spricht: ‚Dies wäre deine Bleibe, glaubtest du an deinen Herrn! Doch da du nicht glaubtest, hat dir Gott zum Tausch dafür das hier gegeben!' und es öffnet sich vor ihm ein Tor zum Höllenfeuer. Hiernach versetzt ihm der Engel mit der Keule einen derartigen Schlag, daß alle Kreatur Gottes bis auf die Menschen und die Dschinnen es hören kann." Da fragte jemand von den Anwesenden: „O Gesandter Gottes, es gibt doch niemanden, der, wenn der Engel mit der Keule zu ihm tritt, nicht eine Verwünschung ausruft!" Der Gesandte Gottes antwortete: „Gott festigt diejenigen, die glauben, mit festen Worten ..." (Sure 14, Vers 27).[29] – Ein anderer dem Propheten zugeschriebener Ausspruch belegt ebenfalls, daß Sure 14, Vers 27, von den Muslimen als das Versprechen aufgefaßt wurde, sie könnten der – im

Koran nicht erwähnten – Pein im Grab entgehen: Der Gesandte Gottes sagte: „Wenn der Muslim im Grab befragt wird, bezeugt er, daß es keinen Gott außer dem einen gibt und daß Muḥammad der Gesandte Gottes ist. Dies ist der Sinn des Gotteswortes: ‚Gott festigt diejenigen, die glauben, mit festen Worten im Diesseits und im Jenseits!'"[30] – Ob die Menschen im Grab wirklich eine strenge Befragung zu gewärtigen hätten, war in der islamischen Theologie wegen der fehlenden Absicherung dieses Lehrsatzes durch ein klares Gotteswort lange Zeit umstritten, wird aber heute weithin als zutreffend anerkannt.

Etwa im 9. Jahrhundert wird die Lehre vom Verhör im Grab in die bis jetzt im Islam gängige Form gebracht. Es sind nunmehr zwei furchterregende Engel, Munkar und Nakīr geheißen, die die Befragung durchführen und dabei in den Verstorbenen Entsetzen hervorrufen.[31] In der gleichen Weise werden die am Geschehen des Jüngsten Tages beteiligten Engel in der außerkoranischen islamischen Literatur mit Schrecken einflößenden Zügen ausgestattet. Schon im 8. Jahrhundert ist eine kurze Erzählung belegt, in der Muḥammad den Engel Gabriel, der sich ihm stets in menschlicher Gestalt nähert, bittet, er möge sich doch einmal so zeigen, wie er im Himmel aussehe. Gabriel habe erwidert, daß enge Tal von Mekka sei hierfür nicht groß genug. Auf einer Ebene außerhalb der Stadt schaute dann der Prophet den Engel in seiner himmlischen Gestalt: Er füllte das ganze Gebiet zwischen Osten und Westen aus, sein Haupt ragte in den Himmel empor, seine Füße standen auf der Erde; er hatte tausend Schwingen. Da seien dem Propheten vor Furcht die Sinne geschwunden, doch als er erwachte, hatte Gabriel wieder eine menschliche Gestalt angenommen. Gabriel habe Muḥammad zugerufen, daß Isrāfīl, der Engel, der bei Anbruch des Gerichts in die Posaune blasen wird, noch viel gewaltiger sei.[32]

Aus dem iranischen Kulturkreis übernahmen die Muslime die Vorstellung von der schmalen Brücke über den Höllenschlund, die am Jüngsten Tag jeder Mensch passieren müsse. Wem das Paradies zugesagt worden sei, vermöge sie zu überqueren. Wer zur Hölle verurteilt sei, stürze ab. Sie sei schärfer als ein Schwert, schmaler als ein Haar, mit Stacheln und Widerhaken besetzt. Je nach ihren irdischen Taten sind die Menschen in der Lage, sie mühelos oder nur mit großen Anstrengungen hinter sich zu bringen.[33] „Manche Menschen überqueren sie wie der Blitz, andere wie der Sturmwind, andere wie ein schnelles Pferd; einige laufen, andere gehen, wieder andere schleppen sich auf allen Vieren hinüber, andere schließlich kriechen. Die zur Hölle Verdammten dagegen sterben nicht und leben nicht. Da gibt es Leute, die wegen ihrer Sünden bestraft werden, indem sie zu Kohle verbrennen. Darauf erlaubt Gott, daß die Fürbitte vorgetragen wird. Die Menschen finden sich dann in kleine Gruppen eingeteilt. Sie werden in einen Fluß geworfen, worauf sie wieder heranwachsen wie Getreide, aus dem von einem Sturzbach angespülten Kehricht!‘ Und der Gottesgesandte unterbrach seine Worte und fragte: ‚Habt ihr schon einmal die Ṣabġā'-Pflanze[34] gesehen?‘ Dann fuhr er fort: ‚Über dem Feuer gibt es drei Bäume. Nun kommt jemand aus dem Feuer empor, bis er an dessen Rand steht. Dann ruft er: Mein Herr, wende mein Gesicht vom Feuer ab! Gott antwortet: Bei deinem Gelübde und bei deiner Verpflichtung, bitte mich nicht um noch mehr! Dann aber sieht der Betreffende einen weiteren Baum und fleht: Mein Herr, bring mich in die Nähe dieses Baumes, damit ich mich in seinem Schatten erfrische und von seinen Früchten esse! Da entgegnet Gott: Bei deinem Gelübde und bei deiner Verpflichtung, bitte mich nicht um noch mehr! Dann aber sieht er einen dritten, noch schöneren Baum und fleht: Mein Herr, bring mich zu jenem Baum, damit ich mich in seinem Schatten erfrische und von seinen Früchten esse! Gott erwidert: Bei deinem Gelübde und bei deiner Verpflichtung, bitte mich nicht um noch mehr! Dann erblickt er eine große Menschenmenge und hört ihre Stimmen, worauf er fleht: Herr, laß mich in das Paradies hinein! Hierauf wird er in das Paradies hineingelassen und erhält das ganze Diesseits und noch einmal soviel geschenkt!‘“[35] In dieser wiederum Muḥammad in den Mund gelegten Erzählung werden ohne logische Verknüpfung zwei Motive ausgeführt, die in den außerkoranischen Vorstellungen vom Jüngsten Tag von großer Bedeutung sind. Das erste ist das Motiv der Brücke, die nur die Frommen ohne Beschwernis passieren. Das zweite ist die Fürsprache Muḥammads für seine Gemeinde. Wenn Muḥammad für Frevler ein Wort einlegt, können sie sich sogar aus dem Höllenfeuer retten; Gott nimmt ihre Bitten gnädig auf und erfüllt sie.

Hiermit stoßen wir in einen Problemkreis vor, der für die Bestimmung des koranischen Verständnisses vom richtenden Gott von überragender Bedeutung ist. In Sure 23, Vers 99 bis 114, wird Gott von den Sündern in der Stunde des Todes angefleht, er möge ihnen die Gelegenheit verschaffen, ihr verpfuschtes Leben von vorne zu beginnen. Doch leider erweist sich dies als unmöglich, denn es ist eine Sperre errichtet worden, die den Sündern die Rückkehr in das irdische Leben verwehrt. Diese Unwiederholbarkeit des irdischen Lebens ist es, die die Verdammten jetzt als das Verhängnis erkennen, das sie getroffen hat (Vers 106). Die schrecklichen Folgen des hochreligiösen linearen Zeitbegriffs werden den Zuhörern in diesen Worten nahegebracht: Es gibt keine Umkehr, es gibt keine Wiederholung, jeder hat nur seine eigene, seine einzige Gelegenheit, das Heil zu erwerben. Hierin liegt die Bedrohlichkeit des Gottesgerichtes.

In den Überlieferungen, die dem Propheten zugeschrieben werden, die jedoch in ihrer Mehrzahl die nachprophetischen Ausdeutungen koranischer Vorstellungen enthalten, hat man diese kompromißlose Härte zu mildern gesucht: Gott erlaubt, daß die Propheten, allen voran Muḥammad, für ihre Anhängerschaft Fürbitte einlegen, und selbst die, die wegen ihrer Missetaten eigentlich der Höllenstrafe verfallen sind, werden schließlich begnadigt. Obwohl Gott sie eigentlich für ihre Verfehlungen büßen lassen will, läßt er sich erweichen und öffnet ihnen endlich sogar das Paradies und weist ihnen hohen Lohn zu, nur weil sie der islamischen Religionsgemeinschaft angehört haben. Das ist der Inhalt der obigen Erzählung.

Im Koran wird eine derartige Auflösung des Zusammenhangs von irdischem Tun und göttlichem Urteil streng zurückgewiesen. Denn bereits zu Muḥammads Zeiten hoffte man offenbar, den jenseitigen Folgen eigener Verfehlungen zu entrinnen. Hierbei brachte man die Sippensolidarität ins Spiel. Ausdrücklich heißt es daher in Sure 23, Vers 101: „Wenn man dann in die Posaune stößt, an jenem Tag gilt unter den Menschen keine genealogische Bindung mehr, und sie brauchen einander nicht danach zu fragen." Man kann sich nicht mehr hinter einer vornehmen Abstammung verstecken, nicht darauf rechnen, daß ein mächtiges und angesehenes Mitglied der Sippe für einen ein gutes Wort einlegt. Zahlreich sind die Stellen des Korans, an denen hervorgehoben wird, daß am Jüngsten Tag niemand die Sünden eines anderen tragen werde.[36]

Sure 16 „Die Bienen", Vers 22 bis 32: 22 Euer Gott ist ein einziger Gott. Diejenigen, die nicht an das Jenseits glauben, haben leugnerische Herzen und sind noch dazu hochmütig. 23 Wahrlich, Gott weiß, was sie verborgen halten und was sie offenlegen. Er liebt die Hochmütigen nicht. 24 Fragt man sie, was ihr Herr ihnen herabgesandt hat, antworten sie: „Geschichten der Altvorderen!" 25 Sie sollen ihre Sündenlasten am Tage der Auferstehung vollständig tragen, und noch einiges von den Lasten derer, die sie irreführen, ohne Wissen zu besitzen. Übel ist es, was sie sich aufladen! 26 Schon die, die vor ihnen lebten, haben Ränke geschmiedet. Da legte Gott Hand an die Fundamente ihres Gebäudes, und das Dach stürzte von oben auf sie, und die Strafe kam, von wo sie es nicht bemerkten. 27 Dann am Tage der Auferstehung wird er sie entehren und fragen: „Wo sind denn meine Gefährten, um deretwillen ihr stets Feindseligkeit zeigtet?" Diejenigen, die Wissen erhielten, sagen: „Heute kommt die Entehrung und das Übel über die Ungläubigen!" 28 Nämlich die, die von den Engeln abberufen werden, nachdem sie gegen sich selber gefrevelt haben! Dann aber verkünden sie ihre Unterwerfung: „Wir pflegten doch gar nichts Böses zu tun!" Doch! Gott weiß genau, was ihr zu tun pflegtet! 29 „Tretet nun durch die Pforten der Hölle, um auf ewig darin zu bleiben!" Wie schlimm ist die Bleibe der Hochmütigen! 30 Auch fragt man die Gottesfürchtigen: „Was hat euer Herr herabgesandt?" Sie antworten: „Gutes!" Für diejenigen, die in dieser Welt Gutes getan haben, ist etwas Gutes zu erwarten. Das Jenseits ist noch besser!

Wie schön ist die Bleibe der Gottesfürchtigen! 31 Die Gärten Edens sind es, die sie betreten. Unten fließen Bäche hindurch. Sie haben dort, was sie begehren. So belohnt Gott die Gottesfürchtigen. 32 Das sind die, die von den Engeln abberufen werden, nachdem sie gut gewesen sind! Man sagt ihnen: „Friede sei über euch! Betretet das Paradies, um eurer Taten willen!"

Die Sünde der Vielgötterei ist individuell; der Mensch macht sich als einzelner schuldig. Die überkommenen, in der Sippensolidarität wurzelnden Vorstellungen von der Schuld sind nach koranischer Auffassung zu verwerfen. Man kann sich vor Gott nicht darauf berufen, daß bereits die Vorfahren dem Polytheismus anhingen; ihr Vorbild heiligt nicht mehr das Handeln der Nachfahren. Jeder Mensch muß für sich selber sehen, daß sein Tun mit dem göttlichen Willen übereinstimmt, so daß er im Gericht bestehen kann. Und der Koran legt auch Wert auf die Feststellung, daß die Folgen guten oder bösen Tuns endgültig und unabänderlich sind. Wer einmal in das Paradies oder die Hölle gelangt ist, muß dort auf ewig bleiben. Auch in diesem Punkt gewährt die außerkoranische, dem Propheten zugeschriebene Überlieferung mehr Nachsicht: Wer in seinem irdischen Leben ein Muslim gewesen ist, kann darauf rechnen, letzten Endes doch von der Verdamnis und den Höllenqualen gerettet zu werden.

Sure 74 „Der sich mit dem Gewand zugedeckt hat", Vers 32 bis 48:
32 Doch nein! Beim Mond! 33 Und bei der Nacht, wenn sie zurückweicht! 34 Beim Morgen, wenn er erglänzt! 35 Sie ist eine der schlimmsten![37] 36 Als Warner für die Menschen (sollst du dies verkünden)! 37 Für diejenigen unter euch, die vorankommen oder zurückbleiben wollen![38] 38 Jede Seele ist an das gebunden, was sie erworben hat, 39 abgesehen von denen auf der rechten Seite! 40 In Gärten fragen sie einander 41 nach den Verbrechern: 42 „Was hat euch in die Hölle gebracht!" 43 Diese antworten: „Wir gehörten nicht zu denen, die das rituelle Gebet ausübten, 44 nicht zu denen, die die Armen speisten, 45 und wir pflegten zusammen mit den Schwätzern zu schwatzen 46 und den Tag des Gerichts für Lüge zu erklären, 47 bis das Ende kam, das den Menschen gewiß ist!" 48 Niemandes Fürsprache wird ihnen nützen!

Schon in diesem Abschnitt, der aufgrund stilistischer Merkmale zu den ältesten des Korans gezählt werden muß, kann den Sündern, die jeder für sich zur Rechenschaft gezogen werden, keine Fürsprache helfen. Ähnliches liest man beispielsweise in der spätmekkanischen 6. Sure „Das Vieh" und in der medinensischen 2. Sure „Die Kuh".

Sure 6 „Das Vieh", Vers 48 bis 51 und Vers 70: 48 Nur als Freudenboten und als Warner schicken wir die Gesandten aus. Die nun glauben und fromme Werke tun, die brauchen sich nicht zu fürchten, und sie werden nicht traurig sein. 49 Die, die unsere Wunderzeichen ableugnen, wird die Strafe treffen, weil sie Missetaten begingen. 50 Sprich: „Ich sage euch nicht, daß ich die Schätze Gottes besitze, nicht, daß ich das Verborgene weiß. Ich sage euch nicht, daß ich ein Engel bin. Ich folge nur dem, was mir offenbart wird." Sprich: „Sind etwa der Blinde und der Sehende einander gleich?" Könnt ihr denn nicht denken? 51 Warne hiermit diejenigen, die fürchten, zu ihrem Herrn versammelt zu werden! Außer ihm haben sie weder Freund noch Fürsprecher! Vielleicht werden sie gottesfürchtig sein! ... 70 Laß ab von denen, die ihre Religion zu Spiel und Zeitvertreib erwählt haben und die ihr diesseitiges Leben getäuscht hat, und rufe hiermit ins Gedächtnis, daß jede Seele gemäß dem verurteilt wird, was sie erworben hat. Außer Gott hat sie weder Freund noch Fürsprecher. Wenn sie noch so viel zur Auslösung aufbietet, es wird nicht von ihr angenommen. Jenen, die gemäß dem verurteilt werden, was sie erworben haben, steht ein Trunk aus heißem Wasser und eine schmerzhafte Strafe bevor, weil sie nicht glaubten.

Sure 2 „Die Kuh", Vers 254: Ihr, die ihr glaubt! Spendet von dem Unterhalt, den wir euch gewähren, ehe ein Tag kommt, an dem es kein Handeln, keine Freundschaft, keine Fürsprache gibt! Die Ungläubigen sind die Frevler!

Die Ungläubigen freilich wollen dies nicht wahrhaben:

Sure 6 „Das Vieh", Vers 91 bis 94: 91 Sie haben Gott nicht richtig eingeschätzt, als sie damals sagten: „Gott hat auf keinen Menschen etwas herabgesandt!" Sprich: „Wer hat denn das Buch herabgesandt, das Mose als Licht und Rechtleitung für die Menschen brachte? Ihr macht es zu bloßen Papierblättern, deren Inhalt ihr offenlegt, während ihr vieles verheimlicht.[39] Dabei wurdet ihr gelehrt, was weder ihr noch eure Väter wußten." Sprich: „Gott hat dies getan!" Darauf laß sie in ihrem Geschwätz tändeln! 92 Dies ist ein Buch, das wir herabgesandt haben – gesegnet ist es und eine Bestätigung des vorherigen –, damit du die Mutter der Ortschaften und ihre Umgebung warnest. Diejenigen, die an das Jenseits glauben, glauben auch an das Buch. Ferner halten sie ihr Gebet ein. 93 Wer ist frevelhafter als derjenige, der gegen Gott Lügen erfindet oder sagt: „Mir wurden Offenbarungen zuteil!", obwohl ihm nichts offenbart wurde, oder als derjenige, der sagt: „Ich werde das gleiche herabsenden wie Gott!" Könntest du nur sehen, wie die Frevler dann in Todesangst sind, während die Engel die Hände ausstrecken: „Gebt eure Seelen heraus! Heute wird euch mit erniedrigender Strafe heimgezahlt, daß ihr gegen Gott die Unwahrheit sprachet und euch hochmütig über seine Wunderzeichen hinwegsetztet!" 94 Als einzelne seid ihr nun wieder zu uns gekommen, wie wir euch das erste Mal schufen. Ihr habt das, was wir euch übertrugen, hinter euch gelassen. Aber wir sehen bei euch gar nicht eure Fürsprecher, von denen ihr behauptet, daß sie mit mir an euch Anteil hätten. Die Verbindungen zwischen euch sind nun getrennt, und das, was ihr zu behaupten pflegtet, ist vor euch zerronnen!

Sure 10 „Jonas", Vers 17 bis 18: 17 Wer ist frevelhafter als derjenige, der gegen Gott Lügen erfindet und seine Wunderzeichen leugnet? Die Verbrecher werden nicht glückselig! 18 Sie verehren an Gottes Statt Wesen, die ihnen weder schaden noch nützen können, und sagen: „Die hier sind unsere Fürsprecher bei Gott!" Sprich: „Wollt ihr etwa Gott über etwas in Kenntnis setzen, was er in den Himmeln und auf der Erde nicht kennte?" Preis sei ihm! Er ist erhaben über die, die sie ihm beigesellen!

In diesen beiden Abschnitten wird die Fürsprache als ein Irrtum der Ungläubigen hingestellt. Im ersten Fall könnte es sich um die Schriftbesitzer zu handeln, die ja nach islamischer Auffassung vom wahren Eingottglauben abgewichen sind und nun offenbar meinen, die von ihnen erdachten Mittlergestalten, bei den Christen etwa Jesus, würden ihnen bei der Abrechnung am Jüngsten Tag beistehen. Im zweiten Fall sind die arabischen Heiden gemeint, die den von ihnen verehrten Gottheiten die Möglichkeit der Fürsprache zuschreiben. Der Koran hebt demgegenüber hervor, daß nur Gott selber sich dem Frevler gnädig zuwenden kann:

Sure 39 „Die Scharen", Vers 41 bis 48: 41 Wir haben dir das Buch mit der Wahrheit für die Menschen herabgesandt. Wer nun den rechten Weg geht, tut dies zu seinen eigenen Gunsten. Wer in die Irre geht, tut dies zu seinem eigenen Schaden. Du bist nicht ihr Sachwalter. 42 Gott nimmt die Seelen zu sich, sobald sie sterben, und auch diejenigen im Schlaf, die noch nicht gestorben sind. Diejenige, deren Tod er festgesetzt hat, hält er fest, und die andere läßt er bis zu einer bestimmten Frist wieder los. Hierin liegen Wunderzeichen für Leute, die nachdenken. 43 Oder nahmen sie sich Fürsprecher an Gottes Stelle? Sprich: „Was aber, wenn sie nichts vermöchten und nichts begriffen?" 44 Sprich: „Gott allein ist die ganze Fürsprache vorbehalten. Er herrscht über die Himmel und die Erde. Darauf werdet ihr zu ihm zurückgebracht!" 45 Wenn nun Gott allein erwähnt wird, erschauern die Herzen derjenigen, die nicht an das Jenseits glauben. Werden aber die an seiner Stelle erwähnt, freuen sie sich auf einmal. 46 Sprich: „O mein Gott, Schöpfer der Himmel und der Erde, Kenner des Verborgenen und des Offenkundigen, du entscheidest über deine Knechte in Dingen, in denen sie uneins sind!" 47 Besäßen die Frevler alles, was auf Erden ist und noch einmal soviel, kauften sie sich damit am Tag der Auferstehung gern von der schlimmen Strafe frei. Von Gott her wird ihnen dann klar geworden sein, was sie nicht in Rechnung zu stellen pflegten. 48 Die bösen Folgen dessen, was sie erworben haben, werden ihnen klargeworden sein, und das, worüber sie zu spotten pflegten, wird sich ihrer bemächtigen!

Die Vermittlergestalten, auf deren Fürsprache die Ungläubigen hoffen, flößen ihnen Vertrauen und Zuversicht ein. Unerträglich dagegen wirkt auf sie die Strenge des richtenden einen Gottes, dessen Spruch durch nichts beeinflußt werden kann. Er allein besitzt die Möglichkeit der Fürsprache, d. h. er allein behält sich das Urteil vor. Vielleicht kann dieses in einzelnen Fällen nicht ganz so streng lauten, wie es angesichts des Sündenregisters der Menschen zu erwarten wäre. Der Gedanke an eine Abmilderung des starren Zusammenhangs von Unglauben oder Sünde und Höllenstrafe scheint hier anzuklingen. Man muß aber den Zusammenhang berücksichtigen, in dem von Gottes Fürsprache die Rede ist: Eine Fähigkeit, die man fälschlich anderen Wesenheiten beilegt, soll ganz allein dem einen Gott zuerkannt werden. Wie die Verse 47 und 48 zeigen, hoffen die Frevler vergebens.

Sure 20 „Ṭā Hā“, Vers 105 bis 112: 105 Und sie fragen dich nach den Bergen. Sprich: „Mein Herr wird sie in winzige Stücke zerschlagen. 106 Wie eine platte Ebene wird er sie liegen lassen. 107 Weder Krümmung noch Biegung wirst du dort mehr sehen.“ 108 An jenem Tag folgen sie dem Rufer,[40] der mit keinerlei Untugend behaftet ist. Demütig dämpfen sie die Stimme vor dem Barmherzigen. Du hörst nichts als Flüstern. 109 An jenem Tag nützt keine Fürsprache, es sei denn diejenige eines Wesens, dem Gott sie erlaubt und an dessen Worten er Wohlgefallen hat. 110 Er weiß, was vor und was hinter ihnen liegt, sie aber können es nicht mit ihrem Wissen erfassen. 111 Unterwürfig sind ihre Gesichter vor dem Lebendigen, Ewigen, wo doch jetzt jeder gescheitert ist, der Frevel auf sich lud. 112 Wer aber gute Werke tat und dabei gläubig war, braucht kein Unrecht und keine Schädigung zu befürchten.

Sure 34 „Saba“, Vers 22 bis 23: 22 Sprich: „Ruft doch die herbei, deren Existenz ihr an Gottes Stelle behauptet habt!“ Sie vermögen weder in den Himmeln noch auf der Erde ein Stäubchen auszurichten. Sie haben an Himmel und Erde keinen Anteil, Gott hat keinen Helfer unter ihnen. 23 Auch nutzt vor ihm keine Fürsprache, es sei denn, er hat sie einem erlaubt. Sobald dann die Furcht von ihren Herzen genommen wurde, fragt man: „Was hat euer Herr gesagt?“ Sie antworten: „Die Wahrheit. Er ist doch der Erhabene und Große!“

Nur wenn Gott selber es befürwortet, kann es eine Fürsprache geben, nie aber gegen seinen Willen. Doch auch hier ist im Koran nirgends ausdrücklich die Errettung der Sünder vor der Höllenstrafe erwähnt. Entscheidend für das jenseitige Schicksal bleibt es, ob ein Mensch gute oder böse Taten vorzuweisen hat. In demütiger Haltung warten die Auferstandenen den Richterspruch ab, und wenn sie sich, nachdem er ergangen ist, ein wenig von ihrem Schreck erholt haben, fragen die Engel oder die übrigen Menschen, deren Aburteilung noch bevorsteht, was Gott ihnen mitgeteilt hat. Die volle Wahrheit ist es gewesen, die sie von ihrem Schöpfer gehört haben, die volle Wahrheit über alle Einzelheiten ihres Lebens, die bei der Urteilsfindung in gerechter Weise berücksichtigt worden sind.

Die Vorstellung vom gerechten Richter ist im Koran so beherrschend, daß sich der Gedanke, er könne einmal Gnade vor Recht ergehen lassen, in diesem Zusammenhang nicht entfalten kann. Gewiß ist oft vom gnädigen, barmherzigen Gott die Rede, der bereit ist zu verzeihen,[41] doch wird in den Abschnitten, in denen vom Endgericht gehandelt wird, keinerlei Zweifel an der strengen Gerechtigkeit des göttlichen Urteils zugelassen. Wie wir oben sahen, wurde durch die Erkenntnis, daß es einen Schöpfergott gäbe, der zyklische Zeitbegriff des arabischen Heidentums aufgebrochen. Die Schöpfung setzt den Anfang einer sich linear fortsetzenden Zeit, die auf das Weltgericht als ihren Endpunkt zustrebt. Mit Gottes Gnade tritt der Mensch an irgendeinem Punkt in diesen linearen Zeitverlauf ein und nimmt über eine winzige Spanne hinweg an ihm teil. Gottes Güte hat der Mensch es zu verdanken, daß er währenddessen genügend Mittel vorfindet, um sein Leben fristen zu können. Dieses Leben und der benötigte Unterhalt sind ihm aber nicht zum Spaß geschenkt worden, sondern einzig zu dem Zweck, daß er diese einmalige, unwiederbringliche Gelegenheit nutze und nichts unversucht lasse, um im wahren Glauben gute Taten aufzuhäufen, mit denen er ein glückliches Jenseits sicherstellen kann. In dem Bemühen um sein Heil bleibt der Mensch ganz auf sich gestellt. Niemand kann ihm helfen. Weder die Beziehungen, über die er im Rahmen der überkommenen Sippensolidarität verfügt, noch die Fürsprache irgendwelcher anderer Wesen kann bei dem gestrengen Richter etwas bewirken. Die Überwindung der zyklischen Zeitvorstellung fällt also auch zusammen mit der Individualisierung der Sorge um ein gutes Jenseits. Doch hat sich die koranische Strenge in dieser Frage auf die Dauer nicht aufrechterhalten lassen. Im Ḥadīṯ, der Überlieferung der Muḥammad zugeschriebenen Worte und Handlungen, zeigt sich deutlich die Spur einer Veralltäglichung und Abmilderung des ursprünglichen Rigorismus.

Man begann, auf die Fürsprache des Propheten zu rechnen. Konnte man nicht aus Sure 17 „Die Nachtreise", Vers 1, herauslesen, daß Muḥammad einst in den Himmel aufgestiegen und in die göttliche Gegenwart geführt worden war?[42] Bei dieser Gelegenheit, so versichert man sich im islamischen Volksglauben, wurde ihm auch zugestanden, daß er während des Jüngsten Gerichts für seine Gemeinde werde Fürbitte einlegen dürfen. Wer dann nur das islamische Glaubensbekenntnis ausspreche und damit zeige, daß er der einzig wahren Religion angehöre, werde schließlich doch ins Paradies gelangen – selbst wenn er ein Sünder gewesen sein sollte. Diese volkstümlichen Ideen wurden jedoch von vielen Vertretern der islamischen Theologie bekämpft, weil sie erkannten, daß der ursprüngliche Sinn der islamischen Botschaft – der einzelne ist gehalten, mit der Tat sein persönliches Heil zu erwerben – mit allzu frivoler Inanspruchnahme der Fürsprache völlig verwässert wurde. Zudem fehlte den volksreligiösen Anschauungen die koranische Grundlage.

Es ist nicht jedermanns Sache, immerfort Worte und Taten nach ihrer möglichen Beurteilung durch einen strengen Richter abzuwägen. Die Hoffnung auf die Fürsprache Muḥammads ist eine Folgeerscheinung der Verflachung der koranischen Botschaft vom richtenden Gott. Diese Entwicklung beginnt bereits im Koran selber, obwohl sie, wie gezeigt, den Inhalt dieser Botschaft hier noch nicht anzugreifen vermag. Wir erfuhren, daß in den ältesten Suren augenscheinlich damit gerechnet wurde, daß das Weltgericht in nicht allzu ferner Zukunft anbrechen werde. Je mehr der Prophet sich zum Lenker eines Gemeinwesens wandelt, desto mehr tritt im Koran die Ansicht hervor, man könne nicht wissen, wann das Ende kommen werde. Daß das Gericht abgehalten werden wird, steht außer Frage, aber die Gedanken des Menschen brauchen nicht – wie in der Zeit der Naherwartung – ständig um dieses bevorstehende Ereignis zu kreisen, sondern sollen sich auf die Aufgabe richten, Gottes Gesetz in dieser Welt zu verwirklichen. Daher kann es schließlich dazu kommen, daß die Zugehörigkeit zum Gemeinwesen, das die göttliche Ordnung verwirklicht, als entscheidend für das Heil betrachtet wird. Die im Koran zurückgewiesene Sippensolidarität kann sich letzten Endes auf einer höheren, der islamischen Ebene wieder zur Geltung bringen: Nicht die von den Stammesahnen ererbte Würde, sondern die auf den Propheten zurückgeführte Würde, ein Muslim zu sein, mildert Gottes Richterspruch.

3. Der eine Gott

Sure 16 „Die Bienen", Vers 65 bis 83: 65 Gott hat vom Himmel Wasser herabgeschickt und dann damit die Erde belebt, nachdem sie abgestorben war. Hierin liegt ein Wunderzeichen für Leute, die hören können.
66 Und auch am Vieh habt ihr ein Beispiel: Wir geben euch von dem Kot und dem Blut, die in seinem Leib sind, reine Milch zu trinken, die

den Trinkenden gut bekommt. 67 Und ebenso von den Früchten der Dattelpalmen und der Weinreben! Ihr erhaltet hieraus ein berauschendes Getränk und auch gute Nahrung. Hierin liegt ein Wunderzeichen für Leute, die ihren Verstand gebrauchen. 68 Dein Herr gab den Bienen ein: ,,Nehmt euch Behausungen in den Bergen, in den Bäumen und in den Laubhütten, die man errichtet! 69 Dann eßt von allen Früchten und folgt fügsam den Wegen eures Herrn!" Aus ihren Leibern tritt ein verschiedenfarbiges Getränk hervor, das den Menschen Heilung bringt. Hierin liegt ein Wunderzeichen für Leute, die nachdenken. 70 Gott hat euch geschaffen. Darauf wird er euch zu sich nehmen. Einige unter euch werden in das elendste Greisenalter gebracht, bis sie, nachdem sie vorher Wissen besessen haben, gar nichts mehr wissen. Gott ist wissend und mächtig. 71 Gott hat bezüglich des Lebensunterhaltes einige von euch den anderen vorgezogen. Diejenigen, die bevorzugt wurden, werden keinesfalls ihren Lebensunterhalt ihren Sklaven zur Verfügung stellen, so daß diese hierin gleich wären. Wollen die Ungläubigen etwa die Gnadengabe Gottes bestreiten? 72 Gott hat euch von euch selbst Gattinnen gegeben und euch von euren Gattinnen Söhne und Enkel geschenkt. Er hat euch mit guten Speisen genährt. Glauben sie denn an Nichtigkeiten, während sie ungläubig gegenüber der Gnadengabe Gottes sind? 73 Während sie an Gottes Stelle Wesen verehren, die ihnen weder von den Himmeln noch von der Erde etwas Unterhalt verschaffen und zu nichts imstande sind? 74 Bildet euch deshalb keinerlei Gleichnisse von Gott! Gott weiß Bescheid, ihr aber nicht. 75 Gott hat ein Gleichnis gebildet von einem leibeigenen Sklaven, der nichts auszurichten vermag, und von jemandem, dem wir guten Lebensunterhalt gewährten, von dem er dann insgeheim und offen spendet. Sind solche Leute etwa einander gleich? Preis sei Gott! Freilich die meisten von ihnen wissen nicht Bescheid. 76 Und Gott hat ein Gleichnis gebildet von zwei Männern, der eine stumm, so daß er nichts auszurichten vermag, sondern eine Bürde für seinen Herrn ist: Wohin dieser ihn auch schickt, er bringt nichts Gutes! Ist dieser etwa gleich mit demjenigen, der Gerechtigkeit anempfiehlt, indem er auf der geraden Straße wandelt? 77 Gott gehört das Verborgene in den Himmeln und auf der Erde. Die Entscheidung der jüngsten Stunde ist nur wie ein Augenblick oder noch kürzer. Gott ist zu allem imstande. 78 Gott hat euch aus dem Leib eurer Mütter hervorgebracht, und ihr wußtet noch nichts. Er hat euch das Gehör, die Augen und das Herz geschenkt, vielleicht dankt ihr es ihm! 79 Haben sie denn nicht einmal zu den Vögeln geschaut, wie sie in der Luft des Himmels Gott dienstbar gemacht sind? Gott allein ist es, der sie dort festhält. Hierin liegt ein Wunderzeichen für Leute, die glauben. 80 Gott hat euch in euren Häusern einen Wohnsitz gegeben, hat euch aus der Haut des Viehs Zelte geschenkt, die euch am Tag des Aufbruchs und am Tag des Aufenthalts leicht vorkommen. Und aus der Wolle, dem weichen Haar und den Haaren des Viehs hat er euch Geräte zur Verfügung gestellt, alles zur Benutzung bis zu einem bestimmten Zeitpunkt. 81 Gott hat euch unter den Dingen, die er schuf, Schattenspender bereitgestellt; er hat euch in den Bergen Zufluchtsstätten angewiesen. Er hat euch Hemden gegeben, die euch vor der Hitze schützen, und andere Hemden, die euch vor eurer Angriffslust schützen.[43] So vollendet er an euch seine Gnade. Vielleicht wendet ihr euch ihm zu![44] 82 Sollten sie sich abwenden, obliegt dir nur die deutliche Überbringung (der Botschaft). 83 Sie kennen die Gnadengabe Gottes und leugnen sie dennoch ab! Die meisten von ihnen sind ungläubig.

Diese Verse singen das hohe Lob des gütigen Schöpfergottes, der bis in die alltäglichsten Kleinigkeiten für den Menschen sorgt. Sinnreich ist seine Schöpfung gestaltet, groß ist das Wunder, daß das Vieh Milch hervorbringt, die Biene den heilkräftigen Honig. Nach Gottes Willen sucht sie sich ihren Unterschlupf, folgt den von ihm vorgeschriebenen Bahnen. Auch die Vögel sind seinem Willen untertan, er bewirkt es, daß sie nicht aus der Luft herabfallen. Dankbarkeit soll der Mensch gegenüber seinem unermüdlichen, niemals ruhenden Schöpfergott empfinden. Wer klaren Verstandes den Kosmos betrachtet und nicht tiefe Gefühle der Dankbarkeit empfindet, der leugnet das Wirken des einen Gottes, der ist ungläubig. Den Dank verweigern, ihn nicht abstatten wollen, das ist die Grundbedeutung des arabischen Wortes, das wir mit „ungläubig" übersetzen. Einmal mehr wird uns klar, wie sehr das koranische Gottesbild vom tagtäglich sichtbaren Wirken des Schöpfers her bestimmt ist, wenn „Undankbarkeit" zum Inbegriff des Nichtglaubens verallgemeinert werden konnte. In Vers 72 scheint die ursprüngliche Bedeutung des Begriffes noch durch: sie glauben an Nichtigkeiten, während sie gegenüber der Gnadengabe Gottes ungläubig, d.h. undankbar sind, wird dort geklagt. Auch in Vers 83 könnte statt „ungläubig" „undankbar" übersetzt werden. Ganz deutlich wird der ursprüngliche Sinn des Wortes, wenn nicht von einer Dankesschuld gegen Gott die Rede ist. In Sure 26 „Die Dichter", Vers 10 bis 68, wird aus der Lebensgeschichte Moses erzählt. Mose erschlug im Streit einen Ägypter, weshalb der Pharao ihm vorhält: „Haben wir dich nicht als Kind in unserer Familie aufgezogen? ... Das war undankbar von dir, daß du jene Tat begangen hast!" (Vers 18 bis 19). Überhaupt neigt der Mensch nach koranischer Auffassung zum Undank. In Sure 80 „Er blickte mürrisch" wird er deswegen verwünscht. Er wird auf die Gaben hingewiesen, die Gott ihm geschenkt hat, und ihm wird angedroht, daß der Undank gegen Gott bzw. der Unglaube im Jenseits schwerste Strafen nach sich ziehe.[45]

Ungläubig, d.h. undankbar gegen den Schöpfer sein, bedeutet im Koran stets auch soviel wie: nicht in Gott den einzigen Quell aller Gnadengaben zu erkennen, anderen als ihm die für den Menschen günstigen Auswirkungen der Natur zuzuschreiben. Hierauf wollen die Vergleiche mit dem Herrn und dem Sklaven, mit dem reichen Mann im Vollbesitz seiner Kräfte und seinem stummen Kostgänger hinweisen. Beide Vergleiche sind ja in den Lobgesang auf das segensreiche Wirken des Schöpfergottes eingefügt. Wer einen anderen als Gott für den Urheber der Gaben hält, die ihm täglich zufließen, denkt wie jemand, der auf die Wohltaten eines Krüppels oder eines Sklaven hofft, ohne gewahr zu werden, daß beide selber von einem höheren Herrn abhängen. Der innere Zusammenhang, der zwischen Undank bzw. Unglaube und Vielgötterei besteht, wird in einem kurzen Wechselgespräch verdeutlicht, das zwischen den Hochmütigen und den Erniedrigten in Gottes Gegenwart stattfindet.

Sure 34 „Saba", Vers 31 bis 42: 31 Die Ungläubigen sagen: „Wir werden nicht an diesen Koran und die Offenbarungen vor ihm glauben."
Könntest du nur sehen, wie die Frevler vor ihren Herrn gestellt werden
und auf einander einreden! Dann sagen die Erniedrigten zu den Hochmütigen: „Wäret ihr nicht gewesen, wären wir gläubig!" 32 Da antworten die Hochmütigen den Erniedrigten: „Wir also haben euch von der
Rechtleitung abgebracht, nachdem sie zu euch gelangt war? Nein, ihr
wart selber Verbrecher!" 33 Die Erniedrigten entgegnen den Hochmütigen: „Nein! Ränkespiel habt ihr Tag und Nacht getrieben, als ihr uns
befahlt, ungläubig gegen Gott zu sein und ihm Genossen an die Seite zu
stellen!" Und insgeheim spürten sie Reue, als sie die Strafe sahen. Wir
legten den Ungläubigen Ketten um den Hals. Wird ihnen etwas anderes
vergolten als das, was sie zu tun pflegten? 34 Nie schickten wir einen
Gesandten in eine Ortschaft, ohne daß deren mit Reichtum gesegnete,
anmaßende Bewohner sprachen: „Wir glauben nicht an das, womit ihr
gesandt wurdet!" 35 Und weiter „Wir besitzen mehr Vermögen und
Kinder, uns wird man nicht strafen können!" 36 Sprich: „Mein Herr
verteilt und bemißt den Lebensunterhalt, wem er will. Doch die meisten
Menschen wissen es nicht. 37 Weder euer Besitz noch eure Kinder sind
geeignet, euch nahe zu uns zu bringen! Nur die kommen uns nahe, die
glauben und gute Werke tun. Diesen wird zweifach vergolten, was sie
getan haben. Sie werden in Gemächern sicher sein. 38 Diejenigen aber,
die unsere Wunderzeichen herabsetzen, um sich ihrer Aussagekraft zu
entziehen, werden der Bestrafung überantwortet." 39 Sprich: „Mein
Herr verteilt dem von seinen Knechten, der ihm genehm ist, den Lebensunterhalt und mißt ihn ihm zu. Was ihr aufgewandt habt, ersetzt er euch.
Er gewährt am besten Unterhalt!" 40 Am Tag, da er sie alle versammeln
wird, fragt er dann die Engel: „Diese hier pflegten euch zu verehren?"
41 Sie antworten: „Preis sei dir! Du bist unser Freund, nicht sie! Nein,

sie haben die Dschinn verehrt, an sie glauben die meisten von ihnen."
42 Heute wird niemand von euch jemand anderem Nutzen oder Schaden bewirken können, und wir sagen zu den Frevlern: „Kostet jetzt die Höllenstrafe, die ihr stets leugnetet!"

Doch nicht allein die sich ständig vollziehende Schöpfung ist für den Koran eine Tatsache, aus der sich mit Notwendigkeit der Schluß auf das Verhalten eines einzigen Gottes ergibt. Auch der richtende Gott kann nur ein einziger sein. Bereits in den letzten Versen des obigen Zitates aus der 34. Sure klang der Gedanke an, die Ungläubigen, die ihrem Schöpfer den Dank verweigern, hätten die Dschinnen verehrt, doch werde am Jüngsten Tag niemand für den anderen eintreten können, erst recht nicht jene falschen Gottheiten. Die folgenden Verse aus der 19. Sure heben hervor, daß der Herr des Gerichts keine Gefährten an seiner Stelle haben kann – wie ja ohnehin jegliche Fürsprache vergeblich sein wird.

Sure 19 „Maria", Vers 66 bis 96: 66 Der Mensch sagt: „Wenn ich
gestorben bin, dann soll ich wieder lebendig hervorgebracht werden?"
67 Erinnert sich der Mensch denn nicht daran, daß wir ihn schon vorher einmal geschaffen haben, als er noch nichts war? 68 Bei deinem
Herrn! Wir wollen sie und die Satane versammeln und sie herbeischaffen,
so daß sie um den Höllenschlund herum knien. 69 Dann wollen wir aus
jeder Gruppe diejenigen aussondern, die am heftigsten gegen den Barmherzigen aufbegehrt haben. 70 Dann kennen wir die am besten, die es
am meisten verdient haben, in ihr zu schmoren. 71 Unter euch ist niemand, der nicht zu ihr hinabkommen müßte. Für deinen Herrn ist das ein
feststehender Entschluß. 72 Dann retten wir diejenigen, die gottesfürchtig waren, und lassen die Frevler in ihr knien. 73 Wenn ihnen
unsere Wunderzeichen eindeutig vorgetragen werden, fragen die Ungläubigen die Gläubigen: „Welche unserer beiden Gruppen hat einen besseren Rang und ist eine angenehmere Gesellschaft?" 74 Wie viele Geschlechter haben wir schon vor ihnen vernichtet, die noch besser ausgestattet waren und die noch schöner aussahen! 75 Sprich: „Wer sich im
Irrtum befindet, dem wird der Barmherzige so lange Zeit gewähren, bis
er schließlich erfaßt, was ihm angedroht ist – sei es die Strafe, sei es die
Stunde des Gerichts. Man wird also wissen, wer die schlimmere Stellung
und die schwächeren Truppen hat." 76 Denen, die den rechten Weg
gehen, gibt Gott noch mehr Rechtleitung. Die frommen Werke von blei-
bendem Wert bringen bei Gott besseren Lohn ein und ermöglichen eine
bessere Rückkehr zu ihm. 77 Was meinst du wohl von dem, der nicht
an unsere Wunderzeichen glaubte, sondern sagte: „Ich bekomme auf alle
Fälle Vermögen und Kinder!" 78 Hat er vielleicht Einblick in das Verborgene genommen oder mit dem Barmherzigen eine Verabredung ge-

troffen? 79 Keineswegs! Wir werden aufschreiben, was er sagt, und ihm die Strafe noch vergrößern 80 und ihn dann erben lassen, was er sagt, sobald er allein vor uns tritt! 81 Da haben sie an Gottes Stelle andere Götter genommen, damit diese ihnen hülfen! 82 Aber nein! Diese werden die Tatsache, daß sie von ihnen verehrt worden sind, dereinst abstreiten und als ihre Gegner auftreten. 83 Hast du nicht gesehen, daß wir die Satane über die Ungläubigen sandten, um sie heftig anzustacheln? 84 Sei nicht zu eilig gegen sie! Wir zählen ihnen ganz genau vor! 85 Am Tage, da wir die Gottesfürchtigen wie eine Gesandtschaft zum Barmherzigen versammeln 86 und die Verbrecher wie eine durstige Herde in die Hölle hinabführen, 87 können (die falschen Götter) keinerlei Fürsprache einlegen, abgesehen von denen, die mit dem Barmherzigen eine Verabredung getroffen haben. 88 Manche sagen: „Der Barmherzige hat sich ein Kind genommen!" 89 Da habt ihr etwas Unerhörtes behauptet. 90 Fast spalten sich deswegen die Himmel, bricht die Erde auf, stürzen die Berge brechend ein, 91 weil manche behaupten, der Barmherzige habe ein Kind! 92 Dem Barmherzigen ziemt es sich nicht, ein Kind zu nehmen! 93 Jeder, der in den Himmeln und auf der Erde ist, tritt nicht anders denn als Knecht vor den Barmherzigen. 94 Er hat sie alle gezählt und genau errechnet. 95 Jeder von ihnen wird am Jüngsten Tag allein zu ihm kommen. 96 Denjenigen, die glauben und fromme Werke tun, wird der Barmherzige mit Liebe begegnen.

Sure 21 „Die Propheten", Vers 25 bis 36: 25 Vor dir haben wir nicht einen Gesandten geschickt, ohne ihm einzugeben: „Es gibt keinen Gott außer mir. Deshalb verehrt mich!" 26 Und da sagen sie: „Der Barmherzige hat sich ein Kind genommen!" Preis sei ihm! Nein, es handelt sich um besonders geehrte Knechte,[46] 27 die seinen Worten nicht zuvorkommen, sondern nach seinem Befehl handeln. 28 Er weiß, was vor ihnen war und was nach ihnen kommt. Sie bitten für niemanden außer für die, mit denen er zufrieden ist. Aus Furcht vor ihm sind sie ängstlich besorgt. 29 Wenn nun einer von ihnen sagt: „Ich bin ein Gott an seiner Stelle!" dann vergelten wir es ihm mit der Hölle. So üben wir an den Frevlern Vergeltung. 30 Haben denn diejenigen, die ungläubig sind, nicht gesehen, daß die Himmel und die Erde beide nahtlos zusammenhingen, worauf wir sie trennten? Daß wir aus dem Wasser alles Lebendige bildeten? Warum glauben sie denn nicht? 31 Auch haben wir die tiefverwurzelten Berge in die Erde eingepflockt, damit sie mit den Menschen nicht ins Schwanken gerate. Und wir haben auf ihr Pässe als Wege gebahnt, damit sie sich vielleicht zurechtfinden. 32 Wir hoben den Himmel als ein geschütztes Dach.[47] Sie aber wenden sich von unseren Wunderzeichen ab. 33 Und er ist es, der die Nacht und den Tag geschaffen hat, und die Sonne und den Mond. Alle schweben an einer

Sphäre. 34 Keinem Menschen vor dir haben wir das ewige Leben gewährt. Wenn du also stirbst, sollten sie da ewig leben? 35 Jede Seele wird den Tod kosten. Mit Bösem und mit Gutem prüfen wir euch, um euch zu erproben. Zu uns werdet ihr einst zurückgebracht. 36 Wenn dich diejenigen, die ungläubig sind, sehen, treiben sie bloß ihren Spott mit dir: „Ist das derjenige, der eure Götter herabsetzt?" Sie aber leugnen die Mahnung des Barmherzigen.

Sure 43 „Der Prunk", Vers 81 bis 87: 81 Sprich: „Hätte der Barmherzige ein Kind, wäre ich der erste, der es verehrte!" 82 Gepriesen sei der Herr der Himmel und der Erde, der Herr des Thrones! (Er ist erhaben) über das, womit sie ihn beschreiben. 83 Laß sie schwätzen und spielen, bis sie ihren Tag treffen, der ihnen angedroht wird! 84 Er ist es, der in den Himmeln Gott ist und auf der Erde Gott ist. Er ist der Weise und Wissende! 85 Voller Segen ist er, dem die Herrschaft über die Himmel und die Erde und was zwischen beidem ist, gehört. Bei ihm liegt das Wissen um die Stunde. Zu ihm werdet ihr zurückgebracht. 86 Diejenigen, die sie an seiner Statt anrufen, besitzen nicht die Möglichkeit zur Fürbitte – abgesehen von denen, die die Wahrheit bezeugen, indem sie Bescheid wissen. 87 Wenn du sie fragst, wer sie geschaffen hat, antworten sie wirklich: „Gott!" Wie können sie da nur so schwachen Verstandes sein (und trotzdem nicht an den Einen glauben)!

Die seit dem Urbeginn ununterbrochen ins Werk gesetzte Schöpfung und das Weltgericht – Anfang, Verlauf und Ziel einer sich linear entwikkelnden Weltgeschichte – sind nach koranischer Deutung nur begreifbar, wenn man in ihnen das Walten eines einzigen Gottes sieht. Der durch nichts verwässerte Eingottglaube erweist sich als notwendige Schlußfolgerung aus den beiden Hauptaspekten göttlichen Handelns, die schon in den ältesten Teilen des Korans hervorgehoben werden: aus dem Schöpfen im weitesten Sinn und aus der gerechten Beurteilung der Geschöpfe am Jüngsten Tag. Es ist zu vermuten, daß die Gottesvorstellung des altarabischen Gottsuchertums, dessen Ansichten über die Schöpfung offenbar den koranischen recht nahestanden, auch die Grundlage ist, auf der der von Muḥammad verkündete Eingottglaube beruht. Jedenfalls wird im Koran, der Offenbarung des schriftunkundigen Propheten, mehrfach die Gottesauffassung der Schriftbesitzer scharf angegriffen. Schon in Suren der mittleren mekkanischen Periode wird beispielsweise den Christen vorgeworfen, sie hätten Jesus zum Gott erhoben und sich der schweren Sünde der Vielgötterei schuldig gemacht.[48]

Sure 19 „Maria", Vers 16 bis 40: 16 Und gedenke Mariens in der Schrift! Einst zog sie sich aus ihrer Familie an einen östlichen Ort zurück.

17 Sie errichtete vor ihnen einen Vorhang. Da sandten wir unseren
Geist zu ihr, der als ein gerade gewachsener Mensch vor sie trat. 18 Sie
sprach: „Ich suche vor dir meine Zuflucht beim Barmherzigen. Geh,
wenn du gottesfürchtig bist!“ 19 Er erwiderte: „Ich bin nur der Gesandte deines Herrn. Ich soll dir einen reinen Knaben schenken!“ 20 Sie
sprach: „Woher soll ich einen Knaben bekommen, wo mich doch kein
Mann berührt hat und ich auch keine Hure bin!“ 21 Er antwortete:
„Doch, dein Herr hat gesprochen: ‚Dies ist mir ein Leichtes! Wir wollen
ihn zu einem Wunderzeichen für die Menschen machen und zu einem
Erweis unserer Barmherzigkeit!‘ Und die Sache ist fest beschlossen!“
22 Da wurde sie mit Jesus schwanger und zog sich mit ihm an einen
fernen Ort zurück. 23 Die Wehen zwangen sie, sich an einen Palmstamm zu klammern, und sie rief: „Wäre ich doch schon vorher gestorben! Wäre ich doch ganz und gar in Vergessenheit geraten!“ 24 Da rief
ihr das Jesuskind von unten zu: „Sei nicht betrübt! Mein Herr hat unter
dir einen Bach fließen lassen. 25 Und schüttle den Palmstamm zu dir
hin, dann fallen frische Datteln auf dich nieder! 26 Iß und trink und sei
unbesorgt! Solltest du jemanden sehen, dann sag: ‚Ich habe dem Barmherzigen ein Fasten gelobt; ich werde heute mit niemandem sprechen!‘“
27 Darauf kam sie zu ihren Leuten zurück und trug Jesus auf dem Arm.
Sie sagten: „Maria, du hast etwas Unerhörtes getan! 28 Schwester des
Aaron![49] Dein Vater war doch kein böser Mann, und deine Mutter war
keine Hure!“ 29 Da wies Maria auf Jesus, worauf sie entgegneten:
„Wie sollten wir mit einem reden, der als Säugling in der Wiege liegt!?“
30 Jesus sprach: „Ich bin der Knecht Gottes. Er hat mir das Buch
gebracht und mich zum Propheten berufen. 31 Er hat mich zum Segen
gemacht, wo immer ich bin, und mir das Gebet und die Läuterungsgabe
anempfohlen, solange ich lebe, 32 sowie liebevolle Verehrung gegenüber meiner Mutter. Und er hat mich nicht zu einem verfluchten Gewalt-
täter gemacht! 33 Friede ruhe auf mir am Tag, da ich geboren wurde,
am Tag, da ich sterbe, am Tag, da ich zum Leben auferweckt werde!“
34 Gemäß wahrer Darstellung ist dies Mariens Sohn Jesus, über den sie
im Zweifel sind. 35 Für Gott ziemte es sich nicht, sich ein Kind zu
nehmen. Gepriesen ist er! Wenn er eine Sache beschließt, sagt er nur:
„Sei!“ und sie ist. 36 Gott ist mein Herr und euer Herr. Also verehrt
ihn! Das ist die gerade Straße! 37 Die Parteiungen wurden untereinander uneinig. Wehe denen, die ungläubig sind, vor dem Erlebnis eines
gewaltigen Tages! 38 Wie gut werden sie an dem Tag hören und sehen,
da sie zu uns kommen! Doch die Frevler befinden sich heute in einem
offenkundigen Irrtum! 39 Warne sie vor dem Tag des Jammers! Dann
ist die Sache entschieden, sie aber merken es nicht und glauben nicht.
40 Wir erben die Erde und alle, die auf ihr sind. Zu uns werden sie
zurückgebracht!

In der koranischen Jesuslegende sind Motive aus dem christlichen Erzählgut verarbeitet. So wird im sogenannten Pseudo-Matthias-Evangelium berichtet, das Jesuskind habe, an der Brust seiner Mutter hängend, der Palme, unter der sie Schatten gesucht hatten, befohlen, sich niederzubeugen, damit Maria von den Früchten essen konnte, und unter den Wurzeln des Baumes einen Bach hervorsprudeln lassen.[50] Höhepunkt der koranischen Erzählung ist jedoch die Aussage des Kindes in der Wiege. Jesus bezeugt selber, daß er ein Knecht Gottes ist, nicht Gottes Sohn, wie die Christen lehren. Wie alle übrigen Propheten hat er von Gott die Kenntnis der Schrift erhalten, und er soll die Menschen aufrufen, das rituelle Gebet zu verrichten und die Läuterungsgabe abzuführen. Das gleiche forderte auch Muḥammad seit seiner Berufung von den Mekkanern. Jesus ist zwar gezeugt worden, indem Maria den Geist Gottes empfing, doch hebt ihn diese Tatsache noch nicht aus der Reihe der übrigen Menschen hinaus, die doch von Adam abstammen, welchem ebenfalls der Geist Gottes eingehaucht worden war (Sure 15, Vers 29; Sure 38, Vers 72). Es gibt mithin keinerlei Grund zu der Annahme, der Mensch und Prophet Jesus verfüge über Eigenschaften, die sonst nur dem einen Gott zukommen. Die Vergötterung Jesu durch die Christen ist für den Muslim freilich keine Einzelerscheinung. Der Koran sieht im Götzenkult der Mekkaner eine Parallele hierzu, denn es heißt, die Mekkaner hätten den Propheten gefragt, wer denn besser sei, Jesus oder die Gottheiten, zu denen sie beteten. Den Fragern wird in unmißverständlicher Form Bescheid gegeben, daß Jesus nichts weiter als ein Knecht Gottes gewesen ist: 63 Als Jesus mit den klaren Beweisen kam, sprach er: „Ich bin zu euch mit der Weisheit gekommen und um euch einiges zu erläutern, worüber ihr verschiedener Meinung seid. Darum fürchtet Gott und gehorcht mir! 64 Gott ist mein Herr und euer Herr! Deshalb verehrt ihn! Das ist die gerade Straße!" lesen wir in Sure 43 „Der Prunk".

Sure 3 „Die Sippe Imrans", Vers 45 bis 55: 45 Einst sagten die Engel:
„Maria, Gott verkündet dir ein Wort, das von ihm ausgeht: Er wird der
Messias Jesus heißen, Sohn der Maria. Er wird im Diesseits und im
Jenseits hohes Ansehen genießen und zu denen gehören, die Gott nahestehen!
46 Schon in der Wiege und dann als reifer Mann wird er zu den
Menschen sprechen. Er wird einer der Frommen sein."
47 Sie entgegnete: „Herr, woher soll ich ein Kind bekommen, wo mich doch kein
Mann berührt hat?" Er sagte: „Doch, Gott schafft, was er will. Wenn er
eine Sache entschieden hat, sagt er zu ihr nur: ‚Sei!' und sie ist.
48 Und er lehrt ihn die Schrift und die Weisheit, die Tora und das Evangelium.
49 Als Gesandter zu den Israeliten wird er sagen: ‚Hier bringe ich euch
ein Wunderzeichen von eurem Herrn, nämlich daß ich aus Lehm etwas
bilde, das Vögeln ähnlich sieht. Dann hauche ich es an, und mit Gottes

Erlaubnis werden es Vögel! Ferner daß ich den Blinden und den Aussät-
zigen heile und mit Gottes Erlaubnis die Toten erwecke und euch mittei-
le, was ihr (zu Hause) eßt und was ihr in euren Wohnungen speichert.
Hierin liegt für euch ein Wunderzeichen, wenn ihr wirklich glaubt!
50 Und ich komme als einer, der die vor mir offenbarte Tora bestätigt
und der euch einiges erlaubt, was euch verboten worden war.[51] Ich bringe
euch ein Wunderzeichen von eurem Herrn. Fürchtet Gott und gehorcht
mir! 51 Gott ist mein Herr und euer Herr! Deshalb verehrt ihn! Das ist
die gerade Straße!'" 52 Aber als Jesus ihren Unglauben fühlte, fragte er:
„Wer sind meine Helfer zu Gott?" Da antworteten die Jünger: „Wir sind
Gottes Helfer, wir glauben an Gott, bezeuge du, daß wir uns ihm ganz
zuwenden![52] 53 Unser Herr, wir glauben an das, was du herabgesandt
hast, und folgen dem Gesandten! Schreib uns mit denen auf, die (den
Glauben) bezeugen!" 54 Manche zettelten Ränke an, doch auch Gott
schmiedete Ränke, Gott schmiedet sie am besten! 55 Damals sagte Gott
nämlich: „Jesus, ich werde dich zu mir nehmen und dich zu mir empor-
heben und dich von den Ungläubigen unbesudelt halten. Ich werde deine
Anhänger über die Ungläubigen stellen bis zum Tag der Auferstehung.
Dann kehrt ihr alle zu mir zurück, worauf ich zwischen euch über das
entscheide, worüber ihr verschiedener Meinung wart."

Sure 4 „Die Frauen", Vers 156 bis 161 und Vers 171 bis 172: 156 Weil
(die Juden) ungläubig waren und Maria schlimmstens verleumdeten,
157 ferner weil sie sagten: „Wir haben den Messias Jesus, den Sohn der
Maria getötet, den Gesandten Gottes!" – Dabei hatten sie ihn weder
getötet noch gekreuzigt. Vielmehr war ihnen ein anderer als ähnlich hingestellt worden. Wer hierüber anderer Meinung ist, befindet sich wirklich
im Zweifel und weiß diesbezüglich nicht Bescheid! Er folgt nur einer
Vermutung! Sie haben ihn gewiß nicht getötet. 158 Vielmehr hat Gott
ihn zu sich emporgehoben. Gott ist mächtig und weise. 159 Unter den
Schriftbesitzern gibt es niemanden, der nicht vor Jesu Tod an ihn glauben
wird. Am Tag der Auferstehung ist Jesus Zeuge gegen sie. – 160 Weil
die Juden diese Frevel begangen haben, verboten wir ihnen einige gute
Speisen, die ihnen erlaubt gewesen waren, und auch weil sie viele vom
Pfad Gottes abbrachten 161 und weil sie, obwohl es ihnen untersagt
worden war, Zinsen nahmen und das Eigentum der Menschen ungerecht-
fertigt verzehrten. Den Ungläubigen unter ihnen haben wir eine
schmerzhafte Strafe vorbereitet! ... 171 Ihr Schriftbesitzer! Überschreitet nicht die Grenzen eures Glaubens und sagt über Gott nichts als
die Wahrheit! Der Messias Jesus, der Sohn der Maria, ist nur Gottes
Gesandter, das Wort, das er Maria übermittelte, und ist nur Geist von
ihm. Darum glaubt an Gott und seine Gesandten und sagt nicht: „Es sind
drei!" Laßt dies! Das ist besser für euch. Gott ist nur ein einziger Gott.

Zu hoch gepriesen ist er, als daß er ein Kind haben könnte. Ihm gehört, was in den Himmeln und auf der Erde ist. Gott ist ein trefflicher Sachwalter. 172 Nie wird es der Messias verschmähen, ein Knecht Gottes zu sein, und auch nicht die Engel, die Gott nahestehen. Wer es aber verschmäht, Gott zu verehren, und hochmütig ist – nun, er wird sie dereinst alle zu sich versammeln!

Sure 5 „Der Tisch", Vers 17 bis 18:[53] 17 Ungläubig sind diejenigen, die sagen: „Gott ist der Messias, der Sohn der Maria." Sprich: „Wer könnte denn bei Gott etwas ausrichten, wenn dieser den Messias, den Sohn der Maria, und seine Mutter und alle, die auf Erden leben, vernichten will?" Gott gehört die Herrschaft über die Himmel und die Erde und was zwischen beidem ist. Er schafft, was er will. Er hat zu allem Macht. 18 Die Juden und die Christen sagen: „Wir sind die Söhne und Lieblinge Gottes." Sprich: „Weshalb straft er euch dann um eurer Sünden willen? Nein, ihr seid Menschen wie die anderen, die er geschaffen hat." Er verzeiht, wem er will, und er bestraft, wen er will. Ihm gehört die Herrschaft über die Himmel und die Erde und was zwischen beidem ist. Auf ihn strebt alles zu!

Sure 9 „Die Buße", Vers 30 bis 34: 30 Die Juden sagen: „Ezra ist Gottes Sohn."[54] Die Christen sagen: „Der Messias ist Gottes Sohn." So reden sie mit ihrem Mund. Sie ahmen damit die Rede derer nach, die schon vor ihnen ungläubig waren. Gott bekämpfe sie! Wie können sie nur solche Schwachköpfe sein! 31 Sie nahmen sich ihre Rabbiner und Mönche und auch den Messias, den Sohn der Maria, an Gottes Stelle zu Herren. Dabei war ihnen nur aufgetragen worden, einen einzigen Gott zu verehren. Es gibt keinen Gott außer ihm. Hochgepriesen sei er vor allen, die sie ihm beigesellen! 32 Sie wollen mit ihrem Gerede das Licht Gottes auslöschen. Gott will aber nichts anderes als sein Licht vollenden, selbst wenn dies den Ungläubigen mißfällt. 33 Er ist es, der seinen Gesandten mit der Rechtleitung und der wahren Religion schickte, um diese über jeglichen anderen Glauben triumphieren zu lassen, selbst wenn dies den Polytheisten mißfällt. 34 Ihr, die ihr glaubt! Viele von den Rabbinern und Mönchen verzehren zu Unrecht das Eigentum der Menschen und bringen sie vom Weg Gottes ab. Denjenigen, die Gold und Silber horten und es nicht auf dem Wege Gottes ausgeben, künde eine schmerzhafte Strafe an!

In der medinensischen Zeit, in der die Zitate aus den Suren 3, 4, 5 und 9 entstanden sind, hat die islamische Polemik gegen die vermeintliche Vielgötterei der Schriftbesitzer klare Umrisse gewonnen. Jesus wurde nicht getötet, sondern ein ihm ähnlicher Mann. Der Messias wurde in den

Himmel entrückt, wo er in Gottes Nähe bis gegen das Ende der Welt verweilen wird. Laut Sure 4, Vers 155, wird Jesus, da er ein Mensch ist und kein göttliches Wesen, kurz vor dem Jüngsten Tag sterben und dann mit den übrigen Geschöpfen wieder auferstehen.[55] Daß Jesus ganz und gar menschlicher Natur ist, wird des weiteren aus der koranischen Auffassung des Prophetentums abgeleitet, die einfach auf Jesus übertragen wird. Hierfür gab es, wie gezeigt, bereits in der mittleren mekkanischen Epoche Belege. Als Beweis für die Unmöglichkeit einer Gottessohnschaft Jesu wird schließlich erneut ins Feld geführt, daß der eine Gott alles geschaffen habe und allein über alles herrsche. Nur wem es am Verstand mangele, könne auf den Gedanken verfallen, jemand anders könne Gottes Allmacht beschränken. Indem die Christen und die Juden einem derartigen Unglauben huldigen, sinken sie gewissermaßen in den Zustand der Unwissenheit zurück, in welchem sie sich vor der ersten Offenbarung befanden. Der Koran weiß auch eine Antwort auf die Frage, warum das geschehen konnte. Die Rabbiner und die Mönche haben sich zu Herren aufgeschwungen – der Koran verwendet dasselbe Wort „Herr", mit dem sonst Gott bezeichnet wird –, und dies einzig zu dem Zweck, um auf bequeme Weise ihre materiellen Bedürfnisse befriedigen zu können. Ganz unzweideutig wird in Sure 3, Vers 79 bis 80, festgestellt: Es darf nicht sein, daß ein Mensch das Prophetenamt empfängt und es dazu mißbraucht, sich selber an Gottes Stelle verehren zu lassen. Wenn so etwas geschähe, dann wäre das ein Rückfall in den finstersten Unglauben.[56]

Sure 13 „Der Donner", Vers 1 bis 19: Im Namen Gottes, des Barmherzigen, des Erbarmers! 1 ʾ-l-m-r. Dies sind die Wunderzeichen der Schrift. Was von deinem Herrn auf dich herabgesandt wurde, ist die Wahrheit, doch die meisten Menschen glauben nicht. 2 Gott ist es, der die Himmel emporgehoben hat, ohne daß ihr eine Stütze sehen könntet. Darauf setzte er sich auf den Thron. Die Sonne und den Mond hat er dienstbar gemacht. Ein jedes (Gestirn) läuft bis zu einer bestimmten Frist. Er lenkt die Fügung, er wandelt die Wunderzeichen ab. Vielleicht würdet ihr Gewißheit über die Begegnung mit eurem Herrn erlangen! 3 Er ist es, der die Erde ausgebreitet hat und auf ihr die tiefverwurzelten Berge errichtet und die Flüsse gegraben hat. Von allen Früchten hat er auf ihr ein Paar geschaffen. Er macht, daß die Nacht den Tag bedeckt. Hierin liegen Wunderzeichen für Leute, die nachdenken können. 4 Und auf der Erde gibt es einander benachbarte Gegenden, Gärten mit Weinreben, Getreidefelder, Palmen mit mehreren Stämmen oder mit einem Stamm aus einer Wurzel, alles mit ein und demselben Wasser getränkt! Wir geben manchen in der Frucht vor anderen den Vorzug. Hierin sind die Wunderzeichen für Leute, die verständig sind. 5 Wenn du dich wunderst, so wundere dich über ihre Rede: „Wenn wir zu Staub geworden sind, dann soll mit uns eine neue Schöpfung geschehen?" Jene sind es, die nicht an ihren Herrn glauben, jene sind es, die Fesseln um den Hals tragen, jene kommen ins Höllenfeuer auf ewig! 6 Sie verlangen von dir das Schlimme[57] noch vor dem Guten. Dabei sind doch bereits vor ihnen Exempel statuiert worden! Dein Herr kann den Menschen trotz ihres Unrechts vergeben, dein Herr straft aber auch hart! 7 Diejenigen, die nicht glauben, fragen: „Warum wird nicht von seinem Herrn ein Wunder auf ihn herabgesandt?" Du bist nur ein Warner. Jedes Volk hat einen, der es rechtleitet. 8 Gott weiß, was jedes weibliche Wesen im Mutterleib trägt, warum der Mutterleib sich verkleinert oder vergrößert. Alles hat bei ihm sein Maß. 9 Er kennt das Verborgene und das Offenkundige. Er ist der Große, Erhabene. 10 Es ist gleich, ob einer von euch heimlich oder offen spricht, ob sich einer des Nachts verbirgt oder am Tage seines Weges geht: 11 (Jeder) hat Beobachter vor sich und hinter sich, die auf ihn aufpassen. Es sind Wesen von Gottes Fügung. Gott ändert die Merkmale eines Volkes nicht, ehe es nicht selber die Merkmale, die es an sich hat, ändert. Wenn aber Gott einem Volk Böses will, kann niemand das abwehren. Außer ihm haben sie keinen Freund. 12 Er ist es, der euch den Blitz zeigt, welcher eure Furcht und eure Begehrlichkeit weckt, er ist es, der die schweren Wolken auftürmt. 13 Der Donner singt Gottes Lob, und die Engel, weil sie ihn fürchten. Und er schickt die Blitze, mit denen er dann trifft, wen er will. Jene aber disputieren über Gott, obwohl er doch voll heftiger Tücke ist! 14 An ihn wendet sich der wahre Ruf. Diejenigen aber, die man an seiner Stelle anruft, erhören einen in nichts. (Wer dies tut) gleicht niemand anderem als jemandem, der seine Hände nach dem Wasser ausstreckt, damit es an seinen Mund gelange – doch es wird nicht an ihn gelangen! Das Gebet der Ungläubigen befindet sich ausschließlich im Irrtum. 15 Alle in den Himmeln und auf Erden werfen sich vor Gott nieder, freiwillig oder gezwungen, und ihre Schatten (verbeugen sich) morgens und abends. 16 Sprich: „Wer ist der Herr der Himmel und der Erde?" Sprich: „Der eine Gott!" Sprich: „Trotzdem habt ihr euch an seiner Stelle Freunde genommen, die nicht einmal für sich selber Nutzen oder Schaden zu bewirken vermögen?" Sprich: „Sind etwa der Blinde und der Sehende gleich? Oder die Finsternis und das Licht?" Oder haben sie etwa Gott Gefährten beigesellt, die etwas geschaffen haben, wie er es tut, so daß die Schöpfung ihnen zweifelhaft vorkommen konnte? Sprich: „Gott ist der Schöpfer aller Dinge. Er ist der Einzige, der Bezwingende!" 17 Er schickte Wasser vom Himmel, so daß die Täler in dem ihnen bestimmten Maß beflutet wurden. Da trug der Strom schwellenden Schaum. Bei dem (Erz), über dem man im Feuer einen Brand entfacht, um daraus Schmuck oder Waren zu gewinnen, gibt es einen solchen Schaum. So bildet Gott Gleichnisse für das Wahre und

das Nichtige. Was den Schaum betrifft, so verschwindet er als nutzloses Zeug. Das aber, was den Menschen nützt, bleibt in der Erde. So bildet Gott Gleichnisse.
18 Denjenigen, die auf ihren Herrn hörten, steht das Allerbeste bevor. Diejenigen jedoch, die nicht auf ihn hörten, würden sich, wenn ihnen alles auf der Erde gehörte und noch einmal soviel, damit freikaufen wollen. Doch ihnen steht eine schlimme Abrechnung bevor. Ihre Bleibe ist die Hölle, welch ein furchtbares Lager!
19 Ist denn derjenige, der weiß, daß das, was Gott dir herabgesandt hat, die Wahrheit ist, etwa dem Blinden zu vergleichen? Nur die Verständigen lassen sich mahnen!

Vieles, was bisher über das Wesen des koranischen Eingottglaubens gesagt wurde, ist in diesen Versen der 13. Sure „Der Donner" noch einmal zusammengefaßt. Der eine Gott, der Schöpfer aller Dinge, herrscht über die Himmel und die Erde. Er weiß um das Verborgene und das Offene. Niemand kann ihn daher hintergehen oder täuschen. Wer dies alles einmal durchschaut hat und sich mahnen läßt, der wird nicht mehr wirkungslose Wesen anrufen, sondern nur noch den einen Herrn, dem selbst die außermenschliche Kreatur Lobgesänge darbringt. Wer Verstand hat, kann gar nicht ungläubig sein, weil ihm die Gleichnisse, die Gott prägt, einleuchten. Er wird auf den Ruf des Schöpfers hören und danach trachten, Glaubensgewißheit zu erlangen. Doch zeigen diese Verse auch, daß Gott der Undurchschaubare, der ganz und gar Rätselhafte bleibt, selbst wenn er die Wunderzeichen und Gleichnisse kundgegeben hat, damit man ihn erkenne. Obwohl die Ungläubigen genau wissen, daß Gott vor ihnen viele frevelhafte Völker vernichtet hat, fordern sie Muḥammad auf, sie einmal probeweise erleben zu lassen, wie es am Jüngsten Tag zugehen wird. Dieses Ansinnen wird zurückgewiesen, nicht mit dem Hinweis, der Prophet wisse nicht, wann die Stunde anbreche. Es wird vielmehr gesagt, Gott könne auch verzeihen, obwohl er schwere Strafen verhänge. Der eine Gott ist gleichzeitig der undurchschaubare Gott. Der menschliche Verstand reicht nur aus, um aus den Erscheinungen der Umwelt des Menschen abzuleiten, daß es den Einen gibt, den einzigen, der alles erschafft, selber aber ungeschaffen ist. Der Verstand kann auch zu der Schlußfolgerung verhelfen, daß der eine Gott über seine Geschöpfe allein richten werde, so daß es müßig ist, andere Wesen als ihn um Gnade oder Fürsprache anzugehen. Der menschliche Verstand taugt aber nicht dazu, Gott auszurechnen, sein Handeln vorauszusagen. Gott ist unberechenbar, sein Wille liegt jenseits aller menschlichen Vorstellungskraft. Immer wieder wird im Koran darauf hingewiesen, daß Gott der bessere Ränkeschmied ist,[58] ja, in Sure 13, Vers 13, heißt es sogar, Gott sei voll heftiger Tücke.

Auch die Gottsucher, Muḥammads Vorläufer und Zeitgenossen, wußten, daß die Schöpfung das Werk des einen Gottes ist, vor dem am Ende der Tage alle Menschen Rechenschaft ablegen müssen. Die Quellen scheinen jedoch nirgends zu bezeugen, daß der von den Gottsuchern verkündete Schöpfer und Richter mit derart unbegreiflichen Zügen versehen war. Die Vermutung sei ausgesprochen, daß in diesen die menschliche ratio übersteigenden Charakteristika die Gotteserfahrung des Propheten zutage tritt, die eben nicht nur das Ergebnis eines Nachsinnens über die Welt und die Rolle des Menschen in ihr gewesen ist, wie dies vielleicht für die Gottsucher gegolten haben mag. Es ist das in seiner Tiefe durch den menschlichen Verstand unauslotbare Erlebnis, von dem Einen unmittelbar berufen worden zu sein, das im Koran alle Rationalisierungen des Heiligen überlagert. Gott kann vom Verstand eingesehen, begriffen werden, und der Koran empfiehlt den Menschen auch, sich dieser Mühe zu unterziehen. Aber nicht hieraus gewinnt der Koran seine im Arabischen einzigartige Sprachkraft, sondern aus dem Gotteserlebnis des Propheten. Er kündet nicht von einer abstrakten Gottheit, sondern von dem einen persönlichen Gott, dessen Wesen letzten Endes nicht in Worten ausgedrückt werden kann.

Auch der Gläubige, der die Botschaft des Korans vernimmt, soll schließlich zu einer Erfassung des einen Gottes vordringen, die über das Verstandesmäßige hinausgeht. „Gott hat die schönsten Namen. Ruft ihn mit ihnen an! Laßt die, die mit seinen Namen Ketzerei treiben![59] Ihnen wird vergolten werden, was sie zu tun pflegten!" Mit diesen Worten werden die Gläubigen in Sure 7 „Die Höhen", Vers 180, aufgefordert, den Einen mit Worten anzubeten, die von seinem allumfassenden, das menschliche Vorstellungsvermögen überschreitenden Wesen künden, ohne es rational zu erfassen. Die „schönsten Namen"[60] sind die Epitheta, mit denen Gott im Koran belegt wird, damit der Mensch sich die überwältigende Majestät des Einen vergegenwärtige.

Sure 59 „Die Verbannung", Vers 22 bis 24: 22 Er ist der Gott, außer dem es keinen anderen Gott gibt. Er ist der Kenner des Verborgenen und des Offenkundigen, er ist der Barmherzige, der Erbarmer. 23 Er ist der Gott, außer dem es keinen anderen Gott gibt. Er ist der König, der Heilige, das Heil. Er verleiht Sicherheit[61] und Schutz. Er ist der Mächtige, der Gewaltige, der Stolze. Hochgepriesen ist Gott im Verhältnis zu denen, die sie ihm beigesellen! 24 Er ist Gott, der Schöpfende, Erschaffende, Gestaltende. Ihm stehen die schönsten Namen zu! Alles, was in den Himmeln und auf Erden ist, singt sein Lob. Er ist der Mächtige, der Weise!

Einhundert dieser „schönsten Namen" Gottes kennt die spätere islamische Frömmigkeit. Neunundneunzig dieser Namen hat er selber im Koran erwähnt, der einhundertste ist den Menschen jedoch nicht enthüllt worden. Man versuchte, aus den im Koran vorhandenen Beinamen wie „der Barmherzige“, „der Gütige“, „der Weise“, „der Wissende“, „der Bezwingende“ usw. eine entsprechende Liste aufzustellen. In der volkstümlichen Religionsausübung ging man sogar soweit, Muḥammad verkünden zu lassen, wer diese neunundneunzig Namen oft genug wiederhole, könne sich den Zutritt zum Paradies verschaffen.[62] Im Koran kann von einer solchen Verwendung der Epitheta Gottes keine Rede sein. Sie dienen allein der frommen, ehrfürchtigen Anrufung des unbegreiflichen Einen und versinnbildlichen sein Wesen, das jenseits der menschlichen Spekulation liegt.

Sure 42 „Die Beratschlagung“, Vers 1 bis 12: Im Namen Gottes, des
Barmherzigen, des Erbarmers! 1 ḥ-m 2 ʿ-s-q 3 So offenbart dir und
denjenigen, die vor dir waren, der mächtige und weise Gott. 4 Ihm
gehört, was in den Himmeln und auf der Erde ist. Er ist der Hohe, der
Gewaltige. 5 Fast spalten sich die Himmel oben,[63] und die Engel lob-
preisen ihren Herrn und bitten ihn um Verzeihung für die, die auf der
Erde sind. Gott ist der Verzeihende, der Barmherzige! 6 Auf die, die
sich an seiner Stelle andere Freunde genommen haben, gibt Gott acht. Du
bist nicht ihr Sachwalter. 7 So haben wir dir einen arabischen Koran
eingegeben, damit du die Mutter der Ortschaften und diejenigen in ihrer
Umgebung warnst, sie warnst vor dem Tag der Versammlung, an dem
nicht gezweifelt werden kann. Eine Gruppe wird dann in das Paradies
gelangen, die andere in die Hölle. 8 Wenn Gott gewollt hätte, hätte er
sie alle zu einer einzigen Gemeinschaft gemacht, doch er schließt in seine
Barmherzigkeit ein, wen er will. Die Frevler haben weder Freund noch
Helfer. 9 Oder haben sie sich etwa an Gottes Stelle Freunde genommen? Gott ist der Freund, er ruft die Toten ins Leben zurück und ist zu
allem imstande. 10 Worüber ihr uneins seid, darüber steht Gott die
Entscheidung zu. Seht, das ist Gott, mein Herr! Auf ihn vertraue ich, zu
ihm wende ich mich bußfertig. 11 Er ist der Schöpfer der Himmel und
der Erde. Er hat euch und das Vieh zu Paaren gemacht, um euch auf diese
Weise zu vermehren. Ihm gleicht nichts. Er hört und sieht alles. 12 Er
hat die Schlüssel der Himmel und der Erde. Er gewährt und bemißt den
Lebensunterhalt, wem er will. Er weiß über alles Bescheid.

Unvermittelt stößt man in diesem Abschnitt der 42. Sure auf eine Aussage über Gott, die die islamische Gottesauffassung auf einen kurzen Nenner bringt: Ihm gleicht nichts. Man mag ihn mit noch so vielen Namen anrufen, noch so viele Gleichnisse über sein Wirken hören – letzten Endes versteht man ihn nicht. Denn er kann mit nichts verglichen werden, was im Erfahrungsbereich des Menschen läge. Er ist der völlig

Andere, der Schöpfer, vor dessen Majestät sich die ganze Schöpfung beugt. Seine vollkommene Transzendenz entzieht ihn dem menschlichen Begreifen; man kann ihn nur verehren, anbeten, ohne zu wissen, wie und wer er wirklich ist. Auf eine Formel gebracht:

Sure 112 „Die vorbehaltlose Verehrung“, Vers 1 bis 4: Im Namen Gottes, des Barmherzigen, des Erbarmers! 1 Sprich: „Er ist Gott, ein einziger, 2 völlig Gott.[64] 3 Er hat nicht gezeugt, wurde nicht gezeugt. 4 Niemand ist ihm ebenbürtig.“

Das uneingeschränkte Bekenntnis der Einheit und Einzigkeit Gottes und seiner völligen Transzendenz ist die Quintessenz der koranischen Aussagen über den Schöpfer und Richter. Dennoch finden sich im Koran Stellen, an denen in Bildern, die von tiefer Gotteserfahrung geprägt sind, seine Erhabenheit und Majestät verkündet werden. Es ist kein Wunder, das gerade diese Abschnitte in der späteren islamischen Frömmigkeit immer wieder rezitiert und zu Andachtsübungen herangezogen wurden, um sich die Idee vom Einen innig und ehrfürchtig zu vergegenwärtigen. Denn der Eine als ein rein abstrakter Begriff des gänzlich Transzendenten vermag nicht das Gefühl, das einen wesentlichen Bestandteil aller Religiosität darstellt, zu befriedigen. Zwei dieser Stellen, der sogenannte „Thronvers“ und ein Zitat aus der 24. Sure „Das Licht“, sollen dieses Teilkapitel beschließen.

Sure 2 „Die Kuh“, Vers 255: Gott – es gibt keinen Gott außer ihm – ist der Lebendige, der Beständige. Weder Schlummer noch Schlaf erfassen ihn. Ihm gehört, was in den Himmeln und auf der Erde ist. Wer könnte bei ihm Fürsprache einlegen außer mit seiner Erlaubnis? Er weiß, was vor und was hinter den Menschen ist.[65] Sie aber begreifen nichts von seinem Wesen außer dem, was er will. Sein Thron umfaßt die Himmel und die Erde. Beides zu erhalten, fällt ihm nicht schwer. Er ist der Hohe, der Gewaltige!

Sure 24 „Das Licht“, Vers 35 bis 40: 35 Gott ist das Licht der Himmel und der Erde. Sein Licht gleicht einer Nische, in der eine Lampe steht. Die Lampe ist in einem Glas. Das Glas glänzt, als sei es ein funkelnder Stern. Die Lampe brennt mit dem Öl eines gesegneten Olivenbaumes, eines, der weder östlich noch westlich steht. Sein Öl leuchtet fast schon, ohne vom Feuer berührt zu werden – Licht über Licht! Gott leitet zu seinem Licht, wen er will. Gott prägt den Leuten Gleichnisse. Gott hat zu allem Macht. 36 Solche Lampen sind in Häusern, bei denen Gott es erlaubt hat, sie zu errichten und seinen Namen darin zu nennen. Wer darin wohnt, preist ihn am Morgen und am Abend. 37 Männer, die weder Handel noch Geschäfte vom Gedanken an Gott, von der Einhaltung des Gebets und der Entrichtung der Läuterungsabgabe ablenken:

Sie fürchten einen Tag, an dem die Herzen und die Blicke umgekehrt werden. 38 (Die Männer tun dies), damit Gott ihnen ihre besten Taten vergelte und ihnen aus seiner Gnade noch mehr gebe. Gott ernährt ohne Abrechnung, wen er will. 39 Die Werke der Ungläubigen aber sind wie die Luftspiegelung eines Gebietes, das der Durstige für Wasser hält. Sobald er nahe gekommen ist, findet er nichts davon. Stattdessen findet er dort Gott, der vollständig mit ihm abrechnet. Gott rechnet schnell ab! 40 Oder wie die Finsternis auf einem tiefen Meer, das Wogen bedecken, über denen weitere Wogen sind, darüber dann Wolken – eine Finsternis über der anderen! Wenn der Mensch die Hand aus seinem Gewand nimmt, kann er sie kaum sehen! Wem Gott kein Licht schenkt, der hat kein Licht!

4. Der eine Gott und die heidnischen Gottheiten und Riten

Sure 25 „Die Rettung", Vers 41 bis 44: 41 Wenn sie dich sehen, treiben sie nur ihren Spott mit dir: „Dieser da ist es, den Gott als einen Gesandten geschickt hat? 42 Fast hätte er uns von unseren Göttern abirren lassen, hätten wir nicht bei ihnen beharrt!" Sobald sie die Strafe sehen, werden sie wissen, wer einen irrigeren Weg ging! 43 Meinst du denn, du wärest Sachwalter dessen, der seine persönliche Neigung zu seinem Gott gemacht hat? 44 Oder rechnest du damit, daß die meisten von ihnen hören oder verständig sind? Sie sind nur wie das Vieh, nein, sie gehen noch mehr in die Irre!

Schon im Zusammenhang mit der Fürsprache erfuhren wir, daß die heidnischen Mekkaner an ihren Gottheiten festzuhalten gedachten und hofften, diese würden ihnen, sollte es wirklich ein Weltgericht geben, sicher beistehen. Auch hörten wir, daß Muḥammad erst dann von den Mekkanern unnachsichtig bekämpft wurde, als er ihre Götter angriff. Welcher Art aber waren diese Götter, und haben sie Spuren im koranischen Gottesbild hinterlassen? Einige Nachrichten, die von den arabischen Philologen der ersten Jahrhunderte nach der Hedschra gesammelt wurden, vermitteln uns ein allerdings lückenhaftes Bild von den Kultstätten des alten Arabien und den dort geübten Bräuchen. Da gab es beispielsweise im Nedschd ein Götzenbild mit dem Namen Fuls, das von dem Stamm der Ṭaiji' verehrt wurde. Einer Angabe zufolge handelte es sich um ein rötliches Felsstück von menschenähnlicher Gestalt, das sich auf einem schwarzen Berg befand. Eine bestimmte Sippe verwaltete den Ort und leitete die dort zu vollziehenden Zeremonien. Man pflegte das Götzenbild zu verehren, indem man ihm Opfertiere zuführte, die dort geschlachtet wurden. „Jeder, der Furcht hatte und dort hinkam, war sicher." Jagdtiere, die in den Bezirk des Heiligtums flohen, durften nicht getötet werden.[66]

Eine weitere in vorislamischer Zeit sehr beliebte Gottheit war al-ʿUzzā, die in der Nähe von Mekka verehrt wurde. Ihr hatte man einen heiligen Bezirk eingeräumt, der demjenigen der Kaaba glich. Auch al-ʿUzzā wurden Schlachtopfer dargebracht. Man erzählt, der Prophet habe ihr, ehe er von Gott berufen wurde, ein Schaf zugeführt. Möglicherweise wurden am Heiligtum der al-ʿUzzā auch Orakelsprüche verkündet. Man habe ein Gebäude errichtet, in welchem man eine Stimme vernahm, heißt es.[67] Dementsprechend wird in einer Legende erzählt, nach dem triumphalen Einzug in Mekka habe Muḥammad den Ḫālid b. al-Walīd auch zum Heiligtum der al-ʿUzzā geschickt, um es zu zerstören. Ḫālid habe dort nicht nur den Verwalter des Heiligtums angetroffen, sondern auch eine „Abessinierin mit wirren Haaren",[68] jene Person also, die im Namen der Göttin weissagte. Die Quraiš sollen zu al-ʿUzzā ein besonders enges Verhältnis gehabt haben. Selbst wenn sie die Kaaba umkreisten, sollen sie auch sie und zwei andere Göttinnen um Beistand angerufen haben: „Bei al-Lāt, al-ʿUzzā und al-Manāt, der dritten! Sie sind die erhabenen Kraniche,[69] ihre Fürsprache kann man erhoffen!"[70] Eine andere Überlieferung behauptet nun, diese Worte hätten ursprünglich in der 53. Sure „Der Stern" hinter dem 20. Vers gestanden. Muḥammad sei von den führenden Mekkanern schon verfolgt und angefeindet worden, als ihm die 53. Sure offenbart worden sei. Nachdem er beim ersten Vortrag dieser Sure bis zur Erwähnung der drei Göttinnen gekommen sei, habe ihm der Satan jene Worte in den Mund gelegt, ohne daß Muḥammad es zunächst bemerkt habe. Die quraišitischen Gegner des Propheten seien über dessen überraschenden Sinneswandel erfreut gewesen und hätten ihm zugesagt, fortan an den einen Schöpfer zu glauben, den er bislang verkündet habe, da es ja nun möglich sei, gleichzeitig die Göttinnen als Fürsprecherinnen zu verehren. Den Propheten hätten diese Äußerungen schwer belastet, und noch am Abend desselben Tages sei ihm der Engel Gabriel erschienen und habe ihm die folgende Offenbarung überbracht: „Beinahe hätten sie dich in Versuchung gebracht aufzugeben, was wir dir offenbarten, damit du gegen uns etwas anderes erfinden würdest. Dann hätten sie dich zu ihrem Freund gewählt!" (Sure 17 „Die Nachtreise", Vers 73). Man wird davon ausgehen müssen, daß dieser Vers sich tatsächlich auf den für Muḥammad sehr peinlichen Vorgang bezieht.[71] Eine Verharmlosung des Vorfalles liegt in der Behauptung vor, noch am selben Tag seien die anstößigen Verse berichtigt worden. Eine andere Quelle erzählt nämlich, daß die Annäherung, die zwischen Muḥammad und den Verteidigern des heidnischen Götzenkultes stattfand, sogar bei den nach Abessinien ausgewanderten Muslimen bekannt geworden sei und diese zur Rückkehr nach Mekka veranlaßt habe, da sie vermutet hätten, ein erträgliches Zusammenleben zwischen den Anhängern des Propheten und den Ungläubigen sei nunmehr möglich geworden. Fast seien die Emigranten wieder in Mekka eingetroffen, da hätten sie erfahren, daß die Verse widerrufen worden seien.[72] Es muß sich daher um eine länger andauernde Entwicklung, nicht um einen kurzen Zwischenfall gehandelt haben. Gänzlich unglaubwürdig klingt im Lichte dieser Erkenntnis der zuerst aufgeführte Bericht, der die in Frage stehenden Verse gar nicht mit Muḥammad in Verbindung bringt, sondern behauptet, die Quraiš hätten sie seit langem bei der Umrundung der Kaaba hergesagt.

Sure 53 „Der Stern", Vers 19 bis 25: 19 Was meint ihr denn von al-Lāt und al-ʿUzzā, 20 und von Manāt, der anderen, dritten? 21 Ihr habt also männliche Nachkommen, und Gott hat weibliche? 22 Dies wäre wahrhaftig eine ungerechte Verteilung! 23 Jene sind nichts weiter als Namen, die ihr und eure Väter genannt habt. Gott hat hierzu keine Vollmacht herabgesandt. Sie folgen nichts anderem als ihrer Vermutung und den eigenen Begierden. Dabei haben sie bereits von ihrem Herrn die Rechtleitung bekommen! 24 Wird dem Menschen wohl zuteil, was er wünscht? 25 Gottes ist das Jenseits und das Diesseits!

So lautet es seit dem Widerruf in der 53. Sure „Der Stern". Eine ebenso scharfe Absage an die heidnischen Gottheiten, die zum großen Teil weiblich vorgestellt wurden, liest man in der 43. Sure „Der Prunk", Vers 16 bis 18: 16 Oder hat Gott sich etwa aus seinen Geschöpfen Töchter erwählt und euch die Söhne allein überlassen? 17 Wenn jemandem von den Ungläubigen das angekündigt wird, woraus er auf Gott ein Gleichnis prägt,[73] verfinstert sich sein Gesicht, und er muß seinen Groll hinunterschlucken. 18 Jemand also, der mit Schmuck behängt aufgezogen wird und im Streit unklar ist,[74] (sollte Gefährte des Schöpfers sein)? – Bloße Namen sind dem Propheten jetzt die heidnischen Gottheiten,[75] und es wurde schon erwähnt, daß sie am Tage des Gerichts für ihre verblendete Klientelschaft nicht das geringste zu bewirken vermögen.

Der Koran belegt, daß Muḥammad mit den alten Götzen völlig gebrochen hat. Gleichwohl lebt im Islam – zum Teil in abgewandelter Form – einiges vom Glauben der vorislamischen Araber weiter. So entspricht es zweifellos dem heidnischen Sprachgebrauch, die im Kult verehrte Gottheit als „Herr" zu bezeichnen. „O mein Herr, Mālik b. Kulṯūm hat dich heute um eine starke Kamelin betrogen. Zuvor warst du noch nie hintergangen worden!" soll der Wächter des Götzen Fuls ausgerufen haben, als der genannte Mālik ein Kamel wieder an sich nahm, das, wie er meinte, zu unrecht in den Besitz des Wächters gelangt war.[76] Auch die Gottsucher redeten Gott als den „Herrn" an.[77] Als „Herr" war die Gottheit der vorislamischen Araber in dem ihr geweihten Heiligtum gegenwärtig.

Diese Vorstellung findet sich ebenfalls im Koran wieder. In der 106. Sure „Die Quraiš" wird den Stammesgenossen des Propheten empfohlen, einmal darüber nachzudenken, wer es denn sei, der es ihnen ermögliche, ihrem Handel nachzugehen, und wer sie vor Hunger und Gefahren schütze. Zum Dank dafür sollten sie „den Herrn dieses Hauses verehren", also den in der Kaaba gegenwärtigen einen Gott.

Sure 22 „Die Pilgerfahrt", Vers 25 bis 37: 25 Diejenigen, die nicht glauben und die andere vom Pfad Gottes und dem geheiligten Gebetsplatz abhalten, den wir den Menschen, sei es den dort wohnenden, sei es den Beduinen, angewiesen haben, und alle, die in frevelhafter Weise dort Blasphemie beabsichtigen, werden wir eine schmerzhafte Strafe schmekken lassen. 26 Einst haben wir nämlich Abraham den Platz des Hauses zur Wohnstätte gegeben: „Geselle mir nichts bei und läutere mein Haus für die, die es umkreisen, für die, die andächtig stehen, und für die, die sich im Gebet niederwerfen! 27 Und rufe unter den Menschen zur Pilgerfahrt auf, daß sie zu Fuß zu dir kommen, ja auf jeglichem abgezehrten Reittier, das aus jeglichem tief eingeschnittenen Paß hervorkommt! 28 Sie sollen von verschiedenen Arten von Nutzen, der ihnen zuteil wird, zeugen,[78] und sie sollen an festgesetzten Tagen den Namen Gottes über dem Stück Vieh aussprechen, das Gott ihnen zur Nahrung gegeben hat. Eßt davon und speist den elenden Armen! 29 Hierauf sollen sie ihren Schmutz entfernen und ihre Gelübde erfüllen und das alte Haus umschreiten!" 30 Dies gilt. Wer die heiligen Bestimmungen Gottes hochschätzt, dem wird dies von seinem Herrn gut angerechnet. Erlaubt ist euch alles Vieh mit Ausnahme dessen, worüber euch vorgetragen wird. Vermeidet also die Unreinheit von Seiten der Götzen und vermeidet falsche Rede! 31 Tut dies als Sucher Gottes, die ihm niemanden beigesellen. Denn wer Gott jemanden beigesellt, gleicht einem, der aus dem Himmel stürzt, wobei ihn die Vögel schnappen oder der Wind ihn an einen fernen Ort verweht! 32 So ist das. Wenn jemand die Opfertiere[79] Gottes hochschätzt, bedeutet dies, daß sie Teil der Gottesfurcht des Herzens sind. 33 Ihr habt an ihnen vielerlei Nutzen bis zu einer bestimmten Frist. Hierauf gelangen sie an ihren Schlachtplatz beim alten Haus. 34 Jeder Religionsgemeinschaft haben wir einen Ritus festgesetzt, damit sie den Namen Gottes über dem Stück Vieh aussprechen, das Gott ihnen zur Nahrung gegeben hat. Euer Gott ist ein einziger Gott. Ihm wendet euch ganz zu! Und verkünde denen, die sich demütigen, Gutes! 35 Das sind die, deren Herz erzittert, wenn Gott erwähnt wird, die ausharren in dem, was sie trifft, die das Gebet einhalten und die von dem spenden, was wir ihnen als Unterhalt geben. 36 Die Opferkamele haben wir für euch ebenfalls zu den Opfertieren Gottes gerechnet. Ihr habt Gutes an ihnen. So erwähnt Gottes Namen über ihnen, wenn sie in

Reihe stehen. Und wenn sie tot umgesunken sind,[80] dann eßt von ihnen und speist den, der demütig bittet, und den, der stumm verlangt. So haben wir die Opferkamele euch dienstbar gemacht. Vielleicht dankt ihr es uns! 37 Weder ihr Fleisch noch ihr Blut werden Gott erreichen, sondern es erreicht ihn die Gottesfurcht, die ihr zeigt. So hat er euch die Opfertiere dienstbar gemacht, damit ihr Gott dafür lobt, daß er euch rechtgeleitet hat. Und verkünde denen, die Gutes tun, Gutes!

In diesen Versen der 22. Sure, die aus der medinensischen Zeit stammt, ist von der Stiftung der Pilgerriten die Rede. Schon bei der Darstellung der Entwicklung des prophetischen Selbstverständnisses erkannten wir, daß Muḥammad in der spätmekkanischen Phase seines Wirkens den Absolutheitsanspruch seiner Verkündigung mit dem seinen Zeitgenossen wohlvertrauten Kaabakult verknüpfte. Das mekkanische Heiligtum wurde für ihn jetzt der Ort, an dem jene ursprüngliche religiöse Geste, die Hinwendung Abrahams und auch Ismaels zu dem einen Gott, geschehen war. Die Kaaba bildete von nun an die Gebetsrichtung der Muslime. Die Riten, die in der 22. Sure den Pilgern vorgeschrieben werden, setzen ohne Frage die vorislamische Überlieferung fort. Bereits in vorislamischer Zeit konnte der Bezirk um ein Heiligtum herum als unverletzlich (ḥarām) gelten. Jeder, der in den Bereich des Götzen Fuls gelangte, war sicher. Gejagte Tiere, die dorthin vordrangen, durften nicht mehr erlegt werden. Umgekehrt galten offenbar strenge Regeln, nach denen der in dem betreffenden Heiligtum verehrten Gottheit Opfertiere zuzuführen waren. Doch nicht allein durch die Schlachtung der Opfertiere näherte sich der Mensch der Gottheit; er selber mußte darüber hinaus bestimmte Verhaltensnormen beachten, wenn er den unverletzlichen Bezirk mit der Absicht betreten hatte, die Riten zu vollziehen. Er befand sich in diesem Fall in einem Weihezustand, der es ihm untersagte, Blut zu vergießen. Es mußten mithin während der Riten alle Blutfehden ruhen. Außerdem war ihm verboten, einige Maßnahmen der alltäglichen Körperpflege wie etwa das Schneiden der Fingernägel durchzuführen oder sich von Ungeziefer zu befreien.

Alle diese bereits in der Heidenzeit geübten Bräuche spiegeln sich in der 22. Sure wider. Die Pilger sollen von überall herkommen und die mitgeführten Opfertiere im Namen Gottes schlachten. Der Schlachtplatz liegt beim „alten Haus", womit die Kaaba gemeint ist. Nachdem die Tiere Gott dargebracht und zum großen Teil an die Bedürftigen verteilt worden sind, sollen die Pilger die nach dem Eintritt in den Weihezustand vernachlässigte Körperpflege nachholen, um darauf die Kaaba zu umschreiten. Die Pilgerriten, wie sie heute Brauch sind, enthalten diese sehr allgemeinen Bestimmungen des Korans, legen jedoch den Ablauf der Zeremonien mit Einzelheiten fest, die vermutlich nicht auf den Propheten selber zurückgehen, sondern sich erst im Laufe der Jahrhunderte ausgebildet haben.[81]

Der Absolutheitsanspruch des Propheten wurde den damaligen Arabern durch die Gründungslegende der Kaaba sinnfällig gemacht: Muḥammad verkündet den wiederhergestellten, schon von Anfang an mit dem mekkanischen Heiligtum verbundenen und einzig wahren Glauben. Die Beziehung des Gläubigen zu dem einen Gott wird daher am klarsten und am dichtesten durch den Vollzug der Pilgerriten erfahren, in deren Mittelpunkt die Kaaba steht. Die Legende vom Gottsucher Abraham und von seinem Sohn Ismael wird von den Gläubigen im mekkanischen Ritus nachvollzogen. Die Darbringung der Opfertiere und die übrigen Riten sind der vollkommenste Ausdruck des Islams, der uneingeschränkten Hinwendung des Menschen zu seinem Schöpfer. Indem die heidnischen Pilgerriten – wahrscheinlich in veränderter Form – in den von Muḥammad verkündeten Glauben an den einen Gott einbezogen wurden, wurde den Muslimen die Gelegenheit zuteil, diesen Glauben mit den damals üblichen Gebräuchen tätig zu bekennen. Der eine Gott ist zugleich der Gott, dem man sich an wohlbekanntem Ort mit den althergebrachten Riten nähern kann. Diese Riten sind von ihm einst selber gestiftet worden. In der Heidenzeit, in der Epoche der Unkenntnis dieses Sachverhalts mögen sie entartet sein. Muḥammad gibt ihnen jetzt ihren ursprünglichen Sinn wieder: Weder das Fleisch noch das Blut erreicht Gott, wie man wohl im Heidentum glaubte, sondern es erreicht den Einen die Gottesfurcht, mit der die Opfer dargebracht werden (Sure 22, Vers 37).

Somit erfüllen die an der Kaaba zu vollziehenden Pilgerriten die wichtige Aufgabe, die im Koran so stark hervorgehobene Jenseitigkeit und Andersartigkeit Gottes für den Gläubigen ein wenig abzumildern oder erträglicher zu machen. Dem Einen gleicht nichts, er allein ist der Schöpfer, er allein erhält seine Schöpfung und weist ihr eine Frist zu, er allein sitzt am Ende der Welt zu Gericht. Dieses vom Koran immer wieder betonten Sachverhaltes kann der Mensch gedenken, und soll er sich erinnern, wenn er wie alle Schöpfung sich in Anbetung vor Gott niederwirft. Mit den Pilgerriten erhielt dieser ferne, andere, schöpfende Gott einen für den Gläubigen leichter greifbaren und im Handeln herstellbaren Bezug zur Schöpfung. Seit der Frühzeit des Islams bildet daher die Pilgerfahrt nach Mekka den Höhepunkt im religiösen Leben des Muslims. Wie kein anderes Ereignis es vermag, verdeutlicht sie ihm seine Hinwendung zu Gott: „Labbaika, Labbaika!" ruft er vielmals, während er die Zeremonien ausführt: „Dir zu Diensten, o Gott, dir zu Diensten, der du keinen Gefährten und keinen hast, der dir gleicht!"[82]

5. Der Zerfall des koranischen Gottesbildes in der islamischen Theologie

Wie alle Propheten so war auch Muḥammad kein Theologe. Die Offenbarung, die er empfing, enthielt kein systematisiertes Gottesverständnis, kein in einprägsame Formeln gefaßtes Dogma. Nur in ganz bescheidenen Ansätzen findet sich im Koran eine Lehre vom Wesen des Islams. „Diejenigen, die an das Verborgene glauben, das rituelle Gebet einhalten und von dem Lebensunterhalt, den wir ihnen gaben, spenden, und diejenigen, die an das glauben, was dir offenbart wurde und was vor dir offenbart wurde, und die das Jenseits für gewiß halten, die befinden sich in der Rechtleitung von Seiten ihres Herrn. Jene sind die Glückseligen!" heißt es in der 2. Sure „Die Kuh", Vers 3 bis 5. Glaube an die Offenbarungen, Gebet und Zahlung der im Islam vorgesehenen Abgaben werden hier in der Art einer knappen lehrhaften Formel als die Merkmale der Zugehörigkeit zum Islam aufgezählt. Eine solche formelhafte Zusammenfassung der islamischen Glaubenssätze findet sich auch am Ende der 2. Sure, in Vers 285: „Der Gesandte glaubt an das, was von seinem Herrn auf ihn herabgesandt wurde. Und auch die Gläubigen, jeder glaubt an Gott, seine Engel, seine Bücher, seine Gesandten, und wir machen keinen Unterschied zwischen einem seiner Gesandten ..." Was den Glauben an den einen Gott betrifft, so ist er in der vorhin übersetzten 112. Sure „Die vorbehaltlose Verehrung" auf einen kurzen Nenner gebracht: Gott ist der Eine, der nicht gezeugt worden ist und auch niemanden seinesgleichen hervorgebracht hat.

Solche sehr allgemeinen Bestimmungen des Inhalts des islamischen Glaubens konnten so lange genügen, wie der Prophet selber seiner überschaubaren Anhängerzahl Rede und Antwort stehen konnte. Sobald der Islam mit den Anhängern anderer Religionen in Berührung kam und die Muslime sich nicht mehr – wie in der Auseinandersetzung mit den Juden von Medina – auf die Unmittelbarkeit des prophetischen Wortes berufen konnten, entstand die Notwendigkeit einer klaren und für die polemischen Erörterungen handlichen Definition der Glaubenssätze des Islams. Daher ist es nur natürlich, daß bereits in den ersten Jahrzehnten nach Muḥammads Tod, die ja auch die Epoche der großen Eroberungen waren, der Prozeß der Dogmenbildung einsetzt. Gegen Ende des omaijadischen Kalifats, in der Mitte des 8. Jahrhunderts, haben sich schon die Kernfragen der islamischen Theologie herauskristallisiert – Probleme, über die fortan mit immer scharfsinnigeren Argumenten gestritten werden sollte – bis schließlich Kompromißformeln gefunden wurden, die in vielen Fällen jedoch nichts weiter brachten als eine äußerliche Harmonisierung im Grunde unvereinbarer Standpunkte.

Wer ist Gott, und wie sind die koranischen Aussagen über ihn aufzufassen? Diese Frage mußte eindeutig beantwortet werden, wenn die Muslime den schon im 8. Jahrhundert gegen sie erhobenen Vorwurf, sie vermöchten ihren Glauben nur mit der Waffe, nicht aber mit dem Verstand auszubreiten, entkräften wollten. „Gibt es denn niemanden, der für diese Religion zu streiten versteht?" Soll der Kalif Hārūn ar-Rašīd eines Tages verzweifelt ausgerufen haben, als er erfuhr, daß ein Qadi kläglich versagt hatte, den er mit dem Auftrag, die Lehren des Islams in Disputationen zu vertreten, an den Hof von Sind geschickt hatte. Man hatte den Qadi dort gefragt, ob das im Islam verehrte göttliche Wesen, das ja als allmächtig betrachtet werde, in der Lage sei, seinesgleichen hervorzubringen. Es fand sich endlich ein in der spekulativen Theologie geschulter Jüngling, der diese Fangfrage wie folgt löste: Diese Frage ist absurd, da alles Geschaffene einen Anfang hat; alles was einen Anfang hat, ist aber nicht anfangslos ewig wie der eine Gott; folglich ist es unsinnig zu sagen, der anfangslose Ewige könne seinesgleichen erschaffen. Hārūn war froh, den jungen Mann nach Sind entsenden zu können.[83] Diese anekdotenhafte Erzählung gibt uns einen flüchtigen Eindruck von der Disputierkunst, die um die Wende zum 9. Jahrhundert ihre erste große Blüte in der islamischen Welt erlebte.

Doch nicht allein äußerer Druck, auch innerislamische Entwicklungen waren an der Herausbildung einer Theologie in gleichem Maße beteiligt. Hier war es insbesondere die Frage nach den Wechselbeziehungen zwischen dem Schöpfer auf der einen und den islamischen Herrschern und der Masse der Gläubigen auf der anderen Seite, die die spekulative und systematisierende Durchdringung der islamischen Offenbarung vorantrieb. Waren die omaijadischen Kalifen wirklich, wie sie behaupteten, Stellvertreter Gottes auf der Erde, handelten also stets mit seiner Billigung? Alle, auch die als ungerecht und tyrannisch empfundenen Maßnahmen dieser Kalifen wären dann Gottes Wille und entsprächen seiner Fügung. Oder waren nicht auch die Träger der Herrschaft für jede ihrer Entscheidungen der Rechenschaft am Jüngsten Tage schuldig? Und wenn dem so wäre, könnte sich dann noch ein Muslim, der dem ungesetzlichen Befehl des Herrschers gehorcht, damit herausreden, er habe eben der in Gottes Namen herrschenden Führung gehorchen müssen? Wäre dann vielleicht nicht jeder Muslim für sich selbst vor Gott verantwortlich? – Während das Problem der Gerechtigkeit Gottes die Grundlage dieser Dispute bildet, stand bei Auseinandersetzungen wie der oben skizzierten die Frage nach dem Wesen Gottes in allgemeinster Form zur Debatte.

Ausgangspunkt für jegliche theologische Aussage über das Wesen Gottes ist seine im Koran immer wieder betonte Einheit (tauḥīd). Wie wir sahen, wurde sie schon in der islamischen Offenbarungsschrift in der Auseinandersetzung mit Christen, Juden und Heiden ausführlich erörtert. Wer seine Umwelt betrachtet, kann nur zu der Erkenntnis gelangen, daß es allein einen Urheber und Erhalter der Dinge geben kann, mit denen der Mensch sein Dasein fristet, und daß auch der Mensch selber nichts als ein Geschöpf dieses Einen ist. Den wichtigsten Baustein zur Weiterentwicklung dieses Gedankens liefert ebenfalls schon der Koran: die strenge Unterscheidung zwischen dem Geschaffenen – also dem Kosmos im weitesten Sinne – und dem einen Schöpfer. Eine dritte Kategorie gibt es für die islamische Theologie nicht. Dem Schöpfer eignet anfangs- und endlose Ewigkeit; er ist selbstsubsistent; sein Handeln, sein Wille sind nicht ableitbar. Im völligen Gegensatz hierzu ist die gesamte Schöpfung von einem Anfang her auf ein Ende zugeordnet, mithin zeitlich begrenzt; sie ist der ständigen Fürsorge Gottes bedürftig; alles Handeln und Wollen der Geschöpfe ist abgeleitet, ist sekundär gegenüber dem Wollen des Einen, welches sich immer unverzüglich verwirklicht: „Wenn Gott etwas entscheidet, sagt er bloß: ‚Sei!' und es ist," steht in Sure 2 „Die Kuh", Vers 117.[84] Alles Nachsinnen über das Verhältnis des Einen zu seiner Schöpfung geht im Islam von diesem Grundsatz aus. Gedankenrichtungen, die auch nur dem Anschein nach diesem Grundsatz widersprachen, sind stets auf scharfe Ablehnung bei der Mehrheit der Muslime gestoßen.

Aus der rigorosen Unterscheidung zwischen dem Schöpfer und dem geschaffenen Kosmos folgt ein weiterer in der islamischen Theologie mit Starrheit verfochtener Grundsatz: die völlige Andersheit des Schöpfers, seine letzten Endes unüberbrückbare Jenseitigkeit. Selbst wenn Gott zu den Propheten gesprochen hat, so ist er doch dem menschlichen Verstand gänzlich unfaßbar. Auch dies finden wir schon im Koran ausgesagt: „Ihm gleicht nichts!" heißt es kurz und entschieden in Sure 42 „Die Beratschlagung", Vers 11. Dieser Satz hat der frühislamischen Theologie große Schwierigkeiten bereitet. Denn wenn man ihn zum Ausgangspunkt der Überlegungen über das Wesen Gottes macht, kommt man mit großen Teilen des Korans nicht mehr zurecht. Wird dort nicht immer wieder gesagt, der eine Gott sei der Weise, der Mächtige, der Hörende, der Verzeihende usw.? Heißt es nicht auch, er habe die Welt in sechs Tagen gemacht und sich danach auf seinen Thron gesetzt? Alle die Beinamen, die Gott im Koran trägt, gehören also sehr wohl dem menschlichen Erfahrungsbereich an, und die Tatsache, daß er sich auf seinem Thron niederläßt, verträgt sich ebenfalls nicht mit der völligen Andersheit des Schöpfers. Nur wenige muslimische Denker haben sich entschließen können, diese koranischen Aussagen über Gott wörtlich zu nehmen und eine anthropomorphistische Gottesauffassung zu verfechten. Vielmehr hoffte man in der frühen Theologie weithin, dieses Problem lösen zu können, indem man alle jene Stellen des Korans, in denen Gott ein menschenähnliches Verhalten zugeschrieben wird, als Metaphern deutete. Nicht daß sich Gott wie ein Mensch auf den Thron setze, sei gemeint, sondern allein, daß er sich – in abstrakter Weise – des Thrones bemächtige, sei mit jenen Worten des Korans gesagt. Etwas überzeugender klang es schon, wenn man die Hände Gottes, mit denen er die Welt schuf,[85] als seine Macht oder seine Gnade deutete.

Noch schwieriger war den im Koran erwähnten Beinamen Gottes beizukommen, die man auf den ersten Blick als Attribute verstehen mußte, die den Schöpfer vermenschlichen: Er ist gütig, weise usw. Man befürchtete nicht allein, daß Gott bei wörtlicher Auslegung dieser Attribute seinen Geschöpfen ähnlich erscheinen müsse, sondern fragte sich auch, ob das Bekenntnis der absoluten Einheit Gottes nicht etwa dadurch getrübt werden könnte, daß diese Eigenschaften, sollten sie tatsächlich dem Schöpfer zukommen, ja mit ihm von Ewigkeit zu Ewigkeit bestehen müßten. Mithin wäre er nicht mehr der Eine, wenn die im Koran genannten Attribute wörtlich gelten sollten. Das Ergebnis dieser Gedankengänge war eine negative Theologie. Alles, was im Koran über ihn ausgesagt wird, ist Menschenwort, dem menschlichen Fassungsvermögen angeglichene Rede über Gott, die sein wirkliches Wesen nicht enthüllt. Der Mensch weiß durch das Wirken der Propheten, daß es Gott gibt und daß er Gesetze erlassen hat; der Mensch aber weiß nie und wird nie wissen, wie Gott ist. Denn „ihm gleicht nichts".

In dieser negativen Theologie fand der islamische Eingottglaube (tauḥīd) seine erste, rationalistisch durchgebildete Ausformung, in der man die Verabsolutierung eines der Merkmale der koranischen Gottesidee erblicken kann. Geschichtliche Entwicklungen führten zu dem Ergebnis, daß die Verfechter der negativen Theologie sich auch für die uneingeschränkte Gerechtigkeit Gottes einsetzten.[86] Der Mensch sei ohne Zweifel gehalten – und auch in der Lage – Gottes Gesetze und Verbote zu beachten. Die Drohung mit der Hölle und die Verheißung des Paradieses seien ganz wörtlich zu nehmen, denn alle Spekulationen über Zwischeninstanzen, die bei Gott als Vermittler auftreten könnten, um die so klar einsehbare Verknüpfung von Verbrechen und Strafe, von Verdienst und Belohnung zu lösen, seien müßig und verwerflich. Auch diese Lehre von der unabwendbaren Gerechtigkeit Gottes stellt im Grunde nur die Verabsolutierung einer Aussage dar, die der Koran häufig über Gott macht.

Die negative Theologie und die Lehre von der rigorosen Gerechtigkeit Gottes, deren Verfechter seit dem ausgehenden 8. Jahrhundert unter dem Namen Muʿtaziliten bekannt sind, stellten je einen Aspekt des göttlichen Wesens in den Mittelpunkt aller Überlegungen. Gott aber ist im Koran nicht nur eine abstrakte Wesenheit, sondern wird vom Propheten als der gütige Schöpfer erkannt, der ihm in sinnfälliger Weise die Ordnung für Diesseits und Jenseits kundgegeben hat. Und der Gott des Korans ist nicht nur der gnadenlos Urteilende, dessen einziger Maßstab das Verzeichnis der Taten des Menschen ist. Wäre er dann nicht ein Gott, dessen Entscheidung auf eine vom Menschen leicht durchschaubare Weise eben vom Tun und Lassen dieses Menschen abhinge? Das Gegenteil ist der Fall! Sein unerforschlicher Ratschluß greift in einer Art, die dem Menschen unfaßbar bleibt, in das Einzelschicksal ein. Er kann barmherzig sein; er kann verdammen. Eine Gewißheit hinsichtlich des Loses im Jenseits gibt es für die Geschöpfe nicht. Aus diesem Grunde bleibt auch allen Gläubigen, selbst den Sündern unter ihnen, die Hoffnung auf seine Barmherzigkeit unbenommen. Kernstück dieser Hoffnung ist die Lehre von der Fürsprache, die der Prophet schließlich doch am Tage des Gerichts für seine Anhängerschaft werde einlegen dürfen – ein Ausgleich, der Gott weiter den Gerechten sein läßt, ohne seine souveräne Entscheidung an das Tatenregister der Menschen zu binden. Es ist selbstverständlich, daß um Inhalt und Auslegung dieses Ausgleiches im Laufe der Geschichte der islamischen Theologie heftig gestritten worden ist. Gleichwohl bildet er seit dem 10. Jahrhundert einen Grundpfeiler des Glaubens, zu dem sich die Mehrheit der Muslime bekennt.

Auch die Lehren der negativen Theologie konnten sich nicht unangefochten behaupten. Seit dem 10. Jahrhundert wurden Ansichten maßgeblich, die versuchten, zwischen dem kalten Rationalismus der negativen Theologie und der naiven wortwörtlichen Auffassung der koranischen Aussagen über Gott eine Brücke zu schlagen, freilich unter strenger Zurückweisung aller auch noch so unbestimmten Anspielungen auf ein anthropomorphistisches Gottesbild. Auf dem Gebiet der Lehre vom Wesen Gottes blieben somit die Nachwirkungen der Blütezeit der spekulativen Theologie am dauerhaftesten. Die Lösung der Fragen nach der Einheit Gottes lief letzten Endes auf die Kompromißformel hinaus: „Weder negative Theologie, noch Verähnlichung Gottes mit menschlichen Merkmalen". Es handelt sich wiederum um einen Ausgleich, der Stoff zu unzähligen scharfsinnigen erbitterten Streitereien der Gelehrten bot. Am ehesten konnte man sich im Sunnitentum, der Glaubensrichtung der großen Mehrheit der Muslime, darauf einigen, daß Gott zwar, wie es im Koran heißt, einen Körper, Hände usw. habe, die man jedoch nicht mit dem Körper, den Händen usw. des Menschen vergleichen dürfe. Ja, nicht selten wollte man die Aussagen über Gott auf den Satz beschränken, er sei ein Ding, jedoch nicht den geschaffenen Dingen vergleichbar.

Zwei kurze Abschnitte „Aus dem Buch der Einführung (in die islamische Theologie)" des berühmten Theologen al-Bāqillānī (gest. 1013) sollen uns am Schluß dieses Kapitels einen kleinen Einblick in die Denkweise und Argumentierkunst der islamischen Gottesgelehrsamkeit geben. Der erste befaßt sich mit der Frage der prinzipiellen Andersheit von Schöpfung und Schöpfer, der zweite setzt sich mit dem Problem der Körperlichkeit Gottes auseinander und versucht, die Formel von der

„Dingheit" Gottes, die jedoch derjenigen der Geschöpfe nicht ähnlich sei, zu begründen. „Über den Erweis der Existenz des Schöpfers: Diese geschaffene und gestaltete Welt muß notwendigerweise einen Schöpfer und Gestalter haben. Der Beweis hierfür ist, daß mit Notwendigkeit alles Geschriebene einen Schreiber, jedes Bild einen Maler, jedes Gebäude einen Erbauer hat; ferner daß wir nicht an der Torheit eines Menschen zweifeln, der uns von Geschriebenem Mitteilung macht, das nicht von einem Schreiber, von einer Goldschmiedearbeit, die nicht von einem Goldschmied, von Weberei, die nicht von einem Weber stamme. Folglich ist es auch notwendig, daß die Gestalten der Welt und die Bewegungen der Sphären von einem Schöpfer herzuleiten sind, der sie gemacht hat, zumal diese noch ausgeklügelter und wunderbarer geschaffen sind als alle anderen Bewegungen und Gestalten, die unmöglich ohne einen, der sie gemacht hat, vorhanden wären ... Es ist nicht denkbar, daß der, der die geschaffenen Dinge gemacht hat, diesen ähnele. Denn ähnelte er ihnen, müßte er ihnen entweder in der Gattung ähneln oder in der Gestalt. Ähnelte er ihnen nun in der Gattung, wäre er geschaffen wie sie bzw. sie wären anfangslos ewig wie er. Denn ähnlich nennt man zwei Dinge, deren eines die Lücke des anderen ausfüllen und an dessen Stelle treten kann. Beweis hierfür ist, daß zwei einander ähnliche schwarze Gegenstände augenscheinlich eine (gleiche) Lücke ausfüllen können; genauso zwei weiße oder zwei (gleich) zusammengesetzte Gegenstände. Ähnelte er ihnen in der Gestalt und in der Zusammensetzung, so wäre er nicht ein einziges[87] Ding, und es wäre notwendig, daß er einen zusammenfügenden Gestalter hat. Denn eine Gestalt entsteht nur durch einen Gestalter, wie wir vorhin darlegten – und es wäre notwendig, daß er zur Gattung der Substanzen aus untereinander in Berührung stehenden[88] Elementen gehörte und folglich erschaffen wäre wie diese, was undenkbar ist. – Und es ist nicht denkbar, daß der, der die geschaffenen Dinge hervorbringt, selber geschaffen ist. Vielmehr muß er anfangslos ewig sein. Der Beweis hierfür lautet: Wäre er geschaffen, benötigte er selber einen Schöpfer, denn auch alles übrige Kontingente benötigt einen Schöpfer, weil es geschaffen ist. Dasselbe gilt nun für dessen Schöpfer, sofern dieser geschaffen ist: Er braucht dann mit Notwendigkeit einen anderen Schöpfer. Das ist aber undenkbar, denn die Existenz von etwas Kontingentem ist absurd, wenn dessen Existenz bedingt wird von der Existenz unendlich vieler weiterer Dinge, immer eines als Vorbedingung des anderen. Dies ist der Beweis für die Nichtigkeit der Behauptung derjenigen Materialisten, die sagen, es gebe keinen Anfang für die Existenz des Kontingenten. – Erörterung darüber, daß der, der die Welt gemacht hat, Einer ist. Es ist undenkbar, daß der Schöpfer der Welt eine Zweiheit oder gar Vielheit ist. Der Beweis hierfür lautet: Von zweien ist erwiesen, daß sie stets unterschiedlicher Auffassung sind und der eine von beiden das Gegenteil der

Absicht des anderen will. Wären sie nun verschiedener Ansicht und wollte einer von beiden einen Körper lebendig machen, der andere jedoch ihn töten, müßten beide oder einer von beiden von Unfähigkeit betroffen werden. Denn es ist undenkbar, daß beide ihre Absicht verwirklichen, weil die Absichten sich widersprechen. So ist es notwendig, daß beide unausgeführt bleiben oder wenigstens die Absicht eines der beiden, so daß derjenige, dessen Absicht nicht verwirklicht wurde, von Unfähigkeit betroffen wäre – oder wenn beider Absicht unausgeführt bliebe, sogar beide. Unfähigkeit gehört aber zu den Merkmalen des Geschaffenen. Dagegen ist es nicht möglich, daß der anfangslos Ewige unfähig ist.“[89]

„Wenn jemand sagt: Weshalb leugnet ihr, daß der gepriesene Schöpfer ein Körper ist, freilich nicht wie die (geschaffenen) Körper, was doch eurer Meinung gleicht, er sei ein Ding, freilich nicht wie die (geschaffenen) Dinge? Dann entgegnet man ihm: Nur deshalb, weil unser Ausdruck ‚Ding‘ nicht auf eine bestimmte Gattung geprägt ist und auch keine Zusammengesetztheit impliziert. Folglich ist es denkbar, daß ein Ding existiert, das weder eine Gattung des Kontingenten darstellt, noch Zusammengesetztheit besitzt. Ihn als ‚Ding‘ zu bezeichnen, enthält somit keinen logischen Widerspruch. Unser Wort ‚Körper‘ ist in der Sprache dagegen für alles Zusammengesetzte, nicht aber für das Nichtzusammengesetzte geprägt, gleichwie unsere Wörter ‚Mensch‘ und ‚geschaffen‘ für etwas gebildet wurden, das aus dem Nichtsein ins Dasein tritt und diese Gestalt, keine andere, besitzt. Wie es nun nicht denkbar ist, den anfangslos Ewigen – gepriesen sei er! – als etwas Geschaffenes, jedoch den übrigen Geschöpfen nicht Ähnliches, als einen Menschen, jedoch den übrigen Menschen nicht ähnlich zu erweisen, und zwar in Analogie dazu, daß er ein Ding sei, doch nicht den (übrigen geschaffenen) Dingen ähnlich, so ist es auch nicht denkbar, ihn als einen Körper zu erweisen, der nicht wie die übrigen ist. Denn dies wäre ein logischer Widerspruch zur Bedeutung des Wortes und hieße, es von seinem Sinn und seinen Implikationen zu lösen. Wenn sie jetzt entgegnen: Weshalb leugnet ihr, daß es denkbar ist, ihn als Körper zu bezeichnen, wenn auch nicht in dem eigentlichen Sinn, dem entspricht, wozu dieses Nomen in der Sprache geprägt wurde? So ist ihnen zu antworten: Wir leugnen dies, weil diese Bezeichnung, selbst wenn sie hierfür erwiesen wäre, eben nur durch das offenbarte Gesetz oder durch Lehrautorität erwiesen wäre. Denn der Verstand erfordert diese Bezeichnung nicht, ja weist sie sogar zurück, weil der anfangslos Ewige – gepriesen sei er! – nicht zusammengesetzt ist. Nirgends in den über das Gehör aufzunehmenden beweiskräftigen Quellen, als da sind der Koran, die Sunna, der Consensus der islamischen Gemeinde und was hieraus abzuleiten wäre, findet sich etwas, das einen Hinweis auf die Notwendigkeit dieser Bezeichnung geben könnte, und auch nicht auf die Denkbarkeit dieser Bezeichnung. Also ist hinfällig, was ihr sagt.“[90]

IV. Der Mensch im Koran

1. Der Mensch in dieser Welt

Sure 57 „Das Eisen“, Vers 1 bis 29: Im Namen Gottes, des Barmherzigen, des Erbarmers! 1 Alles, was in den Himmeln und auf der Erde ist,
bringt Gott Lobgesang dar. Er ist der Mächtige und Weise. 2 Ihm
gehört die Herrschaft der Himmel und der Erde. Er gibt das Leben und
den Tod. Er hat zu allem Macht. 3 Er ist der Erste und der Letzte, der
Offenkundige und der Verborgene. Er weiß alles. 4 Er ist es, der die
Himmel und die Erde in sechs Tagen erschaffen hat. Dann richtete er sich
auf seinem Thron auf. Er weiß, was in die Erde eindringt und aus ihr
hervorkommt, was vom Himmel herabsteigt, was zu ihm aufsteigt. Er ist
mit euch, wo immer ihr seid. Gott durchschaut, was ihr tut. 5 Ihm
gehört die Herrschaft über die Himmel und die Erde, und zu Gott werden die Dinge zurückgebracht. 6 Er läßt die Nacht in den Tag eindringen und den Tag in die Nacht. Er weiß, was in euren Herzen verborgen
ist. 7 Glaubt an Gott und seinen Gesandten und spendet von dem,
worüber er euch als Nachfolger[1] eingesetzt hat! Denn diejenigen von
euch, die glauben und spenden, werden großen Lohn erhalten. 8 Was
habt ihr, daß ihr nicht an Gott und den Gesandten glaubt? Der ruft euch
auf, daß ihr an euren Herrn glaubt, hat dieser doch einst diese Verpflichtung euch abgenommen! (Warum handelt ihr nicht danach), wenn ihr
wirklich gläubig seid? 9 Er ist es, der auf seinen Knecht klare Wunderzeichen herabsendet, um euch aus der Finsternis in das Licht zu führen.
Gott ist mit euch gütig und barmherzig. 10 Was habt ihr, daß ihr nicht
auf dem Pfade Gottes spendet? Gott gehört das Erbe der Himmel und
der Erde. Diejenigen von euch, die vor dem Triumph gespendet und
gekämpft haben, stehen den anderen unter euch nicht gleich. Vielmehr
nehmen sie einen bedeutenderen Rang ein als die, die erst danach gespendet und gekämpft haben. Allen freilich hat Gott das Schönste versprochen. Gott hat Kunde von dem, was ihr tut. 11 Wer ist es, der Gott ein
gutes Darlehen gibt, damit dieser es ihm verdoppele und ihm noch edlerer Lohn zuteil werde? 12 Am Tag, da du die gläubigen Männer und
Frauen siehst, wie ihr Licht vor ihnen und zu ihrer Rechten ausstrahlt,
heißt es: „Die Frohbotschaft, die ihr heute vernehmt, verheißt euch Gärten, durch die unten Bäche fließen. Ewig werdet ihr dort bleiben!“ Das
ist der gewaltige Gewinn! 13 Am Tag, da die heuchlerischen Männer
und Frauen zu den Gläubigen sagten: „Schaut zu uns, wir wollen von

eurem Licht schöpfen!" wird ihnen zugerufen: „Zurück mit euch! Sucht euer Licht anderswo!" Dann wird zwischen ihnen eine Mauer gezogen, die ein Tor hat, auf dessen innerer Seite sich die Barmherzigkeit befindet, außen davor aber die Strafe. 14 Sie rufen ihnen dann zu: „Waren wir denn nicht mit euch?" Die Seligen antworten: „Gewiß! Doch ihr habt euch selbst verführt, ihr habt abgewartet, gezweifelt und euch von euren Wünschen täuschen lassen, bis schließlich die Entscheidung Gottes gekommen war. Der Betörer (d.h. der Satan) hat euch hinsichtlich Gottes betört. 15 Heute aber wird von euch kein Lösegeld mehr genommen, und auch nichts von den Ungläubigen. Eure Bleibe ist das Feuer, es ist euer Herr. Welch ein schlimmes Schicksal!" 16 Ist es für die, die glauben, nicht höchste Zeit, daß sich ihre Herzen im Gedenken Gottes und der Wahrheit, die herabgekommen ist, demütigen und daß sie nicht werden wie die, denen früher die Schrift gebracht worden war. Jenen hatte es zu lange gedauert, und ihre Herzen verhärteten sich. Viele von ihnen sind Missetäter. 17 Wisset, daß Gott die Erde belebt, nachdem sie abgestorben ist. Wir haben euch die Wunderzeichen dargelegt, vielleicht wäret ihr verständig. 18 Den Männern und Frauen, die die Almosensteuer abführten und Gott ein gutes Darlehen gaben, wird es verdoppelt werden, ihnen wird edler Lohn zuteil. 19 Diejenigen, die an Gott und seine Gesandten glauben, sind die Wahrhaftigen und die Zeugen bei ihrem Herrn. Sie empfangen ihren Lohn und ihr Licht. Diejenigen, die nicht glauben und unsere Wunderzeichen leugnen, sind der Hölle verfallen. 20 Wißt, daß das diesseitige Leben nur Spiel und Tändelei ist, Zierrat, gegenseitige Ruhmsucht und Prahlerei mit dem Vermögen und den Kindern. Es ist wie ein starker Regen: Die Pflanzen, die er wachsen läßt, versetzen die Ungläubigen in Erstaunen; dann aber verwelken die Pflanzen, und du siehst sie gelb geworden, und schließlich sind sie ganz vertrocknet. Im Jenseits stehen eine strenge Strafe und Vergebung und Wohlgefallen von Seiten Gottes bevor. Das diesseitige Leben ist dagegen nur Nießbrauch, der einen täuschen kann. 21 Lauft um die Wette zur Vergebung Gottes und zu einem Garten, breit wie der Himmel und die Erde, der vorbereitet ist für die, die an Gott und seine Gesandten glauben. Dies ist Gottes Güte, die er gibt, wem er will. Gott ist große Güte eigen. 22 Weder im Lande noch bei euch selbst trifft euch ein Unglück, das nicht schon in der Schrift niedergelegt ist, bevor wir es schaffen. Das ist Gott ein Leichtes! 23 Denn ihr sollt nicht bedauern, was euch entgangen ist, und ihr sollt nicht frohlocken über das, was ihr erhieltet. Gott liebt niemanden, der eingebildet und prahlerisch ist. 24 Die aber, die geizig sind und die Menschen zum Geiz auffordern, und die, die sich abwenden – nun, Gott hat an sich selbst Genüge und ist des Lobes würdig! 25 Wir haben unsere Gesandten mit klaren Beweisen geschickt und mit ihnen die Schrift und die Waage herabgesandt, damit die Menschen Gerechtigkeit üben. Und wir haben das Eisen herabgesandt, das gewaltige Kampfkraft und mancherlei Nutzen für die Menschen in sich birgt, sowie auch, damit Gott weiß, wer Gott und seine Gesandten im Verborgenen unterstützt. Gott ist stark und mächtig. 26 Wir haben Noah und Abraham ausgesandt. In beider Nachkommenschaft legten wir das Prophetentum und die Schrift. Manche von ihnen gehen den rechten Weg, viele von ihnen sind aber Missetäter. 27 Dann ließen wir auf ihren Spuren unsere Gesandten folgen. Wir ließen Jesus, den Sohn der Maria, folgen, gaben ihm das Evangelium, legten denen, die sich ihm anschlossen, Güte und Barmherzigkeit in das Herz, und das Mönchtum, das sie selber erfanden – wir hatten es ihnen nicht vorgeschrieben –, und zwar nur, um Gottes Wohlgefallen zu suchen. Doch sie haben es dann nicht in richtiger Form eingehalten. Aber denen unter ihnen, die glaubten, gaben wir ihren Lohn. Viele von ihnen sind freilich Missetäter. 28 Ihr, die ihr glaubt! Fürchtet Gott und glaubt an seinen Gesandten, dann gibt er euch den doppelten Anteil an seiner Gnade und ein Licht, in dem ihr wandelt, und verzeiht euch. Gott ist verzeihend und barmherzig. 29 Die Schriftbesitzer sollen wissen, daß sie nichts von der Güte Gottes bewirken können, sondern daß die Güte in der Hand Gottes liegt. Er gibt sie, wem er will. Gott ist große Güte eigen.

Diese Sure ist, wie die Erwähnung des Triumphes in Vers 10 belegt, höchstwahrscheinlich in spätmedinensischer Zeit entstanden, denn mit dem Triumph kann kaum etwas anderes gemeint sein als der Einzug des Propheten in Mekka.[2] In den ersten Versen hören wir einen Lobgesang auf die Allmacht des einen Gottes, der über die Himmel und die Erde herrscht, der alle Geschehnisse im Kosmos und auch die verborgensten Geheimnisse kennt. Dann wird plötzlich ein anderes Thema aufgegriffen, das während der ganzen Sure gegenwärtig bleibt, wenn es auch mitunter in den Hintergrund gedrängt zu werden scheint: Der Gläubige soll von dem reichlichen Unterhalt, den Gott ihm gewährt, zugunsten der islamischen Gemeinde Spenden leisten. Die ganze Sure scheint dem Zwecke gewidmet, allen Zögernden und Knauserigen die Gründe für eine großzügige Unterstützung des islamischen Gemeinwesens vor Augen zu führen und klarzumachen, welch unschätzbarer Gewinn die Gebefreudigen im Jenseits erwartet. Die Heuchler dagegen, die Muḥammad mit bloßen Worten unterstützen, werden ihren Geiz bitter bereuen. Weshalb aber sollen die Gläubigen sich nicht ängstlich an ihren irdischen Besitz klammern? Das Diesseits, so werden sie belehrt, ist nichts als Spiel und Tändelei, es hat keinen Bestand, es ist von geringem Belang angesichts des Jenseits, in dem die Menschen auf ewig ihre Untaten büßen müssen oder sich des Paradieses freuen. Das Leben des Menschen verläuft mithin auf zwei zeitlich versetzten Ebenen: hier und jetzt im Diesseits, kurzfristig und flüchtig, und dort im Jenseits, ewig und daher von unermeßlicher Bedeutung. Für sich allein genommen, wäre das diesseitige Leben ohne jeglichen Wert, erst unter dem Eindruck der bevorstehenden einmaligen und endgültigen Entscheidung über die Einweisung in Hölle oder Paradies erhält das Diesseits seinen Sinn. Die Bedeutung des irdischen Lebens ist mithin nur abgeleitet.

Die 57. Sure „Das Eisen" führt uns zu der Frage, wie das Diesseits im Koran beurteilt wird, ein Diesseits, das offenbar seinen Wert allein daraus erhält, daß es die notwendige Vorstufe zum ewigen Jenseits ist. Die Welt, in der der Mensch lebt, ist Gottes Werk, und Gott wird sie, wenn ihr Ende gekommen ist, erben, heißt es; alle Dinge kehren zu ihm zurück. Dem Menschen steht das Diesseits allein zum Nießbrauch zur Verfügung. Er darf sich nicht der törichten Hoffnung hingeben, sein Besitz sei sein beständiges Eigentum. Eben darum soll er sich bereitfinden, für das Wohl des islamischen Gemeinwesens reichlich zu spenden. Nur indem er zum Nutzen des islamischen Glaubens seinen Besitz weggibt, verleiht er ihm Dauer, ja vermehrt er ihn sogar. Der Mensch ist nicht Eigentümer der Welt, die er seinen Zwecken unterwirft, er ist von Gott lediglich als ein Nachfolger eingesetzt worden (Vers 7). Viele Menschen durchschauen diesen Sachverhalt nicht. Sie prahlen mit ihrem Vermögen und ihren Kindern, eben als sei dies alles fest in ihrer Hand und das Ergebnis ihrer Leistung. Gott aber liebt dieses Gebaren überhaupt nicht. Damit ist jedoch nicht gesagt, daß man irdische Güter als wertlos verwerfen und verschleudern dürfe. Man soll die Gaben, die Gott einem in seiner großen Güte zuteil werden läßt, keineswegs verachten. Dies erfährt der Zuhörer aus dem Hinweis auf das Mönchtum, das an dieser Stelle als eine unzulässige und eigenmächtige Neuschöpfung der Christen bezeichnet wird.

Im 20. Vers der 57. Sure wird die Welt mit den Pflanzen verglichen, die nach einem starken Regen rasch hervorsprießen, dann aber genauso rasch verwelken und verdorren.[3] Es sind die Gottlosen, die diese Tatsache nur zu leicht vergessen und sich ungehemmt dem Genuß hingeben.

Sure 15 „Al-Ḥidschr",[4] Vers 1 bis 15: Im Namen Gottes, des Barmherzigen, des Erbarmers! 1 ʾ-l-r. Dies sind die Wunderzeichen der Schrift und eines klaren Korans. 2 Vielleicht wären die, die nicht glauben, gerne Muslime. 3 Laß sie essen und sich vergnügen, mag die Hoffnung sie ablenken! Sie werden es zu wissen bekommen! 4 Nicht eine Ortschaft haben wir vernichtet, ohne daß sie eine festgesetzte Frist gehabt hätte! 5 Keine Gemeinschaft kommt ihrer Frist zuvor, keine kann Aufschub erhalten. 6 Sie sagen: „Du, der dir die Mahnung herabgesandt wurde! Du bist verrückt! 7 Warum bringst du uns nicht die Engel, wenn du wirklich die Wahrheit sprichst?" 8 Wir schicken die Engel nur mit der (letzten) Wahrheit herab, und dann wird den Ungläubigen kein

Aufschub mehr gewährt! 9 Wir sind es, die die Mahnung herabschickten, und wir bewahren sie auch. 10 Schon vor dir haben wir Propheten zu den Gruppen der Altvorderen geschickt. 11 Doch nie kam zu ihnen ein Gesandter, ohne daß sie ihn verspottet hätten. 12 So lassen wir (den Koran) in die Herzen der Verbrecher eindringen. 13 Doch sie glauben nicht daran. Aber das Vorbild, wie es den Altvorderen ergangen ist, steht schon fest. 14 Und selbst wenn wir über ihnen eine Pforte vom Himmel öffneten und sie dann ständig aufsteigen könnten, 15 würden sie noch sagen: „Unsere Blicke wurden trunken gemacht, nein, wir sind Leute, die man sogar verzaubert hat!"

Unglaube und leichtfertiger Genuß der Welt sind im Grunde ein und dieselbe Sache. Das wird im Koran sehr oft hervorgehoben.

Sure 28 „Die Geschichte", Vers 58 bis 61 und 76 bis 84: 58 Wie manche Ortschaft, die ein übermütiges Leben führte, haben wir zerstört! Jenes dort sind ihre Wohnsitze. Nach dem Ende der Bevölkerung wurden sie nur noch von wenigen bewohnt. Wir aber wurden die Erben! 59 Dein Herr zerstörte die Ortschaften immer erst, nachdem er in deren Hauptstadt einen Gesandten ausgeschickt hatte, der ihnen unsere Wunderzeichen vortrug. Wir zerstörten die Ortschaften nur, wenn deren Bevölkerung Frevler waren. 60 Alles, was ihr empfangen habt, ist nur Nießbrauch und Zierrat für das diesseitige Leben. Was noch bei Gott ist, das ist besser und dauerhafter. Seid ihr denn nicht verständig? 61 Ist etwa der, dem wir ein schönes Versprechen gegeben haben, das er dann entgegennehmen wird, demjenigen gleich, dem wir nur den Nießbrauch des diesseitigen Lebens gewährt haben, der dann aber am Tag der Auferstehung unter denen ist, die (zur Bestrafung) herbeigeschleppt werden? ...
76 Korah gehörte zu dem Volk Moses. Doch übte er Gewalt gegen es. Wir hatten ihm soviele Schätze gegeben, daß deren Schlüssel zu tragen, selbst einer ganzen Schar von kräftigen Männern schwerfiel. Damals sagte sein Volk zu ihm: „Frohlocke nicht! Gott liebt nicht die, die frohlokken! 77 Erstrebe in all dem, was Gott dir geschenkt hat, die jenseitige Bleibe! Vergiß nicht deinen Anteil an den diesseitigen Gütern, sondern tue Gutes, wie auch Gott dir Gutes getan hat! Und sei nicht darauf aus, im Land Unheil zu stiften. Gott liebt die Unheilstifter nicht!' 78 Korah erwiderte: „Ich habe dies alles einzig und allein auf Grund eines Wissens bekommen, das ich besitze!" Wußte er denn nicht, daß Gott schon vor ihm Geschlechter vernichtet hatte, die mehr Kraft gehabt hatten als er und die noch mehr zusammengerafft hatten? Die Verbrecher werden (beim Gericht) nicht nach ihren Sünden (im einzelnen) befragt. 79 In all seinem Schmuck trat Korah vor sein Volk. Da riefen diejenigen, die das diesseitige Leben erstrebten: „Hätten wir doch genauso viel, wie Korah erhalten hat! Er hat wirklich riesiges Glück!" 80 Dagegen riefen die, die

Wissen empfangen hatten: „Wehe euch! Der Lohn Gottes ist besser für die, die glauben und gute Werke tun. Nur denen, die geduldig sind, wird das Paradies entgegengebracht!" 81 Da ließen wir ihn und sein Haus in die Erde einsinken. Nun gab es für ihn keine Gruppe mehr, die ihm an Gottes Stelle geholfen hätte! Er gehörte zu denen, die keine Hilfe fanden. 82 Am nächsten Morgen sagten die, die sich tagszuvor noch an seine Stelle gewünscht hatten: „Wehe, es scheint, als teile Gott den Lebensunterhalt denjenigen seiner Knechte zu, die ihm belieben, und bemesse ihn. Wäre uns Gott nicht gnädig, würde er auch uns einsinken lassen! Wehe, es scheint, daß die Ungläubigen doch nicht glückselig werden." 83 Jenes ist die jenseitige Bleibe. Wir richten sie für diejenigen ein, die auf Erden weder Selbsterhöhung noch Unheil anstreben. Das gute Ende gehört den Gottesfürchtigen. 84 Wer mit einer guten Tat kommt, erhält noch Besseres als sie. Wer mit etwas Bösem kommt, nun, denjenigen, die böse Werke getan haben, wird nur entsprechend ihren Werken vergolten!

Sure 2 „Die Kuh", Vers 212: Denjenigen, die nicht glauben, kommt die diesseitige Welt wie schönster Zierrat vor, und sie spotten über die, die glauben. Doch sind am Tag der Auferstehung die Gottesfürchtigen über ihnen. Gott gewährt den Lebensunterhalt ohne Abrechnung denjenigen, die ihm belieben.

Sure 33 „Die Parteiungen", Vers 28 bis 29: 28 O Prophet, sprich zu deinen Frauen: „Wenn ihr das diesseitige Leben und seinen Zierrat erstrebt, dann kommt her, damit ich euch ausstatte und dann in bester Weise eures Weges ziehen lasse! 29 Wenn ihr aber Gott, seinen Gesandten und die jenseitige Bleibe anstrebt, so gilt, daß Gott denjenigen unter euch, die gut handeln, einen gewaltigen Lohn bereithält!"

Die Güter, die der Mensch im diesseitigen Leben erwirbt, hat er von Gott nur zu vorübergehendem Gebrauch erhalten. Man vergesse darüber nicht das Wesentliche! Ein abschreckendes Beispiel für solchen verdammenswerten Leichtsinn ist Korah. Er prahlte mit dem, was er aufgehäuft hatte, und wurde deshalb furchtbar bestraft. Nicht die irdischen Güter an sich werden im Koran abgewertet, sondern allein die Haltung des ungläubigen Menschen, der sich von seinem Besitz blenden läßt, während doch das Jenseits den einzig bleibenden Wert darstellt. Aus dieser Einsicht heraus sollen die Muslime laut Sure 57 „Das Eisen" großzügig mit ihrem Besitz die Sache Gottes unterstützen. In mahnendem Unterton wird in der 33. Sure „Die Parteiungen" den Frauen des Propheten, die sich von ihm trennen wollen, versprochen, sie könnten selbstverständlich die ihnen laut Ehevertrag zustehenden Vermögenswerte in Empfang nehmen, doch sollten sie bedenken, daß es wirklich klüger sei, sich Gott, seinen

Gesandten und die jenseitige Bleibe zu sichern. Nach den Vorstellungen des arabischen Heidentums trugen große Reichtümer und zahlreiche Kinder dazu bei, dem Leben des Menschen eine gewisse Sicherheit zu verleihen. Deshalb die vom Koran getadelte prahlerische Zurschaustellung des Eigentums, von der wir in Sure 57, Vers 20, hörten. Gott liebt ein derartiges Verhalten nicht, heißt es weiter. Denn der Mensch zählt bei Gott nicht deshalb, weil er etwas besitzt, sondern weil er mit den ihm geschenkten Besitztümern für den Glauben streitet. Die Vorstellung von der Verantwortlichkeit des Individuums für sein Heil wirkt sich in diesem Zusammenhang deutlich auf die Bewertung irdischer Güter aus. Das zeigt auch der folgende Abschnitt:

Sure 34 „Saba", Vers 34 bis 39: 34 Nie schickten wir einen Gesandten in eine Ortschaft, ohne daß deren mit Reichtum gesegnete, anmaßende Bewohner sprachen: „Wir glauben nicht an das, womit ihr gesandt wurdet!" 35 Und weiter: „Wir besitzen mehr Vermögen und Kinder, uns wird man nicht strafen können!" 36 Sprich: „Mein Herr verteilt und bemißt den Lebensunterhalt, wem er will. Doch die meisten Menschen wissen es nicht. 37 Weder euer Besitz noch eure Kinder sind geeignet, euch nahe zu uns zu bringen! Nur die kommen uns nahe, die glauben und gute Werke tun. Diesen wird zweifach vergolten, was sie getan haben. Sie werden in Gemächern sicher sein. 38 Diejenigen aber, die unsere Wunderzeichen herabsetzen, um sich ihrer Aussagekraft zu entziehen, werden der Bestrafung überantwortet." 39 Sprich: „Mein Herr verteilt dem von seinen Knechten, der ihm genehm ist, den Lebensunterhalt und mißt ihn ihm zu. Was ihr aufgewandt habt, ersetzt er euch. Er gewährt am besten Lebensunterhalt!"[5]

Wer sich dieser Zusammenhänge stets bewußt ist, der mag freudig und dankbar die Güter genießen, die Gott ihm geschenkt hat.

Sure 5 „Der Tisch", Vers 87 bis 88: 87 Ihr, die ihr glaubt, untersagt nicht die guten Dinge, die Gott euch erlaubt hat! Übertretet seine Gebote nicht! Gott liebt nicht diejenigen, die seine Gebote übertreten. 88 Und eßt von den erlaubten, guten Dingen, die Gott euch als Unterhalt beschert! Und fürchtet Gott, an den ihr doch glaubt!

Sure 14 „Abraham", Vers 28 bis 34: 28 Hast du nicht diejenigen gesehen, die die Gnade Gottes gegen Unglauben eingetauscht haben und ihr Volk im Haus des Verderbens Platz nehmen ließen? 29 Nämlich in der Hölle, in der sie jetzt schmoren? Welch schlimme Bleibe! 30 Sie haben Gott seinesgleichen an die Seite gestellt, um von seinem Wege wegzuführen. Sprich: „Genießt noch ein wenig! Denn ihr kommt schließlich in das Höllenfeuer!" 31 Sprich zu meinen Dienern, die glauben, sie sollen das

Gebet einhalten und von dem Unterhalt, den wir ihnen bescheren, im Verborgenen und öffentlich spenden, bevor ein Tag kommt, an dem es weder Geschäft noch Freundschaften mehr gibt. 32 Gott ist es, der die Himmel und die Erde geschaffen hat und Wasser vom Himmel herabschickte, wodurch er Früchte hervorsprießen ließ, die euch als Lebensunterhalt dienen. Und er hat euch die Schiffe dienstbar gemacht, damit sie nach seinem Befehl auf dem Meer fahren. Und er hat euch die Flüsse dienstbar gemacht. 33 Und er hat euch die Sonne und den Mond dienstbar gemacht, indem sie stetig ihre Bahn ziehen. Und er hat euch Nacht und Tag dienstbar gemacht. 34 Er gab euch von allem, worum ihr ihn batet. Wenn ihr die Gnadengaben Gottes aufzählt, könnt ihr sie nicht in Zahlen fassen. Der Mensch ist ungerecht und undankbar!

Für den Menschen ist alles geschaffen worden, ihm soll alles dienen, lediglich dankbar soll er sich seinem Schöpfer erweisen. Leider ist dies nur selten der Fall. „Nicht der ist der beste von euch, der dem Diesseits zugunsten des Jenseits entsagt, nicht der, der dem Jenseits zugunsten des Diesseits entsagt, sondern der beste von euch ist derjenige, der von diesem und von jenem nimmt!" lautet ein Muḥammad zugeschriebener Ausspruch, der in treffender Weise wiedergibt, was der Koran über die Benutzung der diesseitigen Güter durch den Menschen aussagt. Noch knapper ist ein anderes Prophetenwort: „Welch gutes Reittier ist das Diesseits! Besteigt es, dann bringt es euch in das Jenseits!"[6]

Haben die Gläubigen erst ein solches Verhältnis zu den irdischen Gütern entwickelt, das in ihnen nichts weiter als ein Mittel zur Erlangung eines glückseligen Jenseits sieht, nicht aber ein Merkmal, an dem sich der Wert eines Menschen ablesen läßt, dann können sie auch ertragen, daß Gott seine Gaben nicht gleichmäßig verteilt hat. Eine erzwungene Austeilung der Besitztümer der Reichen kennt der Islam nicht. Ausgleichend wirken allein die Spenden „auf dem Wege Gottes", mit denen unter anderem Bedürftige bedacht werden sollen. Die unterschiedliche Größe des Besitzes ist gottgewollt. In Sure 16 „Die Bienen", Vers 71, wird beispielsweise als absurd hingestellt, daß ein Herr seinen Sklaven an seinem Eigentum teilhaben läßt.[7] Allein Protz und Verschwendung stoßen auf schroffe Ablehnung:

Sure 17 „Die Nachtreise", Vers 26 bis 27: 26 Und gib dem Verwandten den ihm gebührenden Anteil, und dem Armen und dem Sohn des Weges,[8] aber verschwende nichts! 27 Die Verschwender sind die Brüder der Satane. Der Satan aber undankbar gegen seinen Herrn!

Die Ungleichheit des Eigentums wird vom Koran deshalb gutgeheißen, weil sie dem Menschen eine Bewährung abverlangt. Der Arme soll seinen Neid zügeln, der Reiche seine Prunksucht.

Sure 6 „Das Vieh", Vers 165: Gott ist es, der euch als Nachfolger auf der Erde eingesetzt hat und den einen von euch um Stufen über den anderen erhoben hat, um euch in den Dingen, die er euch gebracht hat, auf die Probe zu stellen. Dein Herr straft rasch! Er ist verzeihend und barmherzig!

Daß der Mensch über Güter, die ihm gehören, verfügen kann, ist eines seiner wesentlichen Merkmale. Wir hörten schon, daß Gottes Schöpferkraft ständig den Unterhalt des Menschen bereitstellt. In verschiedenen Abschnitten des Korans gewinnt man den Eindruck, die gesamte Schöpfung sei auf den Menschen hin ausgerichtet. In diesem Vorstellungskreis gewinnt der koranische Ausdruck ḫalā'if bzw. ḫulafā' Bedeutung, der in Sure 6, Vers 165, mit „Nachfolger" wiedergegeben wurde. Wessen Nachfolger ist der Mensch, und worin liegt der Sinn der Nachfolgeschaft, die der Mensch angetreten hat? Einige längere Abschnitte des Korans erhellen den Zusammenhang, in den dieser Gedanke gehört.

Sure 2 „Die Kuh", Vers 21 bis 39: 21 Ihr Menschen, verehrt euren Herrn, der euch und die, die vor euch waren, geschaffen hat! Vielleicht werdet ihr gottesfürchtig sein. 22 Der euch die Erde als eine Decke hingebreitet, den Himmel wie ein Bauwerk errichtet hat, der vom Himmel Wasser herabströmen ließ und hierdurch Früchte zum Wachsen brachte, euch zur Nahrung. Gesellt Gott also nicht andere bei, wo ihr dies alles wißt! 23 Wenn ihr im Zweifel über das seid, was wir auf unseren Knecht herabgesandt haben, so bringt eine Sure gleicher Art bei und ruft eure Zeugen an, die ihr an Gottes Stelle habt, wenn ihr glaubt, die Wahrheit zu sagen! 24 Wenn ihr das aber nicht tut – und ihr werdet es nicht tun! –, dann fürchtet euch vor dem Feuer, dessen Brennstoff Menschen und Steine sind, das für die Ungläubigen schon bereitet ist! 25 Und verheiße denen, die glauben und fromme Werke tun, daß sie Gärten haben werden, durch die unten Bäche fließen. Wann immer ihnen daraus eine Frucht zu essen gegeben wird, sagen sie: „Das ist ja das, was wir schon vorher zu essen bekamen!" Sie erhalten nämlich (den irdischen) ähnliche Speisen. Auch werden sie dort geläuterte Gattinnen haben. Auf ewig bleiben sie dort. 26 Gott schämt sich nicht, aus einer Mücke, ja noch aus Geringerem, Gleichnisse zu prägen. Diejenigen, die glauben, die wissen auch, daß es sich um die Wahrheit von ihrem Herrn handelt. Die aber, die nicht glauben, die fragen: „Was will denn Gott hiermit gleichnishaft sagen?" Gott führt hiermit viele in die Irre, viele leitet er hiermit recht. Es sind nur die Missetäter, die er hiermit in die Irre führt, 27 diejenigen, die das Gott gegebene Versprechen brechen, nachdem sie es abgelegt haben, und die trennen, was Gott zu verbinden geheißen hat, und die im Lande Unheil stiften. Jene sind die Verlierer.

28 Wie könnt ihr nur nicht an Gott glauben, wo ihr doch tot wart, er
euch aber ins Leben brachte, der euch dann sterben lassen und wieder
lebendig machen wird und zu dem ihr zurückgebracht werdet? 29 Er ist
es, der für euch alles auf der Erde geschaffen hat, sich hierauf zum Himmel emporrichtete und ihn zu sieben Himmeln gestaltete. Er weiß über
alles Bescheid. 30 Einstmals sagte dein Herr zu den Engeln: „Ich will
auf der Erde einen Nachfolger einsetzen." Sie fragten: „Willst du dort
etwa jemanden einsetzen, der Unheil stiftet und Blut vergießt, wo wir
doch ständig dein Lob singen und dich heilig preisen?" Gott erwiderte:
„Ich weiß, was ihr nicht wißt!" 31 Und er lehrte Adam alle Namen.
Dann zeigte er den Engeln alle Wesen und sprach: „Teilt mir die Namen
von diesen da mit, wenn ihr glaubt, die Wahrheit zu sprechen!" 32 Sie
antworteten: „Gepriesen seist du! Wir wissen nichts, abgesehen von dem,
was du uns lehrst! Denn du bist der Wissende, der Weise!" 33 Gott
sprach: „Adam, teile ihnen die Namen von denen da mit!" Und als Adam
den Engeln die Namen jener Wesen mitgeteilt hatte, sprach Gott: „Habe
ich euch nicht gesagt, daß ich um das Verborgene in den Himmeln und
auf der Erde weiß, daß ich weiß, was ihr offenlegt und was ihr verschweigt?" 34 Einstmals sagten wir zu den Engeln: „Werft euch vor
Adam nieder!" Da warfen sie sich nieder, bis auf Iblīs, der sich weigerte
und anmaßend war. Er gehörte zu den Ungläubigen. 35 Wir sprachen:
„Adam, bewohne du mit deiner Frau das Paradies! Eßt davon in aller
Bequemlichkeit, wo ihr wollt! Doch nähert euch nicht diesem Baum! Ihr
wäret sonst Frevler!" 36 Doch hieran ließ der Satan sie straucheln. Er
brachte sie aus dem heraus, worin sie waren, und wir sagten: „Hinab mit
euch, einer des anderen Feind![9] Ihr sollt auf der Erde eine Bleibe und
Güter zum Nießbrauch bis zu einer bestimmten Frist haben!" 37 Adam
erhielt von seinem Herrn Worte. Der Herr wandte ihm sich wieder zu.
Er ist der Barmherzige, der sich (den Menschen) zuwendet. 38 Wir
sprachen: „Steigt alle zusammen aus dem Paradies hinab! Wenn ihr aber
von mir eine Rechtleitung erhaltet, dann brauchen die, die meiner Rechtleitung folgen, sich nicht zu fürchten, und sie werden nicht betrübt sein.
39 Die aber, die ungläubig sind und meine Wunderzeichen leugnen, die
sind die Gefährten des Höllenfeuers. Auf ewig bleiben sie darin!"

In den Versen 22 und 29 der 2. Sure „Die Kuh" wird ausdrücklich vorausgesetzt, daß die Welt für den Menschen geschaffen wurde. Sie steht ihm aber nicht unbegrenzt zur Verfügung, sondern ist ihm nur zum Nießbrauch für eine gewisse Zeit anheimgegeben worden. Der Mensch nimmt gleichwohl innerhalb der Schöpfung eine hervorgehobene Stellung ein: Sure 17 „Die Nachtreise", Vers 70: Wir haben die Kinder Adams geehrt, sie zu Wasser und zu Lande reisen lassen und ihnen von den guten Dingen Nahrung gegeben, und wir haben sie weit über viele unserer Geschöpfe hinausgehoben. – In wenigen Worten ist hier derselbe Gedankengang zusammengefaßt. In dem oben übersetzten Abschnitt der 2. Sure wird nun vorausgesetzt, daß die gesamte übrige Schöpfung bereits vollendet war, bevor Gott den Menschen bildete. Gott kündigte den Engeln an, er werde den Menschen schaffen, und diese verwahrten sich dagegen, weil sie bereits um den unvollkommenen Charakter dieses Geschöpfes wußten. Denn sie selber geben sich ganz der Lobpreisung des Schöpfers hin und lassen sich keinen Fehltritt zuschulden kommen. Doch Gottes Ratschluß ist schon vollzogen: Die Menschen sind die Nachfolger der Engel geworden. In den Versen 30 bis 33 wird den Engeln vor Augen geführt, warum Adam ein würdiger Nachfolger ist. Gott hat ihn die Namen aller Wesen gelehrt. Das Wissen der Menschen ist um ein Vielfaches größer als das der Engel, die eben einzig und allein sich auf die Lobpreisung des Schöpfers verstehen. Der Mensch ist also durch seinen Schöpfer von Anfang an so geschaffen worden, daß er ganz in die weltlichen Angelegenheiten verstrickt ist, denen die Engel fernstehen. Als Nachfolger der Engel ist der Mensch das Geschöpf, das in jeder Beziehung in diese Welt hineingehört, ja, er paßt besser in sie hinein, da er von Gott die Fähigkeit bekommen hat, alle Dinge bei ihrem richtigen Namen zu nennen, was soviel heißt wie: Er hat Gewalt über sie. Mit der Vorstellung, die Menschen seien die für das irdische Leben besser begabten Nachfolger der Engel mag auch die Drohung zusammenhängen, Gott könne die Gläubigen, sollten sie den Befehlen des Propheten zuwiderhandeln, durch andere Leute ersetzen, die besser dem göttlichen Ruf Folge leisten würden.[10]

Wenn der Mensch nach koranischer Vorstellung der auf die irdischen Verhältnisse vorbereitete Nachfolger der Engel ist, erscheint die Erzählung von der Verstoßung aus dem Paradies in einem ganz anderen Sinn als im Christentum. Der Mensch stürzt nicht aus einem Zustand der Sündlosigkeit in die Erbsünde, aus der er wieder erlöst werden muß. Der Mensch ist im Paradies den Einflüsterungen des Satans erlegen und hat gegen ein Verbot Gottes verstoßen. Adam ging deswegen der Annehmlichkeiten des paradiesischen Lebens verlustig. Doch trotz dieser schweren Übertretung ist er seinem Charakter nach derselbe wie vorher; er befand sich doch schon im Besitz der Namen aller Wesen. So betrat er die Erde, seinen eigentlichen Bestimmungsort, in der Gewißheit, daß Gott sich ihm zugewendet hatte und ihm und seinen Nachkommen den rechten Weg weisen würde. Das Leben im Diesseits hat für den Koran nichts von einer unheilvollen Verstricktheit in die Sünde an sich, aus der die Gattung Mensch allein durch die Gnade des Schöpfers erlöst werden könnte. Denn bereits Adam hat die Rechtleitung empfangen. Das Diesseits ist vielmehr eine Bewährungsprobe, die der Mensch zu bestehen hat.

Viele scheitern, wer aber an der Rechtleitung festhält, kann des guten Ausgangs gewiß sein.

Der Begriff der Nachfolgeschaft, wie der Koran ihn gebraucht, schließt die besondere Befähigung des Menschen ein, die irdischen Dinge zu gestalten. Dies soll jedoch nicht nach eigenem Gutdünken, sondern in ständiger Beachtung des göttlichen Willens geschehen. Da, wie gezeigt, oft davon die Rede ist, daß die Schöpfung dem Menschen zur Nutzung zur Verfügung steht, lag es nahe, die Nachfolgeschaft zu einer Stellvertreterschaft umzudeuten; der Mensch, der gemäß göttlichem Gesetz in die Schöpfung eingreift, wird zu einem Stellvertreter Gottes. Es sei eben jenes Wissen um alle Namen, mit dem Gott den Menschen zur Stellvertreterschaft über die Schöpfung befähigt habe, sagen bedeutende klassische Korankommentatoren.[11] Das Wort ḫalīfa' (Plural ḫalā'if oder ḫulafā') kann in der Tat in diesem Sinne aufgefaßt werden. Es bezeichnete beispielsweise die Person, die zum Schutz der kampfunfähigen Mitglieder eines Stammes zurückgelassen wurde, wenn Kriegszüge unternommen wurden. In medinensischer Zeit nannte man den Mann „ḫalīfa", der bei den zurückgebliebenen Muslimen an Muḥammads Stelle die Gebete leitete, wenn der Prophet auf einem Feldzug weilte. Abū Bakr wurde in diesem Sinne „Stellvertreter des Gottesgesandten", als Muḥammad im Sterben lag. Nachdem der Prophet verstorben war, erklärte man Abū Bakr – die Zweideutigkeit des Wortes ḫalīfa machte dies möglich – zum „Nachfolger" Muḥammads. Es begann die Entwicklung des „Kalifats".[12]

Doch zurück zur Nachfolgeschaft des Menschen über die Schöpfung! Sie ist für den Muslim der Inbegriff der Rolle des Menschen im Diesseits. Wenn man einräumen muß, daß der Koran das Wort ḫalīfa wohl nicht anders denn als Nachfolger versteht – die Menschen folgen den Engeln unter den oben dargelegten Begleitumständen –, so ist doch zu unterstreichen, daß die Muslime in ihrer großen Mehrzahl der Überzeugung sind, der Mensch sei in gewisser Weise von Gott mit der Stellvertreterschaft über die übrigen Geschöpfe im Diesseits betraut worden. Die vielen Stellen des Korans, in denen davon die Rede geht, die Erde bringe die Früchte für den Menschen hervor, die Gestirne dienten ihm zur Zeitmessung usw., haben ohne Zweifel diese Auslegung des Wortes ḫalīfa gefördert. Faßt man die Aussagen des Korans über die Welt zusammen, gelangt man zu dem Schluß, daß das Diesseits nirgendwo abgewertet wird.[13] Im Gegenteil, es ist der Ort, an dem der Mensch seiner Bestimmung gemäß tätig werden soll. Freilich muß er wissen, daß die irdischen Güter, die er erwirbt, niemals Selbstzweck sein können. Sie sind vielmehr im Rahmen der gottgewollten Ordnung dem Sieg der wahren Religion nutzbar zu machen. Nur die Ungläubigen meinen, Vermögen und Kinder stellten einen Wert an sich dar. Wer aber so denkt, vergißt das Jenseits: Hier auf Erden hat der Mensch sich zu bewähren, um ein glückhaftes

Jenseits zu gewinnen. Nicht die Erlösung von einer Urschuld erwartet ihn dort, sondern die gerechte Vergeltung seiner Taten und Worte im Diesseits.

2. Der Charakter des Menschen

Sure 33 „Die Parteiungen", Vers 72: Wir haben die Treuhänderschaft den Himmeln, der Erde und den Bergen angeboten, aber sie weigerten sich, sie auf sich zu nehmen, und scheuten sich davor. Der Mensch aber nahm sie auf sich. Er ist frevelhaft und töricht!

Dieser Vers hat den islamischen Korankommentatoren viel Kopfzerbrechen bereitet. Was ist das für eine Treuhänderschaft, die Gott nach Vollendung der Schöpfung den Himmeln, der Erde und den Bergen anträgt, die diese aber ängstlich zurückweisen, während der schwache Mensch sich bereit erklärt, sie auf sich zu laden? Eine eindeutige Antwort läßt sich auf diese Frage nicht geben. Manche meinen, es handele sich um den Gehorsam, den der Mensch seinem Schöpfer schulde. Andere sind der Ansicht, die Treuhänderschaft sei allein Adam übertragen worden und stelle die Verpflichtung dar, das göttliche Gesetz zu beachten. Adam habe sich ihrer nicht würdig erwiesen, da er von den verbotenen Früchten gegessen habe. In der Tat endet der Vers mit einer Klage über die Frevelhaftigkeit des Menschen. Manche Koranausleger haben jedoch einen ganz anderen Weg eingeschlagen. Die Treuhänderschaft bzw. das anvertraute Gut – beide Deutungen des arabischen Wortes sind möglich – sei der Verstand.[14] Hinter dieser Auffassung steht der Gedanke, daß der Verstand das Werkzeug ist, mit dem der Mensch die Bestimmungen der göttlichen Ordnung in die Wirklichkeit umsetzen kann. In der Tat scheint diese Auslegung des Verses der Wahrheit nahe zu kommen. Denn der Mensch, vor allen Geschöpfen durch den Verstand ausgezeichnet, übernimmt mit dieser Auszeichnung die schwere Bürde, bewußt und in voller Verantwortlichkeit das göttliche Gesetz einzuhalten – nicht etwa spontan, wie die Engel dies tun oder die anderen Geschöpfe, die nach der Vorstellung des Korans ständig Gott rühmen. In der Ausübung der Verstandeskräfte liegt die Gefahr des Scheiterns, der sich der Mensch mit seiner törichten Bereitschaft zur Übernahme jenes Gutes ausgesetzt hat. In dieselbe Richtung weist die Meinung einiger Kommentatoren, die bei dem anvertrauten Gut an die Bestimmungen der göttlichen Ordnung denken.

Die Übernahme des anvertrauten Gutes verpflichtet den Menschen, sich prüfen zu lassen, ob er in eigener Verantwortlichkeit fähig sei, die göttlichen Gebote zu befolgen. Diese Auffassung wird in einer modernen arabischen Untersuchung über das Menschenbild des Korans geäußert,[15] und sie trifft den Kern der Sache. Die dem Menschen von Gott überantwortete Treuhänderschaft kann zu Recht als dasjenige Merkmal verstanden werden, das den Menschen zu dem macht, was er eigentlich ist, sofern man ihn als ein Individuum auffaßt, das sein einmaliges und unwiederholbares Leben im Hinblick auf eine Abrechnung im Jenseits gestalten muß. Das anvertraute Gut ist der Inbegriff des Menschenbildes des Korans, das das Individuum aus der Geborgenheit der Sippe gelöst hat und es ganz allein dem richtenden Schöpfergott gegenüberstellt. Dieser als Individuum verstandene Mensch trägt nach Entgegennahme des anvertrauten Gutes seine Würde in sich selber, er wird sich aber auch der Gefahr bewußt, die sein Heil bedroht, wenn er nicht die in ihn gesetzten Erwartungen erfüllen kann. Deshalb eben war es frevelhafte Leichtfertigkeit, sich auf die Treuhänderschaft einzulassen. Denn letzten Endes hat sich der Mensch hiermit übernommen und seine Kräfte überschätzt. Er ist nur bis zu einem gewissen Grade in der Lage, die Verpflichtung, die er eingegangen ist, einzulösen.

So ist der Mensch im Koran mit positiven Merkmalen ausgestattet, die ihn weit über die übrigen Geschöpfe hinausheben, doch trägt er auch viele negative Züge, die ihn fehlgehen, ja sogar Verbrechen verüben lassen. Die gottgewollte Ordnung, die der Mensch auf Erden verwirklichen soll, ist im Koran ein unerreichbares Ideal, weil alles, was er unternimmt, scheitern kann. Erst späteren Generationen der Muslime blieb es vorbehalten, die gottgewollte Ordnung für vollkommen realisierbar zu halten. Sie idealisierten die Verhältnisse der prophetischen Urgemeinde soweit, daß sie ihnen als die uneingeschränkte Verwirklichung des göttlichen Gesetzes erschienen. Diese vermeintlich idealen Verhältnisse herbeizuführen oder – wenn man sich das idealisierte Bild von der Urgemeinde zu eigen macht – wiederherzustellen, wird fortan zum erklärten Ziel aller islamischen Geschichte.[16] Im Koran dagegen finden wir ein wirklichkeitsnahes Menschenbild, das solche hochfliegenden Hoffnungen noch ausschließt.

Sure 89 „Die Morgendämmerung", Vers 15 bis 30: 15 Was aber den
Menschen betrifft, so sagt er, wenn sein Herr ihn auf die Probe stellt und
ihn freigebig bedenkt: „Mein Herr hat mich freigebig bedacht!"
16 Aber er sagt, wenn sein Herr ihn auf die Probe stellt und ihm nur
seinen Lebensunterhalt zumißt: „Mein Herr hat mich erniedrigt!"
17 Keinesfalls! Doch ihr selber seid nicht freigebig gegen die Waise!
18 Ihr selber spornt euch nicht an, den Armen zu speisen! 19 Ihr
verbraucht das Erbe (der Waise) ganz und gar! 20 Ihr liebt den Besitz
über alle Maßen! 21 Nein! Wenn erst die Erde ganz und gar zerstückelt
wird! 22 Wenn erst dein Herr und die Engel Reihe um Reihe kommen!

23 Wenn die Hölle herbeigebracht wird, erst an jenem Tag läßt sich der Mensch mahnen! Aber was soll ihm dann noch die Mahnung? 24 Er spricht: „Hätte ich doch zuvor etwas für mein Leben (im Jenseits) getan!" 25 An jenem Tag wird niemand so hart strafen wie Gott! 26 Niemand wird so in Fesseln schlagen wie er! 27 (Zu den Gläubigen aber wird Gott sagen) „Du zuversichtliche Seele! 28 Kehre zu deinem Herrn zurück, zufrieden und in Wohlgefallen angenommen! 29 Tritt ein mit meinen Knechten, 30 tritt ein in mein Paradies!"

Sure 90 „Die Ortschaft", Vers 1 bis 20: Im Namen Gottes, des Barmherzigen, des Erbarmers! 1 Nein! Ich schwöre bei dieser Ortschaft! 2 Du wohnst ja in dieser Ortschaft![17] 3 Und bei einem Vater und was er gezeugt hat! 4 Wir haben den Menschen zu einem Leben in Mühsal geschaffen. 5 Vermeint er denn, niemand werde über ihn Macht haben? 6 Er sagt: „Ich habe jede Menge Vermögen vertan!" 7 Vermeint er denn, niemand habe ihn gesehen? 8 Haben wir ihm nicht zwei Augen gegeben? 9 Eine Zunge und zwei Lippen? 10 Haben wir ihm nicht die zwei richtigen Wege gewiesen? 11 Er aber schlug nicht den Paßpfad ein. 12 Woher weißt du, was der Paßpfad ist? 13 Die Freigabe eines Sklaven 14 oder die Verteilung von Speisen am Tage der Hungersnot 15 an ein verwandtes Waisenkind 16 oder an einen Armen, der im Elend lebt! 17 Ferner gehört dazu, daß man zu denen zählt, die glauben und einander zu Geduld und Barmherzigkeit ermuntern. 18 Das sind die Menschen auf der rechten Seite. 19 Die aber nicht an unsere Wunderzeichen glauben, das sind die von der linken Seite. 20 Über ihnen schließt sich ein Feuer.

Sure 95 „Die Feigen", Vers 1 bis 8: Im Namen Gottes, des Barmherzigen, des Erbarmers! 1 Bei den Feigen und den Oliven! 2 Beim Sinai! 3 Und bei dieser sicheren Ortschaft! 4 Wir haben den Menschen in schönster Gestalt geschaffen. 5 Dann aber machten wir ihn zum Niedrigsten unter den Niedrigen, 6 abgesehen von denjenigen, die glauben und fromme Werke tun. Denn sie werden verdienten Lohn erhalten. 7 Wie kannst du da noch den Glauben für Lüge erklären? 8 Entscheidet Gott nicht am besten?

Diese drei Suren aus der frühmekkanischen Zeit zeigen uns das wirklichkeitsnahe, zwiespältige Bild, das sich der Koran vom Menschen macht. Der Mensch ist das schönste Geschöpf, doch er hat auch die Verdammnis zu gewärtigen, von der nur die Gläubigen, die Gottes Ordnung wahren, ausgenommen sind. Es ist des Menschen Los, mit Plagen und Mühen dem Broterwerb nachzugehen. Doch er ist prahlerisch veranlagt. Hat er einmal ein wenig Vermögen aufgehäuft, verschwendet er es, um vor den anderen als großzügig dazustehen. Er verschmäht es, seinen Besitz in richtiger Weise zu nutzen, etwa zum Freikauf von Sklaven oder zur Unterstützung Bedürftiger. Der Mensch neigt zur Ich-Sucht, betrachtet alles nur von seinem Blickwinkel aus. Reichtum und Überfluß hält er für selbstverständlich, wenn sie ihm zuteil werden. Hat er gerade sein Auskommen, so klagt und jammert er schon und fühlt sich hintangesetzt. Meist bewirken Mahnungen nichts bei ihm. Er hält am kurzsichtigen und rücksichtslosen Besitzstreben fest, und erst wenn es zu spät ist, geht er in sich. Dies ist der Mensch, der sich erkühnt, die von Gott dargebotene Treuhänderschaft auf sich zu nehmen!

Sure 42 „Die Beratschlagung", Vers 13 bis 48: 13 Gott setzt für euch denselben Glauben fest, den er einst Noah anbefohlen hat, das, was wir dir offenbart haben und was wir vorher Abraham, Mose und Jesus anbefohlen haben: „Haltet den Glauben ein und entzweit euch nicht über ihn!" Das, wozu du die Heiden aufrufst, setzt ihnen schwer zu. Gott erwählt zu sich, wen er will, und bringt den auf den rechten Weg zu sich, der sich bußfertig zu ihm wendet. 14 Sie entzweiten sich erst, indem sie gegeneinander vorgingen, als das Wissen zu ihnen gelangt war. Wäre nicht schon vorher ein bis zu einer bestimmten Frist Aufschub gewährendes Wort von seiten deines Herrn ergangen, wäre bereits zwischen ihnen entschieden worden. Diejenigen, die nach ihnen die Schrift als Erbe empfingen, befinden sich über sie in bedenklichem Zweifel. 15 Deshalb rufe auf und bleibe auf dem geraden Weg, wie dir aufgetragen wurde, und folge nicht ihren persönlichen Neigungen, sondern sprich: „Ich glaube an die Schrift, die Gott herabgesandt hat. Ich habe den Auftrag, mit euch gerecht zu sein. Gott ist unser und euer Herr. Uns werden unsere Werke angerechnet, euch die eurigen. Es sei keine weitere Argumentation zwischen uns und euch! Gott wird uns zusammenbringen, denn bei ihm endet alles!" 16 Das Argument derjenigen, die über Gott streiten, nachdem man auf ihn gehört hatte, wird von ihrem Herrn verworfen. Über sie kommt der Zorn Gottes, sie haben eine strenge Strafe zu gewärtigen. 17 Gott ist es, der die Schrift mit der Wahrheit herabgesandt hat, sowie die Waage. Wie kannst du es wissen? Vielleicht ist die Stunde nahe! 18 Die, die nicht an sie glauben, möchten sie schneller herbeiführen. Diejenigen, die glauben, ängstigen sich jedoch vor ihr und wissen, daß sie die Wahrheit ist. Wirklich, wer über die Stunde streitet, ist in einem großen Irrtum befangen! 19 Gott ist freundlich zu seinen Knechten. Er ernährt, wen er will. Er ist der Starke und Mächtige. 20 Wer den Acker des Jenseits bestellen will, dem bestellen wir ihn noch weiter. Wer den Acker des Diesseits bestellen will, dem geben wir hiervon. Doch hat er am Jenseits keinen Anteil. 21 Oder haben sie etwa Teilhaber, die ihnen den Glauben festsetzten, wozu Gott doch keine Erlaubnis gab? Wäre

nicht das Wort der Bestimmung ergangen, wäre schon zwischen ihnen entschieden. Die Frevler haben eine schmerzhafte Strafe zu gewärtigen.
22 Da siehst du die Frevler, wie sie sich vor dem ängstigen, was sie an Taten erworben haben, während es über sie hereinzubrechen droht. Die aber, die glaubten und gute Werke taten, sind auf den Wiesen des Paradieses. Ihnen wird bei ihrem Herrn alles gewährt, was sie möchten. Das ist die große Huld.
23 Das ist es, was Gott seinen Knechten verheißt, die glauben und gute Werke tun. Sprich: „Ich verlange von euch hierfür[18] keinen Lohn außer der unter Verwandten üblichen Zuneigung!" Wer eine gute Tat begeht, dem erweisen wir dafür noch darüber hinaus Gutes. Gott ist verzeihend und dankbar.
24 Oder sagen sie etwa: „Muḥammad hat Lügen über Gott erfunden!" Wenn Gott will, versiegelt er dein Herz. Doch Gott löscht die Unwahrheit aus und verhilft mit seinen Werken der Wahrheit ans Licht. Er weiß, was in der Brust verborgen ist.
25 Er ist es, der von seinen Knechten die Buße annimmt, die Missetaten verzeiht und weiß, was ihr tut.
26 Er erhört diejenigen, die glaubten und fromme Werke taten, und schenkt ihnen noch zusätzlich von seiner Huld. Die Ungläubigen aber haben eine strenge Strafe zu gewärtigen.
27 Hätte Gott seinen Knechten zu reichlichen Lebensunterhalt gewährt, verübten sie Übergriffe im Land. Er schickt aber genau abgemessen herab, was er will. Er kennt und durchschaut seine Knechte.
28 Er schickt den Regen herab, nachdem sie schon verzagt haben, und breitet seine Barmherzigkeit aus. Er ist der Freund, der Lobenswerte.
29 Zu seinen Wunderzeichen gehört, daß er die Himmel und die Erde geschaffen hat und alle Tiere, die er in beiden sich ausbreiten ließ. Er ist imstande, sie wieder zu sich zu sammeln, wenn er will.
30 Jedes Unheil, das euch trifft, geschieht durch das, was eure Hände begehen. Dabei verzeiht er noch vieles!
31 Ihr könnt auf Erden Gott nicht ausschalten. Außer ihm habt ihr weder einen Freund noch einen Helfer.
32 Zu seinen Wunderzeichen gehören die über das Meer segelnden Schiffe, Wegmalen ähnlich.
33 Wenn er will, läßt er den Wind abflauen, so daß sie auf der Oberfläche des Meeres stehenbleiben. Hierin liegen Wunderzeichen für jeden Ausharrenden, Dankbaren.
34 Oder aber er läßt sie untergehen wegen der Taten, die die Passagiere erworben haben. Vieles aber verzeiht er.
35 Es sollen diejenigen, die über unsere Wunderzeichen streiten, wissen, daß es für sie kein Entrinnen gibt.
36 Alles, was ihr bekommt, dient nur zum Nießbrauch im diesseitigen Leben. Was bei Gott liegt, ist besser und dauerhafter für diejenigen, die glauben und sich auf ihren Herrn verlassen,
37 für diejenigen, die die großen Sünden und die Schandtaten meiden und die vergeben, wenn sie einmal erzürnt waren,
38 für diejenigen, die auf ihren Herrn hören und das Gebet einhalten, die über ihre Angelegenheit untereinander beratschlagen und von dem spenden, was wir ihnen zum Unterhalt gewährt haben,
39 für diejeni-

gen, die sich zu helfen wissen, wenn ihnen eine Gewalttat zugefügt wurde. 40 Eine Missetat wird mit einer gleichen Missetat vergolten. Doch wer verzeiht und einen Ausgleich herbeiführt, dessen Belohnung obliegt Gott. Er liebt die Frevler nicht. 41 Wer sich zu helfen weiß, wenn ihm ein Unrecht geschehen ist, gegen den soll man nicht vorgehen. 42 Vorgehen soll man allein gegen diejenigen, die den Menschen Unrecht zufügen und zu unrecht Gewalttaten im Lande verüben. Jene haben eine schmerzhafte Strafe zu gewärtigen. 43 Wer jedoch geduldig ist und vergibt – solches Verhalten ist ein Zeichen von Entschlossenheit. 44 Wen Gott in die Irre führt, der hat nach Gott keinen Freund mehr, und du siehst, wie die Frevler sagen, nachdem sie die Strafe gesehen haben: „Gibt es keine Möglichkeit zu ihrer Abwehr?" 45 Und du siehst sie, wie sie dem Feuer dargeboten werden, sich in Demut erniedrigend, mit verstohlenen Blicken um sich schauend. Dann sagen die Gläubigen: „Die wirklichen Verlierer sind die, die am Tag der Auferstehung sich selber und ihre Angehörigen verloren haben." Tatsächlich, die Frevler werden einer andauernden Bestrafung unterzogen. 46 Sie haben keine Freunde, die ihnen an Gottes Stelle hätten helfen können. Wen Gott in die Irre führt, dem bleibt kein Weg mehr. 47 Darum hört auf euren Herrn, bevor ein Tag kommt, den Gott nicht mehr abwenden wird. Dann habt ihr keinen Zufluchtsort mehr, dann gibt es für euch nichts mehr zu leugnen. 48 Wenn sie sich abwenden, so haben wir dich nicht als ihren Beschützer ausgesandt. Dir obliegt nur die Übermittlung. Wenn wir den Menschen eine Barmherzigkeit von uns spüren lassen, frohlockt er darüber. Doch wenn sie wegen der Werke ihrer Hände ein Unheil trifft, (dann klagen sie). Denn der Mensch ist undankbar.

Die Schriftbesitzer sind in dieser mekkanischen Sure ein Beispiel für die Streitsucht des Menschen, über die im Koran oft geklagt wird und die Muḥammad häufig schwer zu schaffen machte. Der Mensch verschließt sich nur zu gern fremden Argumenten, können diese auch die höchste, die göttliche Autorität für sich ins Feld führen. Viel lieber hängt er seinen eigenen, oft unvernünftigen Vorstellungen nach. Diese Unzugänglichkeit für klare Beweise und Belehrungen schlägt sich in der Leichtfertigkeit und Kurzsichtigkeit nieder, mit denen der Mensch sein Schicksal im Diesseits aufs Spiel setzt. Er verliert sich an die kleinen Geschäfte des Alltags und ist nicht in der Lage, langfristig und vorausschauend zu planen. Dabei läuft er Gefahr, sein Heil zu verlieren. Nur der Tatsache, daß Gott diesem Treiben eine bestimmte Zeitspanne eingeräumt hat, ist es zu verdanken, daß der Mensch weiter in Sorglosigkeit, Ich-Sucht und Borniertheit sein Leben genießt. Anderenfalls hätte Gott in seinem Zorn längst die einzig mögliche Schlußfolgerung gezogen und die Menschheit vernichtet.

So lebt der Mensch im Übermut, von seinem Reichtum verblendet, und wiegt sich in der Hoffnung, sich dem Zugriff seines Schöpfers entziehen zu können. Hätte Gott ihn mit noch mehr Gaben bedacht, führte er sich noch frecher auf. Wieder folgt die Warnung, daß aller Besitz nur auf kurze Zeit zur Verfügung gestellt wurde und daß es anzuraten sei, mit Gott ins reine zu kommen. Die Missetäter werden eine schwere Strafe über sich ergehen lassen müssen. Aus diesem Gedanken heraus entwikkelt sich eine allgemeine Verhaltensmaßregel: Übergriffe sind mit gleichen Maßnahmen zu beantworten; Lohn bei Gott erwirbt allerdings derjenige, der eine Versöhnung zustandebringt. Wenn auch Geduld und Bereitschaft zum Vergeben gelobt werden, ist es doch keineswegs anstößig, sondern sogar empfehlenswert, gegen Missetäter entschlossen vorzugehen. Verzeihen um jeden Preis, ja Feindesliebe liegt dem Islam fern. Der Muslim ist wie jeder andere Mensch mit den im Koran so offen dargelegten schlechten Eigenschaften behaftet. Daher ist es angebracht, Streitfällen und Unrecht mit den angemessenen Mitteln zu begegnen. Die Grundsätze einer am praktischen Handeln entwickelten wirklichkeitsnahen Ethik, wie sie insbesondere der sunnitische Islam kennt,[19] decken sich durchaus mit dem koranischen Menschenbild. Auch von hier aus betrachtet, besteht kein Widerspruch zwischen Muḥammad, dem Verkünder des Gotteswortes und der vom Schöpfer gewollten Ordnung des Diesseits, und Muḥammad, dem kriegführenden und diplomatische Finessen einfädelnden Staatsmann. Der Islam, ausgestattet mit einem wirklichkeitsnahen Menschenbild, ist der Glaube, der in einer Gemeinschaft von wirklichen Menschen gestaltet werden soll.

Sure 46 „Die Dünen", Vers 15 bis 18: 15 Und wir haben dem Menschen auferlegt, an seinen Eltern gut zu handeln. Seine Mutter hat ihn widerstrebend getragen; widerstrebend hat sie ihn geboren. Dreißig Monate dauert es von dem Augenblick an, wo sie mit ihm schwanger wurde, bis zu seiner Entwöhnung. Wenn er schließlich mannbar geworden ist und dann das Alter von vierzig Jahren erreicht hat, sagt er: „Mein Herr! Halte mich dazu an, daß ich dir für deine Gnade, die du mir und meinen Eltern erwiesen hast, dankbar bin, und daß ich Gutes tue, woran du Wohlgefallen findest! Und gib mir Gedeihlichkeit in meiner Nachkommenschaft! Ich wende mich bußfertig zu dir, ich bin einer, der sich ganz zu dir wendet (d.h. ich bin Muslim)!" 16 Jene sind es, von denen wir ihre besten Taten annehmen und über deren Missetaten wir hinwegsehen. Sie gehören zu den Paradiesgefährten. Dies ist das wahrhaftige Versprechen, das ihnen gegeben wurde. 17 Der aber, der zu seinen Eltern spricht: „Pfui über euch! Ihr wollt mir versprechen, daß ich wieder (aus der Erde) hervorgebracht werde, wo doch schon vor mir so viele Geschlechter dahingegangen sind?" (und dann zusieht) wie beide Gott um Hilfe anflehen: „Weh dir! Glaube doch! Gottes Versprechen ist Wahrheit!" während er entgegnet: „Dies sind nichts weiter als die Geschichten der Altvorderen!" – 18 Solche Leute sind es, auf die das Wort über die Gemeinschaft der Menschen und der Dschinnen, die vor dieser Zeit dahingegangen sind, zutrifft: „Sie waren Verlierer!"

Die Ehrfurcht vor den Eltern ist ein beliebtes Thema der islamischen Erbauungsliteratur. Dankbarkeit für die Güte, die der Mensch von ihnen erfahren hat, ist seine Pflicht. Im reifen Mannesalter begreift er dies und erkennt, daß in der Güte seiner Eltern die Gnade Gottes sichtbar wird, die er jetzt auf seine eigene Nachkommenschaft herabfleht. Freilich nur der Gläubige vermag seinen Eltern gegenüber solche Pietät zu zeigen.

Sure 18 „Die Höhle", Vers 54 bis 58: 54 Wir haben in diesem Koran für die Menschen alle Arten von Gleichnissen abgewandelt. Der Mensch ist nämlich vor allem anderen aufs Disputieren aus! 55 Nichts anderes hinderte die Leute, gläubig zu werden, sobald die Rechtleitung zu ihnen kam, und ihren Herrn um Vergebung zu bitten, als daß sie verlangten, es sollte mit ihnen wie mit ihren Vorfahren geschehen oder die Strafe sollte sichtbar vor ihnen[20] erscheinen. 56 Doch wir schicken die Gesandten nur als Freudenboten und Warner. Diejenigen, die nicht glauben, streiten mit falschen Argumenten, um damit die Wahrheit zu widerlegen. Sie treiben ihren Spott mit meinen Wunderzeichen und Warnungen. 57 Wer ist frevelhafter als diejenigen, die durch die Wunderzeichen ihres Herrn gemahnt worden sind, sich dann aber abwandten und vergaßen, was ihre Hände an Werken vollbrachten? Wir haben über ihr Herz eine Hülle gezogen, so daß sie das nicht einsehen können, und ihre Ohren schwerhörig gemacht. Wenn du sie zur Rechtleitung rufst, werden sie sich infolgedessen nie leiten lassen. 58 Doch dein Herr ist verzeihend und barmherzig. Würde er sie entsprechend ihren Taten belangen, müßte er ihre Bestrafung beschleunigen. Doch sie haben eine Frist gesetzt bekommen, der sie allerdings nicht entrinnen werden.

Sure 39 „Die Scharen", Vers 8: Wenn den Menschen ein Unglück trifft, ruft er seinen Herrn an, indem er sich reumütig zu ihm wendet. Dann aber, wenn er ihm eine Gnadengabe zukommen läßt, vergißt er, wie er ihn vorher angerufen hat, und gesellt Gott Gefährten bei, um andere von dem Pfad Gottes in die Irre zu leiten. Sprich: „Genieße in deinem Unglauben noch ein wenig! Du bist einer von den Gefährten des Feuers!"

Sure 5 „Der Tisch", Vers 12 bis 14: 12 Gott hatte von den Kindern Israels die Verpflichtung entgegengenommen. Wir entsandten aus ihrer Mitte zwölf Vertreter. Gott sagte: „Ich bin mit euch. Wenn ihr das Gebet einhaltet, die Steuer abführt, an meine Gesandten glaubt, sie unterstützt und Gott ein schönes Darlehen gebt, dann will ich eure Missetaten tilgen und euch in Gärten bringen, durch die unten Bäche fließen. Wer hiernach von euch ungläubig wird, der ist vom geraden Weg abgeirrt." 13 Doch weil sie ihre Verpflichtung nicht eingehalten haben, haben wir sie verflucht und ihnen das Herz verhärtet. Sie verdrehten die Worte aus ihrem eigentlichen Sinn und vergaßen einen Teil dessen, woran sie erinnert worden waren. Immer noch kommst du hinter einen Verrat von ihnen – abgesehen von wenigen unter ihnen. Vergib ihnen und übe Nachsicht! Gott liebt die, die Gutes tun. 14 Auch von denen, die sagen: „Wir sind Christen!" nahmen wir eine Verpflichtung entgegen. Auch sie vergaßen einen Teil von dem, woran sie erinnert worden waren. Deshalb zettelten wir unter ihnen Feindschaft und Haß bis zum Tag der Auferstehung an. Gott wird ihnen dann mitteilen, was sie zu tun pflegten.

Wenn es schon dem Menschen nur selten gelingt, in Ehrfurcht seiner Eltern zu gedenken, so vergißt er noch rascher, die allgegenwärtigen Wunderzeichen Gottes zu beachten und seinem Schöpfer zu danken. Immer wieder hat Gott den Menschen mitgeteilt, nach welchen Normen sie ihr Leben ausrichten sollen, um das Anrecht auf ein glückhaftes Jenseits zu erwerben, aber sie setzten sich nur zu bald über diese Ermahnungen hinweg oder begannen, sie mit ihrem streitsüchtigen Verstand zu bekritteln. Die Juden und die Christen sind dem Koran abschreckende Beispiele dafür, wohin diese Gottvergessenheit schließlich führen muß: in die Auflösung der friedlichen Gemeinschaftsbindungen, an deren Stelle Haß und Feindschaft treten. Wieder werden im Koran die auf das Gemeinwesen bezogenen unvorteilhaften Auswirkungen einer menschlichen Schwäche sichtbar gemacht, ähnlich wie es bei der Erörterung des Vorgehens gegen die Folgen des Übermuts und der Selbstüberhebung der Fall war. Wenn im Koran vom Menschen, seinen Vorzügen und Fehlern die Rede ist, dann werden die betreffenden Aussagen mittelbar oder unmittelbar stets auf den Menschen als das Einzelglied eines wirklichen Gemeinwesens bezogen. Das Heil des Einzelmenschen steht auf dem Spiel, doch es kann nicht durch ichsüchtige Absonderung aus der Gesellschaft gerettet werden, sondern nur, indem man sich zu einem gemeinschaftstauglichen Glied des nach dem göttlichen Gesetz ausgerichteten islamischen Gemeinwesens entwickelt.

Sure 2 „Die Kuh", Vers 40 bis 61: 40 Kinder Israels! Gedenkt meiner Gnadengabe, die ich euch gewährt habe! Erfüllt die Verpflichtung mir gegenüber, dann will ich die Verpflichtung euch gegenüber erfüllen! Vor mir aber ängstigt euch! 41 Glaubt an das, was ich auf euch herabgesandt habe zur Bestätigung dessen, was ihr schon habt! Seid nicht die ersten, die nicht daran glauben! Kauft nicht für meine Wunderzeichen eine minderwertige Ware ein! Mich aber fürchtet! 42 Verwirrt nicht die Wahrheit durch die Unwahrheit, verschweigt die Wahrheit nicht, wo ihr doch um sie wißt! 43 Haltet das Gebet ein, führt die Läuterungsgabe ab und werft euch mit denen nieder, die sich niederwerfen! 44 Wollt ihr denn den Menschen Frömmigkeit befehlen, während ihr euch selbst vergeßt, obwohl ihr die Schrift rezitiert? Habt ihr denn keinen Verstand? 45 Erwählt euch die Geduld und das Gebet zur Hilfe! Es ist zwar schwer, doch nicht für die Demütigen, 46 die annehmen, daß sie vor ihren Herrn treten und zu ihm zurückkehren werden. 47 Kinder Israels! Gedenkt meiner Gnadengabe, die ich euch erwiesen habe, und daß ich euch vor den anderen Menschen ausgezeichnet habe! 48 Und fürchtet einen künftigen Tag, an dem keine Seele einer anderen etwas zum Ersatz geben kann, an dem von ihr keine Fürbitte angenommen und kein Lösegeld akzeptiert werden wird, an dem niemandem geholfen wird! 49 Einst haben wir euch vor der Sippe des Pharao errettet, die euch schlimme Peinigung auferlegt hatte, indem sie eure Söhne geschlachtet, eure Frauen aber am Leben gelassen hatte. Hierin liegt eine schwere Prüfung von seiten eures Herrn. 50 Einst haben wir für euch das Meer geteilt und euch so errettet, während wir die Sippe Pharaos vor euren Augen ertränkten. 51 Einst hatten wir uns mit Mose für vierzig Nächte verabredet. Dann aber schuft ihr euch, nachdem er fortgegangen war, das Kalb! Ihr wart Frevler! 52 Danach verziehen wir euch. Vielleicht würdet ihr dankbar sein. 53 Einst hatten wir Mose die Schrift und die Rettung gebracht, vielleicht daß ihr euch rechtleiten ließet! 54 Einst sagte nämlich Mose zu seinem Volk: „Mein Volk! Ihr habt gegen euch selbst gefrevelt, weil ihr euch das Kalb schuft! Wendet euch nun bußfertig zu eurem Schöpfer und tötet euch selbst![21] Das ist besser für euch vor eurem Schöpfer! Dann wendet er sich danach euch wieder zu. Er ist der Barmherzige, der sich dem Sünder zuwendet!" 55 Einst sagtet ihr: „Mose, wir werden dir nicht glauben, ehe wir nicht Gott deutlich sehen!" Da erfaßte euch ein Blitzschlag, während ihr zuschautet! 56 Hierauf erweckten wir euch wieder, nachdem ihr gestorben wart. Vielleicht würdet ihr dankbar sein. 57 Wir ließen über euch Wolken Schatten spenden und auf euch Manna und Wachteln herabkommen: „Eßt von den guten Dingen, mit denen wir euch speisen!" Nicht gegen uns, sondern gegen sich selber pflegten sie zu freveln! 58 Einst sagten wir: „Betretet diese Ortschaft und eßt nach eurem Belieben in aller Annehmlichkeit, was ihr dort vorfindet! Tretet durch das Tor ein, indem ihr euch niederwerft, und ruft: ‚Wir haben gesündigt!'[22] Dann wollen wir euch eure Sünden vergeben. Und wir werden denen, die Gutes tun, dereinst noch mehr geben." 59 Da setzten diejenigen, die frevelten, an die Stelle jenes Ausrufes einen anderen als den, der ihnen gesagt worden war. Deshalb sandten wir

auf die Frevler eine Strafe vom Himmel, weil sie gesündigt hatten.
60 Einst bat Mose um Wasser für sein Volk. Da sprachen wir: „Schlag mit deinem Stab einen Stein!" Und es entsprangen zwölf Quellen aus ihm, alle Menschen wußten ihren Trinkplatz: „Eßt und trinkt von dem Unterhalt, den Gott euch gewährt, doch richtet im Land kein Verderben an, indem ihr Unheil stiftet!"
61 Einst sagtet ihr: „Mose, wir werden es nicht bei ein und derselben Speise aushalten. Ruf für uns deinen Herrn an, dann wird er uns einiges von dem, was die Erde sprießen läßt, hervorbringen, Gemüse, Gurken, Knoblauch, Linsen und Zwiebeln!" Er erwiderte: „Ihr wollt also etwas, das geringer an Wert ist, gegen das eintauschen, was besser ist? Dann zieht doch wieder nach Ägypten hinab! Dann habt ihr, worum ihr bittet!" Deshalb wurden sie mit Erniedrigung und Elend geschlagen und zogen sich den Zorn Gottes zu! Dies deswegen, weil sie nicht an die Wunderzeichen Gottes glaubten und zu unrecht die Propheten töteten – dies deswegen, weil sie aufsässig und feindselig waren!

Die Geschichte vom Auszug der Israeliten aus Ägypten ist ein treffendes Beispiel dafür, daß die Gottvergessenheit einiger Mitglieder einer Gemeinschaft immer wieder höchste Gefahren für alle heraufbeschwört. An vielen Stellen mahnt der Koran deshalb die Zuhörer, gegen die menschliche Schwäche der Vergeßlichkeit und Gedankenlosigkeit anzukämpfen.

Sure 11 „Hud", Vers 120 bis 123:
120 Und von den Nachrichten über die Gesandten berichten wir dir alles, womit wir dein Herz bestärken. In all dem ist zu dir die Wahrheit gekommen, eine Warnung und eine Mahnung für die Gläubigen.
121 Sprich zu denen, die nicht glauben: „Tut weiter wie bisher! Auch wir werden handeln (wie wir es für richtig halten)!
122 Wartet ab! Auch wir werden abwarten!"
123 Gott gehört, was in den Himmeln und auf der Erde verborgen ist. Zu ihm wird alles zurückgebracht. Darum verehre ihn! Vertraue auf ihn! Dein Herr übergeht nicht, was ihr tut!

Sure 39 „Die Scharen", Vers 9 und Vers 21 bis 22:
9 Ist denn jemand, der sich zu bestimmten Zeiten in der Nacht vor Gott demütigt, indem er sich niederwirft und wieder aufsteht, jemand, der sich vor dem Jenseits ängstigt und auf die Barmherzigkeit seines Herrn hofft (einem Ungläubigen gleichzusetzen)? Sprich: „Sind denn diejenigen, die wissen, denen gleichzusetzen, die nicht wissen?" Nur diejenigen, die Verstand haben, lassen sich mahnen ...
21 Hast du nicht gesehen, daß Gott vom Himmel Wasser herabkommen ließ, welches er dann in Quellen unter der Erde fließen ließ? Dann ließ er damit verschiedene Arten von Getreide heraus-

kommen. Darauf verdorrt es, und du siehst, wie es gelb geworden ist. Dann läßt er es zerbröckeln. Hierin liegt eine Mahnung für die Verständigen. 22 Ist denn jemand, dem Gott die Brust für den Islam geöffnet hat, so daß er sich jetzt in einem Licht von seinem Herrn befindet, (einem Ungläubigen gleichzusetzen)? Wehe denen, deren Herz sich vor der Mahnung Gottes verhärtet! Sie sind in einem offenkundigen Irrtum befangen!

Sure 13 „Der Donner", Vers 18 bis 19: 18 Denjenigen, die auf ihren Herrn hörten, wird das Schönste zuteil. Die aber, die nicht auf ihn hörten, würden sich dereinst, wenn ihnen alles auf der Welt gehörte und noch einmal soviel, gern mit all dem freikaufen. Doch steht ihnen eine schlimme Abrechnung bevor! Ihre Bleibe ist die Hölle, ein schlimmes Lager! 19 Ist denn derjenige, der weiß, daß das, was von Seiten deines Herrn auf dich herabgesandt wurde, die Wahrheit ist, einem Blinden gleich? Allein die Verständigen lassen sich mahnen!

Sich vom Wort Gottes und den Naturphänomenen, die er in Gang hält, mahnen zu lassen, ist das Gegenteil der Gottvergessenheit und Leichtfertigkeit der Ungläubigen. Der Mensch ist durchaus in der Lage, all die Wunderzeichen, die der Koran erwähnt, in der richtigen Weise zu deuten. Streitsucht, Überheblichkeit, Selbstgerechtigkeit sind die schlechten Eigenschaften des Menschen, die immer wieder in Erscheinung treten, und viele Menschen, deren Herz Gott verhärtet hat, werden sich niemals mahnen lassen und damit nie zu Mitgliedern des auf der göttlichen Ordnung beruhenden Gemeinwesens im Diesseits werden und folglich auch nicht in das Paradies eingehen können. Doch handelt es sich bei diesen Verlorenen um Menschen, die ihrer eigentlichen Bestimmung nicht gerecht werden konnten. Dies bringt Sure 30 „Die Byzantiner", Vers 30, zum Ausdruck: Darum richte dein Gesicht als Gottsucher auf den Glauben! Dies gilt als die ursprüngliche Art, in der Gott die Menschen geschaffen hat. Niemand kann die Schöpfung Gottes verändern! Das ist der richtige Glaube, doch die meisten Menschen wissen das nicht! – Der Mensch ist zu Gott hin geschaffen, nur ist ihm diese grundlegende Tatsache seines Seins meist nicht bewußt. In zahlreichen Muḥammad in den Mund gelegten Aussprüchen wird versichert, daß jedes Kind, welches geboren wird, durch diese Geschaffenheit zu Gott hin ausgezeichnet ist, die meist mit dem Islam, jener religiösen Urhandlung der völligen Hinwendung des Menschen zu seinem Schöpfer, gleichgesetzt wird. Erst dem Einfluß der Eltern sei es zuzuschreiben, wenn das Kind zu einem Juden, Christen oder Zoroastrier werde – genau wie etwa neugeborene Kamelfüllen stets mit heilen Ohren zur Welt kämen; erst der Mensch verleihe ihnen ihre Markierung, indem er einen bestimmten Teil des Ohres abschneide.[23] Nur durch die Eingriffe von Menschen, die in falschen, menschengemachten Überlieferungen und Umdeutungen der einzig richtigen Urreligion[24] befangen sind, werden Kinder auf jenen verhängnisvollen Pfad gestoßen, bei dessen Durchwanderung sich die nachteiligen Eigenschaften des Menschen herausbilden. Der Übertritt zum Islam kann sie hiervon wieder befreien und bewirkt, daß sich die positiven Anlagen des Menschen entfalten können: Der Mensch wandelt sich zum gemeinschaftstauglichen Glied des auf der göttlichen Ordnung beruhenden Gemeinwesens. Die „Geschaffenheit zu Gott hin" ist somit als die durch die gesamte Menschheitsgeschichte – bald offen, bald verdeckt – wirksame Folge jenes Bundes zu verstehen, den Gott vor aller Geschichte mit der Nachkommenschaft Adams schloß, indem er sie hieß, ihn als ihren Herrn anzuerkennen.[25] In Sure 9 „Die Buße", Vers 111, wird ausgesprochen, welche praktischen Folgen sich für den einzelnen Gläubigen ergeben, der seine „Geschaffenheit zu Gott hin" zur Grundlage seines Handelns innerhalb des islamischen Gemeinwesens macht: Gott hat den Gläubigen ihr Leben und ihr Vermögen um den Preis abgekauft, daß ihnen das Paradies zuteil wird. Deshalb kämpfen sie auf dem Wege Gottes, töten oder werden getötet. Dies ist ein wahres Versprechen, dessen Erfüllung ihm obliegt, angekündigt in der Tora, im Evangelium und im Koran. Wer hält seine Verpflichtung besser ein als Gott? Darum freut euch über euer Geschäft, das ihr abgeschlossen habt! Das ist der gewaltige Gewinn!

Der Mensch, der durch die Annahme des Islams seine ursprünglichen Anlagen freigelegt hat, ist nun ohne weiteres imstande, die Verpflichtungen, die ihm das göttliche Gesetz abverlangt, einzuhalten. „Gott wünscht für euch Erleichterung, nicht Beschwernis!" wird in Sure 2 „Die Kuh", Vers 185, im Zusammenhang mit Bestimmungen zum Ramadan-Fasten verkündet. Ähnlich lautet ein Satz in der 65. Sure „Die Ehescheidung", Vers 4: „Wer Gott fürchtet, dem verschafft er in seiner Angelegenheit Erleichterung." Daß bestimmte Speiseverbote der Juden und das Mönchtum der Christen Erschwernisse darstellen, die in der ursprünglichen göttlichen Ordnung keineswegs vorgesehen seien, sondern allein auf eigenmächtigen Weiterentwicklungen dieser Ordnung beruhten, ist eine Ansicht des Korans, die in anderem Zusammenhang schon erörtert wurde. Die Menschen, die von ihrer „Geschaffenheit zu Gott hin" abgewichen sind und sich in Zwistigkeiten und Gottvergessenheit haben verstricken lassen, erfanden Formen der Entsagung und Selbstkasteiung, die über ihre Kraft hinausgingen. Gott aber erlegt dem Menschen nur soviel auf, wie dieser auch wirklich tragen kann.[26] So ist das Menschenbild des Korans, das auf den ersten Blick vor allem von den Charakterschwächen geprägt zu sein scheint, im Grunde durch und durch optimistisch und positiv. Denn die Schwächen werden letzten Endes als Folgen des Unglaubens gedeutet. Der Koran bejaht die Welt als den Ort der Bewährung des Menschen als eines Gliedes eines Gemeinwesens, und er bejaht entschieden die Fähigkeit des Menschen, diese Bewährungsprobe zu bestehen und sich damit auf ein glückhaftes Jenseits vorzubereiten. Voraussetzung freilich ist die Rückkehr zur „Geschaffenheit zu Gott hin". Diese aber wird vollzogen mit der Islam-Annahme, der religiösen Urgeste der völligen Hinwendung zu dem einen Schöpfer.

3. Die Engel, der Satan und die Dschinnen

Sure 16 „Die Bienen", Vers 43 bis 50: 43 Vor dir sandten wir nur Männer aus, denen wir Eingebungen zuströmen ließen. Fragt die Leute der Mahnung,[27] wenn ihr dies nicht wißt! 44 Wir sandten sie mit klaren Beweisen und mit den Büchern. Wir sandten die Mahnung auch auf dich herab, damit du den Menschen erklärtest, was ihnen offenbart worden war. Vielleicht würden sie nachdenken. 45 Sind denn diejenigen, die schlimme Ränke schmieden, davor sicher, daß Gott sie in die Erde versinken läßt oder die Strafe von dort über sie kommt, von wo her sie es nicht vermuten? 46 Oder daß (Gott)[28] sie in ihrem Treiben packt und sie sich dann nicht dagegen wehren können? 47 Oder daß er sie packt, während sie sich schon fürchten? Dein Herr ist gütig und barmherzig. 48 Haben sie denn noch nie auf die Dinge geschaut, die Gott erschaffen hat? Wie sich deren Schatten von rechts und von links fortwendet, indem sie sich vor Gott niederwerfen und sich demütigen? 49 Vor Gott werfen sich alle nieder, die in den Himmeln und auf Erden sind, jedes Tier und auch die Engel. Sie sind nicht hochmütig. 50 Sie fürchten ihren Herrn über sich und tun, was ihnen befohlen wird.

Sure 40 „Der verzeiht", Vers 7 bis 9: 7 Diejenigen Engel, die den Thron tragen, und die um ihn herum, singen das Lob ihres Herrn, glauben an ihn und bitten ihn um Verzeihung für die, die glauben: „Unser Herr, du umschließt alles mit deiner Güte und deinem Wissen. Vergib denen, die sich bußfertig zu dir wenden und deinem Pfad folgen, und schütze sie vor der Strafe des Höllenfeuers! 8 Unser Herr, bringe sie in die Gärten von Eden, die du ihnen verheißen hast, und auch die unter ihren Vätern, Gattinnen und Nachkommen, die fromm waren! Du bist der Mächtige, der Weise! 9 Und schütze sie vor den Übeln! Wen du vor den Übeln an jenem Tag schützst, dessen erbarmst du dich, und das ist der gewaltige Gewinn!"

Im Gegensatz zu den Menschen sind die Engel stets und ständig Gott gehorsam. Ihnen fehlen die Schwächen der Menschen, die vermeinen, gegen Gott Ränke schmieden und sich seinem Zugriff entziehen zu können. Als Gott den Plan faßte, den Menschen als Nachfolgern der Engel die Erde zu übergeben, waren diese über den Entschluß erstaunt, denn sie wußten, daß der Mensch sich nicht immer um Gottes Gebote kümmern würde, während sie selber keinen Deut davon abwichen. Die Engel können nach koranischer Vorstellung die Gesetze Gottes nicht übertreten, eben weil sie im Gegensatz zum Menschen keinerlei eigene Entscheidung zu treffen vermögen. „Wir wissen nichts, abgesehen von dem, was du uns lehrst!" (Sure 2, Vers 32) bekennen sie vor dem Schöpfer, der Adam die Namen aller Wesen lehrt und ihm damit Macht über sie gibt.[29] Da den Engeln jegliche eigene Willensregung fehlt, werden sie im Koran häufig als Diener Gottes geschildert. Sie tragen seinen Thron, wie es in der oben wiedergegebenen Stelle heißt. Gott läßt die Menschen während ihres ganzen Lebens durch Engel überwachen; wenn schließlich die letzte Stunde geschlagen hat, tritt der Engel des Todes zum Menschen und ruft ihn ab.

Sure 50 „Qāf", Vers 16 bis 21: 16 Wir haben den Menschen geschaffen und wissen, was ihm seine Seele einflüstert, denn wir sind ihm näher als seine Halsschlagader. 17 Dereinst nehmen ihn dann zwei Engel in Empfang, je zur Rechten und Linken sitzt einer von ihnen. 18 Der Mensch spricht nicht ein Wort, ohne daß bei ihm ein Aufpasser bereit steht! 19 Die Todespein bringt dann die Wahrheit: „Das ist es, wovor du auszuweichen pflegtest!" 20 Und es wird in die Posaune gestoßen! Das ist der Tag des Versprechens. 21 Dann kommt eine jede Seele. Mit ihr sind einer, der sie geleitet, und ein Zeuge!

Der oder die Todesengel werden im Koran häufig genannt. Sie machen den Menschen nicht nur Vorhaltungen wegen ihres Unglaubens, sondern peinigen sie auch.

Sure 32 „Die Prosternation", Vers 10 bis 12: 10 Die Ungläubigen sagen: „Wenn wir auf Erden in die Irre gegangen sind, gibt es dann für uns etwa eine neue Erschaffung?" Nein! In Wirklichkeit glauben sie nicht an die Begegnung mit ihrem Herrn! 11 Sprich: „Der Todesengel, der mit euch beauftragt wurde, wird euch zu sich nehmen! Darauf werdet ihr vor euren Herrn zurückgebracht!" 12 Wenn du nur die Verbrecher sehen könntest, wie sie den Kopf hängen lassen und vor ihrem Herrn stehen: „Herr, wir haben es jetzt gesehen und gehört! Bring uns zurück, dann wollen wir fromme Werke tun! Wir haben nun Gewißheit!"

Sure 8 „Die Beute", Vers 49 bis 51: 49 Einst sagten die Heuchler und diejenigen, in deren Herzen eine Krankheit ist: „Ihr Glaube hat diese hier getäuscht!" Doch wer sich auf Gott verläßt, der weiß: Gott ist mächtig und weise! 50 Könntest du nur sehen, wie dereinst die Engel diejenigen, die nicht glauben, zu sich holen und ihnen ins Gesicht und auf das Hinterteil schlagen: „Kostet nun die Strafe des Höllenbrandes! 51 Dies ist für die Werke eurer Hände, denn Gott übervorteilt die Knechte nie!"

„Lob sei Gott, dem Schöpfer der Himmel und der Erde, der die Engel als Gesandte geschaffen hat, mit zwei, drei oder vier Flügelpaaren!" So beginnt die 35. Sure „Der Schöpfer". Die Engel sind die zuverlässigen und treuen Boten Gottes und teilen der Schöpfung seinen Willen mit. Sure 2 „Die Kuh", Vers 97 bis 98: 97 Sprich: „Wenn jemand ein Feind Gabriels ist – er ist es doch, der mit Gottes Erlaubnis (den Koran) dir in das Herz herabgesandt hat, als Bestätigung der vorherigen Offenbarungen, als Rechtleitung und als Freudenbotschaft für die Gläubigen – 98 wenn also jemand ein Feind Gottes, seiner Engel und seiner Gesandten und Gabriels und Michaels ist, nun, Gott ist der Feind der Ungläubigen!" – Das Botenamt der Engel wird hier ganz klar hervorgehoben. Die vornehmste Pflicht, die sich aus diesem Amt ergab, war die Übermittlung des Korans, die Gabriel übernommen hatte.

Sure 16 „Die Bienen", Vers 1 bis 2: 1 Die Fügung Gottes liegt vor, treibt daher Gott nicht zur Eile! Er ist gepriesen und erhaben über die, die man ihm beigesellt! 2 Er läßt die Engel mit der Offenbarung von seiner Fügung auf diejenigen seiner Knechte herabsteigen, die ihm belieben: „Warnt, denn es gibt keinen Gott außer mir! Darum fürchtet mich!"

Dieses Botenamt der Engel ist für den Koran so wichtig, daß er sie unter die Hauptgegenstände des islamischen Glaubens einreiht. Sure 4 „Die Frauen", Vers 136: Ihr, die ihr glaubt! Glaubt an Gott, seinen Gesandten und das Buch, das er auf seinen Gesandten herabgeschickt hat, und an das Buch, das er schon vorher herabgesandt hatte! Wer nicht an Gott, seine Engel, seine Bücher, seine Gesandten und den Jüngsten Tag glaubt, ist weit in die Irre gegangen!

Freilich schlägt nicht die Tätigkeit aller Engel den Menschen zum Guten aus. In Sure 2 „Die Kuh", Vers 102, findet sich eine eigenartige Stelle, in der von zwei Engeln die Rede ist, deren Bestreben darauf gerichtet sei, die Menschen zu verführen. Der Vers lautet: (Manche) folgten dem, was die Satane zur Zeit der Königsherrschaft Salomos vortrugen. Salomo war freilich nicht ungläubig. Doch die Satane waren ungläubig und brachten den Menschen die Zauberei bei und die Kenntnisse, die auf zwei Engel in Babylon mit Namen Hārūt und Mārūt herabgesandt worden waren. Diese lehrten es niemanden, ohne zu sagen: „Wir sind nichts als eine Versuchung! Werde nicht ungläubig!" So lernten (manche) von den beiden das Mittel, mit dem man zwischen Ehemann und Ehefrau eine Trennung herbeiführt. Allerdings können sie hiermit niemandem schaden, es sei denn, Gott gestatte es. Sie lernten also etwas, was ihnen nur schaden, nicht nützen konnte. Dabei haben sie bereits erfahren, daß derjenige, der so etwas einkauft, keinen Anteil am Jenseits haben wird. Wie schlimm ist das, wofür sie sich selbst verkauften! Wenn sie das wüßten! – An mehreren Stellen im Koran wird erzählt, daß dem König Salomo die Satane dienstbar waren.[30] Diese hatten, so hören wir, einen Teil ihrer Kenntnisse von zwei Engeln erhalten. Doch sollten die beiden Engel die Zauberkunst nur mit der Mahnung weitergeben, daß sie eines der Mittel darstelle, mit denen Gott den Glauben der Menschen erprobe. Denn der Mensch, der sich die Zauberkräfte angeeignet hat, muß sich immer im klaren darüber bleiben, daß nicht er selber nach eigenem Gutdünken in das von Gott in Gang gehaltene Geschehen in der Welt eingreifen kann, sondern daß auch die möglicherweise entstandenen Wirkungen des Zaubers Gott zu verdanken sind. Hārūt und Mārūt treten als Versucher des Menschen auf,[31] eine Rolle die sonst im Koran allein dem Satan zugeschrieben wird. Doch der Satan, Iblīs genannt, entstammt selber aus dem Geschlecht der Engel.

In der 7. Sure „Die Höhen" wird erzählt,[32] wie Gott den Engeln befahl, sich vor dem von ihm geschaffenen Menschen niederzuwerfen. Alle gehorchten bis auf Iblīs, der behauptete, er sei besser als dieses neue Geschöpf, habe Gott ihn doch nicht aus Lehm, sondern aus Feuer geschaffen. Iblīs wird von Gott verflucht, erwirkt aber, bevor er aus dem Paradies verstoßen wird, das Zugeständnis, den Menschen nachstellen zu dürfen, um sie auf alle nur erdenkliche Weise vom Weg des Heils abzubringen. An anderer Stelle wird dieselbe Geschichte noch einmal berichtet, wobei die Feindschaft zwischen Mensch und Satan, die im Verlauf dieses Geschehens gestiftet wird, etwas deutlicher erfaßt wird:

Sure 15 „al-Ḥidschr", Vers 26 bis 48: 26 Wir haben den Menschen aus trockener Tonmasse, die aus feuchtem[33] Schlamm entstanden war, geschaffen. 27 Die Dschinnen aber haben wir vorher aus dem Feuer der Gluthitze geschaffen. 28 Einst sagte dein Herr zu den Engeln: „Ich will Menschen aus trockener Tonmasse, die aus feuchtem Schlamm entstand, schaffen. 29 Sobald ich ihn gerade aufgerichtet und ihm etwas von meinem Geist eingehaucht habe, fallt vor ihm nieder!" 30 Da fielen alle Engel zusammen vor ihm nieder, 31 nur nicht Iblīs; der weigerte sich, mit ihnen niederzufallen. 32 Da fragte Gott: „Iblīs, was hast du, daß du dich nicht mit den anderen niederwirfst?" 33 Er antwortete: „Es ist mir nicht gegeben, mich vor einem Menschen niederzuwerfen, den du aus trockener Tonmasse, die aus feuchtem Schlamm entstanden war, geschaffen hast!" 34 Da rief Gott: „Geh hinaus aus (dem Paradies)! Du bist fortan verflucht! 35 Und der Fluch laste auf dir bis zum Tag des Gerichts!" 36 Iblīs bat: „Mein Herr! Schenk mir Aufschub bis zu jenem

Tag, da (die Menschen) auferweckt werden!" 37 Gott erwiderte: „So sei dir Aufschub geschenkt 38 bis zum Tag der bestimmten Zeit!" 39 Iblīs sprach: „Mein Herr, weil du mich in die Irre geführt hast, will ich ihnen auf der Erde (den Ungehorsam gegen dich) schmackhaft machen. Ich will sie allesamt in die Irre führen! 40 Nur nicht die ganz dir ergebenen Knechte unter ihnen!" 41 Gott sagte: „Das ist für mich eine gerade Straße! 42 Über meine Knechte hast du keine Vollmacht, abgesehen von den irrenden, die dir folgen. 43 Die Hölle wird ihnen allesamt versprochen. 44 Sie hat sieben Pforten. Einer jeden wird ein Teil von ihnen zugewiesen. 45 Die Gottesfürchtigen sind in Gärten und an Quellen: 46 ‚Betretet sie in Sicherheit, willkommen geheißen durch den Friedensgruß!' 47 Allen Groll, der in ihren Herzen war, haben wir daraus entfernt, so daß sie Brüder werden, auf Ruhebetten einander gegenüberliegend. 48 Keine Plage berührt sie dort, und niemand vertreibt sie von dort!"

Iblīs klagt, daß Gott selber ihn zum Ungehorsam verführt habe. Worin diese Verführung bestand, wird im Koran nicht ausdrücklich gesagt. Wahrscheinlich ist nur gemeint, daß, wie in der 2. Sure angedeutet, Iblīs sich den Menschen überlegen fühlt, da er selber aus edlerer Substanz besteht als das neue Geschöpf. Iblīs wird hierdurch zu einer hochmütigen Haltung Gott gegenüber veranlaßt, um deretwillen er verflucht wird. Hochmut, der mit Gottvergessenheit und Stolz auf die eigene Kraft verbunden ist, betrachtet der Koran als die schlimmste Charakterschwäche des Menschen; im Hochmut verletzt er Gottes Gebote. Es ist mithin der Satan, der nach koranischer Vorstellung als erster jene Verfehlung begeht, die, ein Zeichen von Unglauben und Gottferne, die dunklen Zeitabschnitte der Menschheitsgeschichte bestimmen wird. Nicht im Menschen selber entsteht das Böse. Er wird nur durch eine fremde Macht zum Bösen getrieben, durch den Satan, dem Gott erlaubt hat, millionenfach bei den Menschen die gleiche Verfehlung herbeizuführen, die er sich vor dem Beginn der Menschheitsgeschichte zuschulden kommen ließ. All jene Menschen, die den Einflüsterungen des Satans nachgeben, werden in die Hölle gestoßen werden.

Der Satan ist der schlimmste Feind des Menschen. Er ist listenreich und hartnäckig. Gott selber hat es so verfügt wie in Sure 17 „Die Nachtreise", Vers 61 bis 65, nachzulesen ist: 61 Einst sagten wir zu den Engeln: „Fallt vor Adam nieder!" Da fielen sie vor ihm nieder, bis auf Iblīs. Der wandte ein: „Soll ich mich etwa vor jemandem niederwerfen, den du aus Lehm geschaffen hast?" 62 Und er fuhr fort: „Was meinst du wohl von diesem hier, den du für edler als mich erklärst? Wenn du mir Aufschub gibst bis zum Tag der Auferstehung, dann will ich mich seiner Nachkommenschaft bemächtigen außer wenigen von ihnen!" 63 Gott erwiderte:

„Geh! Wer von ihnen dir folgt, nun, die Hölle soll euer Entgelt sein – als ein reichliches Entgelt! 64 Und hetze, wen du von ihnen kannst, mit deiner Stimme auf! Schädige sie mit deinen Reiter- und Fußtruppen! Sei ihr Teilhaber an Besitz und Kindern! Gib ihnen Versprechungen!" Nichts als Lug und Trug verspricht ihnen der Satan! 65 „Über meine Knechte hast du keine Vollmacht!" Dein Herr genügt als Sachwalter. – Es ist die Sache des Satans, jene Menschen zu verführen und ins Unglück im Diesseits und Jenseits zu stoßen, die nicht in der Lage sind, die heilbringende Wendung zu ihrem Schöpfer hin zu vollziehen. Die Gläubigen dagegen sind gegen die Machenschaften des Satans gefeit. In Sure 16 „Die Bienen", Vers 98 bis 100, wird dies ausdrücklich betont: 98 Wenn du den Koran rezitierst, dann suche bei Gott Schutz vor dem verfluchten Satan! 99 Er besitzt keine Vollmacht über diejenigen, die glauben und auf ihren Herrn vertrauen. 100 Vollmacht hat er nur über diejenigen, die ihn zum Freund nehmen, und über die, die Gott andere beigesellen.

Der Koran ist davon überzeugt, daß der Satan ständig in die Geschicke der Menschen einzugreifen versucht, um ihnen bzw. den Gläubigen Schaden zuzufügen. So soll er vor der Schlacht von Badr, nach anderen Kommentatoren vor dem Grabenkrieg, die Feinde des Propheten zum Kampf angestachelt haben: Sure 8 „Die Beute", Vers 48: Einst stellte ihnen der Satan ihre Taten im schönsten Licht dar und sagte: „Heute kann euch niemand von den Leuten besiegen! Ich bin euer Schutzherr!" Als aber die beiden Seiten einander ansichtig wurden, machte er sich aus dem Staube und sagte: „Ich habe mit euch nichts mehr zu schaffen! Ich sehe, was ihr nicht seht. Ich fürchte Gott, und Gott bestraft streng!" – Ähnlich ist Sure 59 „Die Verbannung", Vers 16, zu verstehen: Die Heuchler, die im Ernstfall nicht zu Muḥammad und den Gläubigen stehen wollen, gleichen Leuten, die sich vom Satan haben betören lassen. Wenn dann die Folgen des Unglaubens bedrohlich werden, sagt der Satan rasch: „Ich habe mit dir nichts zu schaffen! Ich fürchte Gott, den Herrn der Menschen!"[34] – Selbst die Propheten müssen sich immer in acht nehmen, um nicht im einen oder anderen Fall von ihm getäuscht zu werden.

Sure 22 „Die Pilgerfahrt", Vers 52 bis 57: 52 Vor dir haben wir weder einen Gesandten noch einen Propheten ausgeschickt, ohne daß der Satan, sobald jener eigene Wünsche hegte, ihm in seine Wünsche etwas hineinschmuggelte. Doch Gott löscht dann alles, was der Satan einschmuggelt. Darauf setzt Gott seine Verse eindeutig fest. Gott ist wissend und weise. 53 Gott will mit dem, was der Satan einschmuggelt, diejenigen versuchen, in deren Herzen eine Krankheit ist, und die, die ein verhärtetes Herz haben. Die Frevler zeigen tiefe Feindschaft. 54 Ferner will Gott hiermit erreichen, daß diejenigen, die Wissen erhalten haben, wissen, daß es sich um die Wahrheit von deinem Herrn handelt, damit sie daran glauben und ihre Herzen sich vor Gott demütigen. Denn Gott leitet die, die glauben, zu einer geraden Straße. 55 Diejenigen, die nicht glauben, verbleiben weiter im Zweifel darüber, bis die Stunde überraschend über sie kommt, bis sie die Strafe eines unfruchtbaren[35] Tages trifft. 56 Die Herrschaft gehört an jenem Tag Gott. Er entscheidet zwischen ihnen. Diejenigen, die glaubten und gute Werke vollbrachten, sind in Gärten der Wonne. 57 Diejenigen, die nicht glaubten und die unsere Wunderzeichen leugneten, haben eine erniedrigende Strafe zu gewärtigen.

Überall liegen die Fallstricke des Satans. Aber der Gläubige kann, wie in Sure 16, Vers 98, dem Propheten empfohlen wird, vor diesen Nachstellungen seine Zuflucht bei Gott nehmen. Die beiden letzten Suren des Korans sind Formeln, die der Gläubige zu diesem Zweck hersagen kann.

Sure 113 „Der Tagesanbruch": Im Namen Gottes, des Barmherzigen, des Erbarmers! 1 Sprich: „Ich suche meine Zuflucht beim Herrn des Tagesanbruchs 2 vor allem Übel, das von seiner Schöpfung ausgehen mag, 3 vor dem Übel der Finsternis, wenn sie hereinbricht, 4 vor dem Übel der Weiber, die die Zauberknoten bespucken, 5 vor dem Übel eines Neiders, wenn er neidet!"

Sure 114 „Die Menschen": Im Namen Gottes, des Barmherzigen, des Erbarmers! 1 Sprich: „Ich suche meine Zuflucht beim Herrn der Menschen, 2 dem König der Menschen, 3 dem Gott der Menschen, 4 vor dem Unheil der Einflüsterung, vor dem heimtückischen Teufel, 5 der dem Herzen der Menschen (Schlimmes) einflüstert, 6 sei es in der Gestalt eines Dschinn, sei es in der eines Menschen!"

Als Mensch oder in der Gestalt eines Dschinn, eines Dämons, kann der Satan sich an seine Opfer heranmachen. Die Dschinnen sind in der Auffassung des Korans, der hier sicher den altarabischen Geisterglauben beibehält, ein den Menschen vergleichbares Geschlecht.[36] Allerdings sind sie, im Gegensatz zu den Menschen, aus Feuer geschaffen.[37] Die Dschinnen bilden ferner Gemeinschaften, die zusammen mit denen der Menschen im Koran erwähnt werden. So heißt es in der 41. Sure „Im einzelnen dargelegt", Vers 25, die Feinde Gottes, die von teuflischen Gefährten in ihrem bösen Tun bestärkt worden seien, seien schließlich der Höllenstrafe verfallen, „und es bewahrheitete sich an ihnen das Wort in betreff von Gemeinschaften aus Menschen und Dschinnen, die schon vor ihnen gelebt hatten".[38] Hieraus geht auch hervor, daß nach koranischer Auffassung nicht nur über die Menschen, sondern ebenfalls über die Dschinnen am Jüngsten Tag Gericht gehalten wird. In der Schilderung einer Aburteilung von Polytheisten, die behauptet hatten, Gott habe Töchter, wird den Schuldigen vorgehalten, sie hätten sich in ihrem Irrglauben zu der Ansicht verstiegen, zwischen dem einen Schöpfer und den Dschinnen bestehe eine verwandtschaftliche Beziehung. Diese Aussage legt den Schluß nahe, daß im alten Arabien die Grenzen zwischen Gottheiten und Dämonen nicht immer klar festgelegt waren. Jedenfalls endet jener Abschnitt, der der 37. Sure „Die in Reihen stehen" angehört, wie folgt: 158 ... Auch die Dschinnen wissen, daß sie dereinst (zur Bestrafung) vorgeführt werden, 159 – der hochgepriesene Gott ist über die Beschreibungen (der Ungläubigen) erhaben! – 160 abgesehen von den aufrichtig ergebenen Gottesknechten! – Mit Dschinnen und mit Menschen will Gott nach dem Gericht die Hölle füllen, wird an anderer Stelle gedroht.[39] Wie die Menschen, so sind auch die Dämonen gänzlich vom Willen ihres Schöpfers abhängig. Auch sie vermögen nicht aus eigener Kraft „die Gegenden der Himmel und der Erde zu durchstoßen", wird in Sure 55 „Der Barmherzige", Vers 33, gesagt. Zweifellos zielen diese und ähnliche Aussagen des Korans darauf ab, die Welt der Dämonen, deren Dasein keineswegs geleugnet wird, gleich den Menschen und seiner Umwelt vom Willen des einen Schöpfers abhängig zu machen. Trotzdem verlieren die Dschinnen für Muḥammad und seine Anhänger nicht ihren Schrecken.

Denn die Dämonen können als die unheimlichen Gehilfen des Satans auftreten und sich der Menschen bemächtigen. Muḥammad selber hatte immer wieder darauf hinweisen müssen, daß er keineswegs von einem Dschinn besessen sei. „Ihr Gefährte zeigt keine Spur von Besessenheit! Er ist nichts als ein offenkundiger Warner!" wird beispielsweise in Sure 7 „Die Höhen", Vers 184, versichert.

Sure 6 „Das Vieh", Vers 111 bis 112: 111 Selbst wenn wir die Engel zu den Ungläubigen hinabschickten, die Toten zu ihnen redeten, wir alles unmittelbar vor ihnen versammelten, es wäre ihnen nicht möglich zu glauben, es sei denn, Gott wollte es! Doch die meisten von ihnen haben kein Wissen. 112 So haben wir für jeden Propheten die Satane der Menschen und der Dschinnen zu Feinden bestimmt. Sie geben einander prunkvolles, trügerisches Gerede ein. Gefiele es deinem Herrn, könnten sie es nicht tun. Doch laß sie mit ihrem Lügengespinst unbeachtet! – Die Ungläubigen wollen sich nicht von der Wahrheit der prophetischen Botschaft überzeugen lassen. Die Umtriebe der Satane in Gestalt von Menschen und Dschinnen stiften Verwirrung. Das Herz derer, die nicht an das Jenseits glauben, mag sich diesem verführerischen Geschwätz öffnen, und sie mögen ruhig gegen Gottes Gebot verstoßen, heißt es im folgenden Vers ironisch.

Doch es gibt, wie schon angedeutet, nicht nur die Dschinnen als willige Gehilfen des Satans. Es gibt unter ihnen auch Gläubige.

Sure 72 „Die Dschinnen", Vers 1 bis 19: Im Namen Gottes, des Barmherzigen, des Erbarmers! 1 Sprich: „Mir wurde eingegeben, daß eine Gruppe von Dschinnen lauschte. Dann sprachen sie: ‚Wir haben einen wundersamen Koran gehört! 2 Er führt die Menschen auf den rechten Weg. Darum glauben wir an ihn und werden unserem Herrn niemanden beigesellen.' 3 Und: ‚Die Glückhaftigkeit unseres Herrn ist hocherhaben! Er hat sich weder Gattin noch Kinder genommen!' 4 Und: ‚Der Törichte unter uns hat Abwegiges über Gott gesagt!' 5 Und: ‚Wir glaubten, daß die Menschen und die Dschinnen über Gott keine Lügen äußern würden!' 6 Und: ‚Da gab es Männer aus dem Menschengeschlecht, die bei Männern aus dem Geschlecht der Dschinnen Zuflucht suchten; die aber vermehrten nur noch deren Schlechtigkeit!' 7 Und: ‚Die Menschen glaubten wie ihr, daß Gott niemanden auferwecken werde.' 8 Und: ‚Wir suchten den Himmel ab und fanden, daß er mit strengen Wächtern und Sternschnuppen angefüllt war.'[40] 9 Und: ‚Wir pflegten uns an bestimmten Stellen hinzukauern um zu lauschen. Wenn aber jetzt einer lauscht, findet er eine Sternschnuppe, die ihm auflauert.' 10 Und: ‚Wir wissen nicht, ob mit denen, die auf der Erde wohnen, Schlimmes beabsichtigt wird oder ob ihr Herr sie rechtleiten will.' 11 Und: ‚Unter uns gibt es Fromme, doch auch solche, die es nicht sind. Wir gehen die unterschiedlichsten Wege.' 12 Und: ‚Wir meinten, wir würden Gott auf der Erde nicht ausschalten und uns ihm auch durch Flucht nicht entziehen können!' 13 Und: ‚Als wir die Rechtleitung hörten, glaubten wir daran. Wer an seinen Herrn glaubt, der braucht dereinst keine Schmälerung seiner Rechte, keine Schlechtigkeit zu befürchten.' 14 Und: ‚Unter uns gibt es Gott ganz Zugewandte (d. h. Muslime), unter uns gibt es solche, die in die Irre gehen. Wer sich ganz Gott zuwandte, befleißigt sich des rechten Weges. 15 Die Abirrenden jedoch werden Brennholz für die Hölle sein.' 16 Und: ‚Wären sie auf dem richtigen Weg geblieben, hätten wir ihnen reichlich gutes Wasser zu trinken gegeben, 17 um sie damit auf die Probe zu stellen. Wer sich von der Mahnung seines Herrn abwendet, den verdammt er zu einer schweren Strafe.' 18 Und: ‚Die Gebetsplätze sind allein Gottes. Ruft neben Gott niemanden sonst an.' 19 Und: ‚Als der Knecht Gottes (d. h. Muḥammad) sich erhob, um ihn anzurufen, scharten sie sich um ihn fast so dicht wie die Haare der Löwenmähne.'"

Auch die Dschinnen haben also von der prophetischen Botschaft erfahren. Manche von ihnen beherzigten sie und umringten den Gottesgesandten; andere wandten sich ab und meinten, sich dem Zugriff Gottes entziehen zu können. Dschinnen und Menschen sind im Koran zwei Arten von Geschöpfen Gottes und folglich in gleicher Weise seinem Ratschluß unterworfen. Die Dschinnen sind keineswegs selbständig handelnde Dämonen, deren Kräfte sich ein Mensch durch Anrufung oder andere Riten dienstbar machen könnte – wie dies vielleicht die ungläubigen Landsleute Muḥammads noch gehofft hatten. Es war allein Gottes Wille gewesen, wenn die Dschinnen den Befehlen Salomos gehorcht hatten. Inwieweit nun Menschen und Dschinnen in der von Gott geschaffenen Welt wirklich vergleichbare Rollen spielen, das wird im Koran nirgends ausdrücklich gesagt. Doch sind nur die Menschen zu Nachfolgern der Engel eingesetzt worden, und nur sie übernahmen in leichtfertiger Weise die Treuhänderschaft. Insofern werden die Dschinnen sicherlich als Geschöpfe minderen Ranges betrachtet. Gleichwohl haben sie wie die Menschen die Möglichkeit, sich Gottes Willen zu widersetzen, und sind daher gehalten, sich in eigener Verantwortlichkeit auf das Jenseits vorzubereiten. Die Engel dagegen sind dieser schweren Verpflichtung enthoben. Sie können gar nicht gegen Gottes Willen verstoßen. Nicht sie, sondern die Menschen und die Dschinnen sind daher den heimtückischen Anschlägen des Satans ausgesetzt; er bedient sich der ihm verfallenen Opfer, um den Gläubigen nachzustellen und sie, wenn irgend möglich, zur Widersetzlichkeit gegen Gott und schließlich zum Unglauben zu bewegen.

4. Die Freiheit und die Verantwortlichkeit des Menschen

Der aus dem Himmel verstoßene, verfluchte Iblīs hat von Gott die Erlaubnis erhalten, die Menschen zur Unbotmäßigkeit gegen ihren Schöpfer und letzten Endes sogar zum Unglauben zu verführen. Damit stellt sich die Frage nach dem Ursprung und dem Wesen des Bösen, das der Mensch immer aufs neue anrichtet, und es erhebt sich ebenso die Frage, inwieweit er für das Böse verantwortlich gemacht werden kann. Nach allem, was bislang dargelegt wurde, lassen sich hierauf zwei Antworten geben, die einander auszuschließen scheinen: Der Mensch hat sich verpflichtet, treuhänderisch die gottgewollte Ordnung des Diesseits zu errichten und zu bewahren und er hat die notwendigen Verstandesgaben hierfür empfangen – also hat er für alle Verfehlungen selber geradezustehen. Die zweite Antwort lautet: Gott hat dem Satan erlaubt, die Menschen zum Bösen zu verführen, und Gottes Ratschluß, demzufolge der Satan mit seiner Heimtücke sehr oft Erfolg haben wird, ist ebenfalls bekannt – mithin kommt das Böse letzten Endes von Gott selber. Um die koranische Auffassung zu diesem Problemkreis etwas zu verdeutlichen, sei zunächst ein kurzer Abschnitt aus der 12. Sure „Josef“ in Erinnerung gerufen. Die Gattin des ägyptischen Würdenträgers hatte versucht, Josef zu verführen, und er wäre ihr fast erlegen, denn auch in ihm regte sich die Begehrlichkeit, doch er erhielt „einen Fingerzeig seines Herrn“ (Vers 24) und suchte zu entkommen. Um sich von aller Schuld reinzuwaschen, verdächtigte ihn die Frau des Ägypters, er, Josef, habe ihr in unziemlicher Weise nachgestellt. Josef wurde ins Gefängnis geworfen. Unter völlig veränderten Begleitumständen kommt die Wahrheit Jahre später doch noch ans Licht. Darauf spricht Josef in den Versen 52 und 53: „Dies nur, damit der hohe Herr weiß, daß ich ihn nicht heimlich hintergangen habe. Gott führt die Tücke der Verräter nicht zum guten Ziel! Aber ich will meine Seele auch nicht für unschuldig erklären. Die Seele treibt stets zum Bösen, es sei denn, mein Herr erbarme sich! Mein Herr ist verzeihend und barmherzig!"

Die Treuhänderschaft, die der Mensch übernommen hat, bedingt die freie Entscheidung, die Wahl zwischen diesem oder jenem Weg, zwischen Gelingen und Scheitern, zwischen Gut und Böse. Also ist in dem Menschen seit der Übernahme der Treuhänderschaft die Möglichkeit zum Bösen angelegt. Doch ist in koranischer Sicht das Böse niemals die unvermeidliche Begleiterscheinung des Menschseins in dieser Welt – im Gegensatz etwa zum Christentum, das den Menschen mit der Erbsünde belastet sieht. Es ist diese Möglichkeit zum Bösen, die zum einen durch den Satan, oder allgemeiner: durch außerhalb des Individuums liegende, wider die göttliche Ordnung gerichtete Kräfte zur Wirklichkeit des Bösen werden kann. Josef zeigt sich für die Verführungskünste der Gattin des hohen Herrn empfänglich – das Böse, das von außen an ihn herankommt, bringt ihn fast zum Straucheln, und nur Gottes Barmherzigkeit kann verhindern, daß er sich eine schlimme Verfehlung zuschulden kommen läßt. Doch stößt man in der Josefs-Sure auf einen weiteren Gedanken, der den gesamten Problemkreis in einem anderen Licht erscheinen läßt: die Seele des Menschen treibt diesen stets zum Bösen an. Das bedeutet, daß nicht nur durch äußere, sondern auch durch innere Kräfte das Individuum veranlaßt werden kann, das ihm mögliche Böse zu verwirklichen.

Der Mensch ist in seinem irdischen Dasein von außen und von innen wirkenden Anfechtungen ausgesetzt. Sie eben stellen jene Erprobung dar, von der der Koran so oft redet. Der Mensch kann die Erprobung bestehen, oder er kann versagen; die Verantwortung hierfür trägt er selber. Doch rufen wir uns ins Gedächtnis zurück, daß es im Koran neben dem Tun des Rechten, Guten und den Verfehlungen, dem Bösen, zwei andere Pole gibt, zwischen denen das Leben verläuft: Der Mensch kann in Gottvergessenheit in die Irre gehen, und er kann sich mahnen lassen und den rechten Weg finden. Er kann das Böse tun, er kann aber auch schon hier, im Diesseits, ganz nach dem göttlichen Gebot leben, wenn er sich völlig Gott zuwendet, d. h. „Muslim" in des Wortes ursprünglichem Sinn geworden ist. Josef, der Prophet aus der Nachkommenschaft Abrahams, ist ein solcher „Muslim" gewesen, und deshalb widerfuhr ihm auch die Barmherzigkeit Gottes, und er tat das Böse nicht. Josef, dessen im Koran erzähltes Schicksal den Propheten in mancherlei Hinsicht an sein eigenes erinnert haben mag,[41] erscheint als das Urbild des zum Bösen verführten Menschen, der das Böse aber letztlich nicht tut, weil er Muslim ist, sich ganz zu Gott hingewendet hat. Dies ist der tiefe Grund dafür, daß sich die Literaturen aller islamischen Völker immer wieder der koranischen Josefs-Erzählung angenommen haben. In ihr wird das Problem der Verantwortlichkeit des Menschen für das Böse überführt in das Problem der unmittelbaren gegenseitigen Zuwendung von Mensch und Schöpfer, jener religiösen Urgeste, durch die der Mensch Geborgenheit in der Barmherzigkeit des Schöpfers findet. – Doch ehe wir diesen Gedanken wieder aufgreifen, ist gleichwohl die koranische Anschauung über den freien Willen und die Verantwortlichkeit des Menschen für sein Tun darzulegen. In der islamischen Theologie wird über diese Themen bis heute erbittert gestritten. Diese Auseinandersetzungen wurden dadurch hervorgerufen, daß verschiedene theologische Strömungen je einer der zu Beginn dieses Teilkapitels skizzierten Antworten die alleinige Gültigkeit zuerkannten, ohne daß auf den Zusammenhang der gesamten Problematik mit der gegenseitigen Zuwendung von Gott und Mensch geachtet wurde, wie er sich in der Josefs-Sure andeutet. Unsere Darstellung der koranischen Ansichten über den freien Willen und die Schuldfähigkeit des Menschen wird jedoch im folgenden Teilkapitel an diesen Punkt zurückführen müssen.

Sure 45 „Die Knieenden", Vers 24 bis 37: 24 (Die Ungläubigen) sagen: „Es handelt sich um nichts weiter als um unser diesseitiges Leben. Wir sterben und wir leben, und es ist nur die Zeit, die uns vernichtet." Sie haben von all diesem kein Wissen. Sie stellen nur Mutmaßungen an. 25 Wenn ihnen unsere Wunderzeichen klar vorgetragen werden, können sie kein anderes Argument vorbringen als: „Bringt uns unsere Väter, wenn ihr wirklich die Wahrheit sagt!" 26 Sprich: „Gott ruft euch ins Leben, dann läßt er euch sterben, dann versammelt er euch zum Tag der Auferstehung, an dem nicht zu zweifeln ist." Freilich wissen die meisten Menschen nicht hierüber Bescheid. 27 Gottes ist die Herrschaft über die Himmel und die Erde. Am Tage, da die Stunde anbricht, an jenem Tage erleiden die, die (dies alles) für Lüge erklären, einen Verlust. 28 Dann wirst du jede Gemeinschaft auf Knien liegen sehen. Jede Gemeinschaft wird zu ihrem Verzeichnis gerufen: „Heute wird euch vergolten, was ihr getan habt! 29 Unser Verzeichnis hier sagt gegen euch die Wahrheit aus. Wir ließen alles, was ihr tatet, aufzeichnen!" 30 Diejenigen, die glaubten und fromme Werke taten, wird ihr Herr in seine Barmherzigkeit eingehen lassen. Das ist der klare Gewinn! 31 Doch denen, die nicht glaubten (wird vorgehalten): „Waren euch nicht meine Wunderzeichen vorgetragen worden? Ihr aber wart hoffärtig, ihr wart verbre-

cherische Leute! 32 Wenn es hieß: ‚Das Versprechen Gottes ist Wahrheit, und an der Stunde ist nicht zu zweifeln', erwidertet ihr: ‚Wir wissen
nicht, was die Stunde ist. Wir können nur Mutmaßungen anstellen, wir
haben keine Gewißheit!'" 33 Nunmehr werden ihnen ihre schlechten
Taten klar, und es ergreift sie das, worüber sie zu spotten pflegten.
34 Dann heißt es: „Heute vergessen wir euch, so wie ihr die Begegnung
an diesem Tag vergessen habt! Ihr bleibt nun im Höllenfeuer. Ihr habt
keine Helfer. 35 Dies geschieht euch, weil ihr die Wunderzeichen Gottes zum Gegenstand des Spottes gemacht habt und weil euch das diesseitige Leben verblendet hat." Heute werden sie nicht mehr aus der Hölle
hinausgelassen, es wird ihnen keine Gelegenheit zur Wiedergutmachung
mehr gegeben! 36 Darum Lob sei Gott, dem Herrn der Himmel, dem
Herrn der Erde, dem Herrn der Menschen! 37 Ihm allein steht die
Herrlichkeit in den Himmeln und auf Erden zu. Er ist der Mächtige und
Weise.

Diese Verse, die in medinensischer Zeit entstanden sind, erschließen uns klar wie kaum ein anderer Abschnitt des Korans die prophetische Vorstellung von Freiheit und Verantwortlichkeit des Menschen vor dem Schöpfer. Zunächst ist von den Anschauungen der Ungläubigen die Rede, für die das diesseitige Leben allein von Bedeutung ist, da sie das Jenseits leugnen. Sie stehen unter der Herrschaft der Zeit, die sie über kurz oder lang vernichten wird. Es wurde im Zusammenhang mit dem prophetischen Geschichtsverständnis herausgearbeitet, daß dem zyklischen Zeitbegriff des arabischen Heidentums ein von der Gemeinschaft, der Sippe her bestimmtes Persönlichkeitsgefüge entsprach. Der Mensch sah sich als Glied einer aus dem Dunkel der Vergangenheit kommenden und in das Dunkel der Zukunft hineinreichenden Kette von Geschlechtern eingespannt in einen sich ständig wiederholenden und zu keinem erkennbaren Ziel führenden Wechsel der Zeiten. Man begann allmählich, diese Lage als unheilvoll zu empfinden. Im Koran stellt sie sich dann auch als von Grund auf verändert dar. Es gibt einen klaren Beginn alles menschlichen Daseins: die Schöpfung – und es gibt ein ebenso klares über den Tod hinausweisendes Ziel alles irdischen Lebens: das Gericht und den Eingang in das Paradies oder die Hölle. So ist der Mensch dem bedrückenden, als sinnlos empfundenen Wechsel der Zeiten, die ihn der Vernichtung zutreiben, entrissen. Sein Leben erhält für ihn einen einmaligen Wert. Als Individuum weiß er sich vom Schöpfer geleitet und aufgerufen, durch Erfüllung der göttlichen Gebote nach einem günstigen Urteil im Jüngsten Gericht zu trachten. Die quälende Frage nach dem Sinn eines persönlichen Lebens ist ihm genommen; dafür aber ist er mit einer schweren persönlichen Verantwortung beladen worden: Er muß selber für sein Heil sorgen. Dies heißt aber nichts anderes, als daß er gehalten ist, alle seine Taten sub specie aeternitatis abzuwägen. Dies ist wiederum nur möglich, wenn er auch tatsächlich die Freiheit hat, alles zu unterlassen, was sein künftiges Heil in Gefahr bringen könnte. Die Freiheit des Menschen ist die notwendige Folge der individuellen Heilsverantwortlichkeit. Wir werden sehen, wie es in koranischer Sicht um diese Freiheit bestellt ist. Doch zuvor soll noch einiges über das heidnische Arabertum und seine Vorstellung von der Gebundenheit des menschlichen Handelns gesagt werden. Die Araber der Heidenzeit hätten an die Möglichkeit geglaubt, aus dem Vogelflug bzw. aus den Sternen das künftige Geschehen zu erfahren. Wer von ihnen jedoch Kenntnis von den heiligen Schriften der Christen und Juden erlangt habe, der sei sich bewußt geworden, daß es Paradies und Hölle gebe, heißt es in einer aus dem frühen Mittelalter stammenden Darstellung der koranischen Eschatologie. Der Flug eines Vogels oder eine bestimmte Konstellation der Sterne wurde jedoch nicht als bloßes Zeichen für ein von einer anderen Kraft ins Werk zu setzendes Ereignis gewertet, sondern mit dem den Menschen und sein Tun beherrschenden Fatum selbst weitgehend gleichgestellt. Darauf deutet die Wendung: Sie glaubten an Vogelflug bzw. Sterndeutung, und als sie die Schriften kennengelernt hatten, bekannten sie, daß es Paradies und Hölle gebe; d.h. sie glaubten nun nicht mehr an die Kraft des Fatums, sondern an eine Beurteilung und Vergeltung ihrer Taten.[42] Al-Marzūqī, dessen Schrift über das vorislamische Arabien wir schon einmal heranzogen, sieht den Sachverhalt ganz ähnlich. Er schreibt, einer von den drei heidnischen Bräuchen, die der Prophet seinen Landsleuten untersagt habe, sei die an die Anwāʾ-Gestirne[43] gerichtete Bitte um Regen. Die alten Araber hätten sich sehr genau mit den Sternen ausgekannt und bestimmten Konstellationen eindeutige Auswirkungen zugeschrieben, etwa die Sonnenhitze, den Regen, die Stürme. „Einige unter ihnen glaubten, daß jene Ereignisse von den Sternen bewirkt, gelenkt und hervorgebracht würden. Die Sterne wurden also zu deren Ursachen und Gründen erklärt. Auch glaubten sie, daß die Zeiten, genau wie die Orte, einen Einfluß auf die jeweils in ihnen lebenden Menschen hätten." Die Angehörigen ein und derselben Generation hätten untereinander mehr Ähnlichkeit als mit ihren Vätern. „Die Wechsel der Zeiten beeinflussen also die Konstitution, den Charakter, die Formen, die Farben, die Arten des Handels und des Broterwerbes, die Bestrebungen und Wünsche, die Motive und Veranlagungen, die Sprachen und die Arten der Beredsamkeit, die Weisheiten und Sitten. Doch hat Gott diese Denkweise der Heiden verworfen und sie wegen ihrer Überzeugungen getadelt. Denn, sie zitierend, sagt er: ‚Es handelt sich um nichts weiter als um unser diesseitiges Leben. Wir sterben, und wir leben, und es ist nur die Zeit, die uns vernichtet!' Mit diesen Worten stellt Gott sie als töricht dar." Al-Marzūqī fährt fort, diese Denkweise sei leider auch durch den Islam noch nicht gänzlich beseitigt worden. Beispielsweise gebe es in Basra fanatische Parteigänger des Kalifen ʿUṯmān, während Kufa die Hochburg ʿAlīs sei und Syrien einseitig für die Omaijaden eintrete. Diese Tatsache erklärten manche mit dem Aszendenten der betreffenden Person oder der Beschaffenheit des Bodens in den genannten Landstrichen, wie ja jedes Wasser und jede Luft Auswirkungen auf die jeweilige Bevölkerung habe. „Wäre es wirklich so, wie jene mutmaßen, wären Befehl und Gebot nicht angebracht, hätte die Aussendung von Gottesgesandten keinerlei Sinn und wären Lohn und Strafe nicht denkbar!"[44]

Wer nach der Offenbarung des Korans noch weiter an diesen vorislamischen Auffassungen von der Zeit als der Bewirkerin menschlichen Tuns festhält, der wird, wie weitere Verse der 45. Sure „Die Knieenden" warnend hervorheben, am Tag des Gerichts die Folgen seiner Verbohrtheit zu spüren bekommen, denn es ist Gott allein, in dessen Hand Leben und Sterben der Menschen liegt. Er wird die Menschen je nach ihren Taten belohnen oder bestrafen, und wer diese einfache Glaubenswahrheit nicht anerkennen will, begeht einen Fehler, den er nie wiedergutmachen kann. Der Kampf gegen den Glauben an die Gestirne bzw. die Zeit, deren Wirken in ihnen sichtbar wird und von ihnen ausgeht, konnte nicht rasch zu einem erfolgreichen Ende geführt werden. Al-Marzūqī zitiert – leider ohne Quellenangabe – einen Vers, der vermutlich auf die Kalifen der Omaijadenzeit (ca. 660–750 n. Chr.) gemünzt ist: „Der Fürst der Gläubigen und seine Taten sind wirklich wie die Zeit: Bei den Taten der Zeit besteht keine Möglichkeit zu Vorhaltungen."[45] Das Problem des Fortlebens der alten Vorstellung vom Fatum, dem der Mensch ausgeliefert ist, werden wir am Ende dieses Kapitels noch einmal anschneiden.[46]

In der 45. Sure wird den heidnischen Arabern, die den Jüngsten Tag leugnen, vorgeworfen, daß sie nicht wahrhaben wollen, daß Gott ihre Taten genauestens überprüfe, um dann sein Urteil zu fällen. Wie bereits oben ausgeführt, rechnet Gott streng ab, übervorteilt aber niemanden. Seine Gerechtigkeit ist die eines gewissenhaften Kaufmannes, dessen sorgfältiger Buchhaltung nicht die winzigste Kleinigkeit entgeht. Gott läßt, wie es in Vers 29 heißt, ein Verzeichnis aller Taten führen. Den Sinn von „Verzeichnis" trägt das arabische Wort Kitāb, das man allgemein mit „Schrift" oder „Buch" wiedergeben kann, auch in anderen Abschnitten des Korans:

Sure 10 „Jonas", Vers 61 bis 65: 61 Du bist mit nichts beschäftigt, du trägst aus der Offenbarung keinen Abschnitt vor, ihr tut nichts, ohne daß wir als Zeugen bei euch zugegen wären, wenn ihr euch all dem widmet. Nicht ein Stäubchen entgeht deinem Herrn auf der Erde und im Himmel, nichts Kleineres und nichts Größeres: Alles wird in einem klaren Verzeichnis festgehalten. 62 Wirklich, die Freunde Gottes brauchen sich nicht zu fürchten, sie werden nicht betrübt sein, 63 sie, die glauben und gottesfürchtig sind. 64 Ihnen gilt die frohe Botschaft im diesseitigen Leben und im Jenseits. Nichts kann die Worte Gottes ändern. Das ist der gewaltige Gewinn! 65 Das Gerede der Ungläubigen möge dich nicht betrüben. Die Macht liegt ganz allein bei Gott. Er ist der Hörende und Wissende!

In diesen Versen wird wiederum von der Schrift als einem Verzeichnis gesprochen, in welches alle Taten des Menschen eingetragen werden. Gott ist ständig zugegen, so daß ihm auch nicht die geringste Regung entgeht. Es sei an die 99. Sure „Das Beben" erinnert, in der versprochen wird, daß der Mensch am Tage des Gerichts jedes Stäubchen an Gutem oder Bösem, das er in seinem Erdenleben begangen hat, zu sehen bekommt.[47] Die genaue Registrierung alles menschlichen Tuns zum Zwekke der gerechten Abrechnung begegnet einem ferner in der 6. Sure „Das Vieh". Es gebe nichts, das nicht in einer Schrift verzeichnet wäre, lesen wir im 59. Vers. Dann heißt es weiter, Gott nehme des Nachts die Seelen der Schlafenden in seine Obhut und wisse alles, was die Menschen tags zuvor begangen haben; des weiteren habe er Engel beauftragt, ganz genau die Menschen zu überwachen.[48]

Bereits an äußeren Anzeichen wird der Mensch am Tage des Gerichts erkennen können, was für ihn die Stunde geschlagen hat: 71 Am Tage, da wir alle Menschen mit ihrem Hauptbuch[49] rufen! Denen dann ihr Verzeichnis in die Rechte gelegt wird,[50] die werden ihr Verzeichnis lesen, und sie werden nicht um ein Fädchen betrogen! 72 Wer jedoch schon im Diesseits blind ist, ist auch im Jenseits blind und geht noch mehr in die Irre! – Dies hören wir in der 17. Sure „Die Nachtreise". „Jedem Menschen haben wir sein Omen am Hals befestigt, und wir geben ihm am Tag der Auferstehung ein Verzeichnis heraus, das er aufgeschlagen antrifft: ‚Lies dein Verzeichnis! Das reicht dir heute schon als Abrechner!'" wird den Menschen als Warnung in den Versen 13 und 14 derselben Sure entgegengehalten. Mit eindringlichen Worten wird in der frühmekkanischen 83. Sure „Die Betrüger", Vers 7 bis 24, der unmittelbare Zusammenhang beschworen, der zwischen den registrierten guten oder schlechten Taten und dem göttlichen Urteilsspruch besteht. In den ersten Versen werden die Ungläubigen verdammt, die, ohne an das Gericht zu denken, ihre Mitmenschen beim Handel übervorteilen. Dann wird verkündet:

7 Doch nein! Das Verzeichnis der Übeltäter ist im Siǧǧīn! 8 Woher weißt du, was Siǧǧīn ist? 9 Ein beschriebenes Buch. 10 Wehe dann den Leugnern, 11 die den Tag des Gerichts leugnen! 12 Niemand leugnet ihn außer jedem feindlichen Sünder. 13 Wenn einem solchen unsere Wunderzeichen vorgetragen werden, sagt er: „Geschichten der

Altvorderen!" 14 Nein! Was sie an Taten zu erwerben pflegten, drückt ihnen das Herz nieder! 15 Nein! An jenem Tag wird ihr Herr vor ihnen verhüllt! 16 Dann müssen sie im Höllenfeuer schmoren. 17 Hierauf wird ihnen gesagt: „Das ist es, was ihr zu leugnen pflegtet!" 18 Nein! Das Verzeichnis der Frommen ist im ʿIllījūn. 19 Woher weißt du, was ʿIllījūn ist? 20 Ein beschriebenes Buch, 21 das die Nahestehenden bezeugen. 22 Die Frommen sind dann in Wonnen, 23 liegen auf Ruhebetten und schauen umher. 24 In ihrem Gesicht erkennst du die Glückseligkeit der Wonne.

Daneben gibt es im Koran Abschnitte, deren Inhalt bei oberflächlicher Betrachtung dem der eben zitierten nahekommt, in denen sich jedoch eine ganz andere Deutung des Begriffes „Schrift" oder „Verzeichnis" in den Vordergrund drängt. So enthalten die ersten Verse der 11. Sure „Hūd" unter anderem ein Lob des erhabenen Schöpfers, der die Welt in sechs Tagen gemacht hat. In Übereinstimmung mit der Vorstellung, daß er sie auch jederzeit in Gang halte und für alle seine Geschöpfe ständig Sorge trage, heißt es dann im 6. Vers: Nicht ein Tier gibt es auf der Erde, dessen täglicher Unterhalt nicht Gott obliegt. Es kennt den Platz, an dem es lebt, und den Platz, an dem es stirbt. Alles steht in einem klaren Verzeichnis.[51] – Offensichtlich kann hier nicht eine Registrierung der Taten gemeint sein, sondern nur eine Liste aller Maßnahmen göttlicher Fürsorge, die das Leben der Geschöpfe ermöglichen. Der Begriff „Schrift" ist also nicht dem Assoziationsfeld „Gott als Richter" zugeordnet, sondern demjenigen, das Gott als den einen gütigen Schöpfer und Erhalter der Welt beschreibt. Die Vermischung beider Assoziationsfelder wird in den folgenden Beispielen deutlich:

Sure 22 „Die Pilgerfahrt", Vers 67 bis 72: 67 Jeder Religionsgemeinschaft haben wir ihre eigenen Riten gegeben, die sie befolgt. Also sollen sie in dieser Angelegenheit nicht mit dir streiten. Und rufe zu deinem Herrn! Du befindest dich wirklich in gerader Rechtleitung! 68 Wenn sie nun mit dir argumentieren wollen, sprich: „Gott weiß am besten, was ihr tut. 69 Gott wird zwischen euch über die Dinge, über welche ihr verschiedener Meinung seid, am Tage der Auferstehung entscheiden." 70 Wußtest du denn nicht, daß Gott weiß, was am Himmel und auf der Erde ist? Das alles steht in einem Verzeichnis. Das alles ist für Gott leicht. 71 Die Ungläubigen verehren an Gottes Stelle etwas, wozu er keine Vollmacht herabgesandt hat und wovon sie keine Ahnung haben. Doch die Frevler haben dereinst keinen Helfer! 72 Wenn ihnen unsere Wunderzeichen klar, wie sie sind, vorgetragen werden, erkennst du Unwillen in den Gesichtern derer, die ungläubig sind, so daß sie sich fast an denen vergreifen wollen, die ihnen unsere Wunderzeichen vortragen. Sprich:

„Soll ich euch von etwas Kunde geben, das für euch noch übler ist als dies hier? Das ist das Höllenfeuer, das Gott den Ungläubigen angedroht hat – ein schlimmes Ende!"

Sure 27 „Die Ameisen", Vers 71 bis 75: 71 Die Ungläubigen fragen: „Wann wird diese Drohung eintreffen? (Nenne diesen Zeitpunkt) wenn ihr wirklich die Wahrheit sagt!" 72 Sprich: „Vielleicht steht euch etwas von dem, dessen Beschleunigung ihr wünscht, schon unmittelbar bevor!" 73 Dein Herr ist sehr huldreich zu den Menschen, doch die meisten von ihnen sind nicht dankbar. 74 Dein Herr weiß wirklich alles, was ihre Herzen verbergen und was sie eröffnen. 75 Es gibt am Himmel und auf Erden nichts Verborgenes, es sei denn, es finde sich in einem klaren Verzeichnis.

Sure 34 „Saba", Vers 1 bis 5: 1 Lob sei Gott, dem gehört, was in den Himmeln und was auf Erden ist! Ihm gebührt auch das Lob im Jenseits. Er ist der Weise, der Kundige. 2 Er weiß, was in die Erde eindringt und was aus ihr hervorsprießt, was vom Himmel herabkommt und was in ihn hinaufsteigt. Er ist der Barmherzige, der Vergebende. 3 Es behaupten diejenigen, die nicht glauben: „Die Stunde des Gerichts kommt nicht zu uns!" Sprich: „Doch! Bei meinem Herrn! Sie kommt gewiß zu euch! Bei meinem Herrn, der das Verborgene kennt und dem nicht ein Stäubchen in den Himmeln und auf der Erde entgeht, nichts Kleineres und nichts Größeres, was sich nicht in einem klaren Verzeichnis fände!" 4 Er will diejenigen, die glaubten und fromme Werke taten, belohnen. Ihnen wird vergeben, ihnen wird edler Lebensunterhalt gespendet. 5 Doch denjenigen, die unsere Wunderzeichen antasten, um sie als schwächlich darzustellen,[52] steht eine schmerzhafte Strafe der Verfluchung bevor!

In diesen Belegen überschneiden sich die Assoziationsfelder „Gott als gütiger Schöpfer" und „Gott als Richter". Alles, was in der Schöpfung geschieht, ist in einem Verzeichnis niedergelegt. Diese Aussage wird jedoch von dem Gedanken überlagert, daß Gott die Frevler zur Rechenschaft ziehen und bestrafen werde. Der Begriff „Verzeichnis" gewinnt daher eine gewisse Doppeldeutigkeit: Es ist das Register all der Taten, die die Menschen begangen haben; es ist aber zugleich eine Liste alles dessen, was Gott mit seiner Schöpfung vorhat.

An anderen Stellen des Korans wird das Wort „Schrift" oder „Verzeichnis" eindeutig im Zusammenhang mit von Gott im voraus festgelegten Abläufen verwendet:

Sure 13 „Der Donner", Vers 38 bis 43: 38 Schon vor dir haben wir Gottesgesandte geschickt und ihnen Gattinnen und Nachkommen gegeben. Kein Gesandter kann ein Wunderzeichen hervorbringen, es sei denn mit Gottes Erlaubnis. Für jede Frist gibt es eine Schrift (in der sie verzeichnet ist). 39 Gott löscht und bestätigt, was er will, und bei ihm befindet sich die Urschrift. 40 Ob wir dich nun einiges von dem, was wir ihnen androhen, erleben lassen, oder dich vorher zu uns nehmen – dir obliegt es, die Warnung mitzuteilen, und uns obliegt die Abrechnung. 41 Haben sie denn nicht gesehen, daß wir zum Land kommen und es an seinen Rändern verringern.[53] Gott entscheidet, niemand kann seine Entscheidung revidieren.[54] Er rechnet rasch ab. 42 Schon die Ungläubigen vor ihnen hatten Ränke geschmiedet. Gott aber stehen alle Ränke zu Gebote. Er weiß, was jeder erwirbt, und die Ungläubigen werden erfahren, wem die letzte Wohnstätte zur Verfügung stehen wird. 43 Diejenigen, die nicht glauben, sagen: „Du bist nicht geschickt worden!" Sprich: „Gott und diejenigen, die das Wissen und die offenbarte Schrift haben, genügen als Zeugen zwischen mir und euch!"

Die Lebensfrist und auch das Schicksal, das ein Volk oder eine Gruppe von Leuten treffen soll, sind mithin schon längst nach Gottes Ratschluß festgesetzt worden. Dem entsprechend heißt es beispielsweise über die frevlerischen Ortschaften, die in Genußsucht und Gottvergessenheit befangen sind und alle Mahnungen in den Wind schlagen: Sure 15 „Al-Ḥidschr", Vers 4: Keine Ortschaft haben wir vernichtet, ohne daß es für sie eine festgesetzte Frist gegeben hätte! – Ganz ähnlich Sure 17 „Die Nachtreise", Vers 58: Es gibt keine Ortschaft, die wir nicht vor dem Tag der Auferstehung vernichten oder schwer bestrafen werden. Das ist im Verzeichnis niedergelegt. – Dasselbe Thema wird in einem Zwiegespräch berührt, das Mose und Pharao führen:

Sure 20 „Ṭā – Hā", Vers 51 bis 55: 51 Pharao fragte: „Was ist mit den ersten Geschlechtern gewesen?" 52 Mose antwortete: „Das Wissen über sie ist bei meinem Herrn in einer Schrift niedergelegt. Mein Herr geht nicht in die Irre und vergißt nicht. 53 Er hat euch die Erde zu einem Lager gemacht und euch auf ihr Wege gebahnt und Wasser vom Himmel herabgeschickt. Hiermit brachten wir Arten verschiedener Pflanzen hervor. 54 ‚Eßt und weidet euer Vieh!' Hierin liegen Wunderzeichen für die Klugen." 55 Aus der Erde haben wir euch geschaffen, in sie bringen wir euch zurück und aus ihr lassen wir euch ein weiteres Mal hervorkommen.

Dieses Gespräch hat sich aus der Warnung entwickelt, Pharao solle die Israeliten freilassen, anderenfalls werde Gott ihn bestrafen. Pharao hatte Mose daraufhin gefragt, wer denn sein Gott sei. Mose hatte geantwortet, daß Gott derjenige sei, der alles geschaffen und die Menschen rechtgeleitet habe. Dann folgt die Frage des Herrschers nach den vergangenen

Völkern. Die Antwort Moses scheint auf den ersten Blick auf die Schuld jener Völker zu zielen, um deretwillen diese vernichtet wurden, doch die Einfügung der Frage und der Antwort in eine Gesamtdarstellung der göttlichen Schöpferkraft, die für den Fortbestand der Welt sorgt, legt die Deutung nahe, daß wie in den Zitaten aus der 13. und der 17. Sure das von Gott vorherbestimmte Schicksal der untergegangenen Völker gemeint ist. Denn Gottes allumfassendes Wissen um die Vorgänge in der Schöpfung erstreckt sich auch auf das Zukünftige. Der Rahmen, innerhalb dessen das Leben des einzelnen ablaufen kann, ist bereits abgesteckt: Sure 35 „Der Schöpfer", Vers 11: Gott schuf euch aus Erde, hierauf aus einem Tropfen. Dann teilte er euch in Paare ein. Keine Frau ist schwanger und gebiert, ohne daß es mit seinem Wissen geschieht. Niemandem wird ein langes oder ein kurzes Leben zuteil, es sei denn, es finde sich im Verzeichnis. Das ist für Gott leicht!

Was bedeutet dies alles nun für die Freiheit des Menschen? Auf der einen Seite erfahren wir, daß der Mensch mit einem strengen Richter zu rechnen habe, der auf genau geführte Verzeichnisse der Taten zurückgreifen kann. Also ist der Mensch frei und entscheidet in eigener Verantwortung, und im Laufe seines Lebens füllt sich das von den Engeln angelegte Register mit den Aufzeichnungen über gute und böse Taten. Auf der anderen Seite ist dieses Verzeichnis augenscheinlich schon längst gefüllt, ehe der Mensch geboren wird. Dieser Gedanke hängt eng mit der Idee von der ständigen Fürsorge Gottes für seine Geschöpfe zusammen. Die beiden Hauptmotive des prophetischen Gottesbildes schlagen hier auf die Kernfrage der Freiheit menschlichen Handelns durch und lassen zwei widersprüchliche Antworten möglich erscheinen. Der richtende Gott verlangt einen freien Menschen. Der allwissende, die Schöpfung in jedem Augenblick in Gang haltende Gott macht freies menschliches Handeln im Grunde unmöglich. Das Problem der Freiheit des Menschen ist im Koran der Gottesauffassung untergeordnet und wird nicht unabhängig von dieser angegangen.

In Sure 45 „Die Knieenden" wird der Glaube an ein Fatum, das die Taten des Menschen vorherbestimme und ihn damit von jeglicher Verantwortlichkeit befreie, streng zurückgewiesen. Statt dessen wird die jenseitige Bedeutung des diesseitigen Handelns sichtbar gemacht. Hoffärtigkeit und Gottvergessenheit werden als die Fehler gebrandmarkt, die die Menschen in verbrecherische Handlungen verstricken. Das Verbrechen, welches dem Menschen am Jüngsten Tag vorgehalten wird und schließlich zu seiner Verdammung in die Hölle führen kann, wird im Koran meist nicht als eine einzeln zu beurteilende Verfehlung betrachtet, sondern eher als eine Erscheinungsform des Unglaubens und des gottvergessenen Hochmuts verstanden. Als ein weiterer Beleg für diese Gedankenverbindung mag gelten:

Sure 53 „Der Stern", Vers 33 bis 62: 33 Hast du den gesehen, der sich abwandte, 34 nur wenig gab und geizte? 35 Weiß er um das Verborgene, so daß er es sehen könnte? 36 Oder wurde ihm nicht mitgeteilt, was in den Schriften Moses stand, 37 und Abrahams, der (seine Pflicht) treu erfüllte? 38 (Weiß er nicht), daß dereinst keiner die Last eines anderen tragen wird? 39 Und daß dem Menschen nichts anderes bevorsteht als das, wonach er strebte? 40 Daß ihm die Früchte seines Strebens gezeigt werden? 41 Und er darauf volles Entgelt empfängt? 42 Und daß bei deinem Herrn alles endet? 43 Daß er es ist, der Lachen und Weinen macht? 44 Daß er es ist, der sterben läßt und ins Leben ruft? 45 Daß er das Paar, Mann und Frau, geschaffen hat? 46 Aus einem Samentropfen, wenn dieser hervorgestoßen wird? 47 Daß ihm die andere Hervorbringung (im Jenseits) obliegt? 48 Daß er es ist, der Reichtum und Besitz verleiht? 49 Daß er der Herr des Sirius ist? 50 Daß er die in der Vorzeit lebenden ʿĀd vernichtet hat? 51 Dann die Ṯamūd, und nichts übrig ließ? 52 Und vorher auch das Volk Noahs? Sie waren noch frevelhafter und aufsässiger! 53 Und die umgestülpte (Stadt Sodom) herabstürzen ließ? 54 Und sie mit vielerlei bedeckte? 55 Welche der Wohltaten deines Herrn willst du bestreiten? 56 Auch dies ist eine Warnung, die den früheren entspricht. 57 Der Jüngste Tag ist herangekommen! 58 Niemand kann ihn abwenden außer Gott! 59 Verwundert ihr euch etwa über diese Nachricht? 60 Und lacht und weint nicht, 61 in eurer Leichtfertigkeit? 62 Werft euch vor Gott nieder und verehrt ihn!

Keiner trägt die Last eines anderen, wird der Zuhörer gemahnt. Das Beispiel der ʿĀd und der Ṯamūd, des Volkes Noah und der Sodomiter wird beschworen. Sie alle waren frevelhafte Menschen und wurden schon im Diesseits bestraft. Angesichts der schweren Verantwortlichkeit für das Heil, die jeder Mensch für sich allein zu tragen hat, ist es dringend anzuraten, die Warnungen nicht zu übergehen, sondern wie Abraham voll seine Pflicht zu erfüllen. Sich abwenden, die Warnung leichtfertig in den Wind schlagen, die göttliche Botschaft nicht glauben, das ist es, was den Menschen in die Gefahr bringt, als Frevler ein furchtbares Schicksal zu erleiden. – Wieder freilich wird der Gedankengang, der unstreitig auf die eindringliche Betonung der Verantwortlichkeit des Menschen für sein Handeln zielt, durch Vorstellungen unterbrochen, die dem Assoziationsfeld „gütiger Schöpfergott" zugehören und die Abhängigkeit der irdischen Existenz des Menschen von dessen Ratschluß verdeutlichen: Gott macht Weinen und Lachen, er schenkt Vermögen und Reichtum.

Sure 6 „Das Vieh", Vers 93 bis 94 und 102 bis 111: 93 Wer begeht einen schlimmeren Frevel als der, der gegen Gott Lügen erdichtet oder sagt:

„Mir wurde etwas offenbart!" obwohl ihm nichts offenbart wurde! Und als der, der spricht: „Ich werde etwas herabsenden, das dem gleicht, das Gott herabsandte!" Könntest du sehen, wie dereinst die Frevler in Todesängsten schweben, während die Engel die Hände nach ihnen ausstrecken: „Gebt eure Seelen heraus! Heute wird euch mit der Strafe der Erniedrigung vergolten, weil ihr gegen Gott die Unwahrheit gesprochen habt und euch über seine Wunderzeichen hoffärtig hinwegsetztet! 94 Als einzelne, wie wir euch zuerst geschaffen haben, seid ihr jetzt wieder vor uns gekommen und habt das, was wir euch übergeben haben,[55] hinter euch gelassen. Doch sehen wir nicht mit euch eure Fürsprecher, von denen ihr behauptet, daß sie an euch Anteil[56] hätten! Die Verbindungen zwischen euch sind nun getrennt, und das, was ihr zu behaupten pflegtet, ist vor euch zerronnen!"

Nachdem von den Einzelmenschen und ihrem Verhör die Rede gewesen ist, wird in den Versen 95 bis 99 das Lob des alles erhaltenden Schöpfers gesungen; aus seiner Existenz ziehen die Verse 100 und 101 den Schluß, daß es abwegig sei, die Dschinnen mit Gott gleichzusetzen oder diesem Kinder oder eine Gattin anzudichten, wo er doch allein die Welt geschaffen habe:

102 So ist Gott, euer Herr. Es gibt keinen Gott außer ihm, dem Schöpfer aller Dinge. Darum verehrt ihn! Er ist der Sachwalter über alles! 103 Die Blicke erreichen ihn nicht, er aber erfaßt die Blicke. Er ist der Gütige, der Kundige. 104 Von eurem Herrn sind nun sichtbare Zeichen zu euch gekommen. Wer sie wahrnimmt, tut dies zu seinem eigenen Nutzen. Wer aber blind ist, der ist es zu seinem eigenen Schaden. Ich habe nicht auf euch aufzupassen. 105 So wandeln wir die Wunderzeichen ab, und damit sie sagen: „Du hast es studiert" und damit wir den Koran Leuten erklären, die Wissen besitzen. 106 Folge dem, was dir von deinem Herrn eingegeben worden ist! Es gibt keinen Gott außer ihm! Und wende dich von den Polytheisten ab! 107 Wenn Gott es wollte, trieben sie keine Vielgötterei. Wir haben dich nicht zum Aufpasser über sie bestellt, und du bist auch nicht ihr Sachwalter. 108 Beleidigt nicht diejenigen, die andere als Gott anrufen; diese könnten dann ihrerseits Gott in feindseliger Weise beleidigen, da sie kein Wissen haben. So stellten wir jeder Gemeinschaft ihre Handlungsweise als schön hin. Dann aber müssen sie zu ihrem Herrn zurückkehren, worauf er ihnen mitteilt, was sie zu tun pflegten. 109 Sie schworen bei Gott ganz unverbrüchlich, sie wollten, wenn zu ihnen ein Wunderzeichen komme, daran glauben. Sprich: „Die Wunder liegen allein in Gottes Hand!" Und woran wollt ihr merken, daß sie trotzdem nicht glauben, sobald das Wunderzeichen gekommen ist? 110 Wir wenden (in einem solchen Fall) ihre Her-

zen und ihre Blicke um, genau wie sie schon anfangs nicht glaubten. Wir lassen sie in ihrer Widersetzlichkeit umherirren. 111 Selbst wenn wir die Engel zu ihnen hinabschickten, selbst wenn die Toten zu ihnen sprächen und wir alles Erdenkliche handgreiflich vor ihnen zusammenbrächten – sie wären nicht imstande zu glauben, es sei denn Gott wollte es! Doch die meisten von ihnen wissen dies nicht!

Dieser Abschnitt aus der 6. Sure „Das Vieh" zeigt in charakteristischer Weise, daß das schwerste Verbrechen gegen Gott die hoffärtige Zurückweisung seiner Wunderzeichen und das Verharren im Götzenglauben ist. Die Götzen vermögen bei Gott nichts auszurichten, da sie – wie alles außer dem einen Schöpfer – geschaffen sind. Aus dem Lobgesang über diesen Schöpfer entwickelt sich der uns ebenfalls schon gut vertraute Gedanke, Gott allein sei der Sachwalter aller Dinge. In den folgenden Versen wird die Sachwalterschaft Gottes nun auch auf den Unglauben ausgedehnt. Wie kommt es, daß die Ungläubigen trotz unbestreitbarer Wunderzeichen an der Vielgötterei festhalten? Gott selber ist es, der ihre Augen für die Zeichen blind, ihre Ohren für die Mahnungen taub gemacht hat. Wenn er wollte, würden sie gläubig. Es gibt im Koran zahlreiche Belege für diese Ansicht. Man hat gemeint, die Enttäuschung des Propheten über die Unbelehrbarkeit seiner Widersacher habe hier ihren Niederschlag gefunden; sie sei ein Anlaß dafür, daß in jüngeren Abschnitten des Korans die Vorstellung von der Vorherbestimmung des Heils durch den Schöpfer so stark betont werde, daß sich hieraus ein krasser Widerspruch zu der Idee von der individuellen Heilsverantwortlichkeit ergeben habe, die ihrerseits in den ältesten Suren beherrschend sei.[57] Dies mag auf den ersten Blick zutreffen. Doch steckt in der Vorstellung vom gütig sorgenden Gott, die ebenfalls schon in den ältesten Suren entfaltet wird, ein Gottesbild, das in unendlich vielen Schattierungen den Übergang von der individuellen Heilsverantwortlichkeit zur vollkommenen Vorherbestimmung des Heils ermöglicht. Je nach Anlaß konnte das eine oder das andere stärker herausgestrichen werden. Für den Koran bzw. den Propheten liegt hierin kein Widerspruch, weil für ihn die Hinwendung zu Gott oder Abwendung von Gott die entscheidenden Merkmale des menschlichen Daseins sind. Wie beides hervorgerufen wird, ist für den Koran eine Frage von zweitrangiger Bedeutung, die in der islamischen Offenbarung nirgends abschließend beantwortet wird.

Es gibt eine Reihe von Abschnitten im Koran, die den Unglauben auf den ausdrücklichen Willen Gottes zurückführen.

Sure 6 „Das Vieh", Vers 125: Wen Gott rechtleiten will, dem öffnet er die Brust zum Islam. Wen er aber in die Irre leiten will, dem macht er die Brust eng und beklommen, gleich als ob er in den Himmel aufstiege.[58] So zeichnet Gott diejenigen, die nicht glauben, mit ritueller Unreinheit!

Sure 7 „Die Höhen", Vers 177 bis 179: 177 Ein schlimmes Beispiel bieten Leute, die unsere Wunderzeichen leugnen! Gegen sich selber freveln sie! 178 Wen Gott rechtleitet, der befindet sich auf dem rechten Weg, und wen er in die Irre führt, das sind die Verlierer. 179 Wir haben für die Hölle viele Dschinnen und Menschen erschaffen, die Herzen haben, mit denen sie nichts einzusehen vermögen, die Augen haben, mit denen sie nichts wahrnehmen, die Ohren haben, mit denen sie nichts hören. Wie das Vieh sind sie, ja sie gehen noch mehr in die Irre! Sie haben keine Kenntnis!

Sure 10 „Jonas", Vers 98 bis 103: 98 Warum gab es keine Ortschaft, die gläubig geworden war und der ihr Glauben dann genutzt hätte, außer den Leuten des Jonas? Als diese gläubig geworden waren, nahmen wir die schändliche Strafe im Diesseits von ihnen und gaben ihnen noch eine Zeitlang Nießbrauch. 99 Wenn Gott es wollte, würden alle, die auf der Erde sind, gläubig. Meinst du etwa, du könntest die Menschen zwingen, gläubig zu werden? 100 Keiner Seele ist es möglich, gläubig zu werden, es sei denn mit Gottes Erlaubnis. Er zeichnet mit ritueller Unreinheit diejenigen, die keinen Verstand haben. 101 Sprich: „Schaut auf das, was in den Himmeln und auf der Erde ist!" Doch die Wunderzeichen und Warnungen bewirken nichts bei Leuten, die ohnehin nicht glauben. 102 Warten sie etwa auf ein Schicksal gleich demjenigen derer, die vor ihnen lebten? Sprich: „Dann wartet! Ich werde mit euch warten!" 103 Dann werden wir unsere Gesandten und diejenigen, die glaubten, erretten. Es ist als unsere Pflicht zu betrachten, daß wir sie retten.

Sure 32 „Die Prosternation", Vers 12 bis 14: 12 Könntest du sehen, wie dann die Verbrecher vor ihrem Herrn den Kopf hängen lassen: „Unser Herr! Nun haben wir gesehen und gehört! Bring uns zurück, dann wollen wir gute Werke tun! Wir haben jetzt Gewißheit!" 13 Wenn wir wollten, brächten wir jeder Seele ihre Rechtleitung. Doch es erfüllt sich das Wort von mir: „Ich will die Hölle mit lauter Menschen und Dschinnen füllen!" 14 „So kostet nun, weil ihr die Begegnung an diesem Tag hier vergessen habt – auch wir haben euch vergessen – kostet nun die ewige Strafe für das, was ihr zu tun pflegtet!"

Sure 76 „Der Mensch", Vers 27 bis 31: 27 Diese Ungläubigen lieben das Diesseits und weisen einen künftigen schweren Tag weit von sich. 28 Wir haben sie geschaffen und ihnen Kraft verliehen. Wenn wir wollen, tauschen wir sie gegen ihresgleichen aus. 29 Dies ist eine Mahnung. Wer will, schlägt einen Weg zu seinem Herrn ein. 30 Doch ihr wollt nicht, es sei denn, Gott wollte! Gott ist allwissend und weise. 31 Er umschließt mit seiner Barmherzigkeit, wen er will. Den Frevlern aber hat er eine schmerzhafte Strafe bereitet!

Der Hinweis der Polytheisten, sie und ihre Ahnen hätte nie etwas anderes als den einen Schöpfer verehrt, wenn dieser das gewollt hätte, wird als durchaus zutreffend aufgefaßt:

Sure 16 „Die Bienen", Vers 35 bis 40: 35 Diejenigen, die Gott andere beigesellten, sprachen: „Hätte Gott es gewollt, hätten weder wir noch unsere Väter etwas anderes als ihn verehrt. Auch hätten wir nichts an seiner Stelle für unverletztlich[59] erklärt!" Diejenigen, die vor ihnen lebten, haben ebenso gehandelt. Obliegt den Gesandten etwas anderes als die klare Übermittlung? 36 In jeder Gemeinschaft haben wir einen Gesandten berufen: „Verehrt Gott und meidet die Götzen!" Einige von ihnen wurden daraufhin von Gott rechtgeleitet, bei anderen aber trat der Irrtum wirklich ein. Reist im Lande umher und schaut, wie das Ende der Leugner war! 37 Wenn du auch begehrst, diese rechtzuleiten, so gilt doch, daß Gott niemanden rechtleitet, den er in die Irre führt. Solche Menschen haben keinen Helfer! 38 Sie schworen bei Gott ganz unverbrüchlich: „Gott weckt die Toten nicht auf!" Doch! Dies obliegt ihm als wahres Versprechen! Die meisten Menschen wissen das nicht. 39 Gott will ihnen das erklären, worüber sie uneinig sind, und die Ungläubigen sollen wissen, daß sie lügen. 40 Wenn wir etwas vorhaben, besteht unser Wort nur darin, daß wir sagen: „Sei!" und es ist.

In der 9. Sure „Die Buße" wird darüber geklagt, daß selbst die Gläubigen nicht ohne weiteres bereit sind, mit ihrem Vermögen und ihrem Leben für die Sache des Islams zu kämpfen. Wenn die bevorstehenden Unternehmungen zu beschwerlich oder zu gefahrvoll erscheinen, ersucht man den Propheten nur allzu gern um eine Befreiung von den unangenehmen Pflichten. Man will lieber das Ergebnis abwarten, um sich dann auf die Seite der Sieger zu schlagen: Vers 50 bis 52: 50 Wenn dich nun etwas Gutes trifft, tut ihnen das weh. Trifft dich aber ein Unglück, dann sagen sie: „Wir haben unsere Angelegenheit schon vorher selber geregelt!" und wenden sich froh ab. 51 Sprich: „Nichts wird uns treffen außer dem, was Gott schon vorher für uns aufgezeichnet hat. Er ist unser Herr. Auf Gott sollen die Gläubigen vertrauen!" 52 Sprich: „Wartet ihr etwa darauf, daß uns etwas anderes als die beiden schönsten Dinge[60] treffen könnte? Wir dagegen erwarten, daß Gott euch mit einer Strafe von ihm selber oder durch unsere Hände treffen wird. Wartet nur ab! Wir wollen mit euch abwarten!" – An diesem Beispiel wird besonders gut deutlich, wie aus einer bestimmten Lage heraus der vorherbestimmende Ratschluß Gottes beschworen wird. Die Opportunisten hoffen, daß den Propheten und seine Getreuen ein Unglück ereilt; denn dann können sie sich als die Schlauen brüsten, die alles vorausgesehen haben. Im Vertrauen auf Gott läßt sich Muḥammad jedoch von derlei Spekulationen nicht irre machen. Er weiß, daß ihm ohnehin nur das zustoßen kann, was Gott längst im voraus beschlossen und im Verzeichnis des Lebensschicksals niedergelegt hat. Die Anspielung auf die Vorherbestimmung des Lebensweges durch Gott dient hier nicht dazu, die Lehre des Determinismus zu begründen, sondern soll Muḥammad und seinen Anhängern angesichts einer Bedrohung Zuversicht einflößen. Allem Anschein nach erfüllt im Koran die Berufung auf die göttliche Vorherbestimmung stets eine ähnliche Aufgabe: Der Prophet soll sich vom Unglauben seiner Gegner nicht schwankend machen lassen; er hat nur die Pflicht, die Wahrheit zu verkünden, und es ist Gottes Ratschluß, daß viele diese Wahrheit nicht einsehen wollen, obwohl sie jedem Verständigen einleuchtet. Die Verantwortlichkeit des Menschen für sein Heil wird mit derartigen Wendungen keineswegs allgemein aufgehoben, mögen sie noch so schroff klingen.

Nur wenn man die Koranverse, die sich für eine Vorherbestimmung zum Guten oder zum Bösen, zum Glauben oder Unglauben aussprechen, aus ihrem lebendigen, durch die Erfahrungen des Propheten gestifteten Zusammenhang löst, kann man zur Auffassung gelangen, Muḥammad habe, je mehr Enttäuschungen er durchgemacht habe, immer stärker der Lehre von der Prädestination zugeneigt. Dies ist keineswegs der Fall. Auch in medinensischen Suren ist von der Schuldfähigkeit des Individuums die Rede, genau wie in sehr alten mekkanischen Stellen. So heißt es beispielsweise in der in Medina offenbarten 4. Sure „Die Frauen", Vers 110 bis 112: 110 Wer eine schlimme Tat begeht oder gegen sich selber frevelt,[61] dann aber Gott um Verzeihung bittet, der wird Gott verzeihend und barmherzig finden. 111 Wer eine Verfehlung erwirbt, der erwirbt sie zu Lasten seiner eigenen Person. Gott ist wissend und weise. 112 Wer eine Sünde oder einen Fehltritt erwirbt und dann einen Unschuldigen dessen bezichtigt, der lädt Verleumdung und eine klare Verfehlung auf sich! – Allgemein bleibt die Idee von der Verantwortlichkeit des Menschen und seiner hieraus folgenden Freiheit von den frühesten bis zu den späten Offenbarungen vorherrschend. Doch zeigte es sich, daß unter bestimmten Voraussetzungen das Vermögen Gottes, alle Abläufe auf Erden zu bestimmen, auch auf die menschlichen Handlungen ausgedehnt wurde. So konnte die Vorstellung vom Verzeichnis der Taten des Menschen leicht dahingehend erweitert werden, daß es sich eben um eine Liste aller Geschehnisse und Unternehmungen handele, die entsprechend dem göttlichen Vorwissen – und seiner allumfassenden Fürsorge für seine Schöpfung – den Lebensweg eines Menschen erfüllen. In diesem Sinn spricht beispielsweise Sure 9 „Die Buße", Vers 51, hiervon.

Die Vorstellung vom Verzeichnis stammt vermutlich aus dem Kaufmannsberuf,[62] der dem Propheten vertraut war. Eben dorther ist ein anderer Begriff genommen, der für die hier erörterten Fragen wichtig ist: der Erwerb. Der Einzelmensch vollbringt Taten und erwirbt sie damit als ein unveräußerliches Eigentum, das in dem Verzeichnis zu Buche schlägt.[63] In Sure 6 ,,Das Vieh", Vers 70, werden die Zuhörer gemahnt, es werde dereinst nicht die Möglichkeit einer Fürsprache geben, denn eine jede Seele werde entsprechend dem verurteilt, was sie erworben habe.[64] ,,Jede Seele ist eine Geisel dessen, was sie erworben hat", mahnt die frühmekkanische Sure 74 ,,Der sich mit dem Gewand zugedeckt hat", Vers 38. Die Herzen haben schwer an dem zu tragen, was sie erworben haben (Sure 83, Vers 14). Einst hatte Abraham von Gott den Befehl erhalten, zusammen mit Ismael die Kaaba zu erbauen; Abraham lehrte darauf seine Nachkommenschaft das Bekenntnis zu dem einen Gott, und auch Jakob ließ sich vor dem Tode von seinen Söhnen versichern, daß sie am wahren Glauben festhalten würden. Hierauf werden die Zuhörer angesprochen (Sure 2, Vers 134): ,,Dies ist eine Glaubensgemeinschaft, die bereits dahingegangen ist. Ihr wird zuteil werden, was sie erworben hat ... Ihr werdet nicht nach dem gefragt werden, was sie zu tun pflegten!" Nachdem von den Juden und den Christen geredet worden ist, die sich streiten, wer im Besitz der wahren Religion sei, heißt es wiederum (Sure 2, Vers 141): ,,Dies ist eine Glaubensgemeinschaft, die bereits dahingegangen ist. Ihr wird zuteil werden, was sie erworben hat, und euch wird zuteil werden, was ihr erworben habt. Ihr werdet nicht nach dem gefragt werden, was sie zu tun pflegten!" Insonderheit Verfehlungen werden im Koran als ,,Erwerb" bezeichnet, und es hat den Anschein, als werde überwiegend von negativen Dingen geredet, deren Aufhäufung zu einer Belastung für den Menschen wird. Sure 5 ,,Der Tisch", Vers 38: Dem Dieb und der Diebin schlagt die Hände ab als Vergeltung für das, was sie erworben[65] haben, und zwar als exemplarische Maßnahme von seiten Gottes! Gott ist mächtig und weise! – Sure 3 ,,Die Sippe Imrans", Vers 161: Nicht einmal einem Propheten steht es zu, Beute zu veruntreuen. Wenn jemand dies tut, wird er am Tag der Auferstehung bringen müssen, was er veruntreut hat. Dann wird jeder Seele das volle Maß dessen gegeben, was sie erworben hat, und sie werden nicht übervorteilt! – Sure 2 ,,Die Kuh", Vers 224 bis 225: 224 Macht nicht Gott zum Ziel für eure Eide, Gutes zu tun, Gottesfurcht zu üben und zwischen Leuten Versöhnung herbeizuführen. Gott hört und weiß alles. 225 Gott bestraft euch nicht wegen des leeren Geredes in euren Eiden, sondern wegen dessen, was euer Herz erworben hat. Gott ist verzeihend und milde! – Der Mensch erwirbt eine Liste von Taten, die sein Schicksal im Jenseits bestimmen. Wie das letzte Zitat belegt, bezieht sich der Begriff ,,erwerben" nicht nur auf alles, was wirklich in die Tat umgesetzt worden ist, sondern auch auf die verborgenen Absichten. Streng wird entsprechend dem Verzeichnis abgerechnet. Das betont der Koran immer wieder. Doch es gibt auch die Möglichkeit der Vergebung, um die Gott im letzten Vers der 2. Sure gebeten wird: ,,Gott belastet die Seele nicht mit mehr, als sie zu tragen vermag. Ihr wird zuteil, was sie erworben hat, und auf ihr lastet, was sie sich angeeignet hat. Unser Herr! Strafe uns nicht! Wir haben vergessen oder Sünden begangen. Unser Herr! Belaste uns nicht mit einer schweren Verpflichtung, wie du diejenigen vor uns belastet hast! Unser Herr! Lade uns nicht auf, was wir nicht tragen können! Verzeih und vergib uns, erbarme dich unser! Du bist unser Herr! Hilf uns gegen die Ungläubigen!"

5. Gott und Mensch

Der Mensch ist von Gott so geschaffen worden, daß er die Aufgaben, die das Diesseits ihm stellt, so gut wir irgend möglich bewältigen kann und der Treuhänderschaft, die er leichtfertig auf sich genommen hat, gerecht zu werden vermag. Der Gedanke des Erwerbs von Taten, die in einem Register verzeichnet werden, welches am Jüngsten Tag die Grundlage für die gerechte Beurteilung seines Lebens bildet, kann ohne zu zögern als ein Beleg dafür gewertet werden, daß die persönliche Verantwortlichkeit eines zu freiem Handeln befähigten Menschen vom Koran sehr hoch eingeschätzt wird. Frei handelt der Mensch allerdings nur in den Grenzen, die der fürsorgliche und auch vorherbestimmende Gott absteckt. Wir versuchten zu verstehen, warum dies für den Koran kein Widerspruch ist. Der Mensch ist in seinem irdischen Leben nicht auf sich selbst gestellt. Der Satan ist ermächtigt worden, dem Menschen mit Heimtücke nachzustellen. Alle, sogar die Propheten, sind deshalb gefährdet. Aber es wird auch immer aufs neue versichert, daß der Mensch, der gestrauchelt ist, auf Vergebung hoffen darf, wenn er Buße übt.

In Sure 9 „Die Buße" werden mehrfach die Beduinen und die Heuchler erwähnt, die alle nicht willens sind, ihre Pflichten gegenüber dem Propheten und der Gemeinde zu erfüllen: Vers 102 bis 106: 102 Doch es gibt andere, die ihre Sünden eingestanden. Sie haben eine fromme Tat mit einer anderen, bösen vermischt. Vielleicht wird sich Gott ihnen wieder zuwenden. Gott ist verzeihend und barmherzig. 103 Nimm aus ihrem Vermögen eine Almosengabe, durch die du sie reinigst und läuterst. Und bete für sie! Dein Gebet wird sie beruhigen. Gott hört und weiß alles. 104 Wußten sie denn nicht, daß Gott von seinen Knechten die Buße annimmt und die Almosengaben empfängt und daß Gott es ist, der sich zuwendet und barmherzig ist? 105 Sprich: „Handelt, und Gott, sein Gesandter und die Gläubigen werden eure Handlungen sehen! Und ihr werdet dereinst vor denjenigen gebracht, der das Verborgene und das Offenkundige kennt. Er wird euch dann mitteilen, was ihr zu tun pflegtet." 106 Wieder andere werden der Entscheidung Gottes anheimgegeben. Entweder bestraft er sie, oder er wendet sich ihnen zu. Gott ist allwissend und weise! – Gott ist gütig und belohnt alle, die Gutes tun. Die Frevler werden dagegen einst bestraft werden. Die Ungläubigen, denen diese Worte vorgetragen werden, halten sie jedoch für Lügen, die Muḥammad über Gott in Umlauf setze. Gott hat eben den Verstockten das Herz versiegelt, wird in der 42. Sure „Die Beratschlagung" festgestellt, und er wird dereinst Lug und Trug auslöschen und der Wahrheit zum Sieg verhelfen: 25 Er ist es, der die Buße von seinen Knechten annimmt und die bösen Taten verzeiht. Er weiß, was ihr tut. 26 Er erhört diejenigen, die glaubten und fromme Werke taten. Er gibt ihnen noch mehr von seiner Huld. Die Ungläubigen haben aber eine strenge Strafe zu erwarten.

Sure 4 „Die Frauen", Vers 15 bis 18: 15 Für diejenigen eurer Frauen, die Unzucht begehen, bringt vier männliche Zeugen aus eurer Mitte herbei! Wenn diese es bezeugen, dann haltet die Frauen in den Häusern fest, bis der Tod sie zu sich nimmt oder Gott ihnen einen Weg (in ein lasterfreies Leben) gewährt. 16 Und wenn zwei Männer Unzucht begehen, dann peinigt sie! Wenn sie daraufhin bußfertig umkehren und sich bessern, dann laßt von ihnen ab! Gott ist es, der sich zuwendet und barmherzig ist! 17 Gott obliegt es, sich denen wieder zuzuwenden, die aus Torheit Böses tun, sich dann aber gleich reumütig umwenden. Jenen wird auch Gott sich wieder zuwenden. Gott ist allwissend und weise. 18 Doch die göttliche Zuwendung wird nicht denen zuteil, die böse Werke tun, bis zu jemandem der Tod kommt und er dann schnell sagt: „Jetzt wende ich mich reumütig (Gott) zu!" Auch denen wird sie nicht zuteil, die als Ungläubige sterben. All denen haben wir eine schmerzhafte Strafe vorbereitet!

Diese Beispiele zeigen deutlich, daß in koranischer Vorstellung auch schwere Verfehlungen getilgt werden können, wenn Buße geübt wird. Von entscheidender Bedeutung für den koranischen Begriff der Buße ist die Tatsache, daß es sich nicht um einen einseitigen, vom schuldig gewordenen Menschen ausgehenden Akt handelt, sondern daß die Buße darin besteht, daß der Mensch und Gott sich wieder einander zuwenden. In der deutschen Übersetzung der entsprechenden Koranstellen läßt sich dieser Sachverhalt nicht vollkommen wiedergeben. Das arabische Wort tauba „Buße" oder „reumütige Umkehr" bezeichnet ursprünglich nichts weiter als die Wendung; der Mensch wendet sich von der Verfehlung ab, wendet sich wieder Gott zu, und Gott nimmt diese Wendung des Menschen entgegen und kehrt sich seinerseits ihm zu. „Gott ist es, der sich zuwendet und barmherzig ist", heißt es in Sure 9, Vers 104, und in Sure 4, Vers 16. In den oben angeführten Abschnitten aus beiden Suren wird, wie auch sonst im Koran, die reumütige Hinwendung des Menschen zu Gott und die barmherzige Hinwendung Gottes mit demselben Wort tauba bzw. mit Ableitungen aus der Wortwurzel t–w–b bezeichnet. Der koranische Akt der Buße oder Umkehr erweist sich damit als die Wiederherstellung der durch die Verfehlung zerstörten vollkommenen Hingewandtheit des Menschen zu seinem Schöpfergott, die wir als die religiöse Urgeste des Menschen, als den Islam schlechthin beschrieben haben.

Sich von Gott abzuwenden, ist für den Koran der Oberbegriff für Gottvergessenheit, Hoffart, Widersetzlichkeit und Ungehorsam, jene Eigenschaften, die den Ungläubigen auszeichnen. Iblīs ist der erste, der sich von Gott abkehrt und deshalb verstoßen wird.[66] Gott weiß, daß es Iblīs gelingen wird, viele Menschen in gleicher Weise aus der heilswichtigen Hingewandtheit zu Gott zu lösen und damit zum Unglauben und zum Bösen zu verführen. Das Böse ist folglich nicht in der Natur des Menschen angelegt, sondern es keimt in ihm, wenn er sich von seinem Schöpfer abkehrt, den „Islam" aufgibt. Buße im koranischen Verständnis ist es, sich wieder ganz auf den Einen auszurichten und erneut dessen Zuwendung zu erfahren, wodurch die heilswichtige unmittelbare und ungetrübte Verbindung des Menschen zu seinem Schöpfer wieder aufgenommen wird. „Sollen wir etwa die, die sich ganz zu uns gewandt haben – die ‚Muslime' – mit den Verbrechern gleichstellen? Was ist mit euch los? Wie könnt ihr so ein Urteil fällen!" werden die Ungläubigen in der 68. Sure „Das Schreibrohr", Vers 35 bis 36, gefragt. Sich ganz auf den Schöpfer ausgerichtet zu haben, bildet den schroffsten Gegensatz zur Verstrickung in Schuld und Verfehlungen.[67]

Wenn wir, von dieser Einsicht ausgehend, einmal den Wortschatz überprüfen, mit dem der Koran das Verhältnis des Menschen zu Gott beschreibt, so werden wir finden, daß Begriffe, die in das Feld „Hinwenden" einzuordnen sind, vorherrschen. Ein weiteres Beispiel gibt uns:

Sure 42 „Die Beratschlagung", Vers 10 bis 13: 10 Worüber ihr uneins seid, darüber steht Gott die Entscheidung zu. Seht, das ist Gott, mein Herr! Auf ihn vertraue ich, zu ihm wende ich mich bußfertig.[68] 11 Er ist der Schöpfer der Himmel und der Erde. Er hat euch und das Vieh zu Paaren gemacht, um euch auf diese Weise zu vermehren. Ihm gleicht nichts. Er hört und sieht alles. 12 Er hat die Schlüssel der Himmel und der Erde. Er gewährt und bemißt den Lebensunterhalt, wem er will. Er weiß über alles Bescheid. 13 Er hat euch den gleichen Glauben verordnet, den er auch schon Noah aufgetragen hatte und den wir nun dir eingegeben haben, den gleichen, den er auch Abraham, Mose und Jesus anempfohlen hatte: „Haltet den Glauben ein und zersplittert euch nicht ihn betreffend in Gruppen!" Die Polytheisten bedrückt es schwer, wozu du sie aufrufst! Gott erwählt zu sich, wen er will, und er leitet den zu sich, der sich ihm bußfertig zuwendet.[69]

Sure 38 „Ṣād“, Vers 21 bis 25 und 34: 21 Hast du nicht von den Streitern gehört? Sie stiegen bis in das Privatgemach hinauf. 22 Dann drangen sie bei David ein, worauf er vor ihnen erschrak. Man sagte: „Fürchte dich nicht! Es handelt sich um zwei Streitende, von denen der eine einen Übergriff auf den anderen verübt hat. Entscheide zwischen uns nach der Wahrheit! Begeh keine Ungerechtigkeit, sondern führe uns auf die gerade Straße! 23 Dies hier ist mein Bruder. Er besitzt neunundneunzig Schafe, ich hingegen nur ein einziges. Er bat: ‚Vertraue es mir an!‘ und bedrängte mich sehr.“ 24 David sagte: „Er hat dir Unrecht getan, indem er dein Schaf von dir verlangte, um es den seinen hinzuzufügen. Bei vielen Teilhaberschaften vergreift sich ein Partner am anderen, außer freilich denjenigen, die glauben und fromme Werke tun. Doch das sind nur wenige!“ David glaubte, daß wir ihn mit diesem Fall auf die Probe gestellt hätten. Darum bat er seinen Herrn um Vergebung, fiel sich verbeugend nieder und wandte sich reumütig (zu uns). 25 Da vergaben wir ihm (seine Verfehlung). Er steht uns dereinst sehr nahe und hat eine schöne Einkehr zu erwarten ... 34 Wir hatten den Salomo auf die Probe gestellt und eine (ihm ähnliche) Gestalt auf den Thron gesetzt. Dann aber wandte er sich reumütig um.

Durch die beiden Streitenden wird David seine eigene schwere Verfehlung, von der der Koran keine Einzelheiten erzählt, ins Gedächtnis gerufen, und er wendet sich bußfertig Gott wieder zu, der ihm verzeiht und einen bevorzugten Rang im Jenseits verspricht. Gott verdeutlicht Salomo, daß alle Majestät ihn nicht zur Hoffart verleiten darf; Salomo geht in sich, bereut und erlangt Verzeihung. Leider neigt der Mensch dazu, nur in der Not sich Gott zuzuwenden: Sure 39 „Die Scharen“, Vers 8: Wenn den Menschen Not trifft, ruft er seinen Herrn an, indem er sich reumütig zu ihm wendet. Dann aber, sobald dieser ihm die Gnadengabe gewährt, vergißt er, warum er ihn zuvor angefleht hat, und gesellt Gott sogar Gefährten bei, um andere vom Weg Gottes abzubringen. Sprich: „Genieße noch ein wenig in deinem Unglauben! Du gehörst zu denen, die dem Höllenfeuer verfallen sind!“

In diesem letzten Beispiel wird das Vergessen, die Gottvergessenheit, die in den schlimmsten Unglauben führt, als Gegensatz zur reumütigen Hinwendung zu Gott hervorgehoben. Wir erfuhren bereits, daß „sich mahnen lassen“ das Gegenteil solcher Hoffart und Gedankenlosigkeit darstellt. Es ist daher naheliegend, daß im Koran bußfertige Wendung zu Gott und Beherzigung seiner Ermahnungen in einem Atemzug genannt werden. In Sure 40 „Der verzeiht“ wird in den Versen 10 bis 12 den Ungläubigen am Tag des Gerichts vorgehalten, daß sie bis zuletzt Vielgötterei betrieben haben. Erst jetzt bekennen sie ihre Schuld und bitten, von der Höllenstrafe verschont zu bleiben. Doch vergebens, Gott fällt nun seine Entscheidung. Eine allgemeine Betrachtung schließt diesen Abschnitt: 13 Gott ist es, der euch seine Wunderzeichen zeigt und euch Nahrung vom Himmel herabschickt. Doch es läßt sich eben nur derjenige mahnen, der sich bußfertig (zu Gott) hinwendet! – Auf eine ähnliche Gedankenverbindung stößt man in der 50. Sure „Qāf", die zu Beginn wiederum dem Zuhörer die Schöpfung Gottes ins Gedächtnis ruft: Er hat die Erde hingebreitet und läßt auf ihr Pflanzen sprießen, 8 zur Unterweisung und zur Mahnung für jeden Knecht, der sich reumütig (zu Gott) wendet! – Die Gegenwärtigkeit des Schöpfungsgeschehens,[70] dem Menschen zu Bewußtsein gebracht, verlangt von ihm die sofortige Hinwendung zu seinem Schöpfer, den Vollzug der religiösen Urgeste, die „Islam" im wahren Sinn des Wortes ist.

Sure 39 „Die Scharen", Vers 47 bis 55: 47 Besäßen die Frevler alles, was auf Erden ist, und noch einmal soviel, sie würden sich damit am Tage der Auferstehung gern von der schweren Strafe freikaufen. Von Gott her wird ihnen dann klar geworden sein, was sie nicht in Rechnung zu stellen pflegten. 48 Die bösen Folgen dessen, was sie erworben haben, werden ihnen dann klar geworden sein, und das, worüber sie zu spotten pflegten, wird sich ihrer bemächtigen![71] 49 Wenn den Menschen Not trifft, dann ruft er uns an. Wenn wir ihm darauf eine Gnadengabe von uns gewähren, dann spricht er: „Ich habe es wegen (eines) Wissens bekommen!" Dabei dient es nur, um ihn auf die Probe zu stellen. Doch die meisten von ihnen wissen das nicht. 50 Schon die Menschen vor ihnen haben derartiges gesagt, doch das, was sie zu erwerben pflegten, hat ihnen nichts genutzt. 51 Vielmehr trafen sie die schlimmen Folgen dessen, was sie erworben hatten. Und auch die Frevler unter diesen hier werden die schlimmen Folgen dessen treffen, was sie erwarben. Sie werden das nicht abwenden können. 52 Wußten sie denn nicht, daß Gott den Lebensunterhalt an die, die ihm belieben, austeilt und zumißt? Hierin liegen doch Wunderzeichen für Leute, die gläubig sind. 53 Sprich: „Meine Knechte, die ihr zum eigenen Nachteil Verschwendung getrieben habt! Verzweifelt nicht an der Barmherzigkeit Gottes. Gott vergibt die Sünden insgesamt. Er ist der Verzeihende, Barmherzige! 54 Wendet euch reumütig zu eurem Herrn, wendet ihm (das Gesicht) zu, bevor die Strafe über euch kommt! Denn dann kann man euch nicht mehr helfen! 55 Folgt dem schönsten von dem, was euch von eurem Herrn herabgesandt wurde, ehe die Strafe unvermittelt über euch kommt, ohne daß ihr es vorher bemerkt!"

Wie in einem Brennpunkt sind in diesen Versen der 39. Sure die koranischen Gedanken über das Verhältnis Gottes zum Menschen zusammengefaßt. Der Mensch, der sich von seinem Schöpfer abgekehrt hat, erwirbt Taten, deren Folgen verhängnisvoll sind. Doch er kann Vergebung erlangen, wenn er sich wieder zu Gott hinwendet und damit seine Bußfertigkeit bekundet, wenn er, wie es in Vers 54 heißt, die Islam-Handlung vollzieht, die der sichtbare Ausdruck seines Glaubens und der Überwindung der Undankbarkeit und Gottvergessenheit ist. Der tiefe, das ganze Dasein des Menschen neu gestaltende Sinn jener symbolhaften Handlung kann jetzt von uns erfaßt werden. Nun sahen wir bereits am Beispiel der Verse des christlichen Dichters ʿAdī b. Zaid, daß das „Antlitz" Gottes im altarabischen Sprachgebrauch als pars pro toto Gott in seiner Ganzheit bezeichnen konnte: „Nichts ist bleibend vor dem Fatum außer dem Antlitz des gepriesenen Allschöpfers!"[72] Den gleichen Gedanken finden wir im Koran wieder, wo es in Sure 55 „Der Barmherzige", Vers 26 bis 27, heißt: „Jeder auf der Welt ist vergänglich. Es bleibt allein das Antlitz deines Herrn, das voller Majestät und verehrungswürdig ist."

Dem arabischen Wort für Antlitz (waǧh) wohnt stets der Nebensinn „zugewandte Seite, Richtung" inne. Im Koran ist nun des öfteren vom Antlitz Gottes die Rede, welches die Menschen „erstreben". In Sure 92 „Die Nacht" wird den Zuhörern mitgeteilt, daß sie dem Höllenfeuer entgehen können, wenn sie Spenden von ihrem Eigentum abführen, um sich vom Makel unrechtmäßig erworbenen Gutes zu reinigen:[73] 19 Doch hat deswegen niemand bei (Gott) eine Gnadengabe gut, die ihm dereinst entgolten werden müßte. 20 (Die Spende) geschieht allein, um das Antlitz seines höchsten Herrn zu erstreben. 21 (Der Spender) wird mit dem Lohn gewiß zufrieden sein! – Die Spende ist eine Sühneleistung, mit der man sich ohne irgendwelche selbstischen Nebengedanken auf den einen Herrn ausrichten soll. Noch deutlicher ist der Zusammenhang, in welchem in der 13. Sure „Der Donner" die gleiche Wendung begegnet: 19 Ist denn derjenige, der weiß, daß das, was dir von deinem Herrn herabgesandt wurde, die Wahrheit ist, dem Blinden zu vergleichen? Nur die Verständigen lassen sich mahnen! 20 Diejenigen, die das Versprechen Gott gegenüber einhalten und den Bund nicht brechen, 21 diejenigen, die verbinden, was Gott zu verbinden befohlen hat, die ihren Herrn fürchten und sich vor der schlimmen Abrechnung ängstigen, 22 diejenigen, die ausharren, weil sie das Antlitz ihres Herrn erstreben, die das rituelle Gebet einhalten und insgeheim und offen von dem Lebensunterhalt spenden, den wir ihnen gewähren. ... – Auch in der 30. Sure „Die Byzantiner" ist das „Erstreben des Antlitzes Gottes" wie in den beiden vorherigen Beispielen als Oberbegriff aller menschlichen Handlungen genannt, die der Annäherung an den Schöpfer und damit der Vermeidung der Höllenstrafe dienen. Nur in der Not beten die Menschen zu Gott; sobald er ihnen geholfen hat, geben sie sich wieder der Vielgötterei hin. Man solle die Zeichen, die in den von Gott geschenkten Gütern liegen, sehr gut beachten: 38 Darum gib dem Verwandten den ihm zustehenden Anteil, sowie dem Armen und dem Sohn des Weges!

Das ist besser für die, die das Antlitz Gottes wollen. Das sind dereinst die Glückseligen! – Das Antlitz Gottes wird nach koranischer Vorstellung nicht an einer bestimmten Örtlichkeit oder in einer Himmelsrichtung gesucht; entsprechend der Allgegenwart des Schöpfers ist es überall: „Gottes ist der Osten und der Westen! Wo immer ihr euch hinwendet, dort ist Gottes Antlitz. Gott ist allumfassend und allwissend!" (Sure 2, Vers 115).

Am Beispiel der reuigen Abkehr vom Bösen, durch die der Mensch sich aus der Gottvergessenheit befreit, erfuhren wir, daß Gott seinerseits sich ihm zuwendet. Nur die Gegenseitigkeit der Zuwendung verbürgt dem Menschen das Heil. Diese Vorstellung läßt sich auch für den Begriff des „Antlitzes" belegen. Gottes Antlitz ist überall, und der Mensch sucht es, um des Heiles teilhaftig zu werden. Der Mensch findet Gottes Antlitz, indem er ihm sein Gesicht zuwendet.[74]

Sure 31 „Luqmān", Vers 20 bis 24: 20 Habt ihr denn nicht gesehen, daß Gott euch alles dienstbar gemacht hat, was in den Himmeln und auf der Erde ist, und euch offen und verborgen mit seinen Gnadengaben überschüttet hat? Dennoch gibt es Leute, die über Gott disputieren – ohne Wissen, ohne Rechtleitung, ohne erleuchtende Schrift! 21 Sagt man zu ihnen: „Folgt dem, was Gott offenbart hat!" antworten sie: „Nein, wir folgen den Überzeugungen unserer Väter!" Wie, wenn sie der Satan zur Höllenstrafe riefe? 22 Doch wer sein Antlitz ganz zu Gott wendet und dabei Gutes tut, der klammert sich an das festeste Band! Zu Gott führen alle Dinge zurück. 23 Wer ungläubig ist, dessen Unglaube möge dich nicht betrüben! Zu uns müssen alle zurückkehren. Wir werden ihnen dann mitteilen, was sie taten. Gott weiß genau, was in den Herzen verborgen ist. 24 Wir lassen sie noch ein wenig genießen, dann zwingen wir sie zu einer harten Strafe!

An einer Stelle in der 2. Sure „Die Kuh" lesen wir, daß die Schriftbesitzer die Anhänger des Propheten am liebsten wieder zum Unglauben verführten, weil sie sie beneiden. Den Gläubigen wird geraten, das rituelle Gebet treu einzuhalten und reichlich Almosen zu spenden; alle guten Werke werden dereinst ihnen zum Vorteil gereichen. Weiter behaupten die Schriftbesitzer: 111 ... „Nur wer Jude oder Christ ist, wird das Paradies betreten." Dies sind ihre Wunschvorstellungen! Sprich: „Zeigt euren Beweis, wenn ihr die Wahrheit sagt!" 112 Nein! Wer sein Antlitz ganz zu Gott wendet und dabei Gutes tut, dem wird bei seinem Herrn sein Lohn zuteil. Sie brauchen sich nicht zu fürchten, und sie werden nicht betrübt sein! – Um den Eintritt in das Paradies geht es auch in der 4. Sure „Die Frauen", Vers 122 bis 126. Wieder wird gegen die Schriftbesitzer polemisiert; Gläubigkeit und gute Werke werden als Voraussetzung des Heilsgewinnes genannt. Dann kommt der Koran auf die abrahamische Urreligion zu sprechen: 125 Wer hätte einen besseren Glauben als derjenige, der sein Antlitz ganz zu Gott hinwendet und dabei Gutes tut und der Religionsgemeinschaft Abrahams, des Gottsuchers folgt? Gott erwählte sich Abraham zum Freund! – Mit den Schriftbesitzern hat der Prophet auch in Sure 3 „Die Sippe Imrans", Vers 20, zu tun: Wenn sie gegen dich argumentieren, so sprich: „Ich wende mein Antlitz ganz zu Gott hin, und auch die, die mir folgen!" Und frage die Schriftbesitzer und die Schriftunkundigen: „Wendet ihr euch ganz?" Und wenn sie sich ganz hinwenden, so haben sie sich auf den rechten Pfad führen lassen. Wenden sie sich jedoch ab, nun, so obliegt dir nur die Übermittlung. Gott durchschaut die Knechte!

In den obigen Fällen wird die Hinwendung des Gesichts zu Gott mit dem Verbum bezeichnet, das, wie an anderer Stelle dargelegt, die Islam-Handlung wiedergibt,[75] jene religiöse Urgeste, die Abraham vollführte, als er erkannt hatte, daß es nur den einen Schöpfergott gibt, und die er gleichsam als Ritus mit seinem Sohn vollzog, bevor er ihn zur Opferung bereitete.[76] Häufig wird auch nur gesagt, man solle sein Gesicht auf den Glauben richten: Sure 10 „Jonas", Vers 104 bis 105: 104 Sprich: „Ihr Menschen, solltet ihr über meinen Glauben im Zweifel sein, (so antworte ich): ‚Ich verehre nicht diejenigen, die ihr an Gottes Stelle verehrt. Sondern ich verehre Gott, der euch zu sich nimmt. Mir wurde aufgetragen, gläubig zu sein.' 105 Ferner: ‚Richte dein Gesicht auf den Glauben als Gottsucher und sei kein Polytheist!'" – Ähnlich Sure 30 „Die Byzantiner", Vers 43: Richte dein Gesicht auf den einzig richtigen Glauben, bevor ein Tag kommt, den Gott gegenüber niemand abwenden kann ... – Ein Gedicht, das von einem Mann aus den Banū Asad stammt, die sich dem Propheten unterstellt hatten, belegt, daß mit dieser Redewendung ganz allgemein der Übertritt in die Gemeinde der Gläubigen wiedergegeben werden konnte: Die in der altarabischen Dichtung übliche Gestalt der Tadlerin versucht, den Poeten in seinem Entschluß, nach Medina zu gehen, wankend zu machen, doch er entgegnet ihr: „Nein, Jaṯrib[77] ist heute unsere Richtung! Was der Barmherzige will, dem folgt der Knecht! Zu Gott ist mein Gesicht (gewandt), und zum Gesandten. Und wer eines Tages sein Gesicht zu Gott richtet, wird nicht enttäuscht." Einige Gefährten des Dichters hatten „die Rechtleitung aufgegeben" und gegen seine Sippe zu den Waffen gegriffen. „Sie verletzten das Recht und begehrten Falsches. Iblīs ließ sie straucheln, so daß sie die Wahrheit aus den Augen verloren. So scheiterten sie und wurden enttäuscht. Wir aber hielten uns fromm an das Wort des Propheten Muḥammad. Da hatten die Freunde der Wahrheit unter uns Glück, ihnen wurde zum guten Gelingen verholfen."[78] In ganz schlichter und vordergründiger Weise wird in diesen Teilen auf die günstigen Auswirkungen der Islam-Annahme, der

Ausrichtung des Gesichtes auf Gott, angespielt: Gott enttäuscht die Anhänger der Wahrheit nicht, die Pläne der Gefährten des Satans werden vereitelt.

In der gegenseitigen Zuwendung von Gott und Mensch liegt das Heil des Menschen begründet, wird das Böse überwunden. Der Mensch ist aufgerufen, seine Hoffart abzulegen, die Gottferne zu überwinden, dann wird der Schöpfer sich ihm gegenüber gnädig erweisen – die unmittelbare Beziehung des Menschen zu Gott von Angesicht zu Angesicht ist damit hergestellt. Viele Menschen finden freilich nicht den Weg zu einer solchen bußfertigen Abkehr von der Gottvergessenheit und lassen sich weiter vom Satan verblenden. Sie müssen der ewigen Verdammnis gewiß sein. Dabei ist die gegenseitige Zugewandtheit, das Heil verheißende Verhältnis zwischen Gott und Mensch, eigentlich das ursprüngliche, von Gott beabsichtigte. „Darum richte dein Gesicht als Gottsucher auf den Glauben! Das ist die von Gott verliehene Beschaffenheit, entsprechend der er die Menschen geschaffen hat!" lautet es im berühmten 30. Vers der 30. Sure „Die Byzantiner", den wir schon in einem anderen Zusammenhang besprochen haben. Durch die Hinwendung zu Gott hin, durch den „Islam", wird diese ursprüngliche „Geschaffenheit zu Gott hin" wiederhergestellt. Sie ist die Erfüllung der großartigen Verkündung: Sure 51 „Die aufwirbeln", Vers 56 bis 58: 56 Ich habe die Dschinnen und die Menschen nur geschaffen, damit sie mich verehren! 57 Ich will von ihnen keinerlei Unterhalt, ich will nicht, daß sie mir Speise geben![79] 58 Gott ist es, der Unterhalt gewährt, er besitzt Kraft, und er ist der Starke!

Wie aber kann der Mensch sich reumütig zu Gott wenden, wenn er stets der Heimtücke des Satans ausgesetzt ist, der ihn zu Hoffart und Vielgötterei verleiten will? Die Antwort auf diese Frage gibt uns die koranische Abraham-Figur, der Gottsucher schlechthin. Abraham erkennt – wie offenbar auch die Gottsucher im alten Arabien[80] – Gott, indem er über die Naturerscheinungen nachdenkt. Der Mond und die Sonne gehen unter, wird in der 6. Sure „Das Vieh", Vers 76 bis 79, erzählt,[81] also können sie nicht jene Wesenheiten sein, die ununterbrochen den Kosmos erhalten. Hieraus schließt Abraham auf das Dasein eines einzigen Schöpfers, zu dem er sich hinwendet, weil er erkannt hat, daß die falschen Gottheiten, die sein Vater verehrt, weder Schaden noch Nutzen stiften können:

Sure 19 „Maria", Vers 41 bis 48: 41 Und gedenke in der Schrift des Abraham! Er war ein Wahrhaftiger, ein Prophet. 42 Einst sprach er zu seinem Vater: „Mein lieber Vater, warum verehrst du etwas, das weder hören noch sehen kann, noch dir irgendetwas nützt? 43 Mein Väterchen, ich habe Wissen erhalten, wie es dir nicht zuteil geworden ist.

Darum folge mir! Ich führe dich eine gerade Straße! 44 Mein Väterchen, verehre nicht den Satan! Der Satan widersetzte sich dem Barmherzigen. 45 Mein Väterchen, ich fürchte, daß dich eine Strafe von seiten des Barmherzigen trifft und du dann ein Freund des Satans wirst!" 46 Da entgegnete der Vater: „Du verschmähst also meine Götter, Abraham? Wenn du das nicht aufgibst, werde ich dich steinigen! Geh mir eine Zeitlang aus den Augen!" 47 Da antwortete Abraham: „Friede sei über dir! Ich werde meinen Herrn für dich um Vergebung bitten. Er sorgte stets wohlwollend für mich! 48 Ich verlasse euch und die, die ihr an Gottes Stelle anruft. Ich rufe meinen Herrn an. Vielleicht werde ich durch das Gebet zu meinem Herrn vor dem Unglück bewahrt."

Es sind Vernunftgründe, die Abraham für den Eingottglauben[82] ins Feld führt: Der Schöpfer ist die eine Ursache, auf die alles Seiende zurückgeführt werden kann. Er allein besitzt wirkliche Macht. Deshalb kann der Mensch sich auch nur vom Gebet zu diesem Einen Nutzen versprechen und hoffen, aus dem Unglück im Diesseits und im Jenseits gerettet zu werden. Es ist also nicht erst ein von Gott ausgehender Ruf notwendig, um seine Existenz zu erkennen und zum richtigen Glauben zu finden. Der Mensch soll sich vielmehr des ihm anerschaffenen Verstandes richtig bedienen; dann wird er zum Eingottglauben finden. An zahlreichen Stellen des Korans werden darum die ungläubigen oder mißtrauischen Zuhörer, die sich noch nicht für den Inhalt der prophetischen Botschaft erwärmen können, gefragt, ob sie wohl keinen Verstand hätten. Hierfür ein wahllos herausgegriffenes Beispiel: Das Volk Lots wurde wegen seiner Lasterhaftigkeit vernichtet; immer wieder kommt man bei Karawanenreisen an den Ruinenstätten solcher betroffenen Völker vorüber, „habt ihr denn gar keinen Verstand?" (Sure 37 „Die in Reihen stehen", Vers 138). Sehr häufig werden die Wunderzeichen Gottes genannt: Er läßt die Pflanzen sprießen, gibt allen Lebewesen ihren Unterhalt, „darin liegt ein Zeichen für Leute, die Verstand haben!" (Sure 16 „Die Bienen", Vers 68). Oder: Sure 30 „Die Byzantiner", Vers 28: Gott hat euch von euch selbst ein Gleichnis geprägt: Habt ihr unter euren Sklaven Teilhaber an dem Unterhalt, den wir euch geschenkt haben, derart, daß ihr diesbezüglich (mit ihnen) gleich seid, indem ihr sie fürchtet, so wie ihr euresgleichen fürchtet? So erläutern wir die Verse im einzelnen für Leute, die verständig sind. – Das Gleichnis wendet sich an den Verstand, der die Behauptung, Herr und Sklave seien einander gleich, als absurd zurückweist – folglich ist der Schluß zwingend, daß auch Gott keine ihm gleichberechtigten Teilhaber besitzt.

Sure 2 „Die Kuh", Vers 168 bis 172: 168 Ihr Leute! Eßt von dem auf der Erde, was als gut und erlaubt angesehen wird, und folgt nicht den Schritten des Satans! Er ist euch ein klarer Feind! 169 Er befiehlt euch Böses und Unzucht und daß ihr über Gott Dinge sagt, die ihr nicht wißt! 170 Sagt man zu ihnen: „Folgt dem, was Gott herabgesandt hat," antworten sie: „Wir folgen den Überzeugungen, die wir bei unseren Vätern angetroffen haben!" Wenn nun aber ihre Väter nichts verstanden und nicht rechtgeleitet waren? 171 Mit den Ungläubigen verhält es sich, wie wenn jemand Vieh anbrüllt, das nur lautes Rufen und Geschrei vernimmt.[83] Sie sind taub, stumm und blind, so daß sie nichts verstehen. 172 Ihr, die ihr glaubt, eßt also von den guten Dingen, die wir euch als Unterhalt gewährten, und dankt Gott, wenn ihr wirklich ihn verehrt!

Der Verstand führt den Menschen zu Gott hin und zerschlägt alle falsche Überlieferung. Es hilft nichts, sich auf Gewohnheiten der Vorväter zu berufen, wenn der Verstand deren Bräuchen nicht beizupflichten vermag. Die Schriftbesitzer hatten nach koranischer Auffassung manche Speisevorschriften der abrahamischen Urreligion nach eigenem Gutdünken verändert. Muḥammad konnte sich demgegenüber auf die Unmittelbarkeit seiner Gotteserfahrung berufen, die seinen Worten ein ungleich höheres Maß an Wahrheit verlieh als den – verfälschten – Traditionen der Schriftbesitzer.[84] Es zeigt sich, daß der Unmittelbarkeit der Gotteserfahrung die vollständige Verstandesgemäßheit der an Muḥammad ergangenen Überlieferung entspricht. Der Verstand ist der dem Menschen geschenkte Führer, der ihn auf den Weg hin zur richtigen Gottesverehrung, zur vollkommenen Hinwendung zum Schöpfer, weist. Und er ist gleichzeitig, wie in dem Abschnitt der zweiten Sure verdeutlicht wird, das Hilfsmittel, mit welchem sich der Mensch in der heilswichtigen Hingewandtheit zu Gott hält. Denn mit dem Verstand vermag er Gottes ununterbrochene Fürsorge für die Schöpfung richtig zu deuten und die göttlichen Gebote als wahr zu erkennen und einzuhalten, deren Befolgung der praktische Ausdruck der Hingewandtheit zu Gott ist. Denn der einmalige Vollzug der reumütigen Hinwendung zu Gott ist nicht ausreichend; der so gewonnenen unmittelbaren Beziehung zum Schöpfer – von Angesicht zu Angesicht – muß Dauer verliehen werden: „Wendet euch reumütig zu eurem Herrn, wendet ihm (das Gesicht) zu, bevor die Strafe über euch kommt! ... Folgt dem schönsten von dem, was euch von eurem Herrn herabgesandt wurde, ehe die Strafe unvermittelt über euch kommt ...!" lasen wir in Sure 39 „Die Scharen", Vers 54 und 55. Doch berühren wir hier schon das Thema des letzten Kapitels.

6. Der Zerfall des koranischen Menschenbildes in der islamischen Theologie

In der 12. Sure „Josef" hat das koranische Menschenbild seine schönste dichterische Ausgestaltung gefunden. Auf dreierlei Art sind die in dieser Geschichte auftretenden Personen durch das Böse, die Sünde oder den „Irrtum" betroffen. Da ist zunächst Jakob, von dem an anderen Stellen des Korans gesagt wird, daß er ein Glied der von seinem Großvater Abraham gestifteten Religionsgemeinschaft sei. Jakob befindet sich daher schon in dem das Heil gewährleistenden unmittelbaren Verhältnis zu seinem Schöpfer, im abrahamischen Islam. Mehrfach trifft ihn in der Josefs-Erzählung größtes Leid: Zuerst als sein Lieblingssohn Josef von seinen Brüdern auf schändliche Weise beseitigt worden ist; dann als die Brüder ohne Benjamin aus Ägypten zurückkehren. Beide Male grämt er sich darüber, daß seine Söhne bösen Einflüsterungen gefolgt seien – das zweite Mal freilich zu Unrecht. Doch jedesmal vermag er sich zu „schöner Geduld" (Vers 18 und Vers 83) durchzuringen, denn er weiß ja bereits von Gott, was die anderen nicht wissen (Vers 96), Worte, die entweder darauf zu beziehen sind, daß Gott, wie durch den Traum verheißen, an Josef seine Gnade vollenden werde (Vers 4), oder die in allgemeiner Weise auf die Überwindung des Bösen hindeuten, dessen Wirksamkeit durch die religiöse Urgeste der Hinwendung zu Gott letzten Endes aufgehoben wird. Jakob ist der Muslim, der in der Erzählung von Anfang an Glaubensgewißheit besitzt, der weiß, daß Gott alles wirkt und zu dem verheißenen Ende führt. Jakob klagt seinen Schmerz daher auch nicht seinen Söhnen, die doch der unmittelbare Anlaß für das Leid sind, sondern Gott, der ihm die schwere Trennung von seinem Lieblingssohn auferlegt hat.

Die Gegenseite bilden die Brüder Josefs, die den Einflüsterungen des Satans oder ihrer Triebseele gehorchen. Weil sie noch nicht Gottes sind, vermögen sie es nicht zu ertragen, daß ihr Vater ihren Bruder Josef so offenkundig bevorzugt; sie fühlen sich dadurch in ihren eigenen Rechten verletzt und glauben, ihr Vater befinde sich in einem Irrtum, verstoße gegen gute Gepflogenheiten. Noch als die Brüder zum zweiten Mal aus Ägypten zurückkehren, um ihren alten Vater zu holen, und dieser freudig erregt den Geruch Josefs wahrzunehmen glaubt, jedoch seinen Söhnen gegenüber Mißtrauen bekundet, halten sie ihm sogleich wieder vor, er sei erneut in seinen alten Irrtum verfallen, d.h. er behandele sie zu geringschätzig. Auf Grund eigener Vermutungen, die nur vom Augenschein einer Sache ausgehen, ohne zu deren Kern – der Absicht Gottes – vorstoßen zu können, verstricken sich die Brüder in das Böse. Sie halten die tückischen Ratschläge des Satans für befolgenswert, weil sie der kleinlichen Mißgunst ihrer ichbezogenen Seele entsprechen. Weil sie sich noch nicht ganz zu Gott hingewandt haben, sind sie nicht in der Lage, in der Bevorzugung Josefs durch ihren Vater das sichtbare Anzeichen eines göttlichen Planes zu erkennen, der ihnen in seiner Gesamtheit vorerst verborgen bleiben muß: Es fehlt ihnen das Gottvertrauen. Deshalb muß das Unheil seinen Lauf nehmen, bis die Zeit für ihre Selbsterkenntnis und das Bekenntnis der Sünden reif geworden ist. Als sie zum zweiten Mal nach Ägypten gekommen sind, fragt Josef sie: „Wißt ihr, was ihr mit Josef und seinem Bruder gemacht habt? Damals wart ihr wirklich Toren!" Sie riefen: „Bist du etwa Josef?!" Er antwortete: „Ich bin Josef, und dieser ist mein Bruder. Gott hat uns Güte erwiesen. Wer Gott fürchtet und geduldig ausharrt, für den gilt: Gott läßt den Lohn derer, die gut handeln, nicht verderben!" Sie sprachen: „Bei Gott, Gott hat dich vor uns ausgezeichnet, wir aber haben gesündigt!" Josef entgegnete: „Kein Tadel soll euch heute mehr treffen. Gott vergibt euch. Er ist der Barmherzigste." (Vers 89 bis 92). Durch dieses Bekenntnis vollziehen sie ihre Hinwendung zu Gott, erkennen seinen Willen an und erlangen Verzeihung. Sie haben die Sündhaftigkeit ihrer ichhaften Bestrebungen durchschaut. – So wie die Brüder Josefs, so sind auch die meisten Menschen in ihre ichbezogenen Wünsche verwoben, so wie die Brüder Josefs können sie aber auch Vergebung erlangen, wenn sie ihre Sünden begreifen und sich vollkommen auf ihren Schöpfer ausrichten. Muḥammad selber, so wird erzählt, soll auf diese für jeden Menschen gültige Lehre aus dem Verhalten der Brüder Josefs hingewiesen haben. Als er sich mit den Quraiš ausgesöhnt hatte und in seine Vaterstadt eingezogen war, trat er an die Kaaba und rief seinen ehemaligen Feinden zu: „Ich sage euch die Worte meines Bruders Josef: ‚Kein Tadel soll euch heute mehr treffen!'"[85]

Damit kommen wir zur Hauptperson, zu Josef, der in dem Muḥammad in den Mund gelegten Ausspruch als Bruder des Propheten bezeichnet wird. Es wurde schon angedeutet, daß das Schicksal Josefs sich in mancher Hinsicht mit demjenigen Muḥammads berührt. Doch nun sind wir in der Lage, die tieferen Beziehungen freizulegen, die zwischen Muḥammad und der koranischen Josefs-Gestalt bestehen. Die feindlichen Mekkaner – Josefs Brüder – vermögen nicht zu erkennen, daß Gott an Muḥammad – Josef – „seine Gnade vollenden" wird, wie er sie zuvor an Abraham und Isaak vollendet hat (Vers 5). – Muḥammad ist es, der die Urreligion Abrahams vollendet, die Mekkaner aber sind vom Satan verblendet wie Josefs Brüder. Von außen, durch die Nachstellungen der Mekkaner – durch den Verrat, den die Brüder an Josef üben – wirkt das Böse auf den Lebensweg Muḥammads – Josefs – ein, und von innen, durch die Einflüsterungen des Satans, der den Propheten straucheln lassen möchte – durch die Verführungskünste der Gattin des hohen Herrn, denen Josef zu erliegen droht. Josef aber bekennt ganz im Sinne Muḥammads: „Ich folge der Religion meiner Ahnen Abraham, Isaak und Jakob. Es steht uns nicht zu, Gott etwas beizugesellen. Dies gehört zur Gnade Gottes gegen uns und die Menschen. Die meisten Menschen sind freilich undankbar ... Sind unterschiedliche Herren besser oder der eine bezwingende Gott? An seiner Statt verehrt ihr doch nichts weiter als Namen, die ihr und eure Väter gesetzt haben. Hierzu hat Gott keine Vollmacht herabgesandt. Gott allein urteilt. Er befiehlt, daß ihr ihn allein verehrt. Dies ist der rechte Glaube ..." (Vers 38 bis 40). Josef muß mithin nicht erst angesichts der Folgen seiner Sünden begreifen, daß sein Heil allein in der vertrauensvollen Zuflucht bei Gott liegt. Vielmehr wird ihm die seine ganze Existenz erfassende Wahrheit dieses Sachverhaltes spontan, durch göttliche Eingebung bewußt – eben wie dies bei einem Propheten der Fall ist: Doch (die Frau des hohen Herrn) hatte (Josef) begehrt, und er sie. Hätte er nicht einen Fingerzeig seines Herrn gesehen, (hätte er gesündigt). Dieser erfolgte, damit wir das Übel und die Unzucht von ihm abwendeten. Denn er gehört zu unseren erwählten Dienern (Vers 24). – Durch die in der Gefängnisszene von Josef offen bekannte Hinwendung zu Gott wird er so weit gegen das Böse geschützt, daß es ihn nicht mehr in Unheil stiftende Taten verwickeln kann. Sein Handeln steht jetzt im Einklang mit der Absicht Gottes. So gebraucht Josef gegen seine Brüder eine List, die seinem leidgeprüften Vater weiteren Schmerz bereitet. Die Auswirkungen dieser List sind jedoch günstig – nicht bösartig, wie es der Anschlag seiner Brüder gewesen war. Denn indem Josef durch eine Täuschung seinen Bruder Benjamin in Ägypten zurückhält, bewegt er seinen Vater, die beschwerliche Reise auf sich zu nehmen. Die Taten des ganz zu Gott gewandten Propheten mögen formal als sündhaft erscheinen, in ihrem Inhalt und in ihren Auswirkungen bleiben sie in Einklang mit dem Willen Gottes. Die Art und Weise der Rechtfertigung des prophetischen Handelns in Medina ist in der Josefs-Gestalt vorgeprägt.

In drei Seinsformen tritt uns der Mensch in der Josefs-Sure entgegen. Sie unterscheiden sich je nach dem Maß, in dem sie vom „Islam", von der Hingewandtheit zu Gott, bestimmt werden. Jakob hat den „Islam" schon vollendet, er lebt bereits in der Gewißheit. Josef wird die Vollendung der Gnade angekündigt, sein Leben verläuft dann wie dasjenige der übrigen Propheten, die sich mit ihrem ganzen Sein ihrem Schöpfer zuwenden. Den Brüdern dagegen ist der das Heil sichernde Islam noch verborgen. Sie müssen erst den Weg durch das von ichsüchtigen Regungen, die sich der Satan zunutze machen kann, verursachte Leid zurücklegen. Dieser Weg endet mit dem Bekenntnis der Sünden, und sie erlangen Verzeihung. Der zu Gott hin geschaffene Mensch des Korans vermag durch alle Schuld hindurch zu seinem Schöpfer zu finden. Nur besonders begnadeten Menschen kann dieser Weg, nicht jedoch die ständige Anfechtung, erspart werden. Der Koran billigt dem Menschen die Möglichkeit einer Entwicklung zu, die ihn dazu führen kann, daß er sich die Gnadengabe seiner Geschaffenheit zu Gott hin ins Bewußtsein ruft und damit wie einst Abraham und die anderen Propheten in den Zustand des „Islams" eintritt und das Heil erwirbt. Wer nicht den Einflüsterungen des Satans – oder den ichsüchtigen Regungen – auf Dauer erliegt, sondern zum „Muslim" wird, der verwirklicht – und zwar bereits in seiner diesseitigen Existenz – die jedem Menschen zuteil gewordene Heilsmöglichkeit, die in der Tatsache des Geschaffenseins zu Gott hin begründet liegt.

Dieses koranische Bild vom Menschen, das die Menschen als Individuen auffaßt, die auf unterschiedliche Weise und mit unterschiedlichem Erfolg den „Islam" zu verwirklichen suchen, wird nun in der islamischen Theologie aufgelöst und zerfällt in widersprüchliche Aussagen und Deutungsversuche. Denn die Theologie, deren Bestreben auf die Schaffung eindeutiger dogmatischer Feststellungen gerichtet ist, kann sich nicht mit einer unüberschaubaren Vielfalt individueller Entwicklungen zufriedengeben. Sie muß versuchen herauszufinden, was der Koran über den Menschen als Gattung aussagt bzw. koranische Belege ermitteln, die sich hinreichend verallgemeinern lassen, so daß sie den Ausgangspunkt für ein Dogma über den Menschen ganz allgemein bilden können. Die Theologie fragt darum nicht nach den unterschiedlichen Wegen, auf denen Einzelne den „Islam" vollendet und damit das Heil gewonnen haben, sondern sie forscht nach dem Ergebnis, der Summe all dieser individuellen Bemühungen: „Haben sie den Menschen als Gattung zum Islam, zum Heil geführt bzw. führen können oder nicht?" Und nach der allgemeinen Befähigung des Menschen zum Gewinn des Islams und des Heils wird nun gefragt. Sie tritt in den Mittelpunkt der Spekulation. Zugleich verschiebt sich unwillkürlich der Begriff vom „Islam". Denn als Hinwendung zum Schöpfer ist er nicht klar genug zu fassen und abzugrenzen. Leben in Übereinstimmung mit dem gottgewollten Gesetz, also eine jederzeit nachprüfbare Leistung, wird daher ganz allmählich an die Stelle der ursprünglich geforderten existentiellen Umkehr treten und den Begriff „Islam" mit einem neuen, veränderten Inhalt füllen. Die Ansätze hierzu finden wir schon im Koran selber, wie wir im letzten Kapitel erfahren werden.

Wie nun ist es mit der Fähigkeit des Menschen bestellt, den Islam, die gottgewollte Ordnung, zu erfüllen und dadurch das Heil zu erwerben? Sucht man im Koran auf diese Frage eine Antwort, gerät man rasch in Verlegenheit. Wer nur ein Stäubchen an Gutem oder Schlechtem getan habe, werde es am Tage des Gerichts sehen, heißt es in einer der ältesten Suren, und durch den ganzen Koran zieht sich der Gedanke, daß Gott ein absolut gerechter Richter sein werde. So hat es dann der Mensch in der Hand, für ein glückhaftes Jenseits vorzusorgen, indem er Gottes Willen erfüllt. Dem stehen andere Verse gegenüber, die genau das Gegenteil aussagen. Am schroffsten wird in Sure 6 „Das Vieh", Vers 125, zum Ausdruck gebracht, daß Gott allein es sei, der bestimme, ob jemand den Weg zum Islam finde oder in Verstocktheit verharre und damit nach dem Gericht der Verdammnis anheimfalle. Alles menschliche Tun ist folglich vergeblich, in Gottes Ratschluß liegt das Endergebnis bereits fest. Ist der Mensch in seinen Taten frei, oder ist ihm alles vorherbestimmt, dies wurde zur Kernfrage des Menschenbildes in der islamischen Theologie. Beide Richtungen wurden bis ins Äußerste durchdacht und konnten mit koranischen Belegen gestützt werden. Die Möglichkeit eines sachlichen Ausgleiches bestand nicht; zwischen frei und unfrei gibt es nichts drittes, solange eines, wie in der islamischen Theologie üblich, nur als logische Negation des anderen gedacht wird.

Trotzdem versuchte man, einen Ausgleich herbeizuführen, der bei den unzulänglichen Hilfsmitteln dieser formalen Logik naturgemäß in einer formalen Harmonisierung steckenblieb. Man griff auf das koranische Wort „erwerben" zurück; der Mensch erwirbt nach koranischer Vorstellung mit seinen Taten einen gewissen Kontostand, nach dem Gott sein Leben beurteilt, der Mensch erwirbt für die Abrechnung gute und schlechte Taten. Dieser Begriff errang nun großes Gewicht: Gott bestimmt alles vorher, so argumentierte man, das Endergebnis alles menschlichen Handelns liegt also fest, doch der Mensch eignet sich das von Gott im voraus Gewirkte an, „erwirbt" diese Taten, so daß sie auf seinem Konto zu Buche schlagen. In dieser Kompromißformel, die seit dem 10. Jahrhundert im sunnitischen Islam, also bei der Mehrheit der Muslime, zunehmend Anklang fand, siegte letzten Endes der Determinismus. Freilich beschäftigte sich die theologische Diskussion der unterschiedlichsten Richtungen weiter mit dem Begriff des „Erwerbens", um ihn besser zu fassen und den menschlichen Anteil an den Taten genauer herauszufinden. Doch wesentlich andere Ergebnisse lassen sich auf diese Weise nicht erzielen. Ein kurzes Zitat aus dem schon genannten Werk des Theologen al-Bāqillānī mag uns verdeutlichen, in welche Richtung sich in der islamischen Theologie die Aussagen über den Menschen entwickelten. Nicht der Mensch schafft seine Taten – wahres Schöpfertum kommt allein Gott[86] zu. Gott also schafft die Taten, die der Mensch erwirbt. „Wie aber steht es dann mit dem koranischen Prinzip des Aufforderns zum Billigenswerten und des Tadelns des Verwerflichen?"[87] fragen Zweifler jener theologischen Richtung, die für die freie Verantwortlichkeit des Menschen eintritt. Diesen Zweiflern sei mit der Gegenfrage zuzusetzen, ob sie mit dieser Ansicht nicht die Tatsache bestritten, daß Gott von seinen Geschöpfen gar keine schöpferische Handlung verlangen könne, da für den Menschen als geschaffenes Wesen eigenes Schöpfertum undenkbar ist, und ob sie den Grundsatz leugneten, daß Gott die Menschen nur beauftrage zu erwerben, was er geschaffen habe, und daß diese von Gott vorgeschaffenen Taten, die der Mensch zu erwerben hat, nur als eine Kennzeichnung der Personen zu betrachten seien, die Gott in seinem unerforschlichen Ratschluß belohnen oder bestrafen wolle? Wenn jene Zweifler nun weiter darauf beharren, sie könnten die Wendung „Erwerb der Tat" nicht begreifen, sondern nur eben Gottes Gebot, das Rechte anzuempfehlen und das Schlechte zu verwerfen, dann ist ihnen zu antworten: „Erwerben bedeutet, eine Tat frei zu vollziehen mit einer Kraft, die gleichzeitig mit ihr in ihrem Substrat auftritt und ihr das Gegenteil der Eigenschaft der Notwendigkeit verleiht, wie sie etwa für das Zucken eines Gelähmten usw. gilt. Jeder, der ein gesundes Wahrnehmungsvermögen hat, unterscheidet zwischen der willkürlichen Bewegung seiner Hand und dem (unwillkürlichen) Zucken des Gelähmten, zwischen dem selbstgewählten Gehen, Zu- und Abwenden und dem Gezogen-, Geschleppt- und Gestoßenwerden. Diese durch den Verstand mittels der Wahrnehmung begreifbare Eigenschaft einer (willkürlichen) Handlung bedeutet, daß eben diese Handlung erworben ist. Eure Behauptung, daß das, was wir lehren, nicht mit dem Verstand begriffen werden könne, ist also haltlos."[88]

Das ursprüngliche prophetische Verständnis des Islams erfaßte die Heilsbedürftigkeit des Individuums und suchte, ihr Genüge zu tun, indem der Vollzug einer das Heil sichernden Hinwendung zum Schöpfer angeraten wurde.[89] Allmählich jedoch entwickelte sich das Gesetz, die in den offenbarten Bestimmungen sinnfällig gewordene gottgewollte Ordnung des Diesseits – und des Jenseits – zum Inbegriff des Islams. Der Mensch erscheint im Laufe dieser Entwicklung immer weniger als ein Individuum, das – durch Verstrickung in Schuld und Sünde hindurch – der Erfüllung der Verheißung zustreben kann, die in der Tatsache seiner Geschaffenheit zu Gott hin begründet ist. Im „Islam" oder „Muslim" sein, bedeutet nun allmählich, die Mitgliedschaft jenes Gemeinwesens erworben zu haben, in dem sich die gottgewollte Ordnung schon verwirklicht hat. Das Kriterium der formalen Zugehörigkeit zu diesem Gemeinwesen tritt an die Stelle der persönlichen Hinwendung des Individuums zum Schöpfer.[90] Die Heilsgewißheit, die das Individuum durch den Vollzug der religiösen Urgeste gewann, mußte es nun aus dem Versprechen herleiten, daß dieses Gemeinwesen in jeder Hinsicht eine vollkommene Verkörperung des göttlichen Willens sei. Die Folge war, daß man den Menschen nicht mehr als ein seinem persönlichen Heil zustrebendes Individuum betrachtete, sondern davon ausging, daß er als Muslim Teil eines bereits vollkommenen Ganzen sei; nicht seine Entwicklung zum Heilsgewinn hin war mehr Gegenstand der Aufmerksamkeit, sondern sein Verhalten als dasjenige eines Gliedes einer sich schon im Besitz des Heils befindenden Gemeinschaft. Dieses Verhalten war am göttlichen

Gesetz auszurichten. Hierdurch wurde die Bewahrung des Heils gewährleistet, denn das Gesetz war ja der unmittelbare Ausdruck des göttlichen Willens. Als Folge dieser Verschiebung des Schwerpunkts religiöser Aufmerksamkeit im Islam entsteht eine Rigorosität der Beurteilung des Menschen und seines Tuns, die dem Koran noch weitgehend fremd ist. Der Mensch kann und soll nun das Gesetz widerspruchslos und vollständig erfüllen, und das islamische Gemeinwesen hat der vollkommen verwirklichte Wille Gottes zu sein. Sollte einmal erkennbar werden, daß diese Vollkommenheit nicht mehr gegeben ist, sind Maßnahmen zu ihrer Wiederherstellung zu ergreifen. Das ganz vom göttlichen Gesetz bestimmte Gemeinwesen ist für den Muslim jetzt kein letzten Endes wegen der menschlichen Unzulänglichkeit unerreichbares Ideal mehr, es ist im Gegenteil eine erreichbare Realität, die – wie man in späteren Jahrhunderten sagen wird – zumindest in der medinensischen Urgemeinde herrschte. Der Glaube, daß der wahrhafte Muslim die höchstmögliche – weil gottgewollte und daher vollkommene – Daseinsart des Menschen ist, die sich im islamischen Gemeinwesen, der höchstmöglichen vollkommenen und gottgewollten Gemeinschaft, verwirklicht, hat sich gerade im modernen Islam wieder in den Vordergrund geschoben. Dieser Glaube nimmt seinen Ursprung in der Vergesetzlichung des Islams, deren Anfänge schon in den medinensischen Suren sichtbar werden.

V. Das göttliche Gesetz

1. Wesen und Funktion des Gesetzes

Sure 6 „Das Vieh", Vers 71 bis 73 und Vers 92: 71 Sprich: „Sollen wir an Gottes Stelle etwas anrufen, was uns weder nutzt noch schadet, und sollen wir in den Unglauben zurückfallen, nachdem uns Gott rechtgeleitet hat – etwa wie der, den die Satane im Lande in die Irre führten, so daß er nicht ein noch aus weiß, obwohl er Gefährten hat, die ihn zur Rechtleitung rufen: ‚Komm zu uns!'?" Sprich: „Die Rechtleitung Gottes ist die Rechtleitung überhaupt! Uns wurde befohlen, daß wir uns ganz dem Herrn der Welten hinwenden." 72 Und haltet das rituelle Gebet ein und fürchtet ihn, denn er ist es, zu dem ihr einst versammelt werdet!
73 Er ist es, der die Himmel und die Erde in Wahrheit geschaffen hat, und am Tage, da er spricht: „Sei!", da ist es. Seine Rede ist die Wahrheit. Ihm gehört die Herrschaft am Tage, da man in die Posaune stößt. Er kennt das Verborgene und das Sichtbare. Er ist der Weise und Kundige.
... 92 Dies ist eine Schrift, die wir herabgesandt haben, eine gesegnete, die das, was vor ihr offenbart worden ist, bestätigt; ferner damit du die Mutter der Ortschaften und diejenigen, die in ihrer Umgebung wohnen, warnest. Diejenigen, die an das Jenseits glauben, glauben auch an die Schrift. Desgleichen halten sie ihr rituelles Gebet ein.

Diese Verse werden in die spätmekkanische Zeit eingeordnet. In ihnen wird das rituelle Gebet als die wichtigste Gemeinschaftsveranstaltung der Gläubigen hervorgehoben. Sicherlich nahm die Organisation der Anhängerschaft des Propheten mit den rituellen Gebeten ihren Anfang. Andere Belege aus der mittel- und spätmekkanischen Periode deuten darauf hin, daß in der jungen Gemeinschaft auch schon Abgaben eingezogen wurden. Um sich von der Schuld zu befreien, die man auf sich lud, wenn man allzu gierig dem Erwerbstrieb gefolgt war, empfiehlt der Koran die Entrichtung der „Läuterungsabgabe".[1] Sie wird daher bereits früh als das zweite charakteristische Institut der Gläubigen genannt. In der 19. Sure „Maria" verkündet Jesus aus der Wiege heraus: 30 Ich bin der Knecht Gottes. Er hat mir die Schrift gebracht und mich zum Propheten berufen.
31 Er ließ mich gesegnet sein, wo immer ich auch bin, und er empfahl mir das rituelle Gebet und die „Läuterungsabgabe" an, solange ich lebe. – In derselben Sure wird von Ismael gesagt: 54 Und gedenke in der Schrift des Ismael! Er hielt stets sein Versprechen und war ein Gesandter,

ein Prophet. 55 Er pflegte seinen Leuten das rituelle Gebet und die „Läuterungsabgabe" aufzutragen, und Gott hatte Wohlgefallen an ihm. – In medinensischen Suren sind rituelles Gebet und Läuterungsabgabe zu stereotypen Merkmalen einer nach Gottes Willen lebenden Gemeinschaft geworden. Da werden die Israeliten in Sure 2 „Die Kuh", Vers 43 und 83, ermahnt: 43 Haltet das rituelle Gebet ein und entrichtet die Läuterungsabgabe und werft euch nieder mit denen, die sich niederwerfen! ... 83 Einst nahmen wir den Israeliten folgende Verpflichtung ab: Ihr sollt Gott allein verehren; ihr sollt den Eltern, Verwandten, Waisen und Armen Gutes tun; sprecht freundlich zu den Menschen; haltet das rituelle Gebet ein und entrichtet die Läuterungsabgabe! Doch bis auf wenige unter euch kehrtet ihr dem allen darauf den Rücken, indem ihr euch abwandtet! – In der 5. Sure „Der Tisch", Vers 55, werden die Gläubigen vor der Abtrünnigkeit gewarnt, und ihnen wird eingeschärft: 55 Euer Freund ist nur Gott, sowie sein Gesandter und diejenigen, die glauben, nämlich die, die, sich niederwerfend, das rituelle Gebet verrichten und die Läuterungsabgabe abführen. – Die Polytheisten sollen sich zu beidem bereitfinden, dann können sie ihre Haut retten:

Sure 9 „Die Buße", Vers 5 bis 11: 5 Sind die heiligen Monate[2] vorbei, dann tötet die Polytheisten, wo immer ihr sie findet! Packt sie, umzingelt sie, stellt ihnen jeden erdenklichen Hinterhalt! Wenn sie sich aber bußfertig umkehren, das rituelle Gebet einhalten und die Läuterungsabgabe abführen, dann laßt sie ihres Weges ziehen! Gott ist verzeihend und barmherzig. 6 Wenn ein Polytheist bei dir um „nachbarlichen Schutz"[3] nachsucht, so gewähre ihn ihm, damit er die Rede Gottes höre! Dann laß ihn an den Platz gelangen, an dem er sicher ist! Dies deshalb, weil es sich um Leute handelt, die nicht wissen. 7 Freilich wie könnte es zugunsten der Polytheisten eine Verpflichtung bei Gott und seinem Gesandten geben – ausgenommen nur diejenigen, mit denen ihr an der heiligen Moschee eine Verpflichtung eingegangen seid: Solange diese euch gegenüber Wort halten, tut es auch ihnen gegenüber! Gott liebt die Gottesfürchtigen. 8 Wie also (könnte es jene Verpflichtung geben), wo sie, gewinnen sie über euch die Oberhand, doch euch gegenüber weder Bindung noch Verpflichtung beachten? Sie stellten euch nur mit Worten zufrieden, ihre Herzen aber verwerfen es. Die meisten von ihnen sind Missetäter. 9 Sie haben die Wunderzeichen Gottes für einen geringen Preis gekauft.[4] Deshalb hielten sie andere Menschen von seinem Weg ab. Böse ist, was sie taten! 10 Sie beachten einem Gläubigen gegenüber weder Bindung noch Verpflichtung. Sie sind es, die Übergriffe begehen! 11 Doch wenn sie sich bußfertig umkehren, das rituelle Gebet einhalten und die Läuterungsabgabe abführen, so sind sie eure Brüder im Glauben. Wir erläutern die Wunderzeichen ins einzelne gehend für Leute, die wissen.

Neben das rituelle Gebet und die Läuterungsabgabe als Organisationsmerkmale der Gemeinde der Gläubigen tritt in medinensischer Zeit die Forderung nach Gehorsam gegenüber Gott und seinem Gesandten. Hiermit wird nun vollends deutlich, daß der im Innern des Individuums zu vollziehenden Hinwendung zum Schöpfer eine nach außen zu bekundende Loyalität zu entsprechen hat. Je fester das Gefüge der Gemeinde wird, desto weniger genügt der „Islam" als persönlicher, individuell erfahrbarer Heilsgewinn, desto mehr drängt sich das Verlangen nach deutlich sichtbarer Ausübung „islamischer" Pflichten in den Vordergrund. Sure 24 „Das Licht", Vers 55 bis 56: 55 Gott versprach denjenigen unter euch, die glaubten und fromme Werke taten, er werde sie gewiß auf Erden zu Nachfolgern[5] machen, wie er auch schon diejenigen vor ihnen zu Nachfolgern gemacht hatte, und er werde ihrem Glauben, den er für sie guthieß, zu ihren Gunsten Macht verschaffen und sie, nachdem sie sich hatten fürchten müssen, dafür in den Zustand der Sicherheit versetzen: „Sie aber haben mich zu verehren und mir niemanden beizugesellen!" Diejenigen, die hiernach ungläubig werden, das sind die Missetäter! 56 So haltet das rituelle Gebet ein und führt die Läuterungsgabe ab und gehorcht dem Gesandten! Vielleicht findet ihr Erbarmen! – In Sure 33 „Die Parteiungen", Vers 33, werden die Frauen des Propheten ermahnt, züchtig in ihren Häusern zu bleiben, die heidnische Prunksucht zu meiden, Gebet und Läuterungsabgabe zu beachten und Gott und seinem Gesandten zu gehorchen. Kategorisch heißt es in Sure 9 „Die Buße", Vers 71 bis 72: 71 Die gläubigen Männer und Frauen sind einander Freund. Sie befehlen das Billigenswerte an und verbieten das Tadelnswerte. Sie halten das rituelle Gebet ein, führen die Läuterungsabgabe ab und gehorchen Gott und seinem Gesandten. Sie sind es, derer sich Gott erbarmen wird. Gott ist mächtig und weise. 72 Gott versprach den gläubigen Männern und Frauen Gärten, durch die unten Bäche fließen – ewig sollen sie dort bleiben! – und gute Wohnstätten in den Gärten Edens. Wohlgefallen von Gott ist noch bedeutsamer. Das ist der gewaltige Gewinn! – Der Gehorsam gegen Gott und seinen Gesandten ist zu einer unerläßlichen Bedingung für den Erwerb des Paradieses geworden. „Islam" ist die in Gemeinschaft geübte Lebensweise, die nach dem Willen Gottes, der durch Muḥammad verkündet wird, zu gestalten ist. Rituelles Gebet und Läuterungsabgabe stehen somit nur noch stellvertretend für eine Vielzahl von Bestimmungen, die den Alltag des Muslims regeln.

Der Organisationsgrad der Anhängerschaft des Propheten nimmt besonders in Medina rasch zu. Eine Reihe von Gemeinschaftsveranstaltungen und -pflichten erfaßt diejenigen, die den Weg zum Islam gefunden haben, und löst sie aus ihren alten Bindungen. Sie sollen sich nur noch als Mitglieder des neuen, auf dem wahren Glauben beruhenden Gemeinwesens fühlen. Die gemeinsamen Veranstaltungen und Pflichten, alles das also, was einen wichtigen Teil des späteren islamischen Gesetzes ausmacht, dient dazu, der Bekehrung des Menschen zum Islam Dauer und Festigkeit zu verleihen. Dieser Gedanke klingt schon in mekkanischen Suren an.

Sure 30 „Die Byzantiner", Vers 31 bis 32: 31 ... indem ihr euch zu Gott hinwendet.[6] Und fürchtet ihn und haltet das Gebet ein und gehört nicht zu den Polytheisten, 32 zu denjenigen, die ihren Glauben zersplittert haben und sich in Gruppen aufgespalten haben. Jede Partei frohlockte über das, was sie besaß![7] – Während hier das rituelle Gebet die Muslime, die sich ihrem Schöpfer zugewandt haben, offenbar davor bewahren soll, in die Vielgötterei zurückzufallen oder – nach dem schlechten Vorbild früherer Religionen – Parteiungen zu bilden, in denen nur je ein Teil der Offenbarung gepflegt wird, heißt es an anderer Stelle ausdrücklich, das Gebet sei ein Hilfsmittel zur Unterdrückung von Sünden:

Sure 29 „Die Spinne", Vers 45: Trage vor, was dir von der Schrift eingegeben wurde, und halte das rituelle Gebet ein! Das Gebet verbietet Unzucht und Tadelnswertes. Allerdings ist es noch wichtiger, Gottes zu gedenken. Gott aber weiß, was ihr tut!

An dieser ebenfalls noch aus mekkanischer Zeit stammenden Stelle wird der von uns im vorigen Kapitel herausgearbeitete Gegensatz von Gottvergessenheit und ständigem Gedenken noch einmal angedeutet. Sich immer der Abhängigkeit vom Schöpfer bewußt zu sein, bedeutet die grundsätzliche Wende zum Heil, die noch vor der Frage nach den einzelnen Sünden liegt. Das rituelle Gebet aber ist ein Brauch, dessen Befolgung den „Islam" in der Praxis sichtbar macht und zu jenem Leben nach Gottes Gesetzen verhelfen kann, in dem die Sündhaftigkeit weitgehend überwunden wird.

In medinensischer Zeit werden entsprechend dem angewachsenen Organisationsgrad des islamischen Gemeinwesens nicht mehr das Gebet allein, sondern auch die übrigen Verpflichtungen mit der Hoffnung, daß Gott sich dem „Muslim" gnädig zuwende, in Verbindung gebracht.

Sure 58 „Der Streit", Vers 12 bis 13: 12 Ihr, die ihr glaubt! Wenn ihr den Gesandten unter vier Augen sprechen wollt, dann entrichtet vor eurer Unterredung eine Almosengabe! Dies ist besser für euch und läutert euch am ehesten. Wenn ihr jedoch hierfür nichts findet, nun, Gott ist verzeihend und barmherzig! 13 Seid ihr etwa wegen der Entrichtung von Almosengaben vor eurer Unterredung besorgt? Nun, wenn ihr es nicht tut, Gott sich aber euch gnädig zuwendet, dann haltet auf alle Fälle das rituelle Gebet ein, entrichtet die Läuterungsabgabe und gehorcht Gott und seinem Gesandten! Gott hat Kunde von dem, was ihr tut!

Sure 9 „Die Buße", Vers 101 bis 104: 101 Unter den Beduinen, die in
eurer Umgebung leben, und auch unter den Bewohnern von Medina, gibt
es Heuchler. Sie haben sich auf die Heuchelei versteift. Du kennst sie
nicht, wir aber kennen sie. Wir werden sie zweimal bestrafen, und dann
werden sie einer gewaltigen Strafe überantwortet. 102 Und es gibt andere, die ihre Verfehlungen eingestanden und somit eine gute Tat mit
einer anderen, schlechten vermischten. Vielleicht wird sich Gott ihnen
wieder gnädig zuwenden. Gott ist verzeihend und barmherzig.
103 Nimm aus ihrem Vermögen eine Almosengabe, mit der du sie läuterst und reinigst, und sprich über sie das rituelle Gebet! Dein Gebet
bedeutet für sie Beruhigung. Gott hört und weiß alles. 104 Wußten sie
denn nicht, daß Gott die Buße von seinen Knechten akzeptiert und die
Almosengaben entgegennimmt und daß er sich gnädig zuwendet und
Barmherzigkeit zeigt?

Der Begriff „Buße" hat, wie wir sahen, die Grundbedeutung der Umkehr oder Umwendung und ist im Koran mit der Vorstellung der Gegenseitigkeit verbunden. Gott nimmt die Buße an (Vers 103) und wendet sich dem Bußfertigen gnädig zu (Vers 102). Diese Anschauung liegt den Versen aus der 9. Sure noch zugrunde. Doch ist hier die Umkehr der Reuigen schon mit einer äußerlichen, in Regeln faßbaren Bußleistung verquickt – mit der Spende eines Almosens. Wieder tritt eine äußerlich zu vollziehende Handlung dem inneren Prozeß der Hinwendung zum Schöpfer an die Seite, ja es wird die Gefahr erkennbar, daß das nach der Maßgabe des göttlichen Gesetzes überprüfbare Handeln die Stelle des „Islams" im ursprünglichen Sinn einnimmt.

Das Handeln nach bestimmten, der Gemeinschaft der „Muslime" eigentümlichen Regeln – nach dem göttlichen Gesetz in der allgemeinsten Bedeutung des Wortes – entwickelt sich zur kennzeichnenden Eigenschaft der Gläubigen, ein Charakteristikum, das schließlich auch ohne inneres Nacherleben eines heilstiftenden religiösen Wandels erworben werden kann. Im Koran wird, soweit ich sehe, der das Individuum von Grund auf erneuernde und zu Gott hinwendende Gehalt des Islams niemals gänzlich verdrängt, doch wird er namentlich in den jüngsten Suren, zu denen die 9. „Die Buße" gehört, von den gesetzlichen Bestimmungen oft nahezu erdrückt. Der Werdegang des Propheten macht diese Entwicklung verständlich; denn Muḥammad wurde in Medina zum Führer des „abrahamischen" Gemeinwesens, von dem er in spätmekkanischer Zeit zu reden begonnen hatte. In der prophetischen Verkündigung wurde das Gesetz nie Selbstzweck; es blieb die für das Gemeinwesen der Gläubigen notwendige Lebensregel, die ihren Geist aus der heilbringenden Hinwendung des Einzelnen zum Schöpfer herleitete. Dieser Umstand ergibt sich aus dem ad-hoc-Charakter der meisten Einzelbestimmungen, die erst in nachprophetischer Zeit als allgemeine Gesetze bewertet wurden. Doch mag schon vielen Anhängern Muḥammads nicht mehr bewußt geworden sein, daß im Vergleich zur prophetischen Erfahrung des „Islams" die Befolgung einer Bestimmung nur von zweitrangigem religiösen Wert war. Für die Masse der Muslime war sicher bald die Erfüllung der Bestimmungen das Wesentliche, in ihr sahen sie ihre Hoffnung auf das Paradies begründet. Für sie stellt das Gesetz – die Regelung der religiösen Pflichten und des alltäglichen Lebens – den Islam schlechthin dar. Das göttliche Gesetz ist für den Propheten das Hilfsmittel zur Veralltäglichung seiner religiösen Erfahrung; die weitgehende Gleichsetzung des Islams mit den Regeln der gottgewollten Ordnung ist das Ergebnis dieses zur Stiftung eines Gemeinwesens unerläßlichen Prozesses der Veralltäglichung eines kaum je wiederholbaren, kaum vermittelbaren religiösen Erlebens.

Es ist in diesem Zusammenhang aufschlußreich, daß in der 5. Sure „Der Tisch", die während der Abschiedswallfahrt des Propheten offenbart worden sein soll, von der Vollendung des Glaubens die Rede ist. Am Beginn dieser Sure werden die Gläubigen ermahnt, sie sollten die Verpflichtungen, die Gott ihnen auferlege, gewissenhaft erfüllen; es folgen einige Bestimmungen über den Verzehr von Wildbret und das Verhalten während des Weihezustandes. Dann wird hinsichtlich des Fleischgenusses verordnet: 3 Verboten ist euch (der Verzehr) von Verendetem, von Blut und Schweinefleisch, von Tieren, bei deren Schlachtung jemand anders als Gott angerufen wurde, von erstickten, totgeschlagenen, zu Tode gestürzten und zu Tode gestoßenen Tieren, sowie von Tieren, die von Raubtieren angefressen wurden, es sei denn, ihr schächtetet es; verboten ist euch auch alles, was auf einem Opferstein geschlachtet worden ist. Ferner ist es euch verboten, mit Pfeilen zu losen. Das ist nämlich Frevel. Heute sind die, die nicht glauben, an eurer Religion verzweifelt. Darum fürchtet sie nicht mehr, sondern fürchtet mich! Heute habe ich eure Religion vervollkommnet, meine Gnade über euch vollendet und den Islam als Religion für euch gutgeheißen. Wer aber (zum Verzehr des Verbotenen) wegen Hungers gezwungen ist, ohne daß er sonst eine Neigung zum Freveln hat, nun, Gott ist verzeihend und barmherzig! – Eingebettet in detaillierte Vorschriften zum Fleischgenuß steht das große Wort von der Vervollkommnung der islamischen Religion – besteht diese Vervollkommnung denn nicht in den Vorschriften? Machen diese also den Islam erst zu dem, was er nach Gottes Willen sein soll? Diese Frage drängt sich auf, und sie ist meist mit „Ja" beantwortet worden. Daß der Islam seine Vollendung in der Verwirklichung des Gesetzes finde, in der ständigen Bemühung, das ganze Dasein dem Guten und Nützlichen dienstbar zu machen, das für den Muslim den Gehalt dieses Gesetzes ausmacht, dieser Gedanke ist schon in einem Vers der mittelmedinensischen 3. Sure „Die Sippe Imrans" angesprochen: 110 Ihr (Muslime) seid die beste Gemeinschaft, die für die Menschen hervorgebracht worden ist. Denn ihr befehlt das Billigenswerte und verbietet das Tadelnswerte und glaubt an Gott. Würden auch die Schriftbesitzer glauben, wäre es besser für sie. Es gibt unter ihnen zwar Gläubige, doch die meisten von ihnen sind Missetäter!

2. Der Inhalt des göttlichen Gesetzes

Sure 9 „Die Buße", Vers 111 bis 118: 111 Gott hat den Gläubigen ihr Leben und ihren Besitz dafür abgekauft, daß sie das Paradies haben sollen. So kämpfen sie auf dem Pfade Gottes, sie töten und werden getötet. Als zu erfüllendes wahres Versprechen obliegt dies Gott, angekündigt in der Tora, im Evangelium und im Koran. Wer hielte sein Versprechen besser als Gott? Freut euch also über euren Handel, den ihr mit Gott abgeschlossen habt! Das ist der gewaltige Gewinn. 112 (Die Gläubigen sind nun diejenigen), die sich reumütig umwenden, Gott verehren, ihn preisen, im Land umherziehen,[8] die Prosternationen durchführen und sich im Gebet niederwerfen, die das Billigenswerte anempfehlen und das Tadelnswerte verbieten und die die von Gott gesetzten Grenzen einhalten. Verkünde den Gläubigen frohe Botschaft! 113 Dem Propheten und denen, die glauben, ziemt es sich nicht, für die Polytheisten um Verzeihung zu bitten, selbst wenn es sich um Blutsverwandte handeln sollte, nachdem ihnen einmal klar geworden ist, daß diese Gefährten der Hölle sind. 114 Abraham bat nur deshalb für seinen Vater um Verzeihung, weil er ihm dies versprochen hatte. Als ihm aber klar geworden war, daß sein Vater ein Feind Gottes sei, sagte er sich von ihm los. Abraham war mitfühlend und milde. 115 Selbst Gott kann ein Volk, das er einmal rechtgeleitet hat, nicht eher in die Irre führen, als er ihnen erklärt hat, wovor sie sich fürchten sollten. Gott weiß über alles Bescheid. 116 Gottes ist die Herrschaft über die Himmel und die Erde. Er gibt Leben und Tod. Außer Gott habt ihr weder Freund noch Helfer. 117 Gott hat sich dem Propheten und den Auswanderern und Helfern, die diesem in der Stunde der Bedrängnis Folge leisteten, wieder gnädig zugewandt, nachdem die Herzen einer Gruppe von ihnen beinahe vom rechten Weg abgewichen wären. Gott aber wandte sich ihnen wieder gnädig zu. Er verfährt milde und barmherzig mit ihnen. 118 Und auch den dreien (wandte er sich wieder gnädig zu), die zurückgelassen worden waren; schließlich war ihnen das Land in all seiner Weite zu eng vorgekommen, und da wurde ihnen in ihren Seelen beklommen.[9] Sie vermeinten, man könne doch vor Gott nirgendwohin flüchten außer zu ihm. Darauf wandte er sich ihnen wieder gnädig zu, damit auch sie sich bußfertig zu ihm wandten. Gott ist es, der sich stets gnädig zuwendet und Barmherzigkeit walten läßt.

Diese Verse entstanden unter dem Eindruck von Disziplinschwierigkeiten innerhalb der Anhängerschaft des Propheten in Medina. Manche Kommentatoren beziehen sie auf die Ereignisse vor und während des Feldzuges nach Tabūk, als einige Muslime dem Propheten die Gefolgschaft versagten, andere bringen sie mit der Schlacht von Ḥunain in Verbindung. Mit Entschiedenheit weist der Text darauf hin, daß die Gläubigen bei ihrem Beitritt zum islamischen Gemeinwesen einen endgültigen Handel abgeschlossen haben, der sie zu unbedingter Loyalität verpflichtet. Die wahren Gläubigen sind nun diejenigen, die sich Gott reumütig zuwenden, wenn sie sich ein Vergehen haben zuschulden kommen lassen – Gott wendet sich auch ihnen dann wieder gnädig zu. Ausgeschlossen von solcher Gnade sind freilich die Polytheisten, selbst wenn sie Verwandte unter den Gläubigen haben sollten. – Waren unter den Kämpfern, mit denen Muḥammad hatte ins Feld ziehen wollen, auch noch nicht bekehrte Verwandte von Muslimen? Dieser Umstand würde eine solche Bemerkung erklären. – Die reumütige Wendung zu Gott, die Bereitschaft, mit dem Propheten durch das Land zu ziehen, die Einhaltung der rituellen Gebete, das Eintreten für das Gute und die Wahrung der von Gott gesetzten Grenzen sind die Kennzeichen des richtigen Glaubens.

Der hier verwendete Begriff der von Gott gesetzten Grenzen findet sich in der 9. Sure „Die Buße" noch ein zweites Mal, und zwar wieder in einem ähnlichen Zusammenhang. Die Beduinen haben sich als besonders unzuverlässig erwiesen; mit fadenscheinigen Entschuldigungen erbaten sie vom Propheten die Freistellung vom Krieg. Da auch andere versuchten, die Übernahme ihnen lästiger Pflichten zu vermeiden, stellt der Koran einige allgemeine Regeln auf, nach denen die Bitte um Dispens entschieden werden kann. Am Ende dieses Abschnittes kommt noch einmal der Charakter der Beduinen zur Sprache: 97 Die Beduinen sind noch fester dem Unglauben und der Heuchelei verhaftet. Bei ihnen kommt es eher vor, daß sie die Grenzen dessen, was Gott auf seinen Gesandten herabgeschickt hat, nicht beachten. Gott ist allwissend und weise. – Die Offenbarung setzt dem Verhalten derjenigen, die an sie glauben, augenscheinlich ganz bestimmte Grenzen, deren Überschreitung Gottes Willen verletzt. Ein Teil des göttlichen Gesetzes, das das Leben im islamischen Gemeinwesen ordnet, besteht aus solchen einschränkenden Bestimmungen. In der medinensischen zweiten Sure „Die Kuh" wird dies an zwei Stellen deutlich.

Sure 2 „Die Kuh", Vers 187 und 226 bis 229: 187 In der Nacht des Fastens ist es euch erlaubt, mit euren Frauen zu verkehren. Sie sind für

euch – und ihr seid für sie – wie ein Gewand. Gott weiß sehr wohl, daß
ihr euch selber zu betrügen pflegtet.[10] Daher wandte er sich euch gnädig
zu und verzieh euch. Nun also verkehrt mit ihnen und nehmt euch, was
Gott zu euren Gunsten verfügt hat, und eßt und trinkt, bis sich im
Morgengrauen vor euren Augen ein weißer Faden von einem schwarzen
unterscheidet. Dann setzt das Fasten bis zur nächsten Nacht fort und
verkehrt nicht mit ihnen, während ihr an den Kultstätten Andacht haltet!
Jenes sind die von Gott gesetzten Grenzen. Nähert euch ihnen nicht! So
erläutert Gott den Menschen seine Wunderzeichen. Vielleicht werden sie
gottesfürchtig sein ... 226 Für diejenigen, die schwören, sich des Verkehrs mit ihren Frauen zu enthalten, gilt eine viermonatige Wartefrist.
Wenn sie aber währenddessen anderen Sinnes werden, nun, so ist Gott
verzeihend und barmherzig.[11] 227 Wenn sie sich jedoch (nach Ablauf
dieser Frist) zur Scheidung entschließen, so hört und weiß Gott alles!
228 Die geschiedenen Frauen sollen ihrerseits drei Perioden abwarten.
Sie dürfen nicht verheimlichen, was Gott in ihrem Mutterleib geschaffen
hat,[12] wenn sie an Gott und den Jüngsten Tag glauben. Ihre Ehemänner
sind berechtigt, sie während dieser Wartezeit zurückzunehmen, wenn sie
eine Versöhnung wünschen. Die Frauen haben (den Männern gegenüber)
gleich viele Rechte wie Pflichten – gemäß dem, was recht und billig ist.
Die Männer stehen freilich eine Stufe über ihnen. Gott ist mächtig und
weise. 229 Die Scheidung kann zweimal erfolgen. Dann aber (ist der
Mann gehalten, die Frau) entweder in billigenswerter Weise zu behalten
oder sie gütlich freizugeben. Es ist euch Männern nicht erlaubt, etwas
von der ihnen überreichten Morgengabe zurückzunehmen, es sei denn,
beide Ehegatten fürchten, die von Gott gesetzten Grenzen nicht einhalten zu können. Wenn ihr fürchtet, daß beide nicht die von Gott gesetzten
Grenzen einhalten, ist es für beide keine Sünde, wenn die Ehefrau sich
mit (einem Betrag) freikauft. Jenes sind die Grenzen Gottes, überschreitet sie nicht! Diejenigen, die die Grenzen Gottes überschreiten, das sind
die Frevler!

Auch in der 58. Sure „Der Streit" und in der 65. Sure „Die Scheidung" erscheint der Begriff der Grenzen Gottes im Zusammenhang mit Bestimmungen zur Auflösung von Ehen:

Sure 58 „Der Streit", Vers 1 bis 6: Im Namen Gottes, des Barmherzigen, des Erbarmers! 1 Gott vernahm die Worte derjenigen, die mit dir
in Betreff ihres Gatten stritt und sich vor Gott beklagte. Gott hörte eure
Unterredung. Gott hört und durchschaut alles. 2 Die Männer unter
euch, die ihren Frauen gegenüber zur Verstoßung die Formel aussprechen, diese seien ihnen verwehrt wie der Rücken ihrer Mutter, (versündi-
gen sich). Denn ihre Ehefrauen sind ja nicht ihre Mütter. Ihre Mütter sind
allein diejenigen, von denen sie geboren wurden. Sie sagen mit dieser

Formel also ein abscheuliches und falsches Wort. Gott aber vergibt und verzeiht. 3 Und die Männer, die sich mit jener Formel von ihren Frauen lossagen und dann diese Formel noch einmal gebrauchen, die haben einen Sklaven freizulassen, ehe beide Gatten den Verkehr wieder aufnehmen. Das dient euch zur Mahnung. Gott hat Kunde von dem, was ihr tut. 4 Wenn jemand keinen Sklaven findet, soll er zwei Monate hintereinander fasten, bevor beide Gatten den Verkehr wieder aufnehmen. Wer dazu nicht in der Lage ist, soll sechzig Arme speisen. Dies, damit ihr an Gott und seinen Gesandten glaubt. Jene sind die von Gott gesetzten Grenzen. Die Ungläubigen haben eine schmerzhafte Strafe zu gewärtigen! 5 Diejenigen, die Gott und seinem Gesandten zuwiderhandeln, werden niedergeworfen wie diejenigen vor ihnen. Wir haben klare Wunderzeichen herabgesandt. Den Ungläubigen steht eine erniedrigende Strafe bevor, 6 am Tage, da Gott sie alle erwecken wird! Dann wird er ihnen mitteilen, was sie getan haben. Gott zählte es, sie aber vergaßen es! Gott kann alles bezeugen!

Sure 65 „Die Ehescheidung", Vers 1 bis 7: Im Namen Gottes, des Barmherzigen, des Erbarmers! 1 O Prophet, wenn ihr eure Frauen verstoßt, dann verstoßt sie unter Beachtung ihrer Wartezeit. Zählt die Wartezeit richtig![13] Fürchtet Gott, euren Herrn! Verweist sie nicht (vor Ablauf der Wartezeit) aus eurem Haus. Sie haben es nicht zu verlassen, es sei denn, sie hätten offenkundige Unzucht begangen. Dies sind die von Gott gesetzten Grenzen. Wer die Grenzen Gottes überschreitet, der hat gegen sich selbst gefrevelt. Wer weiß, vielleicht läßt Gott nach dem (Ausspruch der Verstoßung) ein Ereignis eintreten![14] 2 Wenn sie aber ihre Frist erreicht haben, dann behaltet sie entweder in billigenswerter Weise oder trennt euch von ihnen in billigenswerter Weise und nehmt Unbescholtene von euch als Zeugen und legt vor Gott Zeugnis ab! Dies gereicht demjenigen zur Mahnung, der an Gott und den Jüngsten Tag glaubt. Wer Gott fürchtet, dem eröffnet er einen Ausweg, 3 den ernährt er, wie dieser es nie vermutet hätte. Wer sich auf Gott verläßt, findet an ihm sein Genügen. Gott erreicht seine Absicht. Gott hat allem sein Maß bestimmt. 4 Diejenigen von euren Frauen, die nicht mehr die Periode bekommen, sollen eine Wartezeit von drei Monaten einhalten, wenn ihr diesbezüglich Zweifel hegt. Dasselbe gilt für (junge) Frauen, die noch keine Menstruation hatten. Diejenigen, die schwanger sind, haben eine Frist bis zur Niederkunft. Wer Gott fürchtet, dem erleichtert er seine Angelegenheiten. 5 Das ist Gottes Befehl, den er zu euch hinabsandte. Wer Gott fürchtet, dessen Missetaten deckt er zu und vermehrt ihm den Lohn außerordentlich. 6 Laßt die Frauen (während der Wartezeit) in euren Wohnungen wohnen. Drangsaliert sie nicht, um es ihnen unbequem zu machen. Wenn sie schwanger sind, bestreitet ihren Unterhalt bis zur Niederkunft! Wenn sie für euch (andere Kinder) stillen, gebt ihnen ihren Lohn! Beratet untereinander in billigenswerter Weise! Solltet ihr euch allerdings gegenseitig zur Last fallen, dann wird eine andere im Auftrage des Mannes stillen. 7 Der Vermögende soll (für die verstoßene Frau) von seinem Reichtum geben. Wessen Lebensunterhalt jedoch knapp bemessen ist, der soll für sie eben von dem geben, was Gott ihm zukommen ließ. Gott belastet keine Seele mit mehr, als er ihr gab. Nach Schwierigkeiten wird Gott Erleichterung verschaffen!

Schließlich kennt der Koran noch im Hinblick auf das Erbrecht „von Gott gesetzte Grenzen". Der betreffende Abschnitt findet sich in der 4. Sure „Die Frauen". Nachdem einige Regeln für die Wahrnehmung der Vormundschaft bei Waisenkindern verkündet worden sind, lesen wir in Vers 7 bis 14:

7 Den Männern steht ein bestimmter Anteil dessen zu, was die Eltern und die Verwandten als Erbe hinterlassen haben, und den Frauen steht ein bestimmter Anteil dessen zu, was die Eltern und die Verwandten als Erbe hinterlassen haben, sei dies nun wenig oder viel, und zwar als vorgeschriebener Pflichtteil. 8 Wenn bei der Aufteilung Verwandte, Waisen und Arme zugegen sind, dann spendet ihnen etwas davon zum Unterhalt und sprecht zu ihnen, wie es sich gehört! 9 Es sollen sich diejenigen in acht nehmen, die, hinterließen sie selber eine schwache[15] Nachkommenschaft, um sie fürchten würden![16] Sie sollen Gott fürchten und rechtschaffen reden! 10 Denn diejenigen, die in frevlerischer Weise das Vermögen der Waisen an sich bringen, schlingen in ihren Leib nichts als Feuer, und sie werden in der Hölle schmoren. 11 Gott rät euch hinsichtlich eurer Nachkommen an, den männlichen doppelt so viel zu geben wie den weiblichen. Wenn es nur weibliche sind, und zwar von zweien an, so fallen ihnen zwei Drittel des Erbes zu – handelt es sich nur um eine Frau, dann fällt ihr die Hälfte zu – und den Eltern je ein Sechstel des Erbes, sofern der Erblasser eben Nachkommen hatte. Hatte er jedoch keine Nachkommen und beerbten ihn seine Eltern, dann erhält seine Mutter ein Drittel – hatte er jedoch Geschwister, so erhält seine Mutter nur ein Sechstel – und zwar nach Berücksichtigung einer von ihm möglicherweise festgesetzten testamentarischen Verfügung oder nach Begleichung einer Schuld. Ihr wißt nicht, ob eure Eltern oder eure Nachkommen euch im Hinblick auf den Nutzen näher stehen. – Dies gilt als eine von Gott festgelegte Bestimmung. Gott ist wissend und weise. 12 Euch fällt die Hälfte dessen zu, was eure Ehefrauen hinterlassen, sofern sie keine Nachkommen haben. Haben sie dagegen Nachkommen, dann fällt euch nur ein Viertel der Hinterlassenschaft zu, und zwar nach Berücksichtigung einer testamentarischen Verfügung, die eure Gattinnen getrof-

fen haben mögen, oder nach Begleichung einer Schuld. Und eure Gattinnen sollen ein Viertel eures Erbes erhalten, wenn ihr keine Nachkommen habt. Habt ihr aber Nachkommen, so steht ihnen ein Achtel eurer Hinterlassenschaft zu, und zwar nach Berücksichtigung einer testamentarischen Verfügung, die ihr möglicherweise trefft, oder nach Begleichung einer Schuld. Wird ein Mann oder eine Frau von seitlicher Verwandtschaft beerbt und hat der oder die Betreffende einen Bruder oder eine Schwester, so bekommt jede der beiden Seiten ein Sechstel; handelt es sich um mehrere Geschwister,[17] so sind sie Teilhaber am Drittel, und zwar nach Berücksichtigung einer möglicherweise getroffenen testamentarischen Verfügung oder Begleichung einer Schuld. Dabei darf niemand geschädigt werden. Dies gilt als eine Verfügung von seiten Gottes. Gott ist wissend und milde. 13 Jene sind die Grenzen Gottes. Wer Gott und seinem Gesandten gehorcht, den wird Gott in Gärten bringen, durch die unten Bäche fließen. Auf ewig bleiben sie darin. Das ist der gewaltige Gewinn. 14 Wer sich aber Gott und seinem Gesandten widersetzt und Gottes Grenzen überschreitet, den bringt Gott in ein Feuer, und das auf ewig! Eine erniedrigende Strafe hat ein solcher zu erwarten!

Es hat den Anschein, als werde im Koran immer dann von den Grenzen gesprochen, die Gott gesetzt habe, wenn besonders schwere Mißbräuche zu bekämpfen sind, die das Gerechtigkeitsempfinden des Propheten tief verletzen. Mehrmals ist im Koran von der Schutzlosigkeit der Waisenkinder die Rede, die der Habgier ihrer Vormünder ausgeliefert sind; unrechtmäßig zusammengeraffter Besitz galt schon in den ältesten Suren als anstößig. So mögen die Neuordnung des Erbrechts und die strenge Mahnung, diese Regeln auch einzuhalten, bei den damaligen gesellschaftlichen Verhältnissen besonders dringlich gewesen sein. Ähnliches wird für die Lage der Frauen gelten, die durch eine leichtfertig gehandhabte Scheidungspraxis augenscheinlich sehr benachteiligt waren. Die im Koran offenbarten diesbezüglichen Vorschriften zielen darauf ab, die Rechtsstellung der Frau gegenüber dem Ehemann erheblich zu verbessern und der Ehe größere Festigkeit zu verleihen. Dies ergibt sich klar aus der verächtlichen Zurückweisung der leichthin auszusprechenden üblichen Verstoßungsformel und aus dem Hinweis, Gott habe nichts dagegen, wenn ein Ehemann, der aus welchem Grund auch immer geschworen hat, sich des Verkehrs mit seiner Gattin zu enthalten, sich doch noch eines Besseren besinne. Die von Gott gesetzten Grenzen trennen daher nach koranischem Gebrauch des Begriffes ein Verhalten, das sich nach den guten Sitten richtet, von Rücksichtslosigkeit und Unsittlichkeit. Die im Zusammenhang mit diesen Grenzen erwähnten göttlichen Bestimmungen zum Scheidungs- und Erbrecht sollen den Gläubigen ein sittliches Verhalten erleichtern.

Im späteren islamischen Recht werden die „Grenzen" jedoch völlig anders gedeutet. Man meinte, sie zeigten die Fälle auf, in denen ein bestimmtes schuldhaftes Verhalten eines Muslims nicht mehr nur die Mitmenschen oder Glaubensgenossen in ihren Rechten verletzte, sondern vor allem die Souveränität Gottes als des eigentlichen Herrschers des islamischen Gemeinwesens beeinträchtige. Die „Grenzen" machten mithin Verbrechen gegen die gottgewollte Ordnung kenntlich, Verbrechen, die von der islamischen Staatsautorität verfolgt und geahndet werden mußten, gleichviel ob – etwa im Falle von Verleumdung – eine Wiedergutmachung möglich war und auch angestrebt wurde oder nicht. Als solche Übertretung der Grenzen der gottgewollten Ordnung gelten insbesondere Hurerei, Verleumdung, Alkoholkonsum, Diebstahl und Wegelagerei. Es ist bemerkenswert, daß allein bei den beiden letztgenannten Delikten die Möglichkeit einer Buße eingeräumt wurde. Der der Hurerei Überführte mußte dagegen unweigerlich die „Grenz"-Strafen erleiden, was in diesem Fall die Steinigung bedeutete. Das islamische Recht erschwerte die Überführung von Delinquenten, die derartiger Verbrechen geziehen wurden, aber so sehr, daß in der Praxis die „Grenz"-Strafen sicherlich ziemlich selten verhängt worden sind.

Neben den Bestimmungen für ein sittliches Verhalten, die mit dem Begriff der von Gott gesetzten Grenzen verbunden sind, enthält der Koran zahlreiche Vorschriften familienrechtlicher Natur, deren Inhalt sich bisweilen mit dem eben behandelten Bereich berührt. Als Beispiel für die Familie betreffende Bestimmungen haben die islamischen Ehegesetze in Europa besonders viel Aufmerksamkeit gefunden.

Sure 4 „Die Frauen", Vers 1 bis 4, 22 bis 28, 34 bis 35 und 127 bis 130:
Im Namen Gottes, des Barmherzigen, des Erbarmers! 1 Ihr Menschen!
Fürchtet euren Herrn, der euch aus einer einzigen Seele geschaffen hat!
Er schuf aus ihr ihren Partner[18] und ließ von diesen beiden viele Männer
und Frauen sich ausbreiten. Fürchtet Gott, bei dessen Namen ihr einander bittet, und beachtet die Blutsverwandtschaft! Gott gibt auf euch acht!
2 Und gebt den Waisen ihr Vermögen und tauscht nicht das Gute gegen
etwas Schlechtes aus und eignet euch nicht zusätzlich zu eurem Vermögen noch das ihrige an! Das wäre eine große Sünde! 3 Wenn ihr fürchtet, die (weiblichen) Waisenkinder nicht gerecht zu behandeln, dann hei-
ratet an Frauen, was euch beliebt, zwei, drei oder vier. Doch wenn ihr
fürchtet, nicht gerecht zu sein, dann nur eine oder eure Sklavinnen. So ist
am ehesten gewährleistet, daß ihr nicht die Last einer zu großen Familie
zu tragen habt. 4 Und gebt den Frauen ihre Morgengabe als Geschenk!
Sollten sie euch freiwillig etwas davon gewähren, dann eignet es euch
unbedenklich an! ... 22 Und ehelicht nicht die Frauen, die schon eure
Väter geehelicht hatten – abgesehen von bereits vorher abgeschlossenen

derartigen Ehen.[19] Denn dies ist Unzucht und verhaßt und eine üble Sitte.
23 Verboten sind euch eure Mütter und eure Töchter, eure Schwestern und eure Tanten väterlicherseits und mütterlicherseits, die Töchter eures Bruders und eurer Schwester, sowie die Mütter, die euch gestillt haben,[20] eure Milchschwestern, die Mütter eurer Frauen, eure Stieftöchter, die sich in eurer Familiengemeinschaft befinden und von Frauen geboren worden sind, mit denen ihr bereits Verkehr gehabt habt – wenn ihr mit diesen Ehefrauen noch keinen Verkehr gehabt habt, ist es keine Sünde (diese Stieftöchter zu ehelichen) – und die Ehefrauen eurer leiblichen Söhne, sowie daß ihr zwei Schwestern ehelicht – abgesehen von bereits vorher abgeschlossenen derartigen Ehen. Gott ist verzeihend und barmherzig.
24 Verboten sind euch ferner die ehrbaren (Ehe-)Frauen, nicht jedoch eure Sklavinnen. Dies schreibt Gott euch vor. Alles was hierüber hinausgeht, steht euch frei, mit eurem Vermögen euch zu verschaffen, vorausgesetzt, ihr seid ehrbare Männer, die keine Unzucht treiben. Wenn ihr sie genossen habt, gebt ihnen ihren Lohn, der ihnen zusteht![21] Gegenseitige Abmachungen nach Aushändigung dieses Pflichtteils werden euch nicht als Sünde angerechnet. Gott ist wissend und weise.
25 Wer nicht die Mittel besitzt, um ehrbare gläubige Frauen zu ehelichen, der heirate gläubige Mädchen aus den Reihen eurer Sklavinnen. Gott weiß um euren Glauben am besten Bescheid. Ihr Gläubigen gehört zueinander.[22] Daher ehelicht sie mit Erlaubnis ihrer Leute[23] und gebt ihnen ihren Lohn, wie es recht und billig ist, vorausgesetzt, daß sie ehrbar sind, keine Hurerei treiben und auch keine heimlichen Liebhaber besitzen. Sind (diese Sklavinnen) ehrbare Frauen, begehen dann aber Unzucht, so werde über sie nur die Hälfte der Strafe verhängt, die den ehrbaren freien Frauen droht. Dies sei dem gesagt, der Bedrängnis fürchtet.[24] Wenn ihr Geduld bewahrt, ist es freilich besser für euch. Gott ist verzeihend und barmherzig.
26 Gott will euch Klarheit verschaffen und euch den Pfad derer, die vor euch lebten, führen und sich euch gnädig zuwenden. Gott ist wissend und weise.
27 Gott will sich euch gnädig zuwenden; die aber, die ihren Begierden folgen, wollen, daß ihr einer schlimmen Neigung nachgeht.
28 Gott will euch Erleichterung verschaffen, wo der Mensch doch ein schwaches Geschöpf ist! ...
34 Die Männer aber stehen über den Frauen, weil Gott einem Teil der Menschen einen Vorzug vor dem anderen gegeben hat und weil die Männer aus ihrem Vermögen (die Morgengabe) bestritten haben. Die rechtschaffenen Frauen sind daher demütig und bewahren das Verborgene für sich, weil auch Gott es für sich behält. Die Frauen aber, deren Widerspenstigkeit ihr befürchtet, ermahnt, meidet sie im Ehebett und schlagt sie! Wenn sie euch dann gehorchen, setzt ihnen nicht mehr zu! Gott ist erhaben und groß.
35 Wenn ihr ein Zerwürfnis zwischen zwei Ehegatten befürchtet, schickt einen Schiedsmann aus seiner Sippe und einen aus ihrer Sippe. Wenn beide eine gütliche Einigung

wollen, wird Gott zwischen ihnen Übereinstimmung herstellen! Gott ist wissend und kundig! ... 127 Man bittet dich um Auskunft hinsichtlich der Frauen. Sprich: „Es ist Gott, der euch über sie Auskunft erteilt und auch in betreff dessen, was euch in der Schrift vorgetragen wird, nämlich: hinsichtlich der weiblichen Waisen, denen ihr nicht gebt, was ihnen zusteht, und die ihr zu ehelichen begehrt, und hinsichtlich der schutzlosen unter den Kindern und daß ihr euch gerecht für die Waisen einsetzen sollt! Denn Gott weiß um alles Gute, das ihr tut! 128 Wenn eine Frau fürchtet, daß ihr Mann stets gegen sie handelt oder sich von ihr abwendet, dann ist es für beide keine Sünde, eine gütliche Einigung herbeizuführen. Eine gütliche Einigung ist stets besser. Die Seelen sind zur Habgier bereit.[25] Doch wenn ihr rechtschaffen verfahrt und Gott fürchtet, um so besser, denn Gott hat Kunde von dem, was ihr tut! 129 Ihr werdet nicht imstande sein, zwischen den Frauen Gerechtigkeit walten zu lassen, selbst wenn ihr darauf aus seid. So seid wenigstens nicht ganz allein einer Neigung hingegeben, so daß ihr die andere Frau gleichsam links liegenlaßt! Wenn ihr einen gütlichen Ausgleich herbeiführt und Gott fürchtet, um so besser, denn Gott ist verzeihend und barmherzig. 130 Wenn aber zwei Partner sich trennen, wird Gott aus seiner Fülle einem jeden Genüge geben. Gott umfaßt alles und ist weise.

Zweierlei ist zu diesen Ehebestimmungen zu bemerken. Zum ersten fällt auf, daß der Koran eine Reihe von zeitgenössischen Bräuchen, in denen er offenkundig Mißstände erblickt, ändern will. Es soll einem Mann nicht mehr erlaubt sein, eine Frau zu heiraten, mit der bereits sein Vater eine Ehe geführt hat;[26] wo derartige Verbindungen bestehen, sollen sie jedoch nicht aufgelöst werden. Zum zweiten erkennt man unschwer, daß die meisten Bestimmungen unter dem Eindruck der Folgen des gesellschaftlichen Umschichtungsprozesses zu werten sind, der durch die Gründung des medinensischen Gemeinwesens ausgelöst worden war. Durch die Islam-Annahme wurden offenbar nicht selten Familien auseinandergerissen; ein Ehepartner verließ den anderen, um in Medina in die Schar der Muslime aufgenommen zu werden. Die in Vers 24 und 25 verkündeten Vorschriften haben wahrscheinlich gerade diesen Personenkreis im Auge. So konnten Muslime nach Vers 24 Verbindungen eingehen, die nicht auf unabsehbare Dauer geschlossen wurden; bei Beendigung eines derartigen Verhältnisses stand den Frauen eine Abfindung zu. Im späteren schiitischen Recht zieht man diese Koranstelle heran, um aus ihr die Institution einer Zeitehe[27] abzuleiten, was sicher nicht den Absichten des Propheten entspricht; denn der Koran zielt hier auf die Regelung eines in der damaligen Lage gegebenen Notstandes ab. Die Schlußbemerkung des Verses 25 macht dies ganz deutlich, sowie auch die in diesem Vers den ärmeren Männern eröffnete Möglichkeit, eine muslimische Sklavin zu heiraten. Unter dem Eindruck einer bestimmten Notlage und nicht als eine für ewig geltende Anordnung scheint auch die Bestimmung in Vers 3 entstanden zu sein, aus dem man in der Regel herausliest, der Muslim dürfe bis zu vier Ehefrauen haben. In Wirklichkeit geht es in diesem Vers, dessen Inhalt nicht ganz klar ist, um die Behandlung weiblicher Waisenkinder durch ihren Vormund. Manche klassischen Koran-Kommentatoren glauben, dieser Vers sei nach der Schlacht von Uḥud offenbart worden, in der viele Muslime den Tod gefunden hatten; doch es muß nicht gerade dieses Ereignis der Anlaß zu dem Vorschlag gewesen sein, verwaiste Mädchen zu verehelichen, um ihnen eine gewisse Absicherung zu gewährleisten.[28] Und hierum geht es in dem in Vers 3 vorgetragenen Vorschlag, nach dem sich im übrigen nur die Männer richten sollen, die sich reif und gefestigt genug fühlen, mit mehreren Frauen eine Ehe zu führen. Die Frage, ob es sittlich oder verwerflich sei, mehr als eine Ehefrau zu haben, wird im Koran nie angeschnitten; sie stellte sich dem damaligen Araber nicht. Die Ehe wird im Koran vor allem unter dem Gesichtspunkt der Herstellung fester und sicherer Beziehungen innerhalb der Anhängerschaft des Propheten betrachtet. Die Muslime werden als eine neue Solidargemeinschaft aufgefaßt, was in Vers 25 anklingt, und die ihr angehörenden Männer und Frauen sollen im Rahmen dieser Gemeinschaft neue familiäre Bindungen eingehen, sofern ihre alten Bindungen beim Übertritt zum Islam zerstört worden sind. Dieser Sachverhalt wird durch das Verbot, mit Polytheisten eine Ehe einzugehen, und durch die Sonderbestimmungen für den Propheten belegt, die ihm erlaubten, jede gläubige Frau zu heiraten und ihr damit Unterhalt zu gewährleisten; dies wiederum war ihm möglich, weil ihm ein verhältnismäßig großer Anteil an der Kriegsbeute zufloß. Neben diesen edlen Beweggründen deutet der Koran jedoch auch an, daß der Prophet für die Reize des schönen Geschlechts durchaus empfänglich war. Er behielt sich die Entscheidung vor, welche der bedürftigen Frauen in den Genuß ehelicher Bindungen zu ihm kommen sollte, und der Koran vermerkt ausdrücklich, daß ein späterer Austausch gegen andere Frauen verboten sei, ,,selbst wenn deren Schönheit dir gefallen sollte".

Sure 60 „Die Prüfung", Vers 10 bis 13: 10 Ihr, die ihr glaubt! Wenn zu euch gläubige Frauen kommen, indem sie die Hedschra vollziehen, dann prüft sie! Gott allerdings kennt ihren Glauben am besten. Wenn ihr sie nun als Gläubige erkennt, dann schickt sie nicht zu den ungläubigen Ehemännern zurück! Die gläubigen Frauen sind ihnen nicht mehr erlaubt, die ungläubigen Männer nicht mehr ihren Frauen. Gebt jenen Männern, was sie (als Morgengabe) aufgewandt haben! Euch ist es nicht als Sünde anzurechnen, diese gläubigen Frauen zu heiraten, sofern ihr ihnen ihren Lohn gebt.[29] Haltet nicht an den Bindungen mit ungläubigen

Frauen fest! Bittet ihr um das, was ihr für sie aufgewandt habt, und die ungläubigen Ehemänner ihrerseits sollen um das bitten, was sie aufgewandt haben! Das ist die Entscheidung Gottes, der zwischen euch entscheidet. Gott ist wissend und weise. 11 Wenn eine eurer Ehefrauen zu den Ungläubigen entflieht und dann einmal die Reihe an euch kommt, Beute zu machen,[30] dann gebt denjenigen, deren Ehefrauen weggegangen sind, genauso viel, wie sie aufgewandt haben, und fürchtet Gott, an den ihr glaubt! 12 O Prophet, wenn zu dir gläubige Frauen kommen und dir einen Treueid leisten des Inhalts, daß sie Gott nichts beigesellen, nicht stehlen, nicht huren, nicht ihre Kinder töten, keine von ihnen ersonnene Verleumdung in Umlauf setzen und dir nicht im Billigenswerten den Gehorsam verweigern wollen, dann nimm diesen Treueid entgegen und bitte Gott für sie um Verzeihung! Gott ist verzeihend und barmherzig! 13 Ihr, die ihr glaubt! Nehmt euch nicht Leute zu Freunden, denen Gott zürnt! Denn diese haben die Hoffnung auf das Jenseits aufgegeben, so wie die Ungläubigen die Hoffnung auf die Auferweckung der Begrabenen aufgaben![31]

Sure 33 „Die Parteiungen", Vers 50 bis 52: 50 O Prophet, wir erlauben dir deine Gattinnen, denen du ihren Lohn gegeben hast, die Sklavinnen aus der Kriegsbeute, die Gott dir zufallen ließ, die Töchter deines Onkels und deiner Tanten väterlicherseits und deines Onkels und deiner Tanten mütterlicherseits, die mit dir die Hedschra vollzogen haben, ferner eine jede gläubige Frau, wenn sie sich dem Propheten schenkt und der Prophet mit ihr eine Ehe eingehen will – dies alles als ein dir vor allen übrigen Gläubigen zustehendes Vorrecht. Wir wissen sehr wohl, was wir den anderen hinsichtlich ihrer Gattinnen und Sklavinnen auferlegt haben; doch du sollst dich nicht bedrängt fühlen.[32] Gott ist verzeihend und barmherzig. 51 Du darfst von diesen Frauen vertrösten, wen du willst, und aufnehmen, wen du willst. Wenn du später eine von denen begehrst, die du zunächst abgewiesen hattest, so soll dir auch das nicht zur Sünde gerechnet werden. Das bewirkt am ehesten, daß sie Zuversicht finden, nicht traurig sind und daß sie alle mit dem einverstanden sind, was du ihnen (als Morgengabe) gibst. Gott weiß, was ihr im Herzen hegt. Gott ist wissend und milde. 52 Hiernach allerdings sind dir die Frauen nicht mehr erlaubt, und auch ist es dir untersagt, sie gegen andere Ehefrauen einzutauschen, selbst wenn deren Schönheit dir gefallen sollte – abgesehen nur von deinen Sklavinnen. Gott beobachtet alles.

Neben familien- und erbrechtlichen Bestimmungen, von denen wir nur einen kleinen Teil behandeln konnten, nimmt das islamische Ritualgesetz einen breiten Raum ein. Einige Bestimmungen über die Pilgerfahrt haben wir schon in anderem Zusammenhang erörtert. Die wichtigste Voraussetzung

zung für die Durchführung kultischer Handlungen ist der Erwerb des Zustandes ritueller Reinheit. Das islamische Recht hat sich dieses Gegenstandes mit viel Scharfsinn angenommen und sehr ins einzelne gehende Bestimmungen erarbeitet. Im Koran dagegen finden wir nur an zwei Stellen Aussagen zu diesem Thema, einmal in der 4. Sure „Die Frauen", Vers 43, und dann im ersten Teil der 5. Sure „Der Tisch", der nach islamischer Überlieferung erst bei der Abschiedswallfahrt offenbart worden ist. Dabei kommt der Begriff der Reinheit, wie gezeigt wurde, schon in den ältesten Abschnitten des Korans vor; doch handelt es sich dort um eine etwa durch Abführung der Läuterungsgabe zu erzielende Reinheit der Seele. Daß sich dieser Begriff zu einer an äußeren Merkmalen feststellbaren und nachprüfbaren und durch formalisierte Handlungen herbeiführbaren Eigenschaft entwickelte, ist ein weiterer Beleg für den oben beschriebenen Prozeß der Veralltäglichung des Islams. Sure 5 „Der Tisch", Vers 6: Ihr, die ihr glaubt! Sobald ihr euch zum rituellen Gebet erhebt, wascht euch das Gesicht und die Hände bis zu den Ellbogen und wischt euch über den Kopf und die Füße bis zu den Knöcheln! Wenn ihr unrein seid, dann reinigt euch! Wenn ihr krank seid oder euch auf einer Reise befindet oder einer von euch vom Abort kommt oder ihr die Frauen berührt habt, aber kein Wasser findet, dann sucht (vor dem Gebet) einen guten, hochgelegenen Platz auf und wischt euch etwas (von dem dortigen Sand) über das Gesicht und die Hände.[33] Gott will euch keine Schwierigkeiten auferlegen, sondern euch reinigen und seine Gnade an euch vollenden. Vielleicht seid ihr dankbar.

Das richtig vollzogene Gebet nutzt freilich nichts, wenn es in betrunkenem Zustand durchgeführt wurde. In Sure 4 „Die Frauen", Vers 43, werden die Gläubigen gemahnt, ja nicht betrunken zum Gebet zu erscheinen. An anderen Stellen setzt sich der Koran in allgemeiner Form mit dem Weintrinken und dem bei Gelagen oft geübten Glücksspiel auseinander.

Sure 2 „Die Kuh", Vers 219: Sie fragen dich nach dem Wein und dem Glücksspiel. Antworte: „In beidem ist eine schwere Sünde verborgen, doch auch einige Arten von Nutzen für die Menschen. Beider Sünde ist jedoch größer als beider Nutzen ..."

Erst in der 5. Sure „Der Tisch" ist das kategorische Verbot des Weingenusses enthalten: 90 Ihr, die ihr glaubt! Der Wein, das Glücksspiel, die Opfersteine und die Lospfeile sind nichts als vom Satan ins Werk gesetzte Abscheulichkeiten. Meidet sie! Vielleicht werdet ihr glückselig! 91 Der Satan will nämlich beim Weingenuß und Glücksspiel nur Feindschaft und Haß zwischen euch säen und euch vom Gedanken Gottes und dem Gebet abbringen. Wollt ihr also damit aufhören?! – In diesem Zusammenhang seien kurz die koranischen Speiseverbote erwähnt. Sie sind viel allgemeiner gehalten als die vielen entsprechenden Vorschriften, die sich im späteren islamischen Recht herausgebildet haben.

Sure 2 „Die Kuh", Vers 172 bis 173: 172 Ihr, die ihr glaubt! Eßt von den guten Dingen, die wir euch zur Nahrung gaben, und dankt Gott, wenn ihr ihn tatsächlich verehrt! 173 Er hat euch nur den Verzehr von Aas, Blut, Schweinefleisch und Tieren verboten, bei deren Schlachtung jemand anders als Gott angerufen wurde. Wenn jemand in eine Notlage kommt, ohne daß er (das Verbotene) begehrt und ohne auf eine Übertretung aus zu sein, so wird ihm (der Verzehr des Verbotenen) nicht als Sünde angerechnet. Gott ist verzeihend und barmherzig!

Doch zurück zum rituellen Gebet! Die genaue Bestimmung der Tageszeiten, zu welchen der Gläubige sein Gebet zu verrichten hat, sowie die heute übliche feststehende Reihenfolge von Worten und Gesten finden sich noch nicht im Koran. Sure 62 „Der Freitag" erwähnt in allgemeiner Form die Pflicht,[34] am Freitagsgottesdienst teilzunehmen: 9 Ihr, die ihr glaubt! Wenn am Freitag zum rituellen Gebet gerufen wird, dann lauft, Gottes zu gedenken, und laßt den Handel sein! Das ist besser für euch, wenn ihr wirklich Bescheid wißt. 10 Wenn aber das rituelle Gebet vollzogen ist, geht wieder auseinander und erstrebt (euren Lebensunterhalt) aus der Gnade Gottes! Und gedenket Gottes häufig! Vielleicht werdet ihr dann glückselig! 11 Sobald die Menschen ein Geschäft oder ein Spiel sehen, strömen sie dorthin und lassen dich stehen. Sprich: „Was bei Gott liegt, ist besser als Spiel und Geschäft. Gott gewährt am besten Unterhalt!" – Muḥammad selber wird im Koran aufgefordert, auch des Nachts zu beten; dies ist schon in der 73. Sure „Der sich eingehüllt hat" zu belegen. In medinensischer Zeit wurde diese alte Sure um einen Vers ergänzt, in dem es heißt, die Gläubigen sollten es mit dieser anstrengenden Vorschrift nicht so genau nehmen;[35] der Masse der Gläubigen müssen Erleichterungen gewährt werden. Von besonderen, nachts zu vollziehenden Gebeten sprechen auch zwei Verse der 17. Sure „Die Nachtreise". Die Verse werden in die medinensische Zeit verlegt; wieder ist nur der Prophet angesprochen: 78 Verrichte das Gebet von dem Zeitpunkt, an dem die Sonne sich zum Untergang neigt, bis zum Hereinbrechen der Dunkelheit der Nacht, sowie die Koranrezitation am frühen Morgen! Die Koranrezitation des frühen Morgens wird besonders zur Kenntnis genommen.[36] 79 Und halte Vigilien einen Teil der Nacht, was dir als Sonderleistung zugerechnet wird. Vielleicht wird dich dann dein Herr in gepriesenem Rang auferwecken! – Sure 2 „Die Kuh", Vers 238 und 239, erwähnen dagegen die allgemeine Pflicht, die Gebete einzuhalten, und weisen darauf hin, daß selbst während gefährlicher Augenblicke des Krieges nicht darauf verzichtet werden dürfe: 238 Haltet die Gebete ein, sowie das mittlere Gebet,[37] und erhebt euch im Gehorsam gegen Gott! 239 Wenn ihr jedoch (einen Feind) fürchtet, dann betet im Laufen oder zu Pferde. Seid ihr danach wieder in Sicherheit, dann gedenket Gottes in der Weise, wie er euch gelehrt hat, was ihr zuvor nicht wußtet![38]

Die Pflicht des Fastens wird in der frühmedinensischen 2. Sure „Die Kuh", Vers 183 bis 185, geregelt:

183 Ihr, die ihr glaubt! Euch wurde das Fasten vorgeschrieben wie auch denjenigen, die vor euch lebten. Vielleicht würdet ihr gottesfürchtig sein.
184 (Fastet) eine Reihe von abgezählten Tagen. Wenn einer von euch krank ist oder sich auf einer Reise befindet, so soll er eine Anzahl anderer Tage fasten. Denjenigen, die (das Fasten) zu leisten vermögen, obliegt die Erbringung von Ersatz, nämlich die Speisung eines Armen. Wenn jemand freiwillig Gutes tut, ist es für ihn noch besser. Daß ihr das Fasten einhaltet, ist für euch besser, wenn ihr irgend Bescheid wißt.
185 Der Monat Ramadan ist es, in dem der Koran herabgesandt wurde als Rechtleitung für die Menschen und als klare Beweise der Rechtleitung und Rettung. Wenn jemand von euch diesen Monat hier erlebt, dann soll er während des Monats fasten. Wenn jemand jedoch krank ist oder auf Reisen, dann obliegt ihm eine Anzahl anderer Tage. Gott will es euch einfach machen, er will es euch nicht schwierig machen. Er will, daß ihr die Anzahl erfüllt und Gott preist, weil er euch den rechten Weg geführt hat. Vielleicht werdet ihr dankbar sein.[39]

In der späteren islamischen Rechtssystematik, deren Anfänge im Koran noch nicht spürbar sind, gilt das Ritualrecht, die Regelung der Gottesverehrung, als eines der drei Sachgebiete, in die sich das Recht gliedert. Das Ritualrecht gibt den Beziehungen des Menschen zu seinem Schöpfer eine feste, gottgewollte Form, deren Wahrung keineswegs dem gläubigen Individuum anheimgegeben werden darf, sondern die als eine der wichtigsten Aufgaben des islamischen Gemeinwesens betrachtet wird. Denn dieses geht ja selber auf einen göttlichen Stiftungsakt zurück, und es hat allein daraus seine Daseinsberechtigung, daß es die ihm von Gott selber verliehene Ordnung aufrechterhält. Hierzu gehört fraglos die ordnungsgemäße Ausübung der Riten. Die beiden anderen Sachgebiete, in die schon die frühmittelalterlichen muslimischen Juristen das Recht einteilten, sind die zwischenmenschlichen Beziehungen sowie die Strafen und Sühneleistungen. In das Gebiet der zwischenmenschlichen Beziehungen fallen beispielsweise die Ehebestimmungen, deren koranische Grundlage wir schon behandelten. Es gehört jedoch auch das islamische Handels- und Wirtschaftsrecht in diese Rubrik. Manche koranischen Aussagen hierzu haben heute wieder eine besondere Aufmerksamkeit gefunden, seit man glaubt, ein „islamisches" Wirtschaftssystem könne die Mängel privatwirtschaftlicher und sozialistischer Ordnungen überwinden. Das hervorstechendste Merkmal einer islamischen Wirtschaftsordnung, so meint man, sei das Zinsverbot, das im Koran an mehreren Stellen ausgesprochen wird. Aus den häufigen Mahnungen des Korans, die Armen zu unterstützen, liest man heraus, daß die soziale Verpflichtung, die im Eigentum beruhe, in einer islamischen Wirtschaft besonders hoch einzuschätzen sei. In den Versen 267 bis 281 der 2. Sure „Die Kuh" finden die heutigen muslimischen Theoretiker besonders reiches Material für derartige Spekulationen. Es schließen sich einige Verse an, die von der ordnungsgemäßen Regelung der Schuldverhältnisse handeln.

Sure 2 „Die Kuh", Vers 267 bis 284: 267 Ihr, die ihr glaubt! Spendet
von den guten Dingen eures Erwerbes und von dem, was wir für euch aus
der Erde hervorgehen ließen, und greift nicht nach dem Schlechten davon,
indem ihr es spendet, während ihr selbst es nicht annehmt, außer ihr
tätet, als sähet ihr es nicht! Und wisset, daß Gott an sich selber Genüge
hat und gepriesen werden muß! 268 Der Satan verheißt euch Armut[40]
und befiehlt euch Schandtaten. Gott aber verheißt euch Vergebung von
seiner Seite und Huld. Gott ist allumfassend und wissend. 269 Er gibt
die Weisheit, wem er will. Wer die Weisheit erhalten hat, der hat viel
Gutes erhalten! Nur die Verständigen lassen sich mahnen. 270 Ihr gebt
keine Spende und tut kein Gelübde, ohne daß Gott es weiß. Die Frevler
haben keine Helfer. 271 Wenn ihr die Almosen offen entrichtet, so sind
sie sehr gut. Wenn ihr sie aber im Verborgenen den Armen gebt, dann ist
das für euch besser und sühnt einige eurer Missetaten. Gott aber hat
Kunde von dem, was ihr tut. 272 Es obliegt nicht dir, sie rechtzuleiten.
Vielmehr leitet Gott recht, wen er will. Was immer an Gutem ihr spendet,
ihr spendet es für euch selber. Ihr entrichtet Spenden allein, um das
Antlitz Gottes zu erstreben. Was immer ihr an Gaben spendet, wird euch
vollständig wieder zufließen. Ihr werdet nicht betrogen werden!
273 Spendet den Armen, denen der Pfad Gottes versperrt wurde, so
daß sie nicht ins Feld ziehen können.[41] Wegen ihrer Zurückhaltung
glaubt ein Tor, sie seien reich, du aber kennst sie an ihren Mienen: Sie
bitten die Leute nicht aufdringlich. Was immer an Gutem ihr spendet,
Gott weiß es. 274 Denjenigen, die ihr Vermögen nachts und am Tage,
im Geheimen und offen spenden, wird bei ihrem Herrn ihr Lohn zuteil.
Sie brauchen sich nicht zu fürchten, müssen nicht traurig sein. 275 Diejenigen,
die sich Zinsen aneignen, werden (beim Gericht) dastehen wie
jemand, den der Satan berührt und niederstreckt. Dies deswegen, weil sie
behaupten, der Verkauf sei dasselbe wie das Zinsnehmen.[42] Gott aber hat
den Verkauf erlaubt, die Zinsen aber verboten. Wer eine Mahnung von
seinem Herrn erhält und es dann sein läßt, dem sei belassen, was vorher

war. Die Entscheidung über ihn steht Gott anheim. Wer aber rückfällig wird, gehört zu den Gefährten des Höllenfeuers – ewig bleibt er darin. 276 Gott vernichtet die Zinsen und läßt die Almosen gedeihen. Gott liebt keinen einzigen ungläubigen Sünder. 277 Diejenigen, die glauben, fromme Werke tun, das rituelle Gebet einhalten, die Läuterungsabgabe abführen, haben ihren Lohn bei ihrem Herrn. Sie brauchen sich nicht zu fürchten, sie müssen nicht traurig sein. 278 Ihr, die ihr glaubt! Fürchtet Gott und laßt auch den letzten Rest an Zinsen sein, wenn ihr wirklich gläubig seid! 279 Wenn ihr das nicht tut, so gewärtigt einen Krieg von Gott und seinem Gesandten. Wenn ihr euch reumütig zu Gott wendet, so dürft ihr euer Kapital behalten, so daß ihr nicht mehr betrügt und auch nicht betrogen werdet. 280 Befindet sich jemand in einer schwierigen Lage, so sei ihm Aufschub gewährt, bis es ihm besser geht. Doch daß ihr Almosen gebt, ist in jedem Fall besser für euch, wenn irgend ihr Bescheid wißt. 281 Fürchtet einen Tag, an dem ihr vor Gott gebracht werdet! Dann wird jeder Seele voll zufließen, was sie erworben hat. Niemand wird übervorteilt werden. 282 Ihr, die ihr glaubt! Wenn ihr ein befristetes Schuldverhältnis eingeht, dann schreibt es auf! In gerechter Weise soll es ein Schreiber in eurer Mitte aufschreiben; ein Schreiber soll es nicht anders aufzeichnen, als Gott es ihn gelehrt hat. Er soll schreiben, und der Schuldner soll es diktieren und Gott, seinen Herrn, fürchten und seine Schulden um nichts verringern. Ist der Schuldner geistesbehindert oder minderjährig oder nicht in der Lage zu diktieren, soll sein Vormund in gerechter Weise diktieren. Und nehmt von euren Männern zwei Zeugen! Sind es nicht zwei Männer, so ein Mann und zwei Frauen, und zwar solche Zeugen, mit denen ihr einverstanden seid – sollte sich nämlich eine Zeugin irren, mag die andere ihr den richtigen Sachverhalt ins Gedächtnis rufen! – Die Zeugen sollen sich nicht weigern, wann immer sie gerufen werden. Laßt es euch nicht verdrießen, die befristete Schuld aufzuschreiben, sie sei klein oder groß! So gilt es bei Gott als am gerechtesten, so ist euer Zeugnis am richtigsten, so erreicht ihr am ehesten, daß ihr nicht in Zweifel geratet – außer es handele sich um eine in natura vorhandene Ware, die ihr untereinander austauscht. In diesem Fall wird es euch nicht als Sünde angerechnet, daß ihr sie nicht aufschreibt. Doch nehmt Zeugen, wenn ihr das Geschäft abschließt! Weder Schreiber noch Zeugen dürfen unter Druck gesetzt werden! Tut ihr es dennoch, so ist dies eine Missetat eurerseits. Fürchtet Gott! Gott lehrt euch! Gott weiß alles. 283 Wenn ihr auf der Reise seid und keinen Schreiber findet, dann ist eine zusätzliche Sicherheitssumme zu entrichten. Wenn jemand einem anderen sein Vermögen anvertraut, dann soll der, dem es anvertraut wurde, das Depositum zurückerstatten und Gott, seinen Herrn, fürchten. Und verheimlicht kein Zeugnis! Wer dies tut, dessen Herz ist sündig. Gott weiß, was ihr tut. 284 Gottes ist, was in den Himmeln und auf Erden ist. Ob ihr nun offenlegt, was in euren Seelen ist, oder es verbergt, Gott wird mit euch darüber abrechnen. Er vergibt, wem er will, und er bestraft, wen er will. Gott hat zu allem Macht!

Sure 3 „Die Sippe Imrans", Vers 130: Ihr, die ihr glaubt! Nehmt nicht Zins in mehrfacher Höhe (des ausgeliehenen Betrages)! Fürchtet Gott! Vielleicht werdet ihr glückselig!

Neben den Bestimmungen zum Personenstand, den rituellen Vorschriften und Regeln für den Geschäftsverkehr setzt der Koran die Strafen fest, mit denen eine Reihe von Vergehen bedroht ist:

Sure 5 „Der Tisch", Vers 33 bis 40: 33 Die Strafe für diejenigen, die
gegen Gott und seinen Gesandten Krieg führen und Unheil im Lande zu
stiften trachten, besteht darin, daß sie getötet oder gekreuzigt werden
oder daß ihnen Hände und Füße überkreuz abgetrennt werden oder daß
sie aus dem Lande vertrieben werden. Das gereicht ihnen im Diesseits zur
Schande, und im Jenseits haben sie eine gewaltige Strafe zu erwarten.
34 Ausgenommen sind die, die sich reumütig umkehren, bevor ihr ihrer
habhaft werdet. Wisset, daß Gott barmherzig und verzeihend ist.
35 Ihr, die ihr glaubt! Fürchtet Gott und sucht den Weg zu ihm! Und
kämpft auf seinem Pfad! Vielleicht werdet ihr glückselig. 36 Stünde
denjenigen, die ungläubig sind, alles, was auf Erden ist, und noch einmal
so viel zur Verfügung, um sich damit von der Strafe des Jüngsten Tages
freizukaufen, würde es nicht aus ihrer Hand entgegengenommen. Auf sie
wartet eine schmerzhafte Strafe. 37 Sie wollen das Höllenfeuer verlassen, aber sie können es nicht verlassen, ihnen wird eine ewige Strafe
zuteil. 38 Dem Dieb und der Diebin schlagt zur Strafe für ihre erworbenen Taten die Hände ab! Dies ist als Exempel von seiten Gottes zu
verstehen. Gott ist mächtig und weise. 39 Wer sich aber, nachdem er
Unrecht begangen hat, reumütig umkehrt und sich bessert, dem wird sich
auch Gott wieder zukehren. Gott ist verzeihend und barmherzig.
40 Wußtest du denn nicht, daß ihm die Herrschaft über die Himmel
und die Erde gehört? Er straft, wen er will, und verzeiht, wem er will.
Gott hat zu allem Macht.

Rebellion und Anstiftung von Unruhen sind im islamischen Gemeinwesen unmittelbar gegen Gott gerichtet. Daher sind derartige Delikte von der islamischen Obrigkeit mit aller Schärfe zu verfolgen und zu ahnden. Das gleiche gilt für den Diebstahl, durch den ebenfalls die von Gott gesetzte Ordnung verletzt wird. Gott selber läßt für die Aufrechterhaltung dieser Ordnung sorgen, indem er dieses Verbrechen mit einer exemplarischen Bestrafung, der Abtrennung der Hand, bedroht. Die bußfertige Hinwendung zu Gott, die der Delinquent zu vollziehen hat, bevor er ergriffen wird, veranlaßt Gott seinerseits, dem Sünder Gnade zu bezeigen, so daß der „Islam" wiederhergestellt ist und auf eine Bestrafung offensichtlich verzichtet werden kann.

Während nach koranischem Rechtsempfinden Diebstahl und Rebellion die gottgewollte Ordnung verletzen und daher im Falle der Unbußfertigkeit des Verbrechers unnachsichtig bestraft werden müssen, werden Tötungsdelikte anders bewertet.

Sure 2 „Die Kuh", Vers 178 bis 179: 178 Ihr, die ihr glaubt! Euch ist die Vergeltung für Getötete vorgeschrieben, und zwar ein Freier für einen Freien, ein Sklave für einen Sklaven, eine Frau für eine Frau. Wenn demjenigen (der das Tötungsdelikt verübte) von seiten des Bruders des Getöteten etwas nachgelassen wird, dann soll die Verfolgung in billigenswerter Weise geschehen, und die Aushändigung (des Blutgeldes) an ihn soll ebenfalls in gütlicher Weise erfolgen. Dies ist eine Erleichterung von seiten eures Herrn und eine Gnade. Wer hiernach eine Übertretung begeht, den trifft eine schmerzhafte Strafe. 179 In der Regelung der Vergeltung liegt für euch Leben, ihr Verständigen! Vielleicht werdet ihr gottesfürchtig!

Im heidnischen Arabien trat nach Tötungsdelikten die Pflicht der Blutrache in Kraft, sofern nicht zwischen den beiden betroffenen Sippen oder Stämmen die Wiedervergeltung durch eine Übereinkunft geregelt werden konnte. Nur in diesem Fall konnten endlose Blutfehden, in denen sich eine Rachetat an die andere reihte, vermieden werden. Die koranische Offenbarung ist im Lichte dieser Verhältnisse zu verstehen. Sie versucht, die Ausübung der Blutrache so weit wie möglich einzuschränken: Es ist nur noch von einer zur Rache berechtigten Person die Rede, wobei es umstritten ist, ob ein leiblicher Bruder oder ein Glaubensbruder des Getöteten gemeint ist; ferner wird die Zahlung eines Blutgeldes nahegelegt, welches in ordentlicher Weise beigetrieben und ausgehändigt werden soll. Werden diese Regeln eingehalten, wird der Gemeinschaft der Gläubigen viel unnötiges Blutvergießen erspart.

3. Der Koran und die anderen Quellen des islamischen Rechts

Wir haben zu Beginn dieses Kapitels erfahren, daß das islamische Gesetz in der medinensischen Periode des prophetischen Wirkens als ein Hilfsmittel zur Aufrechterhaltung der gegenseitigen Zuwendung Gottes und des Menschen aufzufassen ist. Noch ist das Wesentliche am Islam die seinsmäßige Hinwendung des heilsbedürftigen Menschen zu seinem Schöpfer. Doch ist mit den ersten offenbarten Vorschriften bereits der Keim eines Veralltäglichungsprozesses der prophetischen Gotteserfahrung gelegt, an dessen Ende das die gesamte Existenz des Menschen umschließende, auf Gott selber zurückzuführende Gesetz die einende Lebensmitte der Muslime geworden sein wird. Dieser Prozeß verlief vor allem in den ersten drei Jahrhunderten nach der Hedschra sehr stürmisch; ihn nachzuzeichnen, ist der Islamwissenschaft erst zum Teil gelungen.[43]

Die rechtlichen Bestimmungen, die der Koran enthält, sind nicht sehr zahlreich; häufig sind sie zudem nicht als allgemeine Regelungen ständig wiederkehrender Probleme gedacht, sondern, wie am Beispiel einiger Ehevorschriften dargelegt, unter dem Druck bestimmter Ereignisse ergangen, die eine ad-hoc-Entscheidung verlangten. Der Koran allein konnte daher niemals eine ausreichende Rechtsquelle zur Lösung der unzähligen Fragen und Fälle abgeben, die sich im ausgedehnten islamischen Reich stellten, welches innerhalb weniger Jahrzehnte nach Muḥammads Tod entstand. Gewiß konnte man einzelne Anordnungen des Korans aus ihrem ursprünglichen Zusammenhang herauslösen und verallgemeinern, wie es etwa mit der Bestimmung geschah, daß der Muslim vier Ehefrauen haben dürfe. Auch waren manche Vorschriften des Korans so dehnbar formuliert, daß unterschiedlichste Praktiken auf sie zurückgeführt werden konnten. So ließ die Bestimmung über die Bestrafung von Unruhestiftern einen Spielraum von Möglichkeiten offen, der von der Hinrichtung bis zur Verbannung reichte. Daher ist es kein Wunder, daß Quellen, die auf den Beginn des 2./8. Jahrhunderts zu datieren sind, eine große Rechtsunsicherheit im islamischen Herrschaftsbereich beklagen. Bei der Entscheidungsfindung berief man sich sehr oft auf bestehende Gewohnheiten oder auf Präzedenzfälle, deren Regelung sogar im Widerspruch zum Koran erfolgt sein mochte. Selbst im medinensischen Recht des 2./8. Jahrhunderts galt verschiedentlich die eingespielte Praxis mehr als eine koranische Bestimmung. Irakische Gelehrte jener Zeit nahmen für sich in Anspruch, Fälle nach dem eigenen Rechtsempfinden und nach eigener Einsicht (ra'j) zu entscheiden.

Um den durch diese Unsicherheit heraufbeschworenen Unzuträglichkeiten zu steuern, bemühten sich in jenen Jahrzehnten viele Muslime, die Rechtspraxis wieder auf sichere, in der Offenbarung des Islams verankerte Grundlagen zurückzuführen. Sie pochten darauf, daß der Koran die erste und wichtigste Rechtsquelle des islamischen Gemeinwesens sein müsse. Sage er zu bestimmten Fällen nichts aus, dann dürfe, wie einige meinten, durchaus mit Analogieschlüssen, ja sogar mit den Ergebnissen eigener Einsicht gearbeitet werden. Für andere bot diese verhältnismäßig große Entscheidungsfreiheit zu viele Unwägbarkeiten. Es gab doch, so argumentieren sie, eine breite Schicht von Gefährten des Propheten, die den nachfolgenden Generationen zahlreiche Berichte über das praktische Handeln Muḥammads und der ersten Muslime überliefert hätten. Diese

„Sunna", dieser Schatz an Überlieferungen vom normsetzenden Handeln und Reden des Propheten und der führenden Männer des frühislamischen Reiches, solle neben dem Koran als eine zweite Quelle des Rechtes fruchtbar gemacht werden; die Sunna enthalte gleichsam die durch das Vorbild der Altvorderen geheiligten Ausführungsbestimmungen der allgemeinen koranischen Gesetze. Im 2./8. Jahrhundert begann damit der Siegeszug des „sunnitischen" Islams; man erarbeitete formale Kriterien für die Bewertung des in Hunderttausenden von Einzelüberlieferungen vorliegenden Quellenmaterials der Sunna: Jede Einzelüberlieferung mußte mit einer Kette von vertrauenswürdigen Gewährsmännern versehen sein, um als „gesund" und damit uneingeschränkt als Rechtsquelle verwendungsfähig zu sein. Aš-Šāfiʿī (gest. 820), der bedeutendste Systematiker des frühen sunnitischen Rechts, erachtete es darüber hinaus für notwendig, daß die Gewährsmännerkette bis zum Propheten selber hinabreiche. Damit wird die Sunna endgültig zur mittelbar ebenfalls von Gott sanktionierten Rechtsquelle, die wegen ihres reichen und vielfältigen Inhalts den Koran, das unmittelbare Gotteswort, bald an praktischer Bedeutung überflügelte.[44] Aš-Šāfiʿī konnte auf diese Weise die Rolle des Analogieschlusses stark eingrenzen. Die Entscheidung aufgrund eigener Einsicht war nun nahezu verpönt und spielte nur noch in der Rechtsschule des Abū Ḥanīfa (gest. 767) eine wichtige Rolle. Abū Ḥanīfa selber hatte der eigenen Einsicht bei Entscheidungsfindungen ein sehr großes Gewicht zugemessen, und seine Schüler hatten diesen Gedanken zunächst verteidigt, gerieten aber seit dem 3./9. Jahrhundert allmählich unter den Einfluß des Konzeptes der normsetzenden Sunna. So ist heute der Unterschied zwischen den Hanafiten und den Schafiiten, den wichtigsten noch bestehenden Rechtsschulen des Islams, nicht mehr sehr groß; im 2./8. Jahrhundert demgegenüber war er grundsätzlicher Natur gewesen.

Koran und Sunna – und in geringem Maße der Analogieschluß – sind seitdem die Quellen des islamischen Rechts. Das legt die Frage nahe, ob es eine Möglichkeit gibt, die sich ständig fortentwickelnde Wirklichkeit diesen weitgehend statischen, ein für allemal festliegenden Rechtsquellen anzupassen. Aš-Šāfiʿī definierte noch eine vierte Grundlage des islamischen Rechts, die Übereinstimmung (iǧmāʿ) derjenigen Gelehrten des islamischen Gemeinwesens, die wegen ihrer Ausbildung und ihrer unter Beweis gestellten Einsichtskraft in der Lage sind, in Problemfällen ein eigenes Urteil zu finden. Hierdurch eröffnete sich eine Möglichkeit, in Koran und Sunna nicht erwähnte neue Tatbestände und Sachverhalte in rechtlicher Hinsicht einzuordnen und zu bewerten. Die Übereinstimmung wurde nicht formell festgestellt, sie kam vielmehr informell zustande und ist als die herrschende Meinung der maßgebenden Gelehrten zu einem Punkt aufzufassen. Gerechtfertigt wurde der consensus doctorum als Rechtsquelle mit einem Muḥammad zugeschriebenen, in der Sunna überlieferten Ausspruch: „Meine Gemeinde wird niemals im Irrtum übereinstimmen."

Der Koran ist mithin nur eine von vier seit dem frühen Mittelalter allgemein anerkannten Quellen des islamischen Rechts. In der Theorie ist er zweifellos die wichtigste von ihnen, er hebt alle Aussagen der anderen Quellen auf, sofern sie einer seiner Bestimmungen widersprechen. In der islamischen Rechtswirklichkeit ist seine Bedeutung viel geringer zu veranschlagen. Das Leben des Muslims als des Angehörigen einer der großen Kulturen unserer Welt unterscheidet sich zu sehr von den Verhältnissen, wie sie für die Gläubigen im alten Medina gegolten hatten.

VI. Anhang

Der Koran über den Koran

Sure 29 „Die Spinne", Vers 46 bis 51: 46 Streitet mit den Schriftbesitzern nur mit dem besseren Argument – abgesehen von denjenigen unter ihnen, die freveln – und sagt: „Wir glauben an das, was auf uns und euch herabgesandt wurde. Unser Gott und euer Gott sind ein einziger Gott, ihm wenden wir uns zu!" 47 So haben wir dir die Schrift hinabgesandt. Diejenigen, denen wir die Schrift brachten, glauben daran. Auch von diesen hier glauben einige daran. Nur die Ungläubigen leugnen unsere Wunderzeichen ab. 48 Du pflegtest zuvor keinerlei Schrift zu lesen, noch mit deiner Rechten niederzuschreiben. In einem solchen Fall würden die, die die Offenbarung für nichtig erklären möchten, sogleich zweifeln. 49 Vielmehr handelt es sich um klare Wunderzeichen in den Herzen derjenigen, die Wissen empfingen. Nur die Frevler leugnen unsere Wunderzeichen ab. 50 Sie sagen: „Warum wurden keine Wunder von seinem Herrn auf ihn herabgesandt?" Sprich: „Die Wunder liegen allein bei Gott. Ich bin nur ein klarer Warner!" 51 Oder genügt es ihnen etwa nicht, daß wir die Schrift auf dich herabsandten, damit sie ihnen vorgetragen werde? Darin liegt doch wirklich Gnade und eine Mahnung für Leute, die glauben!

Klare Mahnworte, auf Muḥammad herabgesandt: mit ihnen kann er gegen die Schriftbesitzer streiten, von denen einige durchaus gläubig sind und deshalb die Wahrhaftigkeit der Rede des Propheten zu erkennen vermögen. Was Muḥammad empfängt, ist das unmittelbare Gotteswort und stammt aus keiner menschlichen Quelle; diejenigen, die Muḥammad ablehnend gegenüberstehen, würden ihm nur zu gerne nachweisen, daß er seine Rede aus einer trüben Quelle schöpfe. Auch wünschen sich die Gegner des Propheten ein deutliches Wunder, mit dem er seine Prophetenschaft beglaubigen könne. Dabei ist die Schrift selber das wirksamste und unwiderlegbare Beglaubigungswunder!

Sure 36 „Jā-Sīn", Vers 69: Wir haben Muḥammad nicht die Dichtkunst gelehrt. Diese ziemt sich für ihn nicht. Es handelt sich vielmehr nur um eine Mahnung und um einen deutlichen Koran.

Sure 39 „Die Scharen", Vers 27 und 28: 27 In diesem Koran haben wir den Menschen alle Arten von Gleichnissen geprägt. Vielleicht lassen sie sich mahnen. 28 Es handelt sich um einen arabischen Koran, der nicht verdreht ist. Vielleicht werden sie gottesfürchtig.

Sure 41 „Im einzelnen dargelegt", Vers 1 bis 4 und 41 bis 45: Im Namen Gottes, des Barmherzigen, des Erbarmers! 1 ḥ-m 2 Eine Offenbarung vom Barmherzigen, vom Erbarmer! 3 Eine Schrift, deren Wunderzeichen im einzelnen dargelegt wurden, als arabischer Koran für Leute, die wissen, 4 und als Freudenbote und Warner. Die meisten wandten sich ab, ohne zuzuhören ... 41 Die Ungläubigen leugneten die Mahnung ab, als sie zu ihnen gekommen war. Dabei ist es eine höchst wertvolle Schrift. 42 Weder von vorn noch von hinten dringt das Unwahre zu ihr vor. Es ist eine Offenbarung eines Weisen, Rühmenswerten. 43 Dir wird nichts anderes gesagt als den Gesandten vor dir. Dein Herr hält Vergebung und schmerzhafte Strafe bereit. 44 Hätten wir die Schrift als einen nicht-arabischen Koran gestaltet, würden jene sagen: „Warum wurden seine Wunderzeichen nicht im einzelnen dargelegt? Eine nicht-arabische Schrift und ein arabischer Warner?" Sprich: „Der Koran ist für die Gläubigen eine Rechtleitung und eine Heilung. Diejenigen, die nicht glauben, haben schwerhörige Ohren, und er kann von ihren Augen nicht wahrgenommen werden. Gleichsam von einem fernen Ort wird ihnen etwas zugerufen." 45 Schon dem Mose brachten wir die Schrift. Darauf stritt man über sie. Wäre nicht schon vorher ein Wort von deinem Herrn ergangen, dann wäre schon zwischen ihnen entschieden worden. Sie aber sind hinsichtlich des Korans weiter in Zweifel und Argwohn.

Sure 46 „Die Dünen", Vers 1 bis 12: Im Namen Gottes, des Barmherzigen, des Erbarmers! 1 ḥ-m 2 Die Offenbarung der Schrift von Gott, dem Mächtigen, Weisen. 3 Wir haben die Himmel und die Erde und was zwischen beidem ist, nur in der Wahrheit geschaffen und mit einer festgesetzten Frist. Die Ungläubigen wenden sich von dem ab, wovor sie gewarnt werden. 4 Sprich: „Was meint ihr wohl von denen, die ihr an Gottes Stelle anruft? Zeigt mir, was sie von der Erde geschaffen haben! Oder haben sie Anteil an den Himmeln? Bringt mir eine Schrift, die noch vor dieser entstanden ist, oder eine Spur von Wissen, wenn ihr wirklich die Wahrheit sagt!" 5 Wer geht mehr in die Irre als der, der an Gottes Stelle jemanden anruft, der ihn bis zum Jüngsten Tag nicht zu erhören vermag und daher das Gebet gar nicht wahrnimmt? 6 Wenn die Menschen dann versammelt werden, werden sich jene Götzen ihren Verehrern als Feinde zeigen und abstreiten, von ihnen verehrt worden zu sein. 7 Wenn ihnen unsere Wunderzeichen in klarer Weise vorgetragen werden, sagen die Ungläubigen zur Wahrheit, die dann zu ihnen gekommen ist: „Dies ist offensichtliche Zauberei!" 8 Oder wollen sie behaupten, Muḥammad habe die Schrift erlogen? Sprich: „Wenn ich sie erlogen habe, könnt ihr für mich bei Gott nichts bewirken. Er weiß genau, worüber ihr lang und breit daherredet. Er genügt als Zeuge zwischen mir und euch. Er ist der Verzeihende, Barmherzige." 9 Sprich: „Ich bin nicht der erste unter den Gesandten. Auch weiß ich nicht, was mit mir und euch geschehen wird. Ich folge nur dem, was mir eingegeben wird. Ich bin nur ein offensichtlicher Warner." 10 Sprich: „Was meint ihr wohl, wenn der Koran wirklich von Gott stammt, ihr aber nicht an ihn glaubt, ein Zeuge von den Kindern Israels jedoch etwas ihm Ähnliches bezeugt hat und dann gläubig wurde, während ihr Hoffart zeigtet?" Gott leitet die frevelnden Leute nicht recht. 11 Die Ungläubigen sagten über die Gläubigen: „Handelte es sich beim Koran wirklich um etwas Gutes, wären jene uns nicht darin zuvorgekommen!" Da sie sich hierdurch nicht rechtleiten lassen, werden sie sagen: „Dieser Koran ist ein alter Schwindel!" 12 Doch diente schon vor dem Koran die Schrift des Mose als Richtschnur und war ein Zeichen von Barmherzigkeit. Und dies ist die Schrift, die jene in arabischer Sprache bestätigt, zur Warnung für die Frevler, aber als Freudenbotschaft für die, die Gutes tun!

Muḥammad hat die Rede Gottes unmittelbar erfahren.[1] Sie ist das echte Gotteswort, welches vorher andere Propheten empfangen haben. Seinem Wesen nach ist es einzigartig; die Götzen, die von den Ungläubigen angebetet werden, können nichts vergleichen hervorbringen, wie sie auch keinerlei Schöpferkraft besitzen. Die Schrift ist ihrem Inhalt nach etwas Einzigartiges, eben weil sie auf den einen Gott zurückgeht. In ihrer Form ist sie jedoch verschiedenartig; sie ist nun in arabischer Sprache offenbart worden, mit im einzelnen dargelegten Versen. Wie aber sieht der Koran das Verhältnis zwischen dem göttlichen Urwort und den unterschiedlichen Ausprägungen, die es im Laufe der Menschheitsgeschichte gefunden hat?

Sure 85 „Die Tierkreiszeichen", Vers 21 und 22: 21 Nein, es ist ein rühmenswerter Koran 22 auf einer wohlverwahrten Tafel![2]

Sure 80 „Er blickte mürrisch", Vers 11 bis 16: 11 Nein, es ist eine Erinnerung! 12 Wer will, denkt daran. 13 Auf Blättern, die man in Ehren hält, 14 in den Himmel emporgehoben und lauter gehalten, 15 in den Händen von Schreibern, 16 edlen und frommen.

Sure 13 „Der Donner", Vers 37 bis 39: 37 So haben wir (den Koran) als eine arabische Entscheidung hinabgesandt. Wenn du nun, nachdem du einiges Wissen erhalten hast, den Neigungen (deiner Gegner) folgst, dann hast du Gott gegenüber weder Freund noch Beschützer. 38 Schon vor dir haben wir Gesandte ausgeschickt und ihnen Ehefrauen und Nachkommen gegeben. Doch stand es keinem Gesandten zu, ein Wunderzeichen ohne Gottes Erlaubnis zu bringen. Für jede Frist gibt es eine

Schrift.[3] 39 Gott tilgt und bestätigt, was er will, und bei ihm befindet sich die Urschrift.[4]

Sure 43 „Der Prunk", Vers 1 bis 4: Im Namen Gottes, des Barmherzigen, des Erbarmers! 1 ḥ-m 2 Bei der klaren Schrift! 3 Wir haben ihn als einen arabischen Koran konzipiert. Vielleicht seid ihr verständig. 4 Dieser befindet sich in der Urschrift und gilt bei uns als erhaben und weise.

Es gibt ein Urexemplar aller Offenbarungen, das unmittelbar in Gottes Bereich verwahrt wird. Nur edle, geläuterte Schreiberengel dürfen es berühren. Wie Sure 13, Vers 38, zeigt, wird der Begriff der Urschrift aller Offenbarungen nicht scharf von der Vorstellung des Verzeichnisses getrennt, in welchem Gott den gesamten Verlauf der von ihm in Gang gesetzten und in jedem Augenblick in Bewegung gehaltenen Schöpfung niederlegt. Jegliche Frist ist eingetragen worden, kann aber von Gott nach seinem Ratschluß geändert werden, hören wir, während zuvor vom Koran als der „arabischen Entscheidung" die Rede gewesen ist, von der im Inhalt unabänderlichen Offenbarung, die auch die Propheten vor Muḥammad erhalten haben. Diese Unschärfe hängt, wie gleich zu zeigen sein wird, mit dem koranischen Gottesbild zusammen, als dessen kennzeichnendes Merkmal wir die sich in jedem Augenblick aufs neue verwirklichende Schöpferkraft herausgearbeitet haben.

Sure 16 „Die Bienen", Vers 31 bis 33 und 101 bis 102: 31 ... So belohnt Gott die Gottesfürchtigen, 32 diejenigen, die die Engel als Gute zu sich holen. Die Engel sagen zu ihnen: „Friede sei über euch! Betretet das Paradies wegen eurer (guten) Taten!" 33 Sehen denn (die Ungläubigen) etwas anderem entgegen, als daß auch zu ihnen die Engel kommen oder eine Fügung von seiten deines Herrn? So trieben es schon die, die vor ihnen lebten, Gott aber fügte ihnen kein Unrecht zu, sondern sie pflegten sich selber Unrecht zuzufügen. ... 101 Und wenn wir ein Wunderzeichen gegen ein anderes austauschen – und Gott weiß doch am besten, was er herabsendet –, dann sagen sie: „Du schwindelst!" Nein! Die meisten von ihnen wissen nicht Bescheid! 102 Sprich: „Der heilige Geist hat (den Koran) von deinem Herrn in der Wahrheit herabgesandt, um die zu bestärken, die glauben, und als Rechtleitung und Freudenbotschaft für die, die sich ihm ganz zuwenden!"

Sure 97 „Die göttliche Bestimmung", Vers 1 bis 5: Im Namen Gottes, des Barmherzigen, des Erbarmers! 1 Wir haben den Koran in der Nacht der göttlichen Bestimmung hinabgesandt. 2 Woher weißt du, was die Nacht der göttlichen Bestimmung ist? 3 Die Nacht der göttlichen Bestimmung ist besser als tausend Monate. 4 In ihr steigen die Engel und der Geist mit Erlaubnis ihres Herrn hinab, alle erdenklichen Arten von göttlicher Fügung. 5 Sie ist voller Heil bis zum Aufstieg der Morgenröte.

Sure 42 „Die Beratschlagung“, Vers 51 bis 53: 51 Keinem Menschen kommt es zu, daß Gott ihn anrede, es sei denn auf dem Wege der Offenbarung oder hinter einem Vorhang oder er schicke einen Boten, der ihm mit Gottes Erlaubnis eingibt, was Gott will. Er ist erhaben und weise. 52 So haben wir auch dir eine Offenbarung von unserer göttlichen Fügung eingegeben. Du wußtest nicht, was die Schrift sei, noch was der Glaube. Doch wir machten die Schrift (d. h. den Koran) zu einem Licht, mit dem wir diejenigen unter unseren Dienern rechtleiten, die uns belieben. Und du leitest zu einer geraden Straße, 53 zur Straße Gottes, dem gehört, was in den Himmeln und auf der Erde ist. Ja, auf Gott laufen alle Dinge zu!

Gott läßt mit den Engeln seine Fügungen auf die Erde hinabgelangen. In Sure 16, Vers 102, ist der heilige Geist genannt, der den Koran überbringt.

Sure 17 „Die Nachtreise“, Vers 85: Sie fragen dich nach dem Geist. Sprich: „Der Geist gehört zu der göttlichen Fügung meines Herrn. Ihr habt wirklich nur wenig Wissen bekommen!“

Der Geist ist mithin eine Wesenheit, die damit beauftragt ist, die göttliche Fügung, die Befehlsgewalt (amr) des Schöpfers, dem Propheten zu übermitteln.[5] Im 52. Vers der 42. Sure „Die Beratschlagung“ wird das Wort Geist (rūḥ) nach der Meinung arabischer Kommentatoren zur Bezeichnung des Vorganges der Inspiration verwendet und ist mit „Offenbarung“ wiederzugeben. Auf alle Fälle ist der „Geist“, sei er nun als Engel gedacht oder als Beschreibung der Eingebung göttlichen Wissens gebraucht, im Koran der Begriff, mit dem die Konkretisierung der allgemeinen, ständig die Welt in Gang haltenden göttlichen Fügung verdeutlicht werden soll. Der Prophet erfährt durch die Vermittlung des „Geistes“ die für seine Aufgabe unerläßlichen Ergebnisse göttlicher Befehlsgewalt, die den Zuhörern als „arabischer Koran“ vergegenwärtigt werden! Dieser so konkretisierte und jedermann durch die arabische Verkündigung zugänglich gemachte Ausschnitt aus der unendlichen Fülle göttlicher Fügungen ist nun zugleich eine der irdischen konkreten Formen der Urschrift.

Die Vorstellung, daß Gottes ständige Fügungen und Befehle das Mittel sind, mit dem er zu jeder Zeit den Lauf der Welt reguliere, treffen wir wiederum bei den Gottsuchern an, Muḥammads Vorläufern und Zeitgenossen, bei denen wir auch die Idee der creatio continua als beherrschend vorfanden. Umaija b. abī ṣ-Ṣalt besang in einem Gedicht Gott als den König des Himmels, vor dem sich die Engel versammeln, seiner Befehle harrend: „Diejenigen, die für seine Fügungen ausgewählt wurden, sind ausgezeichnete Diener ... Und in den Tiefen der Atmosphäre und unter den dichten Wassermassen steigen sie auf und ab, und zwischen den Schichten der innersten Teile der Erde bewegen sich Engel mit der göttlichen Fügung hin und her."[6] Von den solchermaßen Gottes Willen dienstbaren Engeln hat Muḥammad, wie es in der frühmedinensischen 97. Sure heißt, in der Nacht der göttlichen Bestimmung die ersten Offenbarungen erhalten. Diese Auffassung, die das Offenbarungsgeschehen unmittelbar mit der ständigen Fürsorge Gottes für seine Schöpfung verknüpft, ja den Koran als einen Teil dieser Fürsorge erscheinen läßt, steht in einem erheblichen Spannungsverhältnis zu der Idee vom Koran als der arabischen Fassung der himmlischen Urschrift. Denn letztere setzt eine Abgeschlossenheit und Unveränderlichkeit des Inhalts voraus, während erstere ein gewisses Maß an Offenheit impliziert – Gott kann Aussagen ändern, wenn er dies für nötig erachtet. Es liegt auf der Hand, daß die islamische Theologie sich die letztere Auffassung zu eigen machte; nur sie rechtfertigte den Glaubenssatz von der universalen Gültigkeit und inhaltlichen Vollständigkeit des Korans.

Sure 3 „Die Sippe Imrans", Vers 1 bis 7: Im Namen Gottes, des Barmherzigen, des Erbarmers! 1 ʾ-l-m 2 Gott – es gibt keinen Gott außer ihm, dem Lebendigen, Ewigen – 3 hat auf dich in der Wahrheit die Schrift herabgesandt, die bestätigt, was vor ihr war. Er hat die Tora und das Evangelium 4 schon zuvor herabgesandt als eine Rechtleitung für die Menschen. Und er hat die Rettung[7] herabgesandt. Denjenigen, die nicht an Gottes Wunderzeichen glauben, steht eine strenge Strafe bevor. Gott ist mächtig und weiß, sich zu rächen. 5 Gott ist kein Ding auf der Erde und im Himmel verborgen. 6 Er ist es, der euch im Mutterleib gestaltet, wie er will. Es gibt keinen Gott außer ihm, dem Mächtigen und Weisen. 7 Er ist es, der auf dich die Schrift herabsandte. Zu ihr gehören eindeutige Wunderzeichen, diese bilden die Urschrift, und andere, mehrdeutige. Diejenigen, die im Herzen den Wunsch hegen, vom Richtigen abzuschweifen, die folgen den mehrdeutigen Stellen der Schrift, weil sie auf die Erregung von Unruhe und auf eigenmächtige Auslegung aus sind. Dabei kennt niemand die Auslegung der Schrift außer Gott und denjenigen, die fest im Wissen verwurzelt sind. Diese sagen: „Wir glauben an die Schrift, sie stammt ganz und gar von unserem Herrn!" Nur die Einsichtigen lassen sich mahnen.

Wieder wird die Offenbarung des Korans in unmittelbarem Zusammenhang mit der ständig wirksamen, alles wissenden Schöpferkraft Gottes erwähnt (Sure 3, Vers 5 bis 7). Der Koran, die zur religiösen Botschaft verdichtete göttliche Fügung, besteht aus klaren Versen und solchen, die einer Deutung bedürfen, mithin nicht vom ersten Hören her verstanden werden können. Böswillige und heimtückische Leute stürzen sich auf die auslegungsbedürftigen Verse, um mit ihnen ihr schädliches Spiel zu treiben.

An anderer Stelle wird demgegenüber versichert, der Koran enthalte zumindest keinerlei Widersprüche.

Sure 4 „Die Frauen", Vers 82: Durchdenken sie denn nicht den Koran? Stammte er von jemand anderem als Gott, fänden sie darin viel Widersprüchliches!

Der grundsätzliche Inhalt der Botschaft ist jedenfalls einfach zu begreifen und jedermann unmittelbar zugänglich.

Sure 54 „Der Mond", Vers 9 bis 17: 9 Schon vor ihnen leugnete das
Volk Noahs. Sie ziehen unseren Knecht der Lüge und sagten: „Ein Besessener!" und er ließ sich verjagen. 10 Dann rief er seinen Herrn an
und sagte: „Ich werde überwältigt, hilf mir!" 11 Da öffneten wir die
Pforten des Himmels für dahinströmendes Wasser 12 und ließen auf
der Erde Quellen hervorbrechen. Da traf sich das Wasser aufgrund einer
festgesetzten göttlichen Fügung. 13 Ihn aber trugen wir auf das Schiff
aus Planken und Nägeln. 14 Das fuhr unter unseren Augen dahin, zum
Lohn für denjenigen, dem man (seinen Ruf) nicht gedankt hatte. 15 Wir
ließen es als ein Wunderzeichen zurück. Gibt es jemanden, der sich mahnen läßt? 16 Wie war meine Strafe, wie meine Warnungen! 17 Wir
haben den Koran leicht verständlich gemacht, damit er als Mahnung
diene! Gibt es jemanden, der sich mahnen läßt?

Sure 22 „Die Pilgerfahrt", Vers 52 bis 54: 52 Weder haben wir vor dir
einen Gesandten noch einen Propheten ausgeschickt, ohne daß der Satan,
wenn der Betreffende von sich aus etwas wünschte, dessen Wunsch etwas
unterschoben hätte. Gott aber tilgt, was der Satan unterschiebt. Dann
verleiht Gott seinen Wunderzeichen Eindeutigkeit. Gott ist wissend und
weise. 53 Gott will mit dem, was der Satan unterschiebt, diejenigen auf
die Probe stellen, deren Herz von einer Krankheit befallen und verhärtet
ist. Die Frevler befinden sich in ferner Opposition. 54 Und es sollen
diejenigen, die Wissen empfangen haben, erkennen, daß es die Wahrheit
von deinem Herrn ist, damit sie gläubig werden und ihre Herzen sich vor
Gott demütigen. Gott führt die, die glauben, zu einer geraden Straße!

Eine Quelle der Unklarheit des offenbarten Wortes bilden die Bemühungen des Satans, den Propheten in Augenblicken, in denen sie nicht gänzlich auf die Rede des Herrn achten, etwas zu unterschieben. Gott tilgt diese Ungereimtheiten und stellt den von ihm gemeinten eindeutigen Sinn her. Die „Heuchler", in deren Herzen, wie es oft im Koran heißt, eine Krankheit verborgen ist, sind natürlich besonders auf solche Unklarheiten aus; im Gegensatz zu den Gläubigen bestehen sie die Probe nicht, sondern stolpern über die Fallstricke des Satans. Die philologische Erforschung des Korans, die schon im 8. Jahrhundert einsetzt und rasch zu hoher Blüte gelangt, hat sich bald auch des Themas der mehrdeutigen Koranverse angenommen. Schon für das 9. Jahrhundert ist eine Spezialabhandlung über diesen Gegenstand belegt.[8]

Sure 27 „Die Ameisen", Vers 1 bis 10: Im Namen Gottes, des Barmherzigen, des Erbarmers! 1 ṭ-s. Jenes sind die Wunderzeichen des Korans und einer klaren Schrift. 2 Sie dienen als Rechtleitung und Frohbotschaft für die Gläubigen, 3 die das rituelle Gebet einhalten, die Läuterungsabgabe abführen und die das Jenseits für gewiß erachten. 4 Denjenigen, die nicht an das Jenseits glauben, haben wir ihre Werke als schön hingestellt, so daß sie blind umherirren. 5 Jene sind es, denen eine schlimme Strafe bevorsteht – im Jenseits werden sie am meisten verlieren! 6 Dir wird der Koran von seiten eines Weisen, Wissenden eingegeben. 7 Einst sagte Mose zu seiner Familie: „Ich nahm ein Feuer wahr, ich werde euch darüber Kunde bringen oder euch ein loderndes Scheit holen, an dem ihr euch vielleicht wärmen könnt!" 8 Als er dort hinkam, wurde ihm zugerufen: „Gesegnet sind der im Feuer und die in dessen Umgebung! Preis sei Gott, dem Herrn der Welten! 9 O Mose, ich bin Gott, der Mächtige und Weise! 10 Wirf deinen Stab hin!" Und wie er sah, daß sich dieser schüttelte, als sei er ein Dschinn, wandte er sich zur Flucht, ohne sich umzuschauen. „O Mose, fürchte dich nicht! Die Gesandten brauchen sich in meiner Gegenwart nicht zu fürchten!"

Der Koran wurde dem Propheten übergeben; er ist die zu arabischen Worten verdichtete göttliche Fügung, die in alltäglicher Form die gesamte Schöpfung ununterbrochen lenkt. Diese Verdichtung stellt eine über das normale Maß der Manifestation des göttlichen Wirkens hinausgehende Ausnahme dar, die dem Propheten zuteil wurde, damit die Menschen auf die Tatsache dieses Wirkens aufmerksam würden und den rechten Weg zum Glauben fänden. Auch Mose war ein Prophet, und bei ihm verdichtete sich die göttliche Fügung auf andere Weise: Sein Hirtenstab verwandelte sich in eine Schlange und, wie in dieser Sure und an anderer Stelle weiter berichtet wird, seine Hand wurde weiß, ohne vom Aussatz befallen zu sein.[9] Diese Wunder dienten dazu, die Menschen auf die göttliche Schöpferkraft, die derjenigen der Zauberer unendlich überlegen ist, hinzuweisen, erfüllte also eine Aufgabe, die derjenigen des Korans entspricht. Der Koran und die Wunderzeichen, die Gott für seine anderen Propheten wirkte, dienen dem gleichen Zweck – sie dienen der Beglaubigung der prophetischen Sendung, deren Inhalt die Kunde von dem Schöpfertum Gottes war und ist. Die Verse des Korans sind Wunder, vergleichbar den Wundern, die den früheren Gottesgesandten zuteil wurden; die Verse heißen deshalb auch Wunderzeichen. Als solche können sie von den Menschen nicht nachgeahmt werden, genau wie die ägyptischen Zauberer unfähig waren, die Wunder, die Mose ihnen vorführte, nachzuahmen.

Sure 52 „Der Berg Sinai", Vers 29 bis 49: 29 Darum mahne! Dank der Gnade deines Herrn bist du kein Wahrsager, kein Besessener! 30 Oder sie sagen: „Ein Dichter! Wir warten ab, bis die Wechselfälle des Schicksals ihn treffen!" 31 Sprich: „Wartet nur ab! Ich will mit euch abwarten!" 32 Oder befehlen ihnen etwa ihre Träume solch ein Verhalten, oder sind sie Leute, die ihre Grenzen überschreiten? 33 Oder sie sagen: „Er hat sich den Koran zusammengereimt!" Nein, sie glauben nicht! 34 Sie sollen nur eine Geschichte, die den im Koran enthaltenen gleicht, beibringen, wenn sie die Wahrheit sagen! 35 Oder wurden sie aus dem Nichts geschaffen, oder sind sie es, die schaffen? 36 Oder schufen sie die Himmel und die Erde? Nein, sie haben keine Gewißheit! 37 Oder stehen ihnen die Schätze deines Herrn zur Verfügung, oder haben sie Herrschergewalt? 38 Oder haben sie eine Himmelsleiter, auf der sie lauschen? Der von ihnen, der gelauscht hat, bringe eine klare Vollmacht! 39 Oder hat Gott die Töchter, und ihr habt die Söhne? 40 Oder bittest du sie um Lohn, so daß sie mit Schulden belastet würden? 41 Oder haben sie Einsicht in das Verborgene, so daß sie es niederschreiben? 42 Oder wollen sie Ränke schmieden? Die Ungläubigen sind es, die Ränken zum Opfer fallen. 43 Oder haben sie einen anderen Gott als den einen Gott? Gott ist hochgepriesen gegenüber denen, die sie ihm beigesellen. 44 Selbst wenn sie ein Stück vom Himmel herabfallen sehen, sprechen sie noch: „Es handelt sich nur um Haufenwolken!" 45 Laß sie, bis sie ihrem Tag entgegentreten, an dem sie vom Blitzschlag getroffen werden. 46 Am Tag, da ihnen ihre List nichts einbringt und ihnen nicht geholfen wird. 47 Den Frevlern steht außerdem (auch im Diesseits) eine Strafe bevor, doch die meisten von ihnen wissen nicht Bescheid. 48 Warte du auf die Entscheidung deines Herrn, denn du bist uns unter den Augen, und lobpreise deinen Herrn, wenn du aufstehst! 49 Und preise ihn einen Teil der Nacht lang und zu der Zeit, da die Sterne zurückweichen!

Der Gedankengang dieser Sure belehrt uns über den Wundercharakter des Korans. Zu unrecht hält man den Propheten für einen gewöhnlichen Dichter. Muḥammad fordert die Ungläubigen heraus, eine Geschichte zu erfinden, die den koranischen Erzählungen ebenbürtig ist. Seine Gegner werden dazu nicht imstande sein; der Koran kann nicht nachgeahmt werden; sie erfahren nichts aus dem Verborgenen, haben keine Leiter, die sie erklimmen könnten, um ein paar Worte des Höchsten aufzuschnappen. Sie sind eben nur Menschen, Geschaffene, sie können nicht dem Schöpfer gleich handeln. Als Sonderform der göttlichen Schöpferkraft und seiner die Welt erhaltenden Fügung kann der Koran unmöglich von ihnen nachgemacht werden. An verschiedenen Stellen wird dies deutlich zum Ausdruck gebracht.

Sure 10 „Jonas", Vers 38: Oder sie sagen: „Er hat ihn erlogen." Sprich: „Bringt eine Sure, die ihm ähnelt, bei und ruft an Gottes Stelle die an, die ihr (zu diesem Zweck anrufen) könnt, wenn ihr die Wahrheit sagt!"

Sure 11 „Hūd", Vers 13: Oder sie sagen: „Er hat ihn erlogen!" Sprich: „Bringt zehn erlogene Suren bei, die ihm ähneln, und ruft an Gottes Stelle die an, die ihr (zu diesem Zweck anrufen) könnt, wenn ihr die Wahrheit sagt!"

Sure 17 „Die Nachtreise", Vers 88: Sprich: „Wenn die Menschen und die Dschinnen sich darauf einigen sollten, etwas, das diesem Koran ähnelt, beizubringen, werden sie nichts Ähnliches beibringen, selbst wenn sie einander hülfen!"

Wie im Laufe der theologischen Aufarbeitung der prophetischen Botschaft das Gottesbild des Korans und seine Vorstellungen vom Verhältnis Gott–Mensch aufgelöst und die einzelnen Elemente weiterentwickelt worden sind, so wurden auch die Aussagen über den Koran, die göttliche Rede an den Menschen, auf ihre Stimmigkeit hin untersucht und analog zur Herausbildung der Kernsätze des islamischen Dogmas umformuliert. Wir sahen, daß der Koran Gott als den ständig lenkenden Schöpfer verkündet, der am Ende der von ihm in Gang gesetzten Weltgeschichte die Menschen nach dem Maße der ihm gezollten Verehrung und des Gehorsams beurteilt. Gott lenkt und erhält die Welt in jedem Augenblick, und er läßt jede winzigste Regung des Menschen aufzeichnen. Er ist ständig gegenwärtig. Da jedoch alles Geschehen in der Welt von ihm abhängig ist und ihm allein die Unabhängigkeit vorbehalten bleibt, ist er der ganz Andere. Diese Andersheit wird, wie geschildert, in der islamischen Theologie als die völlige Transzendenz Gottes dogmatisiert; die im Koran immer wieder in bewegenden Worten beschworene Wahrheit, daß Gott in seinem Handeln stets als gegenwärtig erfahren werde, tritt in den Hintergrund.

Die Geschaffenheit zu Gott hin gewährleistet dem Menschen das Heil, sofern er die göttliche Botschaft aufnimmt und die religiöse Urgeste vollzieht, indem er sich ganz dem Einen zuwendet und damit auch dessen Zuwendung teilhaftig wird. Diese das Heil stiftende Wendung erfaßt nach koranischer Vorstellung den Menschen bis in die tiefsten Tiefen seines Seins und bewirkt, daß er sich ganz nach dem Willen des Schöpfers ausrichtet. Der Vollzug der religiösen Urgeste, des „Islams", hat für den

Einzelnen schwerwiegende Folgen; sie macht ihn zu einem Glied der Gemeinschaft der Gläubigen, und er ist verpflichtet, seine Zugehörigkeit zu dieser Gemeinschaft ständig unter Beweis zu stellen, indem er nach den Regeln, die Gott für sie erlassen hat, handelt. Indem diese Folgen der Hinwendung zu Gott im Rahmen des Gesetzes formalisiert wurden, wurde auch von hier aus die unmittelbare Beziehung Gott–Mensch, wie sie der „Islam" im ursprünglichen Sinn voraussetzt, aufgelöst. Das Gesetz verringerte mehr und mehr die unmittelbare Erfahrbarkeit Gottes, ermöglichte andererseits jedoch erst die Veralltäglichung des Islam zu einer Religion der Vielen, denen eine individuelle Gotteserfahrung ähnlich der des Propheten versagt blieb. Dank dem Gesetz konnte Gott immer mehr zum fernen, transzendenten Richter werden, der den Menschen nicht nach Vollzug einer gegenseitigen Zuwendung annahm, sondern ihn je nach dem Maße der Erfüllung des Gesetzes beurteilte. Erst jetzt konnte die Frage nach dem freien Willen des Menschen und der Gerechtigkeit Gottes in den Mittelpunkt des theologischen Streites rücken.

Die dogmatische Entwicklung des Islams, die sich durchaus koranischer Ansätze bediente, hatte den Schöpfer und Richter sehr rasch in eine völlige Transzendenz erhoben. Diese Entwicklung konnte die Vorstellung vom Koran als der in arabischen Worten verdichteten göttlichen Fügung nicht unberührt lassen. Die einseitige Betonung des unüberbrückbaren Unterschiedes zwischen der geschaffenen Welt und dem einen Schöpfer mußte die Frage hervorrufen, welcher dieser beiden Kategorien denn die göttliche Fügung, insonderheit sein Wort, zuzurechnen sei. Hielt man folgerichtig an der Lehre fest, daß es neben dem einen Schöpfer nur Geschaffenes geben könne, mußte man auch die göttliche Fügung, sein Wort, also den Koran, für geschaffen erklären. Denn nur so war die absolute Einheit Gottes als anfangs- und endlos ewiger Wesenheit vorstellbar. Transzendenz und Einheit Gottes verlangen nach der Geschaffenheit seines Wortes und seiner den Lauf der Welt lenkenden Fügung. Die negative Theologie der Muʿtaziliten hat daher mit Nachdruck das Dogma von der Erschaffenheit des Korans verfochten.

Demgegenüber hat die Mehrzahl der Muslime stets am unerschaffenen, ewigen Charakter des Gotteswortes festgehalten, das sich ja nach koranischer Aussage auf der wohlverwahrten Tafel in unmittelbarer Gegenwart Gottes befindet. Denn wäre dieses Wort nicht unerschaffen, müßte dann Gott, der doch allmächtig ist, nicht vor der Schaffung seiner göttlichen Fügung und seines Wortes unfähig zur Ausübung seiner Allmacht gewesen sein? Dies aber ist undenkbar, und die gegen die Muʿtaziliten gerichtete Polemik bediente sich des 54. Verses der 7. Sure „Die Höhen", um die Unhaltbarkeit einer solchen Aussage zu beweisen: „Wirklich, Gottes sind die Schöpfung und die Fügung!" – Die göttliche Fügung könne nicht, so folgerte man, mit der Schöpfung identisch sein; also hafteten ihr auch nicht die Eigenschaften des Geschaffenen an.

Dies war der Gedankengang, mit dem man seit der Wende zum 10. Jahrhundert die muʿtazilitische Lehre von der Geschaffenheit des Korans zu widerlegen suchte; von sunnitischen Theologen ist er seitdem in vielfacher Form immer aufs neue nachvollzogen worden. Der dogmatische Streit um den Koran war ein für allemal entschieden. Die fromme Verehrung des Korans als des unerschaffenen Wortes Gottes konnte sich von nun an ungehindert entfalten. Auch die Muʿtaziliten hatten darauf hingewiesen, daß der Sprachstil der Offenbarung einen Wundercharakter trage, und versucht, die Ausdrucksmerkmale zu analysieren, mit denen der Koran jegliche menschliche Sprachkraft übertreffe.[11] Der sunnitischen Theologie, ja auch allen übrigen wichtigen Strömungen islamischen Denkens, gilt er nicht allein als das Beglaubigungswunder des Propheten Muḥammad, sondern zeigt zugleich die unnachahmliche Treffsicherheit und Schönheit der göttlichen Redeweise. Hat Muḥammad nicht, wie aus den oben angeführten Zitaten (Sure 52, Vers 34; Sure 10, Vers 38; Sure 11, Vers 13; Sure 17, Vers 88) erhellt, die Quraiš, die doch die besten Kenner der arabischen Sprache gewesen seien, mehrfach aufgefordert, aus eigener Kraft Verse zu schaffen, die den ihm offenbarten glichen? Die Quraiš mußten ihm die Antwort auf diese Herausforderung schuldig bleiben, womit der unnachahmliche Wundercharakter des Korans schlagend bewiesen wurde, schreibt der große sunnitische Theologe al-Bāqillānī, den wir nun zum Schluß noch einmal zu Wort kommen lassen wollen. Er deutet an, daß die Unnachahmlichkeit des Korans letzten Endes auch seine auf ewig unveränderliche Gültigkeit einschließe. „Was einen zur ungeteilten Aufmerksamkeit für die Kenntnis des unnachahmlichen Wundercharakters des Korans zwingt, ist die Tatsache, daß die Prophetenschaft unseres Propheten auf eben diesem Wunder beruht, selbst wenn er hernach noch mit vielen weiteren Wundern bestätigt worden ist. Jene Wunder aber geschahen zu bestimmten Zeiten unter bestimmten Umständen und mit bestimmten Personen ... Der im Koran liegende Hinweis (auf Muḥammads Prophetentum) ergibt sich demgegenüber aus einem allgemeinen Wunder, welches Menschen und Dschinnen zugleich betraf und seine Gültigkeit behält, solange Diesseits und Jenseits dauern. Mit diesem Wunder zu argumentieren, ist in stets gleicher Weise stichhaltig seit dem ersten Augenblick, an dem es geschah, bis zum Jüngsten Tag. Wenn man nun die Methode erkannt haben sollte, mit der der Koran das Prophetentum Muḥammads dadurch unter Beweis stellt, daß die Leute der Frühzeit unfähig waren, etwas Vergleichbares hervorzubringen, überhebt einen dies der erneuten Betrachtung der Tatsache, daß auch die Menschen dieser Zeit unfähig sind, etwas Vergleichbares zu schaffen ... Wir erwähnen dies nur deshalb, weil man von jemandem berichtete, der behauptet habe, daß die Menschen dieser Zeit keineswegs unfähig dazu sein müßten, bloß weil die Menschen der Frühzeit nicht in der Lage gewesen seien (etwas Vergleichbares hervorzubringen). Zur Beweisführung genügt die Unfähigkeit der Menschen der Frühzeit, denn ausschließlich sie, niemand sonst, waren herausgefordert worden (den Koran nachzuahmen).“[12]

Anmerkungen

Einführung

1. „Nachahmung“ (arab. taqlīd): Nur wenige Menschen sind nach islamischer Auffassung zur schöpferischen Anwendung des göttlichen Gesetzes befähigt. Die breite Masse der Muslime ist daher verpflichtet, sich an die Deutung des Gesetzes und an das Vorbild jener wenigen „Muǧtahidūn“ zu halten, sie „nachzuahmen“. Der Kreis der „Muǧtahidūn“ wird im sunnitischen und schiitischen Islam sehr unterschiedlich definiert.
2. Siehe dazu im Schlußteil „Der Koran über den Koran“!
3. Tafsīr al-manār, Einleitung, 29 und 31.
4. So M. Ṭāliqānī in der Einleitung zur Neuausgabe der Schrift von M. H. Nāīnī, Tanbīh al-umma wa-tanzīh al-milla, o. O. 1374/1955.
5. M. Muḥammad al-Qazwīnī, Ḥuqūq al-ʿāmil wal-fallāḥ fī l-Islām, Beirut 1974, 46.
6. Der Koran, übersetzt von Rudi Paret, Stuttgart 1980²; Der Koran, Kommentar und Konkordanz von Rudi Paret, Stuttgart 1980.

I. Der Koran als Literaturdenkmal

1. Jeffery, The Foreign Vocabulary of the Qur'ān, Baroda 1938, 233f.: „scripture lesson“.
2. Lane, An Arabic-English Lexicon, Nachdruck Beirut 1968, s. v. q-r-'.
3. Vollers, Volkssprache und Schriftsprache im alten Arabien, Straßburg, 1906; P. Kahle, The Qoran and the Arabiya, Goldziher Memorial I, 1948, 163–182; Nagel, Staat und Glaubensgemeinschaft im Islam, Zürich 1981, Bd. I, 22ff.
4. Siehe unten Kapitel II, 118ff.!
5. „Sure“ ist ein Fremdwort im Arabischen. Die Etymologie des Wortes ist nicht zufriedenstellend geklärt. Vgl. Jeffery, Foreign Vocabulary, 182.
6. Siehe hierüber auch das Schlußkapitel „Der Koran über den Koran“!
7. Friedrun R. Müller, Untersuchungen zur Reimprosa im Koran, phil. diss., Tübingen 1968, 3ff.
8. Orientalische Dichtung in der Übersetzung Friedrich Rückerts, ed. A. Schimmel, Bremen 1963, 209f.
9. Rhamnus spina Christi L.
10. Am Beginn einer jeden Sure – mit Ausnahme der 9. „Die Buße“ – befindet sich die Basmala, die Einleitungsformel „Im Namen Gottes, des Barmherzigen, des Erbarmers!“ Das Fehlen dieser Formel vor der 9. Sure wird damit erklärt, daß diese ursprünglich mit der 8. „Die Beute“ eine Einheit gebildet habe.

11. Zur möglichen Quelle dieser Episode vgl. Speyer, Die biblischen Erzählungen im Qoran, Neudruck, Darmstadt 1961, 401. Zur Benennung der einzelnen Suren siehe Paret, Kommentar und Konkordanz, 533ff.
12. Ibn abī Dā'ūd, Kitāb al-maṣāḥif, ed. Jeffery, in: Materials for the History of the Text of the Qur'ān, arab. Text, 6ff.
13. Abbott, The Rise of the North Arabic Script and its Kur'anic Development, Chicago 1939, 5ff.
14. Ibn abī Dā'ūd, op. cit., 7.
15. Ebd., 12.
16. Ebd., 22f.
17. Ebd., englischer Text, 114f.
18. Ebd., 183f.
19. Ebd., 239ff.
20. Ebd., arab. Text, 13–18.
21. Ibn Miskawaih, Tağārib al-umam, ed. Amẹdroz, Kairo 1914, Bd. I, 285.
22. Jāqūt, Iršād al-arīb ilā maʿrifat al-adīb, ed. Margoliouth, London 1907ff., Bd. VI, 302f.
23. Zitiert bei Jeffery, Materials, 101.
24. Ebd., 180f.
25. Tisdall, Shi'ah Additions to the Koran, Moslem World III/1913, 227–241.
26. Bergsträsser, Geschichte des Korantexts (= Nöldeke, Geschichte des Qorans, 2. Auflage, völlig umgearbeitet von Fr. Schwally, G. Bergsträsser und O. Pretzl, Bd. 3, Leipzig 1938), 113. Eine Übersicht über die geringfügigen Textvarianten, die man für den ʿuṯmānschen Text noch ansetzte, findet sich ebenda.
27. Jāqūt, op. cit., Bd. II, 118; zur Entstehung der Literatur über die Lesarten vgl. jetzt auch R. Sellheim in: Verzeichnis der Orientalischen Handschriften in Deutschland, Ar. I, 33ff.
28. Goldziher, Die Richtungen der islamischen Koranauslegung, Neudruck, Leiden 1952, 20, 23.
29. Siehe Handwörterbuch des Islam, s. v. Maktab.
30. Bergsträsser, op. cit., 138.
31. Ebd., 183ff.
32. Ebd., 193f.
33. Jeffery und al-Sawy (Hgg.), Two Muqaddimas to the Qur'anic Sciences, Kairo 1972, 39ff.
34. Jeffery, Materials, 115. ʿImrān ist eigentlich der biblische Amram, der Vater Moses; wie aus Sure 3, Vers 35ff. hervorgeht, ist jedoch der Vater Marias, der Mutter Jesu, gemeint. Vgl. Paret, Kommentar und Konkordanz, zu Sure 3, 33f.
35. Jeffery, Materials, arab. Text, 22f.
36. Ebd., 183.
37. Hierüber Spitaler, Die Verszählung des Korans nach islamischer Überlieferung, in: Sitzungsberichte der Bayerischen Akademie der Wissenschaften, phil.-hist. Abt. 1935, Heft 11.
38. Gemeint ist, daß Muḥammad einen Teil der Nacht in Andachtsübungen verbringen soll. In asketischen Strömungen des Islams wurde dieser Brauch

geübt, um die triebhafte Seele zu zähmen. Vgl. A. Schimmel, Mystical Dimensions of Islam, Chapel Hill 1975, 114f.

39. A. Neuwirth, Zur Komposition der Mekkanischen Suren, Berlin 1981 (Studien zur Sprache, Geschichte und Kultur des islamischen Orients, Neue Folge 10). Über Indizien einer ersten Koranredaktion zur Zeit Muḥammads s. W. M. Watt, Bell's Introduction to the Qur'ān, Edinburgh 1970, 141–4.
40. Vgl. z. B. Paul Casanova, Mahomet et la fin du monde, Paris 1911.
41. D. h. um Pflanzen hervorsprießen zu lassen.
42. Gott wird im Koran oft als der vortrefflichste Ränkeschmied bezeichnet, der die List der Ungläubigen scheitern läßt.
43. D. h. Muḥammad soll nicht die sofortige Vernichtung der Ungläubigen erhoffen.
44. D. h. der ihr die Möglichkeit zu bösem oder gottgefälligem Tun gab.
45. Sagenhafter vorislamischer arabischer Stamm, dessen Schicksal im Koran des öfteren erwähnt wird, vgl. Sure 7 „Die Höhen", Vers 73 bis 79, siehe unten 163!
46. Diese von Paret vorgeschlagene Deutung scheint zuzutreffen.
47. Diese Übersetzung ist nicht gesichert.
48. Vgl. hierzu das Schlußkapitel „Der Koran über den Koran"!
49. Siehe 155ff.!
50. Coulson, A History of Islamic Law (Islamic Surveys 2), Edinburgh 1971, 176f.; ferner J. Pedersen, Der Eid bei den Semiten ... sowie die Stellung des Eides im Islam, Straßburg 1914.
51. (Pseudo-) al-Balḫī, Kitāb al-bad' wat-ta'rīḫ, Bd. I, ed. Huart, Paris 1899, 171.
52. Vgl. T. Fahd, La divination arabe, Leiden 1966, 70.
53. In verschiedenen Kulturen ist das Pferd als Bote des Jenseits und als Reittier bei der Entrückung (z. B. Burāq, das Pferd, auf dem Muḥammad nach islamischem Volksglauben entrückt wurde) bekannt, siehe J. von Negelein, Das Pferd im Seelenglauben und Totenkult, in: Zeitschrift des Vereins für Volkskunde, XI/1901, 406, 414. Überlieferungen zum Pferd im islamischen Volksglauben hat ad-Damīrī, Ḥajāt al-ḥajawān, Ed. Kairo 1298/1881, s. v. ḫail und s. v. faras, zusammengetragen. Dort heißt es u. a., Gott habe für die Engel besondere Pferde geschaffen, mit denen er auch seinen Propheten aushelfe (Bd. I, 260). Übrigens finden sich die Topoi dieser koranischen „Pferdeschwüre" in manchen Pferdenamen und in Pferdebeschreibungen altarabischer Dichter wieder (Levi della Vida [Ed.], Les „Livres des chevaux" de Hišām al-Kalbī et Muḥammad b. al-Aʿrābī, Leiden 1928).
54. Siehe W. Montgomery Watt, Muḥammad at Mecca, Oxford 1953, sowie Paret, Konkordanz und Kommentar, 460f. und die dort aufgeführte Literatur.
55. Die heidnischen Araber sollen neugeborene Töchter bisweilen lebendig begraben haben, da sie in ihnen unnütze Esser sahen, die ihnen zudem zur Schande gereichten; denn was zählte, waren Söhne. Vgl. Sure 43 „Der Prunk", Vers 16 bis 18, 244f.!
56. Vgl. Sure 7 „Die Höhen", Vers 65 bis 72, unten 163f.!
57. Diese Übersetzung ist nicht gesichert.
58. D. h. am Jüngsten Tag; die Übersetzung ist nicht gesichert.
59. Es sollte offenbar festgestellt werden, ob die Wahrsagerin im betreffenden

Fall wirklich „etwas sieht". Solche Proben werden auch in anderen Erzählungen erwähnt (z.B. al-Marzūqī, al-Azmina wal-amkina, Ed. Haidarabad 1332/1914, Bd. II, 189). Auch nach islamischer Vorstellung gilt das Wissen um verborgene Dinge als ein Zeichen der Prophetie. Die Imame der Zwölfer-Schia stellten ebenfalls auf diese Weise ihren Kontakt zur Sphäre des Göttlichen unter Beweis; ein Beispiel s. Nagel, Staat und Glaubensgemeinschaft im Islam, Bd. I, 189.

60. Al-Marzūqī, op. cit., 200f.
61. Rhamnus spina Christi L; vgl. Paret, Kommentar und Konkordanz, 404!
62. Al-Masʿūdī, Murūğ aḏ-ḏahab, ed. Dāğir, Beirut 1965, Bd. II, 167ff.; Jāqūt, Muʿğam al-Buldān, s. v. Ma'rib.
63. Goldziher, Abhandlungen zur arabischen Philologie, 2 Teile, Leiden 1869 und 1899, Teil 1, 3.
64. Al-Buḫārī, Ṣaḥīḥ, Kapitel „Bad' al-waḥj"; Goldziher, op. cit., 4ff.
65. Al-Buḫārī, Ṣaḥīḥ, Kapitel „Bad' al-ḫalq" 11.
66. Goldziher, op. cit., 7.
67. Al-Iṣfahānī, Kitāb al-aġānī, edd. Zakīalal-ʿAdwī und andere, Kairo 1963ff., Bd. IV, 142f.
68. Ibn Qutaiba, Kitāb aš-šiʿr waš-šuʿarā', ed. de Goeje, Leiden 1904, 170.
69. Zum Begriff des Erwerbs von guten und bösen Taten siehe unten 285 und 296f.
70. Da sie diese Gestalt fälschlich als Gott angesehen hätten.
71. Die Gegner Muḥammads glauben nicht an den Jüngsten Tag und fordern deshalb spöttisch, der Prophet solle ihnen einmal die Geschehnisse der Abrechnung vorführen lassen; sie würden dann vielleicht gläubig werden.
72. Oder: bestraft; der Sinn des arabischen Wortes ist nicht klar zu bestimmen.
73. Siehe unten 94!
74. Vgl. Paret, Kommentar und Konkordanz, 141.
75. Siehe unten 180f.!
76. Siehe Kapitel II!
77. Bedeutung unbekannt.
78. D.h. sie wird aussehen, als sei sie vom Aussatz befallen.
79. Die Geschichte Moses wird auch in den folgenden Suren zum Teil ausführlich behandelt: 2, 49ff.; 7, 103ff.; 20, 8ff.; 26, 9ff.
80. Sure 6, 25; 8, 31; 16, 64; 23, 83; 25, 5; 27, 68; 68, 46; 68, 15.
81. Ein Institut des altarabischen Rechts: vorübergehende Schutzgarantie für einen Angehörigen eines fremden Stammes.
82. (Pseudo-) al-Balḫī, al-Bad', Bd. III, 82.
83. Speyer, Die biblischen Erzählungen im Koran, 265.
84. Wensinck und Kramers, Handwörterbuch des Islams, Leiden 1941, s. v. Musa.
85. Bedeutung unsicher.
86. Nämlich das Wasser des Lebens.
87. Das Paradies.
88. Das arabische Fürstentum der Lahmiden von Hira war dem iranischen Reich der Sasaniden untertan.
89. Das spätere Medina.
90. Ibn Hišām, Sīra, edd. as-Saqqā' und andere, Kairo 1936, Bd. I, 320–322.

91. Hierüber im Schlußkapitel „Der Koran über den Koran".
92. Nöldeke, Beiträge zur Geschichte des Alexanderromans, Wien 1890 (Denkschriften der Kaiserlichen Akademie der Wissenschaften XXXVIII).
93. So nach dem Mekkaner ʿUbaid b. ʿUmair, zitiert bei Ibn Kaṯīr, al-Bidāja wannihāja, Beirut 1977², Bd. II, 108.
94. Hierüber Nagel, Alexander der Große in der frühislamischen Volksliteratur (Beiträge zur Sprach- und Kulturgeschichte des Orients 28), Walldorf-Hessen 1978.
95. Manche muslimische Korankommentatoren meinen, es handle sich um einen anderen Mose als den Propheten.
96. Handwörterbuch des Islams, s. v. al-Khaḍir.
97. Vgl. A. H. Jones, Dramatic Dialogue and Human Experience in the Sura of Joseph, Vortrag, gehalten auf dem Kongreß der UEAI in Edinburgh, September 1980.
98. Insgesamt 29 Suren beginnen mit derartigen Chiffren, über die schon viel gerätselt worden ist. Vgl. Neuwirth, Studien zur Komposition der mekkanischen Suren, 22.
99. Gemeint ist Benjamin, der in der Sure mehrfach vorkommt, ohne daß sein Name genannt ist.
100. Speyer, Die biblischen Erzählungen ..., 214.
101. D. h. er soll seine Freiheit einbüßen.
102. Zur Deutung dieser Stelle siehe Speyer, op. cit., 216.
103. Übersetzung nicht sicher.
104. D. h. die Gläubigen durch den Kampf gegen die Ungläubigen.
105. Diese Deutung des Ausdruckes ist am wahrscheinlichsten; vgl. Paret, Kommentar und Konkordanz, 449 und 496.
106. Paret, op. cit. 220.
107. Als den Pflanzen dienende Feuchtigkeit bzw. als das in die Form gegossene Metall.
108. So nach Paret, Der Koran, Übersetzung.

II. Der Koran und die Geschichte

1. Der Stamm des Propheten.
2. In der Abhängigkeit von der göttlichen Gnade sind alle Menschen gleich, auch die Frevler sind auf sie angewiesen. Diese Gleichheit zeigt sich auch im Diesseits: Es gibt reiche und arme Frevler, je nach Gottes Ratschluß. An äußeren Merkmalen ist eben nicht zu erkennen, ob jemand gläubig oder ungläubig ist.
3. Räumlich oder zeitlich.
4. Eine – in manchen Punkten allerdings überholte – Einschätzung des Quellenwerts der Überlieferungen zum Leben des Propheten versucht Becker, Islamstudien, Leipzig 1924, Bd. I, 520ff. Wichtige Darstellungen des Lebens des Propheten: Buhl, Das Leben Muḥammads, Darmstadt 1961³; W. Montgomery Watt, Muḥammad at Mecca, Oxford 1953; ders., Muḥammad at Medina, Oxford 1956.

5. Weitere diesbezügliche Einzelheiten bei Nagel, Some Considerations Concerning the Pre-Islamic and the Islamic Foundations of the Authority of the Caliphate, in: Studies on the First Century of Islamic Society, Southern Illinois University Press 1982, 177–197.
6. Sure 17, 35; 6, 152; 7, 85; 26, 181.
7. Übersetzung nach Paret.
8. Vgl. oben 62f.
9. Siehe oben 56f.
10. Über die Bedeutung des jeweiligen Geschichtsbildes für die islamischen Glaubensrichtungen siehe Nagel, Rechtleitung und Kalifat (Bonner orientalistische Studien 27/2), Bonn 1975, insbesondere Kapitel III.
11. Paret, Mohammed und der Koran, Urban-Taschenbücher 32, 96.
12. Indem er, auf seinen Besitz starrend, Gott gänzlich vergißt.
13. Siehe unten 216ff.
14. Aṭ-Ṭabarī, Annales, Serie I, 1179ff.
15. Watt, Muḥammad at Mecca, 100–109.
16. Nach islamischer Überlieferung gab es zwei Auswanderungen nach Abessinien. Dies dürfte ein Irrtum sein, der darauf zurückzuführen ist, daß zwei zum Teil voneinander abweichende Listen mit Namen von Auswanderern überliefert werden, siehe Watt, op. cit., 110f.
17. Ebd., 110–117.
18. Diese waren den Banū Hāšim besonders eng verbunden, Watt, op. cit., 88.
19. Ebd., 117–123.
20. Nagel, Staat und Glaubensgemeinschaft im Islam, Bd. I, 64.
21. Nach Buhl, Das Leben Muḥammads, 186, Anm. 147, so genannt in Anspielung auf Sure 60, 12.
22. Arab. sakīna = hebräisch šěkīna „Wohnen", „Gegenwärtigsein" Gottes im geistigen Sinn, Paret, Kommentar und Konkordanz, 52f.
23. Die Anhängerschaft Muḥammads ängstigte sich vor dem Kampf und hoffte, sich den Strapazen entziehen zu können.
24. So Paret.
25. Der Sinn dieser Wendung ist nicht klar; gemeint ist vielleicht, daß Gott den Menschen sterben läßt, wenn dieser das auch noch so sehr verdrängt.
26. D. h. mit zulässigen, unbedenklichen Dingen, vgl. 91f.
27. Vielleicht ist an den Boykott gegen die Klane Hāšim und Muṭṭalib gedacht.
28. D. h. sich euch weiter widersetzen.
29. D. h. dem islamischen Glaubensbruder; die spätere Deutung dieses Ausdrukkes als „Reisender" o. ä. hat diesen ursprünglichen Sinn aus den Augen verloren; vgl. hierzu Paret, Grenzen der Koranforschung, Bonner Orientalistische Studien, Heft 27, Stuttgart 1950.
30. Um sie zum Freikauf anzubieten.
31. An Lösegeld.
32. Vgl. oben Anm. 26.
33. So daß die Feinde das Feld als Sieger verließen.
34. D. h. sie reden nur vom Islam, spenden aber nichts.
35. Sodom und Gomorrha.
36. Die Medinenser grollten dem Propheten, sobald sie bemerkt hatten, daß er

einflußreicher und mächtiger geworden war, als sie es gewollt hatten und sie von ihm, dem erfolgreichen militärischen und politischen Führer, abhängig geworden waren.

37. Nach einem siegreichen Feldzug.
38. Watt, Muḥammad at Medina, 198ff.
39. Der hier mit „Verbannung" wiedergegebene Begriff leitet sich von der Wurzel ḥ-š-r ab, die im Koran bis auf Sure 7, 111 und Sure 26, 36 und 53 immer in eschatologischem Zusammenhang steht und den Vorgang bezeichnet, bei dem Gott die Geschöpfe zu sich „versammelt" oder die Bösen in die Hölle „versammelt". Hier aber, in Vers 2, fällt es schwer, einen solchen Zusammenhang zu konstruieren, etwa: Gott vertrieb die Banu n-Nadir zu ihrer „ersten Versammlung", wobei zu ergänzen wäre, daß dieser eine zweite in der Hölle folgen werde. Die von den arabischen Lexikographen angebotene Bedeutung „zum Verlassen der Wohnsitze gezwungen werden" erscheint mir hier naheliegender.
40. Gemeint sind die Mekkaner.
41. D. h. der Satan und der von ihm verführte Mensch.
42. Beim Huldigungseid legte der Herrscher seine Hand auf die des Schwörenden.
43. Übersetzung nicht gesichert.
44. D. h. den Anteil an der Beute.
45. Sie berühren beim rituellen Gebet mit der Stirn den Boden.
46. Nagel, Staat und Glaubensgemeinschaft im Islam, Bd. I, 47, 52, 55, 63.
47. Ibn Saʿd, Kitāb aṭ-ṭabaqāt al-kabīr, edd. Mittwoch und andere, Leiden 1905 bis 1928, Bd. I, Teil II, 72.
48. Sure 49, Vers 13, siehe Einführung, 5.
49. Al-Wāqidī, Kitāb al-maġāzī, ed. M. Jones, Oxford 1966, 958.
50. Siehe oben 46.
51. Siehe oben 30.
52. D. h. den Koran.
53. Damit die Menschen beim Jüngsten Gericht nicht zu Gott sagen können, sie hätten nichts von seinem Gesetz gewußt.
54. Auf der Flucht nach Ägypten.
55. Siehe oben Anm. 26.
56. Einerseits wird das Wort „Gemeinschaft" (umma) auf die Anhängerschaft der verschiedenen Propheten und auf die Christen bezogen. Dagegen enthält es ein ethnisches Moment, wenn von Muḥammads eigener Gemeinschaft die Rede ist – hier ist vor allem an die Araber gedacht.
57. Der islamische Friedensgruß.
58. Bereits die vorislamischen Heiligtümer waren von einem solchen Bezirk umgeben; vgl. unten 220.
59. Je nach Region zwischen 42 u. 228 kg; Hinz, Islamische Maße u. Gewichte, in: Handbuch der Orientalistik, Ergänzungsband I, Heft 1, Leiden 1955, 24ff.
60. Anspielung auf das Staborakel im Protevangelium des Jakobus, vgl. Paret, Kommentar und Konkordanz, 67.
61. Im Koran „ummījūn" genannt; später fälschlich so gedeutet, als habe Mu-

ḥammad nicht schreiben können. Der Gegensatz „Schriftbesitzer"–„Schriftunkundige" sagt hierzu jedoch nichts aus.

62. Die Hochschätzung von Nachrichten, die durch vertrauenswürdige Leute mündlich überliefert wurden und daher eher vor Verfälschung geschützt waren als schriftliches Material, zeigt sich in der frühislamischen Wissenschaft von den Worten und Taten des Propheten (ḥadīṯ) allenthalben.
63. Man hat lange Zeit geglaubt, „Aḥmad" sei die arabische Entsprechung des griechischen „periklytos" „hochberühmt", was wiederum eine Entstellung des im Johannesevangelium 14, 16 stehenden „parakletos" „Tröster" sei; die Weissagung in Sure 61, die auf Muḥammad hinweisen soll, sei also letztlich aus dem NT abgeleitet. Diese komplizierte These ist inzwischen verworfen worden (Watt, in: Muslim World, XLIII/1953, 110–117).
64. Arabisch ḥanīf; zu Deutungsversuchen dieses Begriffes vgl. Handwörterbuch des Islams, s. v. Ḥanīf, sowie Paret, Kommentar und Konkordanz, 32f.
65. Muḥammads Zeitgenossen, insbesondere die Schriftbesitzer.
66. Für die Verkündigung der Offenbarung.
67. Spies, Islam und Syntage, in: Oriens Christianus, LVII/1973, 21.
68. D. h. die „Islam"-Handlung vollziehen.
69. Nämlich über die spezifisch jüdischen und christlichen Glaubenslehren.
70. Die Kaaba.
71. In diesem Zusammenhang sind auch die Verse 142 bis 145 der 2. Sure zu sehen; in diesen Versen wird dargelegt, daß Muḥammad auf Geheiß Gottes nunmehr Mekka zur verbindlichen Gebetsrichtung der Muslime erklärt.
72. Fazlur Rahman, The Pre-Foundations of the Muslim Community in Mecca, in: Studia Islamica XLIII/1976, 18.
73. Watt, Muḥammad at Medina, 324ff.
74. So nach Paret.
75. Der Gehorsam des Menschen kommt nur mit Gottes Zustimmung zustande; vgl. unten 263ff.
76. D. h. um dann ihre Zahlungen mit Gewinn wieder von euch zurückzuholen, etwa als Beute bei einer militärischen Niederlage der Gläubigen.
77. Übersetzung nicht gesichert.
78. Wer hiermit gemeint ist, ist unklar.
79. Zu diesem Begriff vgl. 305ff.
80. Vgl. Nagel, Staat und Glaubensgemeinschaft im Islam, Bd. II, 330ff.
81. Siehe oben, 32.
82. Hatim Taj, Der Diwan, ed. Schulthess, Leipzig 1897, arab. Text, 39.
83. Al-Iṣfahānī, Kitāb al-aġānī, III, 96.
84. Vgl. die Beispiele bei Ringgren, Studies in Arabian Fatalism, Uppsala 1955, 30ff.
85. Al-Iṣfahānī, op. cit., III, 104.
86. Zitiert bei Ringgren, op. cit., 32.
87. Ibn Manẓūr, Lisān al-ʿarab, s. v. d-w-r.
88. Zu dieser Art der altarabischen Himmelskunde und den aus ihr abgeleiteten Ansichten vgl. Pellat, Dictons rimés, Anwāʾ et mansious lunaires chez les Arabes, in: Arabica II/1955, 17–41.
89. Al-Marzūqī, Kitāb al-azmina wal-amkina, Bd. II, 125.

90. Siehe oben 86ff.
91. Al-Marzūqī, op. cit., Bd. II, 161ff.
92. Ebd., 166.
93. G. Gabrieli, I tempi, la vita e il canzoniere della poetessa araba al-Ḫansā', Rom 1899, 33.
94. Zu diesem Begriff siehe unten 170.
95. (Pseudo) al-Balḫī, al-Bad', Bd. I, 202.
96. Al-Iṣfahānī, Kitāb al-aġānī, Bd. II, 96.
97. Ebd., Bd. II, 116.
98. Zu diesem Problem vgl. Grohmann, Arabische Chronologie, in: Handbuch der Orientalistik, 1. Abteilung, Ergänzungsband II, 1. Halbband, 1. Teil, Leiden 1966.
99. Al-Marzūqī, op. cit., Bd. II, 268.
100. Hierüber W. Caskel, Aijām al-ʿArab, in: Islamica III/1930, 1ff.
101. Al-Marzūqī, op. cit., Bd. II, 170.
102. Diese Aussage ist nicht als zeitliche, sondern als begründende Verknüpfung zu verstehen. Man kann auch anders herum argumentieren: Die Auflösung der kollektiven Persönlichkeitsstruktur und der zyklischen Zeitvorstellung führt zu universalreligiösen Ideen. Es ist kaum schlüssig nachzuweisen, welche der beiden Argumentationen die „historisch richtige" ist. Ich meine, daß die Auflösung des Alten und die Entstehung des Neuen Hand in Hand gehen und die Frage nach der Aufeinanderfolge unfruchtbar ist.
103. Al-Iṣfahānī, Kitāb al-aġanī, Bd. IV, 122; die Abraham-Figur, die in der spätmekkanischen und in der frühen medinensischen Periode das Denken Muḥammads beherrscht, ist mithin nicht von ihm „erfunden" worden, sondern gehörte zum Gedankengut des Gottsuchertums.
104. (Pseudo-) al-Balḫī, al-Bad', Bd. I, 202f.
105. Um vor den übrigen des Paradieses teilhaftig zu werden; vgl. Sure 64.
106. D. h. mit demjenigen, der der jeweiligen Gemeinschaft die Gottesbotschaft überbrachte; vgl. Sure 17, 71.
107. (Pseudo-) al-Balḫī, al-Bad', Bd. II, 145; der Text ist an einigen Stellen, die in der Übersetzung weggelassen wurden, unklar.
108. Vermutlich sind die ersten Anhänger Muḥammads bzw. der Propheten vor ihm gemeint.
109. Der islamische Friedensgruß.
110. Wenn sie beim Sterben den Körper verläßt.
111. Die Seele.
112. Bemerkenswert ist ferner, daß auch die koranische Vorstellung von den trennenden „Höhen" (Sure 7, Vers 46 und 48) bei Umaija erscheint, (Pseudo-) al-Balḫī, al-Bad', Bd. I, 207.
113. Siehe oben 92.
114. Hierüber vgl. Kapitel III.
115. (Pseudo-) al-Balḫī, al-Bad', Bd. II, 7.
116. Koranischer Name des Satans.
117. D. h. die Menschen und der Satan.
118. Gemeint sind die Götzen, die nach koranischer Vorstellung von den Menschen eigenmächtig gesetzte leere Namen sind.

119. D. h. um sie zusammenbrechen zu lassen. Diese im arabischen Heidentum gebräuchliche Methode, ein Kamel zu schlachten, galt im Islam als verpönt.
120. Lot und seine Angehörigen.
121. Übersetzung nicht gesichert.
122. D. h. wir brauchen über die Mahnung, die uns in dem Wechsel der Lebensverhältnisse zuteil wird, nicht weiter nachzudenken.
123. Die Namen Gottes, angeblich 99 an der Zahl, spielen im islamischen Volksglauben eine große Rolle; vgl. unten 213.
124. Übersetzung nicht gesichert.
125. Paret, Mohammed und der Koran, 144f.
126. Zum Sachverhalt vgl. oben 102ff.
127. Vgl. Paret, Kommentar und Konkordanz, 123.
128. Sure 48, Vers 24.
129. Siehe oben 152.
130. Al-Marzūqī, op. cit., Bd. II, 271.

III. Das Gottesbild des Korans

1. D. h. der Befehl zur Vernichtung der Welt? Vgl. Sure 10, 24, oben 80. Siehe auch unten „Der Koran über den Koran", 329f.!
2. Verlangen nach dem Regen während des Gewitters.
3. So nach Paret.
4. Vgl. unten 252 und 289.
5. Vgl. oben 159 (Sure 79, Vers 27 bis 33), sowie unten 184f. (Sure 78 und Sure 80, Vers 17 bis 42).
6. Siehe oben Kapitel 136ff.
7. Al-Iṣfahānī, Kitāb al-aġānī, Bd. IV, 129.
8. Um die Botschaft Gottes nicht zu hören (vgl. oben 119) und ihre Gedanken vor Gott zu verbergen.
9. Übersetzung unsicher; weitere Deutungsmöglichkeiten bei Paret, Kommentar und Konkordanz, 148.
10. Vor den Satanen und Dschinnen, die die Geheimnisse des Himmels ausspionieren wollen (vgl. oben 46f.).
11. Übersetzung nicht gesichert.
12. (Pseudo-) al-Balẖī, al-Bad', Bd. I, 151.
13. Z. B. Sure 2, 27; Sure 78, 12; Sure 67, 3.
14. Speyer, Die biblischen Erzählungen im Qoran, 11.
15. Weitere Belege: Sure 40, 67; Sure 22, Vers 5.
16. Weitere Belege: Sure 6, 2; Sure 7, 12; Sure 37, 11.
17. Im Mutterleib.
18. Z. B. Sure 18, Vers 37, und Sure 32, Vers 7–9.
19. Die Menschen und die Dschinnen.
20. Vermutlich um des Reimes willen im Dual.
21. Vgl. Sure 18, Vers 60, oben 63.
22. Die aus Lehm geschaffenen Menschen und die aus Feuer geschaffenen Dschinnen.
23. Da Gott ohnehin alles weiß.

24. Vermutlich um des Reimes willen im Dual.
25. Wörtlich: Frauen, deren Reiz in dem ausdrucksvollen Schwarz-Weiß-Kontrast der Augen liegt.
26. Zur Diskussion hierüber siehe Paret, Mohammed und der Koran, 69.
27. Siehe unten 264ff.
28. So daß sie nicht noch einmal in das Diesseits zurückkehren können.
29. Aḥmad b. Ḥanbal, Musnad, Bd. III, 3f.
30. Al-Buḫārī, Ṣaḥīḥ, Tafsīr zu Sure 14.
31. Handwörterbuch des Islam, s. v. Munkar wa-Nakīr.
32. (Pseudo-) al-Balḫī, al-Bad', Bd. I, 173f.
33. Ebd., 204.
34. Nicht identifiziert.
35. Aḥmad b. Ḥanbal, Musnad, Bd. III, 25f.
36. Z. B. Sure 17, 10; Sure 35, 18; Sure 53, 38.
37. Vielleicht die Stunde des Gerichts.
38. Paret: auf dem Weg des Heils (?).
39. Vgl. oben 128ff.
40. Gemeint ist Gott selber.
41. Siehe unten 281ff. und 292ff.
42. Siehe oben 119ff.
43. Panzerhemden.
44. Vgl. unten 281ff.
45. Siehe oben 185f.
46. Gottesgesandte wie Jesus, die nach koranischer Vorstellung fälschlich von ihrer Gemeinde vergöttert wurden.
47. Vgl. oben Anm. 10.
48. Eine ausführliche Behandlung des Jesusbildes des Korans findet sich bei Bouman, Gott und Mensch im Koran (Impulse der Forschung 22), Darmstadt 1977, 39–68.
49. Verwechslung mit Marjam, der Schwester Moses und Aarons, siehe Speyer, Die biblischen Erzählungen im Qoran, 243.
50. Paret, Kommentar und Konkordanz, 323f.
51. Siehe hierzu im folgenden Sure 4, Vers 160! Weil die Juden Frevel begingen, wurden ihnen bestimmte Dinge verboten, die sonst erlaubt waren. Nach Sure 3, Vers 93, dagegen hatten sich die Israeliten schon vor der Herabsendung der Speisegesetze Verbote auferlegt, die sie nach Erhalt der richtigen, göttlichen Bestimmungen beibehielten, obwohl das jetzt unzulässig war.
52. D.h. „Muslime" sind, vgl. oben 138f.
53. Siehe oben 126.
54. Ezra wurde entrückt, nach einer anderen Quelle in den Himmel emporgehoben, Speyer, op. cit., 413.
55. Paret, Kommentar und Konkordanz, 110f.
56. Vgl. oben 130f.
57. Die Herbeiführung des Jüngsten Tages.
58. Sure 3, 54; Sure 7, 99; Sure 8, 30.
59. Andere Übersetzungsvorschläge bei Paret, Kommentar und Konkordanz, 179.

60. Vgl. Sure 17, Vers 110 und Sure 20, Vers 8; siehe oben Anm. II, 123.
61. Ringgren, The Conception of Faith in the Koran, Oriens IV/1951, 1–20.
62. Z. B. Aḥmad b. Ḥanbal, Musnad, Bd. II, 258 und 267.
63. D. h. vor Furcht angesichts der Majestät Gottes.
64. Paret, Kommentar und Konkordanz, 530.
65. Vgl. Sure 13, Vers 11, oben 211.
66. Krehl, Über die Religion der vorislamischen Araber, Leipzig 1863, 81f.
67. Hišām b. al-Kalbī, Kitāb al-aṣnām, ed. A. Zaki, Kairo 1924, 18.
68. Ebd., 25.
69. Bedeutung des Wortes nicht gesichert.
70. Hišām b. al-Kalbī, op. cit., 19.
71. Ein Indiz mehr für die Richtigkeit der Auffassung, daß der Koran ohne inhaltliche Überarbeitung auf uns gekommen ist; andernfalls wäre dieser für den Propheten äußerst nachteilige Vers wohl getilgt oder im Sinn verändert worden.
72. Ibn Saʿd, Kitāb aṭ-ṭabaqāt al-kabīr, Bd. I, Teil I, 138.
73. Wenn also jemandem von ihnen die Geburt einer Tochter angekündigt wird, vgl. oben 42.
74. Gemeint ist, daß die Frauen sich in Streitfällen nicht deutlich auszudrücken vermögen.
75. Siehe z. B. Sure 7, Vers 71 und Sure 12, Vers 40.
76. Hišām b. al-Kalbī, op. cit., 60f.; Krehl, op. cit., 82.
77. Vgl. das Gedicht von Umaija, al-Iṣfahānī, op. cit., Bd. IV, 129 (oben 176).
78. Den sie hierdurch gewinnen.
79. Vgl. Paret, Kommentar und Konkordanz, 113f.
80. So nach Paret.
81. Über die Riten der Pilgerfahrt informiert der Artikel Ḥadjdj im Handwörterbuch des Islam.
82. Ibn Saʿd, op. cit., Bd. III, Teil I, 276.
83. Nagel, Rechtleitung und Kalifat, 362f.
84. Ebenso Sure 3, 47 und 59; Sure 6, 73; Sure 16, 40; Sure 19, 35; Sure 36, 82; Sure 40, 68.
85. Sure 38, 75.
86. Hierüber Nagel, Rechtleitung und Kalifat, Kapitel IV.
87. Homogen im Sinne des tauḥīd.
88. Al-Bāqillānī führt an anderer Stelle aus, daß jeder Körper entweder aus miteinander untrennbar in Berührung stehenden Elementen oder aus voneinander trennbaren Elementen besteht (al-Bāqillānī, Kitāb at-tamhīd, ed. McCarthy, Beirut 1957, 22).
89. Ebd., 23–25, §§ 39, 43–45.
90. Ebd., 193f., §§ 329f.

IV. Der Mensch im Koran

1. Siehe dazu unten 237.
2. Es gibt auch die Deutung, es handle sich um den Sieg bei Badr.
3. Siehe auch das Gleichnis Sure 10, Vers 24, oben 81.

4. Ruinenstadt im nördlichen Hedschas; in Vers 80 dieser Sure heißt es, die Bewohner dieser Stadt seien vernichtet worden, weil sie ihren Propheten der Lüge geziehen hätten; vgl. die Straflegenden oben 162ff.
5. Vgl. oben 202.
6. Al-Māwardī, Adab ad-dunjā wad-dīn, ed. as-Saqqā', Kairo[4] 1973, 133f.
7. Vgl. oben 200 (Sure 16, Vers 71).
8. Vgl. oben, Kapitel II, Anm. 29.
9. Vgl. oben II, 161 und Anm. 117.
10. Sure 47, 38; Sure 35, 16; Sure 14, 19.
11. Belege bei 'Ā'iša 'Abd ar-Raḥmān (Bint aš-Šaṭi'), Maqāl fī l-insān, Kairo 1966, 33ff.
12. Nagel, Staat und Glaubensgemeinschaft im Islam, Bd. I, 81ff.
13. Nur wer das Jenseits vergißt, spielt und tändelt, wie es im Koran heißt, nimmt also das Diesseits nicht ernst.
14. „Verstand" nicht als schöpferische Kraft, sondern als das Instrument, welches den Menschen anleitet, vollkommen dem göttlichen Willen zu folgen; vgl. unten 291 und Nagel, Staat und Glaubensgemeinschaft im Islam, Bd. I, 190ff.
15. 'Ā'iša 'Abd ar-Raḥmān, op. cit., 51–58.
16. Nagel, op. cit., Bd. I, 17f., Bd. II, 7ff.
17. Oder: Während du dich in dieser Ortschaft nicht im Weihezustand befindest. D.h. in der Zeit zwischen den Wallfahrtsperioden, in der keine besonderen Schutzbestimmungen gelten.
18. Für die Verkündung des Gotteswortes.
19. Nagel, op. cit., Bd. I, Kapitel III.
20. Deutung umstritten.
21. Gemeint ist vermutlich, daß die Israeliten die für den Frevel Verantwortlichen aus ihrer Mitte mit dem Tode bestrafen sollen.
22. Die Bedeutung des betreffenden Wortes ist ungewiß. Vgl. Paret, Kommentar und Konkordanz, 19.
23. Aḥmad b. Ḥanbal, Musnad, Bd. II, 233, 275, 393.
24. Vgl. oben 132f.
25. Vgl. oben 165f. und 167f.
26. Siehe Sure 2, Vers 286, unten 280f.
27. Die Schriftbesitzer.
28. Bzw. die Strafe.
29. Siehe oben 239.
30. Sure 21, 82; Sure 34, 11–12; Sure 38, 36–38.
31. In der volkstümlichen islamischen Erbauungsliteratur werden Hārūt und Mārūt auf die Erde gesandt, um sich unter den gleichen Bedingungen wie die Menschen zu bewähren. Die Engel hatten sich nämlich vor Gott über das sündhafte Leben der von ihm geschaffenen Menschen entrüstet. Die beiden probeweise herabgeschickten Engel verstrickten sich sogleich in schlimme Sünden, die sie, nachdem sie ihren Hochmut bekannt haben, in Babylon bis zum Ende der Welt abbüßen.
32. Siehe oben 160.
33. Bedeutung umstritten.

34. Zum geschichtlichen Hintergrund der Sure „Die Verbannung" siehe oben 108ff.
35. Unfruchtbar, weil es sich um den letzten aller Tage des Diesseits handelt, der keinen weiteren mehr „gebiert".
36. Handwörterbuch des Islam, s. v. Djinn.
37. Sure 15, 27; Sure 55, 15; vgl. oben 182f.
38. Vgl. Sure 46, 18; 247f.
39. Sure 11, 119; Sure 32, 16.
40. Eichler, Die Dschinn, Teufel und Engel im Koran, Leipzig 1928, 30ff.
41. Siehe oben 68f.
42. Vgl. auch (Pseudo-) al-Balḫī, al-Bad', Bd. I, 202.
43. Siehe oben II, 150 und Anm. 88.
44. Al-Marzūqī, al-Azmina wal-amkina, Bd. I, 91f.; vgl. auch die sich dort anschließende Bemerkung zu Sure 56, 28!
45. Ebd., 92. Von den Omaijaden selber wurde ihr herrscherliches Handeln insofern als unangreifbar hingestellt, als sie sich als Gottes Stellvertreter auf Erden ausgaben; sie handelten also stets in seinem Namen und setzten seine Bestimmungen in die Tat um. Die Nähe des den Omaijaden vorgehaltenen Determinismus zum altarabischen „Zeit"-Glauben wird durch den hier genannten Vers erhellt. Im Grunde ist nur „Zeit" durch „Gott" ersetzt worden (vgl. hierzu al-Marzūqī, loc. cit.). Ein schwerwiegender Unterschied liegt freilich darin, daß „Gott" als ein „personifiziertes" Fatum erscheint, und nur ein solches konnte in plausibler Weise für eine bestimmte Sippe, hier die Omaijaden, in Anspruch genommen werden. Vor dem unpersönlichen altarabischen „Zeit"-Fatum waren alle Menschen gleich gewesen. Erst mit dem durch den islamischen Einfluß gebrochenen, d. h. an eine personifizierte Macht gebundenen, alten Fatum-Begriff konnte ein besonderes Verhältnis Gott/Fatum-Kalif-Untertanen konstruiert werden.
46. Siehe unten 278 und 296. Vgl. ferner Nagel, Alexander der Große in der frühislamischen Volksliteratur, 127ff.
47. Siehe oben 41f.
48. Siehe oben 53f.
49. Paret, Kommentar und Konkordanz, 304.
50. Vgl. Sure 84 und Sure 69, 15 und 25.
51. Siehe auch Sure 11, Vers 6, oben 178f.
52. Übersetzung nicht gesichert.
53. Ist die Einschränkung des Machtbereichs der Ungläubigen gemeint? Paret, Kommentar und Konkordanz, 265f.
54. Unsicher; siehe Paret, ebd., 266.
55. An Gütern für das irdische Leben.
56. Zusammen mit Gott.
57. Paret, Mohammed und der Koran, 97ff.
58. Dieser Satz ist schwer zu deuten; er enthält wohl eine Anspielung auf ein Gefühl der Beklommenheit, der Atemnot.
59. D. h. am Ort seines Kultes einen geheiligten Bezirk errichtet (?).
60. Der Sieg oder der Märtyrertod, der die Anwartschaft auf das Paradies begründet.

61. D. h. sein glückliches Jenseits aufs Spiel setzt, indem er sich mit Verfehlungen belastet.
62. Ch. Torrey, The Commercial-Theological Terms in the Koran, Leiden 1892.
63. Paret, Kommentar und Konkordanz, 22f.
64. Vgl. Sure 6, Vers 70, oben 54.
65. An böser Tat für das Schuldverzeichnis.
66. Hierzu Eichler, Die Dschinn, Teufel und Engel im Koran, 65f.
67. Vgl. auch Sure 72, 14 (oben 262), wo es heißt, unter den Dschinnen gebe es solche, die Unrecht begehen, und auch andere, die die Islamhandlung vollziehen; Spies, Islam und Syntage, 12.
68. Vgl. Sure 11, Vers 88, 86f.
69. Vgl. Sure 13, Vers 27.
70. Siehe oben 181.
71. Siehe oben 197.
72. Siehe oben 152.
73. Siehe oben 91ff.
74. Zum folgenden vgl. Spies, Islam und Syntage, 16–19 und Baljon, To seek the face of God, Acta Orientalia XXI/1953, 254ff., besonders 263f.
75. Siehe oben 138.
76. Sure 37, Vers 103; Spies, op. cit., 16.
77. Medina.
78. Ibn Hišām, Sīra, Bd. II, 116f.
79. Wie man es für die Götzen tut.
80. Siehe oben 176f.
81. Siehe oben 136f.
82. Schon in der spätantiken Literatur des Judentums wird berichtet, daß Abraham aus der Natur den Schöpfer erkennt (Speyer, op. cit., 125ff.). Abraham war also mit gutem Grund eine Lieblingsgestalt der arabischen Gottsucher in vor- und frühislamischer Zeit. Allerdings ist es nicht möglich, den Weg zu verfolgen, auf dem diese Auffassung von der Abraham-Gestalt nach Arabien gelangte. Doch bieten die Judaisierung des Jemen und auch die judaisierten Stämme in Medina hierzu einen gewissen Anhaltspunkt.
83. Ohne den Inhalt zu begreifen.
84. Siehe oben 128ff.
85. Siehe oben I, 69 und Kapitel I, Anm. 97.
86. Siehe oben 202ff.
87. Siehe unten 305.
88. Al-Bāqillānī, Kitāb at-tamhīd, 307f., §§ 526f.
89. In der islamischen Mystik wird der Islam wieder in einer der ursprünglichen prophetischen Auffassung nahekommenden Art und Weise gedeutet. Vgl. hierüber G. Böwering, The Mystical Vision of Existence in Classical Islam (Studien zur Sprache, Geschichte und Kultur des islamischen Orients, Neue Folge 9), Berlin 1980.
90. Vgl. oben 138f.

V. Das göttliche Gesetz

1. Siehe oben 91.
2. In denen die Waffen ruhen sollen.
3. Siehe oben Kapitel I, Anm. 81.
4. So daß sie sie leichtfertig vertun.
5. Siehe oben 237f.
6. Der Satz beginnt ohne Hauptsatz.
7. D. h. den Teil des ursprünglich vollständig offenbarten Glaubens, der ihr zugefallen war.
8. Gemeint sind vielleicht diejenigen, die die Hedschra durchgeführt haben und nun dem Propheten für Kriegszüge zur Verfügung stehen.
9. Sie bekamen Angst, weil sie sich ohne triftigen Grund um die Teilnahme an dem vom Propheten befohlenen Feldzug gedrückt hatten.
10. D. h. indem ihr, solange euch der Verkehr mit euren Frauen während der Nächte des Fastens verboten war, hiergegen verstießt.
11. Unbedachte Eide sollen nicht bindend sein.
12. D. h. noch während der jetzt geschiedenen Ehe.
13. Wartefrist von drei Perioden nach der Scheidung; innerhalb dieser Frist durfte die geschiedene Frau nicht wieder heiraten.
14. So daß der Ehemann seine Frau wiederaufnehmen möchte.
15. D. h. unmündige, minderjährige Nachkommen, die noch nicht selber für sich sorgen können.
16. Weil andere die minderjährigen Erben um den Nachlaß prellen könnten.
17. Gemeint ist wohl, daß die Seitenverwandtschaft und jeder Bruder bzw. jede Schwester je einen gleichen Anteil am Drittel erhalten sollen. Übrigens handelt es sich nach einer Lesung des Ibn Ubaij nicht um Vollbrüder und Vollschwestern, sondern um Geschwister aus einer anderen Ehe der Mutter; Paret, Kommentar und Konkordanz, 92.
18. Er schuf aus Adams Seele die Seele Evas.
19. Die Bestimmung soll nicht rückwirkend gelten.
20. Die Frauen, die ein Kind gestillt haben, werden hier der leiblichen Mutter gleichgesetzt.
21. Vgl. unten Sure 60, Vers 10 (314).
22. Das Faktum der Gläubigkeit stiftet eine neue Gemeinschaft, die die alten verwandtschaftlichen und gesellschaftlichen Schranken überwindet.
23. In deren Besitz sich die Sklavinnen befinden.
24. D. h. wem die auf Grund mangelnder Mittel drohende Ehelosigkeit Bedrängnis bereitet.
25. Weshalb eben eine Trennung im beiderseitigen Einvernehmen mit Zahlung einer Abfindung möglich ist.
26. Über Formen der Ehe im alten Arabien unterrichtet im einzelnen W. Robertson Smith, Kinship and Marriage in Early Arabia, Cambridge 1885.
27. Eine mit einer Frau gegen Zahlung eines Entgeltes für eine bestimmte Zeit abgeschlossene Verbindung; hierüber siehe Handwörterbuch des Islam, s. v. Mutʿa. Über Ehe und Scheidung nach islamischem Recht vgl. ebd., s. v. Nikāḥ und s. v. Ṭalāḳ.

28. Vgl. oben Sure 4, Vers 127.
29. Vgl. oben Sure 4, Vers 24.
30. So nach Paret.
31. Das Verbot, mit Polytheisten eine Ehe zu schließen, wird in Sure 2, Vers 221 klar ausgesprochen.
32. Wegen der dir gewährten Vorrechte?
33. Paret, Kommentar und Konkordanz, 115.
34. Die spätere islamische Rechtssystematik unterscheidet im Ritualrecht „Individualpflichten", deren Erfüllung jedem mündigen Erwachsenen obliegen, und Pflichten, die von einer genügend großen Anzahl von Gläubigen wahrgenommen werden müssen; zu letzteren gehört die Teilnahme am Freitagsgottesdienst.
35. Siehe oben 30f.
36. Von den Engeln; andere Deutungen Paret, Kommentar und Konkordanz, 305.
37. Was mit dem mittleren Gebet gemeint ist, bleibt unklar.
38. Vgl. Sure 4, Vers 101–103.
39. Einzelheiten siehe im Handwörterbuch des Islam, s. v. Ṣawm.
40. Sobald ihr Spenden leistet.
41. Wahrscheinlich ist der Glaubenskampf gemeint, an dessen Beute sich die Armen nicht beteiligen können, da ihnen die Mittel zur Ausrüstung gefehlt haben.
42. Da man in beiden Fällen Gewinn zu machen trachtet.
43. Eine Einführung in diese Problematik unter dem Blickwinkel der Entstehung des schafiitischen Rechts bietet die Untersuchung von J. Schacht, The Origins of Muhammadan Jurisprudence, Oxford[2] 1959.
44. Das schiitische Recht kennt ebenfalls die normsetzende Überlieferung als Rechtsquelle; doch handelt es sich nach schiitischer Vorstellung allein um Überlieferungen, die auf den Propheten und die Imame aus der Nachkommenschaft seines Schwiegersohnes Ali zurückgehen. Diesen Imamen wird göttliche Inspiriertheit zugeschrieben. Die von den Sunniten hochgeschätzten Gefährten des Propheten werden dagegen als Autoritäten abgelehnt, weil sie nach schiitischer Auffassung die Kandidatur Alis für die Nachfolgeschaft Muḥammads hintertrieben und damit Verrat am Islam geübt haben.

Der Koran über den Koran

1. Vgl. oben 130ff.
2. Vgl. Sure 56, Vers 77 und 78, oben 157.
3. Vgl. oben 267ff.
4. Wörtlich: Mutter der Schrift.
5. Vgl. Baljon, The Amr of God in the Koran, in: Acta Orientalia, XXIII/1959, 12. Zum folgenden vgl. Sure 16, Vers 1 bis 2 (s. oben 172 und 256)!
6. Ebd., 13.
7. Den Koran, vgl. 121.
8. Sezgin, Geschichte des arabischen Schrifttums, Bd. II, 13.
9. Vgl. Sure 28, Vers 32 oben 59.
10. Siehe oben 261f.

11. Zu diesem Fragenkomplex vgl. Bouman, Le conflit autour du Coran et la solution d'al-Bāqillānī, Amsterdam 1959.
12. Al-Bāqillānī, Iʿǧāz al-Qur'ān, ed. Ṣaqr, Kairo 1954, 10f.

Verzeichnis der Koranstellen

Sure	1		85
Sure	2,	Vers 1–20	82f.
		Vers 3–5	222
		Vers 21–39	237f.
		Vers 32	255
		Vers 40–61	249f.
		Vers 43	300
		Vers 83	300
		Vers 97–98	256
		Vers 102	256
		Vers 106	25
		Vers 109–115	127f.
		Vers 111–112	287
		Vers 115	287
		Vers 117	224
		Vers 124–141	139f.
		Vers 134	280
		Vers 141	280
		Vers 168–172	290f.
		Vers 172–173	317
		Vers 177	138
		Vers 178–179	322
		Vers 183–185	318
		Vers 185	253
		Vers 187	306f.
		Vers 212	234
		Vers 219	316
		Vers 224–225	280
		Vers 226–229	307
		Vers 238–239	318
		Vers 254	195
		Vers 255	215
		Vers 261–266	79f.
		Vers 267–284	319f.
		Vers 285	222
		Vers 286	280f.
Sure	3,	Vers 1–7	331
		Vers 20	288
		Vers 44	130
		Vers 45	207f.
		Vers 61	38
		Vers 64–68	139
		Vers 75	128f.
		Vers 78–93	131f.
		Vers 110	305
		Vers 130	321
		Vers 144	122
		Vers 152	104
		Vers 154	170
		Vers 161	280
		Vers 164	129
		Vers 183–184	122
		Vers 192–198	84f.
Sure	4,	Vers 1–4	311
		Vers 7–14	309f.
		Vers 15–18	282
		Vers 22–28	311f.
		Vers 34–35	312f.
		Vers 58–70	144
		Vers 80–83	145
		Vers 82	332
		Vers 110–112	279
		Vers 122–125	139
		Vers 125	288
		Vers 127–130	313
		Vers 135–137	82
		Vers 136	256
		Vers 150–152	124
		Vers 156–161	208
		Vers 163–170	124
		Vers 171–172	208f.
		Vers 176	84
Sure	5,	Vers 3	12 u. 304
		Vers 6	316
		Vers 12–14	248f.
		Vers 17–18	219
		Vers 18–19	126
		Vers 33–40	321
		Vers 38	280
		Vers 48–50	170

		Vers 54–58	145
		Vers 55	300
		Vers 87–88	235
		Vers 90–91	316f.
		Vers 112	26f.
Sure	6,	Vers 1–73	50f.
		Vers 48–51	195
		Vers 70	195
		Vers 71–73	299
		Vers 74–90	136f.
		Vers 91–94	195f.
		Vers 92	299
		Vers 93–94	274f.
		Vers 102–111	275f.
		Vers 111–112	261
		Vers 125	276
		Vers 165	237
Sure	7,	Vers 1–36	160f.
		Vers 40	80
		Vers 54	336
		Vers 54–58	177
		Vers 59–103	162f.
		Vers 158	165
		Vers 172–186	165f.
		Vers 177–179	277
		Vers 180	213
		Vers 184	261
		Vers 184–188	120f.
Sure	8,	Vers 1–44	99f.
		Vers 24–26	9
		Vers 48	259
		Vers 49–51	255f.
		Vers 65–75	101f.
Sure	9,	Vers 5–11	300
		Vers 29	148
		Vers 30–34	209
		Vers 32–33	171
		Vers 40	98
		Vers 50–52	278
		Vers 60	116
		Vers 64–89	105f.
		Vers 71–72	301
		Vers 97	306
		Vers 97–106	145f.
		Vers 101–104	303
		Vers 102–106	281
		Vers 103	92
		Vers 111	253
		Vers 111–114	146
		Vers 111–118	305f.
Sure	10,	Vers 1–8	177f.
		Vers 17–18	196
		Vers 24	81
		Vers 38	335
		Vers 45–49	124
		Vers 61–65	268f.
		Vers 98–103	277
		Vers 104–105	288
Sure	11,	Vers 1–8	178f.
		Vers 6	270
		Vers 13	335
		Vers 25–39	94
		Vers 49	130
		Vers 84–95	86f.
		Vers 120–123	251
Sure	12,	Vers 1–Schluß	69f.
		Vers 24	294
		Vers 38–40	294
		Vers 52–53	264
		Vers 89–92	293
Sure	13,	Vers 1–19	210f.
		Vers 13–17	81
		Vers 18–19	252
		Vers 19–22	286
		Vers 37–39	328f.
		Vers 38–43	271f.
Sure	14,	Vers 18	81f.
		Vers 24–27	82
		Vers 28–34	235f.
Sure	15,	Vers 1–15	232f.
		Vers 4	272
		Vers 26–48	257f.
Sure	16,	Vers 1–2	256
		Vers 1–23	172
		Vers 22–32	193f.
		Vers 31–33	329
		Vers 35–40	278
		Vers 43–50	254
		Vers 65–83	199f.
		Vers 68	290
		Vers 98–100	259

	Vers 101–102	329
	Vers 123	139
Sure 17,	Vers 1	118
	Vers 13–14	269
	Vers 26–27	236
	Vers 58	272
	Vers 61–65	258f.
	Vers 70	238
	Vers 71–72	269
	Vers 73	217
	Vers 78–79	317
	Vers 85	330
	Vers 88	335
Sure 18,	Vers 1–26	62f.
	Vers 47–53	187f.
	Vers 54–58	248
	Vers 60–Schluß	63f.
Sure 19,	Vers 16–40	205f.
	Vers 30–31	299
	Vers 41–48	289f.
	Vers 54–55	299f.
	Vers 66–96	203f.
Sure 20,	Vers 51–55	272
	Vers 105–112	197
Sure 21,	Vers 1–5	45
	Vers 25–36	204f.
	Vers 51–70	135f.
Sure 22,	Vers 25–37	219f.
	Vers 52–54	332
	Vers 52–57	259f.
	Vers 67–72	270f.
Sure 23,	Vers 12–14	181
	Vers 49–53	125
	Vers 93–98	85
	Vers 99–118	188f.
Sure 24,	Vers 35–40	215f.
	Vers 55–56	301
Sure 25,	Vers 1–9	121f.
	Vers 41–44	216
	Vers 58–62	179
Sure 26,	Vers 18–19	201
	Vers 221–227	46
Sure 27,	Vers 1–10	333
	Vers 16–19	17
	Vers 59–64	173f.
	Vers 71–75	271
	Vers 91–93	126
Sure 28,	Vers 2–42	57f.
	Vers 52–59	126f.
	Vers 58–61	233
	Vers 76–84	233f.
Sure 29,	Vers 41	81
	Vers 45	302
	Vers 45–51	129f.
	Vers 46–51	326
	Vers 67–68	127
Sure 30,	Vers 17–19	174f.
	Vers 28	290
	Vers 30	252 u. 289
	Vers 31–32	302
	Vers 38	286
	Vers 43	288
Sure 31,	Vers 20–24	287
Sure 32,	Vers 10–12	255
	Vers 12–14	277
Sure 33,	Vers 28–29	234
	Vers 38–40	168
	Vers 50–52	315
	Vers 72	241
Sure 34,	Vers 1–5	271
	Vers 15–16	46f.
	Vers 22–23	197
	Vers 31–42	202f.
	Vers 34–39	235
Sure 35,	Vers 1	256
	Vers 11	273
Sure 36,	Vers 33–40	159
	Vers 69	326
	Vers 69–70	45
Sure 37,	Vers 1–3	39
	Vers 6–10	48
	Vers 35–36	45
	Vers 138	290
	Vers 158–160	261
Sure 38,	Vers 21–25	284
	Vers 34	284
Sure 39,	Vers 8	248 u. 284
	Vers 9	251

	Vers 21–22	251f.
	Vers 27–28	326f.
	Vers 41–48	196f.
	Vers 47–55	285
	Vers 54–55	291
	Vers 60–75	186f.
Sure 40,	Vers 7–9	254
	Vers 13	285
Sure 41,	Vers 1–4	327
	Vers 9–13	179
	Vers 25	260
	Vers 41–45	327
Sure 42,	Vers 1–12	214
	Vers 7–10	143f.
	Vers 10–13	283
	Vers 13–48	244f.
	Vers 25–26	282
	Vers 51–53	50 u. 330
Sure 43,	Vers 1–4	329
	Vers 16–18	218
	Vers 30–35	86
	Vers 63–64	207
	Vers 81–87	205
Sure 45,	Vers 24–37	265f.
Sure 46,	Vers 1–12	327f.
	Vers 15–18	247f.
Sure 47,	Vers 1–Schluß	77f.
	Vers 13	98
Sure 48,	Vers 1–4	111
	Vers 10–Schluß	111f.
Sure 49,	Vers 13	10
Sure 50,	Vers 8	285
	Vers 16–21	255
	Vers 38	181
Sure 51,	Vers 1–4	39
	Vers 56–58	289
Sure 52,	Vers 29–49	334
Sure 53,	Vers 1–18	17 u. 118
	Vers 19–25	218
	Vers 33–62	274
Sure 54,	Vers 9–17	332
Sure 55,	Vers 1–Schluß	182f.
	Vers 26–27	286
Sure 56,	Vers 1–Schluß	155f.
	Vers 75–82	38
Sure 57,	Vers 1–Schluß	229f.
	Vers 26–27	132
Sure 58,	Vers 1–6	307f.
	Vers 12–13	302
Sure 59,	Vers 1–5	108f.
	Vers 11–17	109
	Vers 22–24	213
Sure 60,	Vers 10–13	314f.
Sure 61,	Vers 1–Schluß	133f.
	Vers 6–14	34
Sure 62,	Vers 1–8	129
	Vers 9–11	317
Sure 65,	Vers 1–7	308f.
	Vers 4	253
Sure 68,	Vers 35–36	283
Sure 69,	Vers 1–Schluß	41f.
Sure 71,	Vers 1–Schluß	94f.
	Vers 7	119
	Vers 26–28	7
Sure 72,	Vers 1–19	262
Sure 73,	Vers 1–Schluß	30f.
Sure 74,	Vers 1–30	119
	Vers 32–48	194
	Vers 38	280
Sure 75,	Vers 36–40	180
Sure 76,	Vers 27–31	277
Sure 77,	Vers 1–Schluß	35f.
Sure 78,	Vers 1–Schluß	184f.
Sure 79,	Vers 1–14	35
	Vers 15–26	57
	Vers 27–33	159
Sure 80,	Vers 11–16	328
	Vers 17–42	185f.
Sure 81,	Vers 1–Schluß	42
Sure 82,	Vers 1–Schluß	41
Sure 83,	Vers 1–5	91
	Vers 7–24	269f.
	Vers 12–13	60
Sure 84,	Vers 1–Schluß	43f.
Sure 85,	Vers 21–22	328

Sure 86, Vers 1–Schluß 34
Sure 88, Vers 1–Schluß 120
Sure 89, Vers 1–5 17
Vers 15–20 90f.
Vers 15–30 242f.
Sure 90, Vers 1–Schluß 243
Sure 91, Vers 1–Schluß 34
Sure 92, Vers 5–18 91
Vers 19–21 286
Sure 93, Vers 1–Schluß 87
Sure 94, Vers 1–Schluß 243
Sure 96, Vers 1–5 15 u. 172
Sure 97, Vers 1–Schluß 329f.
Sure 98, Vers 1–Schluß 141
Sure 99, Vers 1–Schluß 41f.
Sure 100, Vers 1–Schluß 35
Sure 101, Vers 1–Schluß 41
Sure 106, Vers 1–Schluß 86
Sure 110, Vers 1–Schluß 115
Sure 112, Vers 1–Schluß 215
Sure 113, Vers 1–Schluß 260
Sure 114, Vers 1–Schluß 260

Tabelle der Umschrift arabischer Wörter

ا		tritt nur bei Verlängerung von a zu ā in der Umschrift in Erscheinung
ب	b	wie deutsches b
ت	t	wie deutsches t
ث	ṯ	wie stimmloses th im Englischen
ج	ǧ	wie stimmhaftes dsch
ح	ḥ	tief in der Kehle hervorgepreßtes h
خ	ḫ	wie ch in Bach
د	d	wie deutsches d
ذ	ḏ	wie stimmhaftes th im Englischen
ر	r	Zungen-r
ز	z	wie s in See
س	s	wie s in ist, auch am Wortanfang stimmlos
ش	š	wie sch
ص	ṣ	am Obergaumen gebildetes emphatisches stimmloses s
ض	ḍ	ebenso gebildetes d
ط	ṭ	ebenso gebildetes t
ظ	Ẓ	ebenso gebildetes stimmhaftes s
ع	ʿ	gepreßter Kehllaut
غ	ġ	Gaumen-r
ف	f	wie deutsches f
ق	q	dumpfes gutturales k
ك	k	wie deutsches k
ل	l	wie deutsches l
م	m	wie deutsches m
ن	n	wie deutsches n
ه	h	wie deutsches h, jedoch auch am Ende einer Silbe deutlich als Konsonant gesprochen
و	w	wie englisches w
ى	j	wie deutsches j
ء	ʾ	Stimmeinsatz wie im Deutschen, z. B. ʾEi

Namen- und Stichwortregister

ʿAbdallāh (Vater des Propheten) 89
ʿAbdallāh b. Masʿūd 21, 23, 26, 29
ʿAbdallāh b. Ubaij 103 ff., 107 f.
Abraham 6, 8, 88, 114, 126, 132, 135 ff., 140 ff., 146, 148, 155, 176, 219 ff., 231, 274, 280, 288 ff., 293, 305
Abrechnung 187 ff., 216, 269
Absolutheitsanspruch des Propheten 134 f., 142, 147, 220 f.
Abū Bakr 18, 21, 93, 98, 117, 123, 240
Abū Bakr b. Miqsam 23
Abū Ḥanīfa 324
Abū Ṭālib 89, 96 f.
ʿĀd 42, 162, 274
Adam 38, 160 ff., 180, 188, 238 f., 241, 253
ʿAdī b. Zaid 152, 158, 179, 181, 286
Aggada 61, 68
Alexander, siehe unter „Zweigehörnter"
Alexanderroman 68
ʿAlī b. abī Ṭālib 20, 22, 25, 29, 90, 93, 268
Allmacht Gottes 121, 231, 336
Almosen 116, 146, 230, 302 f., 319 f.
ʿAlqama b. Marṯad 21
Altes Testament 57, 131, 175, 182
Āmina (Mutter des Propheten) 89
Analogieschluß (im islamischen Recht) 323 f.
Andersgläubige 77, 83 f.
Andersheit Gottes 214, 221, 335
Anfechtung 264, 294 f.
Anhängerschaft Muḥammads 56, 299 f.
Anthropomorphismus 224
Antlitz Gottes 128, 182, 186 f., 319
ʿAqaba 97
arabischer Koran 327
arabische Schrift 18 f., 22, 27
arabische Sprache 7 ff., 15 ff., 130 f., 328, 336 f.
al-Aṣmaʿī 150
Aufeinanderfolge der Offenbarungen 125 f., 168, 327 f.
Auferweckung der Toten 35, 37, 152, 174 f., 177, 179 ff.
Auffordern zum Billigenswerten 296 f., 301, 305
Aufspaltung der Glaubensgemeinschaft 125 f., 244 f., 249, 283, 302
Aus 47, 97, 104, 107
Auslegung unklarer Verse 331 f.
„Auswanderer" 98, 102, 104, 146
Auswanderung nach Abessinien 96, 217
Autorität 123
Azd 47

Babylon 256
Badr 98, 101 ff., 259
Banū ʿAbd Šams 89
Banū Asad 288
Banū l-Ḥāriṯ b. Kaʿb 115
Banū Hāšim 89
Banū n-Naḍīr 108 f.
Banū Qainuqāʿ 108
Banū Quraiẓa 109
Banū Ṯaqīf 114
al-Bāqillānī 226, 296, 337
Barmherzigkeit (Siehe auch „Fürsorge") 182 ff., 230, 264 f., 285
Basra 268
Beduinen 104, 110 ff., 145 f., 148, 151, 219, 303, 306
Befragung im Grab 190 f.
Beglaubigungswunder der Propheten 326, 333, 337
Beinamen Gottes 213 f., 225
Berufungserlebnis 90, 119
Beschneidung 12
Besitz 232, 245 f., 247
Besitz, unrechtmäßig erworbener, 91 f.

Betrug 91
Beute 102f., 115, 280, 314f.
das Böse 258, 263ff., 283, 292ff.
Botenamt der Engel 256, 330
Brücke über den Höllenschlund 191
Bund mit Gott 131, 133, 165, 167f., 253
Buße 131, 146, 281f., 300, 303, 321
Byzantiner 116f.

Chiliasmus 169
Christen 38, 57, 90, 127, 132f., 140ff., 155, 158, 175, 181, 196, 209, 249
Chronologie 153, 170
Chronologie der Offenbarungen 29ff.
Chronologie der Prophetenvita 88
Creatio continua 175ff., 203, 330

Dämon (siehe auch „Dschinn") 47, 119, 260ff.
Dankbarkeit gegen Gott 182, 201ff., 236, 249
Darlehen an Gott 229f., 249
David 17, 284
Dichter 16, 45, 334
Diebstahl 280, 321
Diesseits 120, 158, 175, 230f., 239
Dogmenbildung 222, 295, 335
Dschinn (siehe auch „Dämon") 166, 182ff., 188, 203, 257, 260ff., 275, 335, 337

Egoismus 244, 246, 293
Ehe 307, 310
Eherecht 311f.
Ehescheidung 307f.
Ehrfurcht gegenüber den Eltern 247f.
Eindeutigkeit der Koranverse 332
Eingottglaube 9, 66, 196, 201ff., 211f., 215, 223ff., 290, 336
Ende der Zeit 158, 169
Engel 40, 43, 48, 55, 99, 103, 131, 185, 187, 190, 232, 238ff., 241f., 254ff., 269, 329f.
Entscheidung nach eigener Einsicht (im islamischen Recht) 323f.
Erbrecht 84, 309f.
Erbsünde 239, 264
Eroberungen, islamische 20, 113, 116f.
Erschaffenheit des Korans 336
Erschaffung des Menschen 57
Erschaffung der Welt 177ff.
Erwerb von Taten 245f., 279ff., 285, 296f.
Erzählungen, biblische 60ff., 179f.
Erzählkunst im Koran 66
Eschatologie 36, 44, 185ff.
Ethik, koranische 247
Evangelium 15, 34, 131, 139, 231
Ezra 209

Fasten 108, 306f., 318
Fāṭima (Tochter des Propheten) 90
Fatum 267f., 273
Frauen 306ff.
Freiheit 10
Freitagsgottesdienst 317
Frömmigkeit 84, 113, 215, 337
Fügung, göttliche 177ff., 210f., 256, 329ff., 333, 335f.
Fuls 216ff., 220
Fürbitte am Jüngsten Tag 191f., 194ff., 203f., 217, 226, 250, 275
Fürsorge Gottes für die Schöpfung 56, 178f., 181, 183, 198, 224, 270, 273, 279, 291, 331

Gabriel 40, 49, 69, 191, 217, 256
Gebet 84f., 138, 141, 206f., 215, 299ff., 317
Gebetsrichtung 108
Geduld 70, 74, 292
Gegenwart Gottes im Heiligtum 218f.
Gehorsam 105, 144ff., 241, 301
Geist Gottes 185, 329f.
Gemeindebildung 93ff.
Gemeinschaft, islamische 7ff., 145ff., 280, 299ff., 336
Gemeinwesen, islamisches 84, 97, 102, 104ff., 113f., 123, 147ff., 231f., 249, 252f., 297f., 301ff., 306ff., 318
Genealogie 88f., 95f., 188, 193
Genuß 232ff., 235
Gerechtigkeit 10, 310, 313

Gerechtigkeit Gottes 187ff., 198, 223ff., 268, 295
Gesandtschaften 114
geschaffen als ontologischer Gegensatz zum Schöpfer 224, 336
Geschaffenheit des Menschen zu Gott hin 174, 252f., 265, 289, 295, 335
Geschichte 153, 159ff., 166ff.
Geschlechtsverkehr 307f.
Gesetz 12, 84, 161f., 169, 241, 297f., 302ff., 306ff., 322ff., 336
Glaube 79, 82, 134, 137, 141, 175, 244, 252, 288, 301
Glaubensartikel 222
Glaubensgemeinschaften 124ff., 136f., 140, 168f.
Glaubenspraxis 302ff.
Gleichheit 10, 236f.
Glücksspiel 316
Gog und Magog 65
Gotteserfahrung 12, 213
Gottesfurcht 10, 138, 164, 220
gottgewollte Ordnung des Diesseits 240ff., 247, 252, 295, 297, 311
Gottheiten, heidnische 216f., 261
Gottsucher, siehe „Ḥanifen"
Gottvergessenheit des Menschen 249f., 253, 258, 264, 273, 283ff., 302
Götzen 81, 95, 98, 114, 135, 144, 152, 207, 276, 278, 327f.
Grabenkrieg 104, 109, 259
Grenzen, von Gott gesetzte 305ff.
„Grenz"-Strafen 311

Ḫadīǧa (Gattin Muḥammads) 89, 93, 97
al-Ḫaḍir 68
Ḥadīṯ 198
Ḥafṣa 20
Ḫaibar 110
Ḫālid b. al-Walīd 115, 217
Handel 86, 89, 95, 98, 279, 317f.
Handeln des Menschen 79, 134, 157f., 169, 221, 235, 253, 294, 297, 303
Ḥanīfen 90, 135ff., 138f., 155, 175ff., 181, 212f., 219ff., 252, 289, 330
Hārūn ar-Rašīd 150, 223
Hārūt und Mārūt 256f.
Ḥassān b. Ṯābit 47, 49
Ḥātim aṭ-Ṭaʾī 149
Hauran 19
Hawāzin 114
Ḫazraǧ 47, 97, 104, 107
Hedschra 84, 113, 171, 314f.
Heidentum, arabisches 37, 40, 138, 141, 149, 221, 267, 300
Heil 91f., 169, 242, 287, 295, 298, 335
heiliger Bezirk 217, 220
Heiligtum 218f.
Heilsgeschichte 166ff., 170
Heilsgewinn, individueller 133, 169
Heilssicherung, kollektive 199, 297f., 301ff.
Heilsverantwortlichkeit, individuelle 193ff., 198, 235, 242, 266, 274ff., 279, 297, 301
„Helfer" 97ff., 102, 104f., 115, 117, 143, 146
Herr als Bezeichnung für Gott 218f.
Herrschaftsanspruch des Propheten 144ff.
Heuchler 78, 83, 105ff., 109, 116, 144ff., 229ff., 255, 303, 332
Himmelfahrt des Propheten 119
Hira 19, 45, 67, 117, 152
Hochmut 258, 273, 283f., 289
Hochschätzung des Diesseits 240
Hölle 36, 152, 155ff., 183ff., 258
Hūd 162
Ḥudaibija 110ff., 143
Huldigungseid 111
Ḥunain 114f., 306
Ḫuzaima b. Ṯābit 20

Iblīs (siehe auch „Satan") 160ff., 188, 238, 257f., 283, 288
Ibn Muǧāhid 23, 26, 28
Ibn Muqla 23
Ibn Šannabūḏ 23
Idealisierung der islamischen Urgemeinde 242, 298
Individualisierung 154, 167, 188, 193, 198, 242, 266, 295, 297, 303
Isaak 135f., 293

„Islam" in ursprünglicher Bedeutung 128, 131, 135, 137f., 140, 283, 285, 292, 294, 301ff., 335f.
Ismael 88, 95f., 97, 126, 135ff., 140, 142, 155, 220f., 280, 299
Israel 24, 131ff., 165, 250, 300, 328
Israfil 191

Jakob 136, 140, 280, 292, 294
Jaṯrib 67, 97, 288
Jemen 88
Jenseits 120, 148, 151, 232, 240, 254, 266, 295
Jerusalem 108
Jesus 24, 26f., 34, 38, 132ff., 152, 205ff., 231, 299
Josef 17, 68ff., 263f., 292ff.
Juden 57, 67, 108f., 127, 129, 132f., 140ff., 175, 180f., 208f., 249, 253

Kaaba 86, 88f., 108, 135, 140, 142f., 217f., 219f., 280
Kalif 117, 223, 240
Kampf 79, 101, 104, 134, 138, 146
Kampftage der Araber 153ff.
Knechtschaft 10
Königtum 88, 123
Kopfsteuer 148
Korah 233f.
Koran (Etymologie) 15
Koranschule 27
Kreatürlichkeit 15, 40, 44, 174, 186
Kufa 268

Laḫmiden 19, 117
al-Lāt 217f.
Läuterung 35, 91
Läuterungsgabe 91f., 138, 141, 206f., 215, 299ff., 316
Lesarten des Korantextes 22, 24ff.
Liʿān 38
lineare Zeitvorstellung 154, 169, 192, 198
Lot 163, 290
Loyalität gegenüber dem Propheten 306

Macht 147
Mahnung 252, 264, 284f., 326f.
Manāt 217f.
Maria 205ff.
Marib 47
al-Marzūqī 267f.
Medina 19, 49, 84, 97ff., 114, 288, 303
medinensische Periode 30ff.
Mekka 19, 56, 67, 88, 110, 113ff., 127, 135, 142f., 231
mekkanische Periode 30ff.
Mensch, für die Welt geschaffen 238
Michael 256
Mittlergestalten 196f.
Mönchtum 132, 209f., 231f., 253
Morgengabe 307, 311, 314f.
Mose 57ff., 63, 68, 133f., 165, 195, 250, 272, 274, 328, 333
Muʿāwija 20
Muḥammad ʿAbduh 7ff.
Munkar und Nakīr 191
Muʿtaziliten 225, 336f.

Nabatäer 19
„Nachahmung" 8
nachbarlicher Schutz 300
Nachfolger 229, 232, 237ff., 255, 301
an-Naḍr b. al-Ḥāriṯ 67
negative Theologie 225f., 336
Nießbrauch der Schöpfung 232ff., 238, 245
Noah 7, 69, 94f., 119, 132, 162, 231, 274, 332
Nöldeke, Theodor 33
an-Nuʿmān b. al-Munḏir 152, 158

Offenbarungserlebnis 40
Omaijaden 20f., 89, 223, 268
Opfertiere 216f., 219ff.
Orakelsprüche 217

Paradies 36, 77, 152, 155ff., 161, 183ff., 258
Paret, Rudi 13
„Partei Gottes" 115, 148
Pehlewi-Dynastie 9
Pflichten, religiöse 301

Pharao 57ff., 69, 165, 250, 272
Pilgerfest 89, 95, 110f., 115, 143, 151, 219f.
Pilgerriten 219f.
Polemik 7, 209
Politik des Propheten 143, 247
Prahlerei 235f., 243
Priester 133
Propheten 9f., 57, 124ff., 131, 137, 162ff., 168, 231, 259, 294
Prophetentum 66f.
Prophetenvita 89
Pseudo-Matthias-Evangelium 207

Quraiš 20, 67, 86, 88, 95, 114f., 117, 143, 151, 217f., 293, 337
Quṣaij 88

Rabbiner 131, 133, 209f.
Ramadan 108, 318
Rang, sozialer 86ff., 92
Ratschluß Gottes 159, 226, 272, 278f., 296f., 329
Raumvorstellung 159
Rebellion 321
Recht 13, 38, 84, 320ff.
Rechtleitung 9, 82, 137, 166, 195ff., 238f., 277, 288, 299, 327, 329
Rechtsunsicherheit 323
Redaktion des Korans 18ff.
Reichtum 90ff., 120, 235, 244
Reimprosa 16
Reinheit, rituelle 316
Rezitation 15, 27, 317
Ritualgesetz 315ff.
Ritus 12
Rückbesinnung auf den Koran 9
Rückert, Friedrich 16

Saba 47
Saʿd b. ʿUbāda 115, 117
aš-Šāfiʿī 324
Ṣāliḥ 35, 93, 162
Salomo 17, 256f., 284
Sasaniden 117
Satan (siehe auch „Iblīs") 46, 48, 58, 85, 137, 144, 161, 165f., 217, 236, 256ff., 289f., 316, 319, 332
Schia 9, 22, 25, 168, 313
Schicksal 153
Schöpfergott 10, 35, 40, 81, 121, 137, 152f., 158ff., 172ff., 270f., 274, 288, 296, 335f.
Schöpfung 158ff., 203, 266
Schöpfung, zwei koranische Auffassungen von der 180ff.
Schreiber 19
Schrift, offenbarte 129ff., 137, 195ff., 244, 274, 326ff.
Schriftbesitzer 126ff., 131ff., 141, 148, 208f., 231, 287f., 291, 326
Schriftunkundige 128ff., 132, 142, 288
Schulden 320
Schwurformeln 35, 37ff.
Seele (siehe auch „Triebseele") 70, 73f., 196, 205, 255, 264, 269, 293, 313
Selbstbewußtsein des Propheten 12, 40
Selbstverständnis des Propheten 126, 142, 147
Siebenschläferlegende 62, 66, 68
„Siegel der Propheten" 168f.
Sinnerfüllung des Diesseits 232, 266
sittliches Verhalten 310f.
Sodom 274
Sohn Gottes 204ff.
Solidargemeinschaft 151, 154, 193f., 198, 314
Souveränität Gottes 311
Speisegebote 304, 317
Spenden 79f., 107, 138, 229ff., 286, 319
Stammesgesellschaft 93, 95f., 123
Steinigung 311
Stellvertreterschaft des Menschen in der Schöpfung 240
Stellvertreter Gottes auf Erden 223
Sterndeutung 267
Stil des Korans 36ff., 50
Strafgericht 162ff., 230
Strafgesetze 321f.
Straflegenden 42, 162ff., 167
Streitfälle 144
Šuʿaib 86, 92, 162f.

Sunna 228, 324f.
Sunniten 226, 247, 296, 337
Sure 16f., 29

Tabūk 306
Taif 88, 96f., 114
Ṭāliqānī, Saijid Maḥmūd 9
Talmud 180
Ṯamūd 34, 41f., 93, 163, 274
Textvarianten 24
Theokratie 147
Theologie 11ff., 222ff., 295, 331, 335
Thron Gottes 43, 177ff., 210, 215, 254
Töchter Allahs 40, 218, 260f., 334
Todesengel 255f.
Tora 15, 129, 132, 139, 208
Tötungsdelikte 322
Transzendenz 40, 212, 214f., 221, 224, 335
„Treueid der Frauen" 97
Treuhänderschaft 241ff., 264
Triebseele 69, 264, 292

Ubaij b. Kaʿb 22, 25, 29
Übereinstimmung der Gelehrten 324
Überschriften der Suren 17
Uḥud 103f., 314
Umaija b. abī ṣ-Ṣalt 60, 154f., 157, 167, 176f., 181, 330
ʿUmar 20, 89, 137, 170
Undankbarkeit 201f., 246, 286
Undurchschaubarkeit Gottes 212, 226
unerschaffenes Wort Gottes 336f.
Unglaube 51f., 60, 65, 77, 81, 101, 131, 148, 164f., 201f., 210, 233f., 253, 276f., 283f.
Ungleichheit der Lebensverhältnisse 236f.
Universalität der Botschaft Muhammads 142, 331
Universalreligion 154
Unmittelbarkeit der Beziehung Gott-Mensch 283
Unmittelbarkeit der prophetischen Gotteserfahrung, der Offenbarung 130f., 142, 147, 213, 291, 326, 328
Unnachahmbarkeit des Korans 8, 68, 334ff., 337
Unreinheit, religiöse 91, 219, 276f.
„Unwissenheit" (siehe auch „Heidentum") 112, 170, 221
Unzucht 282, 302, 308, 311f.
ʿUqba b. abī Muʿaiṭ 67
Urform der Gottesverehrung 135, 137, 141, 176, 220f., 252, 265, 283, 288, 292, 335
Urreligion 253, 288, 291, 293
Urschrift der Offenbarung 15, 29, 328f., 331
ʿUṯmān 20, 268
ʿUṯmān b. Maẓʿūn 96
ʿuṯmānscher Korantext 21
al-ʿUzzā 217f.

Veralltäglichung 12, 295, 301ff., 316, 322, 336
Verantwortung vor Gott 56, 264ff., 296
Verführung durch den Satan 258f.
Vergeltung der Taten 41, 139, 141, 155ff., 187ff., 234, 267, 280
Verhaltensnormen 82
Verpflichtung des Menschen vor Gott 186, 198, 229, 253
Vers 16
Versionen des Korans 22
Verstand 210ff., 241f., 290f., 297
Verszählung 17, 29
Verwandtschaft 102, 105, 115, 143, 147, 151
Verzeichnis der Maßnahmen Gottes 270f., 329
Verzeichnis der Taten des Menschen 178, 185ff., 204, 226, 265, 268f.
Verzeihen 69, 281, 285
Vielgötterei 55, 66, 136, 168, 173, 188, 193ff., 202, 205ff., 211, 276, 289
Vision des Propheten 118
Volksglaube 199, 214
Vollständigkeit der Offenbarung 12, 304, 331
Vorherbestimmung 271ff., 276, 279, 296ff.

Waage 190
Wahrsager 45, 67, 334
Waisen 87, 309ff., 313f.
Waraqa b. Naufal 90
Warner 120f., 126, 143, 261, 328
Weihezustand des Pilgers 220
Wein 316
Weltgericht 35, 41, 44, 121, 155ff., 176, 182, 260, 266, 274
Willensfreiheit 11, 264ff., 273, 296ff.
Wissen Gottes 54, 56, 197
Wissen des Menschen zur Bemeisterung der Welt 238ff.
Wohltätigkeit 91
Wort Gottes 122f., 133, 208
Wunder 66, 121, 123, 130, 211, 326ff., 337
Wundercharakter des Korans 334, 337
Wunderzeichen (Koranverse) 326ff., 331ff.
Zaid b. Ṯābit 18ff.
Zauberer 121, 257, 327, 333
Zeichen 41, 45, 62, 81, 140, 165f., 172ff., 176, 180, 196, 202, 210, 229, 252, 267, 275, 290, 326ff.
Zeit 149ff., 265, 268
Zeitehe 313
Zins 208, 319f.
Zuflucht vor dem Satan 260
az-Zuhrī 18, 20f.
Zulaiḫā 69
Zuwendung, gegenseitige von Gott und Mensch 137, 140f., 252f., 259, 264f., 276, 282ff., 291, 294, 301, 335f.
Zweigehörnter 65, 68
Zwiespältigkeit des Menschen 243
zyklische Zeitvorstellung 150, 167f., 198, 266

Aus dem Verlagsprogramm

Werke zur islamischen Geschichte und Kultur

Stefano Bianca

Hofhaus und Paradiesgarten

Architektur und Lebensformen in der islamischen Welt
2001. 308 Seiten mit 211 Abbildungen, davon 13 in Farbe. Broschiert

Suraiya Faroqhi

Kultur und Alltag im Osmanischen Reich

Vom Mittelalter bis zum Anfang des 20. Jahrhunderts
1995. 402 Seiten mit 18 Abbildungen und Karten. Leinen

Heinz Halm

Im Reich des Mahdi

Der Aufstieg der Fatimiden (875–973)
1991. 470 Seiten mit 12 Abbildungen und 28 Tafeln. Leinen

Erdmute Heller/Hassouna Mosbahi

Islam, Demokratie, Moderne

Aktuelle Antworten arabischer Denker
2. Auflage. 2002. 267 Seiten. Broschiert

Annegret Nippa

Haus und Familie in den arabischen Ländern

Vom Mittelalter bis zur Gegenwart
1991. 244 Seiten mit 105 Abbildungen und 1 Karte. Broschiert
Beck's Archäologische Bibliothek

Annemarie Schimmel

Die Zeichen Gottes

Die religiöse Welt des Islam
2., unveränderte Auflage. 1995. 404 Seiten mit 8 Kalligraphien
von Shams Anwari-Alhoscyni. Leinen